U0892179

中國新材料产业
年度发展報告

师昌绪 题

《中国新材料产业年度发展报告（2014）》
编 委 会

主任委员：苏　波

副主任委员：周长益　陈燕海　贾银松　潘爱华　高云虎　骆铁军
苗治民　张　卫　吕桂新　罗　文　宋显珠

委　　员（按姓氏笔画排序）：

马　琳　文　刚　毛恭忠　王万杰　王兴艳　王明东
王威伟　王　唯　王崇光　邓忠明　付海东　冯　猛
冯　雪　史瑞庭　司　磊　田凯军　石　誉　艾金群
任世昱　刘世佳　刘江安　刘宝新　刘彦红　刘晓峰
刘喜梅　刘景春　吕　卫　孙景一　朱　清　池全峰
吴建华　吴高信　张　凡　张文明　张　方　张海亮
张德琛　张　镇　李义春　李　丹　李红梅　李学杰
李直蔓　李　茜　李敏宁　杜国名　杞耀光　杨永辉
杨淑鹏　汪帧民　苏同邵　陈川明　陈　军　陈学森
陈恺民　陈家作　岳全化　林树彬　罗其明　姚文韬
姚　彧　施耀强　胡　锟　赵亦农　徐文立　徐文青
柴美厚　聂建军　高志雷　高　萍　商龚平　常国武
黄　瑜　曾　昆　程　珉　董云峰　董佳丽　蒋　玮
谢　韬　鲁　瑾　蒲果妮　靖大伟　熊国刚　蔚力兵
蔡克俭　蔡柏奇　潘　燕

中國新材料产业
年度发展報告

（2014）

苏　波　主编
工业和信息化部原材料工业司　编写

電子工業出版社
Publishing House of Electronics Industry
北京 • BEIJING

内 容 简 介

本书在前两年新材料产业工作的基础上，从发展、行业、区域、企业、基地、专题等不同维度对 2013 年我国新材料产业情况进行了跟踪分析。本书共分六篇。发展篇介绍了 2013 年国内外新材料产业发展情况，并展望了 2014 年我国新材料产业发展趋势。行业篇介绍了特种金属功能材料、高端金属结构材料、先进高分子材料、新型无机非金属材料、高性能纤维及复合材料、前沿新材料六大重点领域发展的最新动态。区域篇介绍了各省、自治区、直辖市等地区新材料产业的最新发展情况。企业篇分领域选取五种重点新材料企业进行介绍。基地篇介绍代表性新材料基地发展情况。专题篇介绍了新材料领域的科技创新情况和石墨烯技术动态。

本书读者对象为各省市自治区新材料行业的管理者、新材料领域的专家学者等业内人士，以及新材料企业管理人员。

未经许可，不得以任何方式复制或抄袭本书之部分或全部内容。
版权所有，侵权必究。

图书在版编目（CIP）数据

中国新材料产业年度发展报告. 2014/工业和信息化部原材料工业司编写. —北京：电子工业出版社，2014.9

ISBN 978-7-121-24143-7

Ⅰ. ①中… Ⅱ. ①工… Ⅲ. ①材料工业－产业发展－研究报告－中国－2014 Ⅳ. ①F426

中国版本图书馆 CIP 数据核字（2014）第 192705 号

策划编辑：贾 贺 赵 岚
责任编辑：桑 昀
印 刷：北京天来印务有限公司
装 订：北京天来印务有限公司
出版发行：电子工业出版社
北京市海淀区万寿路 173 信箱 邮编 100036
开 本：720×1 000 1/16 印张：31 字数：797 千字
版 次：2014 年 9 月第 1 版
印 次：2014 年 9 月第 1 次印刷
定 价：198.00 元

凡所购买电子工业出版社图书有缺损问题，请向购买书店调换。若书店售缺，请与本社发行部联系，联系及邮购电话：（010）88254888。

质量投诉请发邮件至 zlts@phei.com.cn，盗版侵权举报请发邮件至 dbqq@phei.com.cn。

服务热线：（010）88258888。

前　言

2013 年是新材料产业“十二五”发展规划深入推进的关键一年。在世界经济缓慢复苏和国内经济缓中趋稳的大环境下，我国新材料产业保持快速发展态势，在支撑战略性新兴产业发展、保障国家重大工程建设、促进传统产业转型升级等方面起到了积极的作用。为了全面深入把握国内外、各地区、各领域新材料产业发展动态，以及重点新材料产业基地和企业情况，自 2011 年起，我们连续三年组织新材料领域专家、行业协会以及地方政府编写《中国新材料产业年度发展报告》。

本书根据《新材料产业“十二五”发展规划》精神编写，共分六篇。发展篇介绍了 2013 年国内外新材料产业发展概况。行业篇介绍了重点新材料领域发展情况，总结了特种金属功能材料、高端金属结构材料、先进高分子材料、新型无机非金属材料、高性能纤维及复合材料等领域 2013 年的发展动态。区域篇重点收集了各省、自治区、直辖市、计划单列市以及新疆生产建设兵团 2013 年新材料发展情况。企业篇分领域选取五种重点新材料企业进行分析。基地篇分析了各领域、各地区代表性新材料产业基地发展情况。专题篇包括新材料科技创新和石墨烯技术动态。

《中国新材料产业年度发展报告》自出版以来，得到了业界的普遍关注，很多新材料及其相关领域专家对其表示了认可，同时也提出了宝贵的改进建议，帮助我们完善这项工作。本书在编写过程中得到了各地区工业和信息化主管部门、有关行业协会、重点产业基地和企业的鼎力支持，赛迪智库原材料工业研究所负责完成本书最终的编撰工作；国内外知名材料学家、两院院士师昌绪非常关注新材料的发展，在报告编写过程中给予了悉心的指导，并题写书名。在此一并表示衷心的感谢。

由于时间仓促，书中难免有疏漏之处，敬请读者批评指正。

编　者

目录 Contents

发展篇

行业篇

区域篇

企　业　篇

基 地 篇

专 题 篇

发·展·篇

第一章

2013年新材料产业发展概况

第一节 全球新材料产业发展概况

一、国际经济环境

2013 年全球工业生产低速增长，世界贸易持续低迷，价格水平回落，国际金融市场持续波动，世界经济增速继续小幅回落。其中，发达国家增长动力略有增强，发展中国家困难增多[1]。据国际货币基金组织（IMF）统计，按购买力平价（PPP）计算的全球实际增长率为 3.0%，比上年放缓 0.1%。

2013 年世界经济复苏格局悄然发生变化，发展中国家对于世界经济增长的贡献率有所下降，但是按购买力平价法计算的发展中国家经济总量首超发达国家。发达国家内部继续分化，美国继续温和复苏、进入持续复苏轨道，量化宽松政策迎来转折点；日本货币和财政刺激“猛药”起效，经济复苏加快；欧元区艰难摆脱衰退，但全年仍为负增长；东亚和东南亚经济保持较快增长，而脆弱五国（印度、印尼、巴西、土耳其、南非）受制于内、外经济失衡，加上资本外流的冲击，经济发展较为困难。国际贸易不容乐观，贸易保护加剧，不仅诸如保障、双反、进口关税等传统贸易保护措施以及政府采购、自动配额等新型贸易保护措施有增无减，主要经济体还竞相组织排他性区域自由贸易协定并力争主导权，这成为贸易保护的新手段[2]。

二、全球新材料产业发展现状及趋势

新材料产业增长与宏观经济和技术发展紧密相关。2013 年，经济复苏整体乏力，从国际市场上看，欧元区增长乏力，美国经济复苏缓慢，美联储在“量化宽松”5 年后开始考虑逐步退出，全球金融体系的信贷收紧引发资金流向的变化，导致信贷状况收紧、企业盈利下降，众多新材料跨国公司对外投资十分谨慎，增速放缓。UNCTAD 预计，2013 年全球跨国直接投资将接近 2012 年的水平，其上限为 1.45 万亿美元。在新材料技术进步缺乏有效突破的情况下，市场需求乏力，相关的贸易摩擦持续升级，竞争形势日趋严峻。例如，稀缺资源被广泛运用于新材料产业，发达国家格外重视控制这一战略性资源的开发应用；而发展中国家在经济发展初期，由于技术水平较低，大量出口资源型产品，长期粗放式经营和大量出口，许多丰裕

[1] http://www.stats.gov.cn/tjsj/zxfb/201402/t20140227_516899.html。

[2] http://www.stats.gov.cn/tjsj/zxfb/201402/t20140227_516899.html。

型资源变得极为紧缺，有些甚至需要进口才能满足国内需求。为此，发展中国家开始通过出口限制等贸易保护手段来保护本国资源，导致稀缺资源领域的贸易摩擦逐渐显现。

（一）美国

2013 年美国经济趋于好转，但在科技研发方面的投入却继续下降，转而强调科技创新战略性投资，打造先进制造业创新中心和推动数据开放和科研成果共享。美国计划打造 15 个先进制造业创新中心，2013 年新建了“轻型和现代金属制造创新研究所”、“数字制造和设计创新研究所”和“下一代电力电子制造研究所”3 个制造业创新中心。2013 年 1 月，美国国家科技委员会发布的《国家制造业创新网络：初步设计》中提出国家制造业创新中心将以紧密的公私合作为基础，以推动新制造工艺和技术等基础研究快速商业化并强调官产学研合作，加强资源和设施共享。2013 年 2 月，美国政府决定加大力度推动政府信息开放，强调将信息作为资产来管理，推动政府资助的研究成果更多地实现开放获取，以推动新产业领域的飞速进展，拓展创新创业视野。2013 年 3 月，美国专利开始实行“发明人先申请制”，并确立了授权后复审程序等新机制，以提高专利质量，确保发明人的权利。此后又提出 5 项行政措施和 7 项立法建议，保护发明人权利免受恶意诉讼的侵害，确保高质量的发明专利。

美国 3 家主要新材料代表企业 2013 年运营情况汇总如下所述。

1. 陶氏化学

陶氏化学公司是一家以科技为主的跨国性公司，为各个主要消费市场提供创新的化学品、塑料、农用化工产品及服务。主要的新材料产品有环氧产品、聚氨酯产品、功能塑料、有机氯化物、溶剂及中间体、涂料、建筑材料、特用材料、黏合剂和功能性聚合物以及电子材料等。2013 年排名世界 500 强的第 166 位，销售额达到 571 亿美元，同比增长 1%，除欧洲、中东和非洲（EMEA）区域外，所有地理区域的销售额都实现了增长。新兴区域销售额在全球业务中的占比达到 35%，创陶氏化学公司历史新高。息税前利润为 105 亿美元，增量最多的是功能塑料部门，随着公司在主要下游市场不断发挥技术差异化优势，在原材料领域发挥了资源整合优势，价值进一步得以体现。

2. 杜邦公司

杜邦公司专注于科学及科技等产业，包括高性能材料、专业化学、医药及生物科技。杜邦新材料主要有用于汽车、电气电子、建筑、耐用消费品的高性能材料；用于汽车、造纸、工业和建筑涂料、数码打印的涂料和颜料、工程塑料；用于半导体、印制电路板、通信、显示及成像的电子和通信的新材料。2013 年排名世界 500 强的第 267 位，实现销售收入 357 亿美元，比 2012 年增长 3%；业务运营利润为 59 亿美元，比 2012 年下降 4 亿美元，主要是由于高性能专业化学制品的利润下滑所致，但传统的全球杀虫剂和杀菌剂等产品带来了可观的收益。

3．美国铝业

美国铝业公司是全美最大的铝生产商，世界第三大铝材生产商，产品涉及所有与铝工业有关的原材料、型材、板带箔产品、冲压及铸造件、模具、汽车铝合金配件、铝冶炼及加工设备等；各类日用消费品，包括保鲜膜、食品袋、垃圾袋、自封袋、一次性餐盒等；其他工业用品，如热收缩膜、建筑五金、紧固件、钢体结构件、干燥剂、玻璃产品、陶瓷部件、精密模具、包装材料、钢/塑捆包带等。2013 年排名世界 500 强的第 490 位，受全球铝价持续低迷拖累，美国铝业公司业绩有所下滑，2013 年实现销售收入 237 亿美元，利润仅为 1.91 亿美元。

关于 2013 年美国新材料科技突破汇总参见表 1-1。

表 1-1　2013 年美国新材料科技突破

序　号	领　域	进　展
1	无机非金属	（1）通过计算发现了一种新形式的碳，具有极高的强度和硬度，甚至超过了石墨烯和钻石； （2）开发出一种智能玻璃，可按需调整进入玻璃的光线，做到明暗可控、冷热可调； （3）开发出一种低成本阴极材料，被称为蜂窝状 3D 石墨烯，是制造阴极的理想材料
2	金属功能材料	（1）研制出新型超级电容材料氧化铌，可应用于城市电网、混合动力汽车的再生制动系统等能源传送系统； （2）发现金属具有自我修复的功能，这一发现为设计出可自我复原的金属材料打开大门； （3）发现一种由单层锡原子组成的复合材料，或许有望成为首个在计算机运行温度范围内导电效率达到 100%的材料，可代替硅制造速度更快、耗能更低的计算机芯片
3	高分子材料	（1）开发出一种新型纳米涂层材料，将这种材料涂在纱网或织物表面，可形成一种对液体的弹力，能排斥上百种液体，不仅抗污染能力极强，而且保护穿着者免受化学制品伤害； （2）开发出一种结构独特的新纤维，能在拉伸时改变颜色，色彩可覆盖整个可见光谱的范围，可作为一种智能材料感知热和压力，还可作为新型体育纺织品； （3）将一种被称为铁酸铋的材料作为一个单晶体集成到一个硅片上，通过电流磁化，极大地提高芯片速度，而且节省能量，该研究向制造新一代多功能智能设备迈出了关键一步
4	生物医用材料	（1）设计出一种透明度和润湿性功能可自我调节的液体膜仿生材料，该新材料可以像眼泪那样具有显著光学功能且保持清晰的透视度，同时保持眼睛湿润，免受灰尘和细菌污染； （2）开发出一种属性可“按需定制”的“DNA 连接器”，这种全新的自组装机制，能像绳索一样把纳米棒规则地连接在一起，形成一种“绳梯”似的带状结构，引导纳米粒子自行组装成新材料

资料来源：科技日报国际部。

（二）日韩

日本政府通过了2013年版《科学技术白皮书》，强调了人才培养的重要性以推进安倍政府提出的技术革新。近几年，日本在经济停滞不前的同时国际竞争力下降，论文数量与质量下滑。统计显示，2009年至2011年，日本科研人员发表的论文数量已经降至世界第5位，而在10年前，日本一直保持第2位；另一方面，被引用频率较高的日本论文数也从世界第4位降至第7位。白皮书还强调，为了促进技术革新，应该为科研人员创造更加优越的科研环境以及制定国际共同研究战略，日本政府应当为科研事业提供更多的援助。

韩国公布了《第三次科学技术基本计划》，内容涉及2013年至2017年韩国科学技术发展的基本规划和方向。根据该计划公布的内容，韩国政府将在5年内持续扩大在研发领域的投资规模，力争到2017年将韩国人均国民收入提高到3万美元，同时创造出64万个就业岗位。根据该计划内容，韩国在2017年的研发预算将从目前的68万亿韩元增加到92.5万亿韩元，并计划在发掘新产业、寻找未来增长动力、营造干净而方便的环境、开创健康长寿时代、建立安全社会5个领域进行重点投资。

日韩3家主要新材料代表企业2013年运营情况汇总如下所述。

1. SK集团

SK集团是韩国三大集团之一，主要业务领域包括能源/化工、信息通信、物流/服务等。目前，SK集团及其附属机构在全球42个国家和地区拥有280多个办事处和子公司。SK集团在韩国能源化工领域的市场占有率为38%，位居韩国国内第一。SK化工是SK集团的核心企业之一，以石油化工、树脂等主要业务的持续稳定的收益为基础，聚集公司力量发展精密化学领域的环境材料、产业材料、信息通信材料等和生命科学领域的合成医药、天然医药品、生物技术等。2013年排名世界500强的第57位，销售额达到1062亿美元，实现利润9.31亿美元。2013年，SK集团在中国合资兴建了20万吨1,4-丁二醇（BDO），80万吨乙烯和SK锂电池产业基地。

2. 三菱化学控股

三菱化学控股公司是一家综合公司，也是日本最大的化学公司，其销售额在日本化学行业中居于首位。公司有三大事业部，主要提供的产品包括：功能材料和塑料产品、石油化工、碳及农业产品。尽管中国和欧洲的经济复苏疲软，但是公司旗下性能产品和工业材料领域的海外需求出现温和复苏。受原材料和燃料价格上涨以及需求复苏带动产品销售价格上涨的影响，公司的基础化学品和化工衍生物销售收入大幅增加，2013财年，三菱化学旗下化工业务实现销售收入增加5.7%，增至9551亿日元，营业利润达到7.1亿日元。

3. 住友化学

住友化学是日本具有代表性的综合化学企业之一，又是住友集团的主要公司之一，拥有基础化学、石油化学、精密化学、农业化学4个部门和10家研究所，在5个工厂中生产和提供工业药品、合成纤维材料、铝、合成橡胶、合成树脂、染料、化成品、农药、饲料添加剂、化学肥料等3000多种产品。2013财年，住友化学实现销售收入235亿美元，营业利润为−0.06亿美元。

关于2013年日韩新材料科技突破汇总参见表1-2。

表1-2　2013年日韩新材料科技突破

序　号	国　别	领　域	进　展
1	日本	纳米纤维	研制出世界上最细的纳米纤维，新研制的纤维在同等质量下表面积都要大于以往产品，而纤维之间的缝隙也可以任意调节。因此，由此种纤维制成的产品在保湿性、吸水性、摩擦系数等方面比以往都有了很大提高
2	日本	新型涂料	研发出一种可根据温度变化改变发光颜色的新型涂料。在紫外线照射的状态下，该涂料在低温区域呈绿色，在中温区域随温度升高由柠檬色向黄色和橘色变化，而在高温区域则呈现红色，该成果有望在超音速客机、宇宙飞船和高速铁路等领域的设计中得到应用
3	日本	电子材料	（1）开发出世界上最薄最轻的有机LED（发光二极管），该材料的密度约为3g/m^2，厚度为千分之二mm。该成果有望在开发新型照明器材方面得到应用； （2）利用超细微喷墨技术，在集成电路基板上成功制作出线幅只有3μm的、世界最小的铜配线。该技术有望在超小型印制电路板的制作等方面得到应用
4	韩国	纳米结构应用	开发出最多可拉长20%的透明电子元件，能用于像穿戴衣服一样套在计算机或贴在皮肤上的传感器中
5	韩国	造影剂研究方面	成功研发出一种可在诊断癌症的同时进行治疗的核磁共振成像造影剂，其核心是将抗癌剂添加在纳米级面积的造影剂内

资料来源：科技日报国际部。

（三）欧洲

英国继续大力支持创新，推出专项领域投资计划。2013年5月，英技术战略委员会发布了《2013—2014年度执行计划》，宣布将未来一年对英国创新企业的资助金额提高到创纪录的4.4亿英镑，主要扶持技术领域包括可再生能源、未来城市、新材料、卫星技术、数字技术以及医疗卫生等，扶持重点将是中小型企业。为鼓励创新，占领高新技术前沿，2013年初，英政府宣布投入6亿英镑，大力发展大数据技术、合成生物技术、空间技术、机器人技术、再生医学、农业科研、新材料和能源技术8类新技术。

德国提高政府研发经费投入，2013年德国政府投入研发资助的经费高达144亿欧元，比2005年增长了近60%。德国联邦经济技术部、联邦环境部和联邦教研部提出的“未来可实现的电力网络”联合倡议，共同资助1.5亿欧元用于可持续电力系统领域的研发，重点是智能配电网、传输网络以及离岸风电的连接和相关的接口等应用解决方案。此外，还联合投入额外的资助资金5000万欧元，以支持德国的太阳能研发，重点用于研发结合能源管理与能源存储的分散式光伏的系统解决方案，具有成本效益的制造概念以及新型光伏组件概念。

法国强调以科技进步带动经济增长，提出了更为具体的34项工业振兴计划，包括新一代高铁、低油耗汽车、电动飞机和电力推动卫星空间、3D打印机、云计算、新材料等尖端科研项目。

欧洲3家主要新材料代表企业2013年运营情况汇总如下所述。

1. 圣戈班集团

圣戈班集团是一家法国的建材企业，是房屋和建筑领域的世界领先者，主要设计、生产并销售建筑材料，2013年排名世界500强的第171位，名列建材百强世界首位。圣戈班集团于1665年在法国成立，是世界范围内规模最大的材料公司之一，也是全球最大平板玻璃生产商之一，业务分布于64个国家，全球雇员超过19万人。集团的主营业务分成4大块：创新材料（平板玻璃、高功能材料）、建筑产品、建材分销和包装。2013年，圣戈班集团实现销售收入555亿美元，营业利润为9.84亿美元。

2. 巴斯夫集团

巴斯夫集团是一家德国的化工公司，公司总部位于德国莱茵河畔，是世界上工厂面积最大的化学产品基地，也是全球最大的化工公司。巴斯夫集团在国外的企业大部分在欧洲，几乎遍布欧洲所有国家，在欧洲以外的80多个国家设有分公司或分厂，向世界各地的营销合作伙伴销售产品。巴斯夫集团是全球领先的化工公司，向客户提供一系列的高性能产品，涵盖化学品、塑料、特性产品、农业（作物保护产品）以及原油和天然气。2013年排名世界500强的第65位，全年销售额增长接近3%，达到740亿欧元，原油和天然气、农业领域销售额大增，化学品业务领域尽管销售量提高，销售额略有下降。

3. 拜耳集团

拜耳集团是化学及制药工业领域中首屈一指的国际性企业，公司总部位于德国的勒沃库森，在六大洲的200个地点建有750家生产厂；拥有120 000名员工及350家分支机构，几乎遍布世界各地。高分子、医药保健、化工以及农业是公司的四大支柱产业。公司的产品种类超过10 000种，是德国最大的产业集团。2013年，拜耳集团凭借推出的处方药医药保健板块实现销售额大幅增长，销售额增长1.0%，达401.57亿欧元；但材料板块面临着巨大挑战，市场环境十分艰难，其中高科技聚合物材料业务的销售额下降2.2%，高科技塑料业务的销售额下降4.5%；凭借亚太区和北美地区的销量增长，泡沫原材料业增长3.9%。

关于2013年欧洲新材料科技突破汇总参见表1-3。

表1-3　2013年欧洲新材料科技突破

序　号	国　别	领　域	进　展
1	英国	石墨烯	（1）设计出一种新型石墨烯晶体管，可在室温下展现出高达 1×10^6 的开关比率，有可能在后CMOS设备时代占有一席之地； （2）开发出一种新型的等离子超介质探测设备，利用可逆的石墨烯氢化反应，可使药检达到单分子水平，在人体药检、机场安检、爆炸物探测等方面具有发挥余地； （3）用石墨烯为主要成分的导电油墨打印在塑料薄膜上，制成了可以演奏音乐的透明钢琴键盘，这一成果为科学家利用石墨烯研发心脏监测器、传感器等可印刷的轻薄电子产品打下了很好的基础
2	英国	纳米材料	（1）研制出一种玻璃（二氧化硅）纳米纤维，比头发细千倍却比钢坚硬15倍，堪称世界上最高强度、最轻的“纳米线”，它的出现可能会改变未来整个世界的复合材料和这些材料的高强度，将对海洋、航空和安全等行业产生巨大影响； （2）开发出一种由许多碳纳米管组成的碳制导线，其强度是铜导线的30倍，质量不到铜线的1/10，未来有望成为铜线的有力竞争对手； （3）发现一种具有超常受压扩展能力的新材料——金氰化锌，其压缩扩展的能力超过以往任何材料，可用于开发新型光学压力传感器和人工肌肉
3	德国	功能材料	（1）开发出一种新型的烃基磷灰石/氧化锆复合材料，其多孔的支架结构可与成骨细胞结合，可推动生理性骨重建； （2）采用在磷酸钙纳米晶体表面包裹核酸物质的方法，制成一种膏状骨骼修复材料，可加速人体骨骼修复速度和改善修复过程； （3）研制出一种主要成分为镍和钛的智能合金材料，可用于研发“人工肌肉”； （4）成功开发一种新型超级双疏膜，能够根据需要将二氧化碳等气体富集到溶液和气体中，或者将其从液体或气体中溶出，可用于研发“人工心肺机”
4	德国	燃料电池催化剂	（1）成功研发燃料电池所用的高效铂镍催化剂粒子，其中贵金属铂仅为以前用量的1/10； （2）研发出以钴为基础的催化剂，可经济高效地用于一系列不同硝基芳烃的转换； （3）开发了一条新的合成路径，可在室温下利用“聚合物纳米反应器”制备二氧化钛纳米晶体颗粒
5	德国	建筑材料	研发出一种添加了石墨烯的聚苯乙烯泡沫保温材料，通过减少泡沫塑料的空隙并降低红外辐射的透射率能实现更好的保温效果
6	德国	新型塑料	（1）开发出一种新的温控形状记忆塑料，这种材料可以改变形状然后恢复； （2）结合复合和涂层的优点，用超临界二氧化碳将染料和药物等添加剂浸渍到聚合物中，研发出了新型耐细菌的塑料

资料来源：科技日报国际部。

（四）其他国家

以色列非常重视科研投入，注重提高科研水平，计划从2011年到2015年，在不同研究领域投资1.25亿美元，建立30个集优研究中心来推动科技创新。2013年1月公布了第2批12个集优中心名单，其中7个为自然科学研究中心。

2013年，俄罗斯在尚未走出经济危机阴影的情况下，仍继续坚持对科技领域的强有力支持。俄罗斯通过新近成立的远景研究基金会来完成俄罗斯国防工业综合体及相关产业的现代化改造任务，批准了一系列科技领域新项目，包括《俄罗斯2020年前科技发展》国家计划。根据该计划，预算支出将从2013年的1450亿卢布增加到2015年的1700亿卢布，而2020年前将超过2500亿卢布。

2013年3月，加拿大政府发布“2013加拿大经济行动计划”，该计划包含技能培训计划基础设施计划，将投入大量资金支持加拿大的制造业及技术创新，在5年时间里确保向永久性战略航空航天与国防计划投入近10亿加元的稳定资金。

关于2013年其他国家新材料科技突破汇总参见表1-4。

表1-4　2013年其他国家新材料科技突破

序　号	国　别	领　域	进　展
1	以色列	纳米技术	（1）开发出太阳能板的特殊纳米涂料，能吸收98%的可见光，可大大提高能源转换效率； （2）将纳米技术和生物学相结合研发出一种可有效检测水污染的芯片； （3）发现了氧化铁纳米材料的特性，研制出可同时进行光伏发电和制氢的实验室装置； （4）正在推进一个新的光学分支——旋转光学，这种基于旋转轨道相互作用而导致纳米结构对称性被破坏的研究，可能开启控制光纳米级光学器件研究的新途径
2	俄罗斯	新型超导材料	成功研制出一种新型超导材料，具有较高的超导过渡温度、临界磁场上限值及临界电流密度
3	俄罗斯	耐高温耐腐蚀的纳米隐身涂层	研制出一种新型的纳米隐身涂层。这种纳米涂层具有很强的宽频均匀吸波功能，使用4μm厚的纳米薄膜，在无线波段和红外波段内将被雷达发现的几率降低到原来的1/10
4	加拿大	铝合金	开发新型铝合金技术的新计划，以帮助加拿大运输业减轻小汽车、卡车、挂车、公交车乃至火车的车重
5	加拿大	前沿材料	（1）开发出一种物质，喷涂于载玻片表面，即可将其变成可用于生物标本紫外光成像的平面镜头； （2）开发出一种强力“人造手臂”，能在其周围空气湿度变化的驱动下做“举重运动”，毫不费力地举起超过自重14倍的物体； （3）发现一种常见蓝色染料酞菁铜的量子可以保持叠加状态，这种量子叠加状态能保持相当长的时间，这意味着这种染料分子或许能在量子计算机中发挥重要作用

资料来源：科技日报国际部。

三、全球新材料产业发展趋势

在当前的世界经济形势下，发达国家纷纷提出“再工业化战略”，试图实现从“产业空心化”到“再工业化”的回归。随着第三次工业革命，即一种建立在互联网和新材料、新能源相结合基础上的工业革命的到来，“制造业数字化”为核心的特点将更加突出，全球技术要素和市场要素配置方式将发生革命性变化。在此工业浪潮之下，新材料发展前景可期。但总体看，新一轮工业革命尚处于孕育阶段，大范围的新的领先产业仍处于发展萌芽阶段，关键技术和商业模式创新缺乏实质性突破，短期内还难以形成强有力的新经济增长点。发达国家的结构性问题远未解决，在技术进步缺乏突破的情况下，发达国家难以形成新的市场热点，居民消费中低速增长，企业投资意愿不强，经济内生增长动力不足。这也使得世界经济的增长动力不够强劲，只能维持低速增长。因此预计 2014 年新材料产业发展依然保持平稳较快增长，但增速可能会放缓，低于 2013 年。

第二节　中国新材料产业发展概况

当前，我国新材料产业正处在快速发展时期，产业规模逐步发展壮大，产业化程度不断提高，技术水平也得到大幅提升。近几年，新材料产业发展日益受到各地政府的关注，全国多个省市将新材料作为地区经济的重要增长点进行重点扶持。

一、产业发展现状

近几年，我国新材料产业迅速发展，据不完全统计，2013 年我国新材料产业生产总值为 12 500 亿元人民币左右，同比增长约为 25%。

（一）特种金属功能材料

1. 稀土功能材料行业

永磁材料、储氢材料、催化材料与 2012 年相比均呈增长态势，液晶材料略有下降，荧光材料受需求萎缩影响出现大幅下滑。2013 年我国稀土永磁体出口量达

18 825 吨，创历史新高；稀土微合金化工艺、超高纯稀土金属制备技术、稀土荧光粉生产低频闪交流 LED 产品生产及磁制冷技术等领域取得重大突破。

2. 铜材料行业

2013 年中国铜材料生产平稳发展，总产量达到 1460 万吨的水平，其中铜管、铜板带、铜棒、铜箔、铜线几大类铜产品的产量分别超过 250 万吨、260 万吨、180 万吨、30 万吨和 550 万吨。

3. 多晶硅行业

市场“先冷后热”，2013 年上半年国内大部分多晶硅企业受下游光伏市场影响纷纷停产，下半年受益于下游政策推动和“抢装”市场行情的影响，多晶硅价格回升，生产企业复产，全年总产量 8.2 万吨，比 2012 年增长了 28%。

4. 其他行业

高强高延性钼合金成功研制，LED 室内照明用低成本高效率改进型 MCOB 封装材料与技术成功研制并实现大规模产业化。大全新能源突破多晶硅四氯化硅氢化技术，山东天岳先进材料科技有限公司研发出第三代半导体核心材料，天津大学首次用物理方法取得纳米级别半导体材料。

（二）高端金属结构材料

1. 特殊钢行业

2013 年特钢协会会员单位钢材产量合计 11 230 万吨，同比增长 5%。其中，优质非合金钢 2494 万吨，同比增长 2%；优质低合金钢 911 万吨，同比减少 17%；优质合金钢 366 万吨，同比增长 19%；齿轮钢 312 万吨，同比增长 6%；轴承钢 287 万吨，同比增长 3%。

2. 新型轻合金行业

2013 年大型钛合金、铝合金等关键件模锻工艺获突破，宝钛集团钛合金深度应用方面取得进展，航空航天级钒铝合金项目获突破，中国海油深海钢结构防腐技术获突破，纳米金属新工艺获突破。

（三）先进高分子材料

国内特种橡胶产量达到 185.7 万吨，国内自给率 67%。高性能树脂 673 万吨，其中聚氨酯树脂、高吸水性树脂、氟树脂完全实现国内自给，而工程塑料、硅树脂、生物基树脂仍部分依赖进口，特别是聚苯醚、聚碳酸酯和聚苯硫醚的国内自给率尚不足 30%，严重依赖进口。

2013 年 DMC 技术获得突破，河南聚甲醛研发获突破，中科院青岛分部改性聚甲醛研究获得新进展，中国诚通集团特种聚酯薄膜开发取得重大突破。

（四）新型无机非金属材料

目前，我国利用鳞片石墨生产球形石墨已形成批量生产，在石墨的提纯、球形化方面等生产技术已基本完整，形成固定的生产线，利用鳞片石墨生产柔性石墨板材也已形成批量生产，但是利用柔性石墨纸、板，制造燃料电池双极板，尚处于实验室阶段。我国的石墨乳以中低档制品为主，高性能的拉丝石墨乳、锻造石墨乳制品依靠进口；石墨烯、纳米膨润土材料、硅藻土光催化复合材料等也均无大规模工业生产，主要以实验室物理方法、化学方法等小批量生产。

2013 年，国内首条锂铝硅浮法特种玻璃生产项目在青海开工建设，南玻 0.7mm 超薄玻璃计划量产，兰化所成功制备出系列结构/润滑功能一体化陶瓷复合材料。

（五）高性能纤维及复合材料

目前我国碳纤维已实现产业化，但受技术不成熟、装置不稳定等因素影响，许多装置不能正常开车或处于停产状态，2013 年我国碳纤维产量为 0.25 万吨，表观消费量为 1.15 万吨，国内自给率仅有 21.7%。我国间位芳纶生产已有一定基础，但对位芳纶、共聚芳纶还处于产业化阶段，2013 年我国芳纶产量为 0.68 万吨，表观消费量为 0.94 万吨，国内自给率为 72.1%。我国 UHMWPE 纤维已实现产业化，但国产 UHMWPE 纤维的质量和性能仍无法与国外的干法产品相比，每年仍有近 70% 的 UHMWPE 纤维产品依赖进口。总体来看，我国高性能纤维主要产品基本实现产业化，但产业规模较小，国际竞争力较弱。

2013 年高性能复合材料方面，干喷湿纺碳纤维研究取得突破，首条 25 吨 T800 碳纤维生产线建成，高强芳纶纤维实现产业化生产，超高分子量聚乙烯纤维关键技术取得重要进展。

（六）前沿新材料

目前，我国在超导材料研究、生产制备及应用方面积累了大量经验，实现了低温超导材料和高温超导材料产业化。在纳米材料方面具备了基础研究、应用研究和产业化的能力，并建立了一定规模的纳米材料生产基地，2013 年全球首条单层石墨烯薄膜生产线在重庆实现量产，成功填补了国内技术空白；全球首条年产 300 吨石墨烯生产线在宁波慈溪建成投产。在生物材料方面建成了一批生物材料生产项目，聚乳酸、PBS、PHA 等生产项目相继投产。智能材料具备了一定的产业基础，形成了一批能够从事生产的企业。铁基超导研究取得系列进展。

二、存在的主要问题

（一）部分关键材料依赖进口

尽管我国新材料产业体系基本形成，但新材料对外依存度很高。一是有些材料仍然停留在实验室技术研发阶段，国内尚未实现产业化，完全依赖进口，如超高纯度金属的溅射靶材、高纯度多晶硅等。二是国内拥有生产能力，但产量、性能和质量不能满足要求，如平板显示器所需要的基板玻璃、液晶材料、光学元件等关键材料大部分仍依赖进口，80%以上的高性能生物材料依靠进口。

（二）自主创新能力不强

长期以来我国产业技术发展主要以跟踪模仿为主，技术自主创新意识淡薄，自主创新能力薄弱成为制约当前新材料发展的重要问题。以“硅材料提纯—硅晶片生产—电池片生产—组件封装”的光伏产业链为例，其产业链上游的高纯度硅料生产技术含量高，附加值高。尽管我国是太阳能电池第一生产大国，但由于我国多晶硅提纯技术的缺失，我国光伏产业多数企业的业务主要是低附加值的“电池片生产”和“组件封装”，使光伏产业处于有规模无技术的局面。

（三）研发投入不足

从我国新材料领域创新资源投入来看，研发投入不足是制约我国新材料产业发展的现实问题，主要表现在以下 3 个方面。

（1）研发人才的投入不足。一方面是我国新材料产业缺乏高层次的工程技术人员和管理人才，尤其是缺乏创新型领军人物以及复合型、外向型人才；另一方面是我国吸引高层次人才的机制环境仍需改善。

（2）研发资金投入不足。以我国硬质合金领域为例，其技术研发费用占销售收入的比重不足 3%，较高新技术型企业 5%的比例低两个百分点。

（3）技术创新所用的试验设备、仪器等物品特别是专用设备的投入力度仍待加强，如由于高温测试仪、超声检测仪、氧氮分析仪、扫描电子显微镜等专用设备价格昂贵，投入严重不足。

（四）产学研用体系仍待完善

2013 年美国能源部成立关键材料创新中心，由来自科罗拉多矿业学院等近 10 所大学、能源部橡树岭国家实验室等 4 所国家实验室以及通用电气公司等近 10 家私营企业的科研工程技术人员，共同对关键材料加工工艺以及关键材料在清洁能源组件和产品中的作用开展研究与开发活动。这种由政府组织创新中心将高校、科研机构、企业紧密联系起来，共同参与的关键材料研发工作，可以有效地快速推进关键材料由设计、研发到生产、应用的发展过程。虽然目前我国政府积极组织搭建服务平台，推动产学研用紧密结合，也取得了一些成绩，但多是企业出于自身发展需要与高校、科研机构寻求合作，产学研用严重脱节的问题并没有实质性改变，特别是新材料产业涉及范围广泛，更需要产学研用密切结合，才能促进新材料产业的快速发展。

（五）平台建设有待加强

虽然我国已经建成一批新材料国家和省部级重点实验室、工程技术中心等研发平台，建立了一批创新和创业服务平台，但公共服务平台仍需进一步完善。例如，研发平台所需的研发设备、人员队伍等配套能力仍待加强；创新服务平台的数量还远远不能满足需要；公共服务平台的服务能力有待进一步提高；国家级的共性技术研发平台和信息共享平台缺乏等。

三、2013年度国内新材料领域标志性事件

（1）2013年3月15日，《科学》杂志在线发文，宣布中国科学家领衔的团队首次在实验中发现量子反常霍尔效应。这一发现或将对信息技术进步产生重大影响。这一发现由清华大学教授、中国科学院院士薛其坤领衔，清华大学、中国科学院物理所和斯坦福大学的研究人员联合组成的团队历时4年完成。在美国物理学家霍尔1880年发现反常霍尔效应133年后，终于实现了反常霍尔效应的量子化，这一发现是相关领域的重大突破，也是世界基础研究领域的一项重要科学发现。这项研究成果将推动新一代低能耗晶体管和电子学器件的发展，可能加速推进信息技术革命进程。

（2）2013年6月18日，富士康集团属下的天津富纳源创科技有限公司通过产学研结合，成功实现了全球首个碳纳米管触控屏的产业化，目前已生产碳纳米管触控屏700万片，2013年内产能达到300万片/月，成功地为华为、酷派、中兴等手机配套。超顺排纳米管阵列是由高质量的碳纳米管整齐排列而成的一种新型材料，这种材料可以直接制膜或者拉丝，在触摸屏、超细导线、瞬时加热器、超薄扬声器等多个领域具有极其广阔的应用空间，被业内评价为架起了一个联系纳米世界和宏观世界的桥梁，打开了一条通向碳纳米管真正应用的道路。

（3）2013年6月29日，海峡两岸（镇江）新材料产业合作示范区在江苏镇江新区揭牌。根据规划，到2015年，海峡两岸（镇江）新材料产业合作示范区新材料产业年销售规模将超过800亿元人民币，将成为长三角地区重要的新材料产业集聚区和对台经济合作特色示范区。

（4）2013年7月5日，工业和信息化部发布了《新材料产业标准化工作三年行动计划》（以下简称《计划》）。《计划》提出到2015年，要完成200项重点标准

制修订工作，立项并启动300项新材料标准研制，开展50项重点标准预研究，争取覆盖“十二五”规划提出的400个重点新材料产品，基本形成重点领域发展急需的、具有创新成果和国际水平的重要技术标准体系。

（5）2013年7月初，同济大学医学院生物医学工程与纳米科学研究院王祎龙博士、时东陆教授与美国辛辛那提大学、密西根大学的同行紧密合作，研制出一种新型表面双功能化的非对称纳米复合微球。这种新颖的结构为表面选择性耦合生物分子提供了一个独特的方法，为多功能纳米材料载体的构建提供了全新的思路。这种新型纳米结构的优势在于更方便、更高效地将多种功能整合于同一个纳米载体中，使之能同时实现靶向、示踪、磁热疗、载药和可控释药。

（6）2013年7月18日，我国首个铝型材行业国际标准ISO 28340:《铝及铝合金阳极氧化复合膜》被翻译成西班牙语、法语、俄语等多国语言正式发布，并被ISO标准化组织的120多个成员国采用。该标准的发布对于占全球铝材产业近半产量的中国和铝型材占全国产量近半的佛山，突破技术贸易壁垒、增加铝型材进出口有积极意义。

（7）2013年7月31日，第三届中国国际新材料产业博览会全国联络员会议在黑龙江召开。第三届新材料博览会的主题是“新材料、新生活、新装备、新成果”。展区设新材料专业馆、新材料生活馆和新材料装备馆3个部分。通过组织产品展示、技术交流、项目推介、招商引资、贸易洽谈和举办报告会、新闻发布会等一系列活动，展示国内外新材料产业发展水平，促进企业信息交流，推动行业技术合作，引导我国新材料产业持续健康发展。

（8）2013年8月26日，国家发展改革委出台了《关于发挥价格杠杆作用　促进光伏产业健康发展的通知》（发改价格［2013］1638号）（以下简称《通知》），完善了光伏发电价格政策。《通知》规定，对光伏电站实行分区域的标杆上网电价政策。根据各地太阳能资源条件和建设成本，将全国分为3类资源区，分别执行0.9元/千瓦时、0.95元/千瓦时、1元/千瓦时的电价标准。对分布式光伏发电项目，实行按照发电量进行电价补贴的政策，电价补贴标准为0.42元/千瓦时。此次公布的电价标准高于市场预期，明确了光伏发电项目的投资回报，保障了业主或投资方的长期收益，国内光伏市场有望正式大规模启动。

（9）2013年10月，工业和信息化部印发《加快推进碳纤维行业发展行动计划》（以下简称《计划》）。《计划》提出，经过3年努力，初步建立碳纤维及其复合材料产业体系，碳纤维的工业应用市场初具规模；截至2020年，我国碳纤维品种规格齐全，基本满足国民经济和国防科技工业对各类碳纤维及其复合材料产品的需求，初步形成2～3家具有国际竞争力的碳纤维大型企业集团及若干创新能力强、特色鲜明、产业链完善的碳纤维及其复合材料产业集聚区。《计划》要求在产业推进发展进程中不忘转型升级，并鼓励骨干企业开展跨地区、跨所有制的联合重组，力争到2020年，前5家生产企业集中度提高至70%以上。碳纤维产能如果能够持续稳定生产，必将取得突破并在全球格局中占有一席之地，同时将有力支持我国高性能复合材料发展，调整产业格局。

（10）2013 年 11 月 18 日，由常州第六元素材料科技股份有限公司自主研发的年产 100 吨氧化石墨（烯）/石墨烯粉体生产线正式投产，标志着我国石墨烯产业进程迈出了突破性的一大步，将大幅度降低其应用成本，推动石墨烯产品的广泛应用，使我国的石墨烯产业进入一个全新的领域。常州第六元素材料科技股份有限公司自 2011 年成立以来，在石墨烯粉体的研发、生产工艺、生产设备及产业化应用上，都取得了骄人的成绩。据悉，常州第六元素材料科技股份有限公司自主研发的年产 100 吨氧化石墨（烯）/石墨烯粉体生产线是国内首条实现大规模宏量制备、全自动控制的粉体石墨烯生产线，产品稳定性、一致性、可控性达到了设计指标，所采用的生产工艺技术以及设备全部由该公司自行设计，拥有完全的自主知识产权。

四、2013 年我国新材料产业发展趋势预测

（一）特种金属功能材料

2014 年，稀土价格将大体保持平稳，较 2013 年略有降低，将刺激稀土消费增长，预计 2014 年稀土消费量将达到 12.7 万吨，同比增长 9%。其中，稀土永磁材料消费占比进一步扩大，有望达到 26%；其次是金属合金、催化剂、抛光粉。

2014 年，对于中国铜材料行业，结构性矛盾仍继续存在，铜材料产量与消费量将继续保持增长，预计产量和表观消费量将分别达到 1410 万吨和 1460 万吨。但随着前几年新建铜材料产能在 2014 年陆续投产，预计在 2014 年我国铜加工生产总产能将达到 1626 万吨，产能利用率将在 88.8%左右，较 2013 年略有下降，未来行业竞争将更加激烈。

2014 年，随着国内半导体产业的整体发展以及国产半导体材料应用验证的加强，国内硅材料企业的技术升级步伐加快，部分材料在满足 8 英寸集成电路制造和先进封装技术要求的基础上，加大了产业化应用。而太阳能电池用多晶硅等材料，随着补贴政策和产业规范政策力度加大，产业分布更趋合理。但国外多晶硅产品贸易争端频现，企业仍将承受较大压力。

（二）高端金属结构材料

2014 年，我国特殊钢发展将继续向高、精、尖方向发展，一是高强度、长寿命钢材；二是环境友好型钢材；三是耐腐蚀、耐候钢材；四是新型耐高温、耐低温钢材。

2014 年对于中国铝加工行业来说，将会是产业调整与整合的关键一年，技术

成熟、市场稳定的产品，部分新的应用领域的产品如铝合金电缆、铝合金模板、铝托盘、铝制微通道管、太阳能发电用铝材等，将成为新的关注热点。另外，城市轨道交通的快速发展及棚户区改造、保障房建设力度的加大，也将带动铝加工行业的稳步增长。

金属镁材料作为最轻的结构材料，引起了我国科技、产业等的高度重视。进入 21 世纪以来，我国镁合金材料开发在很多方面取得了突破，相当一部分技术处于国际领先水平。但是，行业在发展中也遇到科技研发和产业化脱节严重，关键技术孵化、产业化缺乏有效机制和平台，致使一些关系到行业发展的重大技术难以实现产业化，比较典型的是汽车用镁合金轮毂技术。2014 年，致力于实现创新驱动，仍然是当前我国镁合金行业面临的重要课题。

虽然目前国内外钛市场处于周期性低谷，但产业依然有广阔的发展空间，尤其是在大飞机等重大航空工程项目、海洋工程项目的拉动下，我国钛合金产业的发展前景美好。预计，2014 年世界钛材产量将达到 17 万吨左右，未来两年产量年均增长率将达到 9.6%。

（三）先进高分子材料

（1）结构性高分子材料方面，聚烯烃的合金化、高性能化及多样化成为汽车、轨道交通及家电、居家建筑材料等家用材料领域的主要选择。

（2）太阳能电池高分子材料方面，具有质量轻、柔韧易加工、制作工艺简单、成本低、可大面积制备等突出优点，将使得高分子材料在太阳能电池材料中仍具极大竞争力。

（3）医用高分子材料方面，未来将着力研究医用高分子新材料的生产安全性和使用范围，更重要的是从借用和改性逐步深入分子设计和结构设计层次开发新材料；同时也需结合实际临床需要，克服医用材料研发周期长、见效慢等缺点，做到产学研三者结合。

（4）高分子膜材料方面，研发焦点将集中在海水淡化反渗透膜材料、水质净化纳滤材料、MBR 专用膜材料的开发与利用上。

（四）新型无机非金属材料

节约能源是我国的基本国策，建筑是节能领域的三大主战场之一。建筑能耗占全社会总能耗的比例已经达到 30%以上，建筑能耗的 50%是通过门窗流失的，门窗节能的关键在于玻璃。因此，Low-E 中空玻璃、真空复合中空玻璃等高效节能玻璃的推广使用是时代进步的标志，也是建筑节能形势发展的必然结果。因此，围绕我国建筑节能、环保、绿色建筑的可持续发展和生态文明建设的大趋势，积极开展中空玻璃新产品、新工艺、新技术、新装备的创新研发和质量升级将是未来玻璃行业发展的主要方向。

（五）高性能纤维及复合材料

随着碳纤维趋于高性能化，以及成本和价格不断下降，民用、工业用量将继续保持快速增长，航天航空和体育休闲用量将稳定增加。据行业预测，到 2015 年，国内碳纤维需求量约为 1.5 万吨/年，到 2020 年约为（2～3）万吨。随着节能减排要求的提高和行业竞争格局的转变，国产芳纶在光缆、汽车、航空、轨道交通等领域也面临着历史性机遇。我国超高分子量聚乙烯纤维的发展主要方向是降低生产成本，提高单线产能，提升质量，发展生产注射成型牌号、纤维牌号和超细 UHMW PE 等特殊牌号产品，积极拓展防护和绳缆等民用市场，满足尖端技术领域（深海、远洋、航空航天、极地科考等）的消费需求，提高自主保障能力。

（六）前沿新材料

随着我国对超导材料、纳米材料、生物材料和智能材料技术研发的日益重视和产业化进程的持续推进，目前我国前沿新材料具备了一定的产业基础，形成了一批能够从事前沿新材料生产的企业。未来纳米材料将在家电、服装、建材等领域实现较大规模应用，在航天、光电信息、生物医药等工业领域也将逐渐拓展应用范围，纳米材料需求将不断增加；超导材料将在能源、医疗、交通行业的发展刺激下将继续增加，能耗低、环境友好型的超导材料将成为未来发展方向；生物材料的未来需求随着我国人口规模的增长、居民生活条件的改善以及医疗改革的逐步推进将大大增加。

行·业·篇

第二章

重点新材料领域发展情况

第一节　特种金属功能材料

一、稀土功能材料

（一）产业发展现状

1．全球产业发展现状

2013 年，全球稀土消费量为 11.65 万吨，同比上升 23.8%；中国稀土消费量为 7.8 万吨，环比上升 20.4%。消费量大幅增长的原因在于：2012 年，稀土价格高企抑制消费，全球消费量下滑至 9.4 万吨，较之 2011 年下降 22.9%；2013 年稀土价格持续回落，支撑消费上升。尽管 2013 年稀土消费增速比较高，但较之 2010 年还有较大差距。2010—2013 年全球稀土消费量参见表 2-1。

表 2-1　2010—2013 年全球稀土消费量

（单位：吨）

年　份	2010	2011	2012	2013e
全球消费量	134 875	122 110	94 097	116 500
中国消费量	87 025	83 110	64 797	78 000
中国占比（%）	64.52	68.06	68.86	66.95

资料来源：中国有色金属工业协会。

2013 年，稀土应用占比最大的领域仍然是磁体，达到 24%；催化剂占比为 21%，位居第二；金属合金、抛光粉分列其后，占比分别为 18%和 15%；其他应用领域包括荧光粉、玻璃、陶瓷等，如图 2-1 所示。

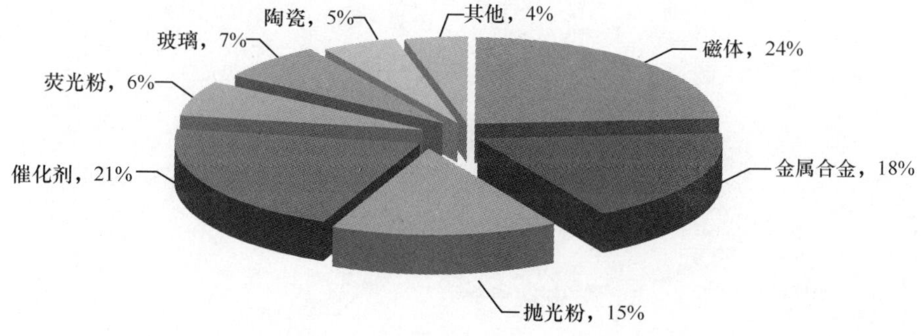

图 2-1　2013 年全球稀土应用结构

除中国外，全球主要的稀土消费国包括日本、美国、欧洲、加拿大等，但消费领域各有侧重。

（1）日本。2011—2012 年，为了应对稀土价格高企，日本国内加速了稀土替代技术、减量化应用技术研究及开发，以及注重稀土循环利用，使得稀土消费量明显缩减，由 2010 年的 3.303 万吨下降至 2013 年的 2.345 万吨，降幅高达 29%，参见表 2-2。

表 2-2　日本稀土在各领域需求情况

（单位：吨）

年　份	2010	2011	2012	2013e
抛光粉	10 000	3000	2000	2500
玻　璃	3800	2630	1100	650
荧光粉	1300	1060	820	650
催化剂	4460	4910	5455	5970
陶　瓷	730	580	550	580
磁　体	7610	6680	6340	6930
电　池	3360	3370	4765	5120
钢铁冶炼	1570	850	850	850
其　他	200	200	200	200
合　计	33 030	23 280	22 080	23 450

资料来源：中国有色金属工业协会。

日本稀土消费变化最为明显的是抛光粉，2013 年抛光粉领域消费稀土仅为 0.25 万吨，较之 2009 年的 1.28 万吨下降 80.5%，这主要是因为：日本企业大量循环利用抛光粉废液；电视机、计算机销售萎靡不振，大型液晶显示器、硬盘驱动器用玻璃基板等领域需求下滑。在催化剂、磁体、电池 3 个领域不但没有明显萎缩，反而保持了一定幅度的增长。

磁体是日本稀土应用比例最大的领域，为 29%；催化剂、电池、抛光粉分列二、三、四，分别为 25%、22%和 11%，如图 2-2 所示。

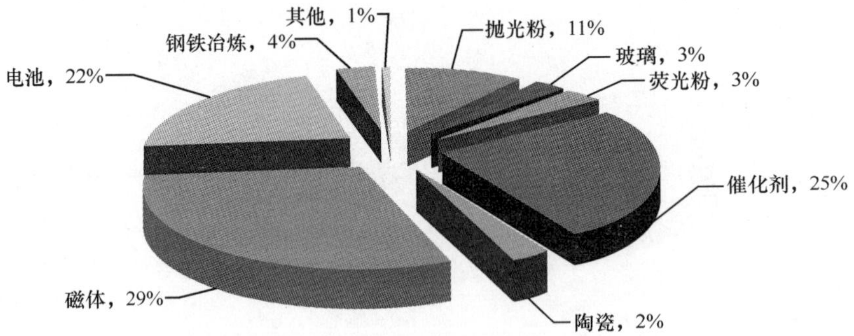

图 2-2　2013 年日本稀土应用结构

2011 年开始，由于进口受限、价格高企，日本企业持续推进摆脱稀土或不用稀土的研究、开发、应用，并取得了较为显著的成果。早在 2007 年，面对大量投机资金流入商品市场，资源价格快速上涨，日本政府就有了危机感。经济产业省（部）和文部科学省（部）相继开展了“替代技术的基础研究”和“替代技术的应用研究”，日本文部科学省（部）将之命名为“元素战略项目”，核心指导思想可以用东京工业大细野秀雄教授提出的“如果能从周围的元素中提取出未知的性质，就能打开新的用途”来概括，最终有超过 20 所大学和企业参加了相关项目的研究和开发，研究的重点领域参见表 2-3。

表 2-3　日本稀有稀土金属替代战略的重点研究领域

领　　域	主要研究课题
磁性材料	钕合金替代高性能磁体所使用的镝元素
电子材料	铟的替代物，即透明电极所使用的氧化锌
	半导体所使用的镓、砷的替代材料
催 化 剂	混合金属和有机物等替代贵金属催化剂
电池材料	二次电池所使用的新材料
构造材料	高强度钢材添加的铌和钼的减量化应用
稀有金属	切削工具的钨被钛合金所替代
荧光粉材料	荧光粉材料需要的铽等替代新材料

“元素战略”能够使得日本成功应对稀土市场的变动，主要原因包括：能够预见到将来的危机，官方与民间得以快速反应并应对；日本在材料专业领域有极为深厚的积累，并对潜力进行充分挖掘。2012 年开始，“元素战略”进入第二期。文部科学省（部）提醒，尽管铌、钼当前能够稳定地采购，但进口主要依赖于特定的国家，不能无视这个风险。由此，汽车所使用的高强度钢板中必不可少的铌和钼元素的替代技术被确定为重点课题。2013 年 4 月，日本政府内阁会议确定了海洋基本计划，要求经济产业省、文部科学省、国土交通省等联合推动面向海底资源的开发。

（2）美国。2013 年，美国稀土消费量达到 0.85 万吨，是近年来的消费高峰，主要是因为美国钼公司复产，提升原材料供应保障能力的同时，实施上下游一体化发展战略，促进了稀土应用，参见表 2-4。

表 2-4　2010—2013 年美国稀土消费量

（单位：吨）

年　　份	2010	2011	2012	2013e
美国稀土消费量	7000	7790	5700	8500

美国稀土消费领域与日本明显不同：催化剂领域占稀土消费的比例高达 65%，这与其石油、汽车工业发展以及严格的尾气排放标准密切相关。稀土在磁体的消费

占比仅为 9%，远低于中国、日本等国家，如图 2-3 所示。

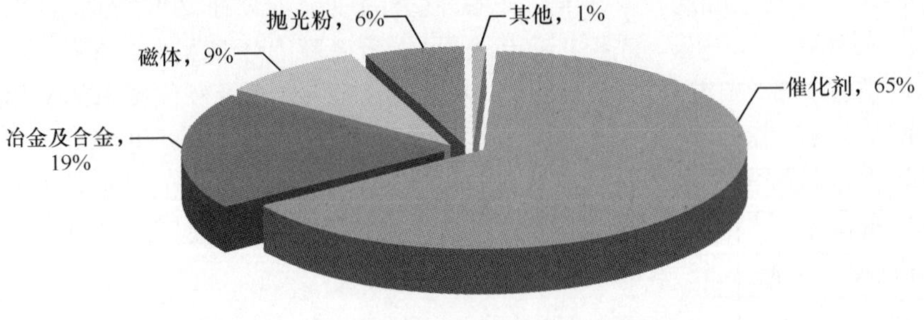

图 2-3　2013 年美国稀土应用结构

（3）欧洲。欧洲稀土消费量曾一度超过 1 万吨，但随着产业布局调整，大部分生产线转移至具有资源优势的国家，或者更贴近需求市场。近年来，欧洲本土稀土消费量已经下降至 0.3 万吨，其应用结构如图 2-4 所示。

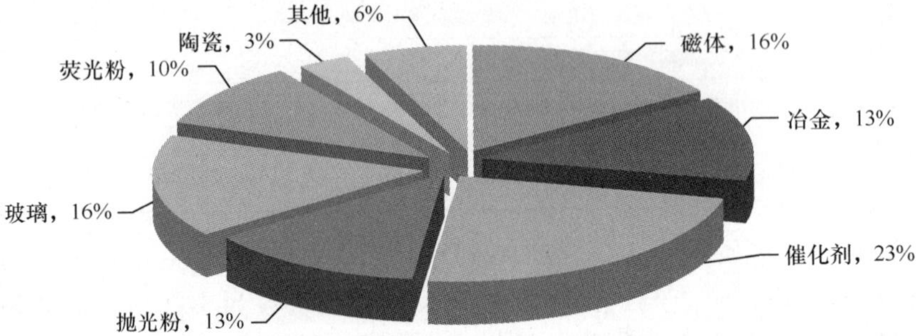

图 2-4　2013 年欧洲稀土应用结构

（4）加拿大。加拿大稀土应用集中在永磁材料上，主要生产企业为 NEO 材料技术有限公司（NEO MATERIAL TECHNOLOGIES INC.）。该公司的前身为在加拿大多伦多证券交易所上市的 AMR 公司，于 2005 年 8 月并购麦格昆磁公司后更名。麦格昆磁公司最早于 1982 年由通用汽车公司（GM）创建，是通用汽车的一个业务分部。麦格昆磁公司以科技为先导，以专利战略为依托，在成立后 20 年的时间内，成为在黏结钕铁硼磁粉中占有绝对份额，业务领域跨越黏结钕铁硼、烧结钕铁硼、钐钴磁体、铝镍钴磁体以及铁氧体等领域，分公司遍布亚洲、美洲、欧洲的磁性行业巨头。截至 2013 年，麦格昆磁仍然独家拥有黏结钕铁硼快淬磁粉（MQ 磁粉）专利，在黏结钕铁硼领域占据垄断地位。麦格昆磁公司十分重视专利战略的应用，从早期同日本住友公司竞争开始，在世界范围内抢夺基本成分专利拥有权，到添加钴的基本专利延伸，然后到制备专利、外围产品专利网络兴建，再到对全球主要电子公司大范围的专利诉讼，专利战略始终是麦格昆磁公司商业竞争运用的主要手段，并成为该公司发展的核心战略之一，并且为其取得竞争优势打下坚实基础。据不完全统计，麦格昆磁公司在世界各地申请的磁性材料专利达到219项，参见表2-5。

表2-5　麦格昆磁公司专利申请区域汇总

国家或地区	专利总数	以通用公司名义	以麦格昆磁公司名义
加拿大	20	19	1
世界知识产权组织	8	1	7
美国	63	56	7
欧洲	32	29	3
德国	34	31	3
中国大陆	9	7	2
西班牙	2	2	
巴西	4	4	
韩国	3	3	
墨西哥	5	5	
日本	20	20	
英国	1	1	
法国	2	2	
澳大利亚	12	10	2
新加坡	3	3	
中国台湾	1	1	
合　计	219	194	25

2．国内产业发展现状

2013年，我国稀土消费量为7.8万吨，同比上涨20.38%。其中，永磁材料消费量为3.9万吨，位居第一；随着环保要求越来越严格、汽车尾气排放标准不断升级、油品质量指标要求越来越高，稀土在石油/化工、催化材料领域的应用量保持稳步提升，特别是石油/化工领域，已经成为第二大消费板块；荧光材料消费量迅速下降，主要是因为传统的三基色荧光粉节能灯逐步被LED取代，每只LED稀土单耗大幅下降且寿命更长。其稀土消费结构参见表2-6。

表2-6　中国稀土消费结构

（单位：吨）

年　份		2010	2011	2012	2013e
传统领域	冶金/机械	11 200	10 100	1000	3800
	石油/化工	7500	7500	7600	8000
	玻璃/陶瓷	7600	7000	7000	7500
	农轻纺	6900	3500	2500	3000

（续表）

年　份		2010	2011	2012	2013e
新材料领域	荧光材料	5000	4800	3100	2800
	液晶抛光	4600	4800	5000	4900
	永磁材料	34 125	36 600	30 847	39 000
	储氢材料	6300	4430	3190	4000
	催化材料	3800	4380	4560	5000
总　计		87 025	83 110	64 797	78 000

近年来，稀土消费量受到稀土价格变动的影响非常明显：2011—2012 年，投机资金大量进入稀土商品市场，导致稀土价格迅速上扬，抑制了稀土需求，消费量连续 2 年下滑，2012 年仅约为 6.5 万吨，较之 2010 年 8.7 万吨下降 25.5%；2013 年，随着稀土价格回落至较低水平，消费量回升，环比涨幅明显，但实际消费量远未达到2010 年的最高水平。近年来稀土价格变动情况如图 2-5 所示。

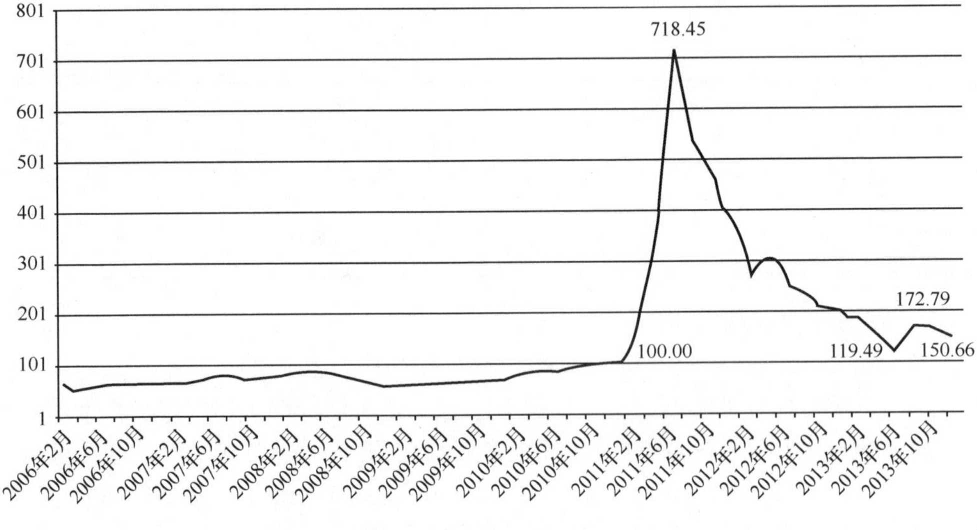

图 2-5　稀土氧化物月度价格综合指数

（二）重点品种发展情况

1. 永磁材料

进入 21 世纪以来，稀土永磁材料成为推动我国稀土消费量增长的主要力量，消费占比快速上升。我国钕铁硼已经形成的产能约为 24 万吨，集中在宁波、京津、山西、包头、赣州、山东、安徽、甘肃、福建等地区，企业分布较为零散。据估计，国内拥有合金制备能力高达 40 万吨，且由于普遍采用氢破技术，制粉能力也达到 40 万吨。但由于磁体性能要求高、形状多样、工艺流程长，导致压型烧结设备能力无法完全发挥，因而实际上 24 万吨产能并不等于实际设备能力。目前新建产能还有 5 万吨，具有特色优势的包括江钨、广晟以及中科世纪。

稀土永磁材料相关技术及专利是日本、美国、加拿大、欧洲各国的必争高地，全球磁性材料技术、专利基本由这些国家所垄断。在黏结钕铁硼方面，加拿大麦格昆磁公司长期垄断了黏结钕铁硼磁粉的专利，导致我国生产黏结钕铁硼均需向该公司购买昂贵的磁粉，黏结钕铁硼产量仅为烧结钕铁硼产量的 1/19。突破发达国家的专利、技术限制，成为国内稀土永磁材料生产企业的共识。

江西江钨稀有金属新材料有限公司招聘了归国科技人员，启动了稀土速凝纳米合金片项目。经过深入研发及生产经验积累，该公司已经在黏结钕铁硼领域获得专利、技术及装备的突破，基本具备产业化生产的能力。随着项目建设的推进，将打破麦格昆磁公司的全球垄断地位，提升我国自主生产高端磁性材料的能力。

广晟有色金属股份有限公司与日本 TDK 株式会社、日本东海贸易株式会社共同投资成立中日合资广东东电化广晟稀土高新材料有限公司，年产 4000 吨高性能烧结钕铁硼永磁材料，并由 TDK 进行销售。东电化公司注册资本 3300 万美元，其中广晟以现金出资 1221 万美元，占该公司注册资本的 37%；TDK 以现金出资 1947 万美元，占该公司注册资本的 59%；东海贸易以现金出资 132 万美元，占该公司注册资本的 4%。

钐在稀土矿物中含量较高，但目前应用范围狭窄，主要用于钐钴磁体，是过剩量较大的元素之一。钐铁氮磁体是钐的新兴应用领域之一，具有其明确的市场定位：铁氧体性能不及、钕铁硼不易制备的高性能柔性橡胶磁体和刚性尼龙注射磁体，现有的市场潜力已经高达 10 多万吨。全球范围内，仅有日本实现了钐铁氮磁体的工业化应用，我国钐铁氮的工业化生产处于起步阶段。经过多年的技术攻关，福建中科世纪金属有限公司已经初步具备了钐铁氮磁粉及磁体产业化生产的能力，并在福建龙岩稀土工业园区投产。该项目的投产，不但能平衡稀土元素应用，也使我国成为日本以外有能力自主生产钐铁氮磁体的国家。

2．交流 LED

现有的 LED 照明光源只能使用直流电作为驱动，使用普通照明电源必须经交、直流转换，带来电能耗损高、元器件寿命短、产生热量大、电源成本高、设备占有空间大等问题。交流电在其周期内要经历电流值从大到小和正反向的过程，使用交流电驱动 LED 芯片时，芯片的发光也会具有同样的周期变化过程，从而导致发光频闪。因此，加速开发不需要交、直流电源转换，可直接使用交流电驱动的新一代 LED 照明光源成为各国竞相研发的焦点、抢占战略制高点的关键。

中科院长春应化所研究员张洪杰、李成宇带领的课题组和四川新力光源公司联手在国际首创了新型交流 LED 新技术——AC-LED 照明技术。课题组创新性地发明了发光寿命可调并与交流供电频率匹配的稀土 LED 发光材料，以此为核心发明了新一代交流 LED 白光照明光源技术，解决了交流 LED 发光频闪的世界性难题。该技术已经投产，制作了泡灯、筒灯、管灯、射灯 4 大类产品，与传统直流电源驱动的 LED 相比，具有散热好、能量转换效率高、体积小等优势，寿命提高 1 倍以上，能耗和成本分别降低 15%和 20%以上。产品通过美国 UL 和欧盟 CE 认证，年产能超过千万套，并销往海外多个国家。

（三）行业发展重大事件

1. 国务院召开稀土行业管理专题会

2013 年 12 月 19 日，国务院副总理马凯主持召开研究加强稀土行业管理有关工作的专题会议，国家工信部、国家发改委、国家财政部等 12 个部门的负责同志参加了会议。会议研究了进一步加强稀土行业管理的各项措施并部署了下一阶段工作，同时批复了“1+5”稀土大集团组建方案。大集团组建方案的批复将对我国稀土产业格局产生重大影响。

2. 包头稀土研究院磁制冷技术取得较大进展

室温磁制冷技术是新型的制冷技术，与传统的气体制冷技术相比具有高效、节能、环保友好等优点，世界各国都很重视室温磁制冷技术的研发，法国、英国、美国、德国、荷兰、日本、巴西等国均在开发实用型磁制冷机。包头稀土研究院在室温磁制冷领域已经开展了十多年的研发工作，在磁制冷材料制备、磁场系统以及磁制冷机的设计与制作等方面取得了一些成果，得到国内外同行的认可；在材料方面掌握了公斤级 La 系、Gd 系材料及各种形状磁工质的批量制备和 La 系吸放氢控制工艺；重新设计的室温磁制冷机，连接 4L、50L 和 70L 工作空间的测试结果理想，其中 4L 空间下已可将两罐啤酒从室温（24℃）冷却至 7℃，后两种大容量工作空间的测试显示出较大的提升潜力。目前正与海尔公司联合开发实用型室温磁制冷机。

3. 五矿有色与日本村田合资稀土电子应用项目

五矿稀土集团下属广州建丰五矿稀土有限公司与日本村田制作所合资成立的佛山村田五矿精密材料有限公司在佛山五沙工业园顺利竣工投产。该项目由村田制作所集团持股 90%、广州建丰五矿稀土有限公司持股 10%。村田五矿主营片式多层陶瓷电容器纳米材料，今后将承担无锡、新加坡、菲律宾三地村田工厂的原材料供应。由于该高新纳米技术及其约 50 个特有专利被村田高度保密，村田五矿是日本电子行业首次将该类技术导入中国进行生产。村田五矿在五沙工业园占地面积约 30 亩，一期投资达 6360 万美元，达产后年产值 3.6 亿元。计划到 2016 年，二期将在不增加土地的情况下，再追加 3000 万美元投资。该项目引进了目前国际最前沿的核心技术，填补了我国稀土粉体加工及应用的空白。

4．我国科力远镍氢车用动力电池及美国特斯拉锂离子车用动力电池

2011 年，松下公司以 4000 万元人民币向湖南科力远新能源股份有限公司转让旗下湘南工厂的车载用镍氢电池相关的生产设备、研发部门以及客户资源等，并授予相关的知识产权使用权。2013 年，科力远下属湖南科力远长沙工厂正式投产，成为我国首条镍氢车用动力电池全自动化生产线，首次实现了国际先进镍氢汽车动力电池制造的国产化。

（四）2014 年发展趋势预测

2014 年，稀土价格将大体保持平稳，较之 2013 年略有下降，有利于稀土消费量的增长。预计 2014 年稀土消费量将达到 12.7 万吨，环比增长 9%。稀土永磁材料消费占比进一步扩大，达到 26%；金属合金占比 19%，位居第二；催化剂、抛光粉分列其后，占比分别为 17.5%和 15.5%，如图 2-6 所示。

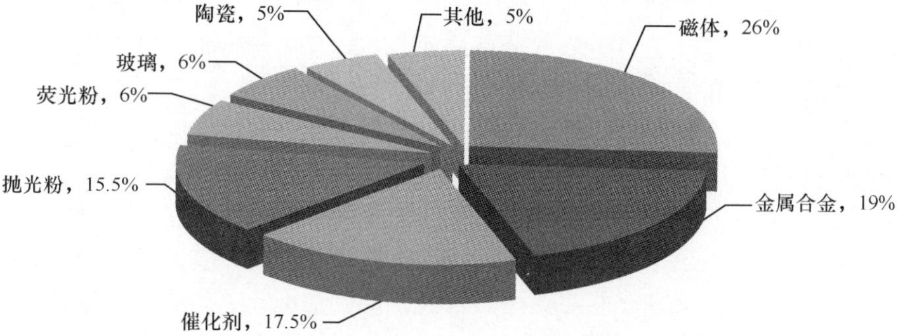

图 2-6　2014 年全球稀土消费结构

中国是稀土生产大国，也是消费大国，但消费规模与生产规模的长期失衡导致稀土产业发展经济效益较差。已有的稀土应用工业体系几乎均来自于国外，更多的是承接应用强国相对落后的生产技术及装备，且应用体系尚不完整，诸多领域处于空白，技术储备单薄，更加剧了产业上下游环节的矛盾。促进稀土应用必然成为我国稀土产业发展的重中之重，要努力扩大稀土应用领域，挖掘市场潜力，弥补应用缺口。对于位居世界领先地位、拥有自主知识产权的先进技术，如磁制冷技术、交流 LED、钐铁氮磁体等，应积极推进工业化生产，尽早布局国内外市场，占据竞争主动地位，力争引领新型稀土新材料的发展；同时要注重科学制订专利战略，最大限度地维护自身利益。

二、铜功能材料

铜是重要的导电功能材料，是现代信息社会建设的重要支撑，尤其是在电力、电子以及空调制冷领域，铜材料具有广泛用途。

（一）产业发展现状

1．全球产业发展现状

2013年世界铜材料产业总体运行平稳，总体呈现恢复增长势态。

（1）生产量出现明显增长。2013年世界铜材料产量超过2250万吨，比2012年增长12.5%。

（2）消费量继续温和回升。2013年世界铜材料消费量为2280万吨，比2012年提高近3.3%。

（3）贸易量降速开始趋缓。2013年世界铜材料的贸易总量为890万吨，比2012年下降1.4%。其中，进口总量为380万吨，同比提高3.4%；出口总量为510万吨，同比下降4.7%。

（4）产业重心加剧倾斜。2013年世界主要铜材料生产国，即中国、美国、德国、日本、韩国、意大利“六强”国家的合计产量在世界生产总量中的占比达到92.9%，比2012年提高了0.9个百分点；而2013年亚洲铜加工材的生产量在世界总产量中的比例也由2012年的72.4%上升至75.6%，再次创下历史新高。同时，德国、中国、美国、意大利、法国5个铜材料贸易大国2013年的贸易量占世界总量的45.1%，比2012年扩大0.5个百分点。

总体看，2013年世界铜材料的生产、消费、贸易形势都在继续好转，并显现企稳回升趋势。这主要是由于中国铜材料产业的快速发展，成为世界铜材料行业得以平稳运行且恢复增长的最主要支撑。目前，德国Aurubis公司依然保持世界最大铜材料生产企业地位，每年可生产大约100万吨的阴极铜和超过120万吨的铜加工材及制品，铜材产品包括铜线杆、连铸铜型材、轧制铜材、特殊铜线材等。当前世界铜材料产业发展具有以下几个突出特征。

第一，生产继续向新兴经济体转移。2013年日本古河电工关闭了国内的Imaichi铜箔生产工厂。该工厂主要生产电子工业用印制电路板电子铜箔，关闭后，其业务将转移至中国台湾的铜箔生产厂，以降低经营成本。同时，该工厂整合旗下铜板带业务，其铜板带产量将缩减10%左右，同时扩张在中国的铜板带产量和销售量，以应对日本汽车制造商的需求。

第二，国际贸易争端加剧。2013年，加拿大国际贸易法庭对原产于和进口自中国、巴西、希腊、韩国和墨西哥的铜管做出反倾销产业损害终裁，并对原产于和进口自中国的铜管做出反补贴产业损害终裁，裁定涉案产品对加拿大国内产业造成了损害。因此，加拿大边境服务署将继续对涉案产品征收反倾销和反补贴税。

第三，开发贴近人民生活的新材料。2013年，日本三菱伸铜公司开发出一种新型高性能铜合金，该新铜合金具有高强度和出色的耐变色性，同时具有强力杀菌性能。日本北里大学医学部和北里大学医院对其杀菌性能和医院环境下的耐变色性进行了大约两年的野外试验，证实这种材料对金黄色葡萄球菌、大肠杆菌、铜绿假单胞菌以及这些致病菌的耐药菌具有出色的杀菌特性。

2. 2013 年我国铜材料产业发展情况

（1）生产和消费。2013 年我国铜材料产业继续平稳发展，总产量达到 1460 万吨的水平，其中铜管、铜板带、铜棒、铜箔、铜线几大类铜产品的产量分别超过 250 万吨、260 万吨、180 万吨、30 万吨和 550 万吨，其中铜线产量持续快速增长。2010—2013 年我国铜材料生产量参见表 2-7。

表 2-7　2010—2013 年我国铜材料生产量

（单位：万吨）

种　类	2010 年	2011 年	2012 年	2013 年
铜加工材	985.2	1037.3	1101.4	1350.0
其中：铜管	176.2	211.3	208.5	250.0
铜板带	213.8	202.0	226.8	268.0
铜棒	146.4	157.9	157.7	186.0
铜箔	29.9	29.0	23.7	31.0
铜线	374.4	399.0	434.0	555.0
其他	44.5	38.1	50.7	60.0

浙江、江西、江苏、安徽、广东 5 个省份是全国铜材料生产的主要地区，2013 年上述 5 个省份的合计产量为 920 万吨，占全国总量的 68.1%。

随着中国经济的稳步发展，特别是在加速区域经济建设与产业集聚效应的推动下，中国铜材料生产出现从沿海快速向内陆中西部省份转移的趋势，尤其以江西和安徽的发展最为迅速。2013 年，江西铜材料产量突破 200 万吨，安徽产量达到 170 万吨水平。内蒙古自治区、湖南、云南等地也因铜线建设项目的陆续投产，产量进入快速增长期。

近几年，我国铜材料的消费量呈现快速增长之势，2013 年超过 1366 万吨，比 2012 年增长 22.1%。我国主要铜材料的消费结构保持相对稳定，消费量在 200 万吨左右的主要是 3 大主导产品。其中，铜线材的消费一直呈现持续快速增长的势头，2013 年消费量超过 570 万吨，占总消费量的 41.8%；铜板带与铜管材的消费增长相对平稳，2013 年分别为 278 万吨和 234 万吨，在总消费量中的比例为 20.4%与 17.1%。2010—2013 年我国铜加工材表观消费量参见表 2-8。

从实物表观消费情况来看，铜材料主要生产地也是消费最多的地区。从铜材料生产最多的 5 个省——浙江、江西、江苏、安徽、广东的情况看，其表观消费量基本都在 130 万吨以上，占全国消费总量的 75%以上。

（2）进出口贸易。我国铜材料一直呈净进口格局。2013 年，我国铜材料进口量为 65 万吨，比上年下降 2.8%；出口量为 49 万吨，比上年下降 0.8%；净进口 16 万吨。

表 2-8　2010—2013 年我国铜加工材表观消费量

（单位：万吨）

种　类	2010 年	2011 年	2012 年	2013 年
铜加工材	1025.3	1065.4	1118.9	1366.0
其中：铜管	162.6	196.6	194.3	234.0
铜板带	227.6	213.8	236.6	278.0
铜棒	154.2	165.2	164.1	192.0
铜箔	44.2	40.5	32.4	39.0
铜线	399.7	419.4	449.3	571.0
其他	37.0	29.9	42.2	52.0

从当前国际经济形势与市场需求状况分析，未来我国铜材料的进出口贸易虽有保持稳定或略为回升的可能性，但总体上仍将继续承受较大压力，面临极大考验。

我国铜材料进口量中最多的是铜箔、铜丝、铜板带 3 大类产品。2013 年，这 3 类铜材产品的进口量分别为 25 万吨、18 万吨和 13 万吨，分别占全部铜材料进口总量的 38.5%、27.7%和 20%。近年来，中国台湾、韩国、日本、印度尼西亚、德国、马来西亚、俄罗斯等地成为中国铜材料进口的主要来源地。其中，前 5 个来源地的进口量近 3 年一直占到总进口量的 80%以上。

铜箔、铜管、铜管附件是我国铜材料中出口最多的 3 类主导产品。2013 年，这 3 类产品的出口量分别为 17 万吨、17 万吨和 8 万吨。与 2012 年相比，除铜管的出口量出现恢复增长外，其他两类产品的出口量将有所下降，在全部铜材料出口总量中的占比分别为 35.4%、34.8%和 17.4%。中国铜材料出口以周边近邻国家和地区为主。其中，中国香港、韩国、美国、泰国、日本、印度、马来西亚等一直是出口的主要目的地。不过，对前 3 大目的地——中国香港、韩国和美国的出口量，在 2012 年下降至 19.7 万吨的基础上，2013 年继续减少至 18.8 万吨，且在总出口量中的占比也从 2012 年的 40.0%再次缩减为 38.5%。特别是美国对中国产精炼铜管进行反倾销制裁后，中国对美国的出口量在 2010 年骤降近 1/2，但从 2012 年开始已显现出回稳的迹象，且 2013 年保持恢复之势并至 3.5 万吨水平。

（3）铜材料生产企业经济效益情况。2013 年，由于原材料价格跌宕起伏、产品同质化竞争加剧、生产加工费不断下降、国内外经济形势复苏缓慢导致市场需求不确定等因素，使得国内多数铜材料生产企业处于“微利时代”。

铜材料上市企业的业绩报告显示，随着产量的增长，企业销售业绩继续保持上升趋势，经济效益也逐步摆脱了 2012 年的低迷阶段，出现小幅回升。

① 铜管行业。2012—2013 年间，国内外经济环境依然不佳，虽然美国及欧洲等主要消费国的经济出现复苏迹象，但铜管产品的下游消费依然低迷，同时国内虽然有空调行业能耗标准调整导致下游消费增长的提振，但下游行业需求还是不旺，导致铜管行业整体经营业绩偏弱。业绩报告显示，2013 年 1～3 季度铜管企业的销

售收入一直保持增长，表明企业的产销量处于恢复期；虽然上半年企业的利润依然处于近几年的低位，但三季度铜管企业的利润水平出现反弹走势，2013 年全年铜管生产企业的利润较好。例如，2013 年前三季度，海亮股份公司营业收入为 102.02 亿元人民币，同比增长 29.68%；净利润为 2.11 亿元人民币，同比增长 75.22%；毛利率和资产利润率分别为 2.07%和 2.77%。精艺股份公司营业收入为 19.48 亿元人民币，同比增长 28.94%；净利润为−0.11 亿元人民币，同比减少 186.38%；毛利率和资产利润率分别为−0.58%和−0.82%。

② 铜棒材行业。2012—2013 年间，我国铜棒材企业经营业绩较好，企业产量保持稳定增长，销售收入保持小幅增长。但受到生产成本增长以及铜价波动的影响，按照铜棒材企业“铜价+加工费”的运营方式来看，加工费下滑导致企业的利润水平低迷，因此企业的营业利润出现不同程度的下滑，2012 年的企业毛利率达到了近几年的低点，2013 年随着企业的整体业绩好转，企业毛利率同比有所增长。整体来看，2013 年我国铜棒材企业已经逐渐摆脱了前期的低迷阶段，并有好转的起色。2013 年前三季度，博威合金公司营业收入为 12.03 亿元人民币，同比增长 0.01%；净利润为 0.43 亿元人民币，同比减少 18.75%；毛利率和资产利润率分别为 3.6%和 1.81%。宏磊股份公司营业收入为 17.55 亿元人民币，同比增长 2.82%；净利润为 0.23 亿元人民币，同比减少 26.93%；毛利率和资产利润率分别为 13.1%和 0.93%。

③ 铜板带材行业。2012—2013 年间，我国铜板带企业业绩依然处在一个负利润阶段。受到国内外经济环境影响，铜价大幅下跌，导致企业的原材料成本高于销售加工成本，因此企业利润出现负增长。从 2013 年下半年开始，国内铜板带企业利润有所回升，但仍未能摆脱负利润阶段，这主要是由于国内铜板带企业众多，且多以低端产品为主，准入门槛低，企业竞争激烈，盈利空间缩小，致使公司盈利水平下降。但随着市场环境回暖，企业的业绩水平也出现好转，业绩呈现逐步反弹。

④ 铜箔材行业。2012—2013 年间，我国铜箔企业的利润水平增速放缓。铜箔产品利润较高，市场尚未饱和，竞争力度不大，加之近几年其下游电子产品的产量稳步增长，国内外需求量逐步上升，因此企业的销售收入及利润水平稳步增长。但受铜价波动影响，企业运营成本增长，加之下游消费有所放缓，因此我国铜箔企业高盈利时期已经过去，逐渐进入低利润时期。2013 年前三季度，中科英华公司营业收入为 10.21 亿元人民币，同比增长 36.58%；净利润为 0.04 亿元人民币，同比减少 59.36%；毛利率和资产利润率分别为 0.41%和 0.07%。超华科技公司营业收入为 6.4 亿元人民币，同比增长 27.17%；净利润为 0.34 亿元人民币，同比增长 9.56%；毛利率和资产利润率分别为 5.27%和 1.46%。

（二）行业发展重大事件

1. 河南新乡全顺铜业公司年产 10 万吨铜加工材产品项目首期投产

2013 年 1 月，河南省新乡全顺铜业公司年产 10 万吨铜加工材产品项目首期投产。一期总建设项目有5万吨无氧铜杆、2万吨铜扁线、1万吨铜排、1万吨换位导线、5千吨单晶铜、5千吨特殊用途电磁线等项目。项目总投资25亿元人民币，项目全部达产后，年销售收入可达91.86亿元人民币，实现利税15.6亿元人民币。

2．安徽鑫科公司15万吨/年铜线杆项目投产

2013年3月，安徽鑫科新材料有限公司新建年产15万吨铜线杆项目投产。目前正在进行小批量生产以调试设备。该项目自2011年11月开始建设，后来由于铜杆行业加工费处于较低水平，企业关闭了旧生产线，2013年公司计划复产10万吨铜线杆。

3．江西金品铜业公司铜板带项目开工建设

2013年3月，由中国香港华坤国际有限公司和浙江唐门金属结构有限公司投资成立的江西金品铜业科技有限公司年产15万吨高精宽幅铜板带以及电子级铜箔项目在抚州金巢经济开发区开工建设。该项目总投资20亿元人民币，占地324亩，计划年产高精宽幅铜板带10万吨、电子级铜箔5万吨，生产的高精铜板带产品将对抚州市电子元器件加工制造及精深铜材加工产业的发展起到推动作用。项目达产后年销售额可达98亿元人民币，上交税金4.5亿元人民币。

4．“中国海水淡化铜管产业技术创新战略联盟”成立

2013年4月，由中国有色金属加工工业协会牵头组织的“中国海水淡化铜管产业技术创新战略联盟”在浙江省诸暨市成立，确认国内23家铜加工企业加入该联盟。选举产生由海亮集团有限公司为联盟理事长单位，北京有色金属研究总院、中铝洛阳铜业公司等7家单位为副理事长单位，还有理事单位15家。该联盟的成立将促进我国海水淡化设备热交换铜合金管材在生产、技术和产品质量上的发展，为海水淡化设备提供优质的铜合金热交换铜管。

5．中色科技公司新型铜箔轧机试生产成功

2013年5月，中色科技苏州研究院研发的全新750mm铜箔轧机在苏州院完成带负荷调试并试生产。该机在苏研院技术人员的努力下，将设备性能和加工工艺参数完美结合，初始轧制0.155mm来料、C10200合金过程中，90%铜带在565m/min的高速轧制下完成生产，最终成品为0.03mm一卷，0.012mm一卷，产品带材尺寸公差和表明，板型及除油情况均达到预期效果。试生产的成功标志着由中色科技完全自主设计和建造的X型铜箔轧机已经达到设计预期，并填补了国内同类型轧机的空白。

6．上杭清景铜箔公司研发出7μm超薄铜箔

2013年7月，总投资8亿元人民币的上杭清景铜箔有限公司在经过1年的设备安装和调试后，成功研发出7μm的超薄铜箔，这项技术居于全国领先水平，产品主要面向汽车用锂电池和高端电子行业用铜箔。目前该公司在美籍华裔郑金财博士的带领下正在研发 6μm 铜箔项目，研发工作已接近尾声。该项目生产技术属最新专利创新技术，公司已取得多种发明创新的先进成果，其中 4 项发明创新成果已向国家知识产权局申报专利。

7．金龙集团出口美国铜管获反倾销税退款

2013 年 8 月，美国商务部对原产于中国的无缝精炼铜管材做出反倾销行政复审终裁，裁定金龙铜管不存在倾销。此前的 2011 年，美国国际贸易委员会对金龙铜管的反倾销税终裁税率是 11.25%，金龙铜管的墨西哥工厂被判的反倾销税率为 26.03%。这次终裁结果意味着美方要对墨西哥金龙公司和中国金龙公司此前预缴的反倾销税进行退款。

8．铜陵有色公司年产 22.5 万吨高导铜材项目建成

2013 年 11 月，铜陵有色公司年产 22.5 万吨高导铜材项目竖炉和轧机机组等重要设备已经安装完毕，项目单机测试已经结束，正在进行联机测试。联机测试成功后，将进行“点火烘炉”，二次烘炉结束后将进行生产线点火试生产。据了解，铜陵有色高导铜材项目引进的是德国一家公司的高端生产线，这条生产线最大的特点是“连铸连轧”，短流程、节省能耗。它生产的产品含氧量低，电导率高、延伸率好，广泛地用于高端电磁线、漆包线和海底电缆、核电缆和动车电缆。

9．国内最大超薄壁紫铜管在中铝洛阳铜业公司拉制成功

2013 年 11 月，中铝洛阳铜业有限公司成功拉制出外径大于 300mm、壁厚仅 3mm 的国内口径最大、壁厚最薄的超大口径紫铜管，并交付用户。2013 年以来，该公司实施市场化改革和运营转型“双轮驱动”战略，以市场需求为导向，依托技术装备优势，加快结构调整力度，积极培育新的经济增长点。该公司根据船舶用大口径紫铜管市场需求态势，组织技术人员进行技术攻关，目前，第一批超大口径紫铜管在该公司拉制成功交付客户，刷新了紫铜超薄壁大管径厚比的最高纪录。

（三）2014 年发展趋势预测

1．世界铜材料行业的发展形势

2014 年，世界铜材料行业的总基调不会出现明显变化。一方面，生产与消费继续低位企稳、缓慢回升；另一方面，贸易壁垒渐渐森严，国内外市场融合的难度加大。

在当前世界铜材料产业分工与贸易格局下，亚洲地区以及中、美、日三国在今后全球铜材料行业中的作用至关重要。而世界经济复苏与主要经济体制造业的好转，将成为未来全球铜材料消费保持增长、贸易活跃的最基本条件。

总体来看，我国在全球铜材料行业中的地位十分重要，作用极为突出。随着世界经济的逐渐复苏，预计未来 3 年世界铜材料产量增长速度将有所加快，2014 年

全球铜材料产量将超过 2460 万吨，而 2013—2016 年全球铜材料产量将以 4.9%左右的速度增长，参见表 2-9。

表 2-9　2014—2016 年全球铜材料产量与消费量预测

（单位：万吨）

项　目	2014 年	2015 年	2016 年
生 产 量	2359.5	2475.6	2598.8
消 费 量	2318.0	2351.0	2384.6
产销平衡	41.5	124.6	214.2

2．中国铜材料行业发展趋势

2014 年，中国铜材料行业的结构性矛盾仍将继续存在。一方面，在产品同质化严重的背景下，国内产能的扩张热情依然高涨；另一方面，市场需求增长相对平稳，将对企业改善经营状况造成压力。因此，2014 年，中国铜材料产量与消费量将继续保持增长，预计产量将超过 1410 万吨，表观消费量则接近 1460 万吨，参见表 2-10。

表 2-10　2014—2016 年中国铜材料产量与表观消费量预测

（单位：万吨）

项　目	2014 年	2015 年	2016 年
生产量	1444.5	1545.6	1653.8
表观消费量	1460	1561	1668
产销平衡	−15.5	−15.4	−14.2

从消费结构来看，2013—2016 年，中国电力行业的铜材消费量将从 2013 年的 483 万吨增长到 2016 年的 597 万吨；轻工行业的消费量将从 2013 年的 170 万吨提高到 2016 年的 210 万吨；交通运输行业的消费量将从 149 万吨扩大到 180 万吨；电子通信行业的消费量从 51 万吨扩大 60 万吨；建筑行业的消费量从 80 万吨扩大到 97 万吨。

3．主要产品价格走势与预测

铜材料的价格多以“电解铜价格+加工费”的形式确定。2014 年影响我国铜材产品价格的因素主要还是国内市场需求的变化。电力行业是我国铜材消费的第一大户，预计电力行业将继续加大投资力度，“电能替代战略”和风能源、光能源并网以及国家特高压工程等项目的实施，预示着未来电力行业对铜材需求的旺盛；汽车工业、电子工业和船舶制造业的发展也将继续扩大对铜材产品的需求。但对于多数产品而言，随着我国铜加工产能的继续扩张，大众产品的价格竞争将更加激烈，2014 年铜价格或将继续延续下滑态势。特别是国内铜加工企业产品同质化的矛盾依然严峻，市场需求增长空间又相对有限，致使大众化产品的价格基本没有上涨的支撑条件。

受前几年新建铜材料产能部分在2013年释放的影响，2013年我国铜加工新增产能达到130万吨左右，行业总产能预计达到1492万吨。预计2014年还将有以前的新建项目陆续投产，我国铜加工生产总产能将达到1626万吨。由于新增产能主要集中在中低端产品上，因此铜材料的同质化程度将加剧，未来行业竞争将更加激烈，预计2014年我国铜材料行业的平均产能利用率将在88.8%左右，较2013年略有下降。

三、硅材料

（一）产业发展现状

1. 全球产业现状

2013年下半年开始，国内外半导体行业触底反弹，但由于上半年半导体材料行业表现较为惨淡，致使全年业绩略有下降。2013年全球硅片产量90.67亿平方英寸，较2012年的100亿平方英寸有所减少；全球半导体硅片销售收入为79.6亿美元，同比2012年的91亿美元（修正）下降12.5%。

2013年全球多晶硅总产量（包括电子级和太阳能级）约为25万吨，同比增长约为10%；总产能约为40万吨；市场总需求量约为25万吨，其中包括半导体用多晶硅约为3万吨，太阳能电池用多晶硅约为22万吨。总体来看，全球多晶硅产业仍处于供过于求的阶段性产能过剩阶段，平均产能利用率约为55%，剔除中国多晶硅以外的海外多晶硅企业的平均产能利用率基本超过80%。受下游市场以及国际贸易政策环境等影响，国际多晶硅现货价格触底反弹，尤其是11月份以后，受“抢装”等影响，多晶硅价格大幅度上升，到2014年3月已经回升至22.6美元/千克左右，同比2013年初的15.4美元/千克上涨幅度达到46.75%。

全球200mm和300mm硅片的主要供应商是日本信越、SUMCO、美国MEMC、德国Siltronic 4大家，占有80%以上的市场份额。多晶硅产业的集中趋势也越来越明显：排名前4位的多晶硅企业产能达到19.5万吨（其中有江苏中能硅业公司），占全球总产能的50%；2013年产量超过18万吨，占全球总产量的72%。海外多晶硅主要集中在德国Wacker，美国Hemlock、MEMC、REC，韩国OCI，日本德山化工6家企业。目前，国外主要多晶硅生产企业开工率较高，大都达到了90%左右。

2011—2013年间，随着多晶硅销售价格不断刷新历史新低，受困于严重供过于求的市场局面，多晶硅企业被迫不断寻求降低成本的空间。部分企业陆续关停生产成本较高的老旧太阳能级多晶硅生产线；同时，国际先进企业在关键生产设备、原材料和生产工艺等各方面，依靠其多年的生产运营积淀以及西方国家先进的装备制造、基础研发能力，不断地进行技术改进演变和创新，除了使用传统钟罩式还原炉外，低成本流化床工艺开始应用和改进，如美国 REC 公司流化床反应器（FBR）多晶硅在 2013 年继续增产，产量达 16 145 吨，在该公司全部产品的比重由 2012 年的 73%提升至 82%。

区域分布方面，全球半导体硅片产能主要集中在日本、韩国、中国台湾和美国，分别占全球总产能的 23%、20%、19%和 15%；中国大陆硅片产能约占全球总量的 8%。多晶硅产品供应商主要集中在中国、美国、韩国、德国和日本等国家。2013 年，中国多晶硅产量约 8 万吨，连续 3 年位居全球首位，占全球总产量的 32%；美国、韩国、德国和日本产量分别为 5.5 万吨、4.8 万吨、4.3 万吨和 1.4 万吨，占比分别达到 22%、19%、17%和 6%。

2．国内产业现状

（1）产业规模。国内硅材料（包括多晶硅、单晶硅、铸锭硅、硅片等）主要应用领域仍然是以太阳能电池为主。2013 年上半年，受下游光伏市场影响，国内大部分多晶硅企业停产；下半年，在多晶硅“双反”初裁前后，多晶硅进口量有所抑制；同时，受下游政策推动、“抢装”市场行情影响，多晶硅价格回升，国内多晶硅企业纷纷复产，全年总产量达到 8.2 万吨，较 2012 年 6.4 万吨增长了 28%；产能约为 18 万吨，同 2012 年基本持平。2013 年，国内硅锭/硅棒总产能已超过 30 万吨，太阳能硅片产能超过 40GW，全年硅锭/硅棒总产量约 13.5 万吨，其中直拉单晶硅产量约为 4.5 万吨（含电子级以及区熔单晶硅约为 1200 吨），同比 2012 年基本持平。

半导体用硅片制造方面，我国依然是小尺寸（6 英寸以内）自主供应为主，8 英寸硅片北京有研硅公司、浙江金瑞泓公司已有部分供应。2013 年，我国 4～6 英寸半导体用硅片和外延片产量约 2.5 亿平方英寸，销售总额预计约为 40 亿元人民币。集成电路用大尺寸 300mm 和 200mm（8 英寸和 12 英寸）硅片仍以进口为主，与我国大尺寸硅片快速增长的市场需求形成巨大反差。

（2）市场需求。2013 年下半年开始，国内外半导体行业触底反弹，但由于上半年整体表现较为惨淡，硅材料价格同比有较大幅度的下降，致使全年硅材料市场规模缩减。2013 年，国内半导体硅材料市场规模约为 65 亿元人民币，同比下降 18%。

2013 年以来，受“双反”落地以及中国光伏利好政策的影响，国内太阳能电池多晶硅市场用量仍保持了增长势态，但增速放缓；2013 年，全年多晶硅用量为 16 万吨，同比 2012 年 14.5 万吨增长 10%；但同样受价格下跌影响，全年国内太阳能电池用多晶硅市场规模约为 220 亿元人民币，同比下降 12%。

（二）重点企业发展情况

国内从事半导体用硅片生产和研发的企业主要有：北京有研硅股份有限公司、浙江金瑞泓科技股份有限公司、天津环欧半导体材料技术有限公司、河北普兴电子科技股份有限公司、上海新傲科技股份有限公司、南京国盛电子有限公司等。在国家“02 专项”项目的支持下，多家单位研发成功 8 英寸硅片并批量进入市场。例如，浙江金瑞泓科技股份有限公司自 2010 年开始大批量产出 8 英寸硅片并供应市场，截至 2013 年年底，已累计实现销售 8 英寸硅抛光片和外延片产品 40 万余片。2013 年全年实现销售收入为 60 000 万元人民币，同比增长 20%；实现利润总额为 5200 万元人民币，同比增长 23%。天津市环欧半导体材料技术有限公司是我国大直径区熔硅单晶产业化基地，主导产品电力电子器件用半导体区熔单晶硅片综合实力居全球第三，市场占有率达到 18%（国内市场占有率超过 75%），截至 2013 年年底，已形成年产 4～6 英寸直拉、区熔硅单晶片 3300 万片产能，全年销售总额超过 10 亿元人民币。

我国多晶硅企业实力发展迅速，但总体竞争能力分布悬殊。2013 年，国内最大生产企业江苏中能硅业科技发展有限公司一家产量已达 5 万吨，占国内总产量的 60%，产能利用率达到 90%。而其他具有市场竞争力的一、二类企业纷纷扩产技改，如新特能源股份有限公司多晶硅项目 2013 年年底实现平稳生产，总产能达到 1.7 万吨，全年产量超过 1 万吨，这两家企业占国内总产量的 73%以上。新疆大全新能源有限公司一期 5000 吨项目，2013 年产出多晶硅 4800 吨，到 2015 年产能将扩至 12 000 吨；洛阳中硅高科技有限公司经过近 10 个月的停产技改后，年产 10 000 吨的生产线也已基本满产。以上企业大部分产能都超过 5000 吨/年，直接生产成本在 25 美元/千克以内，目前的售价已经可以实现盈利（至少可保证现金流为正）。而目前仍停产的大多数多晶硅企业，产能相对较低，生产成本一般仍超过 25 美元/千克，也没有足够的资金投入技改。随着我国多晶硅行业整合的深入，中小企业逐渐被市场淘汰，大型企业继续通过扩大规模、技改提升技术，走集中化、集约化的路线，产业集中度将进一步增强。

（三）技术水平

在国家“02 专项”等项目的扶持下，北京有研硅股份有限公司、上海新傲科技股份有限公司、浙江金瑞泓科技股份有限公司、天津环欧半导体材料技术有限公司、河北普兴电子科技股份有限公司和南京国盛电子有限公司等分别承担了 12 英寸硅单晶及硅片、8 英寸硅单晶片及外延片、8 英寸 SOI 材料、6～8 英寸区熔硅单晶和产业化等技术开发，其中 8 英寸硅片已批量进入市场，初步应用于分立元器件制造的重掺杂衬底片（抛光片）和重掺杂衬底外延片；8 英寸区熔硅单晶生产技术也取得突破；12 英寸硅片产品已完成关键技术开发，部分企业自主研发了 12 英寸单晶生长技术和切片、磨片技术，并与设备供应商合作的方法实施了 12 英寸抛光技术研发，确定了 12 英寸抛光技术线路，但距实际市场应用还有一定的距离。天津市环欧半导体材料技术有限公司的高效太阳能电池用 CFZ 硅单晶，拥有授权专利 1 项，受理专利 4 项，并不断进行过区熔炉的改进设计，以大量投料来提高单炉的产出率，以降低开炉成本来制备出低成本的 CFZ 硅单晶。

国内多晶硅产业化技术进步显著。在市场倒逼的情况下，国内多晶硅企业被迫对生产线进行技改，实现装备的升级更新和工艺的优选优化，在提高产量的同时降低生产能耗和成本。目前在产的多晶硅企业，除新建项目外，基本所有的生产线都进行了较大规模的技改，尤其是冷氢化技术、二氯二氢硅等副产物回收利用技术、热能回收综合利用等技术的应用，对降低生产成本起到了重要作用。例如，陕西天宏、洛阳中硅等公司，在停产期间通过余热利用、废气（如 H_2）回收、冷氢化系统调整、还原工艺调整等技术改造、优化，实现了生产成本由原来的 30 美元/千克下降至 18 美元/千克左右，效益十分明显。同时，我国多晶硅企业也在研发新工艺技术，如江苏中能公司正在做硅烷流化床工艺技术研究。据公司报道，流化床法制取多晶硅的中试项目取得突破，流化床法中试运行中，每千克多晶硅能耗电降至 25 千瓦时以下，一次转化率达到 98%，公司预计大规模生产后，可大幅度降低多晶硅生产成本和综合能耗。

（四）上下游产业发展情况

2013 年以来，我国半导体集成电路行业受国家政策支持力度加大和市场需求形势趋好推动，整体复苏态势强劲，产销增长加快，效益大幅提升，企业实力进一步增强，对提高我国电子信息产业核心竞争力发挥了积极作用。全球半导体市场经历 2012 年的衰退后，在智能手机、平板电脑、机顶盒及汽车电子产品等市场强劲需求的推动下，2013 年恢复增长。我国半导体集成电路行业抓住市场契机，在国家加快推动集成电路产业发展相关政策的支持下，全年完成销售产值 2693 亿元人民币，同比增长 7.9%，增幅高于上年 2.9 个百分点；累计生产集成电路 866.5 亿块，同比增长 5.3%。

2013 年，中国光伏产业发展之路可谓一波三折。在欧美反补贴税行动以及重复建设和产能过剩的影响下，国内光伏行业经历了连续近 6 个季度的亏损，陷入低利润回报、低成本竞争的“传统化怪圈”。2013 年下半年，日、美市场的崛起使得供需失衡局面得到一定程度缓解；2013 年 7 月，中欧就光伏双反达成协议，光伏产品价格企稳回升，骨干企业自 2013 年二季度起相继扭亏为盈；2013 年 8 月，装机规划、上网电价和补贴资金等政策出台后，国内市场加快扩张，部分企业为了抢在年底前并网以获得 1 元/千瓦时的上网电价，对组件需求迅速扩大，骨干企业都开足产能，同时也寻求中小企业代工，地方政府也积极给予本地企业优惠政策，力促其复工，市场供应正在加速。在国家启动国内应用的系列政策扶助下，光伏产业实现整体性扭亏。

（五）主要问题

随着光伏应用市场的逐渐回暖，多晶硅价格的上升，国内外又有掀起新一轮多晶硅扩产热潮，企业纷纷上调产能目标。海外产能扩充的脚步加快，国内在内蒙古、新疆等煤炭资源富集地区年产万吨甚至 5 万吨级的新项目规划也是不断出炉。然而，当前市场的供需平衡还比较脆弱，如果盲目扩张、竞相扩产，加之海外多晶硅的大量涌入，会再度出现产能过剩，光伏行业有可能会重新回到 2012 年的寒冬。因此，建议企业对潜在的产能过剩危机有充分的认识，对多晶硅产业可能引发的盲目扩张和重复建设保持警惕，并尽快做好结构调整、控制好总量。

（六）年度标志性事件

2013 年 7 月 18 日，商务部发布 2013 年第 48 号公告，决定自 7 月 24 日起对来自美国和韩国的进口太阳能级多晶硅采取征收保证金临时反倾销措施。初裁认定，自美国进口多晶硅的倾销幅度为 53.3%～57%，自韩国进口的倾销幅度为 2.4%～48.7%。

2013 年 9 月 16 日，商务部发布 2013 年第 63 号公告，对原产于美国的进口太阳能级多晶硅征收临时反补贴税保证金，反补贴税率为 0～6.5%。

2014 年 1 月 24 日，商务部发布 2014 年第 7 号公告，对原产于欧盟的进口太阳能级多晶硅决定暂不实施临时反倾销措施，并在 3 月份与德国瓦克化学就对华出口多晶硅达成价格承诺的共识。

（七）2014 年发展趋势预测

展望 2014 年，随着国内半导体产业的整体发展，对国产化半导体材料的应用验证将加强，国内硅材料企业的技术升级步伐将加快，部分材料在满足 8 英寸集成电路制造和先进封装技术要求的基础上，产业化应用会加强。随着补贴政策和产业规范政策力度加大，太阳能电池用多晶硅等材料的产业分布更趋合理。但由于国外多晶硅产品仍可通过加工贸易方式规避“双反”，价格继续上行的空间有限，因此企业仍将承受较大压力。

第二节　高端金属结构材料

一、高品质特殊钢

（一）产业发展现状

钢铁新材料是我国钢铁企业及有关科研单位研发创新的热点，代表了钢铁新材料研发的主要方向。一些基础性、前瞻性研究已取得阶段性成果，为进一步生产、开发和应用奠定了基础。为满足下游行业不断升级换代需求，占领高端市场，我国大型钢铁企业积极研发钢铁新材料，核电用钢、高磁感取向硅钢、特殊钢等钢铁材料的研发均取得了明显进展，有效满足了社会发展的需要，为国民经济稳定发展做出了直接贡献。具有自主知识产权的高档取向硅钢实现批量生产并已替代进口硅钢用于生产 50 万伏以上等级的超高压大型变压器；双相钢、复相钢、相变诱发塑性钢和马氏体钢等先进高强度汽车用钢产品批量用于国内外高等级汽车。

据中国特钢企业协会统计，协会会员单位 2013 年钢材产量合计为 11 230 万吨，同比增长 5%。按化学成分，其中非合金钢 4494 万吨，同比增长 3%，占总量 40%（优质非合金钢 2494 万吨，同比增长 2%）；低合金钢 3676 万吨，同比增长 4%，占总量 33%（优质低合金钢 911 万吨，同比减少 17%）；合金钢 2391 万吨，同比增长 7%，占总量 21%（优质合金钢 366 万吨，同比增长 19%；齿轮钢 312 万吨，同比增长 6%；轴承钢 287 万吨，同比增长 3%）。按钢材品种，其中棒材 2515 万吨，占总量 22%；线材（盘条）1827 万吨，占总量 16%；厚板 562 万吨，占总量 5%；中板 634 万吨，占总量 6%。

据中国特钢企业协会不锈钢分会统计，2013 年，我国不锈钢粗钢产量为 1898.4 万吨，同比增长 18.0%。其中，Cr-Ni 钢（300 系）977.1 万吨，同比增长 23.3%，所占份额为 51.5%，同比增长了 2.2 个百分点；Cr 钢（400 系）395 万吨，同比增长 23.1%，所占份额为 20.8%，同比增加了 0.9 个百分点；Cr-Mn 钢（200 系，包括部分不符合国家标准的产品）526.3 万吨，同比增长 6.3%，所占份额为 27.7%，同比降低了 3.1 个百分点。同期，我国进口不锈钢 77.5 万吨，同比增长 0.6%；出口不锈钢 265.3 万吨，同比增长 28.5%。2013 年，我国不锈钢表观消费量为 1482.4 万吨，同比增长 15.2%。总体上，2013 年国产不锈钢材满足国内市场程度进一步提高，自给率达到 94.8%，比去年增长了 0.8 个百分点。

（二）重点品种发展情况

1. 高牌号取向硅钢

高牌号取向硅钢研发重点是低铁损、高磁感。主要研发企业是武钢、宝钢、太钢、鞍钢等。目前，我国高牌号取向硅钢的最高水平为铁损低至 0.80W/kg 的硅钢片，宝钢、武钢采用低温工艺技术，可批量生产铁损低至 0.95W/kg 的硅钢片，已经成功应用于 500kV 大型变压器制造。

2013 年 5 月，由原材料工业司和装备工业司牵头，部内相关司局、钢铁工业协会、电器工业协会、电工钢生产和应用企业以及相关研究单位共同参加的高性能电工钢推广应用协调组成立。协调组的主要工作任务是推广应用高性能电工钢，加大高效节能电器推广力度，淘汰热轧电工钢等落后产品、Y 系列三相异步电动机等。开发生产高牌号无取向电工钢板带和 HiB 取向电工钢，提高和稳定生产能力，并努力降低成本，推进钢铁工业、电器装备制造业结构调整和转型升级，提升电器装备制造全产业链竞争力。

2. 新型不锈钢

新型不锈钢研发重点是低成本、耐腐蚀、耐高温、抗菌、高强度等方面，主要品种有新型双相钢、节镍型不锈钢、抗菌型不锈钢等，主要研发企业是太钢和宝钢。

2013 年，中国钢铁工业协会组织实施“资源节约型特殊钢关键技术及应用示范”国家科技支撑计划项目。该项目设有“镍资源节约型不锈钢产品开发及产业化关键技术研究”、“铬资源节约型不锈钢产品开发及产业化关键技术研究”等子课题。该项目主要预期目标是开发系列节镍不锈钢，包括高性能含氮双相不锈钢和高氮不锈钢，镍用量相对于普通 304 不锈钢节省 10%～30%；研制铬资源及钼资源节约型多种高品质不锈钢板带产品，包括节铬型的微合金化铁素体不锈钢、生态友好铁素体不锈钢、具有 TRIP 效应的经济双相不锈钢以及节钼型的铁素体不锈钢和奥氏体不锈钢，节铬型产品相较于传统铬系 430 不锈钢可节铬 10%以上，节钼型产品相较于传统铬钼系 444 和铬钼镍系 316L 不锈钢可节镍 20%以上。目前，“镍资源节约型不锈钢产品开发及产业化关键技术研究”课题相关产品累计实现供货 7622 吨以上，申请专利 5 项，发表论文 7 篇。其中，双相不锈钢累计开发 7000 吨以上。“铬资源节约型不锈钢产品开发及产业化关键技术研究”课题相关产品累计实现供货 7815 吨以上，申请专利 11 项，发表论文 3 篇以上，产生企业技术秘密 4 项。其中，节 Mo 超纯铁素体不锈钢累计供货 7000 余吨，生态友好节 Cr 型累计供货 800 余吨。

宝钢在国内率先完成具有自主知识产权的系列超纯铁素体不锈钢 B409M、B436L、B439M、B429 及 B441 的设计与开发，填补了国内空白，批量用于宝马、奔驰、通用、大众等汽车排气系统的热端及冷端的零部件制造。

3. 高品质海工用钢

原油轮耐蚀钢材料和普通船用钢材的区别主要在于严格限制了钢材中 S、P 等杂质元素含量，并添加微量耐腐蚀的合金成分，从而提高油轮用钢的耐腐蚀性。

为推动高品质海洋工程用钢研发及应用，提升相关产业核心竞争力，2013 年，中国钢铁工业协会组织筹建高品质海洋工程用钢战略创新联盟。该联盟的主要任务是有分工、有步骤地合作开发用户行业急需的 LNG 船用耐低温殷瓦合金（也称“殷钢”）及配套焊接加工技术、海洋环境用耐腐蚀用钢及防护技术、可大限能量焊接平台用钢及配套焊接材料、自升式平台用高强钢及配套焊接技术、大壁厚管线钢及配套焊接材料、深海钻采集输用高耐蚀合金及高等级不锈钢海工用钢关键材料品种、关键工艺技术等，全面实现我国海工用钢关键产品的国产化替代和升级换代。

2013 年，中国钢铁工业协会组织实施“油气开采与储运用高品质耐蚀钢生产技术”国家科技支撑计划项目。该项目设有“耐腐蚀船板工业生产技术”、“高硫高酸油气环境下低合金钢的耐腐蚀与强韧化技术”等子课题，主要针对石油天然气开采、集输、长距离输送和储运过程中因钢铁材料腐蚀而导致的经济损失、安全风险和环境破坏问题，开发油船或油舱用高品质耐蚀钢、集输和长距离输送管道用耐蚀钢和低成本耐腐蚀油井管，打破国外技术和产品垄断，实现我国石油用钢生产和应用的升级换代，支撑我国钢铁工业的产业结构调整，以及船舶工业和石油工业的发展和进步。目前，船用耐蚀钢国产化工作已经突破了材料研发与检测核心技术难题，实现了批量生产试制，工业钢板各项指标满足IMO耐蚀钢标准和船级社规范要求。

4. 第三代汽车用钢

为适应汽车轻量化的要求，汽车板的研发重点在于提高钢板的强度，在满足安全要求的情况下，减少钢材的消耗量。

2013年，宝钢集团正式向市场推出了第三代汽车超强钢产品，高强钢QP980热镀锌产品全球首发。该产品具有更强的耐腐蚀性，能更好地满足汽车用户对材料的个性化需求，有效支撑汽车行业的轻量化发展以及车辆全生命周期的节能减排。第三代超高强钢由于性能优越、成本相对低廉，具有显著的产业化优势和市场竞争力，因此成为国际上各大钢铁公司的研究热点。但该产品对全工序的生产设备和操作人员能力要求极高，之前全球没有一家企业实现稳定批量生产。去年，宝钢成功实现第三代超高强钢冷轧产品全球首发，并批量应用于一汽轿车。同时，该产品成功进入ASP实验室进行评价。宝钢不仅仅是汽车用钢的供应商，更通过新材料与新工艺，参与汽车厂的新车型设计，实现汽车轻量化。2003年，宝钢开始进行汽车用钢轻量化先进成形技术研究。随后，激光拼焊、液压成形、热冲压成形、辊压成形等一系列用户使用技术的产业化应用与推广，使高强钢的应用更加容易、经济，为其大规模的推广应用打下了基础，也带动了整个汽车零部件加工产业链的发展。

5. 核电用钢

核电用钢研发重点是耐高温、耐高压、耐腐蚀、超厚、超宽、超薄等方面。主要研发企业有宝钢、鞍钢、武钢等。

目前，宝钢、鞍钢均已能够生产AP-1000核电站安全壳用钢板（SA738B），并可工业批量生产，产品综合性能已达到国际领先水平。宝钢成功研发了第三代AP-1000机组核电蒸汽发生器用Inconel690 U形管，以及换热器用特种U形管，并具备规模化生产能力，宝钢已成为我国核电工程最主要的钢管供应商之一。天津钢管公司开发生产的核电用WB36CN1及20控Cr管已按核电钢管的评定要求，在460℃、300MPa下的持久试样已经挂机超过3000h，试样未断，满足要求。目前，立足满足当前需求，一些核电用钢已基本具备产业化的条件。

太钢在国内率先开发成功C6涂层硅钢产品，是国内唯一进入1000MW核电项目的产品，已应用于宁德、红沿河、福清、秦山1000MW国家重点核电项目工程，国内核电领域占有率达到70%，打破了国外垄断。

6. 超超临界火电机组用钢

21 世纪初，我国 600℃超超临界火电机组所用关键锅炉管全部依赖进口，我国不掌握生产关键技术。为此，国家科技部设立国家重点科研项目，经过 8 年联合攻关，截至 2010 年我国 600℃超超临界火电机组关键高压锅炉管自给率达 100%，实现了批量供货并出口。我国首次形成了以 T23、T24、T/P91、T/P92、T122、S30432、S31042 耐热钢为代表的 600℃超超临界火电机组关键高压锅炉管生产的系统集成技术。

7. 高速铁路车轴用钢

高速铁路车轴用钢的研究重点是高强度、高承载力、长寿命。主要研发企业是首钢贵州特钢。

首钢集团贵州特殊钢公司攻克了高速重载机车及车辆车轴用钢在成分控制、冶炼、浇铸、锻造及热处理工艺产业化的技术难题，成功开发出高速重载机车车轴用钢。产品性能达到国际先进水平，满足了重载机车车轴承载能力高、综合性能良好、使用寿命长的需求，取代了进口产品，目前这一产品已经成功应用到 9600kW 大功率机车轴、7200kW 大功率机车轴和地铁车轴上，产品成功推广应用到上海、深圳、广东、武汉的地铁车轴上。高速重载机车车轴用钢的成功开发，加快了高速重载列车及车辆用关键零部件的国产化进程。

（三）高品质特殊钢发展方向

“十二五”期间，我国大力发展战略性新兴产业及下游行业产业升级对我国钢材产品品种和质量提出了新的、更高的要求。

（1）高强度、长寿命钢材。建筑、汽车、机械和家电等行业逐步向减量化的方向发展，迫切需要钢铁工业提供强度更高、综合性能更好的钢材。

（2）环境友好型钢材。随着资源、能源的制约增强以及环境负荷压力的加大，钢铁行业必须调整钢材品种结构，生产全生命周期资源减量化、环境友好型钢铁。

（3）耐腐蚀、耐候钢材。“十二五”期间，研发和生产高性能、低成本的耐候、耐蚀钢，开拓新的应用领域，扩大使用量，是钢铁行业品种结构优化的主要任务。

（4）新型耐高温、耐低温钢材。超超临界火电机组是世界上成熟先进的发电技术，随着蒸汽温度和压力的提高，对耐高温钢材需求上升。为满足大型 LNG 运输船、保温集装箱和罐式集装箱的发展，需要发展耐低温钢材。

（5）极端环境下的钢铁材料评价体系。全面考虑影响钢铁材料应用的诸多影响因素，建立极端环境下的钢铁新材料产品评价体系，并进行综合分析和评价。

二、铝合金

中国铝加工业通过引进新设备、新技术，以及在消化、吸收基础上的自主创新，生产能力和技术装备得到大幅度的提升。所生产的高质量板带材、箔材、管材、棒材、型材、粉材、锻件已应用到交通运输、建筑、包装、电子等领域。中国生产的易拉罐体、罐盖板带材进入国际主流制罐企业；大截面铝型材在世界一流高铁项目中的成功应用；建筑铝型材被应用到“迪拜塔”等全球标志性地标；“双零”包装铝箔得到利乐公司认证；国产铝材料保证了“巨浪”、“玉兔”等国家重点工程的需要。中国铝材料生产已经进入世界先进行列。

（一）产业发展现状

1. 全球产业发展情况

2013 年，欧洲和日本等世界主要铝材生产地区受宏观基本面影响，市场需求进一步走低，产量继续低位徘徊，但北美地区产量有所增长，一些发展中国家市场实际表现好于预期。全年产量为 5190 万吨，比 2012 年增长 5.1%，参见表 2-11。

表 2-11　2013—2014 年全球及主要国家铝加工材产量预测

国　　家	2013 年产量（万吨）	同　　比（%）	2014 年产量（万吨）	同　　比（%）
中国	2760	8.7	2958	7.2
美国	660	1.5	665	0.8
日本	209	−3.1	215	2.9
德国	240	0	240	0
意大利	66	−8.3	70	−6.1
⋮	⋮	⋮	⋮	⋮
全 球 总 计	5190	5.1	5408	4.2

资料来源：CRU、WBMS、安泰科公司。

2. 国内产业发展情况

2013 年，我国铝材初步统计数 3962 万吨，同比增长 24%。在产业转型升级过程中，产业分布格局不断变化，中西部地区依靠能源和资源优势，铝材生产持续发展，其中内蒙古、广西的增幅较大，而东南沿海 10 省市（辽宁、河北、北京、天津、山东、江苏、上海、浙江、福建和广东）铝材产量在全国的比例则在不断下降，参见表 2-12。

表 2-12　2013 年我国铝材产量前 10 名的地区

排　　序	地　　区	产　　量（万吨）	同　　比（%）	排　　序	地　　区	产　　量（万吨）	同　　比（%）
1	山东	878.5	32.16	6	浙江	185.41	17.16
2	河南	776.51	16.06	7	湖南	138.09	31.27
3	广东	510.72	19.29	8	内蒙古	123.28	69.35
4	江苏	217.57	16.54	9	福建	122.61	13.95
5	广西	185.76	34.02	10	辽宁	117.97	7.41

资料来源：中国有色金属工业协会。

（二）产业发展新趋势

1. 航空级厚板项目成为新的投资热点

截至 2013 年年底，我国拥有航空铝板生产设备的企业达到 7 家，航空厚板生产能力超过 30 万吨/年。另外，至少还有 5 个厚板项目正在建设中，其中不乏世界采用顶尖技术的先进生产线。例如，南山集团和辽宁忠旺集团的中厚板项目都计划引进宽幅热连轧生产线。预计到 2015 年，中国航空级厚板生产企业将达到 10 家以上，成为世界上航空厚板生产设备最多、生产能力最大的国家。但由于缺乏软件支持，要在航空材料的基础研究、合金开发、工艺控制、市场占有等方面，全面超越美国、德国、法国等航空厚板生产国，成为全球航空铝材料主要供应国，还有很长、很艰难的路要走。

2. 商用汽车轻量化有较大突破

在交通运输领域，从林集团、晟通集团等企业在全铝厢式半挂车、全铝罐车、全铝多功能专用车等方面全力推进汽车轻量化技术的开发应用，目前已有上百台国产全铝车投入市场运行。2013 年 12 月，晟通集团向新源石油交付 18 台铝合金运油半挂车。如果中国铝结构挂车应用比例能够达到国外现有水平（70%），则可增加 1000 万吨左右铝消费量。另外，神华集团大量采购了铝合金结构铁路运煤车辆，扩大了铝在交通工具领域的应用。

3. 国产铝制易拉罐罐料逐渐替代进口

在 2006 年以前，中国生产罐料的企业只有西南铝业公司 1 家，年产量不足 2 万吨，市场供应基本以进口料为主；从 2007 年开始，生产企业数量逐步增多。截至 2013 年年底，中国具备罐料生产能力的企业已达到 5 家，形成生产能力 103 万吨/年。2013 年我国铝罐料产量达到 50 万吨，其中罐身料 36 万吨，罐盖和拉环 14 万吨。2013 年罐料的进口量从 2012 年的 13.7 万吨减少到 12 万吨，出口量从 2012 年的 6 万吨增加到 2013 年的 6.8 万吨，2013 年净进口铝罐料 5.2 万吨，净进口量呈现逐年减少的趋势，预计 2015 年就将实现铝罐料净出口。

4. 拓展新的应用领域助推铝消费上升

在电力领域，铝合金电缆及铜包铝导电排应用发展较快。当前中国建筑用低压电缆用铝量约 5 万吨，如果中国建筑用低压电缆应用比例能达到北美水平（40%），则可增加 30 万吨左右铝消费量。2013 年 12 月，中国有色金属工业协会同工信部原材料司联合召开扩大铝在电力行业应用的高层研讨会，共同研究和探讨铝合金电缆及铜包铝导电排等产品生产及应用存在的主要问题，引导行业健康发展。并计划于 2014 年召开铜包铝导电排等产品的推介会，加大宣传、增加认知。此外，还有铝合金防洪墙、装卸货物用铝制托盘、铝制屋面板等一些新产品的应用。

（三）重点企业发展情况

1. 中国铝业公司

中国铝业是国内主要的铝材料生产和开发企业之一。2013 年，中铝萨帕的 12 000 吨/年轨道交通用铝挤压生产线，西北铝的 36MN 反向挤压特材生产线和东轻的中厚板生产线陆续投产，铝材料生产的综合配套能力进一步完善，为产品结构进一步优化创造了条件。

目前，企业拥有分布在重庆、成都、哈尔滨、福州、洛阳、陇西等地的几个主要铝材料生产基地，产品包括铝及铝合金的板带箔等轧制材料、棒形管等挤压材料、铸件和锻件材料，是中国规模最大、品种最齐全的综合性铝材料生产企业。

2. 山东南山铝业股份有限公司

山东南山铝业股份有限企业拥有世界一流的生产设备，铝材料生产涵盖了铝型材、铝板带箔的各个领域。2013 年，公司在工业型材领域，加大新产品、新项目、新市场的开发力度，通过开发铝建筑模板、过街天桥结构材料、汽车材料等新产品，保证了工业型材的后续增长点；成功通过美国 BE 航空航天公司的审核认证，成为其合格供应商；研发了航空发动机用高强耐热 2A70-4T6 铝合金棒材、高强高韧 7×××系铝合金航空锻件、7×××系航空用高性能铝合金扁锭和中厚板等产品。

3. 山东丛林集团有限公司

企业专门从事大型高端工业铝型材及铝合金轻量化高端装备的研发和生产，拥有 100～30MN 的大中型铝挤压生产线 15 条，并配套有先进的铝合金熔炼铸造、模具研发制造、表面处理、试验检测等完整的工业铝材研发生产工艺和装备；拥有多条国际先进水平的自动焊接生产线和大型五轴数控龙门加工中心，通过了国际最高等级的铝合金焊接资质认证。公司核心主导产品有高速列车、地铁轻轨等轨道交通车辆车体结构铝型材，导电轨、汇流排、波导管等轨道交通电力与信号传输用铝型材，大型电力管材，汽车、船舶、高端机电装备制造用铝型材，全铝合金商用车（半挂车）、全铝合金船舶、轻质结构工程等。公司在国内率先研制完成了高效节能铝制半挂车、铝合金特种船舶、铝合金人行天桥等多种新产品。

（四）行业技术进步

2013 年，中国铝合金产业的产品结构和装备技术发生了不小的变化。截至 2013 年年底，投产的“1+3”到“1+5”热连轧生产线 15 条，“1+1”铝热粗轧–热精轧生产线 9 条，双机架、三机架、五机架铝冷连轧生产线 8 条，45MN 以上挤压机 82 台。

先进高精度板带生产线增加。2013 年年底，在产的热粗–精轧生产线有 9 条，总生产能力 188 万吨/年，比上年增长 41.4%。2013 年新投产的此类生产线有 4 条。其中，南南铝加工有限公司“1+1”式热轧线不但是中国最大的此类生产线，也是世界最大的生产线，可生产板的最大厚度为260mm、最大宽度为3800mm、最大长度为38m（目前航空工业需要机翼厚板的最大长度为36m）；其2800mm CVCR Plus冷轧机是全球已投产的最大宽度的冷轧机，也是唯一可轧硬合金的此类冷轧机。西南铝业（集团）有限责任公司有1条2800mm“1+1”式热粗–精轧生产线，可生产各种软、硬合金板带材；1条2000mm“1+4”式软合金带材生产线；1条4300mm四辊单机架厚板生产线，这是全世界最大的厚板专业热轧机。魏桥铝电有限公司有1条2400mm热连轧生产线，1条2300mm三机架冷连轧生产，2台2300mm单机架CVCR Plus 6辊冷轧机，是迄今为止全世界投产的最先进的此类生产线。贵州中铝铝业有限公司15万吨/年铸坯项目，分三期建设，一期7条双辊式连续铸轧生产线，1条6辊冷轧机，专业生产铝箔带坯，最大宽度为2600mm，是全世界最宽的铝箔带坯。爱励铝业（镇江）有限公司航空航天及交通运输用大规格高强度铝合金板项目全面投产，将填补国内航空航天用铝合金板材的某些空白。

高端挤压材新产品不断涌现。振兴集团上海松江生产基地投产，专业生产汽车热交换系统微通道铝合金扁管，有3条挤压线，包括1条32.5MN、2条16.3MN挤压机，是目前世界微通道铝合金扁管生产能力最大的企业。河南驻马店中多铝业科技有限公司于2013年6月投产，有12条新挤压线，专业生产高强高韧耐蚀特种工业铝型材，供航空航天等产业用。江苏亚太成功开发铝合金内螺纹管，填补了国内空白。与普通传热光管相比，内螺纹管的冷凝传热系数提高40%～170%，蒸发传热系数提高70%～160%。

西南铝业获得英国劳氏PED认证证书。为进一步开拓国际市场奠定坚实基础。PED认证是欧洲对压力设备上所用材料的强制性规定，是铝材在高端压力设备上应用不可或缺的通行证，对开拓国际市场意义重大。河南万达铝业舰船用铝板获得挪威船级社认证，标志着万达铝板可以进入欧洲市场，河南万达铝业由此成为国内第一家舰船用铝板获得挪威船级社认证的民营企业。

（五）上下游产业发展情况

1. 上游发展情况

2013年，中国氧化铝产能约为5900万吨/年，同比增长13.5%；产量为4438万吨，同比增长14.6%，增幅提高4个百分点。电解铝产能约为3100万吨/年，同比增长19.2%；产量为2205万吨，同比增长9.7%，增幅下降2.6个百分点。

2013年，中国铝产品进出口贸易总额为251亿美元，同比增长4.3%，占全部有色金属进出口总额（含黄金）1581亿美元的15.9%。其中，进口额为132亿美元，同比增长4.2%；出口额为119亿美元，同比增长4.3%；贸易逆差13亿美元，同比增长3.2%。中国铝产品进出口整体呈现氧化铝进口量下降、铝土矿进口量大幅增长、未锻轧铝净进口量下降的态势。

2013年，铝行业实现主营业务收入为12 600亿元人民币，同比增长16.5%，占有色金属行业的 26.2%。其中，铝采矿企业实现主营业务收入为 207 亿元人民币，同比增长 13.8%；铝冶炼企业（包括氧化铝、再生铝企业）实现主营业务收入为 4085 亿元人民币，同比增长 6.9%；铝压延加工企业实现主营业务收入为 8309 亿元人民币，同比增长 19.3%。

2013 年，铝行业实现利润为 419 亿元人民币，同比下降 24.1%。其中，铝采矿企业实现利润为 23 亿元人民币，同比增长 10.7%；铝冶炼企业亏损为 23 亿元人民币，同比减亏 31 亿元人民币；铝加工企业实现利润为 419 亿元人民币，同比增长 16.6%。

2013 年，铝矿山采选项目完成固定资产投资为 115 亿元人民币，同比增长 19%，增幅回落 11.2 个百分点；铝冶炼行业完成固定资产投资为 753 亿元人民币，同比下降 12.1%，而 2012 年同比增长 24.9%。铝压延加工业完成固定资产投资为 1570 亿元人民币，同比增长 67.8%。铝行业投资结构得到进一步优化。

2. 下游发展情况

中国目前已经成为全球最大的铝材生产国和消费国，从产品消费领域来看，目前主要集中在建筑、电子电力和耐用消费品行业，2013 年这 3 个领域的铝材消费量占全部消费量的 66%，产品消费结构与欧美等发达国家存在很大差异。造成这种差异的主要原因在于：近年来中国国内城镇化进程的不断加快以及大量公共基础设施的建设使得建筑用铝市场迅速扩大，对包括铝门窗、铝幕墙和装饰铝板在内的产品需求增长较快，同时包括农村电网改造、工业企业用电需求的增多导致的大规模配套电网建设也使得电子电力行业成为铝材需求稳定增长的又一驱动力，这些新的消费增长点是欧美市场所不能比拟的。但中国在包装和汽车行业的用铝程度远不及欧美发达国家市场普及，导致这些领域目前占国内铝材市场的消费比例还不高，随着国内购买力的不断提高和节能、减重、降耗观念的日益普及，这些领域可能会发展成为未来消费领域新的增长点。2013 年我国铝材分领域消费结构如图 2-7 所示。

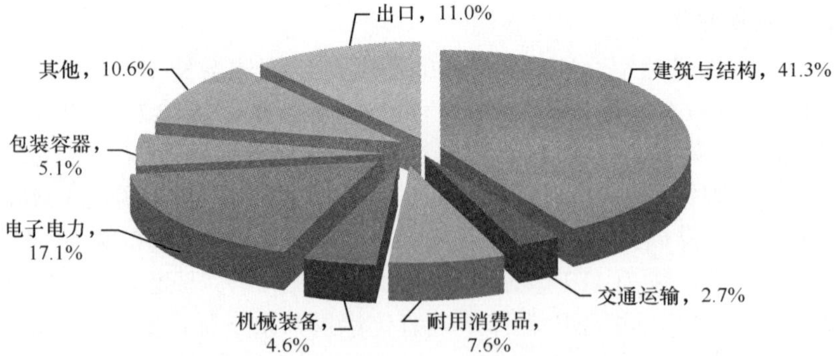

图 2-7　2013 年我国铝材分领域消费结构

（六）存在的主要问题及建议

1．扩大铝材应用，化解产能过剩

不断扩大应用，是化解我国电解铝产能过剩的根本举措。铝材料具有良好的性能，是实现节能减排的重要保障材料。过去几年，我国大力推进“以铝代钢”、“以铝节铜”、“以铝节木”等举措，取得了良好的经济和社会效益。扩大铝的应用，需要国家政策引导。尽管各方面做了大量前期准备工作，但目前国家的引导政策尚未出台，对扩大铝应用产生负面影响，需要尽快解决。

2．坚持绿色发展，实现铝加工业可持续发展

铝加工产业转移态势已经形成，并将不断深化。在实现产业转移的进程中，必须坚持“生态红线”，走可持续发展道路。特别是在产业对接、产业转移方面，要严格把关，明确什么技术可以转移、什么技术限制转移、什么技术禁止转移，绝不能再走“先污染，后治理”的老路。无论是新上项目，还是产业转移项目，一定要严把环评关，扭转为招商而招商的错误做法。为此，要做好产业园区发展规划的制订和论证。

3．推广新技术，加快科技成果转化应用

科技是经济增长的发动机，是提高综合国力的主要驱动力。促进科技成果转化、加速科技成果产业化，已经成为世界各国科技政策的新趋势。我国铝加工业每年科技成果鉴定验收不少，但是及时转化应用的数量却十分有限。这不仅制约着产业进步，而且造成极大的浪费。很多专利技术只有单一的产权之名而没有得到丝毫回报。

最近几年，全行业以技术创新、科技进步为支撑，促进企业产品开发、节能减排和降低生产成本工作取得很大成效。例如，铝合金蓄热式熔炼炉、空心锭铸造技术、长棒热剪炉加热技术、双牵引技术、模具感应加热技术、铝箔轧制油在线回收技术等已经十分成熟。但在部分企业里却见不到，不能不说是件遗憾的事情。因此，加大科技成果转化率，重视企业创新软实力的建设和培育，确保企业可持续发展是十分必要的。

（七）年度标志性事件

1．国务院发布化解电解铝产能过剩的指导意见

2013 年 10 月，国务院发布《关于化解产能严重过剩矛盾的指导意见》（国发［2013］41 号），明确推广交通车辆轻量化用铝材产品的开发和应用。

2．中国有色金属加工协会召开技术进步、产业升级大会

2013 年 10 月，中国有色金属协会在江苏召开“技术进步、产业升级”大会。协会会长陈全训在会上作了“争当建设有色金属工业强国的排头兵”的主题报告。

报告提出：加工是有色金属工业转型升级的关键领域和重点环节；加工行业已经具备产业升级的良好基础；有色金属加工产业升级还有很大空间；加工行业转型升级，面临很好的政策环境。加快有色金属加工行业转型升级，一是切实加强基础研究；二是推进产学研联盟建设；三是加大技术开发投资力度；四是高度重视人才培养；五是扎实搞好企业管理。

3. 评选出“中国铝箔企业10强”

2013年9月，中国有色金属加工工业协会公布了“中国铝箔企业十强”评选结果，入围企业有：厦门厦顺铝箔有限公司、江苏常铝铝业股份有限公司、镇江鼎胜铝业股份有限公司、华北铝业有限公司、烟台东海铝箔有限公司、山东鲁丰铝箔股份有限公司、云南浩鑫铝箔有限公司、河南明泰铝业股份有限公司、昆山铝业有限公司、大亚科技股份有限公司丹阳铝业分公司。这是中国有色金属加工工业协会自2005年之后第二次评选中国铝箔企业10强。

4. 中国铝合金板材首次走向国际航空器市场

2013年4月，西南铝业（集团）有限责任公司与法国赛峰集团（SAFRAN）签订了航空铝合金板材订单，获得了该集团航空铝合金板材生产授权许可证，成为国内首家供应该集团航空铝合金板材生产企业，实现了中国铝合金板材在国际航空市场上的零突破。

赛峰集团是世界领先的跨国集团之一，世界500强集团之一，在干线喷气发动机、起落架、机轮及飞机布线领域的研发与生产方面居世界领先地位。这次在中国采购的铝合金板材将用于制造直升机发动机外壳与飞机短舱。

5. 南山铝业股份有限公司组建国家铝合金压力加工工程技术研究中心

2013年，山东南山铝业公司依托自身实力，通过产学研结合，整合国内外创新成果及创新力量，解决行业内工程化共性关键问题，实施科技成果转化，全面提升了产品质量，逐步缩小了与国外同类技术水平的差距。这对我国高性能铝合金及其加工技术的发展将起到极大的推动作用，对变形铝合金产品质量的提高及拓展应用，促进铝合金加工产业的技术升级，提高国际竞争力有着重要的意义。

（八）2014年发展趋势预测

对于中国铝加工行业来说，2014年将会是产业调整与整合的关键一年，技术成熟、市场稳定的产品，部分新的应用领域的产品，如铝合金电缆、铝合金模板、铝托盘、铝制微通道管、太阳能发电用铝材等，将成为新的关注热点。城市轨道交通的快速发展及房地产行业良好的上升势头也将带动铝加工行业的稳步增长。

1. 城市轨道交通

截至2013年9月，我国获得国家批准建设轨道交通的城市已达到37个。预计未来 3 年至少还有 10 个以上城市将获得批准。我国城市轨道交通的建设热潮至少持续 10 年以上。中国城市轨道车辆的铝化率约为 35%，每节车厢的铝采购量为 7～8 吨，城市轨道交通行业的发展将极大推进铝材在城市轨道交通领域的应用，是未来 10 年都将持续受到关注的热点。

2．房地产行业

房地产行业是中国铝消费的第一大领域，约占铝材总消费的 40%左右，同时还带动了耐用消费等其他相关铝应用行业的发展；2014 年房地产行业将趋稳，是推动铝加工市场稳定增长的关键动力。

3．太阳能发电用铝材

根据最新一期 NPD Solarbuzz Quarterly 报告，2014 年全球太阳能光伏需求将呈爆炸式增长，预计需求将从 2013 年的 36GW 上升至 2014 年的 49GW。2013 年第四季度光伏需求新纪录主要来自于前 3 大主力市场：中国、日本和美国，第四季度安装的 2/3 的太阳能面板都在这三个区域。

太阳能发电行业用铝材主要应用于太阳能光伏电池板边框以及整体装置的支架。作为太阳能发电产业的重要配套行业之一，铝加工行业一定能够分享太阳能发电行业快速发展所带来的增长空间。

4．铝合金建筑模板

铝合金模板具有质量轻、拆装方便、刚度高、板面大、拼缝少、稳定性好、使用寿命长、周转次数多、回收率高等优点，一经推出，便受到了建筑行业的广泛认可。目前我国每年大约需要 7 亿平方米的建筑模板，全部采用木材，每年大约需要 1.3 亿立方米木材，采用铝合金模板替代木制建筑模板，可以有效抑制对森林的过度采伐。所以铝合金模板作为现代化建筑施工机械器具与材料被认为是未来绿色建筑施工的发展方向，将成为 2014 年及未来重点关注的产品。

5．铝物流托盘

托盘是现代物流领域的基本集装器具之一，是用于集装、堆放、搬运和运输的放置装置，作为单元负荷的货物和制品的水平平台。作为现代物流作业中最基本的载体，托盘应用水平成为衡量现代物流发展水平的重要标准之一。现代物流业发达的美国，托盘拥有总量为（15～20）亿只，人均拥有 7～8 只；日本的托盘拥有总量接近 10 亿只，人均 4～5 只。托盘的材质，除了钢材、木材、塑料等，质量轻、强度高的铝托盘在发达国家也得到大量应用。

我国物流业现代化水平和发达国家存在较大差距。我国物流托盘仅有 2 亿只，人均拥有量远低于美国和日本，有着较大的发展空间。因此，大力推进铝托盘的应用，不仅可以提高托盘的循环利用率，降低企业产品储运成本，还有助于减轻环境的压力，对于保护我国生态环境、节约自然资源也有着重大意义。铝托盘的推广利国利民，应当成为一个新的关注热点。

6．铝合金电力电缆

我国电线电缆工业是机械行业中仅次于汽车制造业的第二大产业，铝合金电缆的原铝消费量约占总消费量的10%。目前我国电线电缆工业的规模、产量及增长速度都居世界之首。我国的铝合金电力电缆主要用于高压输送线路，应用比例超过90%；但中低压电力电缆应用刚开始起步，应用比例不及1%，欧美等国家早已大量使用铝芯电力电缆。在铜资源日益萎缩、铜铝价差较大的情况下，电力行业以铝节铜成为必然的发展趋势。铝合金电力电缆以其优良的性价比、良好的盈利能力，将成为未来新的关注热点。

三、镁合金

我国是世界最大的镁合金材料生产国，产量占全球的80%以上。2013年，我国镁合金需求总体平稳，全年产量、出口量、消费量均有新的增长。科技创新推动产业转型发展，特别是镁深加工技术与能力有所提升，全行业总体保持较好的发展态势。

（一）产业发展现状

1．产量显著增加

2013年，中国镁合金产量达到30万吨，比上年增长43.5%，其中镁合金铸件、型材产量达到10.5万吨，比上年增长7.5%。当前，中国镁合金产业布局的特点是，冶炼以陕西、山西、宁夏等中西部能源丰富地区为主；加工以贴近消费的东部沿海地区为主。

2．出口继续上升

2013年，中国镁合金出口量为10.2万吨，比上年增长10.4%。其中，出口到荷兰33 948吨，占全部出口量的33.3%；出口到加拿大18 344吨，占全部出口量的18%；出口到韩国9721吨，占全部出口量的9.5%。中国镁合金主要出口到欧洲和北美，2013年中国镁合金出口前10名国家和地区参见表2-13。

表2-13　2013年中国镁合金出口前10名国家和地区

（单位：吨）

序　号	国家和地区	数　量
1	荷兰	33 948
2	加拿大	18 344
3	韩国	9721

（续表）

序号	国家和地区	数量
4	日本	5800
5	罗马尼亚	4850
6	墨西哥	3885
7	法国	3721
8	中国台湾	3540
9	英国	3378
10	瑞典	2794
合计		89 981

3. 消费保持增长

2013 年，我国镁合金表观消费量达到 20.68 万吨，比上年增长 8.7%，主要用于生产铸件、压铸件和型材，占总消费量的 50.6%，参见表 2-14。

表 2-14 2013 年国内镁合金消费增长情况比较

（单位：万吨）

年份	加工			其他	合计
	铝合金添加	稀土镁合金	铸件、压铸件、型材		
2012	8.10	0.60	9.73	0.60	19.03
2013	8.82	0.70	10.46	0.70	20.68

4. 效益有所下降

据国家统计局统计，2013 年全国 133 家（含粗加工企业）规模以上镁冶炼企业实现产品销售收入为 288 亿元人民币，比上年增长 10.8%；利润总额为 8.2 亿元人民币，比上年下降 11.8%。

5. 投资基本平稳

2013 年，中国镁合金行业投/融资仍以私人控股企业为主体，全年镁冶炼施工项目有 69 个，完成固定资产投资为 163 亿元人民币，比上年增长 5.2%。

6. 价格震荡下行

2013 年，国内镁价呈震荡下行走势。现货全年平均价为 16 074 元人民币/吨，较 2012 年的 17 409 元人民币/吨回落 7.7%。最低点为 7 月的 14 950 元人民币/吨，最高点为 3 月的 17 100 元人民币/吨，年底价格为 15 250 元人民币/吨。

2013 年，我国镁产品出口价格同样呈震荡下行走势，日均价波动区间基本在 2525～2875 美元/吨（按日均价统计）。最低点为 7 月的 2525 美元/吨，最高点是 1 月的 2875 美元/吨。截至 2013 年年底，厂商、贸易商出口报价在 2580～2650 美元/吨之间。

（二）龙头企业情况

1. 营口银河镁铝合金有限公司

2009 年 5 月，营口银河镁铝合金有限公司启动总投资 2.4 亿元人民币的“年产 2000 吨高性能宽幅镁合金薄板项目”，2011 年 7 月 10～100mm 厚、1500～1600mm 宽幅热轧中厚板问世；同年 10 月冷轧宽幅薄卷板推向市场，主要产品为 0.4～3.0mm 厚、1200～1500mm 宽幅的薄卷板。

该企业现有镁合金低频半连续铸造生产线 1 条，生产板坯、棒材能力达 5000 吨/年，能够生产世界最大截面镁合金铸造板坯；镁合金等径角挤压生产线 1 条，设备能力为 1250 吨，可生产各种规格型材；镁合金轧制生产线 1 条，由北方重工集团制造，生产线主要由 1750mm 四辊热轧机、450m 精整线、1625mm 六辊冷轧机组成，年产宽幅镁合金薄卷板 2000 吨，板材宽幅达 1500mm。

该企业是中国镁业协会会员单位、辽宁省镁合金工程技术中心试验基地、辽宁省企业博士后科研基地、东北大学重点实验室博士后实验站、大连交通大学建设中国高速列车配套产品研发中心、辽宁省科技厅认证的高新技术企业、镁合金加工与应用技术创新战略联盟理事、“十二五”科技支撑计划镁合金课题参加单位。

2. 山西闻喜银光镁业集团

山西闻喜银光镁业集团始建于 1988 年，是集矿山开采、镁钙冶炼、镁合金、挤压型材、汽车压铸件、半连续棒材、板材等深加工一条龙生产的镁业集团。该企业是中国有色金属工业协会镁业分会副会长单位，国家级镁及镁合金产业基地，国家重点高新技术企业，山西省 80 家大型方阵企业之一，全国千户节能行动企业之一，山西省循环经济示范企业，省、市优势方阵企业。

该企业下设 11 个分公司，有职工 5000 余人，总资产 20 亿元人民币，拥有年产原生镁锭 10 万吨、镁合金 3 万吨、镁合金深加工产品 1 万吨的生产能力。公司长期保持良好发展态势，经济效益持续增长，环境状况不断改善，综合实力不断增强。

3. 江苏荣镁轮毂有限公司

江苏荣镁轮毂有限公司投资 6.5 亿元人民币，自主开发的整体模锻镁合金汽车轮毂成型工艺为世界首创，填补了在镁合金成型领域的空白，各项性能指标优于额定指标，在工艺技术方面拥有自主知识产权、发明专利。这项技术突破了现有的传统镁合金轮毂成型工艺，由压铸、浇铸而产生的分子结晶疏松、冷隔、缩孔，以及纤维分布不均匀的缺陷，改变和突破了国际、国内采用多次反复模锻成型工艺的工序多、模具多、工艺复杂而造成成本高昂的局面，使镁合金轮毂能够进入普通轿车市场。

（三）技术创新与产业转型升级

2013 年我国镁合金材料开发取得重要进展，一批带动力强的产品实现了产业化。

1．镁合金板带加工获得新进展

近年来，我国一些镁板加工企业、大专院校、科研院所，积极开展高性能变形镁合金板材加工技术与装备的研发与应用，如营口银河镁铝合金有限公司、西部钛业有限责任公司、山西银光华盛镁业股份有限公司、洛阳铜加工集团有限责任公司等企业，通过多年的探索与试验，在镁合金板成卷轧制、大型镁板轧制装备及其配套设备、镁合金连续铸轧、精轧板等方面取得了可喜的进展。其中，营口银河镁铝合金有限公司在四辊精轧机上攻破了成卷轧制的关键技术，实现了镁合金宽幅轧制板材的量产，以 1.5m 的宽幅镁卷板成为世界镁宽幅轧制卷板的领先者。西部钛业有限责任公司目前拥有 2800mm 四辊可逆热轧机和 1780mm 六辊可逆冷轧机，这些大型先进的主体设备及其配套设备为实现高品质镁合金宽幅薄板产业化奠定了重要的产业化条件。可热轧产品规格：厚 δ（4～100）×宽（800～2600）×长 Lmm，可生产冷/温轧产品规格：厚 δ（0.4～4.0）×宽（800～1560）×长 Lmm。山西银光华盛镁业股份有限公司等单位承担了国家科技支撑计划——镁合金板带坯连续铸轧技术及设备开发，建成了我国第一条幅宽 600mm、厚度 0.3～9mm 的连续铸轧精轧镁合金板材生产线以及薄板成卷轧制生产线。

2．镁合金轮毂实现量产

2013 年，我国在镁合金轮毂加工方面取得了长足进展，如山西银光华盛镁业股份有限公司的锻造镁轮毂生产线，已形成年产 30 万只镁合金汽车轮毂的生产能力。2013 年 5 月，山西银光华盛镁业股份有限公司在北京发布了全球最轻量产锻造镁轮毂，17 英寸产品最低质量仅 5.2kg，较同规格原厂铸铝轮毂减重 50%。江苏荣镁轮毂有限公司已正式生产乘用车通用系列 16 英寸/17 英寸/18 英寸规格的镁合金汽车轮毂，其自主研发的“超塑性整体模锻镁合金汽车轮毂成型工艺技术”获得国际镁协 2013 年度最佳工艺奖，目前在一些改装车上应用。

3．高端镁产品拉动产业结构调整

2013 年，鹤壁市镁深加工和高端镁产品市场形势喜人，拉动了镁产业结构调整。鹤壁创世科技公司生产的小型发电机，目前月订单达 2000 多台，产品供不应求；河南美丽鸟车业有限公司不断开拓市场，镁合金自行车、电动车市场份额逐步扩大，比 2012 年增长 30%。

4．组建区域产学研用协同创新体，推动产业结构升级

由东北大学、中国科学院沈阳金属所、沈阳工业大学、大连理工大学的镁合金领域专家学者组建的辽宁省镁合金工程技术中心在大石桥市揭牌，主要致力于镁合金技术研发与推广。为使研究成果更好地转化，该中心已吸收沈阳华晨金杯汽车有限公司、营口欣立耐火材料科技有限公司等企业为应用企业。该中心计划于 2014 年完成镁合金挤压材、镁合金板带电磁铸轧等技术研制，并初步形成规模生产，实

现新建镁合金企业5家，3年后形成具有辽宁特色和一定规模的镁合金车辆零部件、军工产品等产业链，推动辽宁地区镁产业发展。

长春应化所与吉林临江市东锋有色金属股份有限公司、一汽铸造有限公司、扬州宏福铝合金有限公司、长春中科希美镁业有限责任公司合作，在“高强高韧镁合金的研发和应用”方面取得新进展。长春应化所发明了高强高韧镁合金，2项专利技术转让给临江市东锋有色金属股份有限公司，2项专利技术研发的耐热抗蠕变稀土镁合金首次应用于一汽集团460马力发动机汽缸罩盖。

河南科技大学与鹤壁地恩地新材料科技有限公司合作建立“有色金属共性技术河南省协同创新中心镁产业基地”。该中心是河南省委、省政府积极推行“2011”协同创新计划、加快中原经济区建设而建立的高端产学研合作平台。双方合作能够充分释放人才、信息、技术等创新要素的活力，建立多技术集成的研发与应用平台，产学研合作技术协同创新，可在毕业生社会实践和就业等方面开展多种形式的合作。

5. 镁合金应用倒逼产业转型升级

山西银光华盛镁业股份有限公司开发的纺织棕框3个品种已小批量供货，开发的多款纺织经编机型材每月销量7～8吨。

上海交通大学的镁合金轮毂与江轮圆通、上海昊华模具公司签订了技术转让协议，正处于产业化推广阶段。山东银光钰源公司与法国塞拉高铁公司合作，签订了首批10万套价值70万欧元的镁合金高速列车座椅配件订单，仅此一项，每年可带来100万欧元收益。上海交通大学与上海航天技术研究院合作，完成“嫦娥奔月”玉兔号月球车结构与机构分系统中的镁合金新材料研制。山东华盛荣镁业有限公司、山东银光钰源轻金属精密成型有限公司、北京广灵精华科技有限公司等企业在镁合金高端LED照明产品上的扩大应用已成新趋势，订单增多、批量生产、多样化，其中出口日本、美国、欧洲的产品较多，国内订单也在启动。

金拜克自行车有限公司已形成镁合金熔炼、挤压、焊接、烤漆、电机生产于一体的专业化集成生产线，已批量生产镁合金电动自行车，2012年产量为37 000辆。

山东华盛荣镁业有限公司为北车集团高铁提供镁合金大型挤压型材多个部件，其中最大投影直径 500mm。向富士康科技集团、可成集团等提供消费类电子产品及外围设备用镁合金壳体材料的能力不断提升。

镁合金产品的应用倒逼了镁合金熔炼、加工、表面处理、焊接等工艺技术水平的提升，势必增加新的先进装备，扩大生产能力，增强企业核心技术实力，为企业提质增效转型升级做出了贡献。

（四）行业发展重大事件

1. 符合《镁行业准入条件》的第二批企业正式公告

根据《镁行业准入条件》和《镁冶炼企业准入公告管理暂行办法》，经企业申报，省级工业和信息化主管部门核实，专家复核，2013 年 7 月 30 日至 8 月 6 日，第二批符合镁行业准入条件的企业名单（拟公告）在工信部网站予以公示。此批公示的企业共 12 家，其中陕西 6 家、山西 5 家、宁夏 1 家。2013 年 10 月 11 日至 18 日，第三批符合镁行业准入条件的企业名单（拟公告）在工信部网站予以公示。第三批公示的企业共 12 家，其中陕西 9 家、山西 3 家。工信部于 2013 年 9 月和 10 月分别对以上相关企业进行了现场核查。

2013 年 12 月 10 日，符合《镁行业准入条件》的企业名单（第二批）在工信部网站上正式予以公告。加上 2012 年 6 月公告的第一批 11 家准入企业名单，共有 35 家企业符合准入条件。目前公告的企业名单基本体现了我国镁产业的布局情况和发展情况。工信部、省级工业主管部门对准入的企业实行有进有出的动态管理，行业协会负责协助做好公告管理的相关工作。

2.《重点区域大气污染防治“十二五”规划》正式发布

2012 年 10 月，环保部、发改委、财政部联合发布《重点区域大气污染防治“十二五”规划》（以下简称《规划》）。《规划》明确了“十二五”期间环境空气质量改善和污染减排的两类目标。其中，质量改善目标要求，到 2015 年，重点区域二氧化硫、氮氧化物、工业烟粉尘排放量分别下降 12%、13%和 10%，环境空气质量有所改善，可吸入颗粒物、二氧化硫、二氧化氮、细颗粒物年均浓度分别下降 10%、10%、7%、5%。《规划》对新建排放二氧化硫、氮氧化物、工业烟粉尘、挥发性有机物的项目，实行污染物排放减量替代，并在京津冀、长三角、珠三角区域与山东城市群开展煤炭消费总量控制，以期实现增产减污和清洁能源的替代使用。镁冶炼虽然已用清洁能源代替煤炭，目前仍需在增产减污、清洁化生产上下功夫。

3.《镁、钛工业污染物排放标准》（GB 25468—2010）修改

环保部为贯彻《中华人民共和国环境保护法》和《中华人民共和国大气污染防治法》，落实国务院批复实施的《重点区域大气污染防治“十二五”规划》的相关要求，保护和改善生态环境，保障人体健康，对《镁、钛工业污染物排放标准》（GB 25468—2010）进行修改，制定了标准的修改单，于 2013 年 12 月 27 日公布。其中，镁冶炼的原料制备、煅烧、还原、精炼及其他各工序的颗粒物的特别排放限值均改为 $10mg/m^3$、二氧化硫均改为 $100mg/m^3$；同时新增氮氧化物（以 NO_2 计）排放限值为 $100mg/m^3$。修改后的排放标准仅为原标准的 1/5 和 1/4。虽然企业达标排放压力巨大，但仍需采用先进适用的环保治理技术与装备，为了保护和改善生态环境、保障人体健康，积极争取达标排放。

4．国家鼓励引导高性能镁合金材料的研究与发展

为更好地引导社会资金投向战略性新兴产业重点领域，支撑战略性新兴产业相关政策措施的落实，国家发改委公布《战略性新兴产业重点产品和服务指导目录》（以下简称《指导目录》）。《指导目录》依据《国务院关于加快培育和发展战略性新兴产业的决定》确定的 7 个产业、24 个发展方向进一步细化。其中，涉及金属镁的内容包括高性能镁合金及变形镁合金制备及深加工技术、镁合金腐蚀控制及防护技术、镁合金锻件等列为高性能有色金属及合金材料。镁基陶瓷复合材料、镁基复合材料被列入金属基复合材料和陶瓷基复合材料范围。

2013 年 3 月，由重庆大学牵头承担的国家“973 计划”项目“低成本、高延展性高强镁合金材料基础研究”在重庆正式启动。这次启动的 973 镁合金项目是在“十一五”973 项目“高性能镁合金加工与制备中的关键基础问题”通过科技部结题验收之后再次获得批准立项的。新一轮 973 镁合金项目将在“十一五”取得重大进展的基础上，以发展低成本、高延展性高强镁合金材料、推动镁合金材料的规模化应用为目标，针对高延展高强镁合金成分与组织结构设计、镁合金制备加工过程中的组织演变及精细化控制、镁合金服役条件下的腐蚀防护与失效机理 3 个关键问题开展深入研究，为实现镁合金材料在交通工具及国防军工等领域的规模化应用提供理论与技术支撑。

（五）2014 年行业发展趋势

金属镁材料作为最轻的结构材料，引起了我国科技、产业等的高度重视。进入新世纪以来，我国镁合金材料开发在很多方面取得了突破，相当一部分技术处于国际领先水平。但是，在发展中，行业也遇到科技研发和产业化脱节严重，关键技术孵化、产业化缺乏有效机制和平台，致使一些关系到行业发展的重大技术难以实现产业化，比较典型的是汽车用镁合金轮毂技术。因此，实现创新驱动，仍然是当前我国镁合金行业面临的重要课题。

四、钛合金

（一）产业发展现状

钛合金是一种重要的新材料，广泛用于战略性新兴产业和国防科技领域。近年来，我国钛合金产业发展迅速，已经在世界上占有重要地位。

1. 国际产业发展现状

自 2010 全球钛材产量突破 10 万吨，达到 11 万吨以后，随着经济危机后实体经济的快速反弹，2011 年产量达到将近 15 万吨。但这种势头没有得以延续，2013 年受到主要经济体增长放缓的影响，产量略微降低，下浮至 14 万吨多一点水平。自 2010 年以来，中国一直是推动全球钛材产量增长的主要力量，其他主要国家还有俄罗斯和美国，参见表 2-15。

表 2-15 全球钛材产量及其预测

（单位：吨）

国 家	2010 年	2011 年	2012 年	2013 年	2014 年
美国	34 615	45 500	40 000	42 000	46 000
日本	13 783	19 358	16 000	17 000	20 500
欧洲	4000	5000	5000	5000	5000
俄罗斯	21 000	27 200	35 000	36 000	38 000
中国	38 323	50 962	55 000	42 000	60 000
全球总计	111 721	148 020	151 000	142 000	169 500

资料来源：中国有色金属工业协会。

随着全球最大的钛金属生产商俄罗斯的阿维森马公司实施管理层收购，管理层拥有了 51%的公司股份后，2013 年最值得关注的是美国 TIMET 被下游著名的航空零部件生产商精密铸件（Precision Castparts）公司并购。这一事件将标志着除中国外全球范围内独立的钛金属制造公司的逐渐消失。类似国外著名钛金属公司与飞机和飞机零部件制造商间的并购或战略合作的进行，这将使得国际航钛市场垄断特征更加明显。

随着国外航钛上下游企业间的战略合作，为迎接新一轮飞机订单，国外钛加工企业设备更新提速，俄罗斯的阿维森马，美国的 TIMET、ATI 等公司纷纷新增和改造了其熔炼系统，提升生产能力和技术水平。

2. 国内产业发展现状

2013 年受世界经济复苏缓慢，国内经济下行压力加大等因素影响，中国钛合金产业面临严峻挑战，发展速度明显放缓。

（1）产量明显下降。2013 年，我国钛材产量 4.45 万吨，比上年下降 13.8%。其中，只有丝材和新产品的产量比上年有所增长，其他各类钛材的产量均比上年有不同程度的下降，尤其是锻件和其他钛材产量的下降幅度超过 50%。

2013 年国内钛材产量在 2000 吨以上的企业有 7 家，共生产 2.8 万吨，占全部钛材产量 4.2 万吨的 67%。其中，宝钛股份生产了 1.18 万吨，占全部钛材产量的 28%，也是当前国内唯一一家产量超万吨的钛加工企业。

钛板依然是我国最主要的钛加工产品，2013 年虽然产量比上年下降 10%，但仍占国内钛加工产品总产量的 50%以上。同样，尽管 2013 年国内钛棒产量比上年减少 11%，但仍占国内钛加工产品总产量的 20%。

（2）消费出现下滑。2013 年，中国钛材销售量为 3.85 万吨，同比下降 10.5%。

化工仍然是中国钛合金最主要的消费领域之一，28 家主要钛材生产企业在化工行业的产品销售量超过 2 万吨，占合计销售量的 52.8%。航空航天在中国钛及钛合金消费中占有重要地位，2013 年国内主要钛材生产企业对航空航天领域的产品销售量超过 4500 吨，比上年增长 9.5%。此外，电力行业也在中国钛及钛合金消费中占有一定地位，2013 年国内主要钛材生产企业对电力行业的产品销售量达到

5700吨，占合计销售量的13.8%。

（3）产品出口减少。2013年，中国出口钛材9997吨，比上年下降18.9%。这表明全球钛市场的疲软走势还在延续。中国出口的钛材主要是条、杆、型材及异型材，2013年出口量4462吨，占总出口量的44.6%。钛管依然是中国最主要的进口钛材产品，2013年进口量为1213吨，占总进口量的30%，参见表2-16。

表2-16　2013年中国钛材进出口情况

种　类	进口数量（吨）	进口金额（美元）	出口数量（吨）	出口金额（美元）	净出口量（吨）
钛条、杆、型材及异型材	540	3146.71	4462	8906.15	3923
钛丝	191	1197.84	212	1044.72	21
厚度≤0.8mm的钛板、片、带、箔	770	2098.75	113	446.70	−658
厚度>0.8mm的钛板、片、带	783	3178.90	1950	4884.69	1166
钛管	1213	4000.35	1784	6178.04	572
其他锻轧钛及钛制品	553	24 510.43	1476	9081.03	923
钛材合计	4050	38 132.98	9997	30 541.33	5947

资料来源：中国有色金属工业协会。

（4）价格走势疲软。钛材的代表性产品TA23.0mm厚的标准钛板价格出现大幅度下跌，由上半年的平均14.5万元/吨，下跌到下半年的12.5万元/吨，下降幅度达到13.8%。

（二）技术进步情况

宝钛集团实现了EB炉回收合金残料生产重要用途钛锭的技术突破；完成了棒丝材、万吨自由锻压机和钛带等新生产线的工艺开发及固化；成功开发出5mm×2000mm×5000mm宽幅TC4钛合金板材、NbHf10-1板材、石油天然气行业用高性能系列钛合金管材、超大规格钛合金棒材等新产品；用万吨自由锻压机成功生产出单重7吨的台阶轴锻件。

西北院及所属公司建设的国家稀有金属材料科研基地通过国家验收，为钛合金新材料的科研、中试验证和小批量生产提供了更优更专业的平台；利用院里现有的装备，试制成功了钛合金3D打印成型零部件；稳定、批量地生产出钛合金大规格（ϕ≥300mm）棒材及钛合金爆炸复合板材。

宝钢特钢新建的大卷重钛带生产线产出的板式换热器及焊管用高精密度钛带达到国际标准，满足了用户要求；“飞机用钛合金特大规格（ϕ≥450mm）棒材和大型整体结构锻件（投影面积≥2m^2）的工艺技术研究”获2013年宝钢技术创新重大成果奖。

（三）重点企业情况

1. 宝钛集团有限公司（简称宝钛集团）

宝钛集团是宝鸡有色金属加工厂（原902厂）为建立现代企业制度、理顺国有资产管理关系而整体改制成立，由陕西有色金属集团控股的大型有限公司，是中国最大的钛及钛合金为主的专业化稀有金属生产、科研基地。历经 40 年的发展，宝钛集团有限公司现拥有宝鸡钛业股份有限公司、国核宝钛锆业股份公司、南京宝色股份公司等 7 个控股公司、3 个参股公司、6 个全资子公司及 5 个直接经营单位的国有集团公司，建成了拥有世界一流检测装备的大型材料检测中心。产品广泛应用于航天、航空、化工、石油、化学、电力、冶金、医药以及海洋工程、地热工程、制冷工业、体育、旅游等领域，远销美国、日本、德国、法国、英国、挪威、瑞典、新加坡、意大利、印度、中国台湾和中国香港等十几个国家及地区。宝钛集团分别通过 ISO 9001、法国宇航公司、美国波音公司、英国罗-罗公司等国外公司质量体系、工艺技术及部分产品的认证。

2. 西部金属材料股份公司

西部金属材料股份公司成立于 2000 年 12 月 28 日，目前已成为由 8 个控股子公司和 1 个通过国家实验室认可的理化检验中心组成的集团化公司，总资产超过 26.2 亿元人民币。企业形成了以钛产业（含钛及钛合金加工、层状金属复合材料、稀有金属装备及管道管件制造等）为主业，覆盖金属纤维及制品、稀贵金属材料、钨钼材料及制品等产业的多元化格局，产品广泛应用于航空、航天、航海、信息、电子、能源、环保等国民经济重要领域。

（四）2014 年行业发展趋势

钛是具有良好性能的金属材料，是战略性新兴产业和国防科技的重要支撑。虽然目前国内外钛市场处于周期性低谷，但产业依然有广阔的发展空间。尤其是在国家大飞机等重大航空工程项目、海洋工程项目拉动下，我国钛合金产业发展的前景美好。预计，2014 年世界钛材产量将达到 17 万吨左右，未来两年产量年均增长率将达到 9.6%。

第三节 先进高分子材料

一、行业发展现状

高分子材料发展速度突飞猛进，已超过传统金属材料和无机材料，并成为工业、农业、国防、科技和日常生活等领域不可或缺的重要材料。世界合成高分子材料的总产量已达 3 亿吨，其体积产量超过金属材料。我国是高分子材料的大国，年消费量超过 3000 万吨，三大合成材料（合成树脂、合成橡胶、合成纤维）生产总规模已居世界首位，合成材料的成型加工总能力也已多年位居世界第一。但是从特种橡胶和高性能树脂产需平衡表看，我国特种橡胶、工程塑料、生物基树脂的产量还远不能满足国内需求，参见表 2-17 和表 2-18。

表 2-17　2013 年特种橡胶产需平衡表

（单位：万吨）

品　种	产　量	进　口	出 口 量	表观消费量	国内自给率（%）
丁腈橡胶	14.5	7.9	0.5	21.9	66
丁基橡胶	8.8	25.2	1.6	32.4	27
乙丙橡胶	2.1	26.1	2.3	25.9	8
异戊橡胶	8	4	0.3	11.7	68
氯丁橡胶	3.5	2	0.4	5.1	69
丙烯酸酯橡胶	0.5	4.3	2.4	2.4	21
氯化聚乙烯橡胶	5	3.5	2	6.5	77
氯磺化聚乙烯橡胶	0.4	0.3	0	0.7	57
苯乙烯类热塑性弹性体	72.8	5	0.8	77	95
聚氨酯热塑性弹性体	10	14	0	24	42
聚烯烃热塑性弹性体	0.3	9	0	9.3	3
硅橡胶	59	2	1	60	98
氟橡胶	0.8	0.2	0.1	0.9	89
氟硅橡胶	0.01	0.09	0	0.1	10
合　计	185.71	103.59	11.4	277.9	67

资料来源：石油和化学工业规划院。

表 2-18　2013 年高性能树脂产需平衡表

（单位：万吨）

类　别		产　品	产　量	进 口 量	出 口 量	表观消费量	国内自给率（%）
石油基高性能树脂	工程塑料	聚碳酸酯	31	138	21	148	21
		聚甲醛	32	24	6	50	64
		PBT	27	14	10	32	84
		PMMA	45	31	7	69	65
		聚苯醚	1	5	0	6	17
		聚苯硫醚	1	2	0	2	50
		小计	137	214	44	307	45
	聚氨酯树脂	聚氨酯软泡塑料	165	0	0	165	100
		聚氨酯硬泡塑料	190	0	0	190	100

（续表）

类别		产品	产量	进口量	出口量	表观消费量	国内自给率（%）
石油基高性能树脂	聚氨酯树脂	聚氨酯鞋底料	36	0	0	36	100
		涂料/胶黏剂用聚氨酯树脂	32	0	0	32	100
		小计	423	0	0	423	100
	其他高性能树脂	EVA	29	53	5	77	38
		VAE 乳液	40	5	1	44	91
		高吸水性树脂	30	3	3	30	100
		PVB	1.5	3	0	4.5	33
		小计	100.5	64	9	155.5	65
	石油基高性能树脂合计		660.5	278	53	885.5	75
氟硅树脂	氟树脂	聚四氟乙烯	7.0	0.6	2.0	5.6	125
		聚偏氟乙烯	1.1	0.4	0.6	0.9	122
		FEP	0.9	0.1	0.4	0.7	129
	硅树脂		3.5	0.5	0	4.0	88
	氟硅树脂合计		12.5	1.6	3	11.2	112
生物基树脂		聚乳酸	1	0.7	0.1	1.6	63
高性能树脂合计			673	280.3	56.1	898.3	75

资料来源：石油和化学工业规划院。

高分子材料已渗透到衣、食、住、行、用等人类生活的各个方面。例如，合成纤维、皮革、食品包装、农用薄膜、高分子建材、轮胎、减震材料、家用电器外壳等，已成为全球经济发展的重要组成部分。同时，高分子材料与当代高新技术结合得更加紧密，在电子信息领域，用于印刷电路板、光敏树脂、按键、复印机、打印机、光盘；生物技术领域，用于人工脏器、医用导管、高分子药物；航空航天领域，用于卫星与飞船外壳、密封等；新能源领域，用于新能源电池的膜材料、LED 的封装材料、风力发电的风翼等。

我国是高分子材料的大国，但我国还不是高分子材料强国。不仅产品的竞争力有待提高，产量也不能满足国内的需求，如合成塑料和合成橡胶的年产量只能满足 1/2 左右的国内需求。尽快完成从高分子材料的生产和消费大国到强国的转变，需要开展高分子材料科学的创新研究。

二、存在主要问题

总体来看，高分子材料产业存在的主要问题可概括如下所述。

（1）自主创新研发能力不足，一些自主开发技术长时间难以成熟进入商业化。

（2）除一些外资企业外，国内生产商大都不同程度存在高端品种牌号少、产品质量不够稳定、生产成本高、加工应用技术开发不足、引导市场能力较差等问题，缺乏国际竞争力。

（3）企业规模小，集中度低，管理运行成本较高，抵御市场风险能力差。

（4）绝大多数产品（特别是基础聚合物）国内供不应求，总体自给率偏低，部分高端产品自给率极低或为空白。

三、发展趋势

聚烯烃材料方面，聚烯烃的合金化、高性能化及多样化是我国主要的发展方向。虽然天然及可降解高分子材料研究在近10余年来取得了许多进展，但在市场应用上仍然仅限于一些简单的包装及一次性用品上，其原因既有价格问题，也有消费者的习惯问题。在结构高分子材料方向，聚烯烃的合金化、高性能化及多样化成为汽车、轨道交通及家电、居家建筑材料等家用材料领域的主要选择。

高分子材料在太阳能高效利用方面有着独特优势。聚合物太阳能电池的发展将为高分子材料提供新的应用空间。太阳能作为大有前途清洁能源，其有效开发利用的关键在于电池材料。目前太阳能电池应用技术分为两大类，即晶体硅片和薄膜。尽管眼下薄膜太阳能电池的市场份额不到10%，但这种新的薄膜半导体有望很快找到它的特殊应用市场。高分子材料因为具有质量轻、柔韧易加工、制作工艺简单、成本低、可大面积制备等突出优点，在太阳能电池材料中极具竞争力。

生物医用高分子是生物医用材料中发展最早、应用最广泛、用量最大的材料，具有原料来源广泛、可以通过分子设计改变结构、生物活性高、材料性能多样等优点。我国医用高分子材料的生产水平依然十分低下，处于产量低、品种少、规格不全，且质量差、水平低的境地。在未来的发展中，需着力研究新材料的生产安全性和使用范围，更重要的是从借用和改性逐步深入分子设计和结构设计层次开发新材料，同时也需结合实际临床需要，克服医用材料研发周期长，见效慢等缺点，做到产、学、研三者结合，推动我国医用高分子产业的发展。

我国高分子膜科学技术及高分子膜主业将形成水处理膜和特种分离膜并重发展的趋势。水处理高分子膜材料，研发焦点将集中在海水淡化反渗透膜材料、水质净化纳滤材料、MBR 专用膜材料的开发与利用上。发展高性能海水淡化反渗透膜材料，扩大产业规模；开发水质净化纳滤膜的规模化制备技术，提高分离性能；制备具有高质量、高强度、高柔水性能的 MBR 专用膜材料，并实现规模化生产。特种分离膜材料，研发焦点将集中在小孔径陶瓷膜材料、渗透汽化与蒸汽渗透膜材料、气体分离与特种分离膜并重发展，提升膜技术在资源节约、环境友好型社会建设中的贡献力度。

第四节　新型无机非金属材料

一、中空玻璃

（一）产业发展现状

中空玻璃的生产始于 20 世纪 60 年代，距今已走过了 50 多年的发展历程。从最初的产品研发到批量生产，再到大规模产业化和广泛推广应用，经历了一个比较漫长的过程。近年来，我国中空玻璃生产技术水平和产量、质量、品种结构方面都有了大幅提高，不仅为国内建筑行业提供了优质产品，而且产品大量出口，有些产品已跻身世界先进行列。据不完全统计，截至 2013 年年底，我国中空玻璃产能已接近 4 亿平方米，连续多年位居世界第一。

从产品结构看，由以往的“双白中空”，发展到“钢化中空”、“夹层中空”、“阳光控制膜中空”、“充惰性气体中空”、“低辐射中空”、“多腔体中空”等，不断完善和优化了产品结构，实现了产品结构多元化，进一步提高了中空玻璃的产品功能。如今中空玻璃作为一种功能完善、品种多样化的节能产品已被广泛应用于我国的建筑业、交通业和冷藏业，作为中空玻璃最大市场的建筑业，中空玻璃应用已从幕墙、高档写字楼扩展到乡镇民居；从严寒地区、寒冷地区扩展至夏热冬冷地区和夏热冬暖地区。不断扩大的中空玻璃市场需求，带动其使用量快速上升，为我国中空玻璃行业创造了广阔的发展空间。在国家开始强调建筑节能的大背景下，整个行业受市场需求扩大的影响，进入快速稳步增长期。国内中空玻璃材料研制全面走向国产化、设备研制逐步走向成熟。各种功能玻璃包括镀膜、夹层玻璃等作为中空玻璃原材料得到广泛应用。我国的中空玻璃行业在新的绿色经济、生态文明建设方针指引下，技术升级成为整个行业主导方向，超白中空、超大板面 Low-E 中空等特殊品种中空玻璃在工程项目中得到大量应用并实现自主供应。中空玻璃产量、质量大幅提升。2010 年，“亚洲第一条智能化连续中空玻璃生产系统”在福建新福兴玻璃有限公司成功落地，中空玻璃生产全过程实现了真正意义上的自动流水线（无人操作）加工，彻底改变了国际社会对中国玻璃加工业的传统视角。国内中空玻璃产品除完全满足市场需要外，更多地走出国门，获得了国际社会的普遍认可和肯定。

（二）存在的主要问题

我国中空玻璃近年来虽然发展很快，但也存在以下突出问题。

1．企业规模较小，产品质量良莠不齐

企业在工艺技术、生产装备、管理水平等方面存在着极大的差异。市场上以次充好、以假乱真、无序竞争和低水平重复建设的现象仍然存在。市场集中度较低，其中大部分为小型企业，技术含量较低、资金实力偏弱。在中空玻璃原材料的选择上，一些企业片面追求利润最大化，造成原材料质量不稳定。密封胶是中空玻璃主要原材料之一，它直接影响到中空玻璃的节能效果和使用寿命。一些质次价低的劣质密封胶仍在扰乱市场。从行业综合水平方面来看，在现有的两千多家中空玻璃加工企业中，不乏南玻、耀皮、信义、金晶等这类国际一流水平的企业，然而这类企业仅占我国中空玻璃加工企业总数的 5 %左右，行业的综合能力和水平还落后于经济发达国家。

2．中空玻璃使用率、普及率较低，建筑节能标准有待提高

国外发达国家节能设计标准中对建筑透明围护结构（含外窗和玻璃幕墙）的热工性能要求比较高，90%以上都使用了 Low-E 中空玻璃，许多还使用了充氩气的 Low-E 中空玻璃。我国现行节能设计标准中对建筑外窗的热工性能要求与国外发达国家相比仍有较大的差距。我国严寒地区设定的中空玻璃传热系数 K 值为 2.0，仍与欧盟现行标准（K 值一般在 1.1～1.3 之间）差距较大，只相当于韩国的中空玻璃行业标准中三级品（K 值为 1.8～2.2）的指标，与其第一级的要求相距也很大。目前，中空玻璃使用率、普及率依然偏低，新建建筑中空玻璃使用率尽管已经达到 60%左右，但既有建筑使用率不足 10%，与发达国家 90%以上的使用率相比差距仍很大。

3．自主创新能力薄弱

与国际先进企业相比，大部分企业研发资金投入过低，对人才、合作重视不足，导致了新产品、新工艺开发滞后，缺乏有自主知识产权的核心技术。全世界现有 1200 多个玻璃品种，国内能够直接生产的只有 200 多个，其余要经过引进或合作才能生产。我国虽然是加工玻璃大国，但还远不是强国。

（三）发展趋势

节能是我国的基本国策，建筑是节能领域的三大主战场之一。建筑能耗占全社会总能耗的比例已经达到 30%以上，并即将成为用能的第一领域。建筑能耗的 50%是通过门窗流失的，门窗节能的关键在于玻璃，玻璃在门窗中的比重占到了 70%。因此，在不包括工业用玻璃和交通用玻璃的情况下，仅建筑玻璃一项，对全社会总能耗的影响比例已经超过 10%。假设全国每年新安装约 4 亿平方米门窗均采用 Low-E 中空玻璃，与普通中空玻璃窗相比，每年可节能 870 万吨标煤，16 个月的节能量接近我国浮法玻璃行业 1 年的总能耗，1.5 年的节能量相当于大亚湾核电站 6 台百万机组一年的发电量（以燃煤电厂折算），使用 3.8 年可抵三峡大坝一年发电

量。另外，每年可减排 NO_x 和 SO_2 排放 8 万吨，减少温室气体 CO_2 排放 2100 万吨。因此，Low-E 中空玻璃、真空复合中空玻璃等高效节能玻璃的推广使用是时代进步的标志，也是建筑节能形势发展的必然结果。

企业目前面临的最大机遇就是国内市场需求的增长。“十二五”期间，我国新增新建筑面积 30 亿平方米左右，要完成新建绿色建筑 10 亿平方米左右，还要对近 6 亿平方米的既有建筑进行节能改造，95%的新建建筑要按照国家新的节能标准执行。在涉及的节能玻璃方面，主要就是多品种、多智能的复合中空玻璃。随着我国工业化、城镇化、信息化和农业现代化的同步发展，以及《绿色建筑行动方案》、《国务院关于化解产能严重过剩矛盾的指导意见》等一系列政策法规的出台，在新建建筑和既有建筑改造中推广使用节能门窗，采用 Low-E 中空玻璃等节能玻璃，提高产品附加值，已经成为全社会的共识。另外，面对我国新型城镇化建设这一美好的前景，面对 40 万亿元人民币的巨大投资，全行业必须按照节能建筑、绿色玻璃提出的要求，进一步优化产业升级，发展节能中空玻璃。我们不能再走过去单纯靠提高数量和规模增长的弯路，也不能再走低水平重复建设的老路，而要坚持走以节约、智能、绿色、低碳为原则的发展道路。

玻璃作为建筑材料，同时具备 4 大特点：透明、高强、轻质、耐久。其他墙体材料都不能同时具备这些特点。2030 年前后，中国在经济规模上有可能成为世界第一大经济体，节能中空玻璃的使用必然要与我们的经济发展水平相匹配。未来随着国家建筑节能政策的进一步细化以及消费升级，节能中空玻璃市场将得到稳步增长。在“引导绿色建材产业健康发展、促进建材工业转型升级”方面，由于玻璃的节能在绿色建材中所占份额较大、见效明显、行业成熟度较高，工信部和住建部已将玻璃选为绿色建材标准工作的首个品种。“创新提升、超越引领”也是我们建材工业的长期发展战略。因此，我们行业内部除了加强企业管理、积极开展中空玻璃新产品、新工艺、新技术、新装备的创新研发和质量升级外，更需要紧紧围绕我国建筑节能、环保、绿色建筑的可持续发展和生态文明建设的大趋势，从生产要素低成本、低价格的竞争，走向兼顾国际、国内两个市场的产品与技术的差异化竞争，带动整个玻璃产业的战略转型并实现国家、最终用户和行业的三赢。

二、其他新型非金属材料

（一）综述

1. 石墨材料—新能源材料

石墨具有优异的耐高温、抗腐蚀、抗辐射、导电、导热、润滑等性能，球形石墨、柔性石墨、高纯石墨、石墨乳、石墨烯等应用于新能源材料。

（1）锂离子电池负极材料——球形石墨。锂离子电池是目前发展最迅速的二次电池，球形石墨主要应用于锂离子电池的负极材料。

（2）燃料电池双极板材料——柔性石墨。燃料电池是具有良好前景的新能源，双极板是燃料电池的主要部件。采用柔性石墨直接压制成双极板，不仅成本极大降低，而且在导电、导热、不透气等方面具有一定优势。

（3）高纯石墨。固定碳含量≥99.9%，主要用于生产柔性石墨、密封材料、润滑剂的基料，生产高端石墨制品的基础材料。某些特殊领域如核能、半导体等高新技术产业的则要求固定碳大于99.99%。

（4）石墨乳。高性能石墨乳产品应用广泛，利用石墨润滑性，以拉丝石墨乳、模锻石墨乳为例，在许多金属加工业中，发挥重要的作用。

（5）石墨烯。石墨烯是一种由碳原子构成的单层片状结构的新材料，目前为世上电阻率最小的材料。因其电阻率极低，电子迁移的速度极快，因此被期待可用来发展更薄、导电速度更快的新一代电子元件或晶体管材料。

2. 石英材料

在现代工业中高纯石英应用广泛，在航天、航空、航海、军事、电工、电子、电信、化工、冶金以及汽车等高科技领域，如电子计算机芯片封装、光导纤维、新型电光源、特种光学玻璃石英坩埚等技术中的关键材料。

高纯石英熔融硅微粉——微电子封装材料。熔融高纯硅微粉由高纯石英砂经特种工艺加工而成，主要用于微电子产品的封装，包括集成电路和半导体分立器件。

3. 纳米膨润土——高强复合材料

改性膨润土是制备纳米塑料或纳米复合材料的重要辅助材料，膨润土经改性后与尼龙结合后，发挥出纳米材料功能，大大提高尼龙的强度、刚性、阻燃性、阻隔性等。

4. 高岭土——FCC催化剂载体

FCC催化剂已成为我国炼油、石化工业的主体催化剂，FCC催化剂与合成沸石分子筛催化剂相比，具有比表面积小、孔体积较大、抗磨性能好、抗碱和抗重金属污染能力强等优点，更适宜制备掺炼重油或渣油的催化剂。

5. 硅藻土

（1）硅藻土光催化复合材料。硅藻精土为载体、$TiCl_4$为前驱体，在硅藻土表面上均匀负载晶型为锐钛型的纳米TiO_2粒子，制备纳米TiO_2/硅藻土复合材料；这种复合材料具有优良的光催化性能。

（2）硅藻土助滤剂。藻土助滤剂为我国重要的工业过滤材料，利用硅藻土自身良好细孔结构和吸附性能，应用于食品饮料、石油化工、医药卫生、油脂等产业。

6. 碳酸钙——纳米碳酸钙

纳米碳酸钙应用最成熟的行业是塑料工业，主要应用于高档塑料制品。可改善塑料母料的流变性，提高其成型性，用作塑料填料具有增韧补强的作用。

（二）产业发展概况及主要问题

1. 锂离子电池负极材料

1）生产工艺

天然石墨→提纯（固定碳含量 99.9%）→球形化→包覆及表面改性→碳化→产品。

目前，我国利用鳞片石墨生产球形石墨已形成批量生产。在石墨的提纯、球形化方面等生产技术已基本完整，形成固定的生产线。利用土状石墨生产球形石墨，曾列入“十一五”国家科技支撑项目研究内容，重点解决提纯和球形化关键问题。研究成果已验收。

2）存在主要问题

（1）鳞片石墨成球率较低，目前一般为 30%～40%，因此生产球形石墨往往产生大量的石墨微粉。急需研究专用加工设备，提高成球率。

（2）土状石墨生产球形石墨，应尽快实现科技成果的产业化，同时需降低高温提纯的能源消耗。

（3）球形石墨的表面包覆改性，需要研究专用的生产装置。

2. 燃料电池双极板材料

1）生产工艺

天然鳞片石墨（+0.15mm）→提纯→氧化（石墨层间化合物）→高温膨胀→压制成型。

目前，我国利用鳞片石墨生产柔性石墨板材已形成批量生产。在石墨的提纯、氧化、膨胀压延成柔性石墨纸、板等生产过程基本形成固定的生产线，但是，利用柔性石墨纸、板，制造燃料电池双极板，尚处于实验室阶段。

2）存在主要问题

（1）目前生产柔性石墨纸、板完全利用大鳞片石墨，如何利用细小鳞片，降低生产成本应研究解决。

（2）柔性石墨双极板在强度上还需要改善。

3. 高纯石墨

1）生产工艺

（1）化学法。天然石墨→酸碱化学药剂→可溶性化合物→清水洗涤→烘干。

（2）高温法。天然石墨→高温提纯→通入净化气体再次提纯。

目前，我国鳞片石墨应用化学法提纯技术成熟，高纯石墨纯度可达 99.9%，甚至达99.99%，高温法提纯的技术尚处试验生产阶段，连续化生产有待提高。

2）存在主要问题

（1）目前，高纯石墨的废水废物等环保处理有待提高，环保处理的技术推行，降低处理成本有待解决。

（2）高温法提纯石墨技术仍需进一步研究，降低能耗。

4．石墨乳

1）生产工艺

高纯鳞片石墨和土状石墨→粉碎→与水进行混合→与悬浮剂等辅剂复配。

目前，我国的石墨乳以中低档制品为主，高性能的拉丝石墨乳，锻造石墨乳制品依靠进口。

2）存在主要问题

国产石墨乳满足大部分要求。新引进技术产品所需的新型号石墨乳还需要进口，在高档润滑用石墨乳方面，我国技术比较缺乏，应投入科研攻关。

5．石墨烯

1）生产工艺

暂无大规模工业生产，以实验室物理方法、化学方法等小量生产。

2）存在主要问题

（1）石墨烯工业化生产目前还处于研发阶段，我国对于这个新兴材料还处于研究阶段，尚没有出现产业化动向，规模化需求供应的局面。

（2）发展石墨烯问题远不止实现量产、如何量产等这么简单的问题，而是在于还没有形成完整的石墨烯产业链。

6．熔融高纯硅微粉

1）生产工艺

天然石英→提纯→超细粉磨→高温熔融成球→产品。

目前，我国熔融高纯硅微粉，仅能小批量生产，随着集成电路系统芯片的发展，尺寸加大，线路更加复杂，为实现高密度封装，对塑封材料提出更严格的要求。无论在数量上还是质量上，我国熔融高纯硅微粉远不能满足国内市场需求。

2）存在主要问题

（1）纯度低，急需要研究解决石英提纯问题。

（2）放射性元素铀、钍含量高，需要寻找符合要求的硅质原料产地。

（3）尽快实现产业化生产，熔融高纯硅微粉中试线研究成果已通过验收，应实现产业化生产。

7．纳米膨润土材料

1）生产工艺

原土→提纯→钠化→有机覆盖→有机纳米蒙脱石→高分子复合反应→高强复合材料。

目前，我国纳米膨润土材料，尚处于研究和小批量生产阶段，膨润土的提纯技术，聚合物插层技术等，均在进行试验研究。在“十二五”科技支撑计划中，已安排有膨润土高效利用研究，其中包括膨润土的提纯和有机复合的研究内容。在浙江省有企业与中国台湾合作建成千吨/年的尼龙/纳米膨润土复合材料生产装置。

2）存在主要问题

（1）膨润土的提纯是近年来国内注重研究的课题，由于膨润土颗粒极细，在有害杂质分离及产品脱水等方面较为困难，需要集中人才、物力以及国家投资尽快研究解决。

（2）聚合物/纳米膨润土复合材料的制备方法是插层复合法，而将聚合物插进蒙脱石层状结构的片层之间，进而破坏蒙脱石的整体结构，剥离成厚度为1.55nm，长度为100nm的基本单位并使其均匀复合的方法。实现高分子材料与蒙脱石达到纳米尺度上的复合。

8．高岭土——FCC催化剂载体

1）生产工艺

破碎→制浆→粉磨→分级→磁选→过滤→干燥→煅烧→表面改性→成品。

目前，利用高岭土制备FCC催化剂应用于我国炼油、石化工业，随着下游行业的发展，以及优质的高岭土资源消耗，优质资源不能满足行业需求。

2）存在主要问题

（1）随着国内对裂化催化剂需求的不断增长，仅仅依靠优质资源已远不能满足石化炼油领域的需求。

（2）各地矿床的成因条件各异，使不同产地的黏土在成分、结构、理化性能等方面差异很大，应用效果不同，在矿物学的角度研制并寻找新的FCC用高岭土产地。

9．硅藻土——光催化复合材料

1）生产工艺

以硅藻土为载体，以$TiCl_4$为前驱体，以盐酸、硫酸铵、碳酸铵为辅剂，采用水解沉淀法合成纳米TiO_2/硅藻土复合粒子，复合粒子经过滤、洗涤、干燥、煅烧后，制备纳米TiO_2/硅藻土复合材料。

目前，我国硅藻土光催化复合材料，尚处于研究和小批量生产阶段，中国矿业大学（北京）与吉林省临江市宝健木业有限责任公司在扎实细致的实验室试验基础上，联合建立了纳米TiO_2/硅藻土复合光催化材料中试生产线。

2）存在主要问题

硅藻土光催化复合材料实现大规模产业化较为困难，需要集中人才、物力尽快研究解决。

10．硅藻土——助滤剂

1）生产工艺

硅藻土→净化→预干燥→粉碎→二次干燥（800℃）（部分产品进行煅烧）→成品。

目前，我国的硅藻土助滤剂产业具有一定规模，吉林、云南等地助滤剂产业发达，产品以中档助滤剂为主。

2）存在主要问题

我国的硅藻土助滤剂主要应用于啤酒过滤，应用在食品饮料及医院卫生行业的助滤剂生产在我国生产企业尚未形成规模，高端助滤剂用量不大，而且投入较高，是我国民营硅藻土企业主要问题。

11．纳米碳酸钙

1）生产工艺

物理方法生产纳米级超细碳酸钙很困难，碳化法是生产纳米级超细碳酸钙的主要方法，生产工艺主要有间歇鼓泡碳化法、连续喷雾碳化法、超重力反应结晶法。

目前，在我国碳酸钙行业中，具有一定技术附加值的沉淀碳酸钙在产品结构中仅占10%，具有高附加值的品种如纳米级碳酸钙不足总产量的1%；同时，产品的分散度较大，性能稳定性差，远远不能满足市场需求。

2）存在主要问题

（1）中国碳酸钙年产量仅次于美国，占世界第二位，已成为碳酸钙生产大国，但还不是碳酸钙生产强国，特别在高附加值的碳酸钙产品。

（2）纳米碳酸钙产业投入大，技术含量高，我国的纳米技术产业有待进一步提升。

（三）市场行情

1．锂离子电池负极材料（球形石墨）

随着新能源的需求快速增长，尤其是电动汽车的发展，锂离子负极材料增长较快，深圳贝特瑞、上海杉杉、山东泰达和洛阳冠奇等几大生产厂家，经估算 2013 年产量约为 3 万吨。

2．柔性石墨材料

柔性石墨主要产地为山东、浙江等地，据该行业估算柔性石墨板材产能约 2

万吨，2012 年柔性石墨板材消费大片晶质石墨约 3 万吨。

3. 高纯石墨

高纯石墨是石墨新材料产业的基础原料，我国高纯技术先进，市场相对稳定，在我国黑龙江、内蒙古、山东、浙江、湖北等地均有生产，产能在 10 万吨以上，经估算 2013 年产量在 5 万吨左右。

4. 石墨乳

石墨乳是作为润滑剂、研磨剂和导电石墨材料基础材料，据统计 2011 年我国石墨乳总消费量在 5000 吨左右。

5. 石墨烯

石墨烯无法大规模的进行工业制备，相应的石墨烯产品的研究制备及小型试验的研究，我国基本处于实验室研究阶段，目前国内研究机构可以完成“公斤级”石墨烯制备。

6. 熔融高纯硅微粉

我国硅微粉的市场由 2005 年市场需求量 15 万吨到 2010 年超过 30 万吨，随着塑料灌封材料将为结晶型硅微粉带来巨大的市场需求，预计 2012 年在我国将超过 70 万吨，当前我国部分塑封料产品从国外进口，随着技术提升，产品质量的稳定，硅微粉的市场需求量必将逐年上升。

7. 纳米有机膨润土材料

有机膨润土产地在浙江和辽宁，主要生产商为浙江丰虹公司，2008 年，浙江丰虹收购浙江华特、顺孚化工公司，总产量可达 3 万吨/年。

8. 高岭土——FCC 催化剂载

我国对 FCC 催化剂载的研究自 20 世纪 80 年代起，中国高岭土公司生产制备的催化剂用高岭土，占据一定市场份额，随着对该种高岭土需求增长，2013 年中国高岭土公司产能在 6 万吨，实际产量约 4.2 万吨。

9. 硅藻土——光催化复合材料

硅藻土光催化复合材料尚处于研究和小批量生产阶段，中试产品在木制百叶窗帘及高密度板印刷地板上具有良好的应用性能，制备含纳米 TiO_2/硅藻土复合材料的涂料，然后将其用于木制印刷百叶窗帘及高密度板印刷地板表面（印刷）涂层，制备的“木制印刷除甲醛百叶窗帘”及“高密度板印刷除甲醛地板”，对甲醛有良好的去除功能。联合建立了 120 吨/年的硅藻土复合光催化材料中试生产线。

10. 纳米碳酸钙

纳米碳酸钙在我国应用较小，市场份额低，仅极少数企业可进行纳米级生产，经测算，2013 年总产能不超过 10 万吨。

（四）生产企业

1. 石墨材料

石墨材料主要生产厂家产能参见表 2-19。

表 2-19　石墨材料主要生产厂家产能

（单位：万吨）

企业名称	产品类型	产　能
深圳贝特瑞	负极材料	0.80
山东泰达	负极材料	0.40
上海杉杉	负极材料	0.40
洛阳冠奇	球形石墨 负极材料	2.00
青岛海达	鳞片石墨 可膨胀石墨	3.00
青岛黑龙	鳞片石墨 石墨板材	1.50
青岛闫鑫	鳞片石墨 可膨胀石墨	1.30
福建邵武科踏高纯石墨厂	球形石墨、负极材料	1.00
*湖北宜昌新成石墨有限公司	鳞片石墨、膨胀石墨	1.50

资料来源：中国非金属矿工业协会统计。

2. 纳米有机膨润土材料

浙江丰虹黏土化工有限公司在浙江省吉安县、辽宁省建平县各建有有机膨润土生产基地，形成有机膨润土产能达 3 万吨/年。

3. 硅藻土——光催化复合材料

临江市宝健纳米复合材料科技有限公司建立了 120 吨/年的硅藻土复合光催化材料中试生产线。

4. 高岭土——FCC 催化剂载

2013 年中国高岭土公司产能在 6 万吨，实际产量约为 4.2 万吨。

（五）发展思路

总体上发展思路可总结为以下 3 个方面。

（1）深入展开上述相关材料、基础研究等工作，进一步从基本理论方面为新材料的发展实现突破。

（2）研究开发相关的专用生产工艺和装备，实现材料高效规范，清洁生产。

（3）逐步实现材料的产业化开发，扩大生产规模，满足国内新兴战略产业发展的需求。

第五节　高性能纤维及复合材料

一、高性能纤维材料

（一）行业发展现状

高性能纤维是指具有特殊的物理化学结构，对来自外界的力、热、光、电等物理作用和酸、碱、氧化剂等化学作用具有特殊耐受能力，具有特殊性能、用途或功能的化学纤维。全球高性能纤维（即特种纤维）主要品种有 30 种左右，其中全球达万吨级以上规模生产的只有碳纤维（主要指聚丙烯腈 PAN 基碳纤维，下同）、芳纶、超高分子质量聚乙烯纤维（以下简称 UHMWPE）等少数品种。

近年来，我国高性能纤维行业发展很快，关键技术和装备实现突破，产业化进程不断加快，成为世界上少数几个可以生产多种高性能纤维的国家之一。但是，国际巨头垄断全球高性能纤维市场，与国际先进水平相比，我国技术装备存在差距，需要进一步提高质量性能、降低成本，提升产业化水平以及综合竞争力。随着工业转型升级的不断加快，高性能纤维产业的市场需求不断扩大，产业发展将迎来新的历史机遇期。2013 年我国主要特种纤维供需现状参见表 2-20。

表 2-20　2013 年我国主要特种纤维供需现状

（单位：万吨）

纤维品种	产量	进口量	出口量	表观消费量	自给率（%）
碳纤维	0.25	0.95	0.05	1.15	21.7
芳纶	0.68	0.45	0.19	0.94	72.3
合　计	0.93	1.40	0.24	2.09	44.5

资料来源：石油和化学工业规划院。

1. 碳纤维

长期以来，日本、美国等发达国家在碳纤维高端产品、技术装备等方面对我国进行封锁或限制性管理。自 20 世纪 60 年代以来，我国对碳纤维技术进行了积极的探索，但产业化进程十分缓慢。进入 21 世纪以来，我国碳纤维行业取得了一系列重大突破，打破了国外的技术封锁，建立了国产化主流技术，初步建立起技术研发、工程化研究和产业化生产的行业格局。特别是近几年来，建立了国家级的研发平台，工程化技术日益成熟，千吨级工业化装置陆续建成并投产，初步建立了从原丝、碳纤维到复合材料及下游制品全产业链，为加快产业发展奠定了较好的基础。

2013 年，我国碳纤维产量约为 2500 吨，开工率约为 22%，进口量为 9500 吨（其中进口碳纤维占 18%，碳布占 23%，其他制品占 59%），出口量为 500 吨，表观消费量约为 1.15 万吨。我国碳纤维应用主要以体育休闲为主，约占 60%，航空航天和工业领域的应用占比较低。我国碳纤维生产企业约 26 家，分布在 14 个省区市，江苏、吉林、辽宁比较集中。其中，具有千吨级（以 12k 计）规模的企业主要有 4 家，分别是山东威海拓展、中复神鹰、江苏恒神和中国化工。

从资本构成看，碳纤维生产企业既包括央企和上市公司，也包括民企和股份公司。从企业原来从事行业看，既包括与碳纤维生产技术密切相关的石化、化纤、纺织机械，也包括煤化工、工程塑料、冶金等。从技术来源来看，碳纤维企业各具特色，包括：中石油吉化长期以自主研发为主；江苏恒神以引进为主，既引进国外先进的设备，也注重从国内外引进人才；中国化工收购英国 Courtaulds 公司，部分引进原丝技术；常州中简、河南永煤和中科院扬州中心的技术来自于中科院山西煤化所；浙江先泰的生产技术来自于中科院宁波材料所；北京化工大学同样是行业重要的技术支撑力量。

从发展趋势看，随着碳纤维趋于高性能化，以及成本和价格不断下降，民用工业用量将继续保持快速增长，航天航空和体育休闲用量将稳定增加。据行业预测，到 2015 年，国内碳纤维需求量约为 1.5 万吨/年，到 2020 年为（2～3）万吨/年。

2．芳纶

我国从 20 世纪 80 年代初开始研究并开发芳纶生产技术，但一直未能实现产业化，长期依赖进口。2004 年，我国实现间位芳纶的工业化生产，打破了国外公司垄断的局面。2008 年，我国终于建成了国内第一条百吨级的对位芳纶中试生产线，2011 年实现了千吨级对位芳纶产业化项目的商业化运营。目前，我国间位芳纶已攻破技术难关，产品性能稳定，基本上实现了产业化生产，国产产品在国内占有一定的市场份额，并且还有部分产品出口到国际市场；对位芳纶纤维产业化难度较大，我国尚处于产业化初期阶段，产品质量、技术水平和生产能力均与国际先进企业存在一定差距。

2013 年，我国芳纶产量约为 6800 吨，表观消费量为 9400 吨，自给率约为 72.3%。芳纶高端领域的应用不断拓展，作为国防军工的关键战略物资，芳纶已经成为航天航空结构功能一体化的重要材料，现代工业发展的支撑材料，安全防护装备的可靠材料及环境保护的关键基础性材料。

间位芳纶主要应用于高温过滤、阻燃防护、绝缘复合等领域。目前，间位芳纶在工业、过滤等领域的需求持续低迷，低端市场竞争激烈，市场价格下滑。与此同时，间位芳纶在环保领域的应用不断拓展，推出了针对 PM2.5 的高精度纤维，在军警面料和军用装备领域的应用实现突破。泰和新材是间位芳纶的龙头企业，产能为 7000 吨，生产规模及市场占有率均居全球前两位。

对位芳纶产品质量不断提高，生产成本大幅降低，工艺控制水平不断提高，高强度、高模量、细旦化、色丝等差别化品种相继开发成功，国产产品的市场认可程度不断提高，主要应用于汽车安全、光缆加强、国防军工、航空航天等领域。国内芳纶产能达到千吨级的企业有泰和新材、苏州兆达、硅谷化工等企业。

安全、环保、节能是芳纶的主要应用领域，符合社会发展的潮流。特别是近年来雾霾天气和安全事故频发，石油、煤炭等传统能源日渐枯竭，为发展高效率的除尘设施、高性能的防护装备、轻量化的运输工具提供了契机。芳纶在环保过滤领域迎来了全新的发展机遇。随着社会发展和收入水平的提高，职业安全日益受到重视，消防、军警、产业防护等对于阻燃、防弹、防刺等功能性防护装备的要求日益增加，特别是随着国际安全环境日趋复杂，芳纶在防护领域的增长必将出现由量到质的转变。随着节能减排要求的提高和行业竞争格局的转变，国产芳纶在光缆、汽车、航空、轨道交通等领域也面临着历史性机遇。

3. UHMWPE 纤维

我国自20世纪90年代末开始进行超高分子量聚乙烯纤维生产工艺和装备的研究，以及中试生产，江苏神泰科技发展有限公司、盐城超强高分子材料工程技术研究所先后加入研发行列，主要致力于成套装备的技术研发和设备制造及成套技术产业化，并取得了一系列重大理论与实践的突破。随即一些企业投入中试及小规模工业化生产，至今经过不懈努力其纤维性能已经达到国际水平并具有各自的特色，部分进入规模化生产阶段。

目前，超高分子量聚乙烯纤维有干法和湿法两种工艺技术路线，我国采用湿法较多。在国内，超高分子量聚乙烯纤维制成的部件在防弹服领域需求非常旺盛，在防弹头盔、防切割手套、船舶系留绳、渔网、隧道和桥梁加固等方面的需求也在快速增长。

现阶段我国的超高分子量聚乙烯纤维生产厂商已发展至 20 家左右，主要有北京同益中特种纤维技术开发有限公司、湖南中泰特种装备有限责任公司、宁波大成新材料股份有限公司、山东爱地高分子材料有限公司等 10 余个厂家生产超高分子量聚乙烯纤维。由于他们所采取工艺方式和设备路线不尽相同，导致产品质量和单机产量差距较大。但大多数生产厂家的纤维质量已达到国外先进水平，完全能满足国内外的高端市场。也有一部分生产厂商由于采用的工艺和装备技术落后和不完善，致使纤维质量低劣，生产状况极不正常。

当前，我国超高分子量聚乙烯纤维的发展主要方向是降低生产成本，提高单线产能，提升质量，发展生产注射成型牌号、纤维牌号和超细 UHMWPE 等特殊牌号产品，积极拓展防护和绳缆等民用市场，满足尖端技术领域（深海、远洋、航空航天、极地科考等）的消费需求，提高自主保障能力。

（二）发展趋势

1. 提高全产业的竞争优势

高性能纤维生产企业不仅要注重提高产品本身的质量性能，同时要高度重视高端装备、专用化学品、高性能树脂以及复合材料设计开发等方面的发展，积极与下游企业联合设计开发产品，主动帮助下游企业发现需求，积极拓宽应用领域，发展量大面广的产品，带动提升质量性能、降低成本，根据自身比较优势，提高产异化竞争能力，逐步由提供产品向提供综合性解决方案转变，不断提高全产业链的竞争优势。

2. 加大下游应用领域的开发力度

1）推动高性能纤维在量大面广领域的应用，以此来提高装置开工率，在生产过程中不断稳定质量性能。例如，碳纤维加大在建筑补强、风电、输电电缆等领域的应用，芳纶和超高分子量聚乙烯加大在防护领域的应用。

2）发展高端产品满足重大工程和国防科工的需求，走军民融合的发展道路。例如，碳纤维加大在航空航天领域的应用，芳纶争取在新能源汽车、新一代信息技术、国防军工等领域实现新突破。

3）推动上下游企业间的加强合作和资源整合，推动建设产业联盟，打造完整的产业链条，推进与国际的交流与合作。

3. 加强产学研用的合作，提高企业为主体的创新能力

推动高校、科研院所与企业加强合作，充分利用互补资源，攻克解决生产技术难题，形成技术突破和专利，提高科研成果和专利技术的转化效率，建立以企业为主体的创新体系。为高校和科研机构的科技人才参与企业技术创新活动创造条件，联合培养既精通技术又熟悉行业形势的高端复合型人才，不断壮大企业高层次创新队伍。

二、铝基复合材料

（一）发展现状

铝基复合材料具有高导热、密度小、成本低等综合优势，是金属基材料中的重要品类，在国际国内范围内有广泛研究并应用于工业化生产。铝基复合材料包含纤维增强和颗粒增强两大类。其中，颗粒增强铝基复合材料成本低、性能稳定且易实现规模生产，成为铝基复合材料研究和应用的热点方向。以铝合金为基体的复合材料有铝碳化硅和硅铝等，广泛应用于航空航天、电子信息、壳体封装和现代交通等广泛领域。

1．铝碳化硅

铝碳化硅是以铝合金作为基体，碳化硅颗粒为增强体的颗粒增强金属基复合材料，融合了碳化硅陶瓷和金属铝的不同优势，是第三代微电子封装材料产品，具有高导热、高刚度、低密度、合适的膨胀系数等特征，能有效提升电子器件的封装热管理能力。同时以其耐腐蚀、可加工性能好和易回收的优势，铝碳化硅应用于工业规模化生产可降低成本，在军用和民用领域得到推广，出现了美国 TTC、西安明科、湖南浩威特、江苏启鼎等以铝碳化硅为主营业务的公司。

北京有色金属研究总院生产的新型碳化硅铝复合材料具有“轻、硬、刚、巧、廉、美”的特征，满足了封装的轻便化、高密度化等要求，适于应用 LED、航空、航天、电子元器件、壳体封装等广泛领域。

2．硅铝

硅铝是将铝与高体积分数的硅颗粒复合成为低密度、高导热率和低膨胀系数的封装材料，用于电子元器件封装，同碳化硅铝相比具有很强的可加工性，主要用于制作封装壳体。

北京有色金属研究总院生产的硅铝产品硅含量可在 22%～70%中体积分数和高体积分数调整，根据需求加入 Cu、Fe 等元素改善性能，导热率可达 100～180（W/m·K），热膨胀系数可达（8～18）$\times10^{-6}$/K，具有很强的耐磨性，采用净成型加工技术，可生产各种电路外壳及底座，利用合金材料制成活塞、转子等部件，实现汽车轻量化。

（二）下游行业

铝碳化硅、硅铝等铝基复合材料因其高导热、合适的膨胀系数等优良特性可制成基板及热沉材料，用于光电子封装、微波封装外壳、功率模块基板、微电子基板、热沉和盖板、平板混合电路外壳等部件，广泛应用于航空航天、汽车、电子光学、体育用品、集成电路、功率模块、微处理器盖板及散热板等领域。

1．汽车领域

铝硅颗粒增强铝基复合材料制备汽车零部件，如发动机活塞、发动机活塞和齿轮箱、制动转子、制动活塞、制动垫板、卡钳、汽车驱动轴、摇臂等、汽车制动盘等零部件，能有效减轻质量、降低噪声、提升耐磨性能实现轿车轻量化。

2．航空航天领域

铝基复合材料可代替钛合金制造飞机摄像镜方向架、卫星反动轮和方向架的支撑架等，在美国等地成功地应用于哈勃太空望远镜的高增益天线悬架、导弹零部件（弹体、尾翼、弹翼、推进器组件）等。

3．电子和光学仪器领域（含电子封装）

粒增强铝基复合材料有可调的热膨胀系数、密度低、导热性能好等优点，适合于制造电子器材的衬装材料、散热片、基板及热沉等电子部件。在精密仪器和光学仪器的应用研究方面，铝基复合材料还可以制造惯性导航系统的精密零件、旋转扫描镜、红外观测镜、激光镜、激光陀螺仪、反射镜、镜子底座和光学仪器托架等许多精密仪器和光学仪器。

4．体育用品领域

铝基复合材料代替木材及金属材料来制作网球拍、钓鱼竿、高尔夫球杆和滑雪板等，具有质量轻、刚度高、不易挠曲变形等特点。

（三）发展趋势

目前，市场上的高导热材料除碳化硅铝、硅铝外还有金刚石铜、碳材料等多种类别，因其自身性能差异不同应用于不同领域。金刚石铜导热率高达600（W/m·K），但价格贵不易加工变形；铝碳化硅、硅铝导热率相当，但硅铝可加工性更强，多用于制成形状复杂的壳体。汽车产业的轻量化、高功率 LED 和 IGBT 模块的国产化市场需求、航空航天的国防高要求为铝碳化硅、硅铝等铝基复合材料带来巨大的市场增长空间。国内公司在竞争上较国外企业具有资本、技术等劣势，需不断加强研发，提升复合材料的综合性能，扩大应用领域，尽量实现净成形，减少规模生产及加工费用。

三、树脂基复合材料

树脂基复合材料在化学工业中的应用，历史悠久且进一步发展，可谓“应用多多”。据专家介绍，以树脂为基体的复合材料，作为化学工业的耐腐蚀材料已有50余年历史，由于树脂基复合材料具有强度高、无电化学腐蚀现象、导热系数低、保温性能及电绝缘性能良好、制品内壁光滑、流体阻力小、维修方便、质量轻、吊装运输方便等特点，已广泛应用于石油、化肥、制盐、制药、造纸、海水淡化、生物工程、环境工程及金属电镀等工业中。

（一）产业发展现状

我国环氧乙烯基酯树脂早在20世纪70年代，由华东理工大学周润培教授发明，以后华昌聚合物公司成为国内领头羊企业。此外在应用领域中，宜兴化工成套设备有限公司，是具有自主创新能力的典型防腐工程企业，20世纪90年代与贵溪冶炼厂共同研制了玻璃钢电除雾器，实现以国产代替进口、为国家节约大量外汇，受到冶金部表彰。该公司每年消耗环氧乙烯基酯树脂800吨，是DSM、DOW化学、华昌公司典型客户，工程覆盖了全国80%的冶炼企业，成为全国冶炼行业防腐工程先进代表。

（二）发展趋势

随着经济特别是工业的不断发展，环境污染已成为当今世界令人关心的问题，许多国家投入巨大人力、物力，致力于环境保护工业这一新兴工业部门。环氧乙烯基酯树脂在环境保护领域中，应用是越来越多。玻璃钢在给排水管道工程中已得到了广泛的应用，最近几年越来越多的废水处理系统的管道用玻璃钢制造，一个基本原因就是废水的耐蚀介质的种类和腐蚀性能都在不断增加，这就要求使用耐蚀性能更好的材料，而腐蚀玻璃钢是满足这种需求的最好材料。复合材料在环境保护方面应用，包括一般工业废气处理、油水处理、含毒物质的污水处理、垃圾焚化处理及城市废水脱臭处理等。据专家介绍，环氧乙烯基酯树脂在高纯水和食品领域中的应用，也是树脂基复合材料应用的一个新领域，树脂基复合材料的优良耐蚀性能，意味着这种材料具有惰性、不污染的特性，理所当然地成为高度清洁物品，如储存高纯水、药品、酒、牛奶之类可选用该材料。

环氧乙烯基酯树脂在氯碱工业中，有着良好的应用。氯碱工业是玻璃钢作为耐腐材料最早应用领域之一，目前玻璃钢已成为氯碱工业的主要材料。玻璃钢已应用于各种管道系统、气体鼓风机、热交换器外壳、盐水箱以至于泵、池、地坪、墙板、格栅、把手、栏杆等建筑结构上。同时，玻璃钢也开始进入化工行业的各个领域。在造纸工业中的应用也在发展，造纸工业以木材为原料，造纸过程中需要酸、盐、漂白剂等，对金属有极强的腐蚀作用，唯有玻璃钢材料能抵抗这类恶劣环境，玻璃钢材料已在一些国家的纸浆生产中显现其优异的耐蚀性。在金属表面处理工业中的应用，则成为环氧乙烯基酯树脂的重要应用。环氧树脂作为纤维增强复合材料进入化工防腐领域，是以环氧乙烯基酯树脂形态出现的。它是双酚 A 环氧树脂与甲基丙烯酸通过开环加成化学反应而制成的，每吨需用环氧树脂比例达 50%，这类树脂既保留了环氧树脂基本性能，又有不饱和聚酯树脂良好的工艺性能，所以大量运用在化工防腐领域。

环氧乙烯基酯树脂在化工领域的防腐主要包括化工管道、储罐内衬层、电解槽、地坪、电除雾器及废气脱硫装置、海上平台井架、防腐模塑格栅、阀门、三通连接件等。为了提高环氧乙烯基酯树脂优越的耐热性、防腐蚀性和结构强度，树脂还不断进行改性，如酚醛、溴化、增韧等环氧乙烯基酯树脂等品种，大量运用于大直径风叶、磁悬浮轨道增强网、赛车头盔、光缆纤维牵引杆等。火力发电以燃煤及燃油为主，发电厂中一般管道或废水处理设施均可用玻璃钢制品，而排烟脱硫装置则为防蚀之重点。海水淡化分为传统蒸馏及反渗透膜法，由于海水十分容易侵蚀铁质材料，所以淡化厂内大部分的管道及容器均使用玻璃钢制品。温泉的用途有发电及洗浴，从温泉的抽取到输送，均已大量使用玻璃钢管。医药工业中药品种类繁多，每种原料有所不同，但玻璃钢用于医药工业受到青睐。另外，玻璃钢在槽车上的使用，已证实比橡胶内衬实用，如盐酸的运输橡胶内衬会因沉淀物而穿孔，而沉淀物确为盐酸的基本问题，除非为 100℃的纯盐酸；乙烯基树脂来制槽体或作内衬为一正确的选择，除其优良耐化学特性外，更有良好机械特性、耐疲劳性，可适应道路运输受力构件力学性能的要求。

四、酚醛

（一）产业发展现状

1. 全球产业发展现状

目前，生产酚醛板的国际知名企业有英国的金斯潘、日本的旭化成和积水化学、韩国的LG集团。目前，国际国内企业都在注重产品及产品延伸系统的完善与开发。英国金斯潘从2012年开始就在不断地完善其板材系统。日本的旭化成与积水化学都在扩大生产规模，其中旭化成公司的Neoma酚醛泡沫保温板生产线已于2014年4月进入投产运营。LG化学2013年在韩国国内投资建设并投产改性酚醛泡沫保温板产品生产线，主要目标市场定位在中国。

因为应用的技术体系不同，各国酚醛泡沫保温板在各自系统中的用法也不尽相同，但是均起到保温隔热与防火的目的。在国外技术体系中绝热性能被作为主要性能所重视，所以国际上几家企业的板材导热系数均在0.015～0.022（W/m·K），并且都作为防火材料在使用。但是在吸水率和拉拔强度上与国内板材的要求有差距。

根据国家的发达程度与国家的基础建设进程发展的需要，目前欧洲有英国的金斯潘，亚洲有日本的旭化成和积水化学、韩国的LG集团以及中国的部分企业。其中，亚洲中中国的产能与产量是全世界最大的。

2. 国内产业发展现状

据估算，全国年产改性酚醛泡沫板500万平方米以上规模的生产线有100条，厂家600家，合计年产改性酚醛泡沫板5亿平方米。2013年保温市场实际消费总量3000万平方米。中国在2013年已经成为全球改性酚醛板生产能力最大的国家，其中山东圣泉化工股份有限公司更是跃居全世界产量最大的企业。所以酚醛板在国内的使用因其使用环境和产品结构的问题，在国内全部使用国产产品，只有极个别的样板工程或者试验使用进口产品。

伴随着国家政策逐渐明朗和市场因素，酚醛板厂家中规模小，投资低的小型企业已经纷纷转产或关停。但是部分中、大规模的企业依然在加紧生产线的投资建设。一方面补足因为小厂关停带来的市场空白，另一方面也为丰富产品种类做着积极的准备。

目前，国内部分地区已经明确的推广酚醛板的使用，并且酚醛板在空调通风管道方面的实用也受到极大的认可，所以从2010年以来酚醛板的消费量是逐年上升的。改性酚醛泡沫保温板目前能够应对所有的外墙保温系统，并且作为通风管道使用优势很明显。所以，作为少数能够达到“复合A级”的有机保温材料，其使用优势很明显。目前，大量的产品使用在老旧小区改造中。在新建建筑中因为改性酚醛泡沫保温板绝热性能好又有优越的防火性能，所以在东北、西北、东南等地区新建建筑的使用量逐年增加。目前，辽宁、新疆、甘肃等地已经明确指出推广改性酚醛泡沫保温板。改性酚醛泡沫保温板作为通风管道的使用已经超过了 10 年，并且优异的性能和低廉的价格使得改性酚醛泡沫板在空调用通风管道用板材的市场占有率已经超过 30%。据不完全统计，2013 年用量已经超过了 1700 万平方米，所以改性酚醛泡沫保温板在空调风管领域的用量不容忽视。

酚醛板作为外墙保温板材出口量很少，但是作为空调通风管道用材，出口量很大。山东圣泉化工和厦门天利高等公司出口韩国、东南亚等国家，作为空调通风管道来使用每年达几十万平方米。

伴随着产品、技术和原材料等方面的趋近成熟，产品价格在激烈的市场竞争下逐年下滑。截至 2013 年年末，产品价格已经逼近 1200 元/立方米的极限值。

（二）重点企业发展情况

作为全球最大的改性酚醛泡沫板生产企业：山东圣泉化工股份有限公司，2013 年建筑节能产业（改性酚醛泡沫保温板产业）销售额达到 5.8 亿元人民币。目前该公司设计年产改性酚醛泡沫板达 200 万立方米，是一家集原材料生产、产品设计生产、产品深加工、施工于一体的企业。该企业拥有国际最先进的改性酚醛树脂科研、研发设备，并与中科院联合建立酚醛树脂研究中心。为改性酚醛泡沫保温板技术进步和产品改进等方面做出了巨大的贡献。并且引进国际最先进的改性酚醛保温板连续化生产线，为产品实现高产能与高质量提供保证。该企业利用原材料优势、生产设备优势和产品优势为整个酚醛行业的快速健康发展做出了卓越的贡献。作为中国酚醛联盟理事长单位，该企业一直引领酚醛行业的健康发展。在产品技术改进、国家政策支持、行业技术革新、行业健康发展等方面都在进行着积极的工作。利用其“领头羊”的身份在国家与地方标准、政策等方面为全行业争取了很多的机会。

（三）技术水平

目前，改性酚醛泡沫保温板多是应用于外墙外保温薄抹灰系统中，通过多年的实际应用，改性酚醛泡沫保温板外墙外保温系统应用技术已经成熟，并且在几个省市编制了相应的施工规程和技术导则。虽然产品性能指标能够满足薄抹灰系统的要求，但是应用系统过于单一，所以国内几家企业已经开始进行其他系统科研与研究工作，成果初步显现。目前除外墙外保温薄抹灰系统外，改性酚醛泡沫保温板还可以应用于保温装饰一体化系统、大模内置系统、隔墙板、结构式墙体填充有保温材料等保温系统中，并且都取得了良好的使用效果。

目前，国家大力提倡提高住宅产业化水平。各地纷纷对住宅产业化产品进行研究与应用，作为保温防火双优势的改性酚醛泡沫保温板在住宅产业化系统中的应用科研一直在持续，并取得初步成果。

在国外技术体系中绝热性能被作为主要性能所重视，所以国际上几家企业的板材导热系数均在0.015～0.022（W/m·K），并且都作为防火材料在使用。但是在吸水率和拉拔强度上与国内板材的要求有差距。因为国内使用环境与系统要求不同，所以国内产品大都追求满足产品的综合性能，如吸水率和拉拔都要满足一个较高的数值的前提下，其他性能又不能太差，这就使得国内产品在满足吸水率与拉拔的情况下其导热系数大大增高，可达到0.030（W/m·K）。这样就使得改性酚醛泡沫保温板失去了一个重要的竞争指标，也是改性酚醛泡沫保温板在我国没有被广泛重视的很重要的原因。所以国内如山东圣泉化工等几家企业都在积极的研究能够满足中国保温系统要求前提下低导热的改性酚醛泡沫保温板，成果初现。

（四）上下游产业发展情况

改性酚醛泡沫保温板主要的原材料是苯酚和甲醛，甲醛作为常规化工原材料国内很多，但是苯酚作为石油副产品其销售一直受控于国际贸易，价格很不稳定，每年分季节有价格峰谷，所以掌握了苯酚的价格就基本上掌握了改性酚醛泡沫保温板的主要成本。山东圣泉化工股份有限公司作为全世界最大的酚醛树脂供应商，一直占有全国酚醛树脂产销量的80%左右，并且正在积极与中石油、中石化洽谈国内苯酚生产的相关事宜，目的是为了平稳国内苯酚的价格。在改性酚醛泡沫保温板用树脂方面，国内也有部分企业在自行加工配制，因为酚醛树脂生产过程中，对设备的精度要求非常高，所以小厂家生产的酚醛树脂很难保证其总体质量。酚醛树脂生产过程中对环境的破坏很大，很多小企业没有在环保方面进行投资，所以有些生产是非法的，很难保证其供货及时性和供货质量。

改性酚醛泡沫保温板作为既防火又节能的有机类保温材料，在保温材料市场中已经站稳脚跟。目前应用于新建建筑、旧房改造和空调风管等方面，产能与用量逐年增加。伴随着国家75%节能要求和防火要求的提出，既防火又节能的改性酚醛泡沫保温板必定会迅猛发展，以其优异的理化性能应用于更多的保温系统当中，其用量必定逐年攀升。

（五）存在的主要问题

目前，我国酚醛泡沫保温板产业发展中还存在一些问题：一是部分企业树脂生产排放不符合国家标准，对环境有害。二是产品与国外先进水平有差距，特别是导热系数，闭孔率等指标。三是用于建筑工程缺乏国家技术规范。

（六）2014年发展趋势预测

改性酚醛泡沫保温板作为新型保温材料，其真正的使用意义还没有完全开发。它的防火优势、绝热优势在现有的保温系统中都要优于传统的保温材料，是传统保温材料的优异替代品。例如，保温装饰一体化，系统保证了安装安全，但是在绝热和防火方面却有很大的薄弱点，用改性酚醛泡沫保温材料就充分屏蔽了其弱点，使系统趋于完美。目前，改性酚醛泡沫保温板作为防火保温材料，能够在高度为 24～100m 之间的住宅建筑中使用，市场前景可观。

伴随着国际市场的开放，国外产品技术进入中国，对产品技术的提升与产品质量的提高提出了迫切的要求。使得国内几家企业加紧科研步伐，使产品尽快与国际接轨，生产出适合中国国情的产品。加上正直国家推行 75%节能政策，绝热性能最优越的改性酚醛泡沫保温板必定充分发挥其产品优势，推动 75%节能政策大力发展。

第六节　前沿新材料

根据工信部《新材料产业“十二五”发展规划》，我国“十二五”期间重点发展的前沿新材料包括纳米材料、超导材料、生物材料、智能材料等四大类。

一、纳米材料——石墨烯

（一）行业发展现状

目前，各国对于石墨烯还处于专利布局和产业化初期，成熟完整的产业链尚未形成，尤其是下游大规模应用还有待开发。我国在石墨烯基础研究上已十分突出，有关研究显示，截至 2012 年年底，我国发表的石墨烯论文数量已经超过美国居世界首位，部分研究成果受到世界高度重视，被引用数千次。2013 年，我国石墨烯专利数量，无论是专利受理数量还是优先权专利数量，都是世界第一大国。2013 年，各种资本纷纷涌入石墨烯领域，产学研合作模式成为主流，石墨烯粉体和石墨烯薄膜生产线投产，全国以重庆、无锡、宁波等为代表的石墨烯产业园蓬勃发展，采用石墨烯薄膜电容触摸屏的手机上市，标志着石墨烯完整产业链的初步形成；以石墨烯粉末为原料的石墨烯涂料、石墨烯电容、石墨烯晶体管、石墨烯电池的大规模应用还有待开发。

（二）重点企业发展情况

1．天津普兰纳米科技有限公司

天津普兰纳米科技有限公司是研发、生产石墨烯以及提供石墨烯应用方面的技术咨询服务类企业。公司的核心产品包括石墨烯、干法薄膜电极和超级电容器，是目前国际上唯一可提供公斤级以上高纯单层石墨烯的企业，拥有多项石墨烯生产和应用专利技术可提供公斤级以上单层石墨烯、多层石墨烯、石墨烯溶液制品。公司生产的石墨烯已经用于多项产品，包括超级电容器、透明电极药物输送和各种高效能复合材料。

2. 宁波墨西科技有限公司

宁波墨西科技有限公司是一家专门从事石墨烯及其相关产品研究、开发和生产的高新技术企业，成立于 2012 年 4 月，注册资本 2.4 亿元人民币。通过引进中科院宁波材料所刘兆平团队全球首创的石墨烯大规模制备技术，于 2011 年成功研发出具有自主知识产权的石墨烯低成本规模化制备技术，累计投入近 5 亿元人民币，公司年产 300 吨的石墨烯生产线已经于 2013 年 12 月正式投产。该石墨烯产品具有厚度薄（平均厚度 3nm）、导电性优异（电导率 10^3S/cm）以及成本低廉等优势，在锂电池、超级电容器、塑料/橡胶、涂料/油墨等领域的应用前景广阔。

3. 常州二维碳素科技有限公司

常州二维碳素科技有限公司主要从事大面积石墨烯透明导电薄膜的生产，成立于 2011 年 12 月，公司注册资本 3000 万元人民币。公司主要业务包括石墨烯透明导电薄膜材料的生产和销售，以及在透明电极、储能、电子器件等领域的应用技术开发和技术支持服务。公司通过化学气相沉积方法制备石墨烯薄膜，能连续稳定地生产出电阻 100Ω以下的大面积石墨烯薄膜（30ft×30ft），并且在触摸屏产品领域实现应用，并于 2013 年 5 月投入了国内首条年产 3 万平方米石墨烯薄膜生产线，可满足年产 500 万片 4 英寸电容式触摸屏模组的需求。

4. 中科炭纳米科技有限公司

中科炭纳米科技有限公司是依托中科院煤化所成立的先进炭材料公司，成立于 2010 年。公司拥有完善的合成及检测设备，依托中科院煤化所炭材料研究成熟经验，重点开展石墨烯及氧化石墨烯相关基础研究及批产扩大化攻关，目前已在氧化石墨可控合成、氧化石墨烯及热还原石墨烯制备、石墨烯/氧化石墨烯自组装薄膜材料等领域取得突破性进展。公司集石墨烯及其衍生品的研发、制造、销售及技术转让等于一体，主营产品包括氧化石墨、氧化石墨烯、剥离石墨烯、改性石墨烯、氧化石墨烯有序薄膜、导电石墨烯薄膜、导电透明炭膜、气液界面膜等一系列石墨与石墨烯制品。

5. 厦门凯纳石墨烯技术有限公司

厦门凯纳石墨烯技术有限公司是国内首家从事石墨烯微片及石墨烯生产并进行石墨烯微片及石墨烯应用开发、研究的新兴专业化高科技企业，核心技术源自陈国华博士及其团队。该团队在石墨烯研究领域处于行业领先。公司的主营业务为 KNANOTM 品牌 KNGTM 系列石墨烯产品的生产、销售及相关技术的开发，可提供不同厚度和不同用途的石墨烯系列产品，以满足用户在高性能复合材料、显示材料和传感材料等精密电子功能材料以及在超级电容器、电池等新能源材料上的应用。具备较短时间内提供公斤级石墨烯纳米片产品的能力，并吸引新疆中泰化学股份有限公司投资入股，共同开展石墨烯在高分子聚合物领域的应用产品开发。

6．辉锐科技集团

辉锐科技集团成立于 2009 年，于 2012 注册成立辉锐科技有限公司和辉锐材料科技有限公司，并于 2013 年注册成立辉锐触控技术有限公司。辉锐科技集团专注于石墨烯材料研发及生产，通过石墨烯转移技术，使大面积高质量石墨烯量产成为现实。辉锐材料集团通过石墨烯材料应用技术，推出具有自主知识产权的应用产品，从事应用产品设计和营销，提升石墨烯在移动设备、发电、能源储备和医疗保健等各大领域的应用。辉锐触控针对移动设备，致力于基于石墨烯材料应用技术的触控产品的研发及量产。该集团在石墨烯领域的核心技术优势为大面积高质量石墨烯转移技术、高效高良率的量产能力以及行业领先的应用产品的设计及市场营销能力。2012 年该集团已具有生产 60 英寸石墨烯能力，2013 年达到量产 7.5 平方米石墨烯水平，预计 2014 年可大规模量产更大面积的石墨烯。辉锐集团是一家国际石墨烯应用开发公司，是目前世界上唯一掌握平方米级单原子层石墨烯制备和转移技术等石墨烯产业化关键高难核心技术的企业。

7．常州第六元素材料科技股份有限公司

常州第六元素材料科技股份有限公司通过与高校合作研发，所获得的石墨烯片的厚度为 3～10nm，比表面积最高为 200～300m^2/g，其 100 吨氧化石墨（烯）/石墨烯粉体生产线已经于 2013 年 11 月正式投产。在该产品的基础上，发展了活性石墨烯产品，通过利用熔融 KOH 或气相刻蚀处理石墨烯粉体获得超高比表面积活性石墨烯。这种活性石墨烯材料有望应用于超级电容器领域。

8．鸿纳（东莞）新材料科技有限公司

鸿纳（东莞）新材料科技有限公司于 2012 年 4 月建成了少层石墨烯中试生产线，并于 2012 年 11 月和 2013 年 11 月各建成了一条少层石墨烯浆料生产线，两条生产线浆料的年产总量超过 1000 吨，浆料含石墨烯 5～10wt%，已于 2014 年 2 月 26 日正式投产，主要用于生产少层石墨烯，平均厚度在 2nm 以下，导电性能优异。同时，公司也进行了石墨烯在锂离子电池负极，抗静电、导电、导热高分子母粒及涂料等开发。

9．四川金路集团

四川金路集团和中科院沈阳金属所合作，投入 1500 万元人民币研制出可保持石墨烯结构完整性的“固相插层-液相膨胀剥离”的石墨烯制备方法，2012 年 11 月实现中试产能 5 千克/天，并于 2013 年 12 月公司追加投资 4000 万元人民币继续与金属所合作，进行石墨烯的应用开发。金路集团和金属所合作建成了柔性石墨烯透明导电薄膜试验线。

10. 重庆墨希科技有限公司

重庆墨希科技有限公司由上海南江集团投资 5 亿元人民币引进中科院重庆绿色智能技术研究院的技术成立，于 2013 年 12 月实现了大面积（15 英寸）单层石墨烯薄膜生产线项目的正式投产运行，并成功制备了 7 英寸的触摸屏。

（三）年度标志性事件

（1）2013 年 2 月，南江集团与中科院重庆绿色智能研究院签约，成立重庆墨希科技有限公司，推进大面积单层石墨烯的产业化应用和开发，2013 年 12 月，重庆墨希首条石墨烯薄膜生产线首批产量达到 30 万平方米，预计可为数千万个手机提供触摸屏幕。

（2）2013 年 4 月，辉锐集团与石墨烯应用企业蓝石公司（BLUESTONE）达成战略合作协议，并获科技行业投资基金 IDG 资本入股，在福州投资成立福建省辉锐触控技术有限公司。公司拥有美国与泉州的科学研究院，以及 50 余项国内外技术专利，率先进军大面积石墨烯柔性触控屏市场。第一期投资 12.3 亿元人民币，已成功将石墨烯新材料研发成果应用于触控屏中，一期石墨烯触控屏生产线已投入生产。

（3）2013 年 5 月和 11 月，江南石墨烯研究院分别联合常州二维碳素科技有限公司和常州第六元素材料科技股份有限公司，实现国内首条年产 3 万平方米石墨烯透明导电薄膜生产线和国内首条大规模宏量制备、全自动控制年产 100 吨氧化石墨（烯）/石墨烯粉体生产线投产。突破了石墨烯薄膜应用于中小尺寸手机电容式触摸屏工艺，可满足年产 500 万片 4 英寸电容式触摸屏模组需求。在石墨烯粉体和石墨烯透明薄膜这两大基础性材料上率先完成了布局。

（4）2013 年 6 月，中国内蒙古石墨烯材料研究院成立，由内蒙古科技厅主管。其依托内蒙古丰富的石墨矿资源，是中国首个石墨烯材料综合型研究机构和技术开发中心，下设一个石墨烯分析测试中心和 11 个研究所，主要从事石墨烯材料新品种、新工艺、新装备、新技术的研究开发、产品标准制定及质量监督检测工作。

（5）2013 年 7 月，中国石墨烯产业技术创新战略联盟在北京成立，该联盟由包括清华大学在内的 6 所高校、4 家中科院研究所、17 家企业构成，基本囊括了国内石墨烯研发及产业化的主流单位。旨在构建以企业为主体、市场为导向、产学研相结合的石墨烯产业技术创新体系，推动石墨烯产业化发展。

（6）2013 年 7 月，江苏省石墨烯产业技术创新战略联盟在常州江南石墨烯研究院成立，旨在集成江苏石墨烯研发机构、高等院校、石墨烯产业链相关企业产学研合作资源，加强江苏石墨烯产业技术创新，促进石墨烯产业关键设备国产化，推动石墨烯应用领域产品制备。

（7）2013 年 9 月，金路集团与四川乾元投资有限公司、中国科学院金属研究所、德阳旌华资产投资经营有限公司签署《合作协议》，共同出资成立德阳烯碳高科有限责任公司，拟将建立年产 300 吨石墨烯的生产线，将于 2015 年内完成一期 100 吨的生产装置及配套设施，并就石墨烯项目与中国科学院金属研究所续约 5 年。

（8）2013 年 12 月，无锡市政府发布《无锡石墨烯产业发展规划纲要》，设立 2 亿元人民币专项资金，由中国石墨烯产业技术创新联盟设立的国内首个石墨烯产业发展园区落户无锡惠山，集聚了第六元素、格菲电子和力合光电三家企业，积极引进关联度大、产业链长的龙头型企业，以微电子、超级电容器、透明导电薄膜等 8 大领域的研发和应用推广为重点，力争打造无锡石墨烯产业集群。

（9）2013 年 12 月，爱维特联合多家石墨烯各生产环节企业共同研发的全球首款双层多点石墨烯触控手机在无锡推出。其采用全新石墨烯材料作为显示屏，与现有手机触摸屏材料氧化铟锡相比，具有低碳环保、材质纤硬、清晰通透及触控灵敏的特点。首批试产两千余台，销售良好，计划明年扩产至数万台，并正与石墨烯触摸屏生产厂家力合光电研发柔性屏手机，有望明年面世。从生产石墨烯粉体材料和石墨烯薄膜的第六元素和格非电子，到生产薄膜下游产品石墨烯触摸屏的力合光电，再到将石墨烯触摸屏集成为触控手机的爱维特信息，无锡已初步形成了从原材料到终端产品的产业链。

（10）2013 年 12 月，宁波墨西科技有限公司引进中科院宁波材料所高质量石墨烯低成本量产技术，千吨级石墨烯生产线项目首期工程年产 300 吨石墨烯规模生产线落成投产，为全球最大规模的石墨烯材料生产线。

（11）2013 年 12 月，重庆石墨烯产业园成立，着重石墨烯显示触控屏、石墨烯电子芯片散热器件、石墨烯锂电池电极材料、石墨烯晶体管等产业方向，通过石墨烯上下游应用技术研发与应用产品示范推广，构筑以应用企业为主体，产学研相结合的产业链集群。

（12）2013 年 12 月，山东省石墨烯产业技术创新战略联盟在济宁成立。

（四）存在的主要问题

石墨烯向下游各应用领域的产业链延伸有待加大力度。石墨烯价格较高是阻碍石墨烯向下游应用领域发展的主要因素，即使是石墨烯纳米片，成本也相对较高，需进一步组织国内技术领先相关单位联合攻关石墨烯低成本大规模生产工艺，降低石墨烯价格。另外，目前国内进行下游应用开发主要依赖石墨烯生产企业，很大程度上限制了石墨烯的下游应用开发，下游应用领域有前景的石墨烯器件，如石墨烯晶体管、石墨烯导热材料、石墨烯导电材料等还需应用企业联合开发。因此，联合下游企业进行应用产品开发，加快石墨烯产品在下游领域规模化应用是当前石墨烯行业面临的最主要问题。

（五）发展趋势

2013 年国内石墨烯发展取得较大进展，尤其是石墨烯规模化制备工艺取得较大突破，其中石墨烯粉体有宁波墨西 300 吨、常州第六元素 100 吨等生产线投产，石墨烯薄膜有常州二维碳素 3 万平方米和重庆墨西 30 万平方米生产线投产。目前，石墨烯产业最大的瓶颈仍在于下游应用，除了爱维特联合多家石墨烯各生产环节企业共同推出 2000 多台双层多点石墨烯触控手机上市外，还没有一个领域可以实现石墨烯的规模化应用。因此，尽快实现石墨烯在下游应用领域的突破是当前石墨烯产业化工作的重中之重。石墨烯应用于不同领域面临不同的技术难题和市场需求，目前石墨烯在国内有望于近几年实现应用突破的部分领域包括以下几个方面。

（1）石墨烯透明导电薄膜应用于触摸屏，可望在电子产品中得到大规模应用。

（2）石墨烯导热材料，包括具有高导热系数的石墨烯散热片/膜，以及石墨烯改性复合材料如热导纤维和导热塑料等。

（3）高端添加剂，作为导电添加剂，应用于锂离子电池、涂料、油墨、塑料、纺织材料等领域。

另外，作为高分子复合材料的补强填料，使其功能化。

在其他应用领域，比如开发用于超级电容器的具有超高比表面积的活性石墨烯材料、用石墨烯透明导电薄膜生产柔性廉价的有机太阳能电池、用于海水淡化和盐水处理的分子膜材料、用于高强度复合材料中的石墨烯纤维材料、石墨烯应用于生物器件中进行细菌诊断或基因测序等领域，这些领域实现规模化应用所面临的技术问题相对较多，难度相对较大，产业化时间相对更长。石墨烯最具附加值的应用在半导体领域，比如晶体管、高频元器件、传感器等领域，一旦晶圆级尺寸石墨烯单晶薄膜的规模化制备技术得以突破，石墨烯将有望取代硅成为新一代半导体器件的核心材料，将为电子信息技术带来革命性变化。但这是世界性难题，可能需要十几年甚至数十年的努力，而且这一领域资金、技术门槛很高，基本为国外半导体巨头垄断，欧美在这一前沿领域投入了大量资金和力量，我国在这一领域技术实力较弱，要在这一领域实现产业化任重道远。

二、超导材料

（一）行业发展现状

我国在超导技术领域处于国际前沿，超导应用技术渐渐成为电力科技领域最具发展潜力的技术之一，目前超导技术在超导电缆、超导限流器、超导滤波器、超导储能、风力超导发电机、超导感应加热器和超导变压器的应用已取得长足进步，正迅速地由实验阶段转入实际应用。超导应用产品具有广阔的市场空间，毛利率约占

50%左右。据预测，到 2020 年超导应用全球市场将达到 2440 亿美元（约为 15 164 亿元人民币），高温超导电缆约占 5%的份额（约为 758 亿元人民币），我国超导限流器和超导滤波器潜在市场规模分别为 1500 亿元人民币和 700 亿元人民币左右。

（二）重点企业发展情况

1．西部超导材料科技有限公司

西部超导材料科技股份有限公司成立于 2003，注册资本 33 207.2 万元人民币，是我国航空用特种钛合金材料的主要研发生产基地，也是国际上唯一的低温超导合金棒材及线材全流程生产企业。公司通过自主创新，先后建成了国际先进水平的航空用高端钛合金棒材专业化生产线，以及国际一流、国内唯一的 NbTi 和 Nb_3Sn 低温超导线材生产线。现已具备年产棒材 3500 吨、NbTi、Nb_3Sn 低温超导线材 400 吨的生产能力。公司产品广泛应用于国防、航空航天、生物医疗、石油化工、能源交通等多个领域，产品出口到欧美、日本、东南亚等国家和地区。

2．北京英纳超导材料有限公司

北京英纳超导材料有限公司是我国首家专业从事高温超导材料及其应用产品开发、生产和销售的高新技术企业，成立于 2000 年 9 月。公司年产 200 公里铋系高温超导线材生产线投产的新闻被评为“2001 年中国十大科技新闻”，公司已申请 14 项高温超导线材产业化生产及高温超导应用领域核心专利，线材产品综合水平在世界上居第三位。目前，公司产品已销往韩国、美国、欧洲等国家和地区。

（三）年度标志性事件

（1）2013 年 4 月，由中国科学院电工研究所、河南中孚实业股份有限公司等单位联合攻关的国家“863 计划”项目“实用化超导材料制备与超导工程化示范应用技术”的长 360 米、载流能力 10 千安培的高温超导直流输电电缆在平稳运行 7 个月后通过科技部验收，与相同容量常规电缆相比节能 65%以上，是世界上传输电流最大的高温超导电缆，也是世界首条实现并网示范运行的高温超导直流电缆。

（2）2013 年 9 月，中科院合肥物质科学研究院强磁场科学中心的研究人员在应用型新超导材料研究中取得重要进展，发现了一种具有优良柔韧性的超导材料，该超导材料的上临界磁场和临界电流密度随着样品直径的减小迅速提高，表明该材料在强磁场下具有很高的电流承载能力，在电力行业具有很好的实际应用前景。

（3）2013 年国家最高科学技术奖由物理化学家张存浩和物理学家程开甲获得。铁基超导技术夺得空缺三年的自然科学一等奖。

（四）存在的主要问题

我国超导材料技术处于国际领先水平，但在产业化应用方面与发达国家存在较大差距。随着我国在超导产业化领域投入加大，已有部分超导产品完成示范应用，但是大规模应用还存在瓶颈，主要原因是成本过高和需求不足。要解决这两个问题，一方面要改进和发展现有实用超导材料制备工艺，提高制冷系统性能以实现高可靠性和低成本目标。另一方面要积极开拓和培育市场。从长远看，探索新的更适于应用的超导材料是非常必要的。

（五）发展趋势

未来，我国将在推动超导材料工程化、产业化等关键环节上加大投入力度，以提高我国超导材料的制备和应用水平。超导应用将更加贴近实际需求，比如用超导磁体和低速旋转等优化设计的超导磁体涡流加热设备，可将加热效率提高到 80%以上，大大节省电能。

三、生物材料

（一）行业发展现状

生物材料是用于修复或替换人体组织的材料。目前，实际使用的生物材料包括聚合物、陶瓷、金属、复合、生物降解等人造和天然生物材料。我国生物材料研制和生产始于 20 世纪 80 年代初期，发展比较迅速。目前，我国生物材料在临床应用中主要用作医疗器械，其产品约占医疗器械市场的 40%～50%。我国生物材料产业集聚区逐渐形成，主要集中在环渤海地区、长三角地区和珠三角地区。生物产业被列入《“十二五”国家战略性新兴产业发展规划》，到 2015 年，生物产业年均增速将达到 20%以上。到 2020 年，生物产业将成为我国经济的支柱产业。

（二）重点企业发展情况

1. 山东威高骨科材料有限公司

山东威高骨科材料有限公司是经国家食品药品监督管理局批准注册的研究、开发、生产骨科医疗器械的高水准的专业公司。拥有瑞士 WILLEMIN-MACODEL 公司的五轴、六轴车铣精加工中心，德国 DMG 公司的精加工中心，德国 DMG 公司的数控纵切自动车床等精加工中心等尖端设备，年销售收入为 3 亿元人民币，上缴国家利税 50%～55%，其中脊柱产品每月销售 20 000～25 000 件。

2. 上海其胜生物制剂实业公司

上海其胜生物制剂实业公司是专业从事医用生物材料研发、生产及销售的高新技术企业，公司以发展新型复合与智能生物材料为研究方向，主要研制可降解性生物材料及其衍生物，即透明质酸及其衍生物、几丁糖及其衍生物、胶原蛋白和止血材料等。

3．珠海健帆生物科技股份有限公司

珠海健帆生物科技股份有限公司是专业从事生物材料和医疗设备的研发、生产及销售的企业，是中国血液净化领域的领军企业，获批组建广东省血液净化工程技术研究开发中心、省级企业技术中心和博士后科研工作站，拥有较强的研发、生产能力，以及遍布全国的销售网络，产品技术达到国际先进水平，公司主营产品“DNA免疫吸附柱”和“树脂血液灌流器”的市场占有率一直稳居行业首位。

4．广东冠昊生物科技股份有限公司

广东冠昊生物科技股份有限公司是从事再生医学材料及再生型医用植入器械研发、生产及销售的高科技企业，具有世界先进水平的组织处理技术，开发出一大类以动物组织为原料的新型生物材料，并由此开发出众多新型医用植入器械产品。公司已有生物型硬脑（脊）膜补片——脑膜建、胸普外科修补膜——体膜建、无菌生物护创膜——得膜建三个膜类产品获得国家药监局准产注册；正在开发的除膜类产品外，还有管、骨腱及蛋白质类共 20 余个产品。公司凭借在诱导再生功能的新型生物材料及其制品的研发领域的领先水平，经国家发改委批准，承担了两个国家工程项目的建设，即“再生型医用植入器械国家工程三依实验室”和“再生型生物膜高技术产业化示范工程”。

5．乐普（北京）医疗器械股份有限公司

乐普（北京）医疗器械股份有限公司创立于 1999 年，是从事冠状动脉药物支架、先心封堵器、心脏瓣膜、造影机等心血管疾病植介入诊疗器械及设备产品研发、生产与销售的中外合资央企控股高新技术企业。产品临床应用覆盖全国 1200 家以上心脏诊疗中心，是国内领先的心血管病植介入诊疗器械与设备的高端医疗产品产业集团。涵盖冠心病、结构性心脏病、心脏节律、预先和术后诊断、诊疗设备五大领域的高端植介入产品，是国内规模最大的也是唯一拥有多种技术特点药物支架产品的制造企业，是亚洲最大的人工心脏瓣膜制造企业，是国内心脏起搏器的先行者，是国内心脏封堵器、血管造影机的市场领航者，是国内率先研制肾动脉射频消融导管的企业。2013 年，公司组建“国家心脏病植介入诊疗器械及设备工程技术研究中心”，将进一步推动建设国家心脏病植介入诊疗器械及设备技术创新、产业化和人才聚集的国家级平台。

（三）年度标志性事件

（1）2013 年 7 月初，同济大学医学院生物医学工程与纳米科学研究院与美国辛辛那提大学、密西根大学合作，研制出一种新型表面双功能化的非对称纳米复合微球。这种新结构为表面选择性偶合生物分子提供了一个独特方法，为多功能纳米材料载体构建提供了全新思路。此新型纳米结构的优势在于更方便、高效地将多种功能整合于同一个纳米载体中，使之能同时实现靶向、示踪、磁热疗、载药和可控

释药。这种非对称复合微球可将抗癌药物输送至癌细胞内部且可控释放，以杀死癌细胞，达到局部治疗目的。此过程对正常组织的毒副作用大大降低，效果远优于全身化疗。

（2）2013 年 8 月，杭州电子科技大学生物工程专业徐铭恩教授带领团队研发出国内首台生物 3D 打印机，可使用生物医用高分子材料、无机材料、水凝胶材料，支持活细胞打印，打印的细胞有高达９０％的存活率。利用这些材料、细胞，打印机可打印诸如骨骼修复器件、人工器官等生物材料。目前已成功打印出较小比例的人类耳朵软骨组织、肝脏单元等。

（3）2013 年 8 月，我国的两项生物质能源相关技术获得突破，两项技术分别为《非粮燃料乙醇关键技术开发与示范》、《新型浮萍规模化培养和生物质低能耗固体成型燃料装备研发与应用》。前一项目建立了浮萍能源转化体系，研发出以浮萍为原料的生物液体燃料转化技术体系，技术指标达到国际水平。后一项目成果则已实现规模化推广应用，其中研制的新型生物质成型燃料机与系统设备，供应中盐红四方公司生物质成型燃料燃烧发电项目。

（4）2013 年 12 月，我国具有完全自主知识产权的生物法 PDO（1,3-丙二醇）项目在张家港成功投产，这一生产线的投产打破美国企业在这一领域的长期垄断。由 PDO 方法合成的 PTT 被称为“智能型”聚合物，是 21 世纪初推出的最先进的聚合物平台，PTT 纤维具有比涤纶和锦纶纤维更优异的性能以及更广泛的应用。此次华美 PTT 的正式投产，是我国第一次有机会掌握特种聚合物上游原材料的核心技术和自主知识产权，并将推动我国纺织业向更具有差异化性能以及产品附加值的领域拓展，促进了我国纺织工业的产业升级。

（四）存在的主要问题

我国生物材料企业规模小、劳动生产率低，产业集中度不高，技术发展水平与国际差距较大，出口产品以初级产品为主，进口的大多是技术高端产品。目前，国内 70%左右的生物医用材料市场份额被国外知名产品占据，在部分高端产品市场国外产品份额甚至达到 95%以上。从行业目前的发展来看，存在着产品技术结构不合理（低端产品为主）、主流产品缺乏自主技术、长周期研究总体投入不足、生物医用材料行业标准滞后发展、政府安全监管与促进行业发展之间不够协调等问题，严重制约着我国生物材料行业的发展。

（五）发展趋势

随着我国逐步进入老龄化社会，治疗机体组织和器官病变的比例增大，对优质生物材料制品需求增大，在我国常规高技术生物医用材料市场基本为外商垄断的背景下，抓住生物材料正在发生变革的有利时机，进一步改进生物医用材料的临床应用性能，增强材料的功能性、免疫性等以适应临床应用需要成为发展趋势。

生物材料发展重点将集中于传统生物医用材料性能改进和提高，以及新一代生物医用材料和植入器械的设计。预测未来生物材料科学与产业紧密结合，积极提高创新能力，避免同质化竞争，生物材料产业由“小，乱，散”向大规模企业聚拢发展是大势所趋。

四、智能材料

（一）行业发展现状

智能材料的设计与合成几乎横跨所有的高技术学科领域。构成智能材料的基本材料组元有压电材料、形状记忆材料、光导纤维、电（磁）流变液、磁致伸缩材料和智能高分子材料等。智能材料的应用范围较为广泛，在医疗、建筑、仪表仪器、自动化、机器人、航空航天、电磁设备、电子、传感器、驱动器和显示器等高科技领域都有应用。国内在智能材料研究领域起步较晚，《新材料产业“十二五”发展规划》对智能材料发展提出相应规划方向：加强基础材料研究，开发智能材料与结构制备加工技术，发展形状记忆合金、应变电阻合金、磁致伸缩材料、智能高分子材料和磁流变液体材料等。《新材料产业“十二五”重点产品目录》涉及的重点产品包括铜基形状记忆合金、稀土磁致伸缩材料、压电材料、形状记忆高分子聚合物等 19 种基础材料。目前，已实现产业化的智能材料主要是形状记忆合金和部分智能高分子材料。

（二）重点企业发展情况

1．兰州西脉记忆合金股份有限公司

兰州西脉记忆合金股份有限公司成立于 1997 年 8 月，是国内专业从事形状记忆合金医疗器械研制和开发的高科技企业，是国内首家、国际上较早实现形状记忆合金规模化生产企业。作为国内最大的形状记忆合金产业基地，主营产品有记忆合金医疗器械、温控元件、连接件、日用产品、纺织定型产品、电器元件等，从事 TiNi 形状记忆合金板材、棒材、丝材，CuAlBeX 形状记忆合金棒材、管件、丝材的生产加工，其中 TiNi 形状记忆合金人体骨骼内固定器械已形成九大类近三百种规格，是国内最大的记忆合金系列骨科器械生产基地。公司的技术、产品门类、市场份额都居国内首位。公司目前在兰州、北京、上海建立了三个形状记忆合金研发中心，在北京设立北京记忆合金有限公司，积极从事脊柱支架、脊柱融合器、记忆合金心血管支架等前端产品研发，公司申请专利 67 项。

2．长春热缩材料有限公司

长春热缩材料有限公司是中国热缩材料的发源地，是热缩材料行业在国内的首家上市公司，是国内热缩材料行业的龙头企业。前身为中国科学院长春应用化学研

究所，于 1987 年创办的高新技术企业长春热缩材料厂。公司 20 世纪 80 年代中期生产出国内第一代热缩材料制品，填补了我国热缩材料制品的空白，结束了中国热缩材料完全依靠进口的历史。1992 年公司组建高分子材料辐射工程研究中心；2002 年 3 月，公司由国家科技部认定为重点高新技术企业。公司研制、生产的“CIAC”牌热缩型电力电缆接续产品、热缩套管产品，以及钢质管道防腐材料等众多热缩材料产品，广泛应用于电力、石油、通信、电子、汽车、船舶、航空航天、核电等领域，其性能达到国际先进水平。

3. 长园集团

长园集团是由中科院创立的国家级高新技术企业，专业从事辐射功能材料和智能电网设备研发、制造与服务，拥有 17 家控股子公司、1 个国家级企业技术中心、1 个国家级检测中心、1 个博士后科研工作站、5 个市级工程技术中心、13 家高新技术企业、6 个生产基地和 5000 名员工的科技型产业集团。长园集团主要生产电子类、汽车类、石油天然气管道用热缩套管，在热缩材料行业保持中国第一、全球第二的位置。

（三）年度标志性事件

（1）2013 年 5 月，苏州纳米所国际实验室陈韦研究员课题组在纳米级有机染料分子晶体复合光机械响应体系研究取得重要进展，开创性地将 N-α-萘基-2-羟基-1-萘醛亚胺分子的纳米级棒状分子晶体以类似液晶的选择性取向以及梯度分布的方式原位组装在聚偏二氟乙烯基质内，获得了一种新型智能光致形变薄膜材料，这种薄膜可以在较弱的 365nm 紫外光照下发生显著弯曲，而在暗环境下完全恢复。该研究通过组装方式，将接近于分子水平纳米晶体的高效光机械转变，有效地放大到宏观尺寸，为新型光致形变智能材料设计提供一条重要思路。

（2）2013 年 11 月，北京大学工学院邹如强特聘研究员与曹安源教授课题组合作在智能控热相变储能研究领域取得重要进展。该课题组提出了利用纳米多孔载体优化改性相变储能材料研究策略，通过纳米多孔限域体系有效封装改性容易泄露的固-液相变材料，制备得到了多种热循环性能好、稳定性强、导热增强、相变材料负载率高的复合储能材料，并且首次利用相变纳米复合体系实现了太阳能、电能到热能的转换与存储利用。为相变材料在热能存储利用方面的设计、应用提供了新思路。

（四）存在的主要问题

我国智能材料发展起步晚，除形状记忆合金及热缩性材料实现产业化外，其他智能材料还都处于研发阶段，离产业化和应用距离较远。形状记忆合金除在医疗领域应用较多外，还应着力向其他领域应用及低成本化、高性能化方向发展。国产热缩材料仅占国内20%市场份额，其他高端热缩材料严重依赖外国企业，还应积极开拓高端热缩材料的研发和产业化。另外，磁致伸缩材料、压电材料、电（磁）流变液、智能高分子材料等其他智能材料与国外水平差距较大，且关系到国防民生，应集中力量攻克，早日实现国产化。

（五）发展趋势

国家《新材料产业“十二五”发展规划》包括了全部智能材料。智能材料是新材料重点发展领域，因此，智能材料将在近三年迎来发展高峰，也将得到国家政策、资金、人才等的倾斜和扶持。

区·域·篇

第三章

区域发展动态

第一节 北 京 市

2013 年，北京市实现地区生产总值 19 500.6 亿元人民币，同比增长 7.7%；工业增加值 3536.9 亿元人民币，同比增长 7.8%；规模以上工业企业实现工业总产值 17 209.3 亿元人民币，同比增长 6.9%；实现利润 1254.8 亿元人民币，同比下降 0.2%。

一、北京市新材料产业发展情况

（一）北京市新材料产业总体发展情况

2013 年，北京市基础与新材料产业规模以上工业企业实现工业总产值 6943 亿元人民币，同比增长 0.6%，占全市规模以上工业总产值的 40.3%；实现主营业务收入 7417.6 亿元人民币，同比增加 0.5%；实现利润 407.8 亿元人民币，同比下降 23.5%；工业固定资产投资完成 58.3 亿元人民币，同比增长 0.8%。据不完全统计，截至 2013 年年底[1]，北京市拥有新材料企业 1300 余家，规模以上企业约 100 家，涉及新材料的上市企业 29 家；实现工业总产值约 280 亿元人民币，同比增长 15%，占全市规模以上工业的 1.6%；完成行业投资 38.38 亿元人民币。

北京市新材料产业在高端金属结构材料和先进高分子材料不断升级的同时，初步形成以特种橡胶材料和新型无机非金属材料为主导，前沿新材料和新材料服务业为新增长点的产业体系。高端金属结构材料和先进高分子材料领域，以首钢和燕山石化为代表的企业已经完成技术升级改造和产品结构调整，目前主要产品有高性能特殊钢、特种橡胶、工程塑料等；特种金属功能材料和新型无机非金属材料具有雄厚的科研基础，产品种类多，竞争力强，代表企业为中科三环、有研稀土、北新建材等，目前主要产品有稀土功能材料、稀有金属材料、半导体材料、功能合金、新型建材、人工晶体等；前沿新材料和新材料服务业虽然产值较小，但以首都科技为支撑，企业数量多，发展速度快，是北京新材料最具潜力的产业，主要产品有纳米材料、生物材料、超导材料、智能材料等，并能够提供材料检测、科技研发等服务。

（二）北京市新材料产业重点领域发展情况

2013 年，北京市新材料产业结构升级效果显著，新材料产业特点鲜明，稀土

[1] 以下数据都是截至 2013 年年底。

稀有金属材料、复合材料、特种橡胶、特种玻璃等新材料领域较为突出。

1．稀土稀有金属材料

2013 年，北京稀土稀有金属材料领域受稀土价格波动影响，工业产值大幅下降，全年实现产值约 70 亿元人民币，完成投资额 2.1 亿元人民币。以安泰科技股份有限公司为龙头企业，投资 9.3 亿元人民币，建设永丰产业基地项目，重点生产 LED 半导体配套难熔材料、纳米晶超薄带及制品、高端粉末冶金制品等新材料；以北京有色金属研究总院为龙头，重点生产高代线大尺寸平板显示器用高纯金属靶材、分立器件及封装镀膜用超高纯金属及合金材料、微电子封装用焊料等新材料；以北冶功能材料公司、首钢吉泰安公司为龙头，重点发展高温合金、金属纤维材料、金属多孔材料、非晶合金等产品。

2．复合材料

2013 年，北京市复合材料领域完成投资额为 4.4 亿元人民币。以中航复合材料有限责任公司为龙头企业，整合中航工业航材院与航空制造所在复合材料领域的技术优势，在顺义区建设复合材料产业基地。

3．特种橡胶

2013 年，北京市特种橡胶领域完成投资额为 12.9 亿元人民币。以燕化公司为龙头企业，重点发展顺丁橡胶、热塑性丁苯橡胶、丁基橡胶、集成橡胶、溴化丁基橡胶、稀土顺丁橡胶、乙丙橡胶等新材料产品，其中总投资 4.6 亿元人民币溴化丁基橡胶项目、总投资 2 亿元人民币稀土顺丁橡胶生产装置项目、总投资 20.3 亿元人民币 9 万吨/年丁基橡胶装置项目均已经建成中交。

4．特种玻璃

2013 年，北京市特种玻璃领域完成投资额为 5.3 亿元人民币，该领域拥有江河幕墙、金晶玻璃、新立基公司、嘉寓公司等代表性企业，已初步形成玻璃生产、深加工、应用的特种玻璃产业链。江河幕墙公司投资 6.5 亿元人民币重点发展节能、光伏幕墙产品；金晶玻璃公司投资 15.8 亿元人民币重点发展太阳能光伏用超白玻璃、低辐射镀膜玻璃等玻璃深加工产品；新立基公司投资 4.7 亿元人民币重点发展真空玻璃产品；嘉寓公司投资 1 亿元人民币重点发展节能门窗和幕墙。

（三）北京市新材料产业年度重大事件

2013 年北京市新材料产业年度重大事件参见表 3-1。

（四）北京市新材料产业发展存在的问题

北京市新材料产业在取得较快发展的同时，也存在着发展空间有限、产业化能力不足、产业配套不够完善等问题，对产业发展提出了严峻挑战。

表 3-1 北京市新材料产业年度重大事件

时间	事件
2013 年 3 月	中航新材中标港珠澳大桥主体工程桥梁工程防腐施工项目
	由北京有色金属研究总院、有研稀土新材料股份有限公司完成的“非皂化萃取分离稀土新工艺”获 2012 年度国家科学技术发明二等奖
2013 年 4 月	有研半导体材料股份有限公司的控股子公司国泰半导体材料有限公司自主研发 6 英寸气掺 N 型 <100>单晶成功
2013 年 8 月	纳米压印重大项目入驻北京纳米科技产业园
	由北京安泰生物医用材料有限公司生产的“牙科聚合物基充填修复材料”（商品名：NanoFil 光固化树脂）入选“2013 年度第一批中关村国家自主创新示范区新技术新产品”
2013 年 9 月	2013 年诺贝尔奖获得者北京论坛碳纳米材料与应用产业发展论坛在京举行
	北京当升材料科技股份有限公司的“高温型镍钴锰酸锂多元材料”项目荣获 2013 年度国家重点新产品证书
	北京康得新复合材料股份有限公司的“数字印刷用预涂膜”项目荣获 2013 年度国家重点新产品证书
2013 年 10 月	北京利尔承担的“无碳刚玉尖晶石钢包工作衬”项目被列入“2013 年度国家火炬计划立项项目
	北京科卫临床诊断试剂有限公司签约入驻北京纳米科技产业园，这是北京纳米科技产业园成功引入的首个生物医药类项目

1．环保成本越来越高，发展空间有限

随着北京市清洁空气行动计划的不断推进，北京市对 PM2.5 的治理高度重视，连续多年实施严格的大气污染控制措施，逐步提高节能、环保的行业准入标准，推行空气重污染日部分工业企业停、限产措施等，企业环保成本越来越高。同时，北京作为一个特大型城市，人口密集、环境容量有限、土地等资源日趋紧张，人口资源、环境对新材料产业发展的约束也日益强化，要求北京要优化工业项目选择，突出“高端化、服务化、集聚化、融合化、低碳化”的发展方向。

2．科研成果本地转化能力有待提升

北京市新材料产业研发能力强，但与下游应用产业的相互衔接还不够紧密，科研成果实现工程化、产业化和规模化的能力有待提高。

3．产业配套能力有待加强

北京市新材料产业链条还不完善，更多的核心企业是以单点形式存在，产业链延伸不够，对下游产业的配套能力有待加强，产业链内部及产业链间协调互动发展的格局尚不完善。同时，为新材料产业发展配套的行业统计、产品标准和应用设计规范体系不够健全。

二、北京市新材料重点企业发展情况

北京市是我国新材料产业的主要聚集区之一，新材料产业已渐具规模，涌现出一批在业内有一定影响力的骨干企业，参见表 3-2。

表 3-2　北京市新材料重点企业发展情况

序号	企业名称	主营业务（文字描述）	经济类型（国有、民营、合资）	注册资本（亿元）	总资产（亿元）	销售收入（亿元）	利润（亿元）	产量（主导产品及产量）	研发支出（亿元）	专利申请数（个）
1	燕化	中国石化直属的特大型石油化工联合企业，我国最大的合成橡胶、合成树脂、苯酚丙酮和高品质成品油生产基地之一	国有			643.5	-20.6	生产汽油 223.9 万吨，航空煤油 99.4 万吨，柴油 194.7 万吨，乙烯 72.3 万吨，合成树脂 90.0 万吨，合成橡胶 19.6 万吨，苯酚丙酮 28.4 万吨		
2	首钢冷轧	一家以钢铁业为主，兼营采矿、机械、电子、服务业、海外贸易等多种行业的跨地区、跨所有制、跨国经营的大型企业集团	国有	26.0	74.06	2015.9	2.0	生铁产量 3257 万吨，钢产量 3152.3 万吨，钢材产量 3037.5 万吨		
3	江河创建集团股份有限公司	主营幕墙产品，主要为节能单元式幕墙、节能构件式幕墙、光伏幕墙、智能双层幕墙、建筑钢结构、节能采光顶和节能门窗		11.25	127.88	119.0		北京基地的幕墙生产量已超过 300 万平方米		
4	安泰科技	以先进金属材料为主导产业，涉及非晶、纳米晶、太阳能等先进能源材料，粉末冶金制品，金属磁性材料，焊接材料，金刚石工具，高速工具钢等 6 个产业领域				38.5				74
5	北京玻钢院复合材料有限公司	从事国防、交通运输、建筑、电力、航空航天和新能源等领域高性能复合材料研发、设计、制造生产、销售和行业技术服务			4.8	2.8			0.24	13

三、北京市新材料重点产业基地情况

目前，北京市新材料产业集聚形态初显，布局合理、特色鲜明、多点支撑、绿色安全的产业发展格局逐步形成，形成以中关村科学城为新材料研发服务创新高地，以石化新材料科技产业基地和永丰国家新材料高新技术产业基地为核心，以顺义牛栏山新型建筑材料集聚区、中关村昌平园、中关村怀柔园、房山高端制造业产业基地等一批特色区域为支撑的产业发展格局，如图 3-1 所示。

图 3-1　北京市新材料产业规划布局图

（一）北京石化新材料科技产业基地

1. 基地概况

北京石化新材料科技产业基地是以基地内的核心企业——燕山石化公司为龙头的石化新材料产业聚集区，基地规划面积30平方公里，其中核心发展区西区（建成区）15.83平方公里，核心发展区东区（起步区）5.68平方公里，产业拓展区4平方公里。目前，基地已被国家工信部认定为国家新型工业化产业示范基地和国家特种橡胶新材料产业基地，基地核心区已纳入中关村国家自主创新示范区，基地还被认定为北京市外贸出口转型示范基地。

2. 主导产业及龙头企业

基地以石化上游产业为基础，发展石化新材料、精细化工等高技术含量、高附加值、低污染的石化延伸产业，形成生产、科技研发、仓储物流等功能完备的石化新材料产业聚集区，聚集了中国石化燕山分公司、中石化三菱化学聚碳酸酯（北京）有限公司等一批行业领军企业。

3. 发展情况

2013年，基地实现工业总产值730亿元人民币，同比下降12.97%；税金总额81.75亿元人民币，同比下降17.09%；完成研发投入23亿元人民币，拥有市级以上企业技术中心或研发机构3个，从业人员3.6万人。

（二）北京海淀永丰国家新材料高新技术产业基地

1. 基地概况

永丰国家新材料高新技术产业化基地于2001年3月31日正式开工建设，规划占地453公顷。2007年8月，基地获得科技部火炬中心关于“建设科技企业加速器试点单位”的批复；2003年11月24日，基地被国家科技部批准为北京市唯一的“国家新材料技术成果转化及产业化基地”。

2. 主导产业及龙头企业

基地形成了以新材料产业和电子信息产业为龙头，二者互动发展的产业格局，其中以安泰科技、钢研总院、北科院、航材院等为代表的新材料企业和以用友软件等为代表的电子信息企业共计110多家，并形成了以中国航天时代电子、百慕航材、钢研高钠等为核心的航空航天功能材料产业集群。

（三）北京市顺义牛栏山新型建筑材料集聚区

1. 基地概况

北京市顺义牛栏山新型建筑材料集聚区位于顺义新城牛栏山组团第十四、十五街区。基地总规划面积 553.28 公顷，规划建筑规模 490.12 万平方米。

2. 主导产业及龙头企业

基地重点引进及鼓励发展新材料和生物医药产业，现有江河幕墙、嘉寓门窗等 6 家新材料高新技术企业，拥有北京市唯一一家国家技术创新示范企业江河幕墙，1 个国家级重点实验室，1 个国家级技术中心，2 个市级研发中心。

四、北京市新材料重大项目建设情况

北京市新材料重大项目建设情况参见表 3-3。

五、北京市新材料重点发展政策

北京市就新材料的发展，先后出台了《北京市加快培育和发展战略性新兴产业实施意见》、《北京市"十二五"时期基础与新材料产业调整发展规划》、《北京市战略性新兴产业之新材料产业专项规划（2013—2015 年）》等政策。

六、2014 年北京市新材料产业工作总体安排

北京市新材料产业将继续依托科技创新优势，进一步加强产业配套能力，加快实现产业集聚、布局集中、资源集约的产业发展格局，为工业及战略性新兴产业的发展起到有力的支撑作用。同时重点发展符合首都功能定位的新材料产业，以及材料检验检测、工程技术服务、现代物流等现代服务业领域，鼓励企业在京设立总部及研发中心。

（1）推进石化新材料产业链延伸。坚持石化产业向高端化、精细化方向发展，强化石化基地特种橡胶、工程塑料等新材料产品优势，提高石化新材料产业的配套能力，继续推动燕化公司与下游企业的产业对接工作。

（2）发展高端金属结构材料。加快新首钢高端产业综合服务区建设，推进高端金属结构材料和生产性服务业等首钢替代产业发展，进一步提高冷轧薄板、高温合金等材料的竞争优势，积极推动第三代汽车钢制备技术研发及产业化。发挥产业研发资源优势，围绕国家重大项目以及北京重点产业发展需求，着力促进安泰科技、有研总院、中科三环等央企科技成果高端产品产业化。

（3）发展新型建材等无机非金属新材料。围绕建筑节能、住宅产业化等领域，加快建材产品结构升级，推进光伏幕墙、真空玻璃等项目建设，推进密云住宅产业化基地建设，积极培育人工晶体、特种纤维等无机非金属新材料产业。

表 3-3　北京市新材料重大项目建设情况

序号	项目名称	项目性质（新建、改扩建）	投资企业	建设周期	截至 2013 年项目完成进度（%）	主要产品	技术来源	投资规模（亿元）
1	9 万吨/年丁基橡胶装置	新建	中国石油化工股份有限公司北京燕山分公司	2011 年 6 月至 2013 年 9 月	100	主要建设一套 9 万吨/年丁基橡胶装置，建设储运系统及配套的公用工程，包括新建成品罐区及半成品罐区、新建溴化氢及游离溴工艺处理系统、氯甲烷燃烧处理系统、后处理尾气处理系统、含溴污水处理系统、火炬回收系统等	自主研发	20.3
2	太阳能电池基板及 Low-E 玻璃项目（一期）	新建	北京金晶智慧太阳能材料有限公司	2011 年 3 月至 2013 年 12 月	100	建设 2 条太阳能电池基板生产线及配套设施，年产太阳能电池用基板 36 万吨；建设一条高档 Low-E（低辐射镀膜）玻璃生产线，年产 Low-E 节能玻璃 1000 万平方米	技术引进	15.77
3	北京总部基地扩建及光伏幕墙项目	改扩建	北京江河幕墙股份有限公司	2011 年 1 月至 2013 年 6 月	100	建设江河幕墙总部基地以及环渤海设计中心、国际业务后援中心、科研中心、生产车间、库房等，新建 6 条节能幕墙生产线，新增 90 万平方米幕墙生产能力	自主研发	6.5
4	安泰科技永丰产业基地项目	新建	安泰科技股份有限公司	2011 年 12 月至 2014 年 6 月	60	项目新征建设用地，建设生产厂房及配套设施，建设 LED 半导体配套难熔材料生产线、高性能纳米晶超薄带及制品生产线、高端粉末冶金制品生产线。形成年产 LED 半导体用高性能钨钼材料 1630 吨，年产 3000 吨纳米晶超薄带、2000 吨铁芯制品，雾化制粉新增 2000 吨，金属注射成形新增约 100 吨，金属多孔材料制品新增 3600 平方米/年的生产能力	自主研发	9.3
5	建筑保温材料与建筑涂料技术改造项目	新建	富思特新材料科技有限公司	2011 年 11 月至 2013 年 11 月	100	购置全密闭清洁生产一体化整体新型涂料生产设备、A 级防火保温材料生产设备、研发、分析、检测设备等相关设备共计 1311 台（套），用于生产环保型保温砂浆、保温胶粉、辅助材料、环保型涂料、保温用聚苯板（ESP）和复合保温板。项目产品年产新型保温砂浆 6 万吨，保温胶粉 2 万吨，辅助材料 1 万吨，环保型涂料 1 万吨，保温用聚苯板（EPS）200 吨，复合保温板 20 万平方米（200 吨）	技术引进	1.74

第二节　天　津　市

一、天津市新材料产业发展情况

（一）天津市新材料产业总体发展状况

新材料产业作为天津市重点发展的战略性新兴产业，近几年来发展迅速，产业规模逐渐扩大。2013 年，天津市新材料产业实现工业总产值 458.73 亿元人民币，占全市工业比重为 1.74%；主营业务收入 475.19 亿元人民币，实现利税 7.43 亿元人民币。新材料产品涵盖电子信息、节能环保、生物医药等众多应用领域，形成环欧半导体、巴莫科技、膜天膜、三环乐喜、立中合金、茂联科技等一批知名的新材料企业，在半导体材料、高分子材料、纳米材料、新型合金材料等领域处于国内领先水平。

产业技术创新体系逐步完善，2013 年天津市新增国家级企业技术中心 1 家，累计达到 6 家；新增市级企业技术中心 5 家，累计达到 52 家，形成了国家级和市级重点实验室、工程中心、企业技术中心、研究院所、大专院校等并存，产学研结合、较为完善的产业创新体系，具备了从基础研究、应用技术研究到支撑产业化制造技术的全方位的科研开发能力。产学研结合方面，南开大学、天津大学、天津理工大学等众多高校在新材料领域的课题及科研成果通过校企合作的方式实现了产业化。天津中航百慕新材料技术有限公司先进功能涂料研发及工程中心项目、禧天龙新材料研发及产业化基地、膜天膜海水淡化预处理膜等正在加快建设。

天津市新材料产业主要聚集在滨海新区开发区和高新区，新区新材料产业工业产值占全市新材料产值的 90%以上，环欧半导体、巴莫、膜天膜科技、国家纳米等众多企业集聚于此。此外，宝坻的节能环保新材料产业基地、津南小站工业区的电子信息材料、北辰医疗器械产业园的金属复合材料、武清京滨工业园的轻型合金材料等园区的新材料产业正在持续发展壮大。

（二）天津市新材料产业重点领域发展情况

根据国家新材料产业“十二五”发展规划中的发展重点领域划分，天津市新材料产业在半导体材料、稀土功能材料、高品质特殊钢、先进高分子材料等领域具有优势。

1. 特种金属功能材料

（1）半导体材料。龙头企业天津市环欧半导体材料技术有限公司是国内生产硅单晶种类最齐全的厂商之一，2013 年实现产值 13.97 亿元人民币，是我国大直径区熔硅单晶产业化基地，开发了多项具有自主知识产权的特色产品，形成以直拉硅单晶、区熔硅单晶、直拉硅片、区熔硅片为主的 4 大产品系列，其中区熔硅单晶系列产品的国内市场占有率超过 65%。天津电子材料研究所在大直径半绝缘砷化镓单晶、抗辐射硅单晶、高阻区熔硅单晶、特种硅外延片研制方面居国内领先水平，是国内砷化镓材料的主要供货单位，Φ(50～75)mm 半绝缘砷化镓单晶国内市场占有率达 60%以上。

（2）稀土功能材料。天津三环乐喜新材料有限公司的钕铁硼永磁材料产能达 4500 万吨，2013 年实现产值 12.12 亿元人民币。天津天和磁材技术有限公司的钕铁硼永磁材料产能达 3000 万吨。

（3）其他功能合金。天津冶金集团天材科技发展有限公司开发生产高强焊丝、高性能永磁合金材料、非晶合金等产品。天津长荣电池材料有限公司生产电池硬质合金材料。春保森拉天时钨钢（天津）有限公司生产碳化钨硬质合金材料，2013 年实现产值 1.54 亿元人民币。

2．高端金属结构材料

（1）高品质特殊钢。钢管公司的镍基合金油套管、超级 13 铬油套管，天钢集团的高性能预应力混凝土用钢绞线、低合金高强度结构钢板、高强石油套管用圆坯、轨枕钢丝用盘条、高强度螺纹钢筋和齿轮用钢，冶金集团的精密高温合金无缝管，荣程钢铁集团的各类高品质盘条，天津重型装备工程研究有限公司的核电用钢等高端产品。

（2）新型轻合金。天津立中合金集团有限公司生产高性能铝合金，2013 年实现产值 11 亿元人民币。

3．先进高分子材料

（1）特种橡胶。天津市陆港石油橡胶有限公司生产丁苯橡胶、丁基橡胶、异戊橡胶，项目全部投产后将成为华北地区最大的橡胶生产基地。天津市振海橡胶科技发展有限公司依托天津市橡胶工业研究所，开发出水声橡胶制品、防污橡胶制品、特种功能橡胶制品等。

（2）工程塑料。渤化集团天津碱厂生产聚甲醛，金发新材料有限公司生产阻燃 ABS，2013 年实现产值 12.26 亿元人民币。

（3）先进高分子材料。天津膜天膜科技股份有限公司是国内膜行业中历史最长、规模最大的公司，已建成年生产能力超过 100 万平方米的中空纤维制造基地，在深交所创业板成功上市，成为国内首家也是唯一一家登陆资本市场，以膜材料研发、生产和销售为主营业务的国家级高新技术企业。中沙（天津）石化有限公司拥有世界级规模的 45 万吨/年聚丙烯装置和 30 万吨/年高密度聚乙烯、30 万吨/年线性低密度聚乙烯生产装置，2013 年实现产值 265.34 亿元人民币。天津市科迈化工股份有限公司专业生产橡胶添加剂，是中国橡胶百强企业，成立了“天津大学-科迈化工联合研究中心”，拥有助剂行业首家国家认可实验室“科迈化工股份有限公司化学物理检测实验室”。

4. 新型无机非金属材料

（1）特种玻璃。天津远洋烘彬光伏玻璃有限公司生产太阳能超白压延玻璃，沽上真空玻璃制造有限公司生产真空节能玻璃等特种玻璃。

（2）其他。欧文斯科宁（天津）建筑材料有限公司生产玻璃纤维保温隔热材料，2013 年实现产值 2.02 亿元人民币；凯诺斯（中国）铝酸盐技术有限公司生产铝酸盐耐火材料；西控茵诺威达、和能新型建材等项目落户轻纺经济区。

5. 高性能纤维及复合材料

天津波音复合材料有限责任公司为商用飞机生产高质量的复合次结构件和内装饰件；固瑞特（天津）复合材料有限公司、米德（天津）复合材料有限公司、上纬（天津）风电材料有限公司等为风机叶片提供材料；天津信特恩粉末冶金有限公司生产碳/碳复合材料。

6. 前沿新材料

（1）纳米材料。天津国家纳米技术产业化基地以国家纳米技术与工程研究院为主要载体，主要进行纳米新材料、纳米生物医药、纳米微机电、纳米电子信息、纳米新能源、先进仪器装备制造、纳米环保等 7 个领域纳米材料和技术的研究工作，拥有国家纳米产品质量监督检验中心。

（2）生物材料。天津国韵生物材料有限公司生产生物基高分子材料聚羟基烷酸酯 PHA，天津伊川生物材料有限公司生产医用钛丝，天津市威曼生物材料有限公司生产脊柱内固定系统产品，节动力安达（天津）生物科技有限公司从事自体软骨组织再生技术研究。

（3）超导材料。富通集团（天津）超导技术应用有限公司研发生产大尺寸光纤预制棒、大容量高温超导电缆；天津长飞鑫茂光通信有限公司生产光纤产品。

（三）天津市新材料产业年度重大事件

天津烨坤新材料科技有限公司、天津凯博环保科技有限公司、天津奥宝特新材料科技公司实现试生产；天津比克电池研究院、天津和昌投资循环经济研究院、北京橡胶工业研究设计院天津分院投入试运行。

（四）天津市新材料产业发展存在的问题

（1）产业规模尚不够大。新材料产业在材料领域所占比重较低，企业规模普遍偏小，65%以上的新材料企业销售额不到 1 亿元人民币。

（2）产业链条不够完善。新材料产业的关联度较低，产业链条的关键环节尚不完善，产业配套能力不足，支撑作用尚不明显，带动作用需要进一步加强。

（3）产业化能力较差。缺乏资金和先进的设备，部分新材料企业的科研成果处于小试和中试阶段，部分研究成果距实现产业化尚有一定差距。

（4）创新体系尚待完善。尽管从事新材料开发的高等院校和科研院科研队伍实力较强，但和企业间的结合不够紧密，创新体系尚未形成。新材料企业总体技术层次还不高，缺乏全国性领军企业，没有占领产业制高点，这成为制约相关产业发展的瓶颈。

二、天津市新材料重点企业发展情况

天津市新材料重点企业发展情况参见表 3-4。

表 3-4　天津市新材料重点企业发展情况

序　号	企　业	主营业务	主要产品	专利数（项）
1	天津市环欧半导体材料有限公司	区熔硅单晶领域的研发与生产	批量生产超高纯区熔硅单晶、气相掺杂区熔硅单晶、大直径区熔硅单晶、直拉区熔硅单晶等	
2	天津巴莫科技股份有限公司	锂离子电池材料研发与生产	氧化钴锂、三元层状氧化镍钴锰锂、尖晶石氧化锰锂和磷酸铁锂等多种正极材料，总产能达到 7000 吨	
3	天津市贝特瑞新能源科技有限公司	集研发、生产、销售锂离子电池正、负材料为一体的高科技公司	人造石墨类、改性天然石墨类、复合石墨类、钛酸锂、硬碳等系列产品，高性能石墨材料达到 8000 吨/年的产能，钛酸锂达到 2000 吨/年的产能	
4	天津东皋膜技术有限公司	研发、制造、销售锂离子电池用高端隔膜		10
5	国家纳米技术与工程研究院（国家纳米技术产业化基地）	纳米技术产业化研发的中央级研发机构，下设国家纳米产品质量监督检验中心和多个专业研发平台		

三、天津市新材料重大项目建设情况

（一）已建项目

（1）天津市贝特瑞新能源材料有限公司年产 5000 吨锂电池负极材料中间相碳微球项目，核心制造基地投资 10 亿元人民币，总部及研发中心投资 8 亿元人民币，目前一期 3000 吨中间相碳微球生产线已试生产。

（2）天津烨坤新材料科技有限公司、天津凯博环保科技有限公司、天津奥宝特新材料科技公司实现试生产。

（3）天津比克电池研究院、天津和昌投资循环经济研究院、北京橡胶工业研究设计院天津分院投入试运行。

（二）在建项目

（1）天津市贝特瑞新能源材料有限公司电池负极材料中间相碳微球项目二期已开工建设。项目全部投产后，公司将成为全球最大的中间相碳微球制造基地，届时，天津市贝特瑞新能源科技有限公司将成为全球最大的动力电池、储能电源材料专业制造基地。

（2）天津中玻北方新材料股份有限公司建设目前世界最大的节能镀膜玻璃生产线，一期投资 3.8 亿元人民币，二期投资 1.4 亿元人民币，建成后可年产节能低辐射镀膜玻璃 450 万平方米，安全复合中空玻璃 100 万平方米，平弯钢化玻璃 200 万平方米，夹层玻璃 50 万平方米。

四、2014 年天津市新材料产业工作总体安排

2014 年天津市新材料产业工作总体思路和目标：深入贯彻《新材料产业“十二五”发展规划》，抢抓京津冀协同发展的历史机遇，加大新材料产业招商力度，完善产业链，加快国家级新材料产业基地建设，支持新材料产业创新发展，促进产学研用相结合。

1．做强龙头和骨干企业，不断延伸产业链

充分发挥骨干企业对产业发展、产业集聚、区域经济的带动作用，培育具有潜力和优势的企业发展成为主业突出、拥有自主知识产权、知名品牌和国际竞争力的大企业大集团；围绕“专、精、特、新”方向，积极扶持一批掌握核心技术、创新能力强、成长性高的新兴科技型中小企业，推动科技型中小企业加快成长；支持新材料骨干企业与上下游产业配套发展，积极向产业链两端延伸，促进一体化、规模化、大型化发展。

2．增强自主创新能力，提升产业核心竞争力

通过建设企业创新支撑平台、公共研究服务平台、设立新材料产业联盟等，整合创新资源，完善服务体系。以企业技术研发中心为主体，围绕新材料产业的攻关技术，建设国家级企业技术中心和产学研合作基地等，打造国际知名、国内一流的创新研发平台；依托科研机构、重点企业、技术创新服务机构等，建设一批新材料公共研究服务平台。

3．加大服务力度，营造良好的产业发展环境

完善服务措施，为企业建设及运营提供高效便捷的“保姆式”服务；积极争取国家、天津市相关扶持资金，对新材料产业重大项目和关键技术给予政策支持；鼓励创业投资机构和产业投资基金投资新材料项目，鼓励、引导金融机构支持新材料企业发展，支持信用担保机构对新材料企业提供贷款担保，支持开展知识产权质押贷款，支持新材料企业利用资本市场融资。

4．加大新材料推广应用，打造知名品牌

通过政府引导，培育新材料应用市场。鼓励在城市建设、公共建筑以及重点工程建设等领域推广使用新材料产品，建设新材料应用示范项目；扩大新材料产品应用范围，拓宽应用领域；创新新材料推广应用模式，通过产需对接等多种渠道帮助新材料企业开拓市场；加强品牌的宣传和保护，通过会展、网络、公共平台等多种形式和渠道，提升自主品牌的知名度和美誉度，扩大品牌产品的市场竞争力，培育国家和天津市名牌产品。

第三节　河　北　省

一、河北省新材料产业发展情况

经过多年发展，河北省新材料产业已初具规模，特别是在特种金属功能材料、高端金属结构材料等方面具有较强竞争力，初步形成了较完整的产业链。河北省发展新材料产业具有两个优势：一是具备较好的基础条件，新材料集群和产业基地初步形成。目前，河北省形成了石家庄、邯郸、唐山、保定、邢台等新材料研发和生产基地。二是具有区位优势。河北省处于全国三大高技术产业集聚区之一的环渤海地区，相对于西部地区具有较好的产业基础和区位优势，相对于东部沿海发达省份具有资源和劳动力成本优势，环京津地区可以为河北提供人才和科技支持。

据《2013 年河北省高新技术产业统计公报》[1]，2013 年，全省规模以上高新技术产业共完成增加值 1384.9 亿元人民币，同比增长 14.2%，高于规模以上工业 4.2 个百分点；高新技术产业增加值占全部规模以上工业的 11.8%，是 2004 年以来的历史最高点；实现主营业务收入 6016.4 亿元人民币，同比增长 12.8%；利润总额 389 亿元人民币，同比增长 20.7%。2013 年，纳入统计的高新技术企业实现工业总

[1] 来源于河北省科技厅和统计局。

产值4520.93亿元人民币，其中新产品产值达到2669.65亿元人民币，占59.05%；实现工业增加值825.91亿元人民币；实现营业总收入4727.66亿元人民币；总收入超亿元的企业达到467家，超5亿元的162家，超10亿元的80家，超50亿元的13家；实现利税386.93亿元人民币，其中净利润达到185亿元人民币；实现出口创汇76.96亿美元。

河北省新材料产业存在以下问题：一是基础管理体系不完善，管理制度不健全，整体产业没有统计渠道，难以掌握相关数据；二是企业技术水平普遍偏低，缺乏核心关键技术，产业基础较薄弱，抗风险能力差；三是企业规模偏小，行业领军企业数量少。

二、河北省新材料重点企业发展情况

1. 恒润集团有限公司

恒润集团有限公司成立于2001年5月，一直致力于复合材料的研发与生产，主导产品为玻璃钢与预应力钢筒混凝土管、玻璃钢夹砂管、预应力钢筒混凝土复合管，年产管道500千米。2013年，企业总资产8.6亿元人民币，实现主营业务收入7.1亿元人民币，利润总额1亿元人民币。公司先后被评为高新技术企业、国家火炬计划高新技术企业，拥有超薄壁钢筒螺旋焊机、编织预浸拉挤注射复合机等先进的生产设备和万能材料试验机、微控环刚度试验机等检测检验设备共200余台/套，与武汉理工大学、华东理工大学、河北工业大学和河北机械设计院等多家国内高校院所建立了产学研战略联盟，年研发投入达到销售收入的4%以上，2013年研发费用达到3000万元人民币。

2. 中航上大金属再生科技有限公司

中航上大金属再生科技有限公司成立于2007年，隶属中航工业集团，是中航工业唯一从事战略金属回收再生循环利用的专业化平台，首创以VOD、真空感应炉、电渣炉等先进冶炼设备为基础的复合纯净化工艺，引进的高温合金废料超声波清洗线和与中科院金属所合作研发的3大项7小项特种合金废料纯净化技术均填补了国内空白，拥有生产研发设备100余台套、10项国家专利，形成了再生高温合金、耐蚀合金、不锈钢基料、镍铜中间合金、镍钼中间合金、镍铬中间合金等6大系列120个品种3.6万吨的年生产能力。2009年荣获全国民营科技发展贡献奖，是国家航空发动机振兴计划材料专项再生材料分项指南起草单位、国家级高新技术企业。2013年，公司实现销售收入4亿元人民币，纳税722万元人民币。

3. 河北金力新能源材料科技有限公司

河北金力新能源材料科技有限公司主要生产高端锂离子电池用超高分子量PE隔膜、涂层隔膜产品，已与国内外锂电池公司及科研院所开展了良好的合作，如中科院硅酸盐所、中科院上海微系统与信息技术研究所、中科院物理所、北京金属有色研究总院、清华大学和北京理工大学等。公司生产的产品经国家863权威检测机构——中国电子科技集团公司十八所检测认证，各项技术指标均已达到国际先进水平，同时使用公司生产的产品制备的全电池各项技术指标经国家权威机构中国汽车研究技术中心检测认证已达到国内外领先水平。

4. 圣戈班西普磨介（邯郸）有限公司

圣戈班西普磨介（邯郸）有限公司是圣戈班集团的全资子公司，主要产品有氧化锆（CZ）、钇稳定氢氧化锆（ZHY）、碳酸锆（ZBC）、硫酸锆（AZST）、稳定氧化锆、研磨（锆）珠（Cermil/Rimax）等各种锆制品及其衍生物，公司拥有国际先进的研磨珠生产线及完备的产品检测设备，生产技术及工艺主要来自于圣戈班西普公司。

5. 明盾技术河北有限公司

明盾技术河北有限公司是北京明盾技术有限公司的子公司，主要从事透明、不透明的抗冲击防穿透高性能材料的研究和相关产品的深加工业务，明盾采用的技术适合于制造复杂型面的复合玻璃、中空玻璃，以及抗冲击、防破碎、抗穿透、抗形变的特种玻璃，飞机加速抗热冲击玻璃，手机屏幕玻璃多种产品，广泛适用于金融安全、文物保护、政府部门、工业配套、轨道交通、大型商厦和民用建筑等领域。

6. 河北硅谷化工有限公司

河北硅谷化工有限公司是以开发、生产和销售新型有机材料为主的专业化民营科技企业，是国内防污闪涂料、复合绝缘子、钻井液添加剂、特种化学纤维产品的研究和制造商，是国家级高新技术企业、国家级重点新产品生产企业、国家火炬计划新材料产业基地骨干企业、河北省民营科技10强企业。主导产品有硅、氟新材料系列产品、T700碳纤维、碳纤维复合芯导线、芳纶1414纤维及系列制品，其中特种纤维芳纶1414、高性能T700碳纤维填补了国家空白，实现了工业化生产，打破了国外多年的封锁。

7. 石家庄诚志永华显示材料有限公司

石家庄诚志永华显示材料有限公司总资产4.6亿元人民币，职工总数500余人，是集生产、研发和销售于一体的液晶材料企业，主要生产的液晶材料有TN、HTN、第一极小、宽温、STN、TFT型等370多个系列1200多个品种，产能约500吨。除了主营液晶材料产品之外，公司还涉足光学补偿膜、OLED等其他类型平板显示材料的研制和开发，公司在传统黑白STN/TN型液晶材料生产技术方面已经非常成熟，目前全球市场占有率达到60%以上。

8. 河冶科技股份有限公司

河冶科技股份有限公司是中国钢研科技集团有限公司的三级子公司，是高科技上市公司安泰科技股份有限公司的控股子公司，是中、日、法合资的中外合资企业，是高速工具钢棒线材以及扁钢、带钢、锻件等产品专业化生产企业，主要研发生产以高速工具钢为主的高合金特种材料产品，产品按钢种分为高速工具钢、粉末冶金高速钢、模具钢、其他特种合金等 4 大类。2013 年，河冶科技高速工具钢产量累计完成 19 051.18 吨，同比增长 33.83%；销售收入累计完成 8.84 亿元，同比增长 13.3%。

9. 河北铠朗新型材料科技有限公司

河北铠朗新型材料科技有限公司是功能性膜材料研发、生产、销售企业，生产设备从意大利、日本和中国台湾引进，其中引进的 PVA 涂布型薄膜涂布机和真空镀铝机达到世界顶级水平。公司与中国标准化研究院共建功能膜材料综合标准化研究基地，参与行业标准制定，同中科院、北京航空航天大学、华东理工大学中德先进材料研发中心、河北大学工学院、西南核物理研究院等国内知名科研院所建立了长期合作关系，共同开发新产品新技术，形成了以汽车太阳膜、建筑膜、防爆膜、PET 基膜等功能性薄膜材料以及相关技术、设备研发等多元化发展的产业格局。

10. 河北可耐特玻璃钢有限公司

河北可耐特玻璃钢有限公司主导产品为玻璃钢容器、管道、冷却塔、各类玻璃钢模压制品、电解槽、双层罐和净化槽等玻璃钢制品。2013 年公司实现销售收入 5.1 亿元人民币，同比增长 5%；上缴税金 3759 万元人民币，同比增长 40%；实现利润 906 万元人民币，同比增长 10.2%。近年来，可耐特公司瞄准玻璃钢产业的提档升级，加大了对外合作力度，先后与智利泰可敏公司开发出复合材料电解槽、与日本玉田株式会社合作双层埋地储油罐、与日本积水化学株式会社合作建立积水可耐特公司，公司产品不仅在国内有良好的口碑，在国际上业享有盛誉，已销往加拿大、日本、俄罗斯、印度尼西亚、菲律宾、越南和巴基斯坦等国。

11. 冀州市中意复合材料有限公司

冀州市中意复合材料有限公司生产 DN 25m 以下纤维缠绕增强塑料储罐和 DN 15mm～12m 的系列 FRP 管道，拥有电厂“烟塔合一”用大口径玻璃钢烟道、FGD 喷淋管、耐酸耐碱特殊储罐、全玻璃钢双壁石油储罐、模压与拉挤型材、格栅、冷却塔等特色产品，拥有容器自动缠绕生产线 15 条，微机控制全自动管道生产线 10 条，年产 FRP 容器、塔器等设备 10 000 吨，管道 20 000 吨，是目前国内规模较大、技术较先进、生产能力较强的专业玻璃钢系列产品生产企业。2013 年公司实现销售收入 3.6 亿元人民币，同比增长 3.6%；上缴税金 1795 万元人民币，与上年持平；实现利润 3000 万元人民币，同比增长 9%。

12. 沧州大化集团有限责任公司

沧州大化集团有限责任公司是以化肥、TDI 为主导产品的大型综合性化工企业集团，2006年10月与中国化工重组合作，属国有独资企业。集团下属6家子公司（含一家上市公司），主要拥有年产35万吨合成氨、55万吨尿素、30万吨大颗粒尿素、15万吨TDI、6万吨液氯、3万吨浓硝酸生产能力。连续多年进入中国化工百强、中国化工经济效益百强，是河北省化学原料和化学制品制造业排头兵企业和循环经济示范企业。目前拥有各类专业技术人才1700多人，2013年实现销售收入22.5亿元人民币，实现利润2.39亿元人民币（数据源自沧州大化股份有限公司聚海分公司）。

三、河北省新材料重点产业基地情况

邯郸经济开发区（新材料产业基地）是河北省重点新材料产业基地之一，是国家商务部、科技部认定的国家科技兴贸创新基地（新材料）。

1. 基地概况

基地拥有规模以上新材料企业7家，2013年实现产值10.46亿元人民币，增加值3.74亿元人民币。截至2013年年底，基地新材料产业累计投资20亿元人民币，研发经费占销售收入的5%以上。

2. 发展经验

（1）致力自主创新研发，全面发展特色产品。区内新材料企业技术基本属于自主研发，基本全部达到国际先进水平。例如，硅谷新材料公司的高性能碳纤维项目，专门研制生产尖端武器装备必需的原材料，性能指标已达到国际先进标准；通辉科技公司玄武岩连续纤维项目，产品广泛应用于房屋桥梁、高速公路、消防材料、防火建材等领域，被称为“点石成金”的先进技术；三氟化氮气体纯度达到99.995%以上，填补了国内空白，达到国际同类产品领先水平，打破了国外公司的技术垄断和价格控制，带动了其他特种气体的研发生产；汉光科技公司是国内目前唯一拥有OPC光电材料制备、涂布溶液配制、OPC涂布工艺全部自主知识产权的OPG生产企业，生产规模全国第一。

（2）完善政策支撑体系，建立高效管理模式。邯郸市委、市政府制定并实施了一系列配套政策和措施，在资金扶持、金融服务、人才吸引、市场开发、外贸出口等方面，为基地发展营造了良好的发展环境。2008年，新材料产业被列为4大新兴产业之一。2009年，邯郸市出台了“3+3+3”主导产业倍增计划，大力发展以新材料为重点的高新技术产业。2009年11月，基地被国家商务部、科技部认定为国家科技兴贸创新基地（新材料）。

（3）搭建公共服务平台，提升持续创新能力。近年来，通过基地资源整合，邯郸经济开发区创建了2.7万平方米的才智港公共技术服务平台，累计孵化企业200余家，引进科技中介机构6个，并与有关企业创立了陶瓷新材料公共技术平台、光电新材料实验室、特种纤维新材料实验室。同时，邯郸经济开发区与河北省科技风险投资有限公司建立了《新材料产业发展基金》，80%以上的基金投向基地内的高新技术企业。近3年来，已为基地内9个新材料项目提供了1.5亿元人民币的资金支持。

（4）实施校企合作战略，加快成果转化步伐。根据基地企业和科研机构的需求，邯郸经济开发区同清华大学、中科院、北京大学等高等院校建立了协作联系，与中船重工七一八研究所、河北省资源勘测研究重点实验室、河北硅谷化工研究所等科研机构签订了合作协议，为企业产品研发及科技成果转化提供了专业的技术平台支撑。基地启动"智园"工程，2014年将全面启动建设清华大学轻质材料研究院、北京大学邯郸研究院、燕山大学信息工程研究院、中科院邯郸研究院、新兴际华邯郸研究院等项目，主动承接京津地区高端项目和人才辐射外溢。

四、河北省新材料重大项目建设情况

2013年河北省已建在建项目有：总投资32.7亿元人民币的中航工业再生战略金属及合金工程项目，全部投产后可实现年再生利用稀贵金属废料33万吨，年产特种合金1万吨、特种精密铸件1万吨、钛合金1万吨、高档特种钢15万吨、各种中间合金15万吨的能力；中意公司与中国钢研科技集团合作联合开发的新型复合材料柔性智能制造设备项目、双壁石油储罐项目已建成投产；恒润集团有限公司高性能纤维增强复合管项目新征土地105亩，建设生产车间、原材料库、成品库、检测实验室、研发中心、综合楼等工程，总建筑面积75 200平方米，新增生产设备包括连续预浸机、立式制衬机、复合缠绕机等生产检测设备104台/套，建成后实现年产高性能纤维增强多基复合管300km。

第四节 山 西 省

一、山西省新材料产业发展情况

（一）山西省新材料产业总体发展情况

近年来山西省新材料产业发展较快，初步形成了较为完整的新材料产业体系，培育出太钢、潞安高纯硅业、银光镁业、运城恒磁、山西宏特等一批新材料骨干企业；建成了富士康太原科技工业园等一批新材料产业园区；拥有中电三十三所、中科院山西煤化所、太原理工大学等一批从事新材料研究、具有较强实力的科研院所和太钢集团技术中心、中科院碳材料重点实验室、山西省新材料界面科学与工程重点实验室等新材料企业研发技术平台。截至目前，山西省拥有新材料企业300余家，2013年实现销售收入1710亿元人民币。依托太原不锈钢园区、运城河津、交城夏家营等一批重点材料产业园区，山西省新材料产业布局初见雏形。

（二）山西省新材料产业重点领域发展情况

1. 特种金属功能材料

（1）稀土功能材料。钕铁硼磁性材料是山西省新型功能材料的主要品种。山西省现有磁材生产企业26家，主要分布在太原、运城、阳泉、长治等地，现有产能3万吨，2013年产量2万吨，占到全国总产量的30%以上。山西省拥有运城恒磁、太原刚玉、山西汇镪、长治易通等一批在国内具有较强竞争优势的磁材生产企业，能够生产6大系列30多个品种的钕铁硼永磁材料及元器件产品，产业发展居全国先进水平。山西省钕铁硼永磁材料产业目前主要面临高端产品较少、技术创新能力不足、下游产品开发缓慢等问题。

（2）电子信息材料。山西省电子信息材料产业起步较晚，仅在LED生产和全息光盘的研发上取得一定进展。LED行业目前已形成长治华上光电有限公司等LED芯片制造企业与山西光宇半导体照明有限公司、山西乐百利特有限公司、山西亿通电子有限公司等LED封装企业上下游相互配套的产业链。

2. 高端金属结构材料

山西省高端金属结构材料形成产业规模的主要产品有特殊钢、镁合金、铝合金、铜合金、钛合金、粉末冶金等产品。现有生产企业66家，2013年实现销售收入占到山西省新材料产业销售收入的63.2%，是山西省新材料领域的支柱产业。

（1）特殊钢。特殊钢是指具有特殊化学成分、采用特殊生产工艺、具备特殊组织和性能、能够满足特殊使用要求的钢。依托太钢集团，山西省现已形成300万吨不锈钢生产能力，居世界第一位。太钢先后自主开发了新型铁路货车车辆用不锈钢、造币用钢、超级双相不锈钢、高磁感取向硅钢、超超临界电站锅炉用钢和核岛主设备堆内构件用钢、客车用301L不锈钢及抗菌不锈钢等一批战略品种；在高强韧热轧钢、液化天然气用超低温06Ni9钢、高速铁路车辆用车轴钢和模具钢等特钢品种上拥有自主知识产权。山西省特殊钢目前主要面临某些关键领域用钢难以满足市场需求、关键技术有待突破、应用基础研究薄弱、深加工发展缓慢、材料优势有待进一步转化为制造优势等问题。

（2）镁合金。山西省白云石资源丰富，储量占全国的35%，是镁产业大省。现有镁及镁合金企业34家。山西省镁产业已形成原镁冶炼、镁合金熔炼和镁合金深加工较为完整的产业链，初步形成运城、太原、长治和大同4个产业集群，培育出太原富士康、闻喜银光镁业、广灵精华镁业等一批镁及镁合金深加工龙头企业。闻喜银光镁业自主研究开发的镁合金连铸连轧板材、太原富士康生产的3C镁合金制品、广灵精华镁业的镁挤压型材和镁压铸件等在国内外同行业中具有较强的竞争力。山西省镁合金深加工产业目前主要面临产品档次低，深加工产品少；产业集中度低，无序竞争严重；产品开发和技术创新能力弱等问题。

（3）铝合金。山西省是铝资源大省，铝土矿资源保有储量约占国内总储量的41%，居全国之首。依托资源、能源优势，山西省铝产业已形成铝土矿、氧化铝、电解铝、铝合金及其深加工等较完整的产业链；拥有中铝山西分公司、华泽铝业、华圣铝业、鲁能晋北铝业等一批在国内具有较强竞争力的氧化铝、电解铝优势企业和阳泉铝业、千军铝业、路宝铝铸件、粟海铝业、运城龙飞等铝合金深加工企业。山西省铝合金深加工产业目前主要面临产业集中度较低、深加工产品较少、自主创新能力不强等问题。

（4）铜合金及钛合金。晋西集团下属山西春雷铜材有限责任公司是山西省最大的铜材深加工企业，具备3万吨高精度无氧铜带的年生产能力，产品主要为射频电缆带、仪器仪表专用无氧铜带等，2013年实现产量3万吨；为进一步提升产品档次，实现高精度集成电路用引线框架用铜合金带产品国产化。钛合金材料方面，山西省太钢集团与陕西宝钛集团合作在太原设立山西宝太新金属开发有限公司，将共同生产钛及钛合金大型锻件、型材、大口径挤压管材、钛带和钛焊管等钛合金深加工，产品将替代进口。

3．先进高分子材料

（1）有机光致聚合物。全息光盘技术是继磁盘技术、光盘技术之后的又一重大IT技术革命，全息光盘存储数据容量达到100GB。不久的将来全息光盘将取代现有存储光盘，成为计算机的标准配置，发展前景广阔。中电三十三所是山西省唯一从事信息存储技术开发的研究机构，目前在全息光盘的核心材料有机光致聚合物开发上已取得突破，山西省在全息光盘产业化方面蕴藏巨大发展潜力。

（2）煤化工新材料。山西省现有煤化工新材料企业34家，2013年销售收入29.2亿元人民币，主要产品有针状焦、超高功率电极、特种炭黑、石墨阴极、超细微孔碳砖等。山西焦化股份公司从法国IRH工程公司引进的煤焦油加工装置，年处理能力达30万吨，是国内单系列规模最大、技术最先进、加工品种最多的煤焦油加工装置；山西宏特煤化工公司是国内规模最大、产业链最长的煤焦油深加工企业，年加工煤焦油能力45万吨，可生产煤焦油深加工产品21种，拥有国内唯一具有自主知识产权的15万吨/年煤系针状焦生产装置，针状焦深加工项目年产2万吨超高功率电极生产装置正在建设中。依托资源、技术和产业基础优势，煤化工新材料将成为山西省新材料产业的重要增长点。

（3）化工合成新材料。山西省化工合成新材料主要有苯系合成材料、乙炔系合成材料两大类，是山西省高端化工的重要组成部分。现有规模以上企业36家，2013年实现销售收入80亿元人民币。太化集团、天脊集团、蓝星化工、翔宇化工、青山化工、山西科通等企业依托丰富的焦化苯资源，发展了TDI（甲苯二异氰酸酯）、PPE（聚苯醚）、苯胺、橡胶助剂、荧光增白剂、石油裂解催化剂等苯系化工合成新材料；山西三维、山纳橡胶、山西三佳等企业立足乙炔路线，发展了白乳胶、PTMEG（聚四亚甲基醚二醇）、干胶粉、氯丁橡胶和有机硅等乙炔系合成新材料。山西省化工合成新材料TDI、白乳胶、氯丁橡胶和橡胶助剂等品种在国内市场具有较高的占有率和影响力。依托丰富的焦化苯资源、能源优势和产业基础，山西省在苯系和乙炔系化工合成新材料领域极具产业竞争力和发展潜力。

4．新型无机非金属材料

山西省新型建筑材料主要以新型耐火材料、化学建材及装饰装修材料、先进陶瓷为主，现有规模以上企业246家，2013年销售收入占全省建材行业销售收入超过70%。

（1）新型耐火材料。山西省现有规模以上新型耐火材料生产企业68家，总产能286万吨，占全省耐火材料的比重为63%。近年来，随着钢铁、焦化、建材和有色工业的快速发展，工业炉窑建设所需的新型耐火材料市场不断扩大。依托铝矾土资源优势，山西省新型耐火材料行业取得快速发展，初步形成了太原、阳泉、吕梁孝义、运城河津四大产业集群，培育了太钢禄帏堡耐材、盂县西小坪耐材、孝义濮耐高铝耐材、中铝耐材等龙头企业，可生产白云石砖、高档耐火棕刚玉、高铝刚玉、硅砖、镁铝砖、合成莫来石等20多个品种，除满足国内市场需求外，还远销欧美、东南亚等地区。山西省耐火材料产业主要面临高档产品比例低、产业集中度低、工艺和技术装备落后等问题。

（2）化学建材及装饰装修材料。山西省新型塑料建材主要有塑料板片型材和塑料管材，产能在24万吨左右，产品多数以PVC为原料，档次较低；防水材料和混凝土外加剂发展较快，但处于小、散、乱状态，未形成集团化规模运营；油漆、镀层、贴面等装饰装修材料规模较小，防腐、隔音、密封等专用材料发展几乎处于空白。

（3）先进陶瓷。山西省拥有丰富的高岭土、长石、石英石、紫砂陶土、耐酸黏土等资源，具有发展先进陶瓷材料得天独厚的资源条件。山西省现有规模以上陶瓷企业55家，在山西省北、中、南部均有分布，2013年实现销售收入20亿元人民币。山西省先进陶瓷材料主要有高档日用陶瓷、高档建筑陶瓷、艺术陶瓷、功能陶瓷、工程结构陶瓷等品种。应县天美瓷业公司的出口高档日用瓷、阳城龙飞陶瓷公司的高档建筑瓷、平定古窑陶艺的艺术仿古瓷等具有较高的知名度。在功能陶瓷上，晋城富基新材料有限公司自主研制开发的氧化镁质系列泡沫陶瓷过滤器达到国际先进水平；在工程结构陶瓷上，长治西林工贸公司生产的高精密工程结构陶瓷产品陶瓷刀具和水阀芯片具有较强的市场竞争力。山西省先进陶瓷材料和山东等发达省份相比主要面临企业规模小、工艺技术落后、技术人才缺乏、品牌产品少、先进陶瓷材料比重小等问题。

此外，山西省是全球高岭土主要产地，生产技术和加工规模居国内领先水平，现有中高档高岭土（超细煅烧高岭土、硅酸铝纤维等）加工企业 12 家，可生产涂料、造纸、橡胶、乳胶、塑料等专用高档高岭土系列产品，培育出山西金洋、山西晋坤、山西琚丰、山西恒源等优势企业；孝义兴安化工、田园化工等企业依托铝矾土资源优势，发展了 4A 沸石、表面活性剂、阻燃剂等无机化工新材料。山西省无机化工新材料主要面临初级产品多、工艺技术相对落后、产品能耗较高等问题。

5．前沿新材料

（1）纳米材料。山西省现有纳米材料生产企业 14 家，主要产品有纳米氧化锌、纳米碳酸钙、纳米二氧化硅等。2011 年产量 6.5 万吨，其中纳米碳酸钙、纳米氧化锌等品种产量占全国 10%以上。山西天一纳米材料科技有限公司、山西丰海纳米科技有限公司、太谷金泰顺科技有限公司等企业规模较大。山西省纳米材料虽然具有一定规模，但销售收入占山西省新材料产业不足 1%，在山西省新材料产业的比重较小；同时山西省纳米材料企业主要从事粉体材料制备，产品资源性特征明显，纳米技术在高新技术领域的应用还没有起步。

（2）生物材料。山西省现有生物医用材料企业 8 家，2013 年销售收入 3 亿元人民币。山西奥瑞生物材料有限公司（山西省医用组织库）在同种骨植入材料的开发和生产上处于国内领先水平；在一次性医疗用品生产和人工脏器研究上在国内同行业具有较强影响力。山西广生胶囊有限公司在动植物胶囊、药用铝箔复合膜的制备技术上国内领先。山西省生物医用材料产业总体还处于起步阶段，具有较大的发展空间。

二、山西省新材料重点企业发展情况

1．太原钢铁（集团）有限公司

太原钢铁（集团）有限公司始建于 1934 年，是我国特大型钢铁联合企业和全球最大、工艺技术装备水平最先进、品种规格最全的不锈钢企业。现已形成年产 1200 万吨钢，其中不锈钢 300 万吨的生产能力。主要产品有不锈钢、冷轧硅钢、碳钢热轧板（卷）、火车轮轴钢、合金模具钢、军工钢等。其中，不锈钢、不锈钢复合板、铁路行业用钢、双相钢、耐热钢、造币钢、高牌号硅钢、车轴钢、纯铁、9%Ni 钢等 21 个品种市场占有率国内第一。

2．山西银光华盛镁业股份有限公司

山西银光华盛镁业股份有限公司是山西闻喜银光镁业集团重组的拟上市公司，

是国内最大的镁及镁合金生产企业之一，其原镁、镁合金及镁深加工生产能力及技术水平均居行业领先地位。公司现已形成年产8万吨原镁、3万吨镁合金以及1万吨镁深加工产品的生产能力，拥有国家级企业技术中心，先后成功研发出耐热抗蠕变镁合金、高强高韧镁合金、军工用大直径连续铸棒、赛车轮毂、高速列车型材、海水激活电池板以及具有世界领先水平的镁合金连续铸轧板材等产品。

3. 山西宏特煤化工有限公司

山西宏特煤化工有限公司位于山西省吕梁交城夏家营生态工业园区，经过多年发展，现已形成年产45万吨煤焦油加工能力，可生产煤焦油深加工产品30余种，是目前国内单厂规模最大、产业链最长的煤焦油深加工企业之一，先后建成国内唯一具有自主知识产权的年产15万吨煤系针状焦装置，国内首套年产4万吨萘法制苯酐装置，国内首套年产25万吨特种浸渍剂沥青装置以及年产12万吨新工艺炭黑生产装置。“十二五”期间，公司将重点突破针状焦、碳纤维、核石墨等精细化工新技术和尖端化工新材料，逐渐占领技术制高点和产业制高点，把宏特公司建设成为国内外具有较强影响力的大型煤化工企业。到2015年，形成百万吨煤焦油加工能力，41万吨新型炭材料，18万吨精细化工。加工产品达到70余种，总资产达到48亿元人民币，实现销售收入88亿元人民币，利税38亿元人民币。

4. 山西中科晶电信息材料有限公司

山西中科晶电信息材料有限公司是目前山西省唯一的砷化镓材料生产企业，公司成立于2007年7月，由北京中科晶电投资设立。该公司采用美国MG公司具备国际领先水平的MG-GaAs技术，在传统VGF生产工艺基础上，提高温度控制精度，生产GaAs单晶体系微电子和光电子产业技术材料。大幅度提高产品质量的稳定性，采用先进的VGF生长技术，在生产设备和生产工艺上改革创新，确立了新颖先进的精确温度场控制梯度凝固法晶体生长技术，并通过生产线连续化运行，证实了该项技术工艺的稳定可靠性和规模生产的可持续性，是世界领先水平的砷化镓单晶生产设备和生产技术。该项技术在生产低位错、低应力的高品质砷化镓单晶体材料的同时，还系统解决了批量生产的重复成品率、材料的均匀性、废处理、成本控制、操作培训等各项规模产业化关键工艺和环节的问题，属于成熟定型的可操作性很强的先进技术。

5. 富基新材料有限公司

富基新材料有限公司是集开发、生产、经营新材料产品于一体的高新技术企业，成立于2000年，位于晋城经济技术开发区，资产总额达1亿元人民币，有年产10 000立方米泡沫陶瓷和蜂窝直孔陶瓷生产线，配有先进的产品检测和实验手段，技术先进，工艺领先，是我国多孔功能陶瓷材料的主要生产企业，通过了ISO 9001—2000质量体系认证，拥有自营进出口权。公司设有特种陶瓷技术研发中心，采取产学研相结合的方式，自主研制开发了碳化硅质、氧化铝质、氧化锆质、氧化镁质系列泡沫陶瓷新产品及蜂窝陶瓷蓄热体、RTO 系列产品，其中，氧化镁质泡沫陶瓷过滤器产品填补了国内外市场空白，被鉴定为“国际先进水平”。获 10 多项国家发明专利和实用新型专利，拥有产品生产技术的全部自主知识产权。曾承担国家级火炬计划一项、山西省火炬项目、攻关项目、科技创新项目多项，是山西省技术创新试点企业。公司产品具有质量轻、强度高、耐高温、耐腐蚀及良好的过滤吸附性能等优点，广泛地应用于冶金、化工、食品、环保等领域。尤其是泡沫陶瓷独特的三维立体网状结构所具有特殊过滤净化机理，对改善航天用镁铝合金、钛合金品质有重要作用，在航天材料制造应用领域前景十分广阔。

6. 山西晋投玄武岩开发有限公司

山西晋投玄武岩开发有限公司利用四川航天拓鑫玄武岩有限公司（已获得行业 12 项国家专利和参与 8 项国标制定）先进的工艺技术及专利，建设世界最大的 5 万吨/年玄武岩纤维及其后制品生产地（其中一期 1 万吨/年仍为世界最大）。项目以天然气为燃料，采用双蓄热技术和目前世界最为先进的“气-电”结合熔炉工艺制备技术：控制精度高，质量稳定；实现原料的均匀化控制及大漏板多通道拉丝，并投入已研发的国内唯一 400 孔漏板（使单台熔炉原丝产量提高 40%）。

7. 大同新成新材料股份有限公司

大同新成新材料股份有限公司是国内最大、市场占有率最高的特炭生产基地，也是国家科技部认定的“高新技术企业”。公司拥有国内领先的全套生产设备，特炭产量占到国内产量的 52%。公司主导产品太阳能光伏发电热场新材料，太阳能热发电蓄热新材料和纳米碳石墨材料应用于高科技领域，其系列细颗粒石墨产品广泛应用于冶金、化工、电子、军工等领域，同时出口到美国、日本、印度、澳大利亚、德国等 10 多个国家。通过 10 年的创新发展，公司把生产与科研融为一体，已经拥有 10 多项专利，通过采用新技术、新工艺、新设备，已具备生产中、粗、细颗粒不同类别高端石墨产品的工艺技术，“新成”品牌已立足世界五大洲。

8. 山西奥瑞生物材料有限公司

山西奥瑞生物材料有限公司成立于 1994 年，在国际原子能机构支持下，中国辐射防护研究院与山西省卫生厅组建山西省医用组织库，机构在初期开展组织移植物辐射灭菌的基础上开始向临床批量供应人类组织移植材料。随着我国体制改革的推进和临床技术发展的需求，作为专业化的人类组织移植材料的工业化生产和发放企业，山西奥瑞生物材料有限公司应运而生。公司现有员工 35 人，从事科研开发人员占 50%以上，具备独立开发新产品及承担国家科研项目能力，拥有 9 项国家专利产品及技术，先后获省部级科研成果一等奖 1 项，二、三等奖各 2 项，完成预研项目 2 项，完成省、部基金项目 7 项，国家基金 2 项。公司以每年 50%的增长率向国内临床提供组织移植产品，现已在全国除中国台湾以外所有省份的400余家各级医院推广应用，有数万名患者接受移植得以康复。同种骨移植材料于2001年获国家药监局国内首家准产注册，现已两次获得重新注册。

9. 运城恒磁科技有限公司

运城恒磁科技有限公司是专业化稀土永磁材料烧结钕铁硼的高新技术企业，位列国内同行业前三名，参与制定国家电机磁钢标准。企业拥有线切割1200台、内圆切2000台，建有国内首条N45百吨级钕铁硼稀土永磁材料生产线，已形成7000吨磁钢的生产能力。拥有全球唯一的复合制粉工艺和全国唯一的全防护氢破碎设备及配套工艺，获批国家发明专利6项。产品涵盖电机磁钢、核磁共振磁钢、大批量化的日用磁钢，产销规模名列全国前三，其中核磁共振（MRI）磁钢的销量占全球市场的80%，电动自行车电动摩托车电机磁钢占有率为30%。

三、山西省新材料重点产业基地及项目情况

立足山西省资源能源比较优势和产业发展基础，充分发挥龙头企业引领带动作用，围绕高端金属结构材料、高性能纤维及复合材料、先进高分子材料、特种金属功能材料、新型无机非金属材料等5大特色新材料产业，重点布局16个特色鲜明、比较优势突出的新材料产业基地，推进22个重大项目，实现山西省由单纯原料供应基地向综合材料加工基地转变。

（一）高端金属结构材料

1. 太原特殊钢产业基地

围绕太钢战略品种，引进相关深加工企业，扩大下游深加工规模，打造太原特殊钢基地。

重点项目（3个）：太钢集团在太原建设100万吨/年冷轧无取向硅钢项目、90万吨/年冷轧不锈钢项目、50万吨/年高速铁路用钢项目。

2. 运城铜材料产业基地

依托中条山有色集团，按照“北有太钢、南有中条”的目标，打造运城铜材料基地。

重点项目（1个）：中条山有色集团有限公司在垣曲县拟建150万吨/年多金属捕集回收技术改造及新型铜材料深加工项目。

3. 运城镁材料产业基地

依托银光镁业和中条山有色集团，整合运城金属镁资源，打造运城镁材料基地。

重点项目（2个）：山西银光华盛镁业股份有限公司在运城闻喜建设500万只/

年镁合金汽车轮毂项目、中条山有色集团股份有限公司在运城垣曲拟建 500 万只/年镁合金汽车轮毂项目。

4. 晋中镁材料产业基地

依托晋煤集团，发挥晋中白云石和煤层气资源优势，加快与北汽集团战略合作，打造晋中镁材料基地。

重点项目（1 个）：晋京联合镁业有限公司在晋中昔阳拟建 100 万件/年汽车轻量化镁合金构件项目。

（二）高性能纤维及复合材料

1. 太原碳纤维材料产业基地

依托太钢集团，布局建设聚丙烯腈原料路线的碳纤维产业基地，构建从基础原料、复合材料到制品构件的碳纤维完整产业链。

重点项目（1 个）：太钢集团在阳曲建设 T800 级聚丙烯腈碳纤维产业化项目。

2. 朔州碳纤维材料产业基地

依托山西三元炭素有限责任公司，布局建设煤沥青原料路线的碳纤维产业基地，实现山西省煤沥青高附加值利用，推动高端碳纤维产业化发展。

重点项目（1 个）：山西三元炭素有限责任公司在朔州富甲工业园拟建年产 2000 吨通用级沥青基碳纤维项目。

（三）先进高分子材料

1. 吕梁煤焦油深加工材料产业基地

以吕梁焦炭产业集群为依托，引导山西宏特煤化工有限公司等煤焦油加工企业，对各自初加工馏分交换集中后进行二次加工，发展酚、萘、蒽、洗油、沥青等深加工产业，实现产品系列化、精细化。

重点项目（1 个）：山西宏特煤化工有限公司在交城建设针状焦等新型碳材料项目（6 万吨/年超高功率石墨电极等）。

2. 太原焦化苯深加工材料产业基地

以阳煤太化退城搬迁为契机，布局建设太原焦化苯深加工材料基地。

重点项目（1 个）：阳煤集团太原化工新材料有限公司在太原清徐建设 20 万吨/年己内酰胺项目。

3. 长治焦化苯深加工材料产业基地

依托潞宝兴海新材料有限公司，打造长治焦化苯深加工材料基地。

重点项目（1 个）：潞宝兴海新材料有限公司在长治潞城建设 55 万吨/年新型有机合成材料项目（40 万吨尼龙 6 和 15 万吨乙丙橡胶）。

4. 晋城焦化苯深加工材料产业基地

依托山西兰花科技创业股份有限公司，打造晋城焦化苯深加工材料基地。

重点项目（1 个）：山西兰花科技创业股份有限公司在晋城泽州建设 20 万吨/年己内酰胺项目。

（四）特种金属功能材料

发挥山西省产业基础优势，着力突破高磁能积新型稀土永磁材料等产品生产工艺，推进高矫顽力、耐高温钕铁硼磁体产业化。

1. 太原钕铁硼稀土永磁材料产业基地

依托山西汇镪磁性材料有限公司、中电科三十三所、太原双塔刚玉有限公司等企业和科研机构，打造太原钕铁硼稀土永磁材料基地。

重点项目（2 个）：山西汇镪磁性材料有限公司在太原建设新增 1000 吨高性能稀土永磁钕铁硼材料项目，中电科三十三所在太原拟建年产 1000 吨高性能钕铁硼项目。

2. 运城钕铁硼稀土永磁材料产业基地

依托中磁科技股份有限公司，打造运城钕铁硼稀土永磁材料基地。

重点项目（1 个）：中磁科技股份有限公司在运城市盐湖工业园建设年产 3000 吨高性能烧结钕铁硼磁性材料项目。

（五）新型无机非金属材料

发挥山西省耐火黏土、高岭土、煤系高岭土、玄武岩、石英、长石等无机非金属矿资源优势，重点发展先进陶瓷材料、连续玄武岩纤维、绿色新型耐火材料、高档高岭土材料。

1. 大同玄武岩材料产业基地

发挥大同周边区域火山群形成的玄武岩资源优势，依托山西晋投玄武岩开发有限公司和四川航天拓新玄武岩实业有限公司，打造国内领先、国际知名的大同玄武岩材料产业基地。

重点项目（2 个）：山西晋投玄武岩开发有限公司在大同装备制造园区建设年产 50 000 吨玄武岩连续纤维及后制品工程项目以及年产 10 万吨玄武岩岩棉外墙保温材料及 200 万平方米滤料项目。

2. 阳泉耐火材料产业基地

发挥阳泉地区丰富的高铝耐火黏土资源优势，依托盂县西小坪耐火材料有限公司、北京金隅集团等龙头企业，打造阳泉耐火材料产业基地，形成从矿山综采、原料合成、制品研发、规模生产到整体服务的完整产业链。

重点项目（2 个）：盂县西小坪耐火材料有限公司在阳泉盂县建设年产 100 万吨绿色新型合成耐火材料项目，阳泉金隅通达高温材料有限公司年产 30 万吨均质合成耐火原料（二期 15 万吨）项目。

3. 忻州煤系高岭土产业基地

发挥山西省作为全球主要的煤系高岭土资源产地优势，依托忻州金洋煤系高岭土有限公司，打造忻州煤系高岭土产业基地，重点推进超细煅烧高岭土发展，实现煤系高岭土深加工系列化、产品多元化。

重点项目（1 个）：忻州金洋煤系高岭土有限公司在忻州忻府区建设 30 万吨煤系高岭土二期项目（15 万吨）。

4. 晋城陶瓷材料产业基地

依托晋城富基新材料有限公司，发挥在多孔功能陶瓷领域的技术优势，进一步扩大生产规模，丰富产品品种，打造晋城陶瓷材料产业基地。

重点项目（1 个）：晋城富基新材料有限公司在晋城城区建设年产 20 000 立方米氧化镁质泡沫陶瓷和蜂窝直孔陶瓷生产线项目。

四、2014 年山西省新材料产业工作总体安排

以全省“十二五”发展规划为指导，立足山西省资源禀赋和产业基础，突出重点企业和重大项目，以市场需求为导向，以增加就业、扩大税收为目的，围绕山西省高端金属结构材料、高性能纤维及复合材料、先进高分子材料、特种金属功能材料、新型无机非金属材料等 5 大特色新材料产业，加快重点新材料产业基地建设，引领山西省材料产业实现飞跃。

到 2015 年山西省材料产业实现产值 2000 亿元人民币。到 2020 年，山西省材料产业实现产值 4000 亿元人民币。其中不锈钢深加工能力达到 100 万吨；镁合金深加工产能达到 30 万吨，铜合金深加工能力达到 50 万吨，高性能碳纤维材料 2000 吨，焦化苯深加工能力达到 100 万吨，煤焦油深加工能力达到 400 万吨，钕铁硼稀土永磁材料产能达到 10 万吨。

1. 编制发展规划

按照规划先行的原则，相关市尽快启动编制当地材料产业基地（集群）发展规划（2014—2020 年），并上报省经信委批复（省经信委）。

2. 发挥专项作用

紧抓工信部实施工业转型升级强基专项、稀土产业调整升级专项的机遇，组织山西省企业围绕各专项确定的关键基础材料研发方向进行攻关，着力提升关键基础材料技术水平，带动山西省五大领域新材料的发展。

3．优化资源配置

支持太钢集团、中条山有色集团、晋投玄武岩等龙头企业，按照市场化原则，参与省内新探明铁矿、铜矿、白云石、无机非金属矿等资源配置，提高重大材料项目资源保障能力（省国土厅）。

4．加大招商力度

瞄准国内外知名特殊钢、镁、铜、煤焦油、粗苯、新型无机非金属材料深加工企业，力争每个基地引进 2～3 家大企业落户，提高山西省下游材料加工产业发展水平（省商务厅）。

第五节　内蒙古自治区

2013 年内蒙古自治区实现生产总值 16 832.38 亿元人民币，按可比价格计算，增长 9%。地方财政总收入 2658.42 亿元人民币，增长 6.5%。全年全社会固定资产投资总额 15 520.72 亿元人民币，增长 18.4%。实现工业增加值 7944.4 亿元人民币，增长 11.3%。全区规模以上工业企业实现利润 1682.55 亿元人民币，下降 3.6%。

一、内蒙古自治区新材料产业发展情况

（一）内蒙古自治区新材料产业总体发展情况

2013 年，内蒙古自治区新材料行业在地企业 70 家，其中，呼和浩特市 6 家、包头市 45 家、乌兰察布市 8 家、鄂尔多斯市 6 家、巴彦淖尔市 3 家、阿拉善盟 2 家。2013 年已投产企业产值达到 59.58 亿元人民币，同比增长−25.3%；行业投资额为 121.28 亿元人民币，同比增长−53.8%。实现利税 0.311 亿元人民币。

稀土新材料的原料主要来源为氧化稀土、碳酸稀土和稀土金属为主的稀土初级原材料产品。截至 2013 年 12 月，自治区稀土上游共有采选、冶炼分离企业 17 家，累计实现生产工业产值 94.8 亿元人民币。内蒙古包钢稀土（集团）高科技股份有限公司是我国乃至世界最大的稀土生产、科研、贸易基地，是中国稀土行业的龙头企业，国家工信部下达的稀土指令性生产计划为 5 万吨、冶炼分离计划约为 3.5 万吨；稀土新材料下游市场客户主要有风电、医用核磁共振仪、新能源汽车动力电池、稀土肥、稀土合金等。

半导体新材料的原料来源于内蒙古自治区较大的硅矿资源，特别是巴彦淖尔市硅石资源储量为 3.37 亿吨，主要分布在乌拉特前、中、后三旗，已发现矿产地 40

余处，其中，经普查探明小型以上矿床10处，探明资源储量0.37亿吨；经踏勘矿床2处，估算资源储量0.26亿吨；上表储量约0.2亿吨，占全区上表储量的50%。以上12处矿床硅矿石品位较高，符合生产工业硅用硅指标。另外，距离该市较近的蒙古国南戈壁省的硅石资源也十分丰富。

（二）内蒙古自治区新材料产业重点领域发展情况

1. 稀土功能材料领域

2013年，内蒙古自治区在地稀土高新技术企业达到15家。稀土新材料产业呈多元化发展，稀土永磁、储氢和抛光材料企业集聚效应明显。截至2013年年底，形成实际生产能力钕铁硼合金1.6万吨、毛坯1.4万吨、储氢0.7万吨、抛光粉1.38万吨的规模。在终端市场疲软、行业竞争激烈的情况下，内蒙古自治区稀土新材料企业仍逆势而上，产量均比上年有所增加，特别是稀土磁性材料企业产量增长突出，稀土永磁材料产量达到8724吨，实现工业总产值16.7亿元人民币；稀土抛光粉产量4758.5吨，实现工业总产值4.77亿元人民币；稀土储氢材料产量2277吨，实现产值3.11亿元人民币。

以包头稀土研究院和内蒙古自治区内各大企业为核心，先后设立各类稀土企业工程技术研究中心20个，占内蒙古自治区研发中心总量的45%。其中，国家级2个、自治区级11个、包头市级4个。“十一五”期间，申请稀土及应用方面专利54项，授权专利41项。包头稀土研究院被国家科技部批准为“稀土国际合作基地”和“中蒙技术转移中心”，并成立了“包头稀土研究院稀土新材料院士专家工作站”；高新区组建了我国第一个以稀土冠名的稀土产业技术创新战略联盟，深入推进产学研合作，提升了稀土产业自主创新能力。

2. 半导体材料领域

2007年以来，内蒙古自治区呼和浩特、包头、鄂尔多斯、巴彦淖尔、阿拉善盟等地依托丰富的多晶硅原料和电力优势，陆续开工建设了多晶硅、单晶硅、切片、太阳能电池及组件项目，初步形成了以多晶硅材料为核心，硅片、太阳能电池片和太阳能组件生产相配套的光伏产业链。截至目前，多晶硅生产能力2.2万吨（单晶硅1.6万吨），形成了一定的产业基础。目前，顺风、英利等光伏龙头企业已有意入驻内蒙古自治区，内蒙古自治区成为全国光伏产业集聚区的趋势已经显现。从目前的情况测算，未来3～4年内内蒙古自治区有望成为全国多晶硅、单晶硅最大的生产基地。

（三）内蒙古自治区新材料产业年度重大事件

1. 稀土应用产业园表面处理中心项目试生产

稀土应用产业园表面处理中心项目由包头市拓力拓科技有限公司投资建设并

管理，是稀土高新区重点建设项目。项目分两期开发建设，目前一期工程基本完工，已开始试生产，将形成年处理3000吨钕铁硼毛坯和日处理400吨生产废水的能力。该项目的建成将有效解决包头市钕铁硼企业后加工处理配套问题，在延伸产业链、提高磁材行业产品附加值、填补包头地区该领域的空白等方面具有重要意义。

2. 包头稀土研究院2013年获得5项专利授权

“一种混合稀土精矿液碱焙烧分解提取工艺”、“组合型双效氧催化剂和含该催化剂的电极以及电池”、“一种钛复合氧化物的制备方法”、“一种YSZ陶瓷靶材造粒设备”、“用于稀土镁合金熔炼的合金化装置”等5项专利获得授权。

3. 自治区出台扶持光伏产业发展的政策

为促进自治区光伏产业健康发展，进一步贯彻落实《国务院关于促进光伏产业健康发展的若干意见》（国发［2013］24号）精神，内蒙古自治区人民政府印发了《关于支持光伏产业发展有关事宜的通知》（内政发［2013］29号）。

4. 包头市完善促进稀土产业持续健康发展政策

包头市政府出台了《关于进一步加快稀土产业发展的若干意见》（包府发［2013］94号），按照内蒙古自治区“8337”发展思路，充分发挥稀土资源及产业优势，促进稀土产业加快发展。

（四）内蒙古自治区新材料产业发展存在的问题

（1）创新能力不足，中下游产品少。例如，稀土产品总体仍以稀土选冶产品为主，兼有技术水平一般的稀土新材料及应用产品，中高端稀土新材料及应用产品缺乏。

（2）在当前稀土市场疲软、行业竞争激烈的环境下，企业经营困难。新材料企业普遍规模小，自我造血能力不足，融资困难和资金短缺已成为制约企业发展的重要因素。同时在研发、中试、产业化及基地建设等方面也相对滞后。

（3）布局较为分散，新材料产业格局尚未形成。除了包头稀土高新区等依托优势资源而形成的新材料产业园区，其他新材料企业还比较分散，聚集度较低，不能形成集群效应。

（4）产业链条较短，产业链不完整。由于缺乏共同的市场基础，大多数企业间的关联性较差，产业链条发育不完善。大多数企业独立完成生产制造的过程，相互之间关联度不高，特别是以优势产品为龙头的大企业和中小企业的合作程度不高，缺乏社会化专业协作。市场竞争大多是企业的“单打独斗”式竞争，而非产业链上下游企业的抱团竞争。

（5）产业层次较低，高附加值产品少。大部分新材料企业是在传统产业基础上发展起来的，产业的整体技术装备落后，工艺水平不高，产业层次较低，初加工产品多，高端产品少，许多新材料研究技术成果产业化程度不高，企业核心竞争力有待加强。

（6）产学研相结合的技术创新体系和产业技术联盟发育不够充分，新材料研究成果产业化机制不尽完善，产业核心竞争力总体不强。表现为科研与产业相脱节，前瞻性领域创新薄弱，缺乏研发方与企业方有效的合作机制，各类服务平台的服务功能不完善，成果转化率低，人才和成果流失。

（7）能够替代进口的新材料产品销路不畅。例如，内蒙古神舟硅业有限责任公司 2013 年研究产出了电子级多晶硅料，用于生产高效 N 型电池组件，完全可以替代进口料，但目前为止，只有 2 家国内企业试用了公司的产品并产出合格 N 型电池，大批量的采购行为却止步不前。

二、内蒙古自治区新材料重点企业发展情况

内蒙古自治区新材料重点企业发展情况参见表 3-5。

三、内蒙古自治区新材料重点产业基地/园区情况

（一）包头稀土高新区

1992 年包头稀土高新区被国务院批准为国家级高新区，是全国唯一以稀土资源命名的高新区。2013 年，包头稀土高新区注册企业 3855 家，有高新技术企业 49 家，占全自治区高新技术企业的 40%。实现地区生产总值 345.96 亿元人民币，同比增长 10%；地方财政总收入 71.2 亿元人民币，基本与去年持平；规模以上工业总产值 540.41 亿元人民币，同比增长 4.7%；固定资产投资 489.33 亿元人民币，同比增长 18.4%；社会消费品零售总额 70.25 亿元人民币，同比增长 11.8%；城镇居民人均可支配收入 38 610 元人民币，同比增长 9.5%。

2013 年，包头稀土高新区稀土企业有 67 家，其中稀土原材料、稀土新材料和终端应用产品企业分别为 7 家、35 家和 25 家，注册中外合资及独资稀土企业 9 家。包头稀土高新区已经形成以稀土永磁、储氢和抛光 3 大稀土新材料企业集聚效应。2013 年年末，3 大新材料企业数量分别达到 12 家、5 家和 12 家，设计产能分别为 3 万吨、1 万吨和 2 万吨。全年稀土企业完成工业总产值 91.5 亿元人民币，比 2012 年下降 25.8%。

（二）内蒙古自治区察哈尔工业园区

内蒙古自治区察哈尔工业园区规划面积 107 平方公里，建成面积 43 平方公里。园区主导产业：装备制造业、电子电器业、生物制药业、农畜产品加工业、化工业等。截至 2013 年年底，共入驻企业 71 家，实现总产值 146 亿元人民币，销售收入 128 亿元人民币，工业增加值 49 亿元人民币，上缴税金 3 亿元人民币。

表 3-5 内蒙古自治区新材料重点企业发展情况

序号	企业名称	主营业务	经济类型（分国有、民营、合资等）	注册资本（亿元）	总资产（亿元）	销售收入（亿元）	利润（亿元）	出口额（万美元）	产量（吨）	研发支出（亿元）	专利申请数（个）
1	内蒙古航天新材料科技有限公司	高强度有机纤维	国有		0.51	0.6	0.0048		12.0		
2	内蒙古晟纳吉光伏材料有限公司	太阳能方棒、圆棒；半导体方棒及圆棒	外资	1.17	3.5	2.5	0.014	0.4	单晶硅 55.20	0	0
3	内蒙古神舟硅业有限责任公司	多晶硅及下游产品、副产品的研发制造	国有	22.1229	40.61	4.45	-5.48		多晶硅 3510.0	0.18	27.0
4	包钢稀土磁性材料公司	钕铁硼速凝薄带合金及钕铁硼永磁材料的生产	国有	1.76	2.5	6.4	0.046	2826.0	4731.0		
5	包头市韵升强磁有限公司	铁硼永磁体的生产	民营	1.7	5.1	4.6	1.0		1680.0		
6	包头市天和磁材技术有限责任公司	烧结钕铁硼磁性材料	民营	1.0	2.78	1.13	0.015		725.0		
7	包头罗地亚稀土有限公司	稀土抛光粉	合资	0.2	2.7	1.44	-0.29	1587.0	474.0		
8	包头稀奥科储氢有限公司	储氢合金	国有	1.1	2.0	1.53	-0.25		1042.0		
9	内蒙古瑞盛新能源有限公司	与天然石墨相关的制品、碳素制品、锂离子电池研发销售及服务	民营	3.36	23.3	0.0183	-0.011 84	0	锂电负极材料：2000.0		

（续表）

序号	企业名称	主营业务	经济类型（分国有、民营、合资等）	注册资本（亿元）	总资产（亿元）	销售收入（亿元）	利润（亿元）	出口额（万美元）	产量（吨）	研发支出（亿元）	专利申请数（个）
10	内蒙古三信实业有限公司	锂离子电池正、负极材料	民营	1.0	3.66	0.498	0.144		锂电负极材料：1000.0 石墨材料：500.0		
11	兴永碳素有限公司	高纯石墨、中粗细颗粒石墨材料	民营	1.5	4.5	4.8	0.2		高纯石墨：2000.0 中粗细颗粒石墨材料：3500.0		
12	内蒙古锋威光伏科技有限公司	太阳能材料	民营	7.0	14.0						
13	鄂尔多斯市永杰科技有限公司	高性能热塑复合板材的研制、开发、生产、销售	民营	5.0	60.0						
14	鄂尔多斯市伊腾高科有限责任公司	聚苯硫醚	国有控股	9.2167	0.4082						
15	内蒙古中旺科技有限责任公司	多晶硅	民营	0.3	3.0						
16	内蒙古汗马硅业有限公司	多晶硅	民营	1.0	10.0						
17	内蒙古锋威硅业有限公司	多晶硅	民营	3.0	0.15	0.21	-0.12		140.21		
18	内蒙古金石镁业有限公司	镁合金、焦炭生产	民营	1.0	19.9	2	-1.43		2700		

四、内蒙古自治区新材料重大项目建设情况

内蒙古自治区新材料重大项目建设情况参见表3-6。

五、内蒙古自治区新材料重点发展政策

（1）内蒙古自治区人民政府于2011年1月份印发了《内蒙古自治区人民政府关于承接产业转移发展非资源型产业构建多元发展多级支撑工业体系的指导意见》（内政发［2011］5号）。“十二五”期间，以承接转移为主要抓手，重点在战略性新兴产业等7个非资源型产业领域，全力打造特色产业集群。

（2）《内蒙古党委、政府贯彻落实<中共中央、国务院关于深入实施西部大开发战略的若干意见>的实施意见重点工作分工方案》于2011年2月份印发，明确了培育发展战略性新兴产业和积极承接产业转移重点工作分工。

（3）内蒙古自治区人民政府于2011年出台了《内蒙古自治区贯彻落实国务院关于促进稀土行业持续健康发展若干意见的实施意见》（内政发［2011］118号）、《内蒙古自治区人民政府办公厅印发内蒙古自治区贯彻落实国务院关于促进稀土行业持续健康发展若干意见重点工作分工方案的通知》（内政办发电［2011］86号），要求有关地区和部门提高认识，统一思想，增强大局意见、责任意识，加强组织领导，落实分工负责制，逐条逐项抓好贯彻落实。

（4）内蒙古自治区人民政府于2010年2月批准实施包头稀土原料产品战略储备方案。按照矿石型（包括尾矿）、原料型（稀土精矿）、产品型3种方式进行储备。国家战略储备已于2011年6月开始实施，国家物资储备局委托包钢稀土高科代储，预计需要资金160亿元人民币。

（5）由内蒙古自治区经信委组织编制的《自治区稀土工业“十二五”发展规划》于2011年2月公布实施，指导、推动内蒙古自治区稀土工业优化结构和产业升级，实现其稀土工业做大、做强、做精的目标。

（6）加大专项奖金对稀土产业的支持力度。2011年自治区财政厅向中央财政申请专项资金1000万元人民币，专项用于支持包钢集团能源管理中心调度室、能源数据计算系统、能源管理网络系统、能源数据采集和监控平台、基础能源管理系统平台项目建设；自2012年起，自治区本级财政每年安排专项资金5000万元人民币，支持包钢集团公司对白云鄂博矿产资源综合利用进行研发和环境保护；2010—2011年包头市本级预算每年安排1000万元人民币，用于包钢稀土战略储备的贷款贴息；2010—2011年包头市财政局分别安排355万元人民币和575万元人民币，对31个稀土产业技术创新、新产品和新工艺研发项目给予资助；2011年稀土高新区财政安排稀土产业发展专项资金2000万元人民币和稀土企业电价优惠补贴资金800万元人民币，对园区内稀土企业进行补贴。

表 3-6　内蒙古自治区新材料重大项目建设情况

序号	项目名称	项目性质（新建、改扩建）	投资企业	建设周期	截至 2013 年项目完成进度（%）	主要产品	技术来源	投资规模（亿元）	项目达产后预期利润（亿元）
1	3000 吨钕铁硼材料及万吨钕铁硼深加工项目一期工程	新建	包头市拓力拓科技有限公司	2012 年 6 月至 2015 年 6 月	60	稀土磁性材料及元器件	自主研发	1.3	0.3
2	年产 10 000 吨烧结钕铁硼永磁项目	新建	包头天和磁材技术有限责任公司	2012 年 12 月至 2014 年 12 月	55	烧结钕铁硼永磁材料	自主研发	0.9	0.3
3	5000 吨高性能钕铁硼磁性材料及器件	新建	包头金山磁材有限公司	2012 年 8 月至 2014 年 8 月	60	高性能钕铁硼及器件	自主研发	3.5	1.01
4	5100 吨储氢合金粉改扩建项目	改扩建	包头三德电池材料有限公司	2013 年 5 月至 2015 年 5 月	50	储氢合金粉	自主研发	0.9	0.4
5	年产 15 000 吨高性能磁性材料产业化项目——汽车领域用 NdFeB 磁体的开发	新建	内蒙古包钢稀土磁性材料有限责任公司	2009 年 5 月至 2015 年 12 月	60	钕铁硼磁体	自主研发	7.3	0.2
6	内蒙古瑞盛新能源有限公司石墨深加工高新产业二期项目	改扩建	内蒙古瑞盛新能源有限公司	2012 年 5 月至 2015 年 10 月	30	年产各种石墨制品 6 万多吨		28.0	
7	内蒙古海霸能源有限公司锂电池、新能源大客车项目	新建	内蒙古海霸能源有限公司	2012 年 4 月至 2014 年 12 月	60	年产 10 亿安时动力锂电池		7.0	

（续表）

序号	项目名称	项目性质（新建、改扩建）	投资企业	建设周期	截至2013年项目完成进度（%）	主要产品	技术来源	投资规模（亿元）	项目达产后预期利润（亿元）
8	内蒙古永和氟化工有限公司氟化工项目	新建	内蒙古永和氟化工有限公司	2012年5月至2015年11月	70	年产22.2万吨氟系列产品		22.0	
9	内蒙古佳辉硅化工有限公司有机硅深加工及配套项目	新建	内蒙古佳辉硅化工有限公司	2008年6月至2014年7月	90	年产8万吨有机硅			
10	内蒙古盾安光伏科技有限公司年产2400MW太阳能电池组件及配套项目（一期年产1200MW太阳能电池组件及配套项目）	新建	内蒙古盾安光伏科技有限公司	2013年至2015年	40	多晶硅、单晶硅等	改良西门子法等先进工艺路线		
11	内蒙古汗马硅业有限公司	新建	江苏正大森源集团有限公司	2011年至2014年	40	多晶硅	改良西门子法		
12	内蒙古庆华集团腾格里精细化工有限公司	新建	内蒙古庆华集团、日本SRC株式会社、中科院山西煤化所等	2013年至2015年	正在进行工程设计	碳纤维			

（7）《内蒙古自治区党委自治区人民政府印发贯彻落实<国务院关于进一步促进内蒙古经济社会又好又快发展的若干意见>重点工作分工方案的通知》（内党发［2012］3 号）。

（8）《内蒙古自治区人民政府办公厅关于印发自治区贯彻落实国家<呼包银榆经济区发展规划（2012-2020 年）>重点工作分工方案的通知》（内政办发［2013］6 号）。

（9）《内蒙古自治区党委自治区人民政府关于实施科技重大专项的决定》（内党发［2012］16 号）。

（10）为促进内蒙古自治区光伏产业健康发展，进一步贯彻落实《国务院关于促进光伏产业健康发展的若干意见》（国发［2013］24 号）精神，自治区人民政府印发了《关于支持光伏产业发展有关事宜的通知》（内政发［2013］29 号）。

（11）呼和浩特市出台了《呼和浩特市光伏产业发展规划纲要（2010—2020 年）》（呼政办发［2009］97 号）。

（12）包头市政府 2007 年出台了《关于打造稀土原料供应“洼地”优势加快稀土产业发展的意见》，明确了包钢集团公司与包头稀土高新技术开发区实施强强联合，充分发挥包钢集团的龙头作用和稀土高新区的平台作用，制定出台了 6 大政策措施，从控制原料、重点扶持、完善机制、推进创新等方面出发，推动包头稀土高科技产业稳步发展。

（13）包头市政府出台了《关于进一步加快稀土产业发展的若干意见》（包府发［2013］94 号），按照自治区“8337”发展思路，充分发挥稀土资源及产业优势，促进稀土产业加快发展。

六、2014 年内蒙古自治区新材料产业工作总体安排

（1）围绕落实总书记视察内蒙古自治区重要讲话精神和深化自治区“8337”发展思路，加大自治区级重大项目建设推动力度，提高在建和已建成重点新材料产业化项目开复工率，提高项目投资额，采取有效措施帮助和促进已建成项目尽快达产增效。

（2）加强招商引资工作。有针对性地引进新项目加快规模集聚效应，大力引进稀土高科技新材料产品研发和生产项目，形成多元化发展模式，开展稀土终端应用领域的招商，促进新材料企业提升应用技术水平、扩大生产规模。

（3）提高科研创新水平。鼓励企业技术创新、产品升级，重点开发高技术含量、高附加值、市场前景好、拥有自主知识产权的新产品，积极申报建设自治区级以上工程研发中心。整合聚集科技资源，建设新材料及应用中试产业化基地，吸引国内外企业、高校、科研机构的中试实验项目，推进具备产业化能力的高附加值项目就地投资转化。

（4）加强配套服务平台建设。推动包头稀土产品交易所顺利运行，提升包头稀土产业论坛服务内蒙古自治区稀土产业的作用。加强政策和资金平台建设，积极为企业争取国家及地方各类资金扶持。实施包头稀土高新区稀土人才政策，带动稀土高新项目加快产业化发展。成功办好2014年国际硅业大会、稀土产业论坛。

（5）严格市场准入。为使内蒙古自治区稀土、光伏等产业健康快速发展，必须严格市场准入，推进技术进步，抑制产能盲目扩张。加快淘汰能耗高、物料循环利用不完善、环保不达标的产能，严格控制新上单纯扩大产能的项目。新建和改扩建项目必须符合工信部发布的《光伏制造行业规范条件》，未列入国家《光伏制造行业规范条件》公告的企业不享受自治区光伏产业相关扶持政策。

第六节　辽　宁　省

一、辽宁省新材料产业发展情况

（一）辽宁省新材料产业总体发展情况

2013年，辽宁省新材料行业呈现良好发展势头，新材料产业总产值超过1000亿元人民币，实现年均增长约14%。主要具有以下几个特点。

1．一批重点新材料项目正在加快建设

中铝沈阳有色金属加工有限公司的钛镍加工项目、沈阳中北通磁科技股份有限公司年产2000吨高性能低重稀土用量钕铁硼稀土永磁材料扩产项目、辽宁恒德磁业有限公司2500吨/年高性能稀土钕铁硼永磁材料技术改造项目、营口银河镁铝合金公司镁合金板材热轧冷轧项目、盘锦和运集团的特种橡胶项目、东旭（营口）光电显示有限公司TFT-LCD玻璃基板项目等一大批重点新材料项目正在加快建设，有的已经竣工投产或即将竣工投产。

2．优势企业、优势产品取得了新进展

鞍钢、本钢、东北特钢和辽宁忠旺等重点企业在核电用钢、取向硅钢、冷轧高强钢、超超临界火电用钢、新型工业铝型材等领域都取得了新突破，在新材料研发、生产等方面取得了新进展。

3．新兴领域不断取得新突破

人工红宝石晶体、人工蓝宝石晶体、钛钢铝三层复合材料、PAN基碳纤维、沥青基碳纤维、高性能低重稀土永磁材料、新型硬质合金、激光刻痕取向硅钢、卤

化丁基橡胶、异戊橡胶、新型陶瓷、特种玻璃等前沿新材料都取得了突破，部分已经批量生产进入市场。

4．新材料、新产品研发越来越受到重视

鞍钢重视新产品、领先独有产品及战略产品的研发，全年完成新产品立项105项，对外签订新产品开发协议102个，下发产品质量计划130个，开发109个新钢种。抚顺特殊钢股份有限公司在坚持自主研发的同时，还与现代汽车、中国钢研科技集团有限公司钢铁研究总院等企业合作研发了多种特钢品种，填补了国内空白或达到国内、国际先进水平。辽宁忠旺集团有限公司开发、生产的精密高档气动阀门用铝合金缸体型材，极大地提升了国内产品的竞争力，满足国内市场的需求，替代进口。

5．政策强力支持，产业园区快速发展

为支持新材料产业的发展，省内出台多个相关政策对新材料产业予以扶植。例如，对符合要求的新材料项目予以贴息支持，并积极争取国家专项支持；对新材料产业集群（园区）的公共检测平台建设给予财政拨款支持，等等。这些政策切实有效地支持了新材料产业的快速发展，以大连花园口产业园区为例，在政府的支持下，全年新签约新材料类项目20个。

（二）辽宁省新材料产业重点领域发展情况

1．特种金属功能材料

（1）稀土功能材料。钕铁硼永磁材料生产能力达到6000吨以上，沈阳中北通磁科技股份有限公司、辽宁恒德磁业有限公司分别承担了“年产2000吨高性能、低重稀土用量钕铁硼稀土永磁材料扩产项目”和“2500吨/年高性能稀土钕铁硼永磁材料技术改造项目”等项目；辽宁万凯峰稀土新材料有限公司具备年产1500吨高性能稀土储氢材料和2000吨稀土储氢合金粉末的能力。

（2）钨钼板材及深加工。锦州新华龙钼业股份有限公司一方面重视自主研发，另一方面与中南大学、东北大学、安徽冶金科学研究所、美国OMT公司、北京科技大学等建立合作关系，取得了众多的科学技术成果。其下属公司本溪大有钨钼有限公司拥有年产三氧化钼900吨、钼粉500吨、钼制品400吨的生产能力，钼板坯、钼顶头、钼条等主要产品性能均达到国内领先水平，并销往全国各大钢厂，出口到世界数十个国家和地区。

（3）硬质合金。大连远东硬质合金有限公司经过一系列的高精技术生产线改造，已经从生产简单的毛坯制品转向以从钨砂原材料开采、生产粉末原料为基础，突出硬质合金棒材、大制品、数控刀片及整体硬质合金刀具的生产，具有年生产混合料及硬质合金小制品400吨、各类硬质合金大制品和挤压光杆棒材500吨的能力。

2．高端金属结构材料

（1）高品质特殊钢。全省包括汽车用高强钢、核电用钢和特殊钢等高品质钢材发展迅速。年产汽车用高强钢冷轧薄板约 50 万吨、高温合金钢 3000 吨。

2013 年，鞍钢、本钢立足于自身优势，开发出多种 DP 钢、TRIP 钢、BH 钢等高强钢品种，满足了国内汽车工业的需求。其中，DP 钢全年产量 65 000 吨，BH 钢约 30 000 吨。

鞍钢针对核电机组不同部位的建造特点，在国内率先形成了核电用钢 3 大系列产品，即核反应堆安全壳系列用钢、核岛关键设备系列用钢和核电用钢常规岛及其配套设备系列用钢，可按不同核电机组、不同部位设备建造进行开发及生产，全面满足我国核电机组整体设备国产化的需求。到 2013 年年底，已向市场供应 SA-738Gr B 钢板 7000 吨，独家生产供货 15MnNi 钢板 1000 吨，取得了较好的经济和社会效益。

在取向硅钢方面，鞍钢加大了生产技术的研发力度，开发生产了高磁感取向硅钢，特别是牌号为 27AR090 和 27AR095 激光刻痕取向硅钢在 2013 年 9 月成功下线，经过性能检测，铁损、磁感等各项性能指标完全符合标准，标志着鞍钢取向硅钢研发和生产能力跃上新台阶。此外，在高磁感品种中，Hi-B120、Hi-B110、Hi-B105 已能批量供应客户，Hi-B100 正处于研发试制阶段，低铁损中频用厚度＜0.10mm 的取向硅钢超薄带开发也取得突破性进展，已经进入到工业试制阶段。

抚顺特钢在坚持自主研发的同时，还与现代汽车、中国钢研科技集团有限公司钢铁研究总院等企业合作研发了多种特钢品种，不但填补了国内空白，有的还达到国际先进水平。其开发的高质量汽车齿轮用钢 SCr420HB、优质热作模具钢 DT413 和超高纯净度优质轴承钢 BSP52100 等钢种，总年产量约 70 000 吨，总销售收入约 5.8 亿元人民币。

抚顺特钢还参加“国家 700℃超超临界燃煤发电技术创新联盟”，分工负责研制锅炉大尺寸厚壁管用材料、汽轮机高中压转子材料和汽轮机气缸和阀体材料，目前已向内蒙古北方重工业集团公司提供 CN617 合金管坯。同时，还通过钢铁研究总院向东方汽轮机有限公司提供 Waspaloy、Udimit520、Nimonic105 等高温合金材料，用于叶片和螺栓的选材工作。

抚顺特钢研制的核电蒸汽发生器用 800 合金，填补了我国核电蒸汽发生器用 800 合金 U 型传热管产品的空白，达到了国际领先水平。首批次 300 吨已应用于巴基斯坦恰希玛 C3/C4 项目 30 万千瓦级压水堆型核电站。研发的第三代蒸发器用 690 合金管与国际上的先进产品进行比对，实物水平相当，具备了核电蒸发器用 690 管的批量生产的技术基础。该企业开发的 Inconel625（NO6625）合金具有优异的综合性能，广泛应用于航空航天，石油化工等领域，2013 年年产 64.5 吨，预计未来 5 年内达到年产 500 吨。

（2）新型轻合金材料。营口华润有色金属制造有限公司研发的高硅铝合金（硅含量 19%～21%），获得国家发明专利，填补国内空白，主要应用于汽车发动机零部件，替代进口材料。产品研发成功后，进行产业化生产，年产高硅铝合金材料锭材 25 000 吨。

辽宁忠旺集团有限公司开发、生产的精密高档气动阀门用铝合金缸体型材，极大地提升了国内产品的竞争力，满足国内市场的需求，替代进口。现已建成年产 1000 吨精密高档气动阀门用铝合金缸体型材生产线，生产工艺稳定，产品质量达到国际先进水平。

营口银河镁铝合金公司新建成投产的 5000 吨四辊镁合金热轧机可年产 3000 吨的符合 ASTM/B90.标准的镁合金板材中厚板。这是中国第一台也是目前为止最大的专业轧制镁合金中厚板的热轧机，可以将 300mm×800mm×1600mm 的板坯轧制成 4mm 厚、1500mm 宽的板材，并保证单道次最大压下量超过板坯厚度的 50%。另一台 6 辊 3500 吨冷轧机正在调试中，它可以轧制出 1mm 厚，宽度 1500mm 的变形镁合金卷板。宽 1500mm、厚 1.5mm、单卷重量达 1 吨的镁合金 AZ31 卷板已经批量生产。这项技术不仅填补了行业空白，还标志着我国在高性能宽幅镁合金板材加工领域走在了世界前列。

辽宁新华阳伟业装备制造有限公司研发生产的钛钢铝三层复合材料不仅保持了钛金属的优良材料综合性能，又解决了钛金属强度小、抗冲击性弱的缺点，实现了单一金属不能满足的性能要求。该技术突破了现有金属爆炸复合技术不能生产加工总厚度＜4mm，复层＜0.2mm 的技术局限。

（3）其他金属新材料。辽宁铜业集团有限公司与中科院、东北大学、沈阳有色金属研究院等单位合作，积极拓展有色金属弹性材料、高纯无氧铜、形状记忆合金等新领域，目标瞄准国内空白，替代进口。目前，该企业开发生产的电子电气工业接插件用高精度 650mm 宽铜带板，单卷成品可达 7 吨，总成品率可达 70%，产品厚度、均匀度、光洁度达到国际上同类产品先进水平。

3．先进高分子材料

（1）特种橡胶。近年来，辽宁特种橡胶产业已初步实现产业化，现已拥有 60 000 吨/年丁基橡胶，30 000 吨/年卤化丁基橡胶、40 000 吨/年异戊橡胶生产能力，另有 30 000 吨/年卤化丁基橡胶、50 000 吨/年异戊橡胶项目在建。盘锦和运集团投资 2.6 亿元人民币联合俄罗斯雅拉斯拉夫研究院、列别杰夫国家橡胶研究院、大连理工大学共同组建了辽宁和运合成橡胶研究院。该研究院的建成将为辽宁省合成橡胶的新产品研发、技术改造等方面提供强有力的技术支撑。

（2）高性能氟材料。国家实施振兴东北等地区老工业基地振兴战略以来，辽宁氟化工产业实现了较快发展，形成了一批具有发展潜力的企业。2008 年在辽宁省委、省政府的高度重视下，阜新氟化工产业基地正式成立，依托阜新及周边地区萤石资源优势，大力发展氢氟酸、氟橡胶、含氟聚合物和含氟精细化学品等产品。为提高阜新氟化工产业基地技术研发水平，阜新市投资 8000 万元人民币联合中科院上海有机所、辽宁省石化规划院共同建设了氟化工技术研发中心。

4．新型无机非金属材料

（1）工业陶瓷。工业陶瓷主导产品有高压陶瓷、高级碳化硅、氮化硅、电子陶瓷、石英坩埚等，其中高压陶瓷、氮化硅等部分产品达到了国际先进水平。一批骨干企业成为行业领跑者，抚顺高科电瓷电气制造有限公司拥有国内最先进的等静压生产线和电瓷湿法生产线，具备大批量生产 2 米以上的干法和湿法大型整体瓷套的能力，是我国特高压、超高压、高压电瓷产品的研发制造基地。

大连金玛精细工程陶瓷有限公司主要以生产碳化硼微粉和碳化硼制品为主。新型材料碳化硼具有硬度高、质量轻、半导体性、吸收中子和研磨性能高等特点，是金刚石的理想待用材料。作为磨料，主要应用于各种硬金属、刚玉或玻璃的加工、耐磨陶瓷制品、喷嘴、矫正工具和轴承支承面等方面。在军事工程方面，应用于装甲护板、武装直升机的防弹座椅和防弹衣等方面。在核工业方面，应用于核电站中的控制材料、调节剂和屏蔽材料等方面。在能源方面，可以以粉末状态作为固体燃料。所以，碳化硼在国际上号称“黑金子”，以克论价。

（2）人工晶体。长期以来，大尺寸蓝宝石单晶体生长技术及设备主要掌握在美国、俄罗斯、以色列等少数国家手中，辽阳市粉末冶金研究所开发出了生产大尺寸蓝宝石单晶体的主体设备——蓝宝石单晶体生长炉，突破了我国晶体行业发展的瓶颈，加速了蓝宝石单晶体生长关键设备、钨钼制品配套件和大尺寸蓝宝石制品的国产化进程。

（3）特种玻璃。特种玻璃主导产品有节能玻璃、超白玻璃、钢化玻璃、抗菌玻璃等。形成了本溪玉晶玻璃有限公司、信义玻璃（营口）有限公司、辽宁晟祥暖边中空玻璃系统有限公司以及辽宁容驰特种功能玻璃制造有限公司等初具规模的重点企业。其中本溪玉晶和信义节能玻璃年生产规模达到 3500 万重量箱，辽宁容驰与中国台湾合作生产多功能镀膜玻璃，节能率达到了国先进水平。东旭（营口）光电显示有限公司电子基板玻璃具有替代进口产品的能力，使我国成为世界上掌握 G5 及以上玻璃基板生产技术国家之一。

5．高性能纤维及复合材料

辽宁碳纤维及其复合材料产业正处于起步阶段，抚顺方泰精密碳材料有限公司、抚顺齐隆化工有限公司等企业正在对 PAN 基碳纤维和沥青基碳纤维进行研发，相关项目正在筹建当中。

二、辽宁省新材料重点企业发展情况

1．鞍钢股份有限公司

鞍钢股份有限公司注册资本为 72.34 亿元人民币，是国内大型钢材生产企业，主要业务为生产及销售热轧产品、冷轧产品、中厚板及其他钢铁产品，能够生产 16 大类品种、600 个牌号、42 000 个规格的钢材产品。“鞍钢”牌铁路用钢轨、船体结构用钢板、集装箱用钢板获得“中国名牌产品”称号。2013 年，公司生产铁 2163.07 万吨、钢 2081.70 万吨、钢材 1936.95 万吨，实现营业收入 753.29 亿元人民币。

2. 本钢集团有限公司

本钢集团有限公司总资产 923 亿元人民币，占地面积 21 平方公里，现已形成年产 2000 万吨优质钢材的生产能力，年销售收入超 1000 亿元人民币。依靠汽车板研发所、高强钢研发所、不锈钢研发所等国家级科研机构，本钢集团在汽车板、家电板、石油管线钢、集装箱用钢和不锈钢等产品的开发研制中已经处于国内领先水平，形成了普碳钢、特钢、不锈钢和球墨铸管等产品系列，高附加值和高技术含量产品已占总产量的 80%。

3. 东北特殊钢集团有限责任公司

东北特殊钢集团有限责任公司由国家原三大骨干特殊钢企业——大连特钢、抚顺特钢、北满特钢重组而成，以生产经营高质量档次、高附加值特殊钢为主营业务，长期以来一直是我国高科技领域所需高档特殊钢材料的主要研发、生产和供应基地，是目前中国特殊钢行业的龙头企业，是中国 500 强企业和中国制造业 500 强企业之一。

4. 辽宁忠旺集团有限公司

辽宁忠旺集团有限公司是目前全球第二、亚洲及中国最大的工业铝型材研发制造商，主要生产高精密、大截面的高附加值工业铝型材，产品广泛应用于交通运输领域，包括铁路客车及货车、城轨、汽车、重卡、船舶、航空航天等行业以及机械设备和电力工程等领域，集合金熔铸、模具设计、先进设备及产品研发四位一体的综合配套优势。

5. 中铝沈阳有色金属加工有限公司

中铝沈阳有色金属加工有限公司是中国铝业公司全资子公司，隶属中国稀有稀土有限公司，前身系沈阳有色金属加工厂，是新中国第一家国有有色金属加工企业，被誉为中国有色金属加工业的摇篮，是我国重点综合性钛镍材生产基地和研发中心。公司占地面积 600 亩，总投资超 20 亿元人民币，年生产钛、镍、铬锆铜加工材万余吨。公司拥有多台套德国、美国、意大利进口或国内配套的电子束冷床炉、真空自耗炉、真空感应炉、80MN 油压机、20/60MN 快锻机、炉卷轧机等先进设备。公司拥有钛熔铸、镍（铬锆铜）熔铸、锻造、板带、残钛回收等生产分厂，产品规格种类齐全，是钛镍加工材国家标准的主要制定者，可以生产国内外所有的钛镍合金牌号。

6. 沈阳中北通磁科技股份有限公司

沈阳中北通磁科技股份有限公司是中国沈阳中北真空技术有限公司与中国台

湾八峰股份有限公司合资、专业从事烧结和黏结 Nd-Fe-B 磁体生产、技术开发的高科技外向型企业，拥有先进的低氧生产线、全套加工设备和完备的检测仪器。公司采用先进的生产工艺（如 strip casting 技术），可以提供“高稳定性、高一致性”的各种性能和规格的磁体，并可以按用户要求提供镀 Ni、Zn、Ni-Cu-Ni、达克罗、磷化等表面处理后的磁体。

7. 辽宁恒德磁业有限公司

辽宁恒德磁业有限公司以稀土功能材料研发、生产及应用技术推广为核心业务的高科技企业。公司现年产 N42 以上高性能烧结钕铁硼（Nd-Fe-B）永磁体 3000 吨，总投资 5 亿元人民币的高性能烧结钕铁硼永磁体项目已完成基础设施建设，项目建成后产能将达到 10 000 吨，产品主要应用于磁力驱动装备、磁力吸附装备和磁场检测装备 3 大领域。

8. 沈阳和世泰实业有限公司

沈阳和世泰实业有限公司是中国较早从事钛及钛合金研发、生产和销售服务为一体的大型民营企业之一。公司依托东北雄厚的行业资源，强大的科研及制造实力，运用现代化的创新手段，通过近 10 年的产业积累，形成了产品、技术、能力优势，实现了板、棒、管、带、型材等全系列产品规模化生产及相关的应用技术指导。目前，公司的产品已经在国防军事工业、航空、化工机械、医疗、海洋工程等领域得到了广泛应用。

9. 锦州新华龙钼业股份有限公司

锦州新华龙钼业股份有限公司主要产品性能均达到国内先进水平、总产量稳居中国钼业第一方阵。钼铁生产量与销售量成为国内“钼铁万吨俱乐部”三甲之一，深加工产品——钼酸铵和高纯氧化钼的产量和质量居行业内前列，高纯钼粉为我国的航天、军工等特殊领域的高端制造提供了优质稳定的原材料。目前已发展成为集采矿、选矿、冶炼、加工、贸易于一体的专业化公司。公司下辖 3 个全资子公司和 2 个控股公司，总资产超 20 亿元人民币。

10. 营口银河镁铝合金有限公司

营口银河镁铝合金有限公司是东北地区最大的镁合金生产企业之一、中国镁协会员、辽宁省“镁合金工程技术中心”的实验基地、东北大学 EPM 国家重点实验室的博士后流动站和实验基地、中科院金属表面处理研究所的实验单位。生产 ZK、AE 等系列的镁合金，品种有半固态镁棒、Φ(100～500)mm、200mm×800mm 方棒、0.3～3.0mm 镁板、型材、镁合金半固态压铸件等系列产品。

11. 辽宁铜业集团有限公司

辽宁铜业集团有限公司总资产 38 亿元人民币，铜材年加工能力达 8 万吨，主导产品铜及铜合金带材、板材、异型材，广泛应用于电子、电力、军工、船舶、通信、交通运输、机械制造、冶金、家电、建筑等国民经济各个领域，畅销海内外，是我国北方最大的铜加工企业，国内最大的电子铜带出口企业。

12．盘锦和运新材料有限公司

盘锦和运新材料有限公司是集研发与生产为一体的综合性民营化工企业。公司注册资本 10 亿元人民币，总资产 74 亿元人民币。公司目前拥有 6 万吨/年丁基橡胶、3 万吨/年卤化丁基橡胶生产能力，2013 年实现销售收入 75.4 亿元人民币。目前第二套 3 万吨/年卤化丁基橡胶项目和 5 万吨/年异戊橡胶项目正在建设当中。此外，和运集团还联合俄罗斯雅拉斯拉夫研究院、列别杰夫国家橡胶研究院、大连理工大学共同组建了辽宁和运合成橡胶研究院。研究院建设总投资 2.6 亿元人民币。

13．抚顺伊科思新材料有限公司

抚顺伊科思新材料有限公司是伊科思集团全资子公司，注册资本 2 亿元人民币。公司总投资 5.5 亿元人民币建设 4 万吨/年异戊橡胶项目已于 2013 年年底建成投产。2013 年抚顺伊科思新材料有限公司实现主营业务收入 4 亿元人民币。

14．东旭（营口）光电显示有限公司

东旭（营口）光电显示有限公司主要从事平板电视、平板电脑、手机、多媒体等光电子和通信用玻璃基板的制造与研发。计划投资 29.7 亿元人民币，规划占地 600 亩，建设 3 条 TFT-LCD 液晶玻璃基板生产线，形成年产 165 万片（G5）TFT-LCD 玻璃基板的生产能力。

15．辽宁容驰特种功能玻璃制造有限公司

辽宁容驰特种功能玻璃制造有限公司是一家集科研、设计、生产和销售于一体的高新技术企业，拥有年产 260 万平方米溶胶–凝胶镀膜及特种功能玻璃的生产能力，其中有特种功能玻璃生产线 1 条，镀膜生产线 4 条，深加工生产线 1 条。主要产品为光催化汽车玻璃、光催化建筑玻璃、医疗卫生用抗菌玻璃、太阳能用增透–减反射玻璃、显示器专用减反射屏保护玻璃等多系列镀膜玻璃制品。

16．抚顺高科电瓷电气制造有限公司

抚顺高科电瓷电气制造有限公司是输变电行业特高压瓷绝缘子的专业开发、生产厂家，拥有 2 条等静压干法生产线，3 条电瓷湿法生产线，1 条特高压电瓷生产线，主要生产设备及试验分析检测设备均为从德国、美国引进，具备年产 4.5 万吨电瓷产品的生产能力。

17．辽阳市粉末冶金研究所

辽阳市粉末冶金研究所计划总投资 1.8 亿元人民币，项目占地 50 亩，建筑面积 2 万平方米，分两期建设。一期购进设备 100 台，形成年产人工晶体红宝石、蓝宝石晶体的毛坯 40 吨及其生产设备 100 台的生产能力，二期购进切割、磨削设备

100 台，主要进行人工晶体的深加工。

18. 沈阳星光技术陶瓷有限公司

沈阳星光技术陶瓷有限公司是集研发、生产、销售与服务为一体的高科技企业，主要生产高技术重结晶碳化硅、氮化硅结合碳化硅和反应烧结碳化硅制品 3 大系列高级碳化硅工业陶瓷产品，其产品主要应用于磷化工、日用陶瓷、卫生陶瓷、墙地砖、磁性材料、工业陶瓷、燃煤电厂烟气脱硫等行业，产品销往全球 23 个国家和地区。

19. 大连金玛精细工程陶瓷有限公司

大连金玛精细工程陶瓷有限公司主要生产碳化硼粉体、碳化硼制品、碳化硅制品及多种硼化物先进陶瓷和精细陶瓷产品，拥有多项专利，是亚洲碳化硼行业的领头羊。

三、辽宁省新材料重点产业基地/园区情况

辽宁省一直重视新材料产业基地的培育和发展，以大连花园口新材料产业集群为代表的 13 个与新材料有关的产业集群被列为省重点产业集群。

（一）沈阳（苏家屯）金属新材料产业集群

沈阳（苏家屯）金属新材料产业集群总规划面积 8 平方公里。园区建设以金属材料深加工为重点，以科技创新为支撑，规划建设了 5 个功能发展区，即有色金属材料深加工产业区、钢铁及合金材料深加工产业区、其他新材料加工区、科技成果转化区和金属材料综合交易市场。其中，有色金属深加工区包括钛材、镍材、铬锆铜合金项目、铜板带材项目等；钢铁及合金材料深加工区包括工模具加工和特种合金系列等高新技术项目、冷轧镀锡板带及下游延伸项目等；其他新材料加工区包括除钢铁和有色金属材料以外的其他产业新材料项目；科技成果转化区将吸引金属科研院所等科研单位入驻、设立机构；金属材料综合交易市场包括金属和新型材料仓储、加工、配送和现货交易以及电子交易中心等。中铝沈阳有色金属加工有限公司落户该产业集群，成为龙头企业。

（二）大连花园口新材料产业集群

大连市是国家发改委 2009 年批准的国家七大新材料产业基地之一。大连花园口经济区是国家新材料基地的核心区。国家确定的大连新材料基地建设重要内容是新能源材料、光电子材料、金属及复合材料、生物材料、有机高分子材料。按照这种产业布局，目前花园口经济区已有大连卓瑞资源再生公司、大连永旭线缆制造公司等一批企业开展建设。

（三）抚顺化工新材料产业集群

抚顺化工新材料产业基地成立于2006年，规划面积22.7平方公里，依托抚顺石化“千万吨炼油、百万吨乙烯”工程资源，重点发展特种橡胶、高性能纤维等产品及其深加工产业。

（四）盘锦北方新材料产业园

盘锦北方新材料产业园是辽宁省新型工业化产业示范基地，规划面积19.45平方公里。重点发展工程塑料，新型墙体材料、沥青防水卷材、绝热隔音阻燃装饰材料、精细化工新材料、专用膜材料和超高分子量聚乙烯超强纤维产业。现已入驻企业32家，主要产品有改性塑料、工程塑料、塑料模具、塑料机械、塑料助剂和新型建筑材料等。

（五）阜新氟化工产业基地

阜新氟化工产业基地成立于2008年，入驻企业37家，规划面积22.3平方公里，充分发挥阜新及周边地区萤石资源优势，培育氟化工产业核心企业，重点发展氢氟酸、氟橡胶、含氟聚合物和含氟精细化学品等产品。

四、辽宁省新材料重大项目建设情况

辽宁省重点建设的新材料项目有：中铝沈阳有色金属加工有限公司钛镍加工材项目、抚顺特殊钢股份有限公司节能环保型纯净钢技术改造工程、本钢集团有限公司冷轧高强钢改造项目、朝阳天翼国基新材料有限公司年产5万吨超纯合金项目、朝阳佰宏矿产资源有限责任公司五氧化二钒、高钛渣及耐磨钢生产项目、沈阳中北通磁科技股份有限公司年产2000吨高性能和低重稀土用量钕铁硼稀土永磁材料扩产项目、辽宁恒德磁业有限公司2500吨/年高性能稀土钕铁硼永磁材料技术改造项目、辽宁铜业集团有限公司10万吨高精度电子铜板带项目、盘锦和运集团有限公司橡胶产业园项目、华威聚酰亚胺有限责任公司高新材料产业基地项目、本溪玉晶玻璃有限公司新型防辐射镀膜玻璃项目、信义玻璃（营口）有限公司浮法玻璃项目、东旭（营口）光电显示有限公司TFT-LCD玻璃基板项目、辽阳市粉末冶金研究所人工晶体项目等。

五、辽宁省新材料重点发展政策

辽宁省重视发展新材料产业，在政府报告和有关文件中多次强调要大力发展和扶持新材料产业。

2013 年《省政府金融办关于加快发展科技金融推进科技创新实施意见》提出“引导和支持信贷投放向新能源、新材料、生物技术和新医药、节能环保、物联网和云计算、高端装备制造等战略性新兴产业倾斜；重点支持省政府确定的 100 户承担重大科技创新任务的科技型企业和 1000 户创新型中小企业”。2011 年《辽宁省人民政府关于鼓励和引导民间投资健康发展的实施意见》提出“支持民营企业通过采用新技术、新工艺、新设备、新材料等方式进行技术改造，实现产品升级换代。引导支持民营企业发展循环经济、低碳经济、绿色经济。加强专利信息公共服务平台建设”。2011 年《辽宁省国民经济和社会发展第十二个五年规划纲要》提出“新材料产业。以新材料基础理论及应用技术研发优势为基础，以打造完整的产业链为主攻方向，重点发展先进金属材料、化工新材料、先进复合材料、纳米材料、膜材料等新材料，重点打造环渤海临港新材料产业带和沈阳、大连、抚顺三大新材料产业集聚区，建设国家新材料产业强省”。2006 年《提高科技创新能力加速老工业基地振兴若干规定》提出“支持重点领域高新技术产业发展。对先进制造、新材料、电子与信息、生物与医药、新能源与高效节能、资源与环境、现代农业和民用航空等领域的高新技术攻关项目，省、市科技资金给予重点支持，并通过成果转化和产业化政策扶持，使其尽快成长为新兴产业”。

政府持续推动新材料行业前进，促使新材料行业向领域高端、质量优良、品种多样的方向发展，紧跟世界新材料的潮流并形成竞争力。

六、2014 年辽宁省新材料产业工作总体安排

按照新材料产业化要求，以大型产业集群为重点，以优势产业、龙头企业和重点项目为支撑，以产业园区为载体，形成优势互补、良性互动、协调发展的新材料产业新格局。抓好沈阳（苏家屯）金属新材料产业集群、大连花园口新材料产业集群、抚顺化工新材料产业集群等产业集群，延伸产业链，发挥集聚效应，推动集群规模总量再上新台阶，加大公共服务平台建设力度，提高产品本地化配套率，促进集群充分释放产能。围绕新材料产业，选择一批重点企业、重点产品和重点项目进行支持，促进辽宁省新兴产业蓬勃发展。抓好企业提升，通过博览会、产品推介会、专项对接会等多种形式帮助企业开拓市场，进一步减轻企业负担，引导政策资源有效向优势企业集中，促进企业做大做强。

推进新材料企业加快产品研发和新技术推广。培育创新型示范龙头企业，加强企业技术中心培育和认定工作，实施省企业技术中心专项计划，对优选的 10 项重大研发项目给予重点支持，注重发挥市场的决定性作用，从“需求端”推动创新成果实现产业化。深化产学研合作，继续完善企校合作联盟机制，鼓励企业与高校形成优势互补、资源共用、风险共担、利益共享的战略共同体，重点突破一批制约行业发展的产业核心技术。

第七节　吉　林　省

吉林省新材料产业经过多年的发展，部分新材料产品已经达到国内领先地位。合成橡胶在生产规模、产品品种及产品质量上均处于国内先进水平；聚醚醚酮、聚酰亚胺和稀土镁合金等产品具备产业化能力；碳纤维原丝生产工艺保证了 T300 碳纤维的稳定规模化生产。吉化公司、吉林化纤集团、中钢吉炭、吉林铁合金、天泽纳米材料、长春高琦等优秀企业已经成为化工及新材料领域的骨干企业。吉林省新材料产业基地初步形成，并不断发展壮大，正在加速规划和建设以吉林化学工业循环经济示范区为核心的化工新材料生产基地、以吉林为核心的碳纤维生产基地、以长春为核心的光电材料生产基地、以临江为核心的镁合金生产基地、以辽源为核心的铝型材生产基地、以白山为中心的硅藻土生产基地等，聚集特色、聚集优势、协同创新发展的新格局正在形成，将会极大地推动吉林省新材料产业的科学布局和快速发展。2013 年，吉林省新材料产业处于稳步发展趋势。

一、吉林省新材料产业发展情况

（一）吉林省新材料产业总体发展情况

2013 年，为推动吉林省新材料产业快速发展，根据省内新材料企业地区分布情况，分别成立了长春新材料产业集群、长春生物化工产业集群、长春光电子产业集群、辽源高精铝加工产业集群、白山新材料产业集群、通化新材料及多金属产业集群、吉林市精细化工产业集群和吉林市碳纤维产业集群等 8 个产业集群。8 个新材料产业集群企业达 225 家，工业生产总值达到 1097.9 亿元人民币，同比增长 5.9%；增加值 285 亿元人民币，同比增长 6%；实现利润 36.9 亿元人民币，下降 36.8%；用工人数 42 661 人。

吉林省发展新材料产业具备较强的上游原料供应和下游需求优势。上游方面，吉林省矿产资源种类齐全，已发现的矿产资源有 150 种，已查明资源储量的矿产 115 种，矿产保有资源储量居于全国前列；下游方面，吉林省汽车、农产品加工等支柱产业不断发展壮大，中航工业长春航空科技产业园和中国兵器装备集团长春新能源产业园等一批产业发展基地正在建设，生物医药、电子信息和先进装备制造（高速客车）等新兴产业的迅速发展，轻纺等优势产业改造提升步伐的进一步加快，对新材料提出巨大的市场需求，为新材料发展创造出广阔的空间。此外，石化、冶金和建材等传统原材料工业占全省工业增加值接近 30%，对发展新材料产业起到很强的产业支撑作用。吉化、化纤、吉铁、吉炭、通钢、亚泰集团、金刚水泥集团等规模较大、创新能力较强、影响面较广的核心企业，对产业集聚起到了很强的带动作用，推动新材料产业的集群发展。

（二）吉林省新材料产业重点领域发展情况

吉林省新材料产业立足产业基础不断创新，在新型金属材料、无机非金属材料、复合材料等领域的产业化方面取得了突破性进展，一批新材料产品已在国内具备了一定的竞争优势。

1. 高端金属结构材料具有优势

吉林省金属材料产业拥有吉恩镍业、吉林炭素、吉林铁合金、东峰镁业、通钢集团等一批代表性企业。

（1）高品质特殊钢拥有若干骨干企业。通钢集团在研究开发汽车动力系统用钢材（40Mn2BH）已经取得了较好进展，在发展汽车动力系统用钢材（40Mn2BH）方面具有得天独厚的研发技术、工艺装备和市场等战略优势，其发展空间以及经济和社会效益都将是巨大的。近年来，吉林建龙加大了钢材品种开发投入，已成功开发了汽车大梁钢、汽车车轮钢、耐候钢等品种钢材，初步具备了为冷轧机组提供镀锡用热轧基板的能力，并向汽车、食品包装、轨道交通、农机装备和建筑行业延伸钢铁产业链，开展钢材深加工，具有一定的原料优势。

（2）高性能铝合金市场占有率较高。吉林省高性能铝合金产业主要集中在辽源市，2013 年铝合金产业完成产值 30.4 亿元人民币，完成增加值 7.6 亿元人民币，实现利润 4.5 亿元人民币。吉林省高性能铝合金行业现拥有以麦达斯铝业、利源铝业为龙头的规模以上企业 7 家，其中上市公司 3 家，年产铝型材 22 万吨，拥有 1.1 万吨双动铝挤压机等具有世界先进水平的生产线 20 余条，产品规格 3000 多种，主要产品除工业铝型材、建筑铝型材外，以麦达斯铝业的轨道客车大截面铝合金型材为代表的系列铝合金型材已经成为行业主导，国内市场占有率达 80%以上，现已发展成为国内最大的轨道型材生产基地，产品大批出口到法国、德国、意大利、加拿大、韩国等 10 余个发达国家。吉林省大断面铝合金型材在国内处于领先水平，辽源铝型材生产基地大断面铝合金型材生产能力达到 6 万吨/年，在国内轨道客车铝型材生产中占主导地位，也在铝型材及构件上具有突出优势。下游应用方面，目前主要开发了轨道客车车体、新能源汽车车体、汽车零部件、散热器、碳毡、系列自润滑轴承、陶瓷刹车片等产品，均已产业化生产，取得了较好的经济效益和社会效益。

（3）镁合金产业优势突出。吉林省镁合金生产基地是国内具备稀土镁合金产业化能力的地区之一，被评为中国金属镁产业示范基地。2013 年，金属镁系列产品产量达到 16 673 吨，完成工业总产值 3.1 亿元人民币，同比增长 10.7%。预计到 2017 年，吉林省镁合金产业基地新增白云石探矿储量 5000 万吨；新增 10 个以上金属镁产业项目，年产金属镁及其制品 40 万吨以上，产品科技含量和产品附加值将提高，产业集群实现产值达到 100 亿元人民币以上。羰基金属及基复合粉体材料的高技术应用国内领先，羰基镍粉、羰基镍丸、羰基铁粉、超细合金粉、复合材料和隐身材料等高附加值产品在国内起到引领作用，羰基镍粉、羰基铁粉产能分别达 2000 吨/年。

2．新型无机非金属材料资源优势明显

吉林省发展无机非金属材料具有一定的资源优势，在已查明资源储量的 115 种矿产中，油页岩、白云岩、冰洲石、硅灰石、硅藻土、浮石、火山渣、玄武岩、安山岩、大理岩等保有资源储量均居全国首位。特别是硅藻土资源十分丰富，已探明硅藻土储量 2 亿吨，占全国总量的 50%。2013 年，吉林省共有硅藻土持采矿许可证矿山 19 个，硅藻土生产加工企业 31 家，年生产能力达到 27.5 万吨；规模以上企业实现工业总产值 56.7 亿元人民币，增长 29.4%；实现利润 8997 万元人民币，增长 28%；税金 8237 万元人民币，从业人数达 3400 人，年生产各类硅藻土制成品达 31 万吨。硅藻土产品已达 8 大系列 20 余种产品、500 多个规格，主要产品有助滤剂、硅藻土白炭黑、保温隔热制品、功能填料、催化剂、过滤器材、缓释化肥、硅酸钙板、天然分子筛、铸管涂料、无毒杀虫剂等产品。目前生产的助滤剂产品占全国 85%以上的市场份额，并远销美国、加拿大、韩国和东南亚等地区，拥有国家批准专利 4 项，10 余个新产品填补了国内空白。在石墨生产方面，吉林省中钢吉炭集团的超高功率石墨电极在国际上具有一定地位，其生产规模、产品质量和市场占有率居世界前列，也是国内特种石墨、高炉炭砖、阴极炭块等炭素产品的重要生产基地，拥有国内炭素行业唯一一家国家级企业技术中心。

3．高性能纤维及复合材料——碳纤维发展形成规模

吉林省是我国率先发展碳纤维的省份，已经形成了集科研、开发及下游产品制造为一体的产业体系，拥有国家第一个碳纤维定点生产企业，建有国内第一套最大的单线碳化生产线，在国内第一个突破 T300 碳纤维原丝关键技术并实现稳定生产。吉林省碳纤维产业纳入了国家发展战略，形成了以吉林市和辽源市为主的集群发展态势。2013 年，碳纤维产业完成工业总产值 20.1 亿元人民币，同比增长 190%；销售收入 15.9 亿元人民币，利润 4.1 亿元人民币，实现税金 0.95 亿元人民币。

辽源市以东升石墨有限公司、辽源市恒发碳纤维有限责任公司等为龙头的产业集群，年可生产碳纤维产品 2400 吨，主要产品有聚丙烯腈碳毡、石墨定型硬毡、活性炭纤维等。吉林市已初步形成了碳纤维产业的规模化、集群化发展态势，拥有

了“丙烯→丙烯腈→聚丙烯腈基碳纤维原丝→碳纤维→碳纤维下游制品”国内最完整的产业链，现有从事碳纤维及其制品研发与生产的企业 10 余家，碳纤维原丝产能达到了 5400 吨；碳纤维产能达到 836 吨，产品规格涵盖 1K、3K、6K、12K、24K 等，产品性能指标达到日本东丽公司 T300 以上水平；T700、T800 高性能碳纤维项目的中试取得阶段性成果，碳纤维编织布、预浸料、抽油杆、电缆芯材等碳纤维下游制品项目开始布局，千吨级碳纤维生产线建设即将布局，产业发展态势继续保持国内领先。

此外，吉林省金属基复合材料产业发展较早，技术先进，具有很强的市场竞争力，可生产铜网基自润滑复合衬套、减磨自润滑轴承等品，重点企业有辽源市科学技术所有限公司、辽源钢背轴承复合材料有限公司、辽源三环自润滑轴承制造公司等。

（三）吉林省新材料产业发展存在的问题

虽然吉林省新材料产业已具备了一定的产业基础和技术优势，但也存在着以下一些突出问题。

（1）加工产业链条较短，如产业链条短，产品相对单一，初加工和中间产品多，终端高附加值产品少，产业增值率低。

（2）技术优势不明显，技术创新水平不高，与国外同类技术相比尚有差距；科研力量比较分散，同一领域和课题，多家机构重复立项的现象比较普遍，技术资源无法共享，相互协作少，难以形成合力。

（3）成果转化率较低，产学研结合不紧密，企业与大专院校、科研院所合作不够，技术需求、研究方向和部分科研成果脱节；成果转化的机制不健全，吉林省没有形成有效促进成果转化的市场、资金和政策支持机制，一些科研成果产业化速度减缓；缺乏科技成果转化的中介服务机构，大量企业难以获取合适的科技成果，大学和科研院所的科技成果找不到扩散的合适渠道，只能自己小规模转化，先进技术成果的经济和社会效益不能有效发挥；产业承载能力不强，新材料企业普遍规模较小，承接科技成果产业化的基础条件差，造成大部分科技成果外流。

（4）缺乏统一的发展规划，尽管吉林省对新材料的发展已经十分重视，并在一些方面取得了积极进展，但是在产业发展方面还没有出台专门的扶持政策，从而容易造成资源浪费，盲目发展，也难以形成完整的产业链，不利于整个产业的形成和发展。

二、吉林省新材料重点企业发展情况

吉林省新材料重点企业发展情况参见表 3-7。

表 3-7 吉林省新材料重点企业发展情况

序号	企业	资产（亿元）	主营业务	主要产品	2013 年经营情况
1	吉林龙山有机硅集团公司	8	汽车零部件生产	生产有机硅系列产品为主，如汽车硅橡胶制品、有机硅密封胶、车用硅油，车用胶管等 4 大系列 500 多种产品	完成产值 12 亿元人民币，比同期增 24.7%
2	吉林众鑫化工集团有限公司	20	精细化学品研发、生产、销售及技术转让	环氧乙烷后加工、环氧乙烷衍生物的研制	完成产值 24.3 亿元人民币，同比增长 11.2%
3	吉林华微电子股份有限公司	31.3	功率半导体器件设计研发、芯片加工、封装测试及产品营销	拥有 3 英寸、4 英寸、5 英寸与 6 英寸等多条功率半导体分立器件及 IC 芯片生产线，芯片加工能力为每年 360 余万片，封装资源为 30 亿只/年	实现产值 11.3 亿元人民币
4	吉林永大集团股份有限公司	11.8		永磁电气产品	实现产值 1.9 亿元人民币
5	吉林远通矿业有限公司		以硅藻土为主营业务的资源及综合利用型企业	硅藻土产品年产能超过 10 万吨	
6	通化宏信研磨材有限责任公司		集绿碳化硅冶炼、制粒、微粉、科研为一体的高新技术企业	绿碳化硅微粉系列产品占 90%以上，产品出口日本、韩国、中国台湾等国家和地区，得到了美国 MEMC 等一大批知名硅片企业的赞誉	

三、吉林省新材料重点产业基地情况

（一）吉林化学工业循环经济示范园区

1. 园区概况

2008 年 10 月 28 日经吉林省政府批准成立的吉林化学工业循环经济示范园区享受省级开发区管理权限和相关政策，化工园区规划总面积 59.8 平方公里。

2. 企业及产品

截至 2013 年年末，入驻园区企业 813 家，其中规上企业 102 家，累计完成固定资产投资 647 亿元人民币，累计建设项目 244 个，就业人数 90 565 人。园区内研发机构主要有吉林石化研究院的国家碳纤维工程技术研发中心、吉林化纤技术中心等 5 家国家级企业技术中心，吉林燃料乙醇等 11 家省级企业技术中心。园区科研成果转化丰硕，以自有知识产权，填补国内空白并达到国际同类装置先进水平的有3套，分别为碳纤维、甲基异丁基酮、高活性聚异丁烯；以自有知识产权，达到国内先进水平的有9套，其中高活性聚异丁烯为生产润滑油添加剂的基本原料，由吉林石化生产的高活性聚异丁烯产品已替代国外产品，并覆盖全国市场。

3. 发展情况

2013年，园区完成工业总产值878亿元人民币，增长1.4%；实现销售收入890亿元人民币，增长1.25%；实现利润亏损43.4亿元人民币，同比减亏7.2亿元人民币。

（二）白山镁工业园区

1. 园区概况

白山镁工业园区是吉林省工信厅核准的省级重点特色工业园区之一，规划总占地面积1.53平方公里。

2. 企业及产品

截至2013年年末，园区入驻企业3家、其中规上企业1家，建设项目4个，累计完成固定资产投资2.47亿元人民币，园区就业500人。园区重点产品为镁及镁合金，下步将陆续引进镁产业的下游产品，可在现有产业链延伸，也可新引进项目生产镁产业的下游产品来满足市场对高端镁产品的需求，力争将更多产品打入国际市场。下游产品主要有镁合金汽车用压铸件、镁合金板材、镁管、镁棒、镁牺牲阳极、镁合金铸件等，将对外承招有经济及技术实力的企业入驻园区，预计年产镁产品25万吨，实现销售收入70亿元人民币，利润13.5亿元人民币，税金7亿元人民币。

3. 发展情况

2013年，园区完成总产值1.85亿元人民币，增长4倍，实现销售收入1.76亿元人民币，实现利润896万元人民币。

（三）临江金属镁特色工业园区

1. 园区概况

临江金属镁特色工业园区分为金属镁加工冶炼区、公共服务设施区和生活服务区，规划面积2.32平方公里。

2. 企业及产品

截至2013年年末，园区入园企业有13家，规模以上企业6家，金属镁冶炼、加工龙头企业4家，累计完成固定资产投资18亿元人民币，累计建设项目18个，就业人数达2194人。园区现有金属镁系列产品年产能为3万吨，目前已开发生产的金属镁系列产品有镁锭、颗粒镁粉、镁牺牲阳极、镁合金板材等。临江市金属镁系列产品研发起步较早，多次受到国家及省的表彰和奖励，2004年被科技部列为“国家科技攻关镁合金应用及产业化基地镁合金基地”，目前除传统镁锭产品外，在深加工产品开发上取得一系列成果，已开发的金属镁深加工产品主要有稀土镁合金、颗粒镁粉、镁牺牲阳极、镁合金板材等产品。园区计划到 2015 年加大探矿力度，新增白云岩探矿储量达到 5000 万吨；新增 15 个项目，投资 25.3 亿元人民币；年产金属镁及其制品 10 万吨，加工转化率达到 60%以上，提高产品科技含量和产品附加值，实现销售收入 35 亿元人民币，利税 3 亿元人民币，新增就业人数 3000 人。

3．发展情况

2013 年，园区完成工业总产值 4.6 亿元人民币，增长 7%；完成销售收入 4.27 亿元人民币，实现利润 1210 万元人民币。

（四）长白县八道沟硅藻土特色工业园区

1．园区概况

长白县八道沟硅藻土特色工业园区规划面积 15.2 平方公里，截至 2013 年，园区累计入驻工业企业 25 家，规模以上企业 12 家，约占全县规模以上工业企业的 50%，从业人员 5000 人，园区建设项目 25 个，累计完成投资 10.83 亿元人民币。

2．企业及产品

园区的主导产品是依托八道沟区域内丰富的硅藻土资源开发生产的助滤剂、助滤设备、化学添加剂、沥青该性剂等产品，工艺技术与装备水平属国内先进。园区内企业积极开发新产品，如美国赛力特公司自主研发的助滤剂产品经国家化工部评为重大科研成果奖；长白县硅藻土有限公司与吉林大学联合研发的超细 SiO_2、纳米 SiO_2 已投放市场，广泛应用于橡胶、造纸、环境与卫生等诸多行业；峰洁硅藻土公司与吉林省建工学院新型材料学院联合研发利用二、三级硅藻土的非烧结高效节能材料已取得阶段性成果；东泰硅藻土新材料有限公司与辽宁生产力促进中心联合研发的硅藻基日用材料与硅藻基内墙装饰材料已研制成功，现正积极申报国家专利；吉林大地远通矿业有限公司与日本昭和化工株式会社合作，计划在八道沟工业园区建立硅藻土产品研发基地与实验中心。

3．发展情况

2013 年，园区完成工业总产值 24 亿元人民币，增长 14.3%；实现销售收入 21 亿元人民币，实现利润 6.2 亿元人民币。

四、吉林省新材料重大项目建设情况

吉林省重大新材料项目有：临江市盼盼新材料科技有限公司硅藻土资源综合集成高效利用建设项目、通化宏信研磨材有限责任公司氮化硅陶瓷管生产线建设项目、吉林麦达斯轻合金有限公司年产 20 万吨高精度大规格铝合金板带箔材生产线项目、吉林新华龙钼业有限公司钼深加工项目、吉林镍业集团有限责任公司“电池材料及动力电池研发生产基地建设项目、吉林西科碳纤维技术开发有限公司碳纤维复合材料高铁轨道客车转向支架枕梁技术开发项目、临江市东锋有色金属股份有限公司年产7000吨高性能稀土镁合金项目。

五、2014年吉林省新材料产业工作总体安排

（1）加快无机非金属材料高值化研发，丰富产品结构，形成集群优势。利用省内硅藻土特色资源，依托省内科研院所、高校技术优势，以硅藻土的高值化利用为核心，建立基于硅藻土精制、改性及相关功能填料、催化剂载体、助滤剂、吸附剂等制品的生产与制造的硅藻土产业园区，实现低品级硅藻土的有效利用，丰富硅藻土产品结构，形成集群优势，带动地区经济和社会发展。积极推进通化碳化硅超细研磨及玄武岩纤维项目开发进程。

（2）积极开发钼、镍高附加值产品，扩大产业规模，打造全国重点镍金属深加工产业基地。重点支持昊融集团镍金属精深加工，大力发展镍盐系列及羰基铁，羰基镍产品；提高钼矿资源产业集中度，延伸产业链，采用新技术、新工艺，提高产品质量，降低成本，增强竞争力，把资源优势转化成产业经济优势。

（3）加大新型合金材料的研发应用，扩大产业规模，形成区域产业集群效应。依托麦达斯、利源铝业公司的铝加工业基础，发挥现有的人才、技术、装备基础优势和业已形成的产业发展氛围，进一步完善铝精深加工的产业链条，打造成以麦达斯铝业、利源铝业、世捷铝业为主的国内高精铝产业加工基地；支持白山金属镁产业快速发展，大力推进镁合金系列产品精深加工，加快稀土镁合金开发及应用，做大产业规模。

（4）大力开发和推广使用先进的节能技术，自动化技术，环保技术及低消耗、无污染、高性能、多功能、高附加值的新型材料；加快松原宁江区新型建材项目和延边保温苯板项目建设。

第八节　黑龙江省

一、黑龙江省新材料产业发展情况

（一）黑龙江省新材料产业总体发展情况

2013年，黑龙江省规模以上新材料企业165家，实现主营业务收入482.4亿元

人民币，利税40亿元人民币，增加值122.6亿元人民币。全省新材料企业主要集中在哈尔滨、大庆和牡丹江，这3个市共有规模以上新材料企业111家，占全省的67.3%，共完成主营业务收入388.4亿元人民币，占全省的80.5%。

（二）黑龙江省新材料产业重点领域发展情况

1. 特种金属功能材料

（1）半导体材料。黑龙江省新型半导体材料以砷化镓、蓝宝石衬底材料等产品为主，哈工大开发的大尺寸蓝宝石晶体技术现已实现了产业化生产；大庆佳昌晶能有限公司投资建设的砷化镓抛光片扩建项目，引进4英寸单晶生长炉300台套及配套设备，可实现年产4英寸砷化镓抛光片80万片。

（2）硬质合金材料。生产硬质合金材料的企业主要有牡丹江北方合金工具有限公司和牡丹江工具有限责任公司，北方合金工具公司是国内最早生产硬质合金和钨合金产品的基地，目前约占有国内钨合金市场份额的18%；牡丹江工具有限责任公司年产100万片硬质合金数控刀片，在国内市场占有较大份额。

2. 高端金属结构材料

（1）高品质特殊钢。产业依托东北特钢集团北满特殊钢有限公司和中国第一重型机械股份公司。一重已经与国内电站主机厂，如哈电、东电、上电等企业展开技术合作，开发出优质的核电、火电、水电所急需的大型铸锻件。北钢生产的高品质汽车钢主要供中国一汽、中国二汽、哈尔滨汽车轴承公司、日本本田、印度英雄本田等公司，其钢管产品应用于哈尔滨锅炉厂有限责任公司和东方锅炉股份有限公司。

（2）新型轻合金材料。依托哈尔滨国家铝镁合金新材料产业化基地和大庆辽宁忠旺200万吨铝合金材加工项目，重点发展铝镁合金新材料。

3. 先进高分子材料

黑龙江省发展先进高分子材料有较好的基础和优势，大庆市拥有石化生产企业719家，规模以上企业91家，主要分布在石油加工业、化学原料及化学制品制造业、塑料制造业、橡胶制造业等领域，拥有主要石化生产装置203套，可生产燃料成品油、润滑油、合成树脂、腈纶纤维、合成橡胶、油田化学品、有机化工原料、化肥等8大系列150多个品种500多个牌号的产品，形成2000万吨炼油、120万吨乙烯、191万吨合成树脂、76万吨尿素等产品生产加工能力，为发展先进高分子材料提供良好产业基础。目前，省内有中国石油大庆炼化分公司、中国石油大庆石化分公司、中国石油哈尔滨分公司、哈尔滨鑫达高分子等龙头企业，产业规模较大，下游承接企业众多，辐射应用范围广，改性技术成熟。

4. 新型无机非金属材料

（1）先进陶瓷。黑龙江省生产的先进陶瓷产品主要是碳化硼陶瓷和多孔陶瓷。

早在 20 世纪七八十年代，牡丹江市就研制生产了碳化硼工业制成品；20 世纪 90 年代以来，企业瞄准国际市场，碳化硼产业得到飞速发展，碳化硼等硬质材料的生产规模和工艺水平始终处于国内前列。作为国家“863 计划”特种材料产业基地和国家级新材料产业基地，牡丹江市碳化硼粉产量达到 1600 吨，占国内实际需求量的 60%；碳化硼产量达到 900 吨，国内市场占有率达到 40%。牡丹江金刚钻公司年产 3000 吨碳化硼精细微粉生产线项目于 2013 年完成改扩建，形成精细微粉、超精细微粉、精细陶瓷产业链。

（2）石墨新材料。石墨是黑龙江省的优势矿产资源，储量居全国首位，也是全省新材料产业的发展重点。2013 年，全省石墨企业 63 家，石墨精粉产量 39 万吨，石墨深加工产品产量 5 万吨，石墨产业实现销售收入 23.9 亿元人民币。为深入挖掘石墨资源优势，加快延伸产业发展链条，黑龙江省编制了《黑龙江省石墨产业发展潜力分析报告》和《黑龙江省发展石墨产业链实施方案》，谋划了产业链重点项目 27 个。目前，鸡西市贝特瑞公司负极材料、鸡西市瑞诺恒公司硬质材料、鸡西市黑龙江奥星能源科技公司密封材料已初具规模，起到龙头企业带动作用。同时，为加强石墨行业准入管理工作，黑龙江省组织企业开展石墨行业准入申报工作，14 家企业列入工信部公告的第一批符合准入条件名单中，为行业健康有序发展奠定良好基础。

5. 高性能纤维及复合材料

依托哈尔滨南岗产业园区，黑龙江省复合材料产业发展迅速。该园区是省先进复合材料产业基地，与东轻铝镁合金、哈飞空客复合材料、航空产业园区共同构成了哈南工业新城新材料产业集群。园区龙头企业是天顺化工，拥有高性能聚丙烯腈基碳纤维生产项目，是复合材料上游代表性企业；省石化院、镤宇轨道交通装备、腾远预浸料、空天工大复合材料、飞天复合材料等近 20 余家企业是复合材料下游企业，上下游企业紧密衔接，形成了产业链优势互补的格局。

6. 前沿新材料

黑龙江省前沿新材料主要分布在纳米材料和生物材料领域，企业数量较少，生产规模较小，目前重点鼓励并支持哈尔滨工业大学材料学院及黑龙江科技大学石墨烯项目中试及产业化。

（三）黑龙江省新材料产业年度重大事件

1. 哈尔滨市重点打造东北钛谷

航天三院钛合金研发生产基地（航天海鹰哈钛业公司）项目建设加快，项目占地 26 万平方米，总投资 13.55 亿元人民币。一期（2013—2014 年）面向航天、航空、船舶、化工、能源、生物医疗等市场，重点发展钛合金精密铸造成型、钛合金精密塑性成型、钛合金粉末成型、钛材3D打印、钛部件及装备集成5大业务领域，争取抢占钛产业链中下游的高门槛、高利润的战略位置。二期（2015—2018 年）满足航天、航空、深海用的高温高强高稳定性的锻、铸、轧、挤压件的坯料需求，迎合石油天然气开采、深海运输的需求，面向航天航空特别是国产大飞机C919的钛合金紧固件市场需求，重点拓展高端钛产品图谱，发展高品质钛锭、特种形状坯锭，大口径钛合金管，航天航空紧固件用钛丝，特种挤压钛合金型材，打造成国内顶尖，国际先进的钛产业基地。

2. 大庆市重点引进一批科技含量高、牵动力大的新材料产业项目

辽宁忠旺集团有限公司年产 200 万吨特大高精铝及铝合金加工材项目总投资327亿元人民币；黑龙江同禹傲思铝业股份有限公司的年产3万吨食品药品膜项目，总投资2.4亿元人民币，达产后可形成销售收入22.7亿元人民币；路通科技有限公司新型反光材料系列产品产业化项目，总投资4.2亿元人民币，达产后形成销售收入15亿元人民币；中蓝C4综合利用（一期工程）总投资17.5亿元人民币，达产后形成销售收入24.03亿元人民币。同时，正在跟踪洽谈电子铝箔、幕墙板、复合板、工程塑料、新型墙体材料、太阳能电池材料等项目。

3. 牡丹江市加快硬质材料项目建设

牡丹江金钢钻公司年产3000吨碳化硼精细微粉生产线项目于2013年完成改扩建，形成精细微粉、超精细微粉、精细陶瓷产业链，成为国内外有影响力的碳化硼生产企业。

4. 鹤岗市萝北县举办“石墨产业专家行”活动

中国工程院院士孙传尧等23名石墨产业知名专家以及国家工信部等部门领导出席鹤岗市萝北县举办“石墨产业专家行”会议。这次会议有效发挥了专家的知识优势、技术优势、信息优势和集聚优势，实现了政产学研无缝对接。同时，通过组织项目、技术对接洽谈等方式，有效地为石墨企业、科研院所、行业专家搭建起了项目和技术合作平台。

（四）黑龙江省新材料产业发展存在的问题

（1）缺少新材料行业标准。各有关部门对新材料企业、项目及产品的界定缺乏共识，统计数据标准不一致。

（2）产业总体规模较小。2013年规模以上新材料企业实现主营业务收入482.4亿元人民币，仅占全省规模以上企业主营业务收入的3.6%，产业总体规模小、实力不强。

（3）产业层次低，高附加值产品少。黑龙江省内多数新材料企业是在传统产业基础上发展起来的，产业整体技术装备落后，工艺水平不高，初加工产品多，高端

产品少，企业核心竞争力不强。

二、黑龙江省新材料重点企业发展情况

1. 哈尔滨鑫达高分子材料有限责任公司

哈尔滨鑫达高分子材料有限责任公司是一家专业致力于汽车专用改性塑料新材料生产、研发及销售的高新技术企业，是中国最大的汽车专用改性塑料生产商。公司产品为汽车专用改性塑料，主要应用于中高档汽车零部件领域，获得了国内最多的 177 项汽车主机厂认证，包括一汽集团、上汽集团、长安集团在内的中国前 10 大汽车制造商中，有 8 家为该公司的终端用户，其产品被应用于奥迪、宝马等 60 多个车型。2013 年企业实现产值 32.9 亿元人民币，增幅 9.1%；利润总额 1.43 亿元人民币，增幅 79.6%；实现利税 1.58 亿元人民币，增幅 75.4%。

2. 东北轻合金有限责任公司

东北轻合金有限责任公司是国家“一五”期间重点工程项目，是国家“特大型一级企业”，被国务院发展研究中心认定为“中国最大的铝镁合金加工基地”，被盛誉为“中国铝镁加工业的摇篮”、“祖国的银色支柱”，共有 18 大类、287 种合金、5541 个品种、21 087 个规格的产品，设计产能 8.58 万吨，在业内以规格最多、品种最全而著称。2013 年企业实现产值 18.1 亿元人民币，增幅 11.4%；利润总额 136 万元人民币，增幅 101.8%；实现利税 2813.5 万元人民币，增幅 185.9%。

3. 中国石油大庆炼化分公司

中国石油大庆炼化分公司是隶属于中国石油的地区特大型化工企业，公司现有员工 1.14 万人，固定资产原值 130 亿元人民币，名列黑龙江省十大企业之一，可生产汽油、柴油、润滑油、石蜡、聚丙烯酰胺、聚丙烯、羊绒、地毯等 23 个品种 200 多个牌号的石油化工和纺织产品，拥有聚丙烯为亚洲单套生产能力最大装置，聚丙烯酰胺产能为世界最大规模。

4. 中国石油大庆石化公司

中国石油大庆石化公司是中国石油天然气股份有限公司的地区分公司，从事炼油、乙烯、塑料、橡胶、化工延伸加工、液体化工、化肥、化纤生产，并承担工程技术服务、生产技术报务、机械加工制造、矿区服务等职能的特大型石油化工联合企业。可生产 62 个品种、255 个牌号的石油化工产品。新材料主导产品有聚乙烯专用料、聚丙烯专用料和差别腈纶。

5. 牡丹江金刚钻碳化硼有限公司

牡丹江金刚钻碳化硼有限公司前身是 1958 年创立的国有企业牡丹江磨料二厂，是国内成立最早的碳化硼生产企业，是国家重点高新技术企业，国家科技部批

准的特种材料产业化基地骨干企业。国家和黑龙江省在企业设立了“博士后科研工作站”、“复合材料院士工作站”、“省碳化硼特种材料工程技术研究中心”、“省碳化硼特种材料中试基地”。近年来先后承担国家“863 计划”、国防科工委、省市科研项目多项。

6. 北方合金工具有限公司

北方合金工具有限公司隶属于中国兵器装备集团黑龙江北方工具有限公司，是国内最早生产硬质合金和钨合金产品的基地，始建于 1953 年。公司充分发挥军工技术和资源优势成立了钨材料研发中心，与中南大学、哈尔滨工业大学、北京理工大学、南京理工大学等高校及科研院所进行项目合作，专门从事新材料、新工艺、新技术的研制与开发。同时，公司还主持编写了两个兵器行业标准，多项科研成果荣获国家、部级科技进步奖。拥有高性能锻造态钨合金棒、易碎材料、钨合金热挤压等国防工业系统内具有前沿性的重点基础科研项目和研发平台。

7. 鸡西市贝特瑞石墨产业园有限公司

鸡西市贝特瑞石墨产业园有限公司成立于 2010 年 6 月，是中国宝安集团控股的致力于锂离子二次电池正、负极材料研发、生产、销售的国家级高新技术企业——深圳市贝特瑞新能源材料股份有限公司的全资子公司，集石墨精深加工和锂离子二次电池用负极材料生产、销售于一体，包括石墨制品制造、相关技术推广服务、对石墨行业的投资，致力于在本行业做专、做实、做精、做特。

三、黑龙江省新材料重点产业基地/园区情况

1. 哈尔滨国家铝镁新材料产业化基地

哈尔滨国家铝镁新材料产业化基地是国家级铝镁合金新材料产业化基地之一，基地总规划面积 6.4 平方公里，一批重大产业化项目正在实施。其中高端铝合金新材料、高端铝镁合金精密成型等方面的十项重大技术创新项目已列入国家、省市重点项目。到 2015 年，力争实现基地主营业务收入 100 亿元人民币，培育产值超 10 亿元人民币企业 3 家，发展配套企业 30 家，形成具有行业重要支撑作用的国际化创新中心，打造成具有完善的区域创新体系和强大市场辐射作用的产业基地、具有世界先进水平和重要影响力的国家铝镁新材料产业集聚区。

2. 黑龙江省先进复合材料产业基地（高性能纤维及先进复合材料研发和生产基地）

黑龙江省先进复合材料产业基地坐落于哈南工业新城南岗产业园区，是省、市、区共建新材料产业基地。2009 年，哈工大、天顺化工牵头的“黑龙江省高性能纤维及先进复合材料产业技术创新战略联盟”落户基地。基地现有省石化院、天顺化

工、镀宇轨道交通装备、腾远预浸料、黑龙伟业碳纤维装备制造等20余家企业入驻。研究和应用的增强材料主要有4大产业组团：碳纤维上游龙头产业组团、碳纤维复合材料制品产业组团、树脂原材料配套产业组团和涤纶纤维制品产业组团。2011至2015年，基地累计将完成投资50亿元人民币，实现新材料产业年产值100亿元人民币，力争在2015年建设成国家级先进复合材料产业基地。

3. 大庆高新技术产业开发区基地

大庆高新技术产业开发区基地于1992年正式启动建设，同年经国务院和国家科委批准为国家高新技术产业开发区。1995年经国家科委批复，辟建了宏伟园区和兴化园区，高新区形成了“一体两翼”的发展格局。近几年，大庆高新区经济持续快速发展，综合实力不断增强。截至2010年年底，全区共有各类企业2760家，其中工业企业780家，规模以上企业210家，高新技术企业414家（其中国家级新认定高新技术企业72家），收入超亿元人民币的28家，境外上市公司12家。科技创新体系趋于完善，自主创新能力日益提升。引建东北石油大学等4所高等院校，黑龙江省科学院大庆分院等13家科研院所，31个省级以上研发中心和重点实验室，建设了科技创业园、博士后科研工作站、归国留学人员创业园、大学科技园、新兴产业孵化器、化工专业孵化器等创新载体，建成孵化场地34万平方米。列入省级以上科技计划项目217项，火炬计划项目达到203项，拥有授权专利达到762项。

4. 石墨产业园区

黑龙江省有鸡西市石墨产业园区和鹤岗市萝北石墨产业园区两个省级产业园区。鸡西市石墨产业园区总体规划建设用地12.1平方公里，鹤岗市萝北石墨产业园区总体规划建设用地4.76平方公里。两个园区基础设施完善，交通便利，水电充足，入驻企业近50家，已成为全国最大石墨产区和石墨深加工技术中心。两园区基础设施建设累计投入35亿元人民币，完成13.6km道路铺装、日处理25 000吨工业污水处理厂建设、14.2km供水管线铺设及泵站和水井建设、12万千伏安的园区供电系统建设、4个热交换站建设、铺设1882m供热管网等工程。

四、黑龙江省新材料重大项目建设情况

2013年，全省新材料产业推进组和石墨、钼产业推进组重点推进项目48项，项目总投资689.7亿元人民币，截至2012年年底完成投资133.8亿元人民币，2013年计划投资185亿元人民币，1月至11月共完成投资88.7亿元。

高端金属结构材料，重点推进中国航天科工集团第三研究院钛合金研发生产基地项目和大庆忠旺铝业有限公司特大高精铝及铝合金板带箔等项目建设。特种金属功能材料，重点推进奥瑞德蓝宝石制品有限公司高品质蓝宝石制品产业基地项目等项目建设。新型无机非金属材料，重点推进中铁资源集团石墨深加工项目、鸡西市

贝特瑞石墨产业园有限公司石墨深加工项目等项目建设。先进高分子材料，重点推进晟通工程塑料有限责任公司汽车专用改性塑料、省科学院石油化学研究院特种胶粘剂等项目。高性能纤维及复合材料，重点推进哈尔滨天顺化工科技开发有限公司的高性能碳纤维项目和哈尔滨玻璃钢研究院复合材料生产基地等项目。

五、黑龙江省新材料重点发展政策

为推进新材料产业加快发展，黑龙江省政府先后制定出台了《黑龙江省关于促进战略性新兴产业加快发展的若干政策措施》和《黑龙江省新材料产业发展规划》等相关政策措施。在《黑龙江省新材料产业发展规划》中提出重点发展金属新材料、纤维及复合材料、化工新材料、硅基新材料、新型陶瓷材料、光电材料、石墨及深加工、纳米材料、新型建材和生物材料等 10 类新材料。集中建设哈尔滨国家铝镁合金新材料产业化基地、哈大齐化工新材料产业带、牡丹江特种材料产业基地、鸡西、鹤岗石墨产业基地等重点新材料产业基地。

为进一步加快新材料等“十大重点产业”发展，黑龙江省政府成立了包括新材料产业推进组、石墨钼产业推进组（单独列出）在内的“十大重点产业”推进组，建立了推进组联席会议制度，成立重点市（地）推进分组，建立项目跟踪机制和包保机制，打造发展新材料产业“绿色通道”。利用省政府产业结构调整专项资金，对新材料领域的龙头企业和重点项目给予支持。

六、2014 年黑龙江省新材料产业工作总体安排

1. 加快推进重点项目建设

重点推进列入全省新材料产业推进组的重点项目建设，开展项目的分类督导工作，对已建成项目督投产、督达产、督效益；对在建项目督进度、督质量、督投产；对新开工项目督工期、督投资、督建设。同时，加强项目的谋划和储备，加快竞争力强、成长性好、关联度高的项目储备和生成，为产业发展积攒后劲。

2. 抓好新材料产业基地（园区）建设

基地（园区）是承接产业项目的载体，也是促进生产要素集聚的平台。围绕全省新材料产业重点产品和重点项目，着重建设鸡西市和鹤岗市高端石墨生产基地、哈尔滨高性能纤维及先进复合材料研发和生产基地、哈尔滨铝镁合金研发生产基地、哈尔滨半导体照明材料研发生产基地、大庆先进高分子材料研发生产基地等。

3. 培育优势核心企业，加强新材料产业技术支撑力度

发挥重点新材料企业的支撑和引领作用，通过强强联合、兼并重组，加快培育一批具有一定规模、优势比较突出的新材料企业。鼓励原材料工业企业大力发展精

深加工和新材料产业，延伸产业链，提高附加值，推动传统材料工业企业转型升级。同时，加强产学研结合，加快科技成果转化。将科研院所、设计单位、高等院校等各方面科技力量集合起来，形成有机整体。积极引进吸收消化国内外高新技术，提高科技开发资金的投入比重，提升企业核心竞争力。

4．做好 2014 年新材料产业博览会相关工作

2014 年新博会将于 9 月在黑龙江省哈尔滨市举办，做好展会的各项筹备工作及招商招展及宣传推介工作。加强与工信部、其他省市、行业协会和省内各市地、相关部门的沟通协调，确保展会顺利召开。

第九节　上　海　市

一、上海市新材料产业发展情况

（一）上海市新材料产业总体发展情况

2013 年上海新材料产业发展虽然面临经济波动的影响和较大的内外部压力，但是全年上海新材料产值 1984.81 亿元人民币，同比上升 0.3%，占战略性新兴产业（制造业部分）产值（7743.53 亿元人民币）的 25.63%，占全市规模以上工业企业工业总产值（32 088.88 亿元人民币）的 6.2%。作为高端装备产业和新一代信息技术产业之后的第三大产业，新材料产业相对其他领域仍呈增长态势，是本市战略性新兴产业的重要支柱之一。2005—2013 年上海市新材料产业年度总产值如图 3-2 所示。

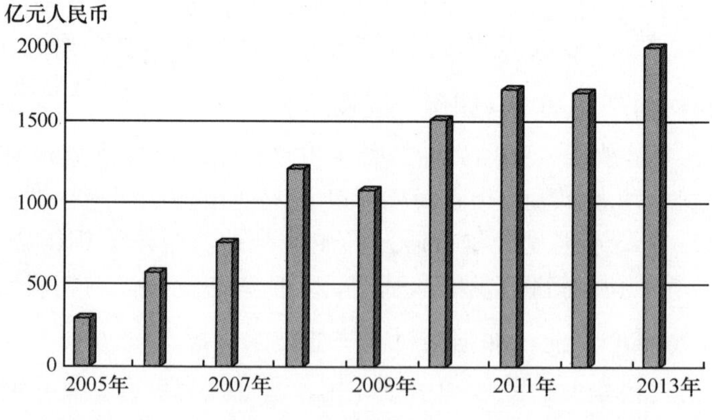

图 3-2　2005—2013 年上海市新材料产业年度总产值

2013 年上海市战略性新兴产业各领域产值参见表 3-8。

表 3-8　2013 年上海市战略性新兴产业各领域产值

领　域	2013 产值（亿元人民币）	现 价 增 长（%）
高端装备	2302.47	−3.1
新一代信息技术	2058.63	−2.2
新材料	1984.81	0.3
生物	836.80	12.2
新能源	368.46	−12.9
节能环保	411.83	5.0
新能源汽车	37.55	−12.8
合　计	7743.53	−1.0

原材料产业分领域产值参见表 3-9。

表 3-9　原材料产业分领域产值表

（单位：亿元人民币）

行　业	2011 年	2012 年	2013 年
钢铁	1812	1561	1555.48
石化	3917	3932	4274.88
有色	492	461	473.26
建材	395	345	344.01
（合计）原材料总产值	6616	6299	6647.63
新材料产值	1731	1707	1984.81
占原材料总产值比例（%）	26.2	27.1	29.9

1．产业结构转型升级趋势初步显现

新材料占原材料行业的比例不断上升，2011—2013 年，上海新材料产值占全市原材料工业总产值的比重分别达到 26.2%、27.1%和 29.9%。石化及钢铁新材料增长仍是支撑上海新材料产业发展的主流，并且在今后相当长的时间内将保持这一格局。新型金属材料、有机材料比例过大，虽然利润可观，但是前期投入巨大、能耗问题、环境风险等问题将成为制约这两大领域材料进一步发展的障碍。

2．技术水平上，独有领先产品不断增加

经过数年的发展，上海在金属材料、有机材料、无机材料领域打造了一批具有高技术水准的、全球首创或国内唯一的新材料产品，体现了上海新材料产业在各自领域的技术优势，部分新材料技术领先产品参见表 3-10。

表 3-10　部分新材料技术领先产品

企　业	产　品	水　平
宝钢集团	先进高强汽车板	全球首创
上海涂料有限公司	飞机蒙皮涂料	填补国内航空涂料空白
中科院上海硅酸盐研究所	超长晶体	全球领先
上海大恒光学精密机械有限公司	有源光纤	国内领先
上海爱普生磁性器件有限公司	黏结稀土磁体	国际领先

3．产品规模上，优势产品的产量国内领先

技术水平快速提升的同时，上海新材料产品的产业化推进快速跟进。在高端金属材料、磁性材料及特种化学品领域的产品规模领先全国，部分新材料规模领先产品参见表 3-11。

表 3-11　部分新材料规模领先产品

企　业	产　品	规　模
宝钢集团	取向硅钢	占据国内 14.9%市场
	金属包装材料用镀锡板	全国 100%
	高附加值冷轧汽车板	占据全国 50%市场
上海华谊丙烯酸有限公司	丙烯酸及酯系列产品	全国第一
凯鑫森（上海）功能性薄膜产业有限公司	背光源模组用光学膜产品	国内唯一生产全系列光学模组的生产企业
上海拜耳（中国）有限公司	HDI	全国第一
庄信万丰（上海）化工有限公司	超低排放汽车催化剂	全球销量最大之一

4．创新能力上，新材料技术创新体系已初现轮廓

目前上海已形成以宝钢、上海石化、华谊、高化、上海建材等大集团为主体，以集团下属的中央研究院和金发、三爱富等一批专业从事新材料生产的市级企业技术中心为重点，以中科院（硅酸盐所、有机化学所、技物所、光机所、微系统所等）、上海材料研究所、交大、复旦、同济、华东理工等一批科研院校为依托的新材料研发体系。通过产学研合作，大大促进了新材料的研发进度和产业化速度。

5．产业抗风险能力依然偏弱

高附加值产品组成的新材料产业体系，理论上应该对外围经济环境的波动有一定的抵御能力。然而在 2013 年国际和国内经济出现起伏时，上海市新材料产业未能很好地实现自我调节。在全市 GDP 实现年度 7.7%增长的条件下，新材料领域上升了 0.3%，表明上海市新材料体系中，高品质、高附加值的产品比例仍显不够。来源于重化行业的金属及化工行业的产品仍然占据相当部分比例，高附加值新材料产品比例有待提高。

（二）上海市新材料产业重点领域发展情况

自 2013 年来，上海新材料的统计划分口径较以往有所变化，分别是按材料的属性分类和按材料的应用分类。

1. 按材料属性分

上海市新材料按材料属性分类年度总产值和增速百分比参见表 3-12。

表 3-12 上海市新材料按材料属性分类年度总产值和增速

种　类	企业数（个）	产　值（亿元人民币）	增　速（%）	占　比（%）
金属材料	109	750.76	−4.9	37.8
有机材料	369	1160.37	4.2	58.5
无机材料	72	73.67	−4.3	3.7
总　计	550	1984.80	0.3	100

从材料属性来看，金属材料占 37.8%，有机材料占 58.5%，无机材料占 3.7%，有机材料和金属材料比较突显，是上海市新材料产业比重最大的两大核心产业，如图 3-3 所示。

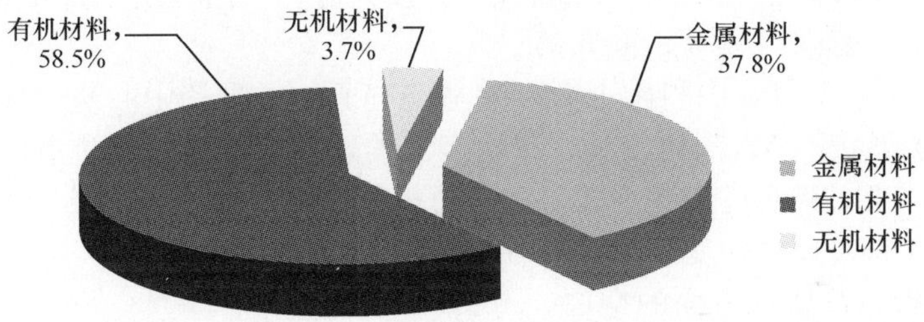

图 3-3 2013 年上海新材料按材料属性分类产值比例分布图

2. 按材料应用分

上海市新材料按材料应用分类年度总产值和增速百分比参见表 3-13。

表 3-13 上海市新材料按材料应用分类年度总产值和增速

种　类	企业数（个）	产　值（亿元人民币）	增　速（%）	占　比（%）
功能材料	279	641.26	3.0	32.3
结构材料	208	1173.37	−0.9	59.1
复合材料	63	170.17	−1.5	8.6
总　计	550	1984.80	0.3	100

按材料应用来看，结构材料占 59.1%，功能材料占 32.3%，复合材料占 8.6%。结构材料和功能材料略为突出，是上海市新材料产业比重最大的两大核心产业，如图 3-4 所示。

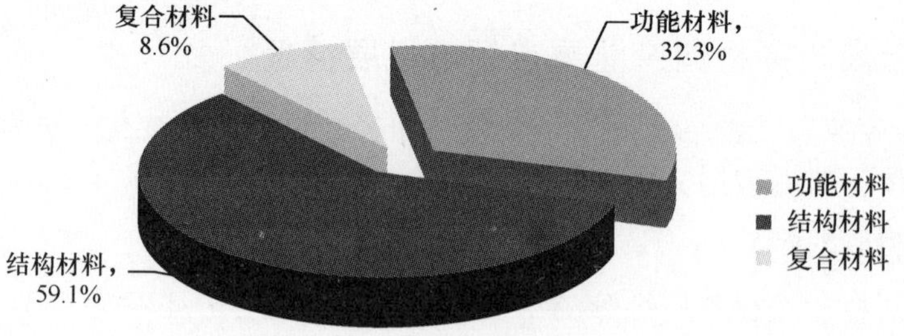

图 3-4　2013 年上海新材料按材料应用分类产值比例分布

随着新材料应用的开拓为产业发展提供广阔的空间，附加值高、技术含量高的复合材料及无机材料的比重亟待提高，形成上海新材料产业新的增长点，支撑上海今后集约式发展模式。

（三）上海市新材料产业年度重大事件

（1）2013 年 1 月，华昌聚合物承担的 2009 年上海市高新技术产业化重点项目“高温气冷堆核电站用核纯树脂产业化”完成验收。

（2）2013 年 2 月，宝钢工程技术集团以竞标方式获得了福建吴航不锈钢制品有限公司 2250mm 炉卷轧机生产线项目工程设计合同。据介绍，2250mm 宽度的炉卷轧机，属于目前国内最宽、世界第二。

（3）2013 年 2 月，中科院上海硅酸盐研究所结构陶瓷中心透明陶瓷课题组在大尺寸和复杂形状的 YAG 和 Y2O3 透明陶瓷的研究上取得重要进展。由王士维研究员带领的研究团队通过粉体合成、烧结助剂选择以及成型和烧结工艺的优化，制备出了高质量的大尺寸和复杂形状的 YAG 和 Y2O3 透明陶瓷，填补了我国在 YAG 透明陶瓷光窗/头罩研究方面的空白。

（4）2013 年 3 月，新傲科技承担的 2010 年上海市高新技术产业化重点项目“高端硅基材料产品的开发与产业化”完成验收。

（5）2013 年 3 月，一项填补国内空白的高新专利——“回收聚酯酯化废水中有机物技术”在上海诞生了。这套由上海聚友化工有限公司首创的低温短流程聚酯成套技术与装备，不仅具有自主知识产权，还获得多项中国发明专利，申请了国际 PCT 组织专利保护。

（6）2013 年 5 月，上海市稀土协会成立，这是我国唯一在非稀土矿产地成立的专业性、非营利性的社团组织，填补了上海没有稀土专业性行业组织的空白，将在推进上海稀土行业做大做强中发挥无可替代的平台作用，成为服务上海新材料产业发展的重要社会力量。

（7）2013 年 5 月，宝钢集团承担的 2009 年上海市高新技术产业化重点项目“石化装备用不锈钢板带产业化关键技术研究”完成验收。

（8）2013 年 5 月，会同上海股权投资协会等单位共同发起的主题为“资本对接产业、促进创新创业”首届新材料产业创新投融资交易会。

(9)2013 年 6 月，科炎光电承担的 2010 年上海市高新技术产业化重点项目“上转换发光生物标记材料的产业化”完成验收。

（10）2013 年 6 月，郎特公司承担的 2010 年上海市高新技术产业化重点项目“新型复合稀土基汽车排气三效催化剂”完成验收。

（11）2013 年 9 月，中国企业联合会、中国企业家协会 9 月 1 日在云南昆明发布 2013 中国企业 500 强榜单，华谊集团以 4 492 597 万元人民币的年营业收入位居第 231 位，同时在中国制造业企业 500 强中名列第 111 位，在 500 强企业按照行业分类中列化学原料及化学制品制造业企业第 5 位。

（12）2013 年 9 月，上海化工区内一批世界 500 强投资的项目近期集中落成。1 月至 8 月，化工区批准项目投资 20.3 亿美元，已超额完成全年目标。

（13）2013 年 9 月，上海市与上海股权投资协会组织 20 多家新材料企业召开新材料企业投融资对接会议，研究发起成立上海股权投资协会新材料投融资分会，形成以推进新材料产业发展为目标的各方资源汇聚的平台组织，从投资力量、专家资源、企业优势互补等方面着力，推动优质新材料创新企业的产生，从而提升本市新材料产业的核心竞争力。

（14）2013 年 10 月，上海市稀土协会组织企业申报国家稀土产业调整升级专项资金“稀土改性陶瓷材料与制备技术研发”、“300mm 口径以上重频大能量激光钕玻璃的应用开发及产业化”等 4 个项目获得正式立项。

（15）2013 年 10 月上海市经信委与金山区经委、上海市聚氨酯工业协会联合举办“上海市努力打造世界聚氨酯研发和制造中心”高峰论坛。论坛汇集聚氨酯产业链内的专家学者、工程技术人员、生产经营者和下游企业的产品供应商，搭建聚氨酯行业提供技术交流、信息交流、市场开拓和经营决策的平台。

（16）2013 年 10 月，在上海世博中心与上海工业商务展览有限公司联合举办“上海先进高分子材料展览会与高分子材料企业产学研合作对接会”。通过展示上海市高分子材料领域企业最新成果，促进上海新材料企业与全国高分子材料高校和科研机构学研用结合，推动上海市高分子材料企业转型升级，从而促进上海市高分子材料产业发展。

（17）2013 年 12 月，上海研发新型金属材料助力“玉兔号”跋涉月球，上海交大轻合金精密成型国家工程研究中心与上海航天技术研究院合作，开发出月球车结构与机构分系统中的镁合金材料，应用于月球车桅杆驱动机构的壳体、机械臂的臂杆、驱动关节连接件等部件，在“玉兔”自主巡视探测中大有用武之地。

（18）2013 年 12 月，举世瞩目的嫦娥三号探测器成功登月。嫦娥三号着陆器在着陆过程中，利用激光测距敏感器实时获取着陆过程中探测器与月面的精确距离，在 100m 的悬停过程中，利用激光扫描成像敏感器获取月面的高精度三维信息，为探测器提供安全的着陆点信息。中国科学院上海光学精密机械研究所为这两个激光敏感器提供了高可靠的、核心的小型全固态激光器和光纤激光器。这是上海光机所继嫦娥一号、嫦娥二号以来，再次为我国探月工程做出贡献。

二、上海市新材料重点企业发展情况

2013 年，上海市规模以上新材料生产企业 550 家。按材料属性分，有机材料企业 369 家，金属材料企业 109 家，无机材料企业 72 家；按材料应用分，功能材料 279 家，结构材料 208 家，复合材料企业 63 家。除有机材料外，其余各领域的企业数量相差不大。但企业规模差异明显，无机材料、复合材料的平均规模仅为金属材料或有机材料企业平均规模的 1/3 甚至更低，体现了这两个个领域较为松散，缺乏领军企业的现状。上海市主要新材料企业和机构分布如图 3-5 所示。

图 3-5　上海市主要新材料企业和机构分布图

2013 年有机新材料排名前 10 位的生产企业中，7 家是外商独资企业或合资企业，中方国有企业 2 家，民营企业 1 家。所生产的重要化工原料及中间体材料（如异氰酸酯等）牢牢占据市场主导地位，关键化工原料的对外依存度依然较高。化工新材料技术开发周期长、准入门槛高的特点，决定了国有企业和上海市本土民营企业在短时间内仍难与之抗衡。

2013 年金属材料领域排名前十企业及主要产品参见表 3-14。

表 3-14　2013 年金属材料领域排名前十企业及主要产品

序　　号	企　　业	主 要 产 品
1	宝山钢铁股份有限公司	高效无取向电工钢、高等级高磁感取向硅钢、细化磁畴型高磁感取向硅钢、高温合金、软磁合金等
2	宝钢特钢有限公司	高性能叶片用合金、汽车用不锈钢、高温耐蚀合金、殷瓦钢、核电用不锈钢管等
3	宝钢新日铁汽车板有限公司	汽车用冷轧板
4	庄信万丰（上海）化工有限公司	超低排放汽车催化剂
5	上海鑫冶铜业有限公司	高纯阴极铜
6	上海申特型钢有限公司	建筑用高强度钢筋
7	萨帕铝热传输（上海）有限公司	铝锰-铝硅三层复合带等
8	上海龙阳精密复合铜管有限公司	热交换器用耐蚀铜合金管材
9	上海白鹤华新丽华特殊钢制品有限公司	不锈钢精密铸锻件
10	亚泰特钢集团有限公司	氮合金化不锈钢

2013 年有机材料领域排名前十企业及主要产品参见表 3-15。

表 3-15　2013 年有机材料领域排名前十企业及主要产品

序　　号	企　　业	主 要 产 品
1	拜耳材料科技（中国）有限公司	聚碳酸酯（PC）、甲苯二异氰酸酯（TDI）、二苯基甲烷二异氰酸酯（MDI）、六亚甲基二异氰酸酯（HDI）
2	中国石化上海石油化工股份有限公司	聚酯纤维、功能聚酯纤维、高性能聚丙烯腈基碳纤维、聚烯烃树脂
3	上海巴斯夫聚氨酯有限公司	新型聚氨酯材料
4	亚东石化（上海）有限公司	功能聚酯纤维
5	中国石油化工股份有限公司上海高桥分公司	溶聚丁苯橡胶、ABS 及其改性制品、低顺式丁二烯橡胶
6	上海联恒异氰酸酯有限公司	二苯基甲烷二异氰酸酯（MDI）
7	上海亨斯迈聚氨酯有限公司	二苯基甲烷二异氰酸酯（MDI）
8	上海金发科技发展有限公司	聚对苯二甲酸丁二醇酯（PBT）、车用薄壁化改性聚丙烯材料、尼龙、尼龙合金、环保阻燃 PC、ABS 合金、改性聚苯乙烯树脂
9	巴斯夫应用化工有限公司	新型水处理剂、新型表面活性剂、聚对苯二甲酸丁二醇酯（PBT）
10	阿克苏诺贝尔太古漆油（上海）有限公司	环保防水涂料

2013 年无机材料领域排名前十企业及主要产品参见表 3-16。

表 3-16　2013 年无机材料领域排名前十企业及主要产品

序　号	企　业	主要产品
1	康宁（上海）有限公司	汽车尾气净化器用蜂窝式陶瓷
2	上海富美家装饰材料有限公司	保温隔热材料
3	电气硝子玻璃（上海）广电有限公司	液晶平板显示器（TFT～LCD）基板玻璃
4	上海福耀客车玻璃有限公司	航空、车辆用特种玻璃
5	威盛亚（上海）有限公司	保温隔热材料
6	上海宝明耐火材料有限公司	含碳耐火材料、低水泥无水泥高性能浇注料及其他无定
7	上海阿姆斯壮建筑制品有限公司	矿棉板
8	上海达克罗涂复工业有限公司	涂料型热控制涂层
9	上海东洋炭素工业有限公司	各向同性石墨（采用部分天然石墨）
10	上海同创陶瓷有限公司	湿法喷涂料、低水泥无水泥高性能浇注料及其他无定

2013 年功能材料领域排名前十企业及主要产品参见表 3-17。

表 3-17　2013 年功能材料领域排名前十企业及主要产品

序　号	企　业	主要产品
1	拜耳材料科技（中国）有限公司	聚碳酸酯（PC）、甲苯二异氰酸酯（TDI）、二苯基甲烷二异氰酸酯（MDI）、六亚甲基二异氰酸酯（HDI）
2	上海联恒异氰酸酯有限公司	二苯基甲烷二异氰酸酯（MDI）
3	庄信万丰（上海）化工有限公司	超低排放汽车催化剂
4	上海亨斯迈聚氨酯有限公司	二苯基甲烷二异氰酸酯（MDI）
5	巴斯夫应用化工有限公司	新型水处理剂、新型表面活性剂、聚对苯二甲酸丁二醇酯（PBT）
6	阿克苏诺贝尔太古漆油（上海）有限公司	环保防水涂料
7	中国石化集团资产经营管理有限公司上海高桥分公司	新型聚醚
8	巴斯夫化工有限公司	聚四氢呋喃、贵金属化合物及均相催化剂
9	上海国际油漆有限公司	防腐蚀涂料
10	中涂化工（上海）有限公司	环保防水涂料、防腐蚀涂料、UV 光固化涂料

2013 年结构材料领域排名前十企业及主要产品参见表 3-18。

表 3-18　2013 年结构材料领域排名前十企业及主要产品

序　　号	企　　业	主 要 产 品
1	宝山钢铁股份有限公司	高效无取向电工钢、高等级高磁感取向硅钢、细化磁畴型高磁感取向硅钢、高温合金、软磁合金等
2	中国石化上海石油化工股份有限公司	聚酯纤维、功能聚酯纤维、高性能聚丙烯腈基碳纤维、聚烯烃树脂
3	上海巴斯夫聚氨酯有限公司	新型聚氨酯材料
4	宝钢特钢有限公司	高性能叶片用合金、汽车用不锈钢、高温耐蚀合金、殷瓦钢、核电用不锈钢管等
5	中国石油化工股份有限公司上海高桥分公司	溶聚丁苯橡胶、ABS 及其改性制品、低顺式丁二烯橡胶
6	宝钢新日铁汽车板有限公司	汽车用冷轧板
7	上海鑫冶铜业有限公司	高纯阴极铜
8	上海金发科技发展有限公司	聚对苯二甲酸丁二醇酯（PBT）、车用薄壁化改性聚丙烯材料、尼龙、尼龙合金、环保阻燃 PC、ABS 合金、改性聚苯乙烯树脂
9	上海申特型钢有限公司	建筑用高强度钢筋
10	巴斯夫聚氨酯特种产品（中国）有限公司	热塑性聚氨酯弹性体 TPU、新型聚氨酯材料

2013 年复合材料领域排名前十企业及主要产品参见表 3-19。

表 3-19　2013 年复合材料领域排名前十企业及主要产品

序　　号	企　　业	主 要 产 品
1	亚东石化（上海）有限公司	功能聚酯纤维
2	萨帕铝热传输（上海）有限公司	铝锰-铝硅三层复合带等
3	上海锦湖日丽塑料有限公司	ABS 及其改性制品、HIPS 及其改性材料
4	上海宏和电子材料有限公司	高性能纤维及其复合材料
5	英威达纤维（上海）有限公司	弹性体纤维
6	金安国纪科技股份有限公司	高性能纤维及其复合材料
7	英威达特种纤维（上海）有限公司	高性能纤维及其复合材料
8	上海温龙化纤有限公司	聚酯纤维
9	日泰（上海）汽车标准件有限公司	汽车构件材料
10	上海长顺电梯电缆有限公司	铜基复合材料

三、上海市新材料重点区域发展情况

上海市新材料产业主要分布在宝山区、上海化工区、浦东新区、金山区、青浦区、奉贤区、闵行区、松江区、嘉定区 9 个区域，总产值合计占到上海市 2013 年新材料产业工业总产值的 97%。

2013 年各新材料产业基地的总量规模变化不大，主要基地的产值跌多增少，但各基地的发展速度极不平衡，差异较大，参见表 3-20。增速较快的松江区、金山区、长宁区、黄浦区产值全年实现接近 10%以上的增长，而宝山区的 2013 年度新材料产值同比下降约 7.5%。一方面宝山区受钢铁行业影响，另一方面相关新材料新项目增长乏力，缺少新的增长点也是重要原因。

表 3-20　2013 年各区县新材料企业、年产值及增幅

区　县	企　业　数	产　　值（亿元人民币）	增　　速（%）	占　　比（%）
合　　计	550	1984.81	0.3	100.0
青浦区	86	187.66	1.7	9.5
浦东新区	71	263.37	−3.1	13.3
闵行区	69	118.96	−3.7	6.0
松江区	67	112.90	14.2	5.7
金山区	65	255.66	12.1	12.9
奉贤区	54	121.44	−3.1	6.1
嘉定区	47	78.87	−1.5	4.0
宝山区	42	509.70	−7.5	25.7
徐汇区	12	17.76	9.7	0.9
普陀区	12	6.45	−2.2	0.3
化工区	8	294.22	6.2	14.8
闸北区	5	5.85	5.6	0.3
崇明县	5	3.49	−2.3	0.2
杨浦区	3	1.19	0.4	0.1
长宁区	2	1.84	15.4	0.1
黄浦区	1	5.25	13	0.3
虹口区	1	0.22	2.7	0.0

2013 年各区县新材料产值柱形图如图 3-6 所示。

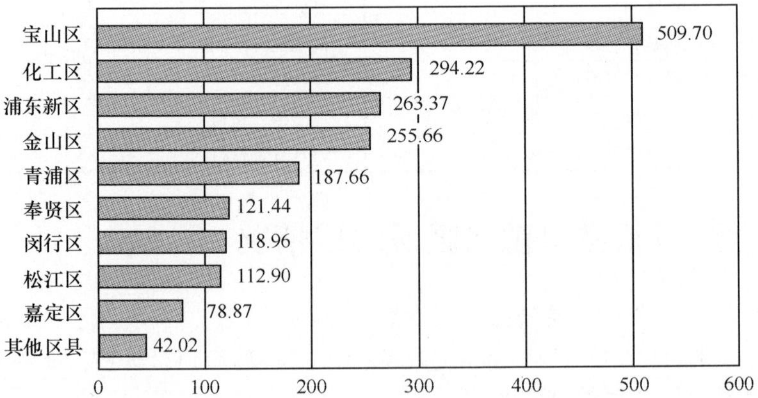

图 3-6　2013 年各区县新材料产值（单位：亿元人民币）

主要区县新材料产值构成——按材料属性分参见表 3-21。

表 3-21 主要区县新材料产值构成——按材料属性分

（单位：%）

	区 县	宝山区	化工区	浦东新区	金山区	青浦区	奉贤区	闵行区	松江区	嘉定区
1	金属材料	95.2	0	14.2	24.6	18.4	0	25.7	38.8	45.0
2	有机材料	2.6	100.0	81.0	74.7	73.9	86.6	65.0	57.5	43.9
3	无机材料	2.2	0	4.8	0.7	7.7	3.4	9.3	3.7	11.1
	合 计	100	100	100	100	100	100	100	100	100
	2013 产值（亿元人民币）	509.70	294.22	263.37	255.66	187.66	121.44	118.96	112.90	78.87

主要区县新材料产值构成——按材料应用分参见表 3-22。

表 3-22 主要区县新材料产值构成——按材料应用分

（单位：%）

区 县	宝山区	化工区	浦东新区	金山区	青浦区	奉贤区	闵行区	松江区	嘉定区
功能材料	3.2	69.0	34.5	18.1	22.5	39.6	36.1	72.9	51.0
结构材料	96.2	31.0	59.8	81.0	54.6	12.7	51.5	17.7	21.8
复合材料	0.6	0.0	5.7	0.9	22.9	47.7	12.4	9.4	27.2
合 计	100	100	100	100	100	100	100	100	100
2013 产值（亿元人民币）	509.70	294.22	263.37	255.66	187.66	121.44	118.96	112.90	78.87

（1）宝山区主要以金属材料和结构材料为主，重点发展精品钢和高性能有色金属合金，努力打造新型金属材料基地。2013 年新材料总产值 509.7 亿元人民币，其中金属材料占 95.2%，结构材料占 96.2%。

（2）化工区有机材料产业集聚特色明显，2013 年新材料总产值 294.22 亿元人民币，有机材料占比 100%，功能材料和结构材料分别占 69%和 31%。2013 年排名前 10 位的上海市有机新材料企业中，有 4 家来自上海化工区。化工区以拜耳材料科技、巴斯夫聚氨酯、亨斯迈聚氨酯等世界著名跨国公司和华谊聚合物、联恒异氰酸酯等国内大型骨干企业为项目投资主体，集中了多个具有高新技术的大型化工主体项目。

（3）浦东新区主要以有机材料和结构材料为主，2013 年新材料总产值 263.37 亿元人民币，其中有机材料产值占全市该产业的 18%，全市排名第二，仅次于上海化工区，主要来自高桥石化、巴斯夫化工以及沙伯基础材料等企业的贡献。结构材料占 59.8%，全市排名第三。

（4）金山区的有机材料和结构材料比较明显，近年来吸引了一批国际、国内领先的化工基础原材料和新材料企业落户，2013 年新材料总产值 255.66 亿元人民币，其中有机材料占 74.7%，结构材料占 81%。

（5）青浦区主要以有机材料和结构材料为主，2013 年新材料总产值 187.66 亿元人民币，其中有机材料占73.9%，结构材料占54.6%。此外，辖区内的复合材料全市排名第一，霍尼威尔特殊材料、金发科技、英威达纤维等公司对全区新材料产业形成支撑。

（6）奉贤区主要以有机材料和复合材料为主，2013年新材料总产值121.44亿元人民币，其中有机材料占86.6%，复合材料占47.7%。

（7）闵行区有机材料占全区新材料产值约65%，主要是华谊集团相关下属企业如氯碱公司、三爱富等，此外部分民营企业如杰事杰新材料等，近年来也发展迅速。但随着近两年全市产业结构调整工作的深入推进，闵行区有越来越多的化工有机新材料将转迁至其他区县或外地，该区有机新材料的规模将逐年递减，对全区新材料产值影响很大。

（8）松江区以有机材料和功能材料为主，2013年新材料总产值112.90亿元人民币，其中有机材料占57.5%，功能材料占72.9%。

（9）嘉定区新材料总体规模较小，2013年新材料总产值78.87亿元人民币，位列全市第九，主要以稀土新材料和汽车新材料为发展特点。

各区新材料按材料属性分产值占全市比例参见表3-23。

表3-23　各区新材料按材料属性分产值占全市比例

（单位：%）

区　县	金属材料	有机材料	无机材料	2013产值（亿元人民币）
宝山区	64.6	1.1	15.2	509.70
化工区	0	25.4	0	294.22
浦东新区	5.0	18.4	17.1	263.37
金山区	8.4	16.5	2.4	255.66
青浦区	4.6	11.9	19.7	187.66
奉贤区	0	9.1	5.4	121.44
闵行区	4.1	6.7	15.0	118.96
松江区	5.8	5.6	5.6	112.90
嘉定区	4.7	3.0	11.9	78.87
其他区县	2.7	2.4	7.9	42.02

各区新材料按材料应用分产值占全市比例参见表3-24。

表3-24　各区新材料按材料应用分产值占全市比例

（单位：%）

区　县	功能材料	结构材料	复合材料	2013产值（亿元人民币）
宝山区	2.6	41.8	1.7	509.70
化工区	31.7	7.8	8.8	294.22
浦东新区	14.2	13.4	1.4	263.37
金山区	7.2	17.6	25.2	255.66

（续表）

区 县	功能材料	结构材料	复合材料	2013 产值（亿元人民币）
青浦区	6.6	8.7	34.0	187.66
奉贤区	7.5	1.3	8.7	121.44
闵行区	6.7	5.2	6.2	118.96
松江区	12.8	1.7	12.6	112.90
嘉定区	6.3	1.5	8.8	78.87
其他区县	4.5	0.9	1.4	42.02

总体来看，全市新材料产业的集聚度有待增强。复合材料、无机材料由于尚未形成规模，在各新材料基地仍相当分散，不利于产业的培育，有必要引导这些领域的新投资项目按产业需求为引导向特定区域聚集。相比之下金属材料、有机材料、结构材料、功能材料产业已形成相当规模，产业上下游的衔接配套优势促进了市场投资主体向宝山区、化工区等钢铁石化核心区域聚集，已形成上下游共同发展的良性循环。

第十节 江 苏 省

2013 年，江苏省新材料产业以促进产业转型升级为引领，以政策扶持为导向，推动产学研用合作，加大研发投入，加强新技术、新成果的产业化发展，加强新材料产业服务平台建设，加强新材料产业基地规划和发展，投资力度不断加强，新技术、新成果不断涌现，产业规模再上新台阶。

一、江苏省新材料产业发展情况

（一）江苏省新材料产业总体发展情况

江苏省对发展新材料产业十分重视，是全国最早开始重点发展新材料产业的省份之一。设立了专项资金，加大投入力度，有针对性重点扶持、引导产业集聚，与金融机构合作共同支持新材料产业自主创新，落实相关优惠税收政策，对重点项目、重大产业项目采取政策倾斜等措施，产业规模迅速壮大。2014 年全省新材料产业实现销售收入 14 000 亿元人民币（江苏省统计口径，下同），同比增长 18%；完成投资 1447.3 亿元人民币，同比增长 22.3%。产业规模在江苏省十大新兴产业中继续居第一位，在全国居于前列。

新型功能材料、先进结构材料、战略基础材料全面发展。江苏省新材料产业通过跟踪国际先进技术，延揽国际顶尖人才，高起点、高投入发展新材料产业。在光纤光棒、多晶硅、碳纤维、高温合金、陶瓷膜、核级钢等战略性高端产品，以及纳米材料、感知材料、光电材料、储能材料等战略性前沿领域，均处于国内领先地位，初步形成国际竞争力。全省涌现了一批实力较强的新材料骨干企业。法尔胜集团、中能硅业、兴澄特钢、云海镁合金等一批企业生产创新实力居国际同行前列地位，南大光电等一批“小巨人”企业快速成长。

部分技术和产业化取得突破。纳米技术产业是创新发展的强大引擎，也是提升传统产业的重要推手。苏州市依托苏州纳米所，在纳米技术产业发展上不断取得突破。2013 年，苏州工业园引进和培育纳米专项领军人才项目 92 个，纳米技术企业 180 多家，完成投资 20 亿元人民币，实现纳米技术产业产值 80 亿元人民币，增长 30%。产品涵盖碳材料、纳米微球、纳米粉体、纳米金属浆、锂电池正负极、纳米生物医药、纳米高分子材料等。石墨烯是一种新型碳材料，具有优异的电学性质、丰富的光学特性，可应用于电子信息、新能源、航空航天、复合材料等领域。当前，世界多国政府和企业已将石墨烯及其应用技术列为重要战略布局，纷纷加大研发支持力度，推进石墨烯应用的商业化。常州市以江南石墨烯研究院为依托，孵化培育出碳元科技等 8 家企业，2013 年，中国首条石墨烯基超级电容器生产线在常州建成，年产 100 吨氧化石墨（烯）生产线也在常州投产。

产业基地不断壮大。苏州纳米材料、南京膜材料、常州石墨烯已形成战略布局，江阴、丹阳等新材料产业发展已形成品牌效应，稀土、硅资源等深加工高端产品形成产品群，高性能金属及结构件、光电材料及器件、高性能复合材料及制品等形成产业链。南京新型节能建筑材料特色产业基地、无锡微电子材料特色产业基地、苏州（昆山）新型显示材料特色产业基地、常州生物基化工材料特色产业基地、镇江（丹阳）轻质合金与金属基复合材料特色产业基地、连云港（东海）硅材料特色产业基地、泰州（兴化）高性能金属结构材料等特色产业基地正在发展壮大。

研发能力不断提高，服务平台日趋完善。以高等院校、科研机构、工程技术中心、企业技术中心为依托的创新平台正在形成。江苏省成立了固体微结构物理国家重点实验室、材料化学工程国家重点实验室和特种纤维复合材料国家重点实验室等，以及国家平板显示工程技术中心、超细粉体工程技术中心和中科院苏州纳米与纳米仿生研究所等国家级科技创新平台；扬州光电产品检测重点实验室和江苏法尔胜材料分析测试中心等国家级新材料检测中心。江苏省在新材料领域拥有 7 个国家重点实验室，7 个国家企业技术中心、8 个国家和省属研究院所，以及一批“一站两中心”新型研发机构。南京大学、中科院苏州纳米技术与纳米仿生研究所、中电科技集团五十五所等科教单位研发实力居国内前列。2012 年，全省新材料产业专利申请公开量 5059 项，其中发明专利申请 4115 项；专利授权量 2089 件，其中发明专利 1145 项。

（二）江苏省新材料产业发展方向和重点

1. 前瞻型新材料

围绕培育新材料龙头企业的要求，重点支持新材料领域具备实施快速产业化条件的重大高技术项目，或突破产业链重要环节的核心项目；重点支持对全产业链有重大促进作用和重大影响的项目。

（1）石墨烯生产及应用。支持能够增加石墨烯产量的技术，推动石墨烯产业化。拓宽石墨烯产品的应用渠道，降低石墨烯生产成本。

（2）高性能复合纤维。碳纤维低成本规模生产，完善浸润剂配方体系，T800 以上高强度碳纤维生产工艺技术；推动高性能树脂的研发使用。拓宽碳纤维产品在民用方面的渠道。

（3）纳米复合材料。纳米新材料的产业化，提升纳米材料规模化、可控制备水平及推广应用。

（4）新能源材料。新一代动力电池、燃料电池及电池管理系统、新能源储能材料等。

2. 改进型新材料

使用新方法、新工艺，改进原有生产工艺技术的新材料。能够改进生产工艺、提高生产智能化及产品质量，能够提高经济效益、降低生产成本、减轻污染，能够对全行业产生影响的新材料技术改造示范工程。

（1）原有材料改良、改性后的新材料。改进原有材料的生产工艺或物理、化学特性，提高产量及质量，增强其原有特性，降低生产成本，能够产生较大的经济和社会效应。

（2）新型复合材料。开发制备新型复合材料，以增强性能；或者用替代原有材料，以达到化解过剩产能的目的。

（3）面向资源再生的绿色新材料。通过新工艺技术，降低原有材料的能耗和污染；利用原生产工艺产生的废弃物作为原料，进行二次加工或循环利用。

3. 高端型新材料

围绕扶持新材料中小企业的要求，重点支持具有首创性或具有国际国内技术领先水平的新材料中小企业的产品推广应用示范工程或首台套设备工程。

（1）新型膜材料。高通量纳滤、反渗透、MBR 专用等高性能水处理膜材料，陶瓷纳滤、气体分离净化、渗透汽化等特种分离膜材料，全氟离子交换、扩散渗析等离子交换膜材料。

（2）高性能纤维材料。高强高模碳纤维及应用产品，高性能玻璃纤维、陶瓷纤维，碳纤维复合材料及制品等；芳纶纤维、超高分子量聚乙烯纤维等高性能特种纤维及应用产品，纤维增强陶瓷基复合材料等。

（3）高性能金属材料。轻质高强合金、精密合金、高温合金，稀土功能材料等。

（4）无机非金属新材料。无机功能性新材料、无机有机复合材料、医用无机高分子材料等；推动行业向副产资源综合利用、循环利用方向发展。

（5）先进有机材料。有机功能性新材料，推动有机新材料在新型显示、航空航天等重大关键领域的应用。

4. 新材料服务平台

重点支持为新材料企业提供产业研究、检验检测、标准制定、信息服务、市场推广服务的生产性服务企业，以及新材料发展产学研用一体化平台建设，提升新材料产业的信息化和智能化水平。

（1）技术服务平台。为新材料生产企业、研发机构提供便利技术支持，提供生产指导、数据分析、产品检测、质量检测等服务，推动产业标准的制定与完善。

（2）信息服务平台。对新材料产业进行产业研究、产业调研，为新材料企业、研发机构提供全面、准确、及时的新材料信息，实现产学研用的沟通与互助，促进产业上下游衔接，促进产品信息交流和产品交易。

（三）江苏省新材料产业存在的问题

虽然江苏省新材料产业取得了令人瞩目的成绩，但是，仍然存在着不少制约产业发展的瓶颈和挑战，突出表现在以下几个方面。

（1）龙头企业规模不足，对产业链整体带动作用不强。石墨烯、纳米、碳纤维等战略性新材料领域，虽企业数量初具规模，但龙头企业数量不多、普遍规模也相对较小，这样对于整个产业链的带动作用不强，很难带动整体产业链的发展和完善。

（2）产业链配套不完善，上下游企业合作交流不畅。当前，新材料企业科技创新活跃，企业研发创新了很多既具有市场价值又处于国际国内领先的新产品，但是上下游企业之间的交流合作不畅，市场应用不足，产品市场化程度不高。同时，由于是新兴产业，在一些前沿领域，产业链发展不足，配套不完善，阻碍了企业的规模发展。

（3）新材料企业创新动力不强，自主开发能力薄弱。新材料生产企业目前规模普遍较小，科研人员少，研发投入不足且分散。新材料产业的发展主要还是技术引进和外商投资，自主知识产权稀少。由于新材料生产工艺技术研发进展相对滞后，有些新材料在产业化方面还有很多困难，质量不稳定等，无法满足国内的需要，并在一些关键新材料上受制于人。

（4）产学研用合作急需加强。产学研用合作不够深入，企业与研究所、高校等科研单位有成效的合作成果少。与用户的合作不紧密，导致新材料推广应用困难。

（5）基础管理工作比较薄弱。新材料产业缺乏政策引导，认定等服务平台稀少，技术规范和标准未有效跟进，未建立新材料供需市场等，缺少信息服务和有效的行业管理，部分新材料项目盲目上马，导致产品产能过剩。

二、江苏省新材料重点基地情况

江苏省新材料重点基地情况参见表 3-25。

三、江苏省新材料重大项目建设情况

2013 年，江苏省新材料重大项目建设情况有南京长江涂料有限公司投资新建的年产 20 000 吨环保型水性涂料产业化项目、南京美思德新材料有限公司新建 3.6 万吨/年有机硅表面活性剂项目、江苏亚太轻合金科技股份有限公司新扩建 8 万吨轻量化高性能铝挤压材项目等 248 个项目。

四、2014 年江苏省新材料产业工作总体安排

（1）推动前沿材料产业化发展加快企业做大做强。支持石墨烯、纳米等具有前瞻性新材料科技成果的产业化发展，支持领域内的龙头企业做大做强，以带动一批下游企业及配套企业发展。

（2）推进新材料产业的高端发展。跟踪世界新材料高技术发展趋势，面向江苏未来发展，对于石墨烯、纳米材料、新一代锂电池等一批世界前沿和热点领域的新材料，进行优先支持和前瞻性产业布局，并支持其突破产业化瓶颈，以快速扩大产业规模，提升产业整体竞争力，积极抢占未来发展制高点。

（3）促进传统材料企业转型升级。支持鼓励企业对传统材料进行改良、改性研发，改进原有材料的生产工艺或物理、化学特性，提高产量及质量，增强其原有特性，降低生产成本。支持面向资源再生的绿色新材料，通过新工艺技术，降低原有材料的能耗和污染；利用原生产工艺产生的废弃物作为原料，进行二次加工或循环利用。

（4）推进重大项目的应用示范工程。以应用示范工程为抓手，支持膜材料、高性能纤维材料、高性能金属材料、无机非金属材料、先进有机材料等新材料领域内，具有自主知识产权的、在国际国内领先水平的、能填补国内空白的一批重大应用示范项目；支持新材料产品集中应用的重大示范工程，以示范效应推动新材料产品的市场化。

（5）支持新材料公共服务平台建设。强化产学研联合和人才导向。鼓励企业通过产学研联合推进新材料产业化，鼓励产业创新战略联盟组织开展产业重要技术标准推广应用和应用示范性工程。鼓励生产性服务企业为生产企业提供产业研究、检验检测、标准制定、信息服务和市场推广服务，支持建设新材料发展产学研用一体化的综合信息平台，提升新材料产业的信息化和智能化水平。

表 3-25　江苏省新材料重点基地情况

序号	基地名称	基地级别	重点发展领域	占地面积（公顷）	产值（亿元人民币）	投资规模（亿元人民币）	引进企业（个）	利润（亿元人民币）	税收（亿元人民币）	研发平台（个）
1	南京膜材料产业园	区级	膜材料	66.67	4	1.5	10	0.6	1	3
2	惠山区冶金新材料产业集群	省级	特种金属材料、高端金属材料	32 700	370.8	40	388（其中规模以上172）	16.2	25.6	
3	无锡光电新材料科技园	省级	光电、新材料	255	3.91	0.5	316	0.42	0.48	
4	国家火炬计划宜兴非金属材料产业基地	国家级	无机非金属材料、化工材料和复合材料	250	490	30	610	185.2	282.5	
5	锡山经济开发区新材料产业园	省级	化工新材料	210	128	2.64	21	2.6	3.96	
6	苏州市战略性新兴产业（张家港·金属新材料）基地	市级	新型金属材料		620	40	36	25	50	
7	苏州市战略性新兴产业（张家港·化工新材料）基地	市级	化工新材料		220	25	43	9	15	
8	江苏常熟新材料产业园（江苏高科技氟化学工业园）	省级	新材料、氟化学、精细化学、生物医药	1502	91.63	22.19	62	6.46	7.75	
9	苏州纺织新材料（太仓璜泾镇）特色产业基地	市级	纤维新材料产业和临江产业	302	164	18.2	41	1.5	3.6	
10	苏州特种新材料（太仓双凤镇）特色产业基地	市级	新材料	133	24.4	11	59	0.9	2.1	
11	江苏省高性能纤维高技术特色产业基地（苏州）	省级	纺织新材料	4200	821.06	136.25	2573	13.26	32.53	
12	苏州新材料（吴中经济开发区）特色产业基地	市级	新能源材料、电子材料、活性炭材料	267	42	2.4	32	7.1	9.8	

（续表）

序号	基地名称	基地级别	重点发展领域	占地面积（公顷）	产值（亿元人民币）	投资规模（亿元人民币）	引进企业（个）	利润（亿元人民币）	税收（亿元人民币）	研发平台（个）
13	苏州市战略性新兴产业基地（相城区・新材料）	市级	新材料		198.4	15.3	42	7.3	10	
14	苏州工业园区纳米新材料创新型产业集群	国家	新材料	27 800	44.8	4.12	68	2.16	4.2	
15	江苏省功能性高分子材料特色产业基地（省第 4 批）	省级	功能性高分子材料	2600	203		38	16.5	24.7	
16	南通经济技术开发区精细化学和新材料产业园	省级	合成材料、工程塑料	12.56	385		18	32.4	21.6	
17	新材料产业国家高技术产业基地（连云港）	国家级	硅材料	1333	573	175	250	57	86	
18	新材料产业国家高技术产业基地（连云港）	国家级	碳纤维、电子封装材料、新能源材料、高性能复合材料	1400	356	17.5	81	14.4	28.2	
19	中国凹土科技园（淮安）	省级	重点开发环保和生态治理材料、日化制药及生物工程材料、高分子有机无机合成材料、化工催化材料、纳米功能材料	466.67	20	8	35	5	2	
20	江苏滨海经济开发区沿海工业园	省级	复合材料、高分子新材料等	1000	51.7	9.26	30 家	18.1	1.93	

（续表）

序号	基地名称	基地级别	重点发展领域	占地面积（公顷）	产值（亿元人民币）	投资规模（亿元人民币）	引进企业（个）	利润（亿元人民币）	税收（亿元人民币）	研发平台（个）
21	江苏省功能材料特色产业基地	省级	特种金属、高性能纤维、特种玻璃、电子信息材料等	1670	88.78	13.8	46	3.6	6.1	
22	泰兴市化工新材料产业园	省级	化工新材料	1690	875.7	94.9	582	82.1	121.4	
23	兴化特种合金材料产业及制品产业基地	国家级	特种不锈钢	667	280	2.8	307	7.2	16.5	
24	泰州市高港区高新技术产业园	省级	新型建筑材料	4550	28.6	1.1	63	1.8	2.7	
25	泰州市核心港区新材料产业园	省级	化工新材料	220	13.7	1.8	21	0.9	1.4	
26	靖江市稀土产业园	省级	电子通信、光电等领域的稀土深加工材料	13.33	16.8	4.2	6	1.7	2.1	
27	镇江经济技术开发区新材料产业基地	省级	化工新材料、特种合金材料、高性能纤维及复合材料、光伏及储能材料等	1023	567.14	103.14	81	49.18	59.24	
28	江苏省高性能合金材料示范基地（镇江）	省级	超高纯净度镍基合金、高温合金材料熔模铸造、航空发动机复杂薄壁高温合金材料、大型船舶用特种焊接材料、核电用镍基合金材料等	300	170	29	155	15	18.7	

（6）加强市场开拓。积极展示江苏新材料产业发展水平，加强企业信息沟通，推动行业技术合作。协调组织好新材料重点企业参加新材料产业博览会，通过组织产品展示、技术交流、项目推介、招商引资、贸易洽谈和举办报告会、发布会等系列活动，宣传江苏省新材料成果，开拓国内外新材料产品市场。

第十一节 浙 江 省

2013 年，浙江省生产总值为 37 568 亿元人民币，比 2012 年增长 8.2%。实现规模以上工业增加值 11 701 亿元人民币，同比增长 8.5%，规模以上工业销售产值 61 837 亿元人民币，同比增长 7.1%。规模以上工业新产品产值 16 715 亿元人民币，增长 24.4%，高于工业总产值增幅 17.2 个百分点；新产品产值率 26.3%，同比提高 3.6 个百分点。制造业中，高新技术产业增加值 2993 亿元，增长 10.3%，占规模以上工业的比重为 25.6%，同比提高 0.3 个百分点。全年规模以上工业企业实现利润 3386 亿元人民币，同比增长 15.2%。2013 年浙江省专利申请量、授权量分别为 29.4 万件和 20.2 万件，分别比上年增长 17.9%和 7.3%。

一、浙江省新材料产业发展情况

（一）浙江省新材料产业总体发展情况

据统计部门统计，2013 年全省新材料产业共实现产值为 3976 亿元人民币，同比增长 8.5%，高于全省规模以上工业产值平均增幅 1.86 个百分点；新材料规上企业实现工业增加值 529 亿元人民币，同比增长 12.3%，增幅居全省九大战略性新兴产业之首，利润增长 12.2%。在全省九大战略性新兴产业中，新材料产业产值占 26.84%，产业规模在九大战略性新兴产业中处第 2 位。

2013 年浙江省各地重点培育发展的新材料企业、新材料产业基地发展态势稳定，新材料研发能力不断增强，一批关键技术、关键品种研发取得重要进展。2013 年全省新增 1 家新材料类国家级企业技术中心，新增省级新材料类企业技术中心 10 家，省级新材料类企业研究院 11 家。全球首条年产 300 吨的石墨烯规模化生产线建成投产，围绕石墨烯加工、应用新材料品种开发逐步展开；泰先公司年产 100 吨高性能碳纤维项目全面投料试车，填补国内高性能碳纤维产品的空白；正泰太阳能高效单晶硅电池平均转换效率已达 19.4%，处于行业领先水平；福斯特光伏已成为全球最大的 EVA 胶膜供应商之一，产品在全球市场排名第一；龙焱科技生产的碲化镉薄膜电池产线产品转化效率已提高到12.3%，达到世界领先水平。各地新材料产业基地建设有序推进。宁波市新材料科技城建设启动，中国化工新材料（嘉兴）园区、国家火炬计划浙江衢州氟硅新材料产业基地、国家火炬计划宁波鄞州新型金属材料产业基地、国家火炬计划富阳光通信特色产业基地及浙江省新材料产业（秀洲）示范基地、宁波磁性材料省级高新技术特色产业基地、东阳磁性材料省级高新技术特色产业基地、海宁纺织产业新材料省级高新技术特色产业基地等新材料基地建设及产业发展情况良好，新材料产业聚集化发展水平不断提高。

（二）浙江省新材料产业重点领域发展情况

浙江省重点发展特种金属功能材料、高品质特殊钢、高性能纤维、高性能氟材料、有机硅材料等领域。

1. 特种金属功能材料

（1）稀土功能材料。浙江省是稀土应用材料重点生产基地，尤其是稀土磁性材料门类齐全，企业集中，产量大，重点企业有宁波韵升、英洛华、科宁达、中元磁业等。全省稀土永磁产量占全国42.1%，具有较强的研发基础。宁波材料所建有国家发改委与地方联合工程实验室、浙江省磁性材料与应用技术重点研究室、中科院磁性材料与器件重点实验室，具有国内一流的磁性材料研发团队。全省稀土磁性材料骨干企业中，拥有省级及以上企业技术中心、研发中心达8家。2013年全省稀土永磁产品产量4.21万吨，另外稀土三基色荧光粉、液晶显示、等离子显示用稀土荧光粉、汽车尾气催化材料、非晶合金带等稀土新材料研发取得突破，一批产业化项目进入实施。

（2）其他功能合金。浙江省是铜及铜合金材料生产大省，全省拥有3家铜及铜合金行业国家级企业技术中心及5家铜及铜合金材料上市公司。兴业盛泰、宁波博威、江丰电子、海亮铜业、宏磊铜业、宁波金田新材料公司等骨干企业成功开发了耐蚀合金、高强高导高弹性材料、铜钛锆锌合金、高性能靶材等一批新材料产品并形成批量生产，兴业盛泰与国内科研机构合作研发的“高强度铜合金带材的关键技术及产业化”、“低锡强化磷青铜合金带材的产业化”项目分别获中国有色金属工业科学技术一等奖和二等奖。2013年全省铜及铜合金材产量达249.71万吨，同比增长15.37%，产量居全国第二位，实现销售收入1009.5亿元人民币，利润25.57亿元人民币，同比分别增长14.9%和31.3%。

2. 高品质特殊钢

2013年全省不锈钢材产量268万吨，高品质不锈钢占30%以上。骨干企业有永兴特钢、久立特材、振石东方特钢、宁波宝新等。核岛堆内构件用不锈钢棒材、尿素级不锈钢310MoLN母材、超超临界火电用钢、超纯铁素体不锈钢、超级奥氏体耐蚀不锈钢、高温镍基合金，含钛双相不锈钢等重点品种相继研发成功并批量生产和应用。2013 年久立特材 GH690 合金核电蒸汽发生器用 U 型管研发通过了评审，并完成了预制批生产任务。

3．高性能纤维

浙江省是纤维生产大省，2013 年化学纤维产量 1839 万吨，玻璃纤维产量 75.39 万吨。拥有巨石集团有限公司、桐昆集团股份有限公司、浙江海利得新材料股份有限公司、浙江古纤道新材料有限公司、浙江恒逸高新材料有限公司等龙头企业。浙江古纤道新材料有限公司与浙江理工大学合作，突破了产业用高性能纤维液相增黏技术，达到了国际领先水平，中科院宁波材料突破了大丝束 T800 碳纤维成套制备技术，宁波大成超高强聚乙烯纤维及复合材料高技术产业化项目纳入国家发改委示范工程。

4．高性能氟材料和有机硅材料

浙江省氟硅产业约占全国 40%，是全国唯一拥有两个国家级氟化工工程技术中心的省，建有浙江省氟硅化学品创新服务平台、教育部有机硅化学及材料技术重点实验室，拥有国家级企业技术中心、浙江氟硅技术研究院、博士后工作站、院士工作站和氟化工专家实验室等一批技术创新机构。2013 年以巨化集团为核心的国家火炬计划氟硅特色产业基地拥有规上企业家数 31 家，实现主营业务收入 130.64 亿元人民币，利润总额 11.28 亿元人民币。中天氟硅引进世界 500 强企业美国卡朋罗兰公司的稀盐酸深解吸技术，并进行再创新解决了目前国内恒沸酸水解工艺中氯化氢回收率低的大难题，实现氯化氢回收利用率大于 80%，比国内平均水平高达 10 个百分点，同时有效防止环境污染。巨化含氟单体、特种助剂、超高分子量 PTFE、ETFE 等专用树脂制备技术已工业化或中试生产，制膜原料技术基础好；歌瑞等企业建立了含氟功能膜中试装置；凯圣超纯 HF、BOE、F2 等电子化学品形成了系列，处国际先进水平；中宁硅业 3000 吨 6N 硅烷和 1500 吨 7N 多晶硅已投产，11N 多晶硅样品研制成功，浙江大学与杭州师范大学主导的硬碳与氟硅聚合物薄膜锂电池研究取得了突破。

二、浙江省新材料重点企业发展情况

1．浙江久立特材料科技股份有限公司

久立特材专门致力于工业用特殊材质金属管和各种断面复杂、变形难的不锈钢、耐蚀合金、高温合金和钛合金等特种管材的开发和生产，现已发展成为装备先进、品种完整、规格齐全、年生产能力为 65 000 吨的国内外知名企业，近 5 年产量和市场占有率始终位列国内同行业首位，在国际同行业中位居第 4 位。2013 年该公司企业技术中心被认定为国家级企业技术中心。年产 2 万吨 LNG 船不锈钢管项目建成投产，产品替代进口，填补了国内空白。CAP1400 示范核电站蒸汽发生

器用传热管实现了预制批的生产鉴定。2013年公司实现销售收入65.28亿元人民币，同比增长25.98%，实现利润2.87亿元人民币，增长45.7%。

2. 永兴特种不锈钢股份有限公司

永兴特钢是国内高品质不锈钢长材专业化生产企业，不锈钢棒材市场占有率近几年一直位居行业前列。公司自主开发的核岛反应堆堆内构件用不锈钢棒材、核电阀门锻材、焊接不锈钢线材产品已成功应用到国内外核电项目，Incoloy825耐蚀合金用于千万吨炼油高压临氢装置，企业是中石化、东方电气、哈尔滨电气等耐蚀、耐高温材料合格供应商。2013年公司实现销售34.67亿元人民币，实现利税2.68亿元人民币。

3. 宁波宝新不锈钢有限公司

宁波宝新不锈钢有限公司引进德国、法国、日本等国家的先进技术装备，消化日新制钢的不锈钢制造工艺和技术，在品种、质量、信誉等方面处于领先地位。公司主要生产钢种有300、400系列，其中冷轧不锈钢汽车排气系统及轨道交通用不锈钢有较明显优势。2013年不锈钢冷轧板卷产量65.89万吨，实现产值88.07亿元人民币，实现利润1.66亿元人民币。

4. 宁波韵升股份有限公司

宁波韵升股份有限公司是国内钕铁硼稀土永磁龙头企业，目前的烧结钕铁硼产能大约为5000吨左右，黏结钕铁硼产能大约为250吨左右，是国内少数几家拥有钕铁硼专利许可的企业之一。公司生产的中高档钕铁硼产品已经占公司产品的70%以上。2013年公司稀土磁性材料产量4350吨，实现稀土材料产值16.6亿元人民币，实现利润3.4亿元人民币。

5. 浙江英洛华磁业有限公司

浙江英洛华磁业有限公司是一家集生产、经营和科研为一体的高新技术企业，主要研发稀土永磁烧结钕铁硼和稀土永磁黏结钕铁硼系列产品。稀土钕铁硼生产能力6500吨，是目前我国同行业中品种最齐、规模最大、性能最高的稀土永磁材料生产基地之一。公司与浙大、北京钢研院、宁波材料所分别建立了相关研发中心，从事稀土新材料研究和开发。公司基于晶界重构的高性能钕铁硼永磁体的产业化项目顺利投产。2013年实现产值6.45亿元人民币，实现利税7485万元人民币。

6. 宁波科宁达工业有限公司

宁波科宁达工业有限公司为国家火炬计划重点高新技术企业，国家“863计划”成果产业化基地，和中国兵器工业第五二研究所宁波分所合作成立了省级“宁波磁性材料与器件工程技术研究中心”。公司是目前国内最大的钕铁硼磁体生产厂之一，是上市公司中科三环主要生产基地。2013年，公司拥有总资产10亿元人民币，实现销售收入10.6亿元人民币，利润总额1.5亿元人民币，申请专利8项。

7．浙江东轻高新焊丝有限公司

浙江东轻高新焊丝有限公司是一家专业生产和销售铝合金焊丝、铆钉线、管材、型材企业。企业技术力量较强，具有国际先进的生产装备和齐全的检测设备，建有年产 3000 吨轨道交通用高性能铝合金焊丝生产线。产品应用于轨道交通、航天、航空、兵器、船舶、核工业、空分设备等领域。2013 年焊丝产量 130 吨，实现产值 1.01 亿元人民币，申请专利 11 项。

8．浙江华峰新材料股份有限公司

浙江华峰新材料股份有限公司是全球产销量最大的鞋用树脂生产企业，建有国家级实验室和省级高新技术企业研究开发中心。公司坚持自主创新，研究开发了一系列拥有自主知识产权、达到国际先进水平的聚氨酯类产品，拥有数十项国内外专利。主导产品"聚峰"牌鞋底原液是一种新兴的高分子材料，兼具橡胶、塑料的双重特性，是生产高档鞋底材料、减震缓冲材料、胶黏剂等的重要原材料，并逐步向汽车行业、起重行业、高速铁路工程、航空航天行业、港口离岸工程等应用领域拓展。2013 年实现产值 39.63 亿元人民币。

9．浙江华友钴业股份有限公司

浙江华友钴业股份有限公司主要研发、生产、销售四氧化三钴、氧化钴、碳酸钴、氢氧化钴、草酸钴、硫酸钴、氧化亚钴等产品，产品主要用于锂离子电池正极材料、航空航天高温合金、硬质合金、色釉料、磁性材料、橡胶黏合剂和石化催化剂等领域。公司是中国最大的钴化学品生产商，钴综合产能规模排名中国第二，世界前列。2013 年，公司研发投入 4800 万元人民币，实现销售收入 14.4 亿元人民币，利润总额 1.72 亿元人民币，专利申请共 6 项。

10．宁波博威集团有限公司

宁波博威集团有限公司是一家专业从事高性能、高精度有色金属合金棒、线材料的研发、生产和销售的企业，是我国铜加工行业龙头企业。公司是国际铜加工协会的技术委员会委员，是国内铜棒线合金材料国家和行业标准的主要制定单位，拥有国家认定企业技术中心和国家认可实验室，在环保合金材料、替代合金材料、功能合金材料和节能合金材料领域开展多种新材料的研发，拥有 22 项发明专利。铜合金棒、合金线材料等主导产品，应用于电子通信、汽车、机电等领域，部分材料已成功应用于神舟系列飞船和嫦娥一号探测器。2013 年，公司高端合金材料产量 6 万吨，实现销售收入 22.5 亿元人民币，利润总额 1 亿元人民币。

11．宁波兴业盛泰集团有限公司

宁波兴业盛泰集团有限公司是专业生产铜基合金板带材料、国内高精铜合金带主要生产企业之一。产品主要有高精度黄铜板带、锡磷青铜板带、锌白铜板带及引线框架用板带等系列。集成电路引线框架铜带，在国内占据较高的市场份额。2013 年公司新材料品种 C7025、C7035、C4250、C4220 等形成系列化批量生产，全年高端合金材料产量 8 万吨，实现销售收入 23.9 亿元人民币，利润总额 5100 万元人民币。

12. 巨石集团有限公司

巨石集团有限公司是国内玻纤材料龙头企业，拥有国家级企业技术中心，多个产品列入国家火炬计划及浙江省重大科技专项计划。主要产品有中、无碱玻璃纤维无捻粗纱，短切原丝，连续毡，针织复合毡和短切毡，乳剂型和粉剂型短切毡，方格布等增强型玻纤产品，以及电子级玻纤纱和玻纤布，有 20 多个大类近 500 个规格品种，年生产能力超过 90 万吨。2013 年，巨石集团实现销售收入 30.99 亿元人民币，利润 4.31 亿元人民币，出口额达 2.66 亿万美元。

13. 浙江普利特新材料有限公司

浙江普利特新材料有限公司立足于发展我国的复合材料事业，主要生产汽车用 PP、ABS、PC/ABS 等高性能改性高分子塑料复合材料。截至 2013 年 12 月 31 日，公司总资产 5.55 亿元人民币。2013 年实现销售收入 5.67 亿元人民币，利润总额 3406.2 万元人民币，专利申请共 12 项。

14. 巨化集团公司

巨化集团公司是以氟化工为龙头，石化新材料为支柱，氯碱化工和煤化工为基础的国内重要的化工大型联合企业。集团拥有国家级企业技术中心，建有企业博士后工作站，是“国家氟材料工程技术研究中心”，“浙江巨化中俄科技合作园”的依托单位。公司主攻方向是高端氟聚合物系列、新型含氟专用化学品和新型 ODS 替代品的创新研究及产业化。2013 年公司总资产 174.5 亿元人民币，实现业务收入 201.5 亿元人民币，利税 11.6 亿元人民币，利润 6.3 亿元人民币。

15. 宁波墨西科技公司

宁波墨西科技公司成立于 2012 年，注册资本 2.4 亿元人民币，是一家专门从事石墨烯制备及石墨烯应用研发的高新技术企业，与中国科学院开展合作，引进了中科院宁波材料所全球首创的石墨烯大规模制备技术，并共同成立了石墨烯制备与应用技术研发中心。公司目前已经开发成功了多项石墨烯应用技术，涉及领域包括：锂电池、超级电容器、重防腐工业涂料、高导热散热性涂料、高强度涂料、建筑内外墙涂料、纳米陶瓷涂料、塑料增强母粒、导电塑料母粒、橡胶增强等各类行业。2013 年 12 月 20 日，公司年产 300 吨石墨烯规模生产线落成投产。预计在 2016 年，公司电池用石墨烯导电剂年产能达到 50 吨，石墨烯功能涂层铝箔年产能达到 200 万平方米，并实现这两项新产品在电动汽车动力电池中的推广应用。

16. 温州宏丰电工合金股份有限公司

温州宏丰电工合金股份有限公司是一家专注于高性能电接触功能复合材料、元件及一体化组件的研发、生产、销售、技术服务于一体的高新技术企业。与浙江大学合作成立了“纳米电接触功能复合材料研发中心”、与上海交通大学合作成立了“先进信息化制造技术研发中心”、与西安交通大学合作成立了“焊接技术研发中心”，经过多年的研发和创新，公司取得了 30 余项专利技术。公司产品主要应用于工业电器、汽车电器、家用电器、通信电子、航空等领域。2013 年实现产值 8.3 亿元人民币，全年总销量 1700 吨。

三、浙江省新材料重大项目建设情况

2013 年，浙江省十分重视工业投资，省人民政府下发了《关于进一步推进工业有效投资的若干意见》，鼓励社会资金投向战略性新兴产业。2013 年浙江省继续实施战略性新兴产业百项工程，扶持重大新兴产业项目建设。全省有 17 项新材料项目（不含宁波）列入“百项工程”计划。2013 年新材料重大项目有浙江工信环保科技有限公司年产 7000 吨重金属吸附材料项目，平阳德科镁机械有限公司镁合金生产项目，温州新科先进粉体材料有限公司超微细材料工业化生产项目，龙焱科技自主研发的基于第三代近空间升华法技术的国内首条 25MW 第二代碲化镉薄膜电池生产线已投入小规模生产等。

四、浙江省新材料重点发展政策

2013 年，浙江省继续加大新材料产业培育力度，推进新材料产业发展。研究制定《浙江省“十二五”重大科技专项——新材料技术专项实施方案》，通过专项实施，突破一批关键技术，开发一批关键品种，推进新材料产业集聚化发展；深入开展新材料产业技术创新综合试点，组织实施氟硅新材料试点方案，成立省氟硅新材料产业技术创新综合试点专家指导组，扶持试点企业省级重点企业研究院建设及试点企业技术攻关；继续实施战略性新兴产业“千百十”培育工程，安排省级补助资金 5080 万元人民币扶持重点新材料项目建设。全力推进全省新材料产业基地及平台建设，启动宁波新材料科技城建设，鼓励工业强县（市）创建新材料高新园区。

五、2014 年浙江省新材料产业工作总体安排

2014 年，全省新材料产业产值预期增长 15%以上，重点培育 10 家左右国内新材料龙头企业，培育 20 个左右国内领先新材料产品，培育发展 3 个以上省级及以上新材料产业基地，培育 10 家省级及以上新材料类研发机构。继续实施新材料产业技术创新综合试点，实施氟硅新材料产业技术创新综合试点，努力完成试点目标。开展稀土功能材料、高性能纤维材料、无机节能材料、高端金属合金、信息新材料等重点新材料领域调研，择机开展新一批产业技术创新综合试点。切实推进战略性新兴产业“千百十”培育工程，扶持一批新材料产业重大项目建设。推进宁波新材料科技城、新材料高新园区、新材料产业基地建设，促进新材料产业集聚发展。

第十二节 安 徽 省

一、安徽省新材料产业发展情况

新材料产业具有关联度高、经济带动力强、发展潜力大的特点，已成为促进安徽省经济快速增长和提升企业、地区竞争力的原动力，是安徽省战略性新兴产业的中坚力量，涌现了一批实力比较雄厚的优势企业，形成了布局比较合理、特色比较明显、优势比较突出的新材料工业基地。安徽省新材料产业发展呈现以下几个特点。

1. 产业规模显著扩大

新材料产业作为安徽省战略性新兴产业的重要内容，近年来，产业发展呈现出快速增长的态势。通过合资合作和资产重组、技术改造和企业扩张，产业规模快速壮大，整体实力显著提升，2013 年，全省新材料产业 326 家，累计实现产值 1404.8 亿元人民币，同比增长 23.5%，在全省八大战略性新兴产业中占比 20.5%。

2. 产业发展水平明显提升

安徽省新材料产业已形成了以铁基、铜基、硅基、新型化工材料、新型建材、纳米材料等为主体的门类较为齐全的产业链。同时，利用安徽省众多大专院校、科研院所在新材料技术研究方面的优势，在优质金属新材料、无机非金属新材料、高分子材料、新能源材料等领域进行了重点研发和生产。此外，加大产业招商引资力度，着力引进一批对环境影响小、优化产业结构作用大，产业带动性强的好项目，并取得显著成效。目前，材料产业正不断从传统材料向新材料转化过渡，新材料在整个材料工业中所占比重逐年增加，成为安徽省战略新兴产业新的增长点。

3. 骨干企业发展迅猛

近几年来，安徽省新材料产业完成不少重大项目，一些骨干企业发展迅猛。例如，安徽国风集团年产 10 万吨木塑新材料项目；中钢集团年产 10 000 吨高性能空心玻璃微珠生产线项目；合肥杰事杰新材料有限公司投资 4.3 亿元人民币建设的亚洲单体最大的年产 8.4 万吨工程熟料及高分子复合材料的研发生产基地建设项目；合肥乐凯科技产业有限公司投资 13 亿元人民币建设平板显示器材工业园，生产光学级聚酯薄膜；彩虹（合肥）液晶玻璃有限公司一期投资 37 亿元人民币，建设两条第 5 代和四条第 6 代液晶玻璃基板生产线，建成后可年产各种液晶玻璃基板 238 万片；蚌埠玻璃院日熔量 150 吨电子信息显示超薄基板生产线成功点火；安徽金泰尔合金新材料有限公司生产大型异型及复合型硬质合金项目；宣城博迪新材料公司生产的电化防锈漆、高强高膜聚乙烯项目；安徽凤形耐磨材料公司年产 8.5 万吨新型耐磨材料项目；宣城晶瑞新材料公司纳米二氧化钛、纳米氧化铈等新材料项目。中钢集团马鞍山矿院高性能空心玻璃微珠项目实现产值 1 亿元人民币。滁州德威新材料项目投资 20 亿元人民币、年产 10 万吨的高分子材料和 10 万吨的工程塑料项目以及安徽天大铜业总投资 20 亿元人民币、年产 15 万吨高等级电磁线项目，均计划于 2014 年投产。此外，安徽省永磁电机、稀土新材料等产业均已形成较大规模。

4．产业聚集度明显提高

安徽省新材料产业已建成以合肥、马鞍山、芜湖、蚌埠、铜陵等市为中心产业集群，目前已被科技部列为高新技术产业基地的有马鞍山国家新材料高新技术产业化基地，铜陵国家电子基础材料及新型元件高新技术产业基地，蚌埠国家玻璃新材料高新技术产业化基地，马鞍山铁基新材料高新技术产业化基地，马鞍山铁基新材料、铜陵铜基新材料、蚌埠硅基新材料被工信部列为新材料基地。以铁基、铜基、硅基和化学建材为主导，以产业链为纽带，聚集了一批企业的重要新材料生产基地，为产业服务的各项配套工程、基础设施、人才培训、行业服务等日益完善。

二、安徽省新材料重点发展政策

1．财政引导政策

每年安排一定额度的专项资金，支持新材料产业转型升级。制定出台战略性新兴产业发展意见、新材料产业发展实施意见等一系列支持政策，每年在战略性新兴产业资金中对新材料产业予以重点支持。

2．集群发展政策

支持新材料企业在重点园区投资建设，抢抓战略性新兴产业发展机遇。鼓励国内外新材料领域知名企业在新材料基地开展兼并、重组、嫁接等合作，并在用地、规划、配套设施上予以更多支持。鼓励龙头型、领军型企业在安徽省整合上下游产业链，完善配套体系，建立研发、生产基地，在规划、建设、招商合作、政策制定等方面给予更多支持和自主空间。

3．转型升级政策

搭建产学研合作平台，支持高等院校和科研院所进入园区创办、领办新材料科技企业，建立产学研基地。鼓励和吸引高等院校、科研院所与省内新材料企业合建科研中心，开展课题研究及培训讲座。鼓励新材料企业自建或共建技术平台，承担起国家重点实验室、工程实验室、工程（技术）研究中心建设任务。

4. 市场推广政策

新材料企业自主创新产品优先推荐申报地产品目录，政府投资项目应优先采购，打造本地市场样板工程。

三、2014 年安徽省新材料产业工作总体安排

（一）强化支撑，发展一批重点产品

依托现有产业基础，集中优势资源，引导扶持新材料产业规模和技术水平提升，为该行业的跨越式发展奠定基础。

1. 加快发展马鞍山铁基新材料

大力发展高速车轮及轮对、重载车轮、第三代汽车用钢、耐腐蚀钢、装备制造业用特种钢及高承载回转支承等高性能钢铁新材料，开发生产特种高效电机用磁性材料及电子元器件材料、铁基复合材料。

2. 加快发展铜陵铜基新材料

重点发展铜基电子新材料，发展高精度电子铜带、超薄电子铜结、低氧光亮铜杆、数据电缆、阳极磷铜材料、集成电路引线框架、特种电线电缆等，培育具有自主知识产权的铜基新产品。

3. 加快发展蚌埠—滁州硅基新材料

重点发展超白、超厚、超薄等特种玻璃新材料，包括显示玻璃、光学玻璃、光伏玻璃、建筑节能玻璃、汽车玻璃。积极发展硅基电子材料、新型高性能有机硅、新型陶瓷功能材料。

4. 加快发展安庆化工新材料

以芳烃、烯烃两大原料为基础，以合成树脂、合成橡胶、合成纤维三大合成材料中高端和紧缺产品为主攻方向，加快形成化工新材料产业体系。以树脂基复合材料和碳/碳复合材料为重点，推进高性能复合材料、高强高模等系列碳纤维产品开发和产业化；加快可降解高分子材料发展，扩大产业规模。积极开发汽车和家电零部件用复合材料及配件、新型滤膜、高档环保型塑料薄膜涂层材料、新型包装材料等产品。

5. 加快发展合肥新材料产业集聚区

重点发展高性能金属材料、硅基新材料、电子材料、新型高分子材料、纳米材料、碳纤维材料、稀土磁性材料等。高性能金属材料优先发展新型高强合金材料、轻量化功能材料等。硅基新材料优先发展显示玻璃、光伏玻璃、半导体材料等。电

子材料优先发展高端电子铜带、超薄电子铜箔、高密度互联覆铜板、金属粉体材料等。新型高分子材料优先发展新型工程塑料、可降解高分子材料等。稀土磁性材料加快庐江磁性产业园建设。

6. 加快发展芜湖新材料产业集聚区

重点发展电子信息材料、特种金属材料、新型高分子材料等。电子信息材料优先发展半导体材料、光电子材料、新型显示材料、磁性材料、数据存储材料等，延伸铜基新材料产业链，壮大电子信息材料产业规模。特种金属材料重点发展汽车、大型装备工程机械锻件、无缝钢管等精品优特钢和铝合金、镁合金等高强合金材料等。加快工程塑料、聚酯树脂、可降解塑料等新型高分子材料产业发展。

7. 加快发展宣城新材料产业集聚区

重点发展高密度铝合金型材、稀土耐磨材料、电子铜箔、高强高模聚乙烯纤维、碳纤维、PTFE/GF 混纺滤材、非涂胶冷黏保护膜、超低温热封聚丙烯薄膜、纳米碳酸钙、纳米二氧化钛、非金属及合金高温耐火材料、塑木复合材料等。

（二）坚持创新，发展一批产学研用合作平台

强化市场引导、企业实施、高校和研究院所为技术后盾产学研用合作体系，统筹关键共性技术的攻关和产品开发。加大研发创新投入，支持扩能提效改建项目、科技创新产业化项目和产业链配套攻关项目。鼓励企业自主培养研发团队，并建立研发中心，依托自主知识产权和品牌，走成果化、产业化、国际化发展道路。加快建立以企业为主体，市场为导向，产学研结合的技术创新体系，积极组建产业技术创新战略联盟。鼓励企业与政府加强合作，共同引进国内外科研机构入驻园区，提升新材料产业公共服务水平。

（三）明确路径，壮大一批特色产业和龙头企业

加快产业资源整合，重点打造“合金产业链”、“功能材料产业链”、“化工材料产业链”和“硅基材料产业链”等在安徽省具有一定基础和优势的产业链，充分发挥自主创新发展优势，推动园区新材料产业科技化、产业化、集群化并重发展。

1. 突出龙头带动

依托马钢、铜陵有色、彩虹（合肥）、乐凯（合肥）等公司，发展规模效应，积极培育下游市场应用方向，拓展发展新空间。

2. 突出技术引领

利用蚌埠玻璃院、国家玻璃重点实验室、马钢重点实验室等现有技术领先优势，加快培育一批重点企业的体量提升，加速成熟产品市场开发。

3. 突出项目建设

锁定一批附加值高，市场前景好前沿项目，主动对接，加大招商引资力度，加

快重大项目建设，尽早发挥效益。

（四）推进产业融合应用

加强新材料产业与原材料工业融合发展，推进新材料技术向传统产业切入，在原材料工业改造提升中，不断催生新材料，在新材料产业创新发展中，不断调整产品结构，提升产品档次，带动材料工业转型升级。围绕装备制造、汽车、船舶、石化、电子信息、建材、纺织等行业对新材料的需求，加强新材料与下游产业的相互衔接，推进新材料的应用研究和推广，对相关领域和产业布局进行总体部署，统筹规划，促进协调发展。

（五）强化激励，打造高水平人才梯队

创造良好的人才创新环境，制定和实施新材料产业人才引进计划，形成吸引人才市场化、尊重人才社会化、服务人才个性化的良好氛围。通过激励政策培育一批行业高级人才，吸引一批业内领军人才，强安徽省新材料企业科技创新支撑。同时加快培养一批政治素质好、市场驾驭力强、具有战略眼光的优秀企业家队伍，鼓励全省有基础、有条件的企业家向新材料领域拓展，梯次培育新材料产业专业技术人才。

力争到“十二五”末期，安徽省新材料产业产值力争达到 2000 亿元人民币，年均增长 20%以上。马鞍山铁基新材料、铜陵铜基新材料、蚌埠—滁州硅基新材料和安庆化工新材料 4 大产业基地规模达到（200～500）亿元人民币，合肥、芜湖、宣城等特色新材料产业集聚区快速发展，初步形成产业布局合理，区域特色突出，结构明显优化的新材料产业发展格局。新培育一批省级企业技术中心、工程技术研究中心和重点试验室等研发机构。掌握一批对产业发展具有主导作用的核心关键技术，开发一批重点新产品。新材料的开发、应用和产业化水平总体上接近或达到国内先进水平。

第十三节　福　建　省

一、福建省新材料产业发展情况

（一）福建省新材料产业总体发展情况

2013 年，福建省战略性新兴产业产值 6739.78 亿元人民币，实现增加值 1902.93 亿元人民币。其中，新材料产业产值 1870.31 亿元人民币，占比 27.8%，同比增长

15.2%；实现增加值427.72亿元人民币，占比22.5%，同比增长14.2%。

2012年认定厦门钨业股份公司等战略性新兴产业骨干企业新材料企业15家，2013年又认定19家，累计共培育认定了34家战略性新兴产业骨干企业新材料企业，产品基本覆盖了新型功能材料、先进结构材料、高性能复合材料、共性基础材料等各领域。

（二）福建省新材料产业发展存在的问题

（1）产业总体水平相对较弱，对经济增长的拉动作用不够明显。

（2）企业创新能力仍显不足，发明专利数和周边沿海省市相比仍有差距。

（3）三是区域发展还不平衡，虽各设区市都有高新园区，但多数产业和重点企业分布在福厦两地，山区产业规模偏小、大型骨干企业偏少。

二、福建省新材料重点企业发展情况

1. 稀土方面

厦钨控股子公司金龙稀土公司获国家稀土准入资格，年产1000吨荧光粉、3000吨钕铁硼磁性材料项目已正式投产；厦门钨业公司稀土项目获国家专项扶持。

2. 化工新材料方面

东南电化公司10万吨/年甲苯二异氰酸酯（TDI）项目的一条线（5万吨/年）和湄洲湾氯碱6万吨/年聚对苯二甲酸丁二醇酯（PBT）项目已投入试生产，湄洲湾氯碱1, 4-丁二醇（BOD）目前的产能是4万吨/年，下一步拟扩建至8万吨/年。

3. 有机氟材料

聚四氟乙烯、电子级含氟精细化学品和含氟表面活性剂也陆续开始试生产和投产。

厦门钨业公司是一家2002年在上海证券交易所挂牌上市的大型国有控股集团公司，被有关部委认定为国家级重点高新技术企业、国家首批重点科技创新企业和循环经济试点企业。厦门钨业目前拥有21家控股子公司、分公司，3家参股公司，1个国家钨材料工程技术研究中心和1个省级磁性材料研究所，涉及钨、钼、稀土、电池材料和房地产等产业。截至2013年年末，厦门钨业总资产为154亿元人民币、股东权益为61亿元人民币，主要产品有钨粉末、硬质合金、整体刀具、数控刀片、钨钼丝材、钨钼零件以及能源新材料（各类电池材料和稀土功能材料）等。2013年，共实现销售收入99亿元人民币。

三、福建省新材料重点产业基地/园区情况

福建省新材料重点产生基地主要是福建（龙岩）稀土工业园区。

1. 基地概况

福建（龙岩）稀土工业园区获省政府批准设立，三明稀土工业园已动工建设。园区地处长汀城郊策武镇境内，毗邻规划的长汀新火车站和长途汽车客运站，龙长高速、赣龙铁路复线、319 国道、205 省道环抱园区四周。规划总面积 12.82 平方公里，建设用地面积 7.98 平方公里，总投资 60 亿元人民币。作为省、市实施的重特大项目，被列入全省重抓的 20 个产业基地（集群）之一，福建省唯一以稀土命名的工业园区，于 2012 年 1 月成功升格为省级工业园区。

2. 发展重点

园区围绕建设全国稀土产业基地的总体目标，按照“高起点规划、高标准建设、高效益发展”的要求，发展定位为绿色、科技、人文、创新的高标准国际化工业园区。重点发展稀土永磁材料、稀土发光材料、稀土储氢材料、中重稀土合金、稀土新材料等 5 条稀土精深加工产业链，把园区打造成稀土原材料的制造基地、稀土新材料的生产基地、稀土应用产品生产基地、稀土科技研发基地、稀土人才培训基地，到“十二五”末期全市稀土产业产值实现 300 亿元人民币，基本建成“全国稀土产业基地”和国家稀土产业高新园区。

3. 发展概况

园区开始建设以来，已累计完成投资 6.61 亿元人民币，一期征地 6000 多亩并实现通水、通电、通路，污水处理、11 万伏变电站等相关公共服务设施可在春节前后建成，即将启动二期征地和中心大道、黄馆路等基础设施建设。不断完善的园区基础设施和良好的投资软环境及优惠的投资政策，吸引了一批投资规模较大、有较高科技含量的企业相继落户园区。目前，已有 4 个项目投产，5 个项目正在建设，总投资 27.6 亿元人民币，还有一批项目已签约一批项目正在洽谈。2013 年园区实现产值超过 20 亿元人民币。

四、福建省新材料重大项目建设情况

2013 年战略性新兴产业专项资金扶持福建中科康钛材料科技有限公司数字化新型粉末组装技术产业化、厦门钨业股份有限公司动力电池用稀土储能材料产学研等 19 个新材料产业项目，给予扶持资金 1930 万元人民币。

福建省新材料重大项目建设情况参见表 3-26。

表 3-26 福建省新材料重大项目建设情况

序号	项目名称	项目性质（新建、改扩建）	投资企业	建设周期	主要产品	技术来源	投资规模（亿元）
1	福建省长汀金龙稀土有限公司年产 3000 吨高性能稀土永磁材料和元器件产业升级改造项目	新建	福建省长汀金龙稀土有限公司	一期：2010 年 9 月至 2013 年 2 月 二期：2011 年 7 月至 2013 年 6 月 三期：2011 年 10 月至 2014 年 12 月	年产 3000 吨钕铁硼合金（粉）、年产 2500 吨钕铁硼磁石、年产 1500 吨钕铁硼元器件	自主研发	6.196
2	厦门钨业股份有限公司高端稀土材料公共技术服务平台建设	改扩建	厦门钨业股份有限公司	2011 年 1 月至 2014 年 12 月	公共技术服务平台建设	自主研发	2.14

五、2014 年福建省新材料产业工作总体安排

2014 年福建省经信委印发了《福建省 2014 年重点产业投资导向》（闽经信投资[2014]127 号），明确新材料产业重点发展：光电晶体材料与器件、发光二极管（LED）相关材料、平板显示材料，太阳能级硅材料、锂电池材料及产品，稀土金属、稀土功能材料，新型建筑石材及陶瓷、新型建筑节能材料、新型混凝土外加剂和涂料，高分子涂层材料、高分子复合材料、生物医用材料，催化材料、光催化材料与器件，新型特种钢材料、特种合金材料、功能陶瓷材料，高性能工程塑料、轻纺新材料等具有福建省技术优势、产业基础和区域特色的新材料产业。

第十四节　江　西　省

一、江西新材料产业发展情况

（一）江西省新材料产业总体发展情况

江西省新材料产业主要是特种金属功能材料、高端金属结构材料、先进高分子材料、新型无机非金属材料。江西省将新材料产业划分为金属新材料和非金属新材料。2013 年，江西金属新材料和非金属新材料产业完成主营业务收入 1878.9 亿元人民币，同比增长 16.1%，实现利税总额 214.7 亿元人民币，同比增长 43.1%。

（二）江西省新材料产业重点领域发展情况

1. 特种金属功能材料

（1）稀土功能材料。江西省离子型稀土资源品种类型齐全，是迄今为止国内外独具特色的优良稀土资源，富含铽、镝、铕、钇等高价值的中、重稀土元素，是稀土磁性材料、发光材料、储氢材料、催化材料、抛光材料等生产不可或缺的关键元素，也是江西省决定产业链发展方向和重点的支撑条件。2013 年，江西省稀土矿山企业 2 家，年生产能力约 1.6 万吨。稀土分离企业 17 家，离子型稀土矿年分离能力 4.6 万吨。根据工信部有关文件精神，2013 年江西省只有 9 家稀土分离企业获得了稀土矿产品指令性生产计划，稀土金属冶炼企业 9 家，稀土金属年生产能力 2 万吨。永磁材料生产企业 14 家，钕铁硼年生产能力 2 万吨。稀土荧光材料生产企业 7 家，年生产能力 5000 吨。储氢合金粉生产企业 2 家，年生产能力 2600 吨。稀

土添加剂企业1家，年产能1万吨。

近几年江西省大力发展稀土产业，江西理工大学、赣州稀土研究所等科研院所为江西稀土产业发展提供了有力支撑。赣州稀土新材料产业基地于2010年被国家工信部授予“国家级新型工业化产业示范基地”。江西省的稀土产业链不断延伸，稀土永磁电机、稀土节能灯及稀土陶瓷等应用产品生产渐成规模，稀土发光材料、稀土磁性材料产能达到全国20%左右，稀土锆陶瓷占全国50%左右。离子型稀土原地浸矿技术、冶炼分离、金属冶炼技术水平先进。稀土氧化物、金属、中重稀土合金、稀土铸铁等产品质量居全国前列。

（2）钨材料。江西省钨特别是黑钨资源十分丰富，江西省保有钨资源储量102万吨，位居全国第二，已经形成比较完整的产业链，是我国乃至世界重要的钨原料产地。2013年，江西省规模以上钨企业109个，钨精矿（折合65%三氧化钨，下同）年产能约6万吨，钨冶炼综合年产能13万吨。2013年，工信部下达给江西省钨精矿指令性生产计划3.755万吨，全年生产钨精矿5.7万吨，钨冶炼产品约占全国同类产品1/2以上；江西省硬质合金产量约2000吨，约占全国5%。2013年全年江西省钨产业主营业务收入455.4亿元人民币，同比增长23.7%，利润35.2亿元人民币，同比增长56.9%，利税58.6亿元人民币，同比增长62.9%。江西稀有金属控股集团公司、江西钨业集团有限公司、崇义章源钨业股份有限公司、赣县世瑞新材料有限公司、江西耀升工贸发展有限公司等企业是江西省钨矿山开采到冶炼、深加工集约化大型钨企业。南昌硬质合金有限公司是江西省钨棒材和微型钻专业化生产的重要企业。钨企业的开采和冶炼生产技术和装备居世界先进水平，江西赣州有色冶金研究所是我国主要涉钨研究所。

2. 先进高分子材料

江西省有机硅产业基础主要在永修县星火工业园。星火工业园成立于2000年6月，主要围绕江西星火有机硅厂建成的国内首套万吨级有机硅单体生产装置进行有机硅下游产品的生产、研究和开发。自2006年以来，江西有机硅产业在经济效益、产销能力、带动作用方面产生了惊人变化，在全省化工行业中占据重要地位。星火有机硅厂单体产能从10万吨扩大到50万吨。目前星火工业园内入园企业达60多家，其中有机硅产业相关企业40多家。2013年江西有机硅产业实现主营业务收入137亿元人民币，同比增长24%；实现利税15亿元人民币，同比增长34%。

3. 高端金属结构材料

2013年高端金属结构材料行业实现主营业务收入100.3亿元人民币，同比增长14.5%；实现利税7.5亿元人民币，同比增长47.05%。重点产品主要有新余钢铁集团有限公司的核岛压力容器钢板、高强度造船板、电工钢、家电用钢，方大特钢的汽车板簧钢及空气悬挂支架等。方大特钢与德国BPW车轴公司，厦门福田等企业和北京科技大学、南昌大学等高校有着技术上的密切交流和合作，产品技术水平处于国内领先水平。

（三）江西省新材料产业年度重大事件

（1）江钨世泰科钨综合冶炼加工项目试产。该项目于 2012 年 8 月 14 日开工，总投资额 1 亿欧元，2013 年 12 月开始试生产。项目立足于江钨控股集团钨产业优势，引进世泰科公司世界先进的钨冶炼技术，生产高品质钨制品。

（2）江西先材纳米纤维科技有限公司在世界上率先研发出聚酰亚胺（PI）纳米纤维电池隔膜。这是世界首创的动力电池隔膜产品，也是中国锂电行业第一个掌握核心技术、具有原创性自主知识产权产的高科技产品。目前，江西先材纳米纤维科技有限公司的 PI 纳米纤维电池隔膜技术已经完成实验室阶段的研发，正式进入大规模产业化阶段，预计 2014 年将实现产能 700 万平方米，到 2015 年，产能将达到 4000 万平方米。

（3）新材料项目招商。江西省发改委推出 26 个新材料重大项目招商，项目计划总投资人 137 亿元人民币，积极吸引境内外资金投入到江西省经济建设当中，全面推进促进中部地区崛起、鄱阳湖生态经济区建设和赣南等原中央苏区振兴发展三大国家战略实施。

（四）江西省新材料产业发展存在的问题

（1）技术差距明显，产品档次不够高。除少数产品外，大部分金属新材料产品处于中低档次。新材料跟踪仿制多，拥有自主知识产权的专利成果少，成果转化率低。

（2）领军人才不足，前沿科研力量薄弱。大部分科研力量集聚在普通材料领域，新材料专业人才不足。

（3）投入机制不够健全。新材料的科研、产业投入渠道单一，投入总量不足。

（4）市场反应不灵敏。市场需求信息反应滞后，开拓新产品、应用新技术的速度迟缓。

二、江西省新材料重点企业发展情况

1．江西稀有金属钨业控股集团有限公司（简称江钨控股集团）

江钨控股集团是江西省属国有大型工业企业和重点支持发展的骨干企业，具有百年历史。集团公司是中国最大的以钨为特色，集稀有稀土金属勘查、开采、冶炼、加工、贸易、装备制造于一体的矿业集团。集团公司于 2013 年年底总资产 140 亿元人民币，当年营业收入 205 亿元人民币，利税 1.6 亿元人民币。钨（钼锡铋银）产业板块，采选能力 243 万吨/年，综合冶炼加工能力超 4 万吨/年，硬质合金、硬面材料各 1000 吨/年，2000 万片硬质合金数控涂层刀片/年，形成了从钨精矿到硬质合金完整的钨产业链和内部市场体系。稀土产业板块，分离冶炼能力 6000 吨/年，合金 2000 吨/年，5000 吨混合动力型稀土储氢合金粉/年，初步形成稀土勘探开采、分离冶炼和深加工产业链，是国内稀土特别是中重稀土的重要生产基地。

2. 江西星火有机硅厂

江西星火有机硅厂主要生产有机硅系列产品、烧碱、液氯，目前已形成近 50 万吨/年的有机硅和 8 万吨/年烧碱生产能力，为国内外知名的有机硅生产基地，有机硅单体生产技术国内领先。2009 年 8 月，该厂投资 80 亿元人民币兴建年产 40 万吨有机硅单体及年产 24 万吨有机硅下游系列产品项目，项目分两期进行，一期 2011 年竣工投产，二期 2015 年全面完成，届时，该厂将以年产 70 万吨有机硅单体生产规模成为世界最大的有机硅单体生产企业，年主营业务收入将突破 100 亿元人民币。2013 年企业实现主营业务收入 11.3 亿元人民币，同比下降 29%。

3. 卡博特蓝星化工（江西）有限公司

美国卡博特公司是世界 500 强企业，是一家专业生产特殊化工产品和特种化工材料的全球性跨国公司，卡博特蓝星化工（江西）有限公司落户永修县云山经济开发区，为星火有机硅厂的配套企业，公司的气相白碳黑生产技术和装备达到国际一流水平，主要消耗附属物一甲基三氯硅烷生产气相二氧化硅。生产能力为 1 5000 吨，“十二五”期间将再次扩能，使产量达到 2 万吨，成为全球最大的气相二氧化硅生产基地。

4. 崇义章源钨业股份有限公司

崇义章源钨业股份公司位于江西省赣州市崇义县县城，始创于 2000 年，是集钨的采选、冶炼、制粉、硬质合金与钨材生产和深加工、贸易为一体的上市民营企业。公司坚持走自主创新和“产学研”相结合的技术创新之路，采用国内外先进的工艺技术和装备，连续实施了 APT、钨粉、碳化钨粉、硬质合金及其工具、高比重合金、钨异型材等多项钨深加工技术改造，建立了从钨上游采矿、选矿，中游冶炼至下游精深加工的完整一体化生产体系及与之配套的研发和销售平台，走出了一条快速稳健的纵向一体化发展之路，实现了由资源型企业向高技术深加工型企业的快速跨越，2013 年实现营业收入 19.52 亿元人民币。公司具备年产仲钨酸铵 10 000 吨、钨粉 5000 吨、碳化钨粉 4000 吨、硬质合金系列 1500 吨的生产能力。

5. 江西宏宇能源发展有限公司

江西宏宇能源发展有限是江西省最大的特种玻璃、捣固焦、纯碱、氯化铵生产企业。企业注册资本 2.88 亿元人民币，总资产 37.77 亿元人民币。公司生产太阳能超白玻璃、Low-E 中空节能玻璃、TCO 玻璃、捣固焦、纯碱、氯化铵等产品。项目全部建成后，年产超白太阳能玻璃 846 万重量箱、Low-E 中空节能玻璃 500 万平方米、TCO 玻璃 500 万平方米、捣固焦 260 万吨（二期）、纯碱 60 万吨和氯化铵

60 万吨。所建的太阳能薄膜电池超白玻璃生产线采用中国建材国际工程有限公司自主开发的超薄玻璃技术和先进的离线 TCO 镀膜技术，以生产光伏电池超白导电膜玻璃为目标。实现了以下创新：新配方及控制工艺、新型熔窑结构、新玻璃液澄清技术、熔窑温度场控制技术、新型耐火材料配置技术、新型唇砖结构及成型工艺、新型退火窑和全线控制软件。

6．赣州虔东稀土集团股份有限公司

赣州虔东稀土集团股份有限集稀土基础材料、功能材料和稀土应用开发为一体的高新技术企业集团。产品主要有稀土氧化物、稀土金属、稀土发光材料、稀土合金、稀土陶瓷、稀土磁材和稀土应用加工装备制造等 50 余种产品。现有资产 30 亿元人民币，员工 2000 余人。公司已形成全国独特的从稀土开采、稀土分离到稀土深加工的稀土产业链，建立了完整的科研、试验、生产、检测体系，拥有国内先进水平的稀土氧化物、稀土金属、稀土合金、稀土荧光材料、稀土磁性材料、稀土陶瓷材料生产线。公司优先开发具有市场竞争力的产品，包括稀土合金、磁性材料和稀土结构陶瓷，提高公司产品技术含量和附加值。公司还大力进行稀土资源循环回收综合利用，已达国内领先水平。公司拥有生产钇铝合金、高性能钐钴合金、镝钆合金、高性能钕铁硼片、高纯氧化钇铕和氧化钇锆等单一氧化物的先进生产线。2013 年主营业务收入 30 亿元人民币。

三、江西省新材料重点产业基地情况

1．江西省玻璃纤维及复合材料产业基地

九江市庐山区及周边区域现有主要玻璃纤维和玻璃纤维制品生产企业（项目）41 家，其中玻璃纤维拉丝企业 19 家，主要玻纤制品企业 23 家。完成投资 26 余亿元人民币，从事玻纤及其制品行业产业工人 11 000 余人；设计玻纤丝、纱生产能力 40 万吨，玻纤布生产能力 95 000 万平方米，建有 17 万吨池窑拉丝工艺，拉丝坩埚 650 余台（套），各规格无碱、中碱玻纤丝、纱和电子绝缘布、玻纤短切毡、玻纤网格布、玻纤压层布、立种布等产品 140 余种类。玻璃纤维制品企业主要以生产电器绝缘板和玻璃钢制品为主。2013 年玻纤丝、纱及其制品实现产能规模 30 万吨、玻纤布 85 000 万平方米，实现产业销售收入 36 亿元，上交税金 1.2 亿元人民币，实现利润额 2.52 亿元人民币。

2．湘东工业陶瓷产业基地

湘东工业陶瓷产业基地 2012 年 12 月获批为国家工业陶瓷高新技术产业化基地。截至目前，基地共投入基础设施建设资金近 7 亿元人民币，目前，水、电、路、气等全面到位。日供 3 万吨工业供水管网已全面建成，今年上半年可向企业供水；110kV 新路变电站 2014 年元月已投入使用；形成了“两纵三横”的道路网络，其中景观大道（北段）和瓷都西大道已通车并完成了绿化、亮化工程，景观大道（南段）正在施工，4 月中旬可实现单幅通车；弘源煤化工公司、中烨燃气公司和长丰燃气公司共同形成了“多元供气”格局；陶瓷检测中心、信用社、医院、通讯营业厅已进驻园区，园区供电所建设已获批。环境和基础设施的优化，大大提高了园区的核心竞争力。目前，园区落户企业共 60 家，其中 51 家已建成投产，2013 年完成工业生产总值 123.59 亿元人民币。

3. 江西星火有机硅工业园

目前星火工业园聚集了有机硅相关生产企业 55 家（其中投产企业 42 家、在建企业 13 家）。2013 江西有机硅产业实现主营业务收入 137 亿元人民币，同比增长 24%；实现利税 15 亿元人民币，同比增长 34%。星火有机硅工业园围绕星火有机硅厂建设而成，在积极扶持星火有机硅厂增产扩能的同时，星火工业园先后引进了包括美国卡博特公司在内的 50 多家有机硅相关企业。目前入园企业大多围绕星火有机硅厂做副产物深加工或三废综合利用项目。园区企业现已开发出 DMC、D4、甲基硅油、硅烷偶联剂、硅氮烷、室温硫化硅橡胶、107#硅橡胶、气相白炭黑等有机硅中间体及下游产品 100 余种，产业链初具规模。其中星火有机硅厂与美国卡博特公司合资的年产 15 000 吨气相白炭黑项目水平很高，技术和装备达到国际一流水平，可有效消化有机硅单体生产产生的主要副产物——一甲基三氯硅烷。卡博特公司年产 1.5 万吨气相二氧化硅项目为后续的有机硅深加工企业进入星火工业园起到了示范作用。经过不断发展壮大，星火工业园已经聚集了一批有机硅专业技术人才，成为全国有机硅人才库。截至目前，共有有机硅外籍专家 40 名、教授级专家 6 名、博士生 2 名、硕士研究生 26 名。星火有机硅厂建有省级有机硅实验室 1 家，园区部分企业还与厦门大学、南昌大学、辰光硅中心、江西省化工研究院等大专院校和科研院所建立了人才建设机制，培养了一大批有机硅专业技术人才。

4. 赣州稀土磁性材料及永磁电机产业集群

赣州稀土磁性材料及永磁电机产业集群已落户企业 16 家，已投产企业 13 家，稀土磁性材料、稀土永磁电机年生产能力分别达到期 24 000 吨、5500 万台（只），已形成稀土金属→钕铁硼合金→永磁材料→手机振动马达（永磁电机）的产业链条，2013 年实现主营业务收入 100 亿元人民币，利税 9 亿元。

5. 萍乡市上栗县粉末产业基地

上栗县从 2013 年起确定在赤山镇工业园区大力扶持发展粉末冶金产业。截至目前，集群通过招商引进的粉末冶金企业有 17 家，另外在谈拟签约企业有 20 余家。主要生产汽车零部件注射成型、烧结设备、硬质合金等 20 余种粉末冶金制品。2013 年上栗县粉末冶金产业实现主营业务收入 15 亿元人民币，利税 3.3 亿元人民币。全员劳动生产率、人均创利率、资金利润率、资源能源利用率居省内同行业前列。目前，上栗县是全省唯一的省级粉末冶金产业基地，基地内投产、在建、在谈等企业达40余家，与国内外知名粉末冶金企业有合作关系，并且与中南大学粉末冶金学院合作共建粉末冶金产业科技园，在该行业内具备一定产业影响。目前，基地内所引进的企业主要生产硬质合金、注射成型、烧结设备、汽车零部件、铁铜基粉等20余种粉末冶金制品，部分产品优势明显、独具特色，如科鹏金属材料有限公司的硬质合金数控刀片在材质研究、产业化上均有新突破，且产品的韧性、耐磨性、使用寿命有较大提高，产品性能处于国内领先水平，可实现同类产品的进口替代。基地内的企业涵盖粉末冶金产业生产工艺的上下游，原料生产、烧结、压铸、注射成型等工艺环节均有企业涉足，初步形成了集原料、生产、加工于一体的较完整产业链。

四、江西省新材料重大项目建设情况

1. 建成项目

江西省已建成项目有江西星火有机硅厂投资80亿元人民币的40万吨有机硅单体及24万吨下游深加工产品一体化项目一期工程，卡博特蓝星（江西）有限公司投资4300万美元建设的全球最大的气相白炭黑生产装置——年产1.5万吨气相白炭黑项目。

2. 在建项目

江西省在建项目有江钨集团有限责任公司投资40亿元人民币在安义新建年产4万吨金属镍、1200吨金属钴项目，江西港森新材料有限公司年产180万吨镍基复合合金铸坯及成品材生产项目，江西理文化工有限公司盐、氟化工生产项目，晶安高科投资10亿元人民币新建5万吨原子能核级海绵锆项目，崇义章源投资控股有限公司投资2.22亿元人民币的碳纤维增强碳化硅陶瓷基复合材料构件产业化项目，鹰潭鑫源陶瓷材料有限公司年产8000吨陶瓷原料项目。

3. 拟建项目

江西省拟建项目有福斯特新能源有限公司投资2.2亿元人民币年产8000万平方米锂离子电池凝胶隔膜项目，中国五矿集团硬质合金精深加工项目，睿宁高新技术材料（赣州）有限公司大尺寸半导体SiC晶圆产业化生产和高效SiC功率器件芯片制备研究项目，江西星火有机硅厂投资80亿元的40万吨有机硅单体及24万吨下游深加工产品一体化项目二期工程。

五、江西省新材料重点发展政策

1. 出台政策，加强扶持力度

省委、省政府把新材料产业列入重点扶持发展的十大战略性新兴产业，政策支持力度逐步加大。为支持新材料产业的发展，2012年3月，省政府出台了《江西省战略性新兴产业投资引导资金管理暂行办法》，设立省战略性新兴产业投资引导资金以来，共安排6.62亿元人民币资金扶持82项重大项目，撬动了172亿元人民币的信贷资金和社会资金，推动战略性新兴产业发展。

2．加强指导，加大推进力度

2013年省政府出台了《关于2013年战略性新兴产业推进工作的指导意见》，提出坚持以设区市为主、省市联动的有效方式，积极发挥战略性新兴产业合作推进平台作用，进一步扩大影响、争取支持、强化服务，切实解决一批制约产业发展的关键问题，推进实施一批对产业成长具有重大带动作用的项目，培育壮大一批掌握核心技术和具有自主知识产权的龙头企业，推动战略性新兴产业超常规发展。

3．强化服务体系建设，加大战略性新兴产业政策的支持力度

（1）组建服务团。发改、工信、教育、科技、财政、人保、国土、商务、环保、海关、商检、电力、人行南昌中支等省直相关部门，对一批前景广阔、发展势头好或近期遇到较大困难的战略性新兴产业分产业组建服务团，研究制定有效措施，督促已出台扶持政策的落实，协调推动成立产业联盟。在全省选择20个左右成长性强、带动作用大的企业，指导制定发展规划，采取有针对性的帮扶措施，协调解决实际困难，突破发展瓶颈，加快培育成行业龙头，带动产业加速发展。

（2）召开重大项目协调推进会。2013年全省推出26个新材料重大项目进行招商，投资规模137亿元人民币，突出抓好重大项目建设，召开了七次战略性新兴产业重大项目协调推进会，及时协调解决产业重大项目在立项、用地、环评等方面的具体问题。

六、2014年江西省新材料产业工作总体安排

（一）工作重点

（1）编制江西省战略性新兴产业细分领域产业链图，明确各产业的发展重点和发展方向，指导各地战略性新兴产业发展和招商。

（2）推动2014年江西省十大战略性新兴产业招商项目共计498个，计划总投资2270亿元人民币，其中新材料项目102个，计划总投资521.5亿元人民币。

（3）充分利用推进会、展会、论坛、研讨会等多种平台，加大力度推介和宣传江西省特钢产业基地和粉末冶金产业集群，提升产业集群知名度和影响力，重点抓好上栗县粉末冶金产业集群“2014江西·萍乡粉末冶金产业推进会”工作。

（二）重点方向

1．高精铜材

在提高铜冶炼、铜加工整体水平基础上，促进产业结构优化升级，实现产业可

持续发展。重点发展铜精深加工产业。

（1）发展集成电路用引线框架带、覆铜板用电解铜箔、电子产品用轧制铜箔。

（2）发展特高压输变电用铜产品、微电机用漆包线、铁路电气化接触线等高端电线电缆产品。

（3）开拓船用冷凝管、核电、风电热交换用管等省内空白高端铜产品市场。

（4）发展建筑用水管、装饰等铜产品。

2. 化工新材料

引导有机硅相关企业及氟化工企业向专业化工园区集聚，大力发展有机硅及有机氟下游深加工产品。

3. 稀土产业

根据江西省资源优势和市场需求，选择稀土氧化物→稀土金属→钕铁硼磁体和中、重稀土氧化物→稀土荧光粉为稀土产业重点产业链，稳步增加稀土矿产品、冶炼分离产品、稀土金属及合金产量，重点发展高端永磁材料和发光材料。延伸永磁材料产业链，发展永磁电机、绿色照明灯具、电动自行车、电动汽车配套产品等；延伸稀土发光材料产业链，发展照明电器、显示器等。

4. 钨产业

结合江西省钨产业情况，发挥优势，做精做强钨冶炼环节，重点开发多种晶形和超细 APT，高纯的超粗、超细钨粉等下游深加工企业需求的优质钨原料。全力推动钨精深加工产业，以市场为导向，重点发展高性能硬质合金及硬面材料，发展高性能纳米硬质合金刀具、钻具等应用产品，不断延伸产业链。

5. 钢铁新材料

结合江西省现有基础，重点开发薄规格高强度轿车用钢、中高牌号无取向硅钢、火电用 P92 级大口径厚壁无缝钢管、核电用特厚钢板和特种不锈钢、高档精密合金薄板带、X100 级管线钢等关键钢材品种生产和应用。

第十五节　山　东　省

2013 年，山东省实现生产总值 54 684.3 亿元人民币，按可比价格计算，比上年增长 9.6%，增速比全国（7.7%）高出 1.9 个百分点。规模以上工业增加值增长 11.3%；实现主营业务收入 132 319.0 亿元人民币、利润 8507.7 亿元人民币、利税 13 690.0 亿元人民币，分别比上年增长 12.5%、12.4%和 11.6%。

一、山东省新材料产业发展情况

（一）山东省新材料产业总体发展情况

2013 年，山东省新材料企业 722 家，实现工业增加值 420 亿元人民币，研发经费支出 94 亿元人民币，申请专利 1148 项，发明专利 304 项。其中重点调度新材料企业 320 家，销售收入 1860 亿元人民币，实现利税 216 亿元人民币，利润 142 亿元人民币。

（二）山东省新材料产业重点领域发展情况

山东省新材料产业重点发展稀土功能材料、铝合金材料、先进高分子材料、新型无机非金属材料、高性能碳纤维反复合材料等。

1. 稀土功能材料

稀土功能材料属于将种金属功能材料。山东是全国稀土深加工和应用的重点地区之一，在磁性材料、抛光粉、稀土催化剂等领域居于全国领先地位。以烟台正海磁性材料股份有限公司、烟台首钢磁性材料股份有限公司等为主的高性能钕铁硼磁体，年生产能力 12 400 吨。以烟台鹏宇实业股份有限公司、淄博包钢灵芝稀土高科技股份有限公司为主的高性能抛光粉，年生产能力 4000 吨。以山东天璨环保科技有限公司为主的高效环保型烟气脱硝催化剂，年生产能力 12 000 立方米。

2. 高端金属结构材料

铝合金材料属于以烟台南山铝业和丛林铝材为主，主要生产航空航天铝合金新材料、超大规格高性能特种铝合金材料，产品达到国际领先水平，填补国内产品及技术空白。其中轨道交通车辆车体材料国内市场占有率为 70%以上。

3. 先进高分子材料

先进高分子材料主要为烟台万华聚氨酯股份有限公司为龙头的 MDI 材料、东岳集团为核心的有机氟硅材料、济南圣泉集团为龙头的合成树脂材料、山东京鲁水务集团和山东招金膜天有限责任公司为主的复合纳滤膜材料、山东道恩高分子材料股份有限公司为主的高性能热塑性弹性体材料等，工艺技术水平和产品质量均达到国际领先水平，在高分子领域承担多项国家级重点项目。

4. 新型无机非金属材料

淄博市高性能功能陶瓷、结构陶瓷领域的产业规模与水平在国内居领先地位。耐火材料以山东鲁阳股份有限公司为主，是亚洲最大的陶瓷纤维制造商，具备年产各类陶瓷纤维制品 20 万吨及玄武岩纤维制品 10 万吨的生产能力。特种玻璃以威海蓝星玻璃股份有限公司、山东金晶节能玻璃有限公司的在线低辐射镀膜玻璃为主，拥有全国最大的生产基地。摩擦材料以山东金麒麟股份有限公司为主，陶瓷型刹车片年生产能力 2500 万套，生产规模国内首位。

5. 高性能碳纤维反复合材料

高性能碳纤维及复合材料主要以威海拓展纤维有限公司、泰山体育产业集团和山东晶华集团为主，2013 年生产碳纤维 1200 吨，预浸布 120 万平方米，碳纤维自行车 1 万辆。化学合成纤维主要有芳纶、锦纶、超高分子量聚乙烯纤维。烟台泰和新材集团有限公司是世界第二大间位芳纶制造商，年生产能力 7000 吨；山东万圣博科技股份有限公司与清华大学高分子研究所合作建设年产 2000 吨芳纶 1414 纤维项目，打破了国外技术垄断和封锁；锦纶以山东方明化工股份有限公司为主，年生产能力 50 000 吨；山东爱地高分子材料有限公司自行研制超高分子量聚乙烯纤维无断点连续直纺生产工艺技术，年生产能力 3000 吨。

6. 前沿新材料

济宁利特纳米技术有限责任公司 2013 年年底动工建设年产 20 吨石墨烯生产线，并开发出 10 余种新型石墨烯纳米材料，实现了具有国际先进水平的石墨烯产业化。超导材料方面，潍坊新力超导磁电科技有限公司研制生产的磁控直拉单晶硅用低温超导磁体、核磁共振成像超导磁体（MRI）、超导磁选机和超导除铁器等技术性能均达到国际领先水平，并填补国内空白。

（三）山东省新材料产业发展存在的问题

（1）自主研发创新能力较弱。企业自主创新能力不足，除少数企业和产品外，大部分新材料企业和产品处于中低档次，很多关键技术尚未突破。

（2）科研产业化水平不够。企业与科研机构之间联系渠道与途径较少，科研成果实现工程化、产业化和规模化能力不足。

（3）投入机制不够健全。新材料的科研、产业投放渠道单一，投入总量不足。

（4）产业聚集度不高。优势产业园区较少，企业之间大多以单点形式发展，产业链内部及产业链之间衔接不够紧密，集群优势难以发挥。

二、山东省新材料重点企业发展情况

1. 万华集团

万华集团新材料主要以现有 MDI 产业和技术为基础拓展形成，其主要包括 MDI、TPU 和改性 MDI 等。2013 年搬迁异氰酸酯一体化项目、环氧丙烷及丙烯酸酯一体化项目陆续投产，在异氰酸酯产品系列、石化产品系列和相关交叉产品系列，形成一大批新材料和新产品，其中 MDI 产能提高到 60 万吨，TDI 规划能力 30 万吨，PC 项目完成初步设计，自主创新的特种异氰酸酯项目进入详细设计和关键设备采购阶段。2013 年实现销售收入 302 亿元人民币，利税 39 亿元人民币，利润 32 亿元人民币。

2. 烟台泰和新材集团有限公司

烟台泰和新材集团有限公司是国内首家国家高性能纤维材料研发生产基地和

国家高性能芳纶纤维动员中心，先后填补氨纶、间位芳纶、芳纶纸、对位芳纶4项国内空白。近年来，以间位芳纶、对位芳纶等骨干产品为支撑，通过联合经营、战略合作等方式，培育下游重点企业，增强配套能力，推进国防军工装备、安全防护服装、新型环保材料3大产业基地建设，加快形成在国内领先的、具有较强国际竞争力的芳纶产品集群。2013年实现销售收入35 289万元人民币，利税5604万元人民币，利润5160万元人民币。

3．威海拓展纤维有限公司

威海拓展纤维有限公司主要从事高性能碳纤维研发和生产，拥有自主知识产权的碳纤维原丝制备技术、碳化关键技术填补了国内空白。年产CCF300碳纤维1100吨，CCF700碳纤维1100吨，碳纤维机织物30万平方米，1000万平方米预浸料，碳纤维系列制品800万件，具有完整的碳纤维产业链条。2013年主导产品碳纤维产量1084吨，主营业务收入3.46亿元人民币，利润0.278亿元人民币。

4．东岳集团

东岳集团为亚洲规模最大的氟硅材料生产基地、中国氟硅行业的龙头企业。主导产品为绿色环保制冷剂、含氟聚合物及有机硅材料等，规模、技术、市场占有率世界第一。其中拥有自主知识产权的氯碱离子膜项目获得国家技术发明奖，列入国家“十二五”科技支撑计划优先启动项目。2013年，企业实现销售收入221亿元人民币，利润6.5亿元人民币，税金6.2亿元人民币。

5．泰山玻璃纤维有限公司

泰山玻璃纤维有限公司拥有行业唯一的国家级企业技术中心、首家博士后科研工作站，先后自主设计建成12条万吨级大型池窑拉丝生产线，总产能突破42万吨。2013年8月建成投产的8万吨池窑拉丝生产线达到国内领先、世界先进水平，吨产品能耗0.32吨标煤。2013年实现销售收入26亿元人民币，创汇1.48亿美元。

6．山东圣泉化工股份有限公司

山东圣泉化工股份有限公司主营新型节能阻燃建材、电子材料、航天航空、高档摩擦材料、页岩气覆膜支撑剂、高档磨料磨具等多用途的酚醛树脂产品，年产能30万吨，是亚洲最大的酚醛树脂生产基地。主持起草了我国摩擦材料、磨料磨具、耐火材料等用途酚醛树脂的多项国家、行业标准； 2013年，总资产27.5亿元人民币，销售收入20.5亿元人民币，利税2.33亿元人民币。

7．泰山体育产业集团

泰山体育产业集团是目前中国规模最大的综合性器材生产企业和亚洲最大的草坪生产基地，拥有全球首创的网络运动健身平台。年产体育器材5万套（副），体育用XPE垫2万套，人造草坪年产1000万平方米以上，碳纤维复合材料自行车年产能10万辆，位居同行业第一。2013年度实现销售收入45.34亿元人民币，利润 7.28 亿元人民币。

8. 山东金麒麟股份有限公司

山东金麒麟股份有限公司是目前我国摩擦材料行业规模最大、出口量最大的外向型高新技术企业。主导产品为汽车（轿车）刹车片的制造与销售，年生产能力 2500 万套，共计 3100 多个品种，其中已有 1600 多个品种通过了欧盟 E-MARK 产品质量认证。拥有国家认定企业技术中心。2013 年主导产品产量 1794 万套，主营业务收入 74 513 万元人民币，上缴税金 10 252 万元人民币，利润 9708 万元人民币。

9. 山东方明化工股份有限公司

山东方明化工股份有限公司拥有 5 万吨/年环己烷、10 万吨/年环己酮和 20 万吨/年己内酰胺、8 万吨/年尼龙 6 装置。其中 10 万吨/年环己酮装置是国内第一套单产最大的生产装置，20 万吨/年己内酰胺、8 万吨/年尼龙 6 装置均采用德国 PE 公司技术，结合自有技术，技术国内领先，多项技术获得重大突破，替代进口产品。2013 年销售收入 17.8 亿元人民币，利税 2.64 亿元人民币。

10. 山东翔宇化纤有限公司

山东翔宇化纤有限公司拥有国内先进水平的化纤工业生产线 11 条。锦纶 6 工业切片年产能力 10 万吨、民用锦纶 6 半消光切片（高速纺）年产能力 7 万吨、锦纶 6 高强工业丝年产能力 12 万吨、锦纶帘子布年产能力 16 万吨锦纶帆布（N N）3 万吨、超高分子量聚乙烯纤维 1000 吨。2013 年实现销售收入 127.3 亿元人民币，实现利税 19.2 亿元人民币。

11. 富维薄膜（山东）有限公司

富维薄膜（山东）有限公司主导产品聚酯薄膜是一种新型的高档塑料薄膜材料，具有透明度高、阻透性好、拉伸强度大、挺度好、电气、光学性能优良、耐高温和耐化学腐蚀、无味无毒等特性，被国家科技部、国家环保总局等五部委批准为国家重点新产品，并通过了世界著名卫生检测权威机构美国食品和医药管理局 FDA 认证、美国 UL 安全认证。2013 年产量 26 100 吨，销售收入 3.3 亿元人民币。

12. 威海蓝星玻璃股份有限公司

威海蓝星玻璃股份有限公司是全国最大的在线镀膜玻璃生产基地。拥有 3 条 500 吨/天浮法玻璃生产线和 1 条年产 500 万平方米的离线低辐射镀膜深加工生产线。自主开发的在线镀膜等系列产品，制造工艺先进、技术含量高，处于全国领先水平。2013 年销售收入 21 亿元人民币，实现利税 2.5 亿元人民币、利润 1.7 亿元人民币。

三、山东省新材料重点产业基地情况

山东省新材料重点产业基地情况参见表 3-27。

表 3-27　东省新材料重点产业基地情况

序号	基地名称	基地级别	重点发展领域	占地面积（平方公顷）	产值（亿元）	投资规模（亿元）	引进企业（个）	利润（亿元）	税收（亿元）	研发平台（个）
1	新材料·淄博高新技术产业开发区	国家级	新材料	697	2153	243.2	460	114	189.8	81
2	氟硅材料·山东桓台东岳氟硅材料产业园区	省级	氟硅材料	3 平方公里	329.75	27.57	66	11.96		17
3	精细化工·淄博齐鲁化学工业区	省级	精细化工	600	1353.6	690	813	128.5	68.5	3
4	山东省稀土新材料产业基地	省级	稀土深加工及高端应用	200	11.9	12.6	9	0.39	0.3	1
5	滕州市现代玻璃产业基地	省级	绿色建材	9.8	217	36	316	16.3	7.5	9
6	鲁南高科技化工园区	省级	煤化工及精细化工	规划面积 40 平方公里，其中化工区 27.7 平方公里	206	205	226	17.4	11.6	3
7	山东广饶经济开发区橡胶轮胎产业园区	省级	橡胶轮胎	1750	1338		268	123	235	18
8	利津经济开发区有机化工产业园	省级	有机化工	800	603		97	22.1	73.5	3
9	东营经济技术开发区	省级	有色金属压延及深加工	4171	1501.5		70	92.3	148	5
10	工业铝型材	国家级	铝精深加工	4200	2878	3210	35	237	73.8	3
11	黄金及制品·山东招远经济开发区	省级	黄金及制品	3.63	421.9	90.1	324	98	26.9	7
12	海洋化工	省级	海洋无机功能材料、海水淡化材料、海洋高分子材料	70	400	230	118	1.6	15.6	12

（续表）

序号	基地名称	基地级别	重点发展领域	占地面积（平方公顷）	产值（亿元）	投资规模（亿元）	引进企业（个）	利润（亿元）	税收（亿元）	研发平台（个）
13	山东省新型工业化产业示范基地	省级	煤化工	2300	346	103.5	17	14.3	9.6	4
14	新型土工材料·山东肥城高新技术产业园区	省级	新型土工合成材料	695	497	64	523	34	16.2	16
15	精细化工·宁阳经济开发区	省级	精细化工、农药	1000	221	255	22	8.1	5.8	2
16	新型煤基化工·山东东平（瑞星）工业园区	省级	新型煤基化工	600	158	157.02	15	4.92	4.76	3
17	山东省新型工业化粉末冶金材料及制品产业化基地	省级	粉末冶金	200	48.9	36.1	46	7.6	4.6	5
18	山东省新型工业化示范基地（新型土工合成材料·陵县）	省级	土工合成材料	860	405	50	16	54	18.8	1
19	山东省新型工业化产业示范基地（化工·临邑县）	省级	化工	2000	233.2	34.71	189	12.6	2.79	10
20	中色奥博特有色金属产业园	市级	铜加工	100	339.5	21.18	2	21	1.82	5
21	山东阳谷祥光生态工业园区	国家级	铜产业	2500	516	80	18	19.77	18.23	3
22	茌平信发循环经济产业园	省级	铝及铝加工	2510	851.3	601.8	70	68.9	22.9	17
23	绿色复合肥生产基地——山东临沭经济开发区	省级	复合肥、绿色新型化肥	1000	200	50	32	14.3	2.3	7
24	石油化工·山东东明工业园区	省级	石油化工	1635	520	48	12	22	9.4	6

四、山东省新材料重大项目建设情况

目前全省在建新材料项目 274 个，总投资 887 亿元人民币。其中特种金属功能材料 44 个、高端金属结构材料 28 个、先进高分子材料 61 个、高性能纤维及复合材料 56 个，新型无机非金属材料 62 个、前沿新材料 23 个。重点有烟台正海磁性材料股份有限公司的 2000 吨高性能钕铁硼永磁项目，南山铝业的年产 20 万吨超大规格高性能特种铝合金材料、威海拓展纤维有限公司的 T800 产业化项目、山东天岳先进材料科技有限公司的 6 英寸单晶材料研发与产业化项目、山东道恩高分子材料股份有限公司万吨级热塑性医用溴化丁基橡胶研发及产业化项目、山东京鲁水务的高性能芳香聚酰胺中空纤维复合纳滤膜材料及组件研发和产业化项目、泰山体育集团的年产 10 万辆碳纤维自行车项目、山东金麒麟股份有限公司的陶瓷新材料和先进树脂复合材料汽车刹车片关键技术研发和产业化项目、山东浩然特塑有限公司的热聚性工程塑料产业化项目等。

五、2014 年山东省新材料产业工作总体安排

（1）开展调研，对碳纤维、化学纤维及复合材料、石墨材料及制品等重点领域，制定发展指导意见。

（2）整合国家和省财政、金融、税收等扶持政策，促进新材料产业项目实施，加快项目实施进度，促进项目尽快实现产业化。

（3）围绕新材料行业关键和共性技术的研发，充分发挥行业技术中心的作用，促进技术创新平台建设。

（4）引导企业、科研机构自发组织行业协会、联盟等，促进各分行业间、产业上下游之间融合发展。

（5）抓好新材料产业基地建设，重点培育聚氨酯、有机氟、有机硅等新材料产业基地，打造陶瓷新材料、高性能纤维、服装纺织新材料等特色新材料产业聚集区，带动吸引上下游企业向基地集中。

第十六节　河　南　省

一、河南省新材料产业发展情况

（一）河南省新材料产业总体发展状况

2013 年，河南省六大新材料产业发展比较平稳。全省新材料产业实现销售收

入约 1670 亿元人民币，比去年同期增长 8 %左右。一年来，一批具有行业领先优势的项目顺利建设完成，产业水平不断提高。随着产品结构的不断调整，产业发展日趋合理。提高品级，增加品种，延长和完善产业链条，仍是河南新材料发展的总体趋势。

（二）河南省新材料产业重点领域发展情况

1. 超硬材料（人造金刚石）

河南省是我国超硬材料及制品企业最为集中的地区，目前综合实力位居国内第一位。金刚石、微粉总量居世界首位，已经形成了一个较为完整的产业链。为促进该行业的健康发展，河南省制定了产业结构指导意见，要逐步提高附加值高的复合材料及超硬材料制品的规模和技术水平，超硬材料产业结构由“腰鼓形”向“喇叭形”转变，即在巩固高品质金刚石单晶产量的同时，复合材料及超硬材料制品要以每年 10%的速度递增，力争到 2016 年总产值占比达到全行业的 50%。全省范围内逐步形成以郑州为中心，以商丘、许昌、南阳、焦作为支点，构建集聚发展、错位发展的空间态势。巩固郑州高新区超硬材料及制品产业园、许昌市长葛黄河金刚石城两大基地的龙头地位；促进商丘柘城以金刚石微粉为主，加快发展超硬材料制品项目的建设；不断扩大南阳、焦作两地产业规模，尽快形成新的产业基地。

2. 镁合金材料

河南省现有镁及镁合金企业近 50 家，其中限额以上企业 30 家。2013 年销售收入近 100 亿元人民币。主要分布在鹤壁、洛阳、南阳、焦作、三门峡、许昌、安阳等地。从产业布局上看基本上呈园区式、集群式发展态势。鹤壁市是河南省镁产业发展最为集中的地区，拥有金属镁企业 30 余家，其中限额以上企业 19 家。是河南省镁产业链最长的地区，全市建设有金山镁合金精深加工、鹤山原镁综合利用和鹤淇金属精深加工 3 个镁工业园区。2012 年年底，富士康入驻鹤淇金属镁深加工园，2013 年 11 月，一期已部分投产，利用镁合金挤压设备和技术生产 3C 产品零组件，现已具备一定的规模。洛阳市是河南省变形镁生产基地，全市有 4 家企业生产变形镁，产品主要用于航空航天，也有部分产品出口，具有近 50 年的变形镁合金板材研究开发和实际生产经验，拥有国内一流的生产技术。南阳市有 2 家镁粉（屑、粒）、镁合金粉生产企业，产能达 55 000 吨，占省内镁粉（屑、粒）、镁合金粉总量的 30%左右，是国内同行业起步最早的企业，出口量占产品总量的 30%～40%，主要用于耐火材料、高档焊丝等添加材料。三峡市有 1 家专业生产金属复合材料和镁合金板带材企业，年生产金属复合材料 10 000 吨，镁板带材生产能力 300 吨，企业优势是成功开发出镁合金板坯连续铸轧技术和镁合金温轧连续润滑技术，可温轧 0.2mm 厚镁板，宽度可达 500mm，成品率达 60%以上，该项技术为行业首创。焦作市武陟县有 5 家镁生产企业，其中生产镁牺牲阳极 4 家，也是河南省牺牲阳极生产最为集中的地区，但企业规模较小；镁合金铸件板材 1 家，产品较为广泛，发展前景看好。

河南是镁资源大省，白云石储量在 10 亿吨以上，居全国第 3 位，且品位高，杂质含量低，具有独特优势。但由于电价高，镁锭生产成本高于陕西、山西等省，目前河南省只有鹤壁 1 家企业生产原镁（镁锭）。在金属镁的精深加工中用的镁锭大多从陕西、山西购进，再进行深加工。产业链发展如下：原镁（镁锭）→镁粉（屑、粒）；原镁（镁锭）→镁合金铸锭→变形镁板材；镁合金→镁合金（挤压）型材→镁合金用品。目前，河南镁产业精深加工产品涉及航空航天、电子信息、冶金、化工等领域，产品主要有镁锭、镁粉（镁屑、粒）镁合金、变形镁、镁合金 3C 产品组件、汽车、电动自行车、自行车镁合金部件、发电机外壳、民用飞机、火箭小配件等。

3. 锂离子电池材料

河南共有 9 个省辖市 30 余家企业从事锂离子电池产业企业，重点集中在新乡、焦作、安阳、三门峡、洛阳、郑州、平顶山、鹤壁、商丘等市。其中，新乡市有 20 余家，是河南省新能源产业基地，有完整的锂离子电池产业链，发展势头良好；其中焦作 3 家，鹤壁市 2 家，安阳 4 家，三门峡 2 家（隔膜），洛阳（中航锂电）、郑州、平顶山、商丘各 1 家。

从产业链情况来看，包括矿产资源、正极材料、负极材料、隔膜、电解液、电芯制造和锂离子电池回收利用等环节。矿产资源方面、正极材料所需铁盐和锂盐的主要原料，全部靠外购。主要来源地为北京、四川等地。在生产领域，河南具备生产能力的主要是：锂离子电池用正极材料、负极材料、隔膜和电解液等；整体锂离子电池有消费型锂离子电池、动力型锂离子电池、储能型锂离子电池；生产线有制片、装配、注液、精整成型、包覆、固相反应、成品车间、搅拌机、间隙涂布机、辊压机、分条机等生产线；生产设备有真空搅拌机、涂布机、叠片机、铝塑膜成型机、激光焊接机、真空封装机、粉碎分级整形机、气流粉碎、均值化机，氮气高温推版炉、混合打散机、筛粉包装系统、贴片机、全自动卷绕机、激光焊接机、化成分容柜、链条炉、氨分解炉、压块机、球磨机等；检测设备有二次电池检测设备、锂离子电池化成系统、动力电池自动检测系统、电池化成柜、电池性能检测装置、激光粒度分析仪、比表面积测试仪、振实密度测试仪、电化学测试、5V50A/50V50A 测试柜、挤压机/重物冲击/针刺机、全自动配组机、30V/20A 成品测试仪等。新乡奇鑫电源检测能力通过 UL 认证、SGS 测试报告、CB 证书、CE 认证。从整个领域来看，研发机构较薄弱，目前，河南拥有国内独家省级锂电池负极材料研究中心 1 个（河南金河石墨制品有限公司）。

（三）河南省新材料产业年度重大事件

1. 河南省超硬材料产业发展战略研究报告出台

2013 年，河南省人民政府主办、河南省工业和信息化厅牵头组织了河南省“新型工业化课题研究”工作。超硬材料作为河南新材料之一首批进入研究范围。

超硬材料及其制品产业链由原辅材料、金刚石单晶、立方氮化硼单晶、金刚石聚晶复合片、立方氮化硼聚晶复合片、金刚石微粉、超硬材料制品、专用生产设备和检测仪器等节点构成。为完善产业链条，加快河南省超硬材料产业发展，建议做好以下几个方面工作。

（1）在产业上。在综合优势领域，郑州磨料磨具磨削研究所（简称三磨所）一直保持着业内技术输出及高端制品的领先地位；在单晶合成领域，中南钻石、黄河旋风、郑州华晶 3 家企业占据全球市场份额的近 70%；在立方氮化硼领域，河南富耐克超硬材料公司是我国规模最大的立方氮化硼研发与生产企业之一，国内市场占有率达到 50%左右；在微粉领域，商丘柘城微粉产业集群占据国内微粉市场份额的 80%；在制品领域，郑州市钻石精密制造公司是国内规模最大的超硬刀具研发与生产企业，国内市场占有率达到 80%。建议：下一步，在稳定全省单晶生产规模的基础上，逐步提高复合材料、超硬材料制品的产值规模和技术水平，推动产业链由“腰鼓形”向“喇叭形”发展。

（2）在技术上。在原辅材料领域，叶蜡石的替代和新型结合剂的研制成为瓶颈问题，建议：下一步，应依托中南钻石、黄河旋风等企业进行叶蜡石替代技术的研发；在单晶合成领域，常规技术方面应保持单晶合成质量的稳定和降低生产成本，合成工艺及设备方面应瞄准单晶合成的大型化和微型化趋势，致力于工艺标准化和压机的大型化发展；在超硬材料制品方面，应顺应精细化方向发展的要求，开展“三高四超”（“三高”指高强度、高韧性、耐高温高压；“四超”指超速、超薄、超微、超精）制品的研制工作。

（3）在区位上。超硬材料主要集中分布在郑州高新区超硬材料及制品产业园、许昌市长葛黄河金刚石城 2 大基地，以及南阳、商丘、焦作等地区，其中，郑州集中了 80%左右的超硬材料及其制品企业，产值规模占到全省的 70%，已经形成了较为完整的超硬材料产业链。许昌长葛、南阳方城以人工合成单晶金刚石为主，集中了世界 60%以上的合成能力。商丘柘城以金刚石微粉为主，集中了全国 60%以上的产能。焦作孟州主要以砂轮用多晶树脂金刚石磨料为主，国际市场占有率达到 60%。建议下一步，应以郑州为中心，以焦作、商丘、许昌、南阳为支点，加快集群布局，构建集聚发展、错位发展的空间态势。

（4）在措施上。建议应从加强组织体系建设、加强规划引导、加大财政补贴力度、建立多元化投融资体系、推进重大项目实施、推进产业自主创新、加快产业集聚、加快骨干企业发展、加强国际合作等方面予以扶持推进。

此研究报告，针对河南省超硬材料的产业现状和面临形势、发展战略和目标定位、主要任务、保障措施等几个方面进行了深入的研究，对河南超硬材料今后的健康稳步发展提出了科学合理的发展思路，具有较强的指导性和操作性。为今后其他新材料产业发展研究奠定了良好的基础。

2．富士康集团一期项目顺利实施并部分投产

为加快推进富士康项目，鹤壁成立了以市委书记为组长、市长为常务副组长的富士康项目协调领导小组，具体协调推进富士康项目的有关工作，下设办公室，鹤壁市委常委、副市长刘新勇任办公室主任，设立了综合服务组、商务组、建设组、人力资源组全力推进鹤壁富士康项目。2012 年 8 月 22 日鹤壁与富士康签订了富士康（鹤壁）科技园项目一期的合作协议，项目 9 月 26 日开工奠基，2013 年 11 月 27 日实现项目投产。

3．河南永煤碳纤维有限公司千吨级 GQ4522 聚丙烯腈基碳纤维产业化及复合材料应用示范项目顺利获得支持

按照国家发改办高技[2013]1475 号《关于组织实施 2013 年新材料研发与产业化专项的通知》要求，河南省工信厅作为三部门之一，积极参与了该项工作。按照 2013 年新材料产业支持指南，组织企业认真审报，深入企业指导工作。在多方的共同努力下，河南煤化集团河南永煤碳纤维有限的“千吨级 GQ4522 聚丙烯腈基碳纤维产业化及复合材料应用示范项目”获得国家 8000 万元人民币的支持。此次项目的审报成功，标志着河南省碳纤维及复合材料的应用经过多年来的不懈努力，技术水平终于得到了国家的认可，也标志着此行业进入了一个更高的层面，意义非常重大。

4．三门峡圣辉新型材料有限公司成功开发出镁合金板坯连续铸轧技术和镁合金带式温轧技术

经过多年的不懈努力和研究，成功开发出镁合金板坯连续铸轧技术和镁合金带式温轧技术（辊温控制技术、在线加热技术、在线保温技术、镁合金温轧连续润滑技术），该工艺属行业首创。利用该技术生产的 0.2mm 厚镁板宽度可达到 500mm，使镁合金薄板的综合成品率由传统的不足 20%提高到 60%以上。可有效解决传统技术中板材温降大、辊温不稳定、板型难以控制的弱点，实现镁合金带材的连续轧制是一种低投入、低成本、节能型的短流程的生产工艺。

5．鹤壁市镁产业博览会

鹤壁市近年来连续举办了五届镁博会，进行全国性金属镁产业招商会展活动。通过博镁会的召开，不仅提高了鹤壁金属镁行业在国内外的知名度，而且为河南省内企业搭建了便捷高效的对外交流合作平台，帮助企业巩固扩大了国际国内市场份额，鹤壁镁业的品牌优势日益显现。2013 年 11 月 26 日举办的第五届中国镁应用新产品新技术博览会规模更大，效果更好。大会吸引了国内 150 家单位的近400名代表参加会议，1000余件镁应用新产品、500余项新技术新成果进行了集中展示，11个项目会上签约。来自德国、美国等10个国家和地区的嘉宾，也参加了此次盛会。

（四）河南省新材料产业发展存在的问题

1. 企业规模偏小

河南新材料没有超百亿元人民币的生产企业，超亿元人民币企业仅130家，超10亿元人民币企业20多家，超50亿元人民币企业不足10家。以发展最好的超硬材料来看，销售收入超10亿元人民币企业不足10家。新材料企业大多以小型为主，缺乏足够的抗风险能力。

2. 产品附加值低，同质化严重

总体上河南新材料大部分为中低端产品，以品牌、高品级取胜的较少，产品同质化严重，产品单一，缺乏创新精神。

3. 研发投入不足，自主创新能力不强

多数企业研发投入不足，高技术人才缺乏，重大技术研发力量较弱，产业核心技术供给不足。

4. 缺乏政策支持

河南省级层面用于支持新材料产业发展的政策基本没有，没有激励机制支持河南新材料的发展。

5. 技术装备水平整体不高

新材料企业技术装备水平更新缓慢，极大影响了产品品级上台阶，竞争力较弱，无法形成区域比较优势。

二、河南省新材料重点企业发展情况

1. 三门峡圣辉新型材料有限公司

三门峡圣辉新型材料有限公司是一家专业生产金属材料和镁合金板带材的企业。公司总占地面积33.85万平方米，职工120名，各种专业技术人才36名。年生产金属复合板箔材1万吨，镁板带材300吨。企业于2006年通过了ISO 9000、ISO 14000、OHSAS 18000三项国际体系认证。

公司拥有较为完善的熔炼、铸轧、压延、分切等铝、镁加工专业生产设备及配套的动力、检验等辅助设备，主要经营产品有汽车热交换器用复合铝板带箔材、铝铜复合板带材和镁合金板带材。

公司和国家重点大学合作研发了我国第一条800mm带式连续复合设备和复合

轧制工艺，采用这种技术生产的汽车热交换器用复合铝板带箔材和铝铜复合板带材的附加值是传统铝加工产品的3～5倍。

2．南阳金戈利镁业集团有限公司

南阳金戈利镁业集团有限公司是一家融金属镁粉、铝镁合金粉、汽车配件、金银珠宝首饰生产加工、生态农业种植与销售为一体的综合性集团公司。公司注册资本3800万元人民币，占地面积25万平方米，总资产3.75亿元人民币。2013年实现销售收入4.47亿元人民币，利税5817万元人民币，员工600余名，中高级技术人员160名。企业已通过ISO 9001：2008国际质量体系认证。拥有自营进出口经营权。

公司主导产品镁粉、铝镁合金粉年产量达1.5万吨，在国内外同行业名列前茅。中国镁粉技术质量标准制定的协作单位。公司的各项生产、技术指标均已达到或超过国家标准，同时也可按英标、美标和俄罗斯标准组织生产。公司生产的镁粉、铝镁合金粉被河南省政府授予“河南省名牌产品”、“河南省著名商标”称号，公司拥有自己的知识产权与成果。产品远销国内10几家大型钢铁、焊接企业，并出口美国、日本、韩国、中国香港等10几个国家和地区。

3．河南惠强新能源材料科技有限公司

河南惠强新能源材料科技有限公司注册资本1000万元人民币，现有员工56名。企业2013年3月获得ISO 9001　2008质量管理体系认证证书。2012年11月被市科技局认定为功能性膜材料企业工程技术中心。

公司依托中国科学院广州化学研究所，成功研发了干法工艺锂离子电池隔膜技术。拥有发明专利3项，是国内唯一能同时生产PP、PE两种不同材质的企业。可以根据客户需求生产14～40μm不同规格的单层、多层复合锂电池隔膜。产品广泛应用在手机、个人计算机、电动工具、电动玩具、电动自行车、电动汽车等锂电池生产领域，产品质量达到世界同类先进水平。

4．新乡市中科科技有限公司

新乡市中科科技有限公司是金龙精密铜管集团股份有限公司投资兴建的致力于锂离子电池关键材料研发、生产、销售及进出口贸易于一体的全资子公司，是国内首家研发出锂离子电池隔膜材料并成功实现产业化的企业。

2013年可实现销售收入2.8亿元人民币，利税8000余万元人民币。

中科公司主要产品——动力锂离子电池隔膜材料，完全自行研制开发，其采用干法双向拉伸工艺、连续性强、效率高、成本低，产品工艺技术为国内首创。2011年，“格瑞恩”品牌隔膜作为唯一国产锂离子电池隔膜品牌成功登陆日本、俄罗斯等国际市场，2012年中科隔膜占国产市场份额的55%以上，连续10年国产隔膜销量第一，奠定了行业内的标杆地位。目前，作为公司第二代产品——年产3000万平方米聚乙烯（PE）基膜、1000 万平方米聚乙烯聚合物涂层锂离子电池隔膜全自动专业生产线正在建设。该项目将解决目前锂离子电池所采用的聚烯烃微孔膜材料自身性能不足以保证锂离子动力电池较高安全性要求的难题。

融合干湿法隔膜产品及生产优势的第三代产品技术已经研制成功，计划 2015 年建成投产，实现从跟踪高端市场、满足高端需求，到引领高端发展的跨越。

5. 河南飞孟金刚石股份有限公司

河南飞孟金刚石股份有限公司位于孟州市前姚工业区，是孟州科技创新龙头企业，公司注重差异化发展，在多晶金刚石和立方 CBN 行业产量位居国内前列。

公司生产的多晶金刚石已经占到了中国多晶金刚石出口的 80%以上。近几年，公司为客户量身定做的磨曲轴陶瓷砂轮 CBN，质量已经远胜于国际知名公司的同类产品。在硬质合金加工领域，飞孟公司的几种产品也成为不可缺少的高端产品。

6. 中岳新能源科技有限公司

中岳新能源科技有限公司坐落于登封市产业集聚区，占地 150 亩，拥有各类专业技术人员 28 名，教授级科研人员 8 名，60%以上员工具有本科以上学历。公司是一个研发、生产非晶带材、快淬钕铁硼和镍基钎料的科技型创新企业。目前已在筹建河南省非平衡材料研发与应用工程研究中心。

公司与郑州大学材料学院、中航工业六二一研究所、北京航空航天大学签订了共同研发镍基纤料、非晶条带和钕铁硼项目的技术合作协议。一流的研发队伍，先进的生产设备，保证了公司产品的高品质，其中镍基钎料受到了中航工业北京航空材料研究院的青睐。

7. 河南永煤碳纤维有限公司

河南永煤碳纤维有限公司是利用中科院山西煤化所技术研发和生产高端碳纤维的新材料工业企业。公司已通过 ISO 9001　2008 质量管理体体系、GJB 9001B：2009 中国军标质量管理体系认证。

通过以企业为主题的自主创新体系建设，突破了聚丙烯腈基碳纤维产业化配套生产废水、资源再利用的技术瓶颈，形成了碳纤维产业化项目生产废水，包括聚合脱单废水、原丝水洗废水和纺丝凝固浴中二甲基亚砜的回收再利用、含丙烯腈和二甲基亚砜污水综合处理中水回用技术工艺包，对推动碳纤维产业化清洁文明生产具有重大意义。

8. 林州市科能材料科技有限公司

林州市科能材料科技有限公司依托中国科学院过程工程研究所的科研优势和技术资源，致力于发展国家战略新型产业——“功能化离子液体”和“离子液体电解液”的研发、制备。

2011 年 4 月，公司与中国科学院过程工程研究所签订了“离子液体”及“离子液体电解液”的院地合作研发协议，共同组建了“绿色能源新材料的研发基地”。2011 年 9 月，公司与中国科学院过程工程研究所、河南化工研究所、河南神火集团 4 家单位共同组建了“河南省中国科学院科技成果转移转化中心绿色化工与清洁节能工程林州分中心”，重点从事功能化离子液体和新型电解液的研发与规模化制备。同年 12 月被安阳市科技局评定为“安阳市新型电解液工程技术研究中心”。2012 年 10 月份年产 20 吨“功能化离子液体”、1000 吨“新型电解液”生产线已建成投产，产品主要用于国内不同类型的锂电池生产厂家。12 月底被河南省科技厅评定为“河南省离子液体电解液工程技术研究中心”。

三、河南省新材料重点产业基地情况

（一）柘城县金刚石微粉及制品产业基地

柘城县拥有相关企业 150 余家，其中限额以上企业 23 家，全部为民营企业。从事销售的企业 20 余家，生产企业 110 余家，制品生产企业 20 余家，从业人员 8000 多名。20 家骨干企业拥有出口自主权。产品包括金刚石微粉、破碎料、研磨剂、研磨膏、金刚石聚晶、拉丝模及金刚石钻头、砂轮、超薄内圆切片等，目前金刚石制品达到 7 大系列 140 多个品种。2013 年，全县金刚石单晶和金刚石微粉产量达到 47 亿克拉，金刚石制品达到 700 万件（套），金刚石微粉产量占全国总量的 70%以上，占全国出口量的 46%以上。产品销往全国并出口到亚、欧、北美等国家和地区。

2012 年 12 月，柘城县金刚石产业集聚区被河南省政府批准为省级高新技术产业开发区，2013 年 9 月，被国家科技部命名为商丘国家超硬材料及制品高新技术产业化基地，先后被评为河南省十大产业集聚区、河南省十大先进产业集聚区、河南省产城联动发展示范集聚区等荣誉和称号。

1．园区及行业协会建设概况

园区占地 870 亩，可入驻企业 30 余家。柘城县金刚石及制品生产企业分布较为集中，较大规模企业均分布在县城周围及工业园区内。

为了促进行业健康发展，成立了柘城县金刚石微粉行业协会及“柘城县第一金刚石微粉担保协会”和“柘城县第二金刚石微粉担保协会。县委、县政府出台了《柘城县加快金刚石微粉产业发展的意见》，举办了首届中国柘城金刚石微粉及制品产业研讨会，全力支持产学研一体化合作。重点企业开始向大规模集团化、高技术、现代化方向扩张。产品由单一向多品种、技术由初级向高级、附加值由低向高不断快速得到提升。

2．金刚石微粉及制品特色生产基地发展规划

按照以市场机制和政府协调服务相结合的模式，把“提高科技含量、培育龙

头企业、发展高品质金刚石微粉、大力发展金刚石制品”作为产业基地发展的核心内容，突出一个重点（投资发展环境）、两个发展方向（金刚石微粉及制品）、三个提高（产业集聚度、产品利润、技术水平）、三个培育（市场竞争力、龙头企业、品牌）、六个战略（观念、特色、管理、科技、开放、生态）把产业基地建设成以金刚石微粉、金刚石制品生产为主导，骨干企业为支撑，集约化程度高，综合实力和市场竞争力强的全国最大的金刚石微粉及制品生产基地。截至 2015 年基地主营产品要达到销售收入 50 亿元人民币、利税 5 亿元人民币、创汇 3 亿美元的目标。

（二）鹤壁金属镁产业基地

鹤壁市是河南省金属镁发展规模最大的地区。2013 年，全市金属镁产业实现主营业务收入 72.36 亿元人民币，同比增长 35.88%，实现增加值 15.14 亿元人民币，同比增长 23.5%。目前鹤壁金属镁年综合加工能力 27 万吨，以威尔斯、维多利、江浪为龙头的镁粉企业产能稳步提升，全市镁粉生产能力已达到 15 万吨，占全国镁粉生产能力的 50%以上，是全国最大的镁粉（屑、粒）加工出口基地。物华、地恩地、明镁等企业生产的优质镁合金具有品牌效应，全市镁合金类产品年生产能力已达到 7 万吨以上，市场竞争力显著提升，已得到国外和沿海地区镁合金深加工企业的广泛认同。

1. 重点项目积极推进

2013 年，全市金属镁产业项目建设和招商引资取得了新的进展。明镁公司年产 1 万吨高强韧镁合金项目厂房建设基本竣工，目前设备已订购，2 条型材生产线开始试生产；镁轮美公司年产 10 万辆镁合金自行车电动车项目已开工建设，预计 2014 年 5 月份竣工；富迈特公司 4000 吨镁合金挤压机（目前在国内镁行业挤压能力最大）已完成安装，试生产基本完工；创世电机二期项目，目前 2 栋车间主体及办公楼封顶，2 栋车间已基本完工，预计 2014 年上半年投产；捷镁特公司年产 50 万套镁合金电动车及车架项目生产车间基本竣工，目前 1 条与美丽鸟公司配套的车架生产线已开始生产。

2. 精深加工不断开拓

在精深加工方面，河南美丽鸟车业有限公司年产 18 万辆锂电镁合金电动自行车、自行车项目，通过不断开拓市场，市场份额逐步扩大，产量和销量比去年同期增长 30%左右；万德芙公司生产的高性能镁合金半连续棒材和镁牺牲阳极需求较旺，产品供不应求，为满足客户需求，近期新上年产 1 万吨的镁合金铸造阳极项目，正在邀请专家组进行工艺路线论证，已经开工建设，预计明年投入使用；普鑫公司近期年产 1 万吨镁合金牺牲阳极项目技术改造升级已完成，目前已吸引国际资本介入该项目。

3．园区建设成效显著

鹤壁规划鹤山原镁综合利用园区、金山镁合金精深加工园区和鹤淇金属镁精深加工园区为3大专业园区。目前，鹤山原镁综合利用园区、金山镁合金精深加工园区已有近20家企业入驻，富士康已入驻鹤淇金属镁深加工园区，初步形成了产业集群效应。除威尔斯、物华、祥龙等部分创建时间较早的企业外，2007年以后兴建的新企业全部入住园区。特别是金山镁合金精深加工园区，截至目前已汇集了20多家镁合金精深加工和终端产品企业，产业集聚效应初步显现。

4．研发能力不断增强

近年来，鹤壁市金属镁企业，大力开发引进新产品新技术，取得显著成效。全市金属镁企业现有独立知识产权及专利技术60余项，企业科技研发能力不断增强，成立了鹤壁市镁合金自行车车架、镁合金薄板、镁合金挤压型材等2家省级、8家市级工程技术研究中心，极大提升了鹤壁市金属镁企业市场竞争力。地恩地公司、物华公司、金山镁业公司等多家企业建立了工程技术中心。地恩地公司的蓄热立式金属镁还原技术与传统工艺相比，吨镁节能20%，吨镁有害气体排放量减少50%。创世科技公司在完成铝合金部件到镁合金部件的转换后，镁合金小型发电机组的轻量化、比强度高、吸震减震性能优异等优势迅速显现，产品运输成本大幅降低，在开拓国外市场方面将具备更加明显的竞争优势。普鑫公司生产了高精密度镁合金型材，主要用于高铁和纺织型材领域。

鹤壁与中国镁协、德国GKSS中心、中国香港铸造业总会、哈尔滨工程大学、东北大学、上海交通大学等科研机构建立战略合作关系，与重庆大学国家镁合金材料工程技术研究中心联合成立了国家镁工程中心鹤壁研发中心。

四、河南省新材料重大项目建设情况

河南省新材料重大项目建设情况参见表3-28。

五、2014年河南省新材料产业工作总体安排

1．加快推进中国超硬材料产业基地建设

逐步提高附加值高的复合材料及超硬材料制品的规模和技术水平，在巩固高品级金刚石单晶产量的同时，复合材料及超硬材料制品要以每年10%的速度递增，力争到2016年总产值占比达到全行业的50%。全省范围内逐步形成以郑州为中心，以商丘、许昌、南阳、焦作为支点，构建集聚发展、错位发展的空间态势。巩固郑州高新区超硬材料及制品产业园、许昌市长葛黄河金刚石城两大基地的龙头地位；促进商丘柘城以金刚石微粉为主，加快发展超硬材料制品项目的建设；不断扩大南阳、焦作两地产业规模，尽快形成新的产业基地。

表 3-28　河南省新材料重大项目建设情况

（单位：万元）

序号	项目名称	项目性质（新建、改扩建）	企业名称	建设周期	2013 年完成	主要产品	投资规模	新增利润
1	年产 45 000 吨非晶带材生产线，年产 200 吨镍基非晶钎料生产线，年产 1000 吨快淬钕铁硼磁粉及年产 550 吨黏结体生产线	新建	登封市中岳新能源科技有限公司	2011 年 6 月至 2013 年 12 月	18 000	非晶带材、镍基非晶钎料、快淬钕铁硼磁粉、黏结体生产线	35 000	25 000
2	年产 3 万吨活性纳米氧化锌项目	新建	济源市鲁泰纳米材料有限公司	2012 年 11 月至 2014 年 6 月	11 000	活性纳米氧化锌	34 500	3500
3	年产 1.5 万吨海绵钛（二期扩建）项目	改扩建	洛阳双瑞万基钛业有限公司	2013 年 2 月至 2014 年 12 月	40 000	海绵钛	100 000	15 000
4	50 吨/日高强度超薄浮法玻璃项目	新建	中国洛阳浮法玻璃集团有限责任公司	2013 年 3 月至 2014 年 9 月	40 000	浮法玻璃	78 800	6 000
5	年产 10 000 吨高性能锂电铜箔	新建	河南红日铜箔科技有限公司	2012 年 12 月至 2014 年 12 月	20 000	锂电铜箔	45 000	21 488
6	一期：建成年产 5000 吨粉末催化剂、1 万立方米蜂窝催化剂生产线； 二期：建设年产 1 万吨粉末催化剂生产线	新建	中科院过程研究所	2012 年 6 月至 2014 年 12 月	15 000	粉末催化剂、蜂窝催化剂	50 000	4000
7	年产 300 万平方米新型高效过滤膜材料产业化项目	改建	新乡市新星丰华制模有限公司	2012 年 4 月至 2014 年 4 月	5000	新型高效过滤材料	8500	5000
8	年产 5000 吨聚异戊二烯橡胶，年产 8000 吨聚异戊二烯胶乳	改扩建	濮阳林氏化学新材料股份有限公司	2012 年 6 月至 2014 年 6 月	5000	聚异戊二烯橡胶、聚异戊二烯胶乳	15 000	7000

（续表）

序号	项目名称	项目性质（新建、改扩建）	企业名称	建设周期	2013年完成	主要产品	投资规模	新增利润
9	年产3000万平方米非织布基锂离子电池隔膜研制开发	新建	多氟多化工股份有限公司	2013年3月至2014年12月	5000	非织布基锂离子电池隔膜	11 000	11 793
10	聚晶金刚石复合片（PDC）截齿及潜孔钻产业化	新建	河南四方达超硬材料股份有限公司	2012年1月至2014年12月	6000	聚晶金刚石复合片、截齿及潜孔钻头	13 231	2500
11	年产金刚石单晶4亿克拉项目		河南厚得钻石科技有限公司	2013年1月至2014年6月	20 000	金刚石单晶	41 275	3000
12	年产金刚石砂轮3万件生产线项目		柘城县晶鑫超硬材料制品有限公司	2013年1月至2014年12月	23 000	金刚石砂轮	41 275	10 000
13	富士康（鹤壁）科技园一期项目	新建	富士康			笔记本电脑、平板电脑、智能手机、相机、投影仪、电子书等镁合金金属内构件、外观件及组装	136 000	
14	年产6000吨汽车电池正极材料磷酸铁锂、1.5亿平方米锂电池隔膜项目及1亿安时汽车动力电池项目	新建	河南福森集团			正极材料、锂电隔膜、动力锂电池	62 000	
15	镁合金带式温轧技术产业化项目	新建	三门峡圣辉新型材料有限公司	2014年6月至2015年12月	500	镁合金拉杆箱包、电视机外壳、汽车车门和后备箱盖、集装箱货柜等	8500	
16	年产4000万平方米锂离子电池隔膜研发与产业化项目	改扩建	河南惠强新能源材料科技有限公司			锂离子电池隔膜		1475

2. 提升轻型合金规模和档次

以轻质、高强、大规格为主攻方向，积极开发高性能铝合金，加快发展铝镁合金制备及深加工，推动河南省金属镁产业链的不断延伸。重点发展鹤壁金属镁精深加工产业发展，充分发挥富士康在镁行业的技术、市场优势，支持富士康 AZ91、Z1300、FLE 系列铝镁新型合金材料的研发和产业化以及金属制品模具的设计、制造，将富士康（鹤壁）科技园打造成国内最大、国际一流的镁合金新材料制造基地。依托郑州宇通客车股份公司等重点企业，组建汽车用镁板带材研发应用联盟。加大钛产业研发力度，开发钛合金热交换器等高端钛合金材料制品，完善钛及钛合金产业链。依托洛阳市镁研发中心技术优势，支持洛铜集团变形镁及镁合金板带材加工基地建设。针对市场需求，积极发展高品质特殊钢和高温合金材料，培育新型合金材料基地。

3. 积极发展新型功能材料

着力提升高性能纤维规模化制备水平，推动特种纤维开发及产业化。经过三年努力，初步建立碳纤维及复合材料产业体系，使碳纤维的工业应用市场初具规模。聚丙烯腈原丝、高强型碳纤维产品质量接近国际水平，开展国产化纺丝油剂和碳纤维上浆剂评价和应用。截至 2016 年，GQ4522 聚丙烯腈基碳纤维单线产能产量达到 1000 吨。同时，基于 GQ4522 聚丙烯腈基碳纤维技术，建设电力工程等重大基础设施用碳纤维复合芯和低成本增韧复合芯、复合芯导线、复合材料绳索等产品。强化技术创新，降低生产成本，大力发展新型特种玻璃。加快产业步伐，扩大高纯稀有金属及靶材、磁敏材料、特种橡胶、高端特塑性弹性体、特种工程塑料等特色优势产品的规模，积极发展高性能稀土功能材料、高性能膜材料、新型半导体等新型功能材料。

第十七节　湖　北　省

一、湖北省新材料产业发展情况

（一）湖北省新材料产业总体发展情况

全省新材料产业初具规模，截至 2013 年年底，规模以上新材料企业 410 多家，实现销售收入 1568 亿元人民币。形成了从研发到生产，门类齐全的新材料产业体系。涌现了一批优势骨干企业，建成了一批特色鲜明的新材料产业基地，拥有一批具有较强竞争力的新材料产品，特别在高端金属结构材料、电子信息材料、新型无机非金属材料、先进高分子材料等领域已具备一定的发展优势。

全省新材料领域拥有一批研发能力较强，具有一定影响力的科研、开发机构。拥有10多位与新材料领域相关的两院院士，材料领域相关的国家级重点实验室5个、国家和省部级工程技术中心17个、省部级重点实验室15个，设有材料学科的高等院校23所。例如，武钢的国家硅钢工程技术研究中心，武汉大学的有机硅材料研发、生物医用高分子材料、纳米科学与工程研究等，武汉理工大学的超低金属超高纯石英、高活性超细非金属矿物材料、功能环保材料、材料复合新技术研发，华中科技大学的材料成形与模具技术、国家纳米药物工程技术研究、大型电池关键材料与系统研究，武汉科技大学的耐火材料与高温陶瓷重点实验室、武汉工程大学的等离子体化学与新材料研究，中国地质大学（武汉）的纳米矿物材料及应用工程研究等机构在国内新材料技术开发和成果转化方面具体一定优势。

（二）湖北省新材料产业重点领域发展情况

全省形成了一批新材料特色产品，涌现出了一批具有一定市场影响力和竞争力的优势新材料企业，对整个行业和相关产业的发展起到了带动和支撑作用。

1. 高端金属结构材料

武钢是我国高端金属结构材料重要生产基地之一，研发了一批具有市场引领能力和国际先进水平的高性能工程结构钢，高端磁轭钢等11个独有品种填补国内空白，2013年其高端金属结构材料产值达238.8亿元人民币。冷轧硅钢片产能已达200万吨，产能、产量均居世界第一。新一代超低铁损高磁感的取向硅钢生产能力达到30万吨，形成36个品种、150个规格产品，HiB钢首次进入超高压及直流换流变压器制造领域。高强汽车板销售规模超过270万吨，市场占有率达17%，全国排名仅次于宝钢。高速重轨钢投产即通过钢轨上线认证，质量跻身国内一流。第五代桥梁钢WNQ570钢，主要技术性能指标已达到国际先进水平。压力容器钢形成了6大系列共19个钢种，帘线钢继续保持全国市场占有率第一的优势。

湖北新冶钢是国内装备齐全和规模较大的特殊钢生产企业，特钢产能达到320万吨。航空航天用超高强度钢、核电行业高温合金、特殊不锈钢、Super系列工模具钢、YG8407/8418系列中碳及压铸模具钢等具有国际先进水平。

武汉铁锚焊接材料股份有限公司是华中地区最大焊接材料研发、生产企业，其产品是国家重大工程配套焊接材料，其特种电焊条、高强钢埋弧焊丝、高强度镀铜和非镀铜气保护实芯焊丝、气保护和自保护药芯焊丝等焊材主导产品相继通过CCS、LR、ABS、GL、DNV、NK、BV等7国船级社认可。

湖北金洋公司的再生铅合金产量达 25 万吨、再生铝合金达 10 万吨。东风华泰的汽车铝合金轮毂、田野集团的永磁合金、福星科技的钢帘线、黄石宝钢股份涂镀薄板、十堰益民铜材的高精度电子铜等产品技术处于国内先进水平。

2. 电子信息材料

长飞公司光纤预制棒及特种光纤等新材料产品的市场份额在国内居第 1 位，产能达 1500 吨，占全国产能 1/3 以上。其自主研发的当今世界尺寸最大的 G652.D 光纤预制棒及其高速连续拉丝技术，攻克了 Φ200 mm×3 m 低水峰预制棒技术难题，大大提高生产设备效率和光纤产能，提高了国产光纤的国际竞争力。

湖北鼎龙化学股份有限公司现已发展成为全球电荷调节剂、彩色化学碳粉、彩色再生硒鼓和永久紫色颜料最大制造商。自主研发的三大系列 30 多种高新产品，全部拥有自主知识产权，是国家标准的主起草单位。公司产品 80%以上出口欧美、日韩等发达国家。

荆门格林美公司拥有世界先进的小型废旧电池与报废电池材料高技术处理生产线，年处理能力达到 3 万吨以上，循环再造钴镍、铜钨、金银、钯铑等 10 多种稀缺资源和多种高技术产品，年循环再造超细钴镍粉末 3300 吨以上。

仙桃市中星电子材料有限公司拥有 10 万吨/四氯化钛和 5000 吨/年钛电子材料生产能力，是国内主要的钛原料生产基地，主导产品市场占有率达 60%。

湖北新华光信息材料股份有限公司是我国光学玻璃生产基地之一，年产各类光学材料、特种光学材料、微晶玻璃、元器件、饰品等光学材料 7000 吨，特种光学玻璃填补了国家 6 项高科技领域的空白，国际市场占有率达 18%，国内市场占有率达 30%以上。

华烁科技股份有限公司是光通信化学材料先进生产基地，有 9 项获国家科技进步奖或国家发明奖，78 项国家发明专利，其显示器件关键封装材料、各向异性导电胶膜材料、液晶间隔材料、显色微胶囊等具有自主知识产权。

武汉帅尔光电子新材料有限公司是国内批量生产各种规格球形二氧化硅微粉的高新技术企业。宜昌南玻硅材料有限公司是国内规模最大的可生产电子级多晶硅的企业、是国内最完整的高纯多晶硅全闭路循环生产企业，实现了所有副产品的综合利用。

3. 新型无机非金属材料

菲利华公司是国内首家通过半导体设备厂商原厂认证的石英材料供应商，其光纤用石英玻璃棒材、半导体用石英材料、航空航天用石英纤维材料、高均匀合成石英玻璃材料等技术水平处于国内领先，产品市场占有率居首。

湖北平安电工材料有限公司拥有耐高温绝缘云母板、绝缘云母纸、绝缘耐高温云母带、电子玻纤布及电热绝缘膜等七大系列产品，近 1000 多个品种， 50 多个产品和技术填补了国际国内空白，产品已成功应用于国内重大工程，出口欧美等发达国家和地区。

襄阳汇尔杰公司耐碱玻璃纤维综合生产能力达 10 000 吨，耐碱玻璃纤维国内市场占有率达到 80%。率先在国内成功完成工业化生产 ER13 和满足纺织性能、耐碱性更卓越的高锆耐碱玻璃纤维。

4．先进高分子材料

武大有机硅新材料公司在精细有机硅材料烷氧基硅烷及硅烷偶联剂的研究开发方面建设了世界领先的精细有机硅产品生产线，其研究开发和产业化推动了中国有机硅及其相关产业的发展。

江汉精细化工公司具备硅粉、氯硅烷单体、烷氧基硅烷中间体、特种硅烷等 116 种系列产品生产能力，产能达 3 万吨，JH-S1891、JH-S1191 等主导产品填补了国际空白。

湖北新蓝天新材料股份有限公司是国内有机硅交联剂、偶联剂研发和生产的龙头企业，具备 6 万吨多系列有机硅交联剂、偶联剂生产能力。

湖北卓熙氟化股份公司高纯氟气和氟化石墨填补国内技术空白。

武汉科达云石公司石材清洗剂、石材渗透保护产品、密封产品、不饱和树脂等产品国内市场占有率达 50%以上，产品出口欧美等发达国家。

湖北鑫海新材料科技有限公司利用纳米交联技术，对酚醛树脂进行无机改性的高性能复合新材料“低碳、节能无机改性酚醛树脂”技术填补了国内空白。

（三）湖北省新材料产业发展存在的问题

近年来，虽然全省新材料产业研究、开发等方面取得了一定成绩，但依然存在许多需要亟待解决的问题。

1．产业规模偏小，核心竞争力不强

全省新材料产业规模偏小，在全国第 15 位左右。资源主导型、粗放型的新材料产品居多，碳纤维、高端膜材料、磁储存、稀贵金属功能材料、超临界火电用钢等新材料等处于空白，具有完整产业链、在国内外有较强影响力的新材料产品和龙头企业少，产业核心竞争力不强。

2．整体创新能力较弱，产业支撑体系不完善

全省新材料产业科研投入少，“产学研用”长效协作机制和产业支撑体系不完善，成套技术开发能力较弱，工程化能力差，产业体系庞杂、重点不突出，缺乏对先进制造业等所用关键新材料本地化激励机制。新材料高级人才难引难留，造成人才结构性短缺，技术开发能力受阻。

3．基础管理体系不健全，缺乏科学规划

新材料产业管理协调机制不完善，缺乏科学分类标准，没有建立完整新材料管理和统计体系，缺乏产业发展统筹规划和政策引导。

二、湖北省新材料重点产业基地情况

近年来，全省新材料产业向产业集聚、集群方向发展，逐步形成了一些特色比较明显的产业基地。武汉、宜昌是国家发改委和财政部确认的“国家区域战略性新兴产业集聚发展试点城市”，武汉是国内重要的金属结构材料、光电子信息材料、先进高分子材料和超纯超细高活性非金属功能材料生产和研发基地。宜昌是国内新型建筑材料和非金属功能材料的重要聚集区，其磁电子材料、石英晶体材料等在全国处于领先地位。黄石成为特种金属材料、有色金属加工材料和新型建筑材料研发、生产基地。襄阳是国内重要的光学材料、无机非金属材料研发、生产基地。荆州是重要的精细化工、无机非金属材料研发、生产基地。荆门是重要的先进高分子材料、超细钴镍粉末材料产业基地。鄂州是国内重要的超硬材料——金刚石、光通信化学材料研发、生产基地。孝感是国内重要的有机氟硅材料、先进复合材料生产基地。咸宁是国内重要的钒钛合金材料生产基地。

第十八节　湖　南　省

2013 年，湖南省实现地区生产总值 24 501.7 亿元人民币，比上年增长 10.1%。规模以上工业增加值增长 11.6%。规模以上工业新产品产值增长 23.2%，占工业总产值比重为 13.1%，比上年提高 1 个百分点。

一、湖南省新材料产业发展情况

（一）湖南省新材料产业总体发展情况

2013 年全省纳入统计范围的 654 家规模以上新材料工业企业全口径收入 4313.69 亿元人民币，现价增速 10.7%；全口径利润 107.01 亿元人民币，现价增速 109%。新材料产业部分总产值 2594.89 亿元人民币，现价增速 17.3%。新材料产业增加值 668.71 亿元人民币，同比增长 17%，占全省战略性新兴产业增加值的 25.3%，参见表 3-29。

从总量看，全省 14 个市州中，新材料产值超过 200 亿元的有 6 个，分别为长沙、株洲、衡阳、岳阳、郴州、娄底。从增速看，长沙、常德、郴州、怀化、娄底 5 市的新材料增加值增速均在 20%以上。

表 3-29 湖南省各地市新材料产业统计情况

市州	企业全口径收入（亿元人民币）	现价增速（%）	企业全口径利润（亿元人民币）	现价增速（%）	新材料产业部分总产值（亿元人民币）	现价增速（%）	新材料产业增加值（亿元人民币）	可比价增速（%）	企业数
全省	4313.69	10.7	107.01	109.0	2594.89	17.3	668.71	17.0	654
长沙	761.17	24.9	37.80	22.2	659.44	28.0	168.77	22.9	113
株洲	409.27	15.6	10.30	84.0	213.04	9.2	61.07	8.9	79
湘潭	381.17	2.4	3.73	−1.0	183.55	14.7	44.18	15.5	39
衡阳	359.76	5.6	9.36	79.5	289.00	5.2	74.07	9.4	69
邵阳	70.20	17.2	1.98	−13.2	46.27	20.4	12.00	15.5	22
岳阳	1046.09	5.8	2.43	−1.0	377.87	9.1	91.41	14.4	99
常德	91.23	18.8	6.06	35.9	43.45	32.1	11.83	29.8	42
张家界	3.95	40.2	0.11	1238.6	1.54	9.9	0.43	10.8	6
益阳	77.17	5.8	3.45	16.0	69.04	6.6	18.88	7.3	36
郴州	439.00	17.5	21.71	0.0	377.72	19.4	104.99	20.3	58
永州	26.36	17.6	0.81	−34.3	23.24	16.2	6.57	10.2	18
怀化	101.19	13.2	1.48	−71.0	84.35	16.7	23.78	26.2	28
娄底	512.15	3.5	7.05	−1.0	208.07	33.5	45.72	26.7	30
湘西	34.98	−13.5	0.75	−47.6	18.30	1.4	5.01	2.5	15

（二）湖南省新材料产业重点领域发展情况

1．特种金属功能材料

（1）其他功能合金——先进储能材料。2013 年，湖南省先进储能材料领域规模企业 89 家，实现产值 293.06 亿元人民币，实现增加值 66.7 亿元人民币，同比增长 16%。

在先进储能材料行业中，湖南省拥有先进镍氢电池材料和先进锂离子电池材料两大优势领域。先进镍氢电池材料领域有科力远、神舟科技等龙头企业。科力远牵头组建了我国储能材料领域唯一的国家级创新平台——先进储能材料国家工程研究中心，并通过设立合营公司，整合丰田和科力远的优势，打通全产业链，进一步提升混合动力汽车电池的关键技术，降低电池成本。先进锂离子电池材料领域有杉杉新材、湖南瑞翔、金瑞科技和湘潭电化等龙头企业。杉杉新材是国内发展最快、产销规模第一、世界第三的锂离子电池正极材料专业制造商，国内市场占有率超过 40%。该公司已完全具备独立的产品研发能力，并在多个锂电材料产品上成功实现突破，部分填补了国内产品空白，打破了日美韩的产品垄断。湘潭电化是中国电解二氧化锰的摇篮，也是国内最大规模生产绿色高能环保电池所需材料——无汞碱锰电池专用电解二氧化锰的生产企业，年生产能力 6 万吨，是国内年产量的 35%，占世界总产量的 12.98%。产品远销美国、日本、欧盟等 20 多个国家和地区，是南孚、双鹿、美国永备、金霸王等世界名牌电池材料的指定供应商。该公司在国际上率先研发出以碳酸锰贫矿为原料生产无汞碱锰电解二氧化锰的新工艺技术，在世界电池工业发展史上具有里程碑意义。

（2）其他功能合金——硬质合金材料。2013 年，湖南省先进硬质材料领域规模企业 42 家，实现产值 127.51 亿元人民币，实现增加值 29.39 亿元人民币，同比增长 10.9%。

株洲市是世界硬质合金生产基地，全市目前拥有硬质合金材料企业 200 多家，实现产值 320 亿元人民币，工业增加值 80 亿元人民币，增幅 30%。全市拥有新材料产业创新平台 15 家，其中，国家企业技术重点实验室 1 家、国家企业技术中心 6 家、省重点实验室 2 家、省工程技术研究中心 3 家、省级企业技术中心 3 家。7 家企业建立了博士后工作站。

在精密控制硬质合金产业，株洲建立了国家重点实验室，工信部还投资 2000 万元人民币建立了精密控制创新平台。湖南省硬质合金材料领域形成了以株硬集团、株洲长江硬质合金工具、株洲欧科亿为龙头，以钻石切削、精诚、精工、美特优、力洲等企业为重点的产业基地，株洲硬质合金集团精密工具产业园 2011 年启动，计划 5 年投资 50 亿元人民币，分三期建设，将形成硬质合金切削刀具和型棒材基地。建成后将拥有硬质合金数控刀片 15 000 万片、整体刀具 2000 万支、数控刀具 200 万件、陶瓷刀片 300 万片、型棒材合金 3000 吨的产能，精密工具达到世界先进水平。2013 年，公司“网状结构硬质合金制备技术、产品应用及产业化”项目获得湖南省技术发明一等奖。抗热裂组合轧辊的研究及应用（复合轧辊）和高精度超细硬质合金微孔拉丝模芯研究与开发等成果被湖南省科学技术厅鉴定为达到国际先进水平。

（3）稀土发光材料。湖南一直是稀土资源大省和技术强省，根据专家测算，湖南稀土矿的需求总量在 15 000 吨左右。如果向下延伸，涉及的行业有电机、电子、工程机械、石化、能源、高速列车、电动汽车等，稀土产业的产值将在 1000 亿元人民币以上。湖南信多利新材料有限公司是湖南省唯一从事稀土深加工——发光材料产业化的高新技术企业。其稀土三基色荧光粉、白光 LED 用荧光粉和 PDP 用荧光粉，产品涵盖稀土发光材料的多个领域并具有国际领先水平。该公司与湖南师范大学合作，建立“湖南师大——信多利发光材料研究中心”，通过产学研合作，不仅实现了稀土三基色荧光粉技术的优化和升级换代，而且已成功研制出国内领先并具有高附加值的 LED 用白光荧光粉、国际领先的白光 LED 用稀土氮化物和氮氧化物荧光粉，并持有国际领先的 LED 用高性能氮/氮氧化物荧光粉专有技术。

2. 高端金属结构材料

2013 年，湖南省金属新材料领域规模企业 167 家，实现产值 2073.78 亿元，实现增加值 309.41 亿元人民币，同比增长 22.9%。

湖南郴州是全球有名的有色金属之乡，资源优势明显，现已发现矿种达 110 种，探明储量的有 7 类 70 多种，预计价值超万亿人民币。丰富的矿产资源为湖南新材料产业发展提供了很好的发展基础。2013 年，湖南省规模以上有色金属工业企业

869 家，其中主营业务收入过亿元的有 225 家，过 10 亿元人民币的有 32 家。全省有色行业完成 10 种有色金属产量 301 万吨，同比增长 9.8%，居全国第 3 位，比上年提升 2 位；规模以上企业实现主营业务收入 4243 亿元（含五矿外省部分），同比增长 13%；工业增加值 1036 亿元人民币（含五矿外省部分），同比增长 15.7%；利税总额 250 亿元人民币，同比增长 5.3%。

（1）新型钢铁材料。

华菱衡钢系全球大型无缝钢管生产企业，中国第二大专业化无缝钢管生产企业，是全球无缝钢管生产机组最全、先进机型最多、产品规格最配套的企业。在它的带动下，衡阳钢管深加工产业园区企业配套发展，形成了衡阳市高端金属结构材料的产业基地，并荣获了国家新型工业化示范基地。湖南胜利湘钢钢管有限公司生产的高等级大口径石油、天然气输送钢管（包括直缝埋弧焊管和螺旋埋弧焊管）填补了国内空白。钢芯铝绞线、铝包钢芯铝绞线、架空电缆、电力电缆、控制电缆、计算机电缆、橡套电缆、矿用电缆、轨道交通用电缆及低烟无卤阻燃耐火等特种电缆也是重点发展的一个方向。

新型钢铁行业不断加大科技投入，加强产学研合作，企业的自主创新能力不断增强。中南大学、湖南大学等省内高校以及北京科技大学、北京钢铁研究总院等高校和科研院所与企业紧密合作，产学研用紧密结合，越来越多产品由研发转到了生产，越来越多的高级职称的科技人员走进了企业。

（2）铝合金。湖南省铝合金产业以创元铝业、创元新材和晟通科技为代表，其主要产品为高精铝板带箔铸轧、电解铝，2013 年铝合金产业成绩非常突出，仅常德市就已完成总产值达 90 亿元人民币，占当地新材料产业的比重达到 63%，常德也成为了全国七大铝业生产基地之一。

3. 先进高分子材料

2013 年，湖南省化工新材料领域规模企业 42 家，实现产值 1064.62 亿元人民币，实现增加值 201.21 亿元人民币，同比增长 10.4%。

湖南石化产业是湖南的支柱产业之一，已成为湖南省第二个过千亿元人民币的行业。湖南的化工新材料企业主要集中在岳阳和衡阳，岳阳已发展成以巴陵石化、岳化化工、长炼石油为龙头的千亿元人民币石化产业集群。巴陵石油化工有限责任公司是国内最大的环氧树脂产、销、研基地之一，针对高铁、风电等产业领域的复合材料发展中对高端环氧树脂的迫切需求，将环氧树脂事业部在新品种的开发上攀登了新的制高点，已经建成年 60 000 吨产能的液体环氧树脂生产装置，产品经过了国际相关认证，5000 吨/年水性环氧树脂也已投产。2013 年，衡阳市高分子材料产业完成产值 22.2 亿元人民币，同比增长 11.6%，增加值 5.2 亿元人民币，增长 30%。建滔化工为中南地区规模最大的氯碱生产基地和盐化工基地，在其引领下，衡阳市盐化工新材料企业得到了强劲的发展，衡阳柏百顺高分子材料科技有限公司年产 20 000 吨 PVB 树脂为全国产能最大。松木工业园初步形成了先进高分子材料基地，被评为湖南省首批新型工业化示范基地。

4．高性能纤维及复合材料

2013 年，湖南省先进复合材料领域规模企业 69 家，实现产值 747.32 亿元人民币，实现增加值 59.86 亿元人民币，同比增长 15.2%。

2013 年，科技部批复博云新材与中南大学共同组建的国家炭/炭复合材料工程技术研究中心被列入 2012 年国家工程技术研究中心组建项目计划。中南大学承担的“高耐磨高能制动粉末冶金摩擦材料的研制与产业化”项目获湖南省科学技术进步奖一等奖。高性能炭/炭航空制动材料的制备技术”为国家重点工业性实验项目的成果，使我国成为继美、英、法三国之外掌握该技术的国家。在轨道交通用高分子复合材料领域，时代新材国内首条整体式橡胶履带生产线并成功试产，标志着该产品摆脱了此前完全依赖国外进口的局面，填补了国内空白。其主导制定的国际标准 IEC 62724：2013《轨道交通 地面装置 电力牵引 架空接触网支持用绝缘合成绳组件》成为轨道交通领域第三项由中国主导制定的国际标准。同时“汽车内外饰件专用聚丙烯材料的研制”和“轨道车辆抗侧滚扭杆轴的研制”项目总体技术被省科技厅认定达到国际先进水平。

（三）湖南省新材料产业年度重大事件

1．行业管理推出一系列重要举措

为贯彻落实国家新材料产业“十二五”发展规划，促进湖南省新材料产业发展，全省围绕新材料产业发展开展了以下重点工作：省政府办公厅印发了《湖南省战略性新兴产业新材料产业专项规划实施方案》；修订了《湖南省新材料产业产品指导目录》，建立了全省新材料产业统计监测体系，开展了行业运行监测分析；制订了《湖南省新材料企业认定管理办法》，启动了新材料企业认定工作，2013 年共有 174 家企业被认定为湖南省新材料企业；举办了 2013 年湖南省新材料产业合作对接会；编写了《2012 年湖南省新材料产业发展报告》；开展了新材料示范应用风险补偿调研，研究了重点新材料产品首批次应用奖励相关政策问题，拟从省相关工业发展资金中安排部分资金支持重点新材料产品首批次应用推广。

2．重点技术突破

湖南柿竹园有色金属公司参与的“多流态锑级强化浮选技术开发及应用”获国家科技进步二等奖。湖南广信科技股份有限公司研制的 750kV 及以上变压器纸板和出线装置为国际先进水平，特高压无胶粘纸螺杆和 L 型夹件两项为国际领先水平。同时，公司生产的“超厚绝缘纸板”获国家科技部、环保部、商务部、质监总局颁发的国家重点新产品证书。湖南海利化工股份有限公司《羟基嘧啶类化合物清洁生产共性技术研发》等 4 个项目技术达到国际先进水平，中盐株洲化工集团有限公司《高比表面积非晶态钛白粉制备技术研究与应用》、永州锦荣新能源开发有限

公司《JY 添加剂的开发及在甲醇汽油中的应用》等项目技术居国内领先水平。

3. 重大项目投产

湖南新岭化工股份公司 1.5 万吨/年邻甲酚装置已经投产，湖南立发釉彩科技有限公司 2 万吨/年粉体色釉料项目主体工程已经完工即将投入生产，衡阳山泰化工有限公司 1 万吨/年粉末涂料树脂投入规模化生产，衡阳市建衡实业有限公司新建 3 万吨/年高效聚合氯化铝生产线项目投产。此外，长沙新宇高分子科技有限公司 6000 吨/年光引发剂系列产品产业化项目，株洲兴隆化工实业公司 2 万吨高分散白炭黑项目，湖南湘江涂料集团有限公司 3 万吨/年高档涂料的异地搬迁新建技改，住友橡胶（湖南）有限公司 15 000 条/日轮胎扩建，湖南杉杉户田新材料有限公司年产 10 000 吨锂电正极材料项目扩产。

（四）湖南省新材料产业发展存在的问题

1. 产业分布不集中，企业规模偏小

从区域看，新材料产业主要集中在长沙、株洲、岳阳，周边地区所占比重较小，区域差异明显。在各新材料产业地区中主业不够突出，产品结构趋同，企业之间缺乏产业关联度，也没有相应的共性技术服务平台，只是简单的企业集中，没有形成有机整体的产业链，对产业引领和经济支撑不足。同时，新材料整体规模偏小，主要以中小企业为主，2013 年湖南省纳入统计的 654 家新材料企业中，产值超 50 亿元人民币的生产企业不足 20 家。

2. 研发投入不足，自主创新能力不强

2013 年，全省新材料产业投入科学研究与试验发展经费支出占总产值的比重仅为 2.09%，远低于国内外发达地区水平。在新材料领域除了龙头企业拥有较强的自主创新能力和相对充足的研发投入外，大部分企业的自主创新能力较弱，“短板”仍然较多。在促进科技成果向现实生产力转化上，经济与科技“两张皮”的问题仍较突出，转化效率不高，企业研发投入不足。

3. 高端人才缺乏，融资能力不强

近些年来，虽然金融机构加大了对高新技术企业的扶持力度，但由于一些企业自有资本不足，盈利能力差等原因，银行一般采取较为谨慎的对策和措施，信贷投放力度仍然不能满足企业发展需要，并且贷款手续烦琐，很多企业望而却步。同时，高端人才缺乏、人员流动性大也成为制约新材料企业的重要问题。

二、湖南省新材料重点企业发展情况

1. 株洲时代新材料科技股份有限公司

株洲时代新材料科技股份有限公司主要从事以高分子材料的工程化应用为核

心的减振降噪制品、绝缘产品、水处理产品、汽车轻量化材料、大型风电叶片等系列产品的研制、生产、销售和服务。2013 年公司总资产达 517 604.73 万元人民币，从业人数 3000 余人，产品销售遍布全球 50 多个国家，2013 年实现主营业务收入 42 亿元人民币，利润达 1.2 亿元人民币。公司拥有“国家认定企业技术中心”、“湖南省减振降噪材料工程技术研究中心”、“湖南省减振降噪技术企业重点实验室”等科技创新平台。先后承担国家及省部级科研课题 20 余项。公司共申报国家专利 400 余项，其中发明专利 200 余项，已获授权国家专利 210 余项，其中发明专利 80 余项。近年来公司技术人员在国内外期刊发表科技论文 230 余篇，公司主持制定国际标准 1 项、铁道部行业标准 7 项，南车集团企业标准 4 项。

2．湖南中野高科技特种材料有限公司

湖南中野高科技特种材料有限公司是国内酚醛风管行业唯一具备生产和机电安装资质的企业，是国内专业新材料中央空调复合风管规模化生产基地。主导产品被科技部纳入国家火炬计划，被住建部列入科技推广项目，被评为“国家重点新产品”。与北京化工大学、湖南大学等众多院校合作成立了“中野高分子材料研发中心”，与湖南大学土木工程学院采暖通风实验中心联合成立新型风管课题组。公司被评为省级企业技术中心，多次获得湖南省及长沙市科技进步奖。被湖南省政府列入 100 个工业小巨人计划，被长沙市政府列入千亿工程材料类重点企业。公司现有员工 261 名，其中大专以上学历人员占全员总数 62.16%，并拥有 22 项发明专利技术。

3．湖南中泰特种装备有限责任公司

湖南中泰特种装备有限责任公司主要从事超高分子量聚乙烯纤维及其系列产品的研制、开发、生产和销售。目前，超高分子量聚乙烯纤维与无纬布达到了年产 2000 吨的生产规模。产品还出口到美国、欧洲、以色列、斯里兰卡、韩国等国家和地区。2013 年实现销售收入 13 523 万元人民币，利润 1916 万元人民币，上缴税金 1000 多万元人民币。公司目前已申请和拥有 101 项专利，其中 PCT 国际专利 2 项。

4．湖南晟通科技集团有限公司

湖南晟通科技集团有限公司是一家主营新材料、新能源的企业集团。主要生产高级铝板、带、箔，高纯度铝锭（棒），高精度大、中型工业型材，拥有国家认定企业技术中心、国家级检测中心、博士后科研工作站、“中南大学——晟通科技研究院”等科技研发平台，拥有院士和享受国务特殊津贴管理专家的研发团队。电解铝吨铝交流电耗达到国际先进水平，铸轧双零箔坯料质量全国第一，占领 70%市场份额。申请专利近千项，并实现产业化达 90%以上，累计缴纳税费超过 20 亿元人民币。

5．湘潭高耐合金制造有限公司

湘潭高耐合金制造有限公司是经营通用机械设备制造、铁路机车车辆配件制造以及烘炉、熔炉及电炉制造的国家级高新技术企业。成立了“湘潭市高耐合金摩擦材料

工程技术研究中心”，与中南大学建立了长期稳定的产学研合作关系。生产的薄板连铸连轧输送分节辊、动车合金钢轴装制动盘、吸能压溃钢筒三项产品属国产替代进口。其“薄板输送分节辊”被省技厅评定为科技新产品，并获政府科技进步奖励，且于2008年列入了国家火炬计划项目。“JZP01型等轨道交通高速重载轴装制动盘”项目列入科技型中小企业技术创新基金项目。拥有发明专利4项，实用新型专利2项。

6．株洲冶炼集团股份有限公司

株洲冶炼集团股份有限公司是一家专门从事有色金属高新技术材料的研发、生产、销售的高新技术企业。已拥有国家授权专利100余项，其中发明专利50%左右。拥有国家级技术中心和博士后工作站，同时拥有中国最大的等静压加工中心，并承担铅锌冶炼渣浸没熔炼清洁处理关键技术等国家“863计划”项目、国家清洁生产示范项目和国家“十二五”科技支撑计划项目等多项。电解精炼——挥发熔炼生产高纯锡等6项科技创新成果，获中国有色金属工业科技奖。

7．湖南瑞翔新材料股份有限公司

湖南瑞翔新材料股份有限公司是一家专门从事锂离子电池正极材料的研究、开发、生产和销售的高新技术企业。公司拥有国家发明专利及实用发明专利共计30余项，是湖南省首批70余家通过国家四部委按新标准联合评定的高新技术企业之一、国家科技支撑计划重点项目和国家“863计划”项目的参与者、“国家级先进储能材料研究中心”的核心成员。公司成为三星SDI全球最主要的锂离子正极材料供应商。公司2012年继续加大对中国香港瑞翔实业有限公司的投资，公司目前产品销售以每年30%的速度稳步前进，年产值突破10亿元人民币；2014年产值将达到14亿元人民币。

8．湖南邦普循环科技有限公司

湖南邦普循环科技有限公司是一家专业从事各种废旧镍氢、镍镉、锂离子等二次电池、废镍、废钴资源化回收与处理的再生资源高新科技企业。拥有全国最大的废旧电池循环基地。废旧电池回收量已达2000万只/月，具备月处理利用废镍、废钴量500吨、年产硫酸镍、氯化钴、镍铁合金、电池正极复合材料、四氧化三钴等环境友好镍钴新材料5000吨的绿色循环生产能力。年处理废旧电池总量超过6000吨、年生产镍钴锰氢氧化物4500吨，总收率超过98.58%，回收处理规模和资源循环产能已跃居亚洲首位。

9．株洲硬质合金集团有限公司

株洲硬质合金集团有限公司主要生产金属切削用硬质合金工具、矿山及油田钻探采掘工具、硬质材料、钨钼制品、钽铌制品、稀有金属粉末制品等6大系列产品。拥有硬质合金国家重点实验室、国家级技术中心、分析测试中心和具有国际先进水平的研发中心，技术创新投入达到销售收入的4%，新产品对销售收入的贡献率达到25%以上。公司硬质合金生产能力达到6000吨，国内市场占有率达32%，主要钨产品出口占全国年出口总量20%。

10．湖南红宇耐磨新材料股份有限公司

湖南红宇耐磨新材料股份有限公司是专业从事耐磨铸件产品的研发、设计、生产、销售，主导产品包括球磨机磨球、衬板、磨段和应用技术。高效球磨节能综合技术为高能耗行业的球磨生产环节节电 30%～40%，可使球磨机产能提高 5%～30%，耐磨铸件的消耗量降低50%以上。公司承担的“球磨机耐磨新材料的研究与应用项目”成果在高效磨球与台阶形衬板配套应用方面整体技术居国际领先水平。与中南大学共建“中南大学抗磨材料研究所”。公司已在湖南长沙、娄底和河北邢台建成了三大生产基地，形成年产 5 万吨耐磨铸件的产能。2012 年公司上市共募集资金4亿元人民币，将建设长沙金州二期年产2.5万吨高合金耐磨铸件项目和对外并购同行业企业，预计至2014年，公司将形成10万吨以上磨铸件的生产能力。

11．湖南海利化工股份有限公司

湖南海利化工股份有限公司是主要从事农药和精细化学品的研发、生产和贸易，危险化学品运输以及化工装置的工程安装。公司拥有国家农药创制工程技术研究中心和国家氨基甲酸酯类农药工业性试验基地，建立了农药和医药中间体以及光气化产品研发中心。公司拥有亚洲最大的年产万吨规模的克百威、仲丁威、甲萘威、好安威、残杀威、异丙威、灭多威、速灭威等氨基甲酸酯类农药原药生产装置，拥有亚洲最大的年产万吨规模的呋喃酚、邻仲丁基酚、邻异丙基酚和邻异丙氧基酚等烷基酚生产装置，拥有年产万吨乐果、甲基嘧啶磷等有机磷农药生产装置，依托10 000吨/年和5000吨/年两套光气生产装置。

12．湖南顶立科技有限公司

湖南顶立科技有限公司产品涵盖粉末冶金专用设备、真空热处理设备、硬质合金制品、铁铜基粉末冶金制品、钢铁材料热处理、雾化制粉、磁性材料等多个领域。公司与中南大学粉末冶金国家重点实验室、国防科学技术大学航天材料重点实验室、广州有色金属研究院、保来得（Porite）工业有限公司、大连万宝至（Mabuchi）、深圳比亚迪股份有限公司、株洲及自贡硬质合金厂、山西东睦华晟新材料股份有限公司、重庆华浩冶炼有限公司建立了长期合作关系，先后获得数百余项专利成果。

三、湖南省新材料重点产业基地情况

湖南省重点产业园区为长沙高新技术产业开发区。

1．现状与布局

长沙高新技术产业开发区是1991年经国务院批准为首批27个国家级高新区之

一。长沙高新区汇集了先进技术制造、电子信息、新材料、生物医药、商贸及其他等5大产业，其中新材料产业占比18.2%，排列第3位。2013年，长沙高新区新材料产业规模产值同比增长125.9%，排列第1位。全年技工贸总收入突破2000亿人民币，完成规模工业增加值368亿人民币，增长13%；财政总收入72.1亿人民币，增长19.5%。新注册入区企业1100多家，新批外资企业11家，引进购地产业项目14个。新材料产业方面，园区聚集了杉杉新材、科力远、博云新材、金瑞科技、远大住工等50多家新材料行业的龙头企业，初步形成了以先进电池材料、高性能结构材料和先进复合材料为核心的3大新材料产业集群，是国家级新材料成果转化及产业化基地。杉杉新材的高能量密度锂离子电池正极材料相关技术、长沙海容的高倍率动力锂离子电池负极用石墨材料研究及应用技术，均处于国际先进水平；科力远拥有国内首条镍氢动力电池生产线，其高强度结合力型泡沫镍与高温型球型氢氧化镍制备技术达到了国际领先水平；由黄伯云院士领衔创建的博云新材研发生产的高性能炭/炭复合材料获国家发明一等奖；远大住工已获得建设部批准为住宅产业化示范基地。2013年1月至9月，企业专利授权总量2140项，同比增长16.51%。高新技术产业科技研发经费投入26亿元人民币。高新区已建成企业自主创新平台120多个，产业技术联盟18家；建立了26个企业博士后科研工作机构；各类孵化器、加速器达20多个，孵化场地220多万平方米；建立了10多所知名院校的技术转移机构。

2．发展经验

（1）优化产业结构。2013年，在工程机械行业整体下滑大环境下，长沙高新区一方面全力支持中联重科转型创新发展，支持项目土地储备，谋划启动高管人才基地建设。另一方面，加强重点企业帮扶调度，大力发展战略性新兴产业。全年新材料电子信息、生物医药、节能环保与新能源产业规模产值分别同比增长125.9%、38.9%、27.7%与45.4%。

（2）招商引资。研究出台全员大招商、全力招大商的政策措施，开展小分队招商、产业链招商、以商引商、中介招商。全年完成实际到位外资2.78亿美元，省外境内到位资金28.7亿人民币，市外境内资金形成固定资产投资45.3亿人民币。新注册入区企业1100多家，新批外资企业11家，引进购地产业项目14个。

（3）推进项目建设。加强项目调度，实行看板管理，“强力推进百个项目，服务配套百家企业”，采取预备案、红线代理单、容缺预审、条件后置等措施；协调解决岳麓大道以北企业污水排放、中石化7/em管道迁移和项目基础设施配套问题200多个。全年新开工产业项目32个、竣工项目20个，霍尼韦尔、金荣先导园、华曙高科、远大住工、移动电子商务基地等开工建设，中联第二工业园、三诺生物、华时捷、九芝堂二期等重大项目竣工投产。完成全社会固定资产投资168亿元人民币、增长20%，其中工业投资82.9亿元人民币、增长22%。

四、湖南省新材料重大项目建设情况

1. 已建新材料项目

湖南兴业太阳能科技有限公司投资20亿元人民币，建成15万平方米现代化厂房，主要生产太阳能晶硅电池、标准/BIPV光伏组件、太阳能平板热水器、光热产品蓝膜、吸热板、单元式幕墙、高档系列门窗，2013年实现产值29亿元人民币，同比增长29%。湖南胜利湘钢钢管有限公司投资18亿元人民币建设一期项目直缝焊管20万吨，螺旋焊管30万吨，内外防腐240万平方米；二期项目直缝焊管20万吨，内外防腐240万平方米，热煨弯管5000根，建成投产后可实现年产值45亿元人民币。湘龙铜业有限公司投资16亿元人民币建设一期年产5万吨光亮铜杆项目，二期5万吨中高压绝缘电缆项目，三期10万吨废旧金属拆解项目，三期年产3万吨漆包线、镀银、镀锡生产线项目。

2. 在建新材料项目

五矿江华稀土有限公司投资20.8亿元人民币建设稀土基础产业链项目和稀土深加工应用产品项目。晟通科技集团投资40亿元人民币的25万吨高精铝板带箔和投资29亿元人民币的15万吨工业型材项目今年和明年可分别建成投产，实现年销收入50亿元人民币和33亿元人民币。宁远县腾达矿业投资有限公司投资10亿元人民币建设500千吨/年石膏晶须及其系列深加工制品项目。博云新材料股份有限公司投资10亿元人民币建设低成本碳/碳复合材料产业化项目，目前，一期两栋厂房共2000平方米已建成投产，100台（套）生产设备均已经安装到位；二期工程两栋厂房共2000平方米正在建设，80台（套）生产设备已到位。湖南瑞翔新材料股份有限公司投资10亿元人民币建设“动力锂电池材料生产基地”项目，一期工程建设已经接近尾声，全部项目建成后，年工业产值将达到30亿元人民币，实现税金3亿元人民币。杉杉新材投资20亿元人民币的锂离子正极材料项目落户宁乡金州开发区。郴州金箭焊料公司投资15亿元人民币的集成电路封装用新型绿色钎焊材料产业化项目2014年8月即将建成投产，可实现年销收入22亿元人民币。湖南湘投金天通过在常德、长沙、益阳三地投资40亿元人民币建设的“三钛”项目既着力打通内部产业链，又相互独立生产经营，明年初可全面建成投产。

3. 改扩建新材料项目

株洲时代新材料科技股份有限公司投资20亿元人民币建设高分子减震降噪弹性元件产品扩能项目。株洲钻石切削刀具公司投资40亿元人民币建设精密工具产业园项目，2016年达产可实现年销售收入60亿元人民币。株硬集团投资5.9亿元人民币的数控刀片生产线建成投产实现年销收入4.35亿元人民币。湖南湘江涂料集团有限责任公司投资8.3亿元人民币建设年产3万吨高档涂料异地搬迁技改项目。湘潭市电线电缆有限公司投资 5.2 元亿人民币建立电线电缆技改、扩建项目，预计 2014 年 6 月底试生产。湖南省邵东县新仁铝业有限责任公司投资 2.1 亿元人民币建设年产 18 000 吨电子电容器箔生产线技改项目。立发釉彩科技有限公司投资 2 亿元人民币建设 5 万吨粉体色釉料技改项目，现已完成厂房建设。

五、湖南省新材料重点发展政策

湖南省新材料重点发展政策参见表 3-30。

表 3-30　湖南省重点新材料发展政策一览表

《湖南省战略性新兴产业新材料产业专项规划实施方案》（湘政办发[2013]5 号）	（1）重点建设技术创新平台、公共服务平台、产业技术联盟 3 类平台； （2）重点建设先进储能材料产业链、高端金属结构材料产业链、精细化工材料产业集群 3 大产业链条； （3）重点建设碳/碳复合材料基地、特种橡胶基地、硬质合金材料基地、湘西国家锰深加工高新技术产业化基地、节能环保新材料产业基地、陶瓷新材料生产基地、汽车轻量化材料及制品研发生产基地、环保型涂料生产基地共 8 大基地（园区）； （4）重点开展先进电池材料及电池工程、高性能复合材料工程、交通装备关键材料工程、新型节能环保建材示范工程、高性能钢铁材料工程、化工新材料工程等 6 大工程
《湖南省新材料企业认定管理办法》(湘经信原材料[2013] 287 号）	（1）认定基本条件：企业所生产的产品中应有一种或一种以上的产品属于《湖南新材料产业产品统计指导目录》所列新材料范畴；企业上年度新材料产品销售收入应达到 2000 万元人民币，或者新材料产品销售收入占企业总销售收入的比例达到 50%以上； （2）对通过审核且公示无异议的企业颁发湖南省新材料企业认定证书； （3）取得省新材料企业资格认定的企业，将优先获得省相关工业发展专项资金的支持，优先推荐申报国家新材料相关专项资金，同时，可享受税费优惠政策（按湘政办发[2013]5 号办理）； （4）湖南省战略性新兴产业考核工作对新材料产业的考核统计，以取得省新材料企业资格认定的企业为统计对象。取得省新材料企业资格认定的企业，要按照湖南省新材料产业统计有关报表制度，及时向当地政府统计部门上报有关指标数据
湖南省战略性新兴产业重大关键共性技术发展导向目录（2014)》（湘推新工办[2013]13 号）	新材料领域重大关键共性技术发展导向目录： （1）固体氧化物燃料电池关键材料技术； （2）轨道交通与工程机械用轻质超强稀土改性合金； （3）高性能减振降噪材料及弹性元件设计制造技术； （4）高性能水处理膜材料制备技术； （5）催化复合材料多级孔道控制技术

六、2014 年湖南省新材料产业工作总体安排

1. 突出规划引导，优化产业布局

2014 年，湖南省新材料工作要以贯彻落实国家《新材料产业“十二五”发展

规划》和《湖南省战略性新兴产业新材料产业专项规划实施方案》为重点，按照政府推动、市场主导的原则，积极引导现有新材料企业向新材料产业园区集中，以重点骨干企业为龙头，集合要素资源，通过调整产业结构，优化产业布局，引导企业由小型化、分散化向专业化、规模化和集约化方向发展。围绕湖南新材料产业发展的特点，有针对性地开展新材料产业上下游产销对接展示交易会，帮助新材料企业拓展市场，扩大影响。开展湖南省新材料企业认定以及新材料重点企业监测工作，做好新材料产业经济形势分析。

2. 加快项目建设，发挥投资对经济的拉动效应

在对重大项目实行“一个项目，一套方案、一个班子、一抓到底”的推进机制，积极协调解决项目建设过程中出现的矛盾问题。定期召开联席会议，加强督促、协调和服务工作，促进重大在建项目尽快竣工投产，达产达效，积极培育新的经济增长点。对未开工项目，认真梳理未开工的原因，制订工作方案，抓住关键、重点、难点问题着力破解，推动项目及早开工和加快建设。

3. 培育龙头企业，凝聚产业合力

发挥重点新材料企业的支撑和引领作用，通过强强联合、兼并重组，加快培育一批具有一定规模、比较优势突出、掌握核心技术的产业链上核心新材料龙头企业。支持新材料中小企业向“专、精、特、新”方向发展，提高中小企业对大企业、大项目的配套能力，打造一批新材料“小巨人”企业。鼓励原材料工业企业大力发展精深加工和新材料产业，延伸产业链，提高附加值，推动传统材料工业企业转型升级。积极培育一批技术水平高、资金实力强的龙头企业，引导优势资源的流动，提升产业集聚能力，联合产业链上下游核心企业的产业联盟，形成以新材料为主体、上下游紧密结合的产业体系，推动技术创新互动，充分发挥辐射、示范作用，有效提升技术供给能力。

4. 加大科研投入，提升产业水平

加强科技基础设施和创新平台建设。以重点企业、大专院校和科研院所为主体，建设以技术开发、新产品、新工艺研发为主的工程（技术）研究中心、工程（重点）实验室、企业技术中心。鼓励骨干企业与大专院校、科研机构开展关键技术攻关，尽快掌握一批拥有自主知识产权的核心技术。依托高新技术开发区、专业园区和特色产业基地，有效汇聚区域内各种创新要素，通过技术渗透，全面带动新材料产品扩大市场份额。

5. 推动企业融资，缓解资金难状况

进一步推动银企合作，鼓励银行扩大贷款。筛选一批前景好、效益高的新材料企业或科技创新、产品升级转型、增创名牌的新材料企业向银行推介，加大担保扶持和协调服务力度，增大放贷规模。着力推动企业上市融资。创新融资渠道。引导新材料企业千方百计向民间融资以及通过私募基金的方式融资。

6．强化政策支持，完善人才政策

建立健全产学研用联合培养人才机制，认真落实湖南省关于高层次人才引进的相关优惠政策。制订全省新材料产业人才引进计划，对来湖南省工作的高端技术专家和高级经营管理人才，在工作条件、薪酬所得税、政府补贴、住房、医疗、户籍手续、子女入学等方面切实给予特殊优惠。

第十九节　广　东　省

一、广东省新材料产业发展情况

（一）广东省新材料产业总体发展情况

根据估算，2013 年广东省新材料产业实现工业总产值 1483.82 亿元人民币，增长 10.8%，实现工业增加值 330.39 亿元人民币，主营业务收入 1467.11 亿元人民币，利润 69.85 亿元人民币，上缴税收 33.97 亿元人民币。目前广东省规模以上新材料企业 1800 余家（2012 年统计口径），其中高新技术企业 600 多家，行业从业人员约 10 万人，新材料企业主要分布在广州、深圳、佛山、东莞、珠海、惠州、中山、江门等市，产业规模占全省 80%以上。

1．广州市

广州市在有机高分子材料及制品、先进金属材料、无机非金属材料、复合材料、电子信息材料、生物医用材料、清洁新能源材料等领域，形成较强研发和生产能力。新材料产品产值超亿元企业 100 多家，超 10 亿元人民币企业 17 家，在广州经济技术开发区、黄埔、番禺、南沙等地初步形成产业集聚度较高的新材料产业群。在高性能碳纤维 T700 技术、多层耐磨陶瓷薄膜技术、生物型硬脑（脊）膜补片及生物型胸外科补片等领域达到国际领先水平。目前，新材料产业规模占全省的 1/4 左右。

2．深圳市

深圳市重点支持新材料支撑领域（电子信息材料、新能源材料、生物材料）、优势领域（新型功能材料、功能结构一体化材料）、新兴领域（超材料、纳米材料、超导材料）研发及产业化项目。支撑领域拥有比亚迪、贝特瑞等国际知名企业，优势领域拥有中金岭南、南玻等行业领军企业，新兴领域拥有光启、格林美等技术领先企业。目前，新材料产业规模占全省的 1/4 左右，新材料领域高新技术企业有 300 余家。

3. 佛山市

佛山市重点发展的新材料领域包括新能源材料、电子信息材料、先进金属材料、先进陶瓷材料、医疗器械材料等。南海区以广东省新材料产业基地为核心，新型显示材料、新能源材料、功能陶瓷材料和纳米材料等新材料产业发展较快；顺德区在金属材料、精细化工材料和复合材料方面发展势头迅猛，被中国石油和化工协会授予“中国涂料之乡”称号；高明区和三水区在电子信息材料、光伏材料、医疗器械材料方面形成一定产业集聚。目前，新材料产业规模占全省的 1/6 左右，规模以上新材料企业有 400 余家。

4. 东莞市

东莞市优先发展高端新型电子信息材料、半导体照明材料和新能源汽车材料，重点企业包括广东生益科技股份有限公司、东莞市天域半导体科技有限公司、东莞市杉杉电池材料有限公司等；重点培育先进金属材料、新型无机非金属材料、新型稀土功能材料，重点企业包括东莞宜安电器制品有限公司、中国南玻集团股份有限公司等。目前，新材料产业规模占全省 1/7 左右，规模以上新材料企业 200 多家。

（二）广东省新材料产业重点领域发展情况

1. 高分子材料

高分子材料是广东省新材料产业体系中特色和优势明显的标志性领域， 占新材料总产值的 30%左右。在合成树脂、合成纤维、改性塑料、塑料薄膜、化学建材、塑料助剂等产品在技术和市场占有率等方面处于国内领先地位。合成树脂平均装置规模接近发达国家水平，主要生产企业有茂名石化、广州石化、中海油惠州石化、广州泛亚聚酯有限公司等；规模以上塑料制品企业约占全国的 20%，拥有国内最大的塑料包装材料企业（广东德冠）、国内最大的高性能改性塑料企业（金发科技）、亚洲最大的塑料饮料瓶和啤酒瓶企业（珠海中富）等在内的一批大型、超大型塑料加工企业。

2. 电子信息材料

广东省在微电子、光电材料等领域的产业配套能力较强，目前已成为世界重要的电子信息材料研发生产基地。在液晶面板领域拥有广东南海奇美、广州乐金（LGD）和惠州 TCL—三星等骨干企业；在 ITO 玻璃生产方面有较好的基础，大型的 ITO 玻璃生产厂家有深圳南玻显示器件科技有限公司、深圳莱宝高科技股份有限公司、豪威科技（集团）有限公司、广东金刚玻璃科技股份有限公司等；深圳莱宝高科技股份有限公司和深圳南玻显示器件科技有限公司已批量生产 STN 用彩色滤光片；深圳深纺乐凯光电子材料有限公司和佛山伟达光电材料有限公司，批量供应 TN 用偏光片和部分 STN 用偏光片；在掩膜板上，深圳清溢光电股份有限公司、深圳美精微光电股份有限公司、深圳路维电子有限公司等公司能供应各种铬板型掩膜板及其他配套材料。在 OLED 材料方面，东莞彩显有机发光科技有限公司 OLED 经典材料、广州奥翼电子科技有限公司纳米粒子电泳 OED 电子纸均处于国内领先水平。

3．新能源材料

目前，广东省已经形成具备相当技术优势的新能源材料产业集聚区，建立了从材料基础研发到产品应用的完整产业链，并在产业链关键环节拥有一批国内外知名企业。在镍氢电池材料方面有四会市达博文实业有限公司、中山市天骄稀土材料有限公司、广州有色金属研究院等；正极材料方面有深圳天骄科技有限公司、贝特瑞、广州鸿森等；电解液方面有东莞杉杉、广州天赐、深圳新宙邦和珠海赛纬电子等；电池隔膜方面有星源材质科技、佛塑科技、金辉等。

4．稀土及稀有金属功能材料

广东省远景稀土资源储量居全国前列，种类齐全且以离子型稀土为主，锗、碲铌、钽、硒、钨、钼、锆等资源也较为丰富。稀土储氢材料企业有四会市达博文、中山市天骄、广州有色院等；稀土磁性材料企业有肇庆三环、江粉磁材、梅州梅磁、广晟智威等；稀土发光材料企业有江门科恒、佛山朗达、佛山新长基等；稀土稳定剂、助剂企业有广东炜林纳、广东广洋等；钽铌新材料企业有肇庆多罗山、从化钽铌冶炼厂、广晟有色等；钨新材料企业有潮州翔鹭、河源富马、深圳金洲精工等。锆新材料企业有东方锆业、华旺精细化工等；铟、锗、硒、碲新材料有中金岭南、清远先导、佛山钜仕泰等。

（三）广东省新材料产业年度重大事件

1．新型动力电池等产业集聚发展试点方案获国家批复

2013 年 10 月，广东省新一代显示技术、新型动力电池、蛋白类生物药及植（介）入器械等 3 个产业集聚发展试点方案获得国家批复，标志着广东省成为国家首批战略性新兴产业区域集聚发展试点，获得国家下拨 3 亿元人民币启动资金，国家将视执行情况给予后续滚动支持。

2．认定一批新材料战略性新兴产业基地

广东省围绕高端新型电子信息、新能源汽车、半导体照明、生物、高端装备制造、新能源、新材料等领域组织认定第二批 19 家广东省战略性新兴产业基地。其中新材料基地 3 个，分别为深圳市超材料基地、韶关市金属新材料基地和汕头市锆材料基地。

3. 财政支持资金使用方式改革有效推进

出台《广东省战略性新兴产业创业投资引导基金管理办法》，设立广东省战略性新兴产业创业投资引导基金，启动实施省新兴产业创投计划。修订《广东省战略性新兴产业政银企合作专项资金管理办法》，实行先付后补贴机制对战略性新兴产业项目贷款予以贴息补助。

4. 龙头企业专利技术水平不断提升

比亚迪中央研究院“SBID 专利技术”获得中国专利金奖；光启高等理工研究院设立全国电磁超材料技术及制品标准化技术委员会秘书处；国际标准化组织水再利用技术委员会（ISO/TC282）秘书处落户深圳海川实业股份有限公司。

（四）广东省新材料产业发展存在的问题

1. 综合竞争力不强

广东省新材料企业规模普遍偏小，产值超过 10 亿元人民币的企业较少，综合竞争力不强，对地方经济和相关产业的辐射带动作用不明显。

2. 高附加值环节偏弱

广东省新材料企业总体上仍集中在相关产业链的中低附加值环节，后续加工能力和应用推广偏弱，产业综合配套能力不强。

3. 差异化经营水平不高

广东省部分产业基地或园区内新材料产业同质化竞争问题仍较突出，企业间专业化分工和差异化经营格局尚未形成，影响了新材料产业的核心竞争力和整体实力的发挥。

4. 自主创新能力不强

广东省新材料产业中碳纤维、纳米材料、智能材料等前沿领域比重仍较低，产品跟踪仿制较多，前瞻性技术储备不足，集成创新能力薄弱，关键核心技术和装备主要依赖进口。

5. 与应用企业的融合度较低

广东省新材料企业与下游应用企业之间尚未形成紧密纽带关系，与装备制造企业的同步开发合作不多，特别是一些品种比较新、技术含量比较高的新材料产品应用推广进展缓慢。

二、广东省新材料重点企业发展情况

广东省新材料重点企业发展情况参见表 3-31。

表 3-31 广东省新材料重点企业发展情况

序号	企业名称	主营业务（文字描述）	经济类型（分国有、民营、合资等）	注册资本（亿元人民币）	总资产（亿元人民币）	销售收入（亿元人民币）	利润（亿元人民币）	出口额（万美元人民币）	研发支出（亿元人民币）	专利申请数（个）
1	中国南玻集团股份有限公司	平板玻璃、工程玻璃、太阳能光伏、精细玻璃	国有	20.8	151	77.3	21.8	17 800	1.7	105
2	深圳市中金岭南有色金属股份有限公司	有色金属铅锌的采、选、冶、加工及电池锌粉等储能材料	国有	20.6	144	184.4	4.33	125 800		49
3	深圳市格林美高新技术股份有限公司	电子废弃物拆解、废弃钴镍资源循环再造超细钴粉、超细镍粉等	民营	7.53	72.1	21.5	4.16	3300		226
4	长园集团股份有限公司	热缩材料、高分子 PTC、智能电网设备	民营	8.64	47.7	28.2	12.2	4300		
5	深圳市通产丽星股份有限公司	塑料包装废弃物循环再利用、绿色包装等	国有	3.65	20.3	11.4	2.16	1700		250
6	金发科技股份有限公司	改性塑料研发、生产和销售	民营	26.344	131	144	7.55	26 000	5.18	231
7	联众（广州）不锈钢有限公司	不锈钢	港台	2.77 亿美元	129.2	219.62	0.18			
8	广州慧谷工程材料有限公司	有机、无机高分子材料及单体的研制生产及销售、货物进出口、技术进出口	民营	0.3	2.3	1	0.015 8	0	0.07	6
9	佛山市中研非晶科技股份有限公司	专门从事高性能非晶纳米晶软磁材料及其制品的研发、生产和销售，并为客户提供相关配套服务和整体解决方案的高新技术企业	民营	0.5		2.3			0.07	9
10	佛山市钜仕泰粉末冶金有限公司	传统粉末冶金制品及平板显示器、太阳能电池、微电子器件用的高端溅射靶材	民营	0.2		0.08				5

（续表）

序号	企业名称	主营业务（文字描述）	经济类型（分国有、民营、合资等）	注册资本（亿元人民币）	总资产（亿元人民币）	销售收入（亿元人民币）	利润（亿元人民币）	出口额（万美元人民币）	研发支出（亿元人民币）	专利申请数（个）
11	佛山佛塑科技集团股份有限公司	各类聚合物薄膜	股份制公司	9.67	51	30	1.37	7166	1.12	18
12	广东联塑科技实业有限公司	塑料管道	民营	18	74	79	12	0	2.6	228
13	广东炜林纳新材料科技股份有限公司	稀土助剂及其改性料的研发、生产、销售	民营	0.32	3	1.7		13		1
14	广东科顺化工实业有限公司	防水建材	民营	0.8	4.9	8.3	0.39	0	0.26	3
15	广东达美新材料有限公司	保护膜、保护纸	合资	0.256 4	3.95	5.73	0.3	1523	0.23	4
16	广东美涂士建材股份有限公司	内外墙乳胶漆、装修漆、家具漆、万能胶	民营	0.5	6.742	8.846	0.3882	302.12	0.296 29	8
17	广东富远稀土新材料股份有限公司	高性能稀土新材料开发	国有	0.75	4.55	6.7	0.41			4
18	广东嘉元科技股份有限公司	研究、制造、销售电解铜箔制品	民营	1.113 4	2.2052	2.637 7	0.2743	0	0.2136	5
19	乳源东阳光精箔有限公司	特种铝及制品的生产研发销售	合资	7.6	18.96	20.2	0.8	1382	0.81	3
20	乳源东阳光磁性材料有限公司	高性能磁性材料的生产研发销售	民营	1	3.61	2.01	−0.12	1752	0.09	1
21	乳源东阳光氟有限公司	含氟材料的生产加工	民营	0.5	4.05					
22	新丰杰力电工材料有限公司	电子、电工绝缘材料及胶粘带	民营	0.4	1.08	0.68	0.13	0	0.07	2
23	西陇化工股份有限公司	化学试剂、食品添加剂、化学原料药等精细化学品	民营	2	16	22	0.48	80	0.25	41
24	广东东方锆业科技股份有限公司	锆系列新材料	民营	4.13	30	5.78	−0.99	867	0.21	3

（续表）

序号	企业名称	主营业务（文字描述）	经济类型（分国有、民营、合资等）	注册资本（亿元人民币）	总资产（亿元人民币）	销售收入（亿元人民币）	利润（亿元人民币）	出口额（万美元人民币）	研发支出（亿元人民币）	专利申请数（个）
25	广东光华科技股份有限公司	电子化学品	民营	0.9	4.76	5.46	0.54	638	0.17	4
26	广东新华粤石化股份有限公司	以炼油产品（如加氢裂化尾油、白油料和蜡膏等）、深加工和乙烯产品（如裂解 C9、焦油、CO2 等），后加工为主业，主营特种蜡、白油、石油树脂和苯乙烯等核心业务	民营	1.2	6.6	20.8	0.35	65.8	0.78	0
27	广东众和化塑有限公司	高分子材料	民营	3.2	8	41.7	1.2	0	0.6	12
28	广东惠云钛业股份有限公司	生产、销售钛白粉，硫酸项目的筹办等	合资	3	10.53	5.32	0.04	252.43	0.18	
29	广东新展化工新材料有限公司	有机硅密封胶产品，货物进出口、技术进出口（法律、行政法规禁止经营的项目除外；法律、行政法规限制经营的项目须取得许可后方可经营），批发、零售化工产品（不含危险化学品）	民营	1.26	9.38	4.74	0.319	0	0.12	12
30	广东风华高新科技股份有限公司	片式多层陶瓷电容器、片式电阻器、片式电感器、片式及中高压铝电解电容器、片式二/三极管、厚膜混合集成电路、敏感元器件及传感器件	国有	6.7	38.72	22.21	0.88	3700	0.69	19

三、广东省新材料重点产业基地情况

广东省新材料重点产业基地情况参见表 3-32。

表 3-32　广东省新材料重点产业基地情况

序号	基地（项目）名称	所在地	建设内容及规模	建设周期	总投资（亿元人民币）
1	金发科技股份有限公司全降解 PBSA 塑料产业化项目	广州	年产 10 万吨全降解 PBSA 塑料	2013—2015	5
2	广东阿格蕾雅光电材料有限公司 OLED 发光材料项目	顺德	自有知识产权的核心 OLED 发光材料的开发及产业化	2013—2014	4
3	广州薄板有限公司广州薄板冷轧钢板项目	广州	年产 180 万吨冷轧薄板	2012—2016	80
4	珠海碧辟化工有限公司 PTA 三期扩建项目	珠海	新增 PTA 生产能力 125 万吨/年，总产能达到 265 万吨/年	2012—2014	42.3
5	广东先导稀有材料股份有限公司项目	清远	稀有金属及材料生产厂房建设及配套设施建设	2010—2014	20
6	佛山南海里水拓展产业公司广东省新材料产业集聚区	佛山	重点发展新能源材料产业、新型金属材料产业、生态环境材料、稀土材料、新型显示器材料等	2012—2015	20
7	深圳市盛波光电科技有限公司 TFT-LCD 用偏光片项目	深圳	一期建设 2 条采用湿法拉伸 PAV 膜工艺的 TFT-LCD 用偏光片生产线，二期再建设 2 条宽幅 TFT-LCD 用偏光片生产线	2010—2015	18.5
8	广州通用光伏科技有限公司太阳能光伏基片生产项目	广州	建设超白压延太阳能光伏基片生产线，年生产太阳能光伏基片 7000 万平方米	2011—2014	18
9	广州市华南橡胶轮胎有限公司扩建年产 400 万条载重子午线轮胎首期 200 万条项目	广州	从华轮公司番禺厂移地搬迁 130 万套的生产设备并对设备进行淘汰更新、升级改造，并增购 70 万套具国际水准的先进工艺设备和满足生产的配套工程	2010—2015	17.94
10	广东精艺金属股份有限公司高效高精度有色型材产业链技术提升及扩能降耗技术改造项目	顺德	新增家电汽车等行业用高效高精度铜、铝等有色型材产能 5 万吨以上；进行铜、铝管连铸连轧设备以及铜、铝板带冷、热轧设备的开发、成套和中试	2007—2015	13.5
11	恩平市嘉俊陶瓷有限公司恩平市嘉俊陶瓷项目	江门	建设 20 条陶瓷生产线，主要生产高档抛光砖、微晶玻璃陶瓷复合砖、仿古砖和艺术质感墙砖等陶瓷产品	2010—2014	10.00
12	东方锆业新材料项目	汕头	厂房建设及设备购置，实现年产核级海绵锆材料 1000 吨的能力；通过技术改造、增加设备，采用一酸一碱法生产高纯氯氧化锆和高纯二氧化锆，实现年产 30 000 吨高纯氯氧化锆及 6000 吨高纯二氧化锆的能力	2010—2015	8.5

（续表）

序号	基地（项目）名称	所在地	建设内容及规模	建设周期	总投资（亿元人民币）
13	佛山市钜仕泰粉末冶金有限公司建设新型 CIGS 薄膜太阳能电池产业化基地（一期）	佛山	投产 2 条基片面积 156 mm×156mm 环形 CIGS 薄膜电池溅射镀膜生产线，可一次完成新型 CIGS 薄膜太阳能电池基板的全部镀膜制程，合计具备 15MW 生产能力	2011—2014	8.4
14	新乳源东阳光公司腐蚀箔扩产建设项目	韶关	年产 3500 万平方米工业大容量中高压铝电解电容器用高比容腐蚀箔	2011—2014	7.4
15	广东雄力电缆有限公司 20 万吨改性塑料暨木塑制品环保节能项目	佛山	利用先进的微粉碎工艺，对木屑、废弃塑料进行改性再生，制造节能环保木塑制品。年产能 20 万吨改性塑料暨木塑环保节能产品，年产值（25～30）亿人民币	2011—2015	7
16	广州市白云化工实业有限公司广州白云化工新材料基地	广州	主要生产中空玻璃密封胶、太阳能电器密封胶、汽车免垫片胶等节能环保新材料	2010—2016	5.6
17	湛江聚鑫锂离子电池高密度负极材料研发与产业化项目	湛江	新增年产人造石墨等产品 2100 吨、复合石墨负极材料等产品 2100 吨	2011—2014	5.1
18	佛山德方纳米科技有限公司纳米磷酸铁锂电池项目	佛山	年产纳米磷酸铁锂电池材料 3000 吨	2011—2014	4
19	潮州正龙锂离子动力电池正极材料研发及产业化项目	潮州	年产锂离子动力电池正极材料 3000 吨	2012—2015	1.2
20	揭阳广东中科信泰动力锂离子电池磷酸铁锂正极材料产业化项目	揭阳	年产锂离子正极材料磷酸铁锂 2500 吨	2012—2015	1.05
21	珠海赛维电子材料有限公司年产 5000 吨动力锂离子电池电解液研发及产业化项目	珠海	年产 5000 吨动力锂离子电池电解液	2011—2014	0.7
22	东莞杉杉锂离子动力电池用宽温区长循环电解液的研发与产业化项目	东莞	年产锂离子电池电解液 2000 吨	2011—2014	0.7

四、广东省新材料重大项目建设情况

1. 广州金发科技高性能 PAN 碳纤维项目

广州金发科技高性能 PAN 碳纤维项目为年产 1200 吨碳纤维生产线，分两期建设，一期可年产 200 吨高性能碳纤维。目前，公司已建成碳纤维原丝实验线 1 条，开展了原丝关键技术公关，同时完成高性能 PAN 碳纤维碳丝中试及产业化技术攻关，申请国家发明专利 9 项。

2．广州丰力橡胶轮胎有限公司 200 万条载重子午线轮胎项目

广州丰力橡胶轮胎有限公司 200 万条载重子午线轮胎项目占地 381.61 亩，建设 200 万条载重子午线轮胎生产线。项目总投资 17.94 亿元人民币，建设期为 2010—2015 年，2013 年投资 5.5 亿元人民币，2014 年计划投资 5.6 亿元人民币，2015 年计划投资 4 亿元人民币。建成达产后预计可实现年工业产值 10 亿元人民币、年税收 1.56 亿元人民币。

五、广东省新材料重点发展政策

广东是新材料生产大省，同时也是新材料需求大省，出台了贯彻国务院《关于培育和发展战略性新兴产业的决定》的意见，发布实施《广东省新材料产业发展“十二五”专项规划》，确定了包括新材料在内的八大战略性新兴产业重点领域，在“十二五”期间，省财政集中投入 220 亿元人民币支持战略性新兴产业发展，并在市场培育、标准制定、知识产权、人才培养和引进、财税支持、金融创新、土地供给等方面出台一系列重磅扶持政策，支持骨干企业发展壮大，推动产业基地扩容升级，促进产业链条延伸完善，建立战略性新兴产业重点项目审批“绿色通道”，加快项目审批事项办理进度。

六、2014 年广东省新材料产业工作总体安排

1．加强产业发展分析

在新材料领域选择 30 家左右的龙头企业作为重点联系企业，完善基本情况报送制度，开展产业发展监测与分析，编制年度新材料产业发展分析报告，为决策和管理提供基础依据。根据工信部工作部署，开展新材料企业、产品认定试点，为加强行业管理创造条件。

2．打造一批重点产业基地

支持广州新材料产业国家高技术产业基地、佛山新材料基地等一批国家级新材料基地扩容增效。加快汕头锆材料、韶关金属材料、南海新材料和清远光电子材料产业等省市共建战略性新兴产业（新材料）基地建设。推动新增认定一批省市共建新材料产业基地，协调解决产业链关键配套问题，增强产业整体配套能力和竞争优势。

3．扶持一批骨干企业和重点项目

支持以认定新材料骨干和培育企业做大做强，推动新认定一批新材料骨干和培

育企业。依托省战略性新兴产业政银企合作专项资金，集中扶持一批新材料骨干企业和碳纤维、膜材料、核级锆材等一批重点项目，完善上下游配套产业。整合国家、省、市、企资源，推动热塑性复合材料、AMOLED 显示产业关键材料等一批新材料重点工程和项目实现“产学研用”一体化发展，打造若干新材料细分领域领先优势基地。

4．推动企业主创新能力提升

做好新材料产业标准化工作，引导企业参与新材料标准制定和实施；支持企业技术创新和技术改造，提升产品质量、标准和技术水平；推动建立一批连接产业上下游和研究院所的产业联盟，促进重大技术成果的工程化和产业化。

5．加强产业对接和新产品推广

支持稀有金属新材料、特种精细化工材料等广东省特色突出、潜力较大的新材料行业组建跨领域、跨行业、跨地区产业联盟，推动政府、企业、科研机构和中介组织有效衔接和产业链全链条对接。组织新材料企业与下游应用企业的对接交流活动，促进新材料产品推广应用。依托“广货网上行”、“广东商贸城”等平台，支持新材料企业开拓内需市场。

第二十节　广西壮族自治区

一、广西壮族自治区新材料产业发展情况

（一）广西壮族自治区新材料产业总体发展情况

2013 年，广西壮族自治区认真落实《新材料产业发展“十二五”规划》和《广西壮族自治区新材料产业发展“十二五”规划》，加快推进新材料产业发展。2013 年实现产值 254 亿元人民币，比上年增长 38.93%；工业增加值完成 45.29 亿元人民币，比上年增长 38.34%；行业投资额 45.2 亿元人民币，比上年增长 4.9%；研发经费支出 6.3 亿元人民币，比上年增长 14.5%；新材料企业数量达到 73 个，比上年增长 55.3%；申请专利 86 项，比上年增长 95.45%；其中申请发明专利 39 个，比上年增长 254.54%。

（二）广西壮族自治区新材料产业重点领域发展情况

1．特种金属功能材料

以中铝广西有色金源稀土有限公司、广西贺州金广稀土新材料有限公司为主

体，中铝广西有色金源稀土有限公司形成年产3500吨稀土氧化物、年产2000吨稀土钕铁硼永磁材料和年产3000吨稀土的生产能力。现已能生产13个系列近40种不同规格的单一稀土高纯氧化物、稀土钕铁硼永磁材料和稀土金属。2013年，实现工业总产值12.51亿元人民币，同比增长0.29%；实现利润总额0.8亿元人民币，上缴税金4800万元人民币。广西贺州金广稀土新材料有限公司形成2000吨稀土金属生产能力，采用氟盐体系电解制备稀土金属技术工艺，主要产品有金属镧、金属钕、金属镨钕、镨钕铁合金等稀土金属和稀土合金，主要销往江西、浙江等钕铁硼生产厂家。2013年，实现工业总产值12.1亿元人民币，同比下降3.76%；实现利润总额1.61亿元人民币，上缴税金7900万元人民币。

2013年，金源稀土公司与桂林电子科技大学共同合作开发粉末材料压制自动化生产工艺开发项目。金广稀土公司自主研发的金属钬铁合金，采用目前国际上比较成熟的氟盐体系电解制备稀土金属技术工艺，该项技术具有电效高、收率高、电耗低、环境污染较轻的优势，能提高稀土钬铁合金收率达98%。平桂飞碟公司自主研发的硫酸法钛白废水资源化综合利用工艺开发项目，通过提取钛白粉生产产出的废水中的钛、钪、铁、硫酸等有价资源，回收用于钛白生产流程，有效提高了资源回收利用率，对减少生产成本、污染物排放，降低能耗，保护生态环境方面具有促进作用。

金源稀土公司与北京大学国家稀土材料化学与应用重点实验室、中国科学院宁波材料技术与工程研究所、广西工学院、广州有色金属研究院等进行技术合作，成功合作研发出了稀土氧化物、永磁材料等20多项新产品新技术。金广稀土公司与广州有色金属研究院、江西赣州有色金属研究所、广西工学院、贺州学院等高等院校和科研单位合作，研究开发金属镨钕、金属钕、镉铁合金、金属铽等产品。平桂飞碟公司与中南大学、江西理工大学等院校及钨冶炼加工行业有关专家签订技术服务合同，引进获得国家发明专利、国家科技进步奖的白钨矿低压分解、除钼、单晶球形仲钨酸铵制取等技术成果，实施钨系列深加工产品产业化项目。

2. 高端金属结构材料

以广西盛隆冶金有限公司、北海诚德镍业为主体，2013年，广西盛隆冶金有限公司总资产达125亿元人民币。主导产品是金属镍及镍合金系列产品，现有员工5500人。公司主营业务收入162.76亿元人民币，缴税税款5027万元人民币，利润2888万元人民币。公司利用自有的4项发明专利努力推进红土镍矿合金技术的开发和冶炼，并已经申报多项国家科技部、广西科技研发项目，专项研发HRB500及以上系列的新型含镍铬特种钢材。目前，盛隆公司正在加快二期技改的工程进度，并致力于延伸镍合金产品的产业链，研发产业政策鼓励的“难选贫矿、（共）伴生矿综合利用先进工艺技术”和“海洋工程用钢”技术，充分利用不属于国家产业政策明令淘汰范围的原有设备，利用转产镍合金产品的优势，研制生产钢筋混凝土用耐腐蚀含镍铬带肋钢筋，既符合镍合金产品精深加工发展方向，又符合国家鼓励和推广应用高强度钢筋的要求。

以北海诚德镍业不锈钢冷轧深加工项目以及高品质不锈钢冶炼项目为依托，拓展不锈钢材料下游产业链，发展不锈钢制品，引进冷弯型钢、装饰建材、医疗器械、化工容器及焊管、不锈钢拉丝、不锈钢五金、不锈钢餐具、厨具、厨房设备等产品生产线和汽车零部件生产线，建设配套的不锈钢剪切配送中心、交易中心、研发中心及商业服务业，实现广西壮族自治区以铁、铜、铝、镍深加工为主，集中度高、产业链长、产业配套完善的冶金产业集群。2013 年北海诚德不锈钢集团实际产量：镍铬合金新材料钢坯 132 万吨、钢材 116 万吨。2013 年总产值 179.86 亿元人民币。

2013 年集团建立北海诚德镍铬合金新材料工程技术研发中心，被评为 2013 年自治区级研发中心。中心依托北海诚德不锈钢集团，并联合钢铁研究总院、北京科技大学等科研院校通过技术合作实现优势互补，积极推进企业在特殊用途不锈钢、抗菌不锈钢、精制镍铁等新材料领域的技术研发。

3. 新型无机非金属材料

以中信大锰崇左分公司和广西埃赫曼康密劳化工有限公司为龙头企业的锰系新材料，尚未形成规模，目前产能状况是：中信大锰崇左分公司年产 1 万吨四氧化三锰、1000 吨钴酸锂、1000 吨锰酸锂；广西壮族自治区埃赫曼康密劳化工有限公司年产 2 万吨电解二氧化锰；中信大锰大新分公司年产 1 万吨锰酸锂级电解二氧化锰。中信大锰公司产品目前尚处于开拓市场阶段，埃赫曼康密劳公司产品销售渠道广阔。电池材料产业初具规模，以中信大锰公司为龙头企业，广西区内已形成“电解二氧化锰→锰酸锂→动力电池”产业集群，具有成为全国最大锂电池正极材料生产基地的潜力。

4. 前沿新材料

以广西合山东来化工科技有限公司、广西华纳新材料科技有限公司等企业为代表，利用广西丰富的有色金属矿产资源和非金属矿产资源，重点构建纳米材料产业链，发展纳米级氧化锌、纳米氧化铝、纳米氧化硅、纳米碳酸钙等纳米粉体材料，同时开发和丰富纳米新材料的应用产品，推动产业可持续发展。

广西合山东来化工科技有限公司产量达 30 万吨/年，在纳米碳酸钙市场占有率为 25%。公司目前采用国内先进的自动化煅烧工艺，自动回转消化石灰，保证了产品的稳定性。2013 年，该公司完成产值 9826 万元人民币，同比增长−69.2%。

广西华纳新材料科技有限公司是集矿山开采，碳酸钙粉体研发、生产和销售于一体的民营企业，是目前国内唯一一家生产碳酸钙全系列产品，国内最大的 PVC 压延膜用纳米碳酸钙（CCR）生产企业，拥有具有自主知识产权的各类碳酸钙产品的生产技术。2013 年，年产 20 万吨纳米碳酸钙生产项目已经陆续投产。2013 年工业总产值 6.41 亿元人民币，销售额超过 6.1 亿元人民币。碳酸钙总产销量位列国内同行业前三甲，在长江三角洲这一主要市场的占有率超过 70%，该产品质量指标成为国内同类产品参照的技术标准。

（三）广西壮族自治区新材料产业年度重大事件

（1）2013 年广西南南铝加工有限公司年产 20 万吨大规格高性能铝合金板带型材项目合金中心、大型材挤压中心、中厚板热轧中心投产。2013 年完成研发世界最大直径的硬铝合金及用于高铁、地铁和 C80 煤车等领域的型材、板材。

（2）广西南南铝加工有限公司建成铝产品研发与加工水平居国内领先、国际前三的广西铝加工产品研发中心。

（3）广西盛隆冶金有限公司于 2013 年研究出含镍铬高强抗震耐腐蚀 500MPa、600MPa 建材，并于 2014 年初通过验收，经专家鉴定为国内领先工艺及技术。

（4）银海铝业热连轧生产线进入试生产阶段。广西柳州银海铝业股份有限公司年产 35 万吨高精度高性能铝及铝合金板带材项目，总投资 36.8 亿元人民币，一期工程投资 25.98 亿元人民币。项目主体设备为单机架 3300mm 热粗轧机加 4 机架 2850mm 热精轧机热连轧生产线，是目前国内首条具有自主知识产权、辊面最宽的热连轧生产线，主导产品为高精度高性能宽幅交通运输用铝板带材。2013 年底热轧生产线已竣工并进行试生产。

（5）年产 2500 吨七色珠光效应材料项目（一期）实现竣工。广西七色珠光效应材料有限公司是中国西南地区首家集珠光材料研发、生产、销售于一体的“专、精、特、新”高新科技型企业。年产 2500 吨七色珠光效应材料项目投资约 3.2 亿元人民币，年产值约 4 亿元人民币。项目建成投产后将填补整个西南地区珠光效应材料生产的空白。2013 年 12 月底项目一期点火试产。

（四）广西壮族自治区新材料产业发展存在的问题

（1）产业总量偏小，龙头企业带动不足，缺少大项目支撑。

（2）产业上下游关联度小，本地配套能力较差。

（3）初级产品占据主导地位，资源深加工能力不足。

（4）产业集聚效应不够明显，产业园区尚处于起步阶段。

（5）自主开发能力薄弱，科技创新基础薄弱。

二、广西壮族自治区新材料重点企业发展情况

广西壮族自治区新材料重点企业发展情况参见表 3-33。

表 3-33 广西壮族自治区新材料重点企业发展情况

序号	企业名称	主营业务	经济类型（分国有、民营、合资等）	注册资本（亿元人民币）	总资产（亿元人民币）	销售收入（亿元人民币）	利润（亿元人民币）	出口额（万美元）	主导产品及产量	研发支出（亿元人民币）	专利申请数（个）
1	广西盛隆冶金有限公司	金属镍及镍合金系列产品	民营	22	125	89	0.28	0	192 万吨	4.9	2
2	北海诚德不锈钢集团	镍铬合金及不锈钢生产、加工、销售	国有与民营合资	7	67.6	62	8.2				
3	中铝广西有色金源稀土股份有限公司	矿业投资，稀土产品、化工产品（危险化学品除外）、有色金属、磁性材料、铁合金加工及销售	合资	0.8	6.5	5.5	0.8		氧化钇、氧化镝、氧化钕、氧化铽、氧化镨钕、氧化铕	0.183	6
4	中国有色集团（广西）平桂飞碟股份有限公司	有色金属采选及深加工	国有	7.6	10	15	0.3		钨精矿 1500 吨、锡精矿 350 吨、钛白粉 20 000 吨、氧化铁红 6000 吨	0.138	4
5	中信大锰矿业有限责任公司崇左分公司	四氧化三锰、锰酸锂、钴酸锂、锰桃、氮化锰、脱氢锰、锰铝合金材料、锂离子动力电池等锰系新材料产品	合资	0.25	3	2.03	0.4	1000	四氧化三锰 800 吨、锰酸锂 280 吨、钴酸锂 650 吨、锰桃 9500 吨		12
6	广西埃赫曼康密劳化工有限公司	无汞碱性级电解二氧化锰 2 万吨/年	外商独资	2.02	3.54	2.1	0.5	3000	电解二氧化锰 2.3 万吨		6
7	广西科元新材料有限公司	化工产品（除危险品外）的生产、加工、仓储（按有关许可经营）；精丙烯、丙烷、丁烷、甲基叔丁基醚、苯乙烯（有效期至 2015 年 04 月 24 日）的销售及进出口贸易（涉及配额许可证管理、专项规定管理的商品按国家有关规定办理）	合资	6.03	18.09	49.45	3.28		丙烯腈 20 万吨、乙腈 0.6 万吨、硫胺 3 万吨、丙酮氰醇 7 万吨		

（续表）

序号	企业名称	主营业务	经济类型（分国有、民营、合资等）	注册资本（亿元人民币）	总资产（亿元人民币）	销售收入（亿元人民币）	利润（亿元人民币）	出口额（万美元）	主导产品及产量	研发支出（亿元人民币）	专利申请数（个）
8	广西南南铝加工有限公司	主要从事高精度铝合金中厚板材、深加工铝合金带材、大型铝合金挤压型材及铝加工材料与设备的研究、设计、开发、生产、销售、技术咨询和进出口业务	国有	23.40	52.02	0.62	11.75	62.03	铝材 47 578 吨	3.79	15.00
9	广西华纳新材料科技有限公司	碳酸钙粉及纳米碳酸钙生产、出口贸易销售	民营	0.5	2.2	6.4	1.1	0	纳米碳酸钙 12 万吨、轻质碳酸钙 10 万吨、重质碳酸钙 10 万吨	0.065	6
10	桂林电器科学研究院有限公司	新型电工材料	国有	2.2	6.92	6.33	0.1847	187	低压触头 202 吨、高压元件 23.7 万片、特种塑料 1456 吨	0.4636	31
11	桂林漓佳金属有限责任公司	铜及铜合金材	国有	1.87	5.04	8.55	0.03	6300	铜及铜合金管材 10 000 吨		1
12	桂林特邦新材料有限公司	超硬材料及其制品的开发、生产、检测、销售，金刚石绳锯、激光焊接金刚石锯片及薄壁钻头，地质钻头，立方氮化硼复合片及刀具等	国有	0.14		1.03	0.11	621	绳锯 33 万米、钻头 3.2 万支、锯片 2.7 万片	0.0545	4

三、广西壮族自治区新材料重点产业基地情况

贺州旺高工业区成立于2000年9月，2002年5月由自治区人民政府批复为省级工业园区。2004年经国家发改委公告为保留的省级工业园区，核准面积为6平方公里。2011年园区进行扩园修编，总规划面积25.65平方公里，首期规划面积6平方公里，已开发面积约4.2平方公里。

（一）园区发展现状

1．发展规模

近年来，贺州旺高工业区不断扩大园区规模，充分利用贺州稀土、钨及农产品等资源优势，深化与中国有色、中国铝业等央企合作，着力抓好稀土新材料产业园、钨钛锡新材料产业园等特色园区的规划建设，逐步成为贺州市产业项目的主要承载平台。现有金源稀土、金广稀土等入园企业45家，2013实现工业总产值45亿元人民币，同比增长18.5%，工业增加值13亿元人民币，同比增长10%。其中，稀土新材料产业实现产值24.6亿元人民币，同比下降1.75%。

2．主要企业及研发平台

（1）中铝广西有色金源稀土股份有限公司。中铝广西有色金源稀土股份有限公司是中铝稀有稀土有限公司旗下的主要骨干企业，目前是广西壮族自治区内唯一一家从事稀土开发、采用离子型稀土矿进行高纯稀土分离及稀土新材料深加工的高新技术企业。中铝广西有色金源稀土股份有限公司技术中心与广西工学院、广东有色金属研究院建立了长期的合作协议。该公司技术中心专家技术委员会成员由广西工学院教授、副教授3名，广州有色金属研究院稀土研究所的高级工程师1名及贺州金源稀土公司的技术部副总经理1名，共5人组成，主要负责项目论证、过程指导及成果评估。目前，技术中心开展了以铈铽氧化物、镧铈铽共沉氧化物为主的20多项新技术和新产品，填补了广西壮族自治区内空白。

（2）中国有色集团（广西）平桂飞碟股份有限公司。中国有色集团（广西）平桂飞碟股份有限公司属中国有色矿业集团有限公司的控股子公司。公司是一家集投资、产业、贸易、科研于一体，跨有色金属采掘、冶炼、化工、电力、建材、设计等多个行业的大型企业。公司自有矿山——珊瑚矿是国家大型钨矿山，保有资源储量钨锡金属量超过21万吨。该公司在贺州旺高工业区规划建设集有色金属钨、锡、钛精深加工及高新材料研发、生产和贸易于一体的产业集聚园区——钨钛锡新材料产业园。

中国有色集团（广西）平桂飞碟股份有限公司技术中心下设有色研究所、化工研究所和科技信息室。其中用于研究与试验发展经费占全部科技活动经费的90%

以上；实施科技项目 12 项。

（二）园区产业布局

贺州旺高工业园区重点发展稀土（有色）深加工、农副产品（食品）加工产业为主，努力建设成为集稀土功能材料产业园、钨钛锡新材料产业园以及食品药品产业园于一体的特色园区和广西战略性新兴产业高地。

（三）园区发展经验

（1）依托新材料骨干企业，积极引进符合产业发展方向的先进技术和产业项目，优化产业结构，提升产业整体技术水平，拓展延伸新材料产业链。

（2）加强产业链招商，引进一批产业链式化、关联度大的项目。

（3）市、县两级财政加大对新材料产业的投入，支持技术改造和技术创新，加快产业结构调整。

四、广西壮族自治区新材料重大项目建设情况

1．北海诚德镍铬合金带卷固溶生产线项目。

北海诚德镍铬合金带卷固溶生产线项目总投资 22.4 亿元人民币，新建二条 1320mm 镍铬合金带材退火酸洗线（简称 1#、3#热线）；新建 1 条 1550mm 镍铬合金带材退火酸洗线（简称 2#热线），生产 200、300 系列镍铬合金带材热轧酸洗板 160 万吨/年，目前项目 1 条 1320mm 镍铬合金带材退火酸洗线及 1 条 1550mm 镍铬合金带材退火酸洗线已建设完成，另 1 条 1550mm 镍铬合金带材退火酸洗线预计在 2014 年 9 月建设完成。

2．广西盛隆冶金有限公司金属镍及镍合金系列产品技术改造项目

广西盛隆冶金有限公司金属镍及镍合金系列产品技术改造项目总投资 22 亿元人民币。目前已完成项目整体的 60%，新建成 $2\times1600m^3$ 初炼炉、$2\times320m^2$ 焙烧机、煤气发电、六号轧钢生产线。预计 2015 年年底建成投产，项目达产后预期利润为 1.5 亿元人民币。

3．广西科元新材料有限公司 20 万吨/年丙烯腈装置（含乙腈精制、丙酮氰醇、硫胺回收装置）、配套公用工程及储运设施项目

广西科元新材料有限公司 20 万吨/年丙烯腈装置（含乙腈精制、丙酮氰醇、硫胺回收装置）、配套公用工程及储运设施项目总投资 18.1 亿元人民币，预计 2015 年年底建成投产。项目建成投产后年均销售收入 49.45 亿元人民币，年均利润总额 4.37 亿元人民币，年均增值税 1.43 亿元人民币，年均所得税 1.09 亿元人民币，年均净利润 3.28 亿元人民币。

4．桂林电科院“电工电子新材料产业基地”建设项目

桂林电科院“电工电子新材料产业基地”建设项目总投资 10 亿元人民币，于 2011 年年底在桂林市国家高新技术开发区英才科技园启动，建设 2 条幅宽 1.2m、4 条 1.6m 和 2 条 2.2m 的双向拉伸聚酰亚胺薄膜生产线，形成年产 1280 吨聚酰亚胺薄膜的生产能力；建设电触头材料及其元器件生产线，形成年产 300 吨低压触头及低压触头元件、年产 100 万片真空触头和 6 万件高压触头元件的生产能力，预期实现经济效益 25 亿元人民币。截至 2013 年年底项目已累计完成投资 1.71 亿元人民币，土建完成 29.62%，设备安装完成 3.41%。

5．钨系列产品深加工项目

钨系列产品深加工项目总投资 6 亿元人民币，投资企业为中国有色集团（广西）平桂飞碟股份有限公司，建设年限为 2013—2015 年，一期产品主要为 APT（仲钨酸铵）；二期产品为钨粉、碳化钨、硬质合金等，项目达产后预期利润为 3300 万元人民币。

广西壮族自治区新材料重大项目建设情况参见表 3-34。

五、广西壮族自治区新材料重点发展政策

2013 年，《柳州市人民政府关于加快培育发展战略性新兴产业的意见》（柳政发［2013］46 号）出台，该意见进一步明确了柳州市“十二五”期间，新材料产业发展的基本目标、任务。此举将引导柳州市新材料企业往高端方向发展，提升产业发展水平。同时，该意见在产业发展、财政、投资融资、土地政策、环境保护等方面推出多项政策，为柳州市全面建设新材料产业基地提供强力支撑。

六、2014 年广西壮族自治区新材料产业工作总体安排

（1）依托丰富的铝、锰、锡、锑、铟等优势资源，立足现有企业和工业区，大力发展特种金属功能材料、高端金属结构材料等具有广西特色的新材料产业，以低碳经济和循环经济建设发展“高端、高质、高新”的现代化企业。

（2）抓好新材料重点项目建设实施。积极统筹各种资源，通过专项资金、技术改造等综合措施，推进“十二五”重点新材料项目加快建设。

（3）努力建设完整的产业链条，以产业集约提高资源利用率，以产业集聚提升市场影响力，以基地服务改善产业发展环境。

（4）提升企业科技创新能力，争取研发出具有自主知识产权与核心技术的新材料产品、新工艺、新技术和新装备，推陈出新研发出与传统材料产业有关联的新材料产品，不断提升企业规模、壮大新材料产业，实现新材料产业可持续发展。

表 3-34 广西壮族自治区新材料重大项目建设情况

序号	项目名称	项目性质（新建、改扩建）	投资企业	建设周期	2013 年年底项目完成进度（百分比，并进行文字描述）	主要产品	技术来源	投资规模（亿元人民币）	项目达产后预期利润（亿元人民币）
1	北海诚德镍铬合金带卷固溶生产线项目	新建	北海诚德不锈钢集团	2012 年 10 月至 2014 年 10 月	新建 2 条 1320mm 镍铬合金带材退火酸洗线（简称 1320mm 热线），1 条 1550mm 镍铬合金带材退火酸洗线（简称 1550mm 热线）。2013 年底完成 70%，其中 1#、2#线已投产，3#线已建好厂房	高品质不锈钢热轧酸洗带卷	太钢工程技术有限公司退火酸洗技术、鲁兹纳酸再生技术	22.4	2.5
2	广西科元新材料有限公司 20 万吨/年丙烯腈装置（含乙腈精制、丙酮氰醇、硫铵回收装置）、配套公用工程及储运设施项目	新建	广西科元新材料有限公司	2013—2015 年	项目 2013 年 8 月底开工，至年底约进行项目选址土地平整 400 亩	丙烯腈、乙腈、硫胺、丙酮氰醇	国内技术	18.1	3.3
3	桂林电科院“电工电子新材料产业基地”建设项目	新建	桂林电器科学研究院有限公司	2011—2016 年	截至 2013 年年底，项目累计完成投资 17 106.3 万元人民币，土建完成 29.62%、设备安装完成 3.41%。主要完成的工作内容包括： （1）241.52 亩土地购置； （2）一期 30 000 平方米低压元件厂房建设； （3）一期 25 000 平方米薄膜厂房招标及施工前期准备； （4）部分设备购置	（1）聚酰亚胺薄膜； （2）环保型电触头材料及元件； （3）聚酰亚胺薄膜生产线成套设备	自有技术	10.06	2.04

（续表）

序号	项目名称	项目性质（新建、改扩建）	投资企业	建设周期	2013年年底项目完成进度（百分比，并进行文字描述）	主要产品	技术来源	投资规模（亿元人民币）	项目达产后预期利润（亿元人民币）
4	广西盛隆冶金有限公司金属镍及镍合金系列产品技术改造项目	改扩建	广西盛隆冶金有限公司	2009—2015年	完成项目整体的60%，新建成2×1600m³初炼炉、2×320㎡焙烧机、煤气发电、六号轧钢生产线	金属镍及镍合金系列产品	企业自有技术	22	1.5
5	钨系列产品深加工项目	新建	中国有色集团（广西）平桂飞碟股份有限公司	2013—2015年	完成项目一期招标工作	一期产品：APT（仲钨酸铵）； 二期产品：钨粉、碳化钨、硬质合金等	采用技术引进与联合攻关的形式，并聘用少部分长期在大企业工作、有丰富实践经验的工程技术人员参与现场技术管理	6	0.35
6	华洋纳米碳酸钙项目	新建	广西华洋矿源材料有限公司	开工：2013年4月至2014年9月完成一期项目建设	生产车间正在进行主体建设和安装机械，宿舍楼装修	年产40万吨准纳米级轻质碳酸钙生产线，主要产品有优质超细碳酸钙、纳米级碳酸钙等		4.3	
7	年产35万吨高精度高性能铝及铝合金板带材项目（一期20万吨）	新建	广西柳州银海铝业股份有限公司	2011年6月至2013年12月	截至2013年12月底项目累计完成投资242 501万元人民币，完成项目总投资259 800万元人民币的93.34%。主要完成情况：（1）熔铸车间。 熔铸75吨1#生产线于2012年11月18日顺利实现天然气点火高温烘炉，2013年1月30日成功试产出1060、1100合金大扁锭239吨；	中厚板：运煤车厢板、槽罐料、合金板、模具板、船用料； 板材：集装箱板、车厢箱体板、幕墙板、车辆板	集成创新	25.98	

（续表）

序号	项目名称	项目性质（新建、改扩建）	投资企业	建设周期	2013年年底项目完成进度（百分比，并进行文字描述）	主要产品	技术来源	投资规模（亿元人民币）	项目达产后预期利润（亿元人民币）
7	年产35万吨高精度高性能铝及铝合金板带材项目（一期20万吨）	新建	广西柳州银海铝业股份有限公司	2011年6月至2013年12月	（2）热轧车间。 2013年8月22日，热粗轧生产线过板成功产出第一块厚度为30mm×1650mm的“1100”合金；2013年9月26日热连轧成功过卷；中厚板生产线拉伸机、横切机、精密锯陆续完成试生产； （3）冷轧车间。 2013年10月7日2800mm冷轧机带料试车成功。综合办公楼于11月9日入驻办公，公辅系统完成优化，确保稳定运行；厂房区域进行消缺，工程进入竣工验收阶段	中厚板：运煤车厢板、槽罐料、合金板、模具板、船用料； 板材：集装箱板、车厢箱体板、幕墙板、车辆板	集成创新	25.98	
8	年产2500吨珠光效应材料项目	新建	广西七色珠光效应材料有限公司	2011年5月至2014年6月	2013年年底项目完成工程量90%以上。新购土地157.25亩，新建生产车间、研发创新大楼、综合办公室及公用生产设施，购置云母煅烧窑、风选除砂机、云母碾磨机等设备，建设珠光效应材料产业基地	常规工业级、化妆品级、汽车采用耐候级、特殊效果材料四类产品	引进技术本企业消化创新	3.2	4
9	年产3万吨新型特种钢高强度焊丝生产线建设项目	新建	柳州市鼎铭金属有限公司	2012年6月至2015年6月	2012年项目已开工建设，2013年底正在进行设备安装。新购土地90亩，新建车间厂房，新增电解真空高温氢退炉、高速变频拉丝机、高速变频水箱式拉丝机、高速变频直进式拉丝机等生产设备，建成新型特种钢高强度焊丝生产线。项目建成后，将形成年新增产量3万吨的生产能力	新型特种钢308、309系列高强度焊丝及精线微丝	引进技术本企业消化创新	4	10

（续表）

序号	项目名称	项目性质（新建、改扩建）	投资企业	建设周期	2013年年底项目完成进度（百分比，并进行文字描述）	主要产品	技术来源	投资规模（亿元人民币）	项目达产后预期利润（亿元人民币）
10	年产500万只铝合金轮毂项目	新建	柳州一阳科技有限公司	2012年11月至2014年12月	项目已开工建设，完成进展20%，已基本完成基础开挖，正在进行基础混凝土浇筑。在柳东新区花岭片购地80亩，项目采用低压铸造技术成型铝合金轮毂，经热处理、机械加工、清洗、喷粉等加工工序生产铝合金轮毂，年产量为400万只。项目拟配套建设原材料仓库、成品中转仓库、新产品开发的中试基地、企业技术中心等	汽车铝合金轮毂	产学研合作开发	2	5
11	北海诚德扩能改造一期项目	改扩建	北海诚德不锈钢集团	2013年12月至2015年12月	2013年年底完成10%，完成场地平整	高品质不锈钢板坯、热轧酸洗带卷	太钢工程技术有限公司退火酸洗技术、鲁兹纳酸再生技术	27.8	3.7
12	北海诚德扩能改造二期项目	改扩建	北海诚德不锈钢集团	2013年12月至2015年12月	2013年年底完成10%，完成场地平整	高品质不锈钢冷轧带卷	西马克、DMS、一重	45	7.3
13	广西铜深加工产业建设及技术改造项目	改扩建	桂林漓佳金属有限责任公司	2010—2017年	项目前期审批手续已全部获得批复，项目详细规划已完成并上报待批，目前正在办理新增用地的招拍挂手续。项目一期工程（年产2万吨海水淡化管生产线改造项目）已开始建设。前期已投资约2000万元人民币	海水淡化用铜管材、海洋生态环保用铜材、高效换热铜材	自主创新	11.26	1.26

（5）加强新材料产业与原材料工业融合发展，在原材料工业改造提升中，不断催生新材料，在新材料产业创新发展中，不断带动原材料工业升级换代。

（6）坚持绿色发展。提高资源能源利用效率，促进新材料可再生循环，改变高消耗、高排放、难循环的传统材料工业发展模式，走低碳环保、节能高效、循环安全的可持续发展道路。

第二十一节　海　南　省

一、海南省新材料产业发展情况

（一）海南省新材料产业总体发展情况

2013 年，海南省有新材料企业 61 家[1]，总产值 234.7 万元人民币[2]，产值同比增长 8.7%。

（二）海南省新材料产业重点领域发展情况

海南省在特种金属功能材料、先进高分子材料、新型建筑材料等领域具有国内领先的研发能力，具备一定产业化、规模化基础，形成了较为明显的特色。

1. 特种金属功能材料

在特种金属功能材料领域，海南省重点发展先进电池材料。海南汉能光伏有限公司的硅基薄膜太阳能电池项目采用其自主知识产权的三叠层非晶硅锗薄膜太阳能电池技术，代表“高科技、大规模、全产业链”的发展模式。该技术是国内最先进的二代薄膜技术，转换率已达 10%，组件成本比晶硅低 20%以上；产业链短，能耗小，能量回收期短，无污染；弱光发电性能好，温度系数低，应用广泛，能做成半透明和柔性电池，在发电应用上易与建筑一体化结合，具有其他电池无法比拟的独特优势。海南中航特玻材料有限公司的透明导电氧化物（TCO）玻璃是我国第一条生产超白在线镀膜 TCO 太阳能玻璃基片生产线，可为薄膜太阳能电池的生产提供基础材料。

2. 先进高分子材料

在先进高分子材料领域，海南省重点发展的是高性能膜材料。海南立昇公司在

[1] 初步统计结果。

[2] 初步统计结果。

海口建立了全球最大的超滤膜生产基地之一，具备年产 300 万平方米 PVC 和 PVDF 超滤膜的生产能力。“十一五”期间，海南立昇公司承担国家“十一五”重大科技专项、国家“863 计划”以及海南省重点科技项目等重大项目，开展了 PVC 合金超滤膜的性能和应用推广研究，使 PVC 合金超滤膜的生产和应用成本进一步下降，微生物和浊度等指标优于美国和欧共体标准，成为“第三代自来水处理工艺”的核心技术。

3. 新型无机非金属材料

在新型无机非金属领域，海南省重点发展新型建筑材料。海南瑞图明盛环保建材（昌江）有限公司是一家专门从事混凝土砌块、砂加气、预应力管桩、商品混凝土及其各种配套建材产品的设计开发、加工制造及销售服务的专业公司。公司拥有“固废砌块设备”和“WDM 法设备”两项专利成套设备的自主知识产权。其中，具有国际先进水平的“固体废弃物全自动砌块成型设备生产线设备”共有 9 种规格型号，目前在国内、国际市场上有 300 余台（套）在运行，提供用于房屋建设墙体材料、地面工程、道路护坡工程、水利防水工程等行业的新型环保建筑材料。产品涵盖了非烧结类砌墙砖（承重）、建筑砌块（非承重）等全部类别。瑞图全自动砌块生产线（系列型号）采用免烧结工艺，通过更换模具可以生产墙体材料、地面铺路材料、公路护坡材料及水工砌块等 4 大系列近百个品种的产品。采用的原材料来源广泛，多以城市建筑垃圾、尾矿、页岩、煤矸石、沙、石屑、污泥、粉煤灰等为主要原料，不使用黏土，不破坏耕地，减少能耗。产品强度和密度等级、抗渗性均达国标。

（三）海南省新材料产业发展存在的问题

（1）新材料产业规模一直存在整体较小、种类相对单一，研发投入不足等问题。

（2）产业没有形成集群优势，关联度低。

（3）受投资规模所限，产业上下游结合不紧密，上游不足、下游缺失，未能形成完整的一体化产业链。

二、海南省新材料重点企业发展情况

1. 海南英利新能源有限公司

海南英利新能源有限公司是一家专业生产、销售太阳能光伏产品的高新技术企业，主导产品为多晶硅太阳能电池组件。公司总资产 70.36 亿元人民币，职工总人数近 4300 人，占地 2076 亩。2013 年，公司进出口总值完成 4.62 亿美元，其中出口 2.97 亿美元。近年来，海南英利完成建设一期年产 100MW 多晶硅太阳能电池完整产业链项目、一期年产 100MW 多晶硅太阳能电池完整产业链扩建项目、二期年产 400MW 多晶硅太阳能电池完整产业链项目。2013 年，海南英利加大技改升级力度，对现有 600MW 生产线进行技术改造，截至 2013 年年底，产能达 900MW。作为英利集团重要产业基地之一，“十二五”期间，海南英利计划投资 200 亿元人民币，打造“英利生态工业园”，主要包括晶体硅太阳能电池完整产业链项目、大容量储能、光伏配套材料、国际物流中心、太阳能光伏发电技术国家重点实验室和研发中心等项目，实现绿色生产和生态环境的自然融合，将其打造成为海南岛乃至全国范围内的生态工业示范区。

2．海南汉能光伏有限公司

海南汉能光伏有限公司于 2010 年 10 月在海口综合保税区注册成立，注册资金 9.52 亿元人民币，公司现有员工 700 人。海南汉能一期 300MW 薄膜太阳能电池项目投资 26 亿元人民币，于 2010 年 12 月开工建设，2012 年 3 月底试生产，公司现有员工近 600 人。受生产流动资金不足的制约，目前，企业以 1/3 左右的产能组织生产，未能发挥全部产能和效益。在这种情况下，公司着眼“做好准备、练好内功”，于 2013 年 9 月份进行工艺技术升级，新增丁基胶设备和 AB 胶自动灌封胶设备，追加投资约 1.1 亿元人民币。项目完成后可大幅提高生产效率和产品转化效率，能够迎接新的市场挑战。

三、海南省新材料重大项目建设情况

1．已建成项目

（1）高性能膜材料专项工程方面，海南立昇净水科技有限公司建设的超滤膜工程，是全球最大的超滤膜生产基地之一，具备年产 300 万平方米 PVC 和 PVDF 超滤膜的生产能力。

（2）先进电池材料专项工程方面，海南中航特玻材料有限公司建设的透明导电氧化物（TCO）玻璃项目，生产规模为 600 吨/天，于 2011 年 3 月建成投产，是我国第一条生产超白在线镀膜 TCO 太阳能玻璃基片生产线，可为薄膜太阳能电池的生产提供基础材料。海南中航特玻材料有限公司的生产规模为 500 吨/天太阳能光伏玻璃生产线超白压延玻璃生产线。海南蓝辉新能源开发有限公司“大倍率低温 PN 结磷酸铁锂材料”及“20℃以上的低温性良好的磷酸铁锂材料”重点研发项目。海南英利新能源有限公司建设年产 600MW 的多晶硅太阳能电池完整产业链项目。海南汉能光伏有限公司生产 1000MW 的薄膜太阳能电池项目。

（3）新型节能环保建材示范应用专项工程方面。瑞图控股（中国）有限公司生产规模为 300 万立方米的多排密孔烧结保温空心砌块。

（4）生物医用材料专项工程方面。中海石油新材料有限公司生产规模为 3000

吨/年的聚碳酸酯，为工业化放大试验性装置。

（5）废动、植物油脂制生物柴油专项项目方面。海南临高化工实业有限公司生产、中国海洋石油总公司投资兴建的废动、植物油脂制生物柴油项目，采用第二代生物柴油加氢生产工艺，建设 20 万吨/年废动植物油脂混合加氢装置，配以 8000 标准立方每小时甲醇制氢装置，酸性水汽提装置、硫黄回收装置以及相应的公用工程设施等，将高压酯交换生物柴油生产工艺进行首次工业放大，形成具有国内自主知识产权的专利技术和专有设备。项目原料选用以小桐子（麻风树）为主的能源林树种。

2. 筹备项目

海南省筹备建设项目有碳纤维低成本化与高端创新示范工程，浙江巨鑫碳纤维有限公司生产规模为年产 100 吨的碳纤维工程，上游原材料位于海南省东方工业园区的中海油精细化工项目，二期工程投资 39.93 亿元人民币，计划 2013 年 4 月形成年产 20 万吨/年丙烯腈、7 万吨/年甲基丙烯酸甲酯（MMA）的生产能力。先进电池材料专项工程，海南金路集团生产规模为年产能 2000 吨、年产值 1.5 亿元人民币的六氟磷酸锂。电子信息功能材料专项工程，东方光大集团的生产规模为 120 万芯公里、网络器件 120 万套的通信级塑料光纤，产值可达到 135 亿元人民币。生物医用材料专项工程，中海石油化学股份有限公司、东凌集团生产规模预计为 30 万吨/年的丁基橡胶。

四、海南省新材料重点发展政策

为有效保护耕地和环境、节约能源，提高资源利用效率，促进经济发展方式转变，缓解经济社会发展与资源环境矛盾，增强可持续发展能力，以保护耕地、节约能源、保护生态环境、资源综合利用为目的，海南省以政策调控为抓手，强化产业协调发展和区域合理规划布局，调控新型墙体材料生产总量，以优化增量、调整存量为核心，以扶持、促进骨干企业发展为主线，实施全行业准入，促进节能、节地、利废、隔热、阻燃、抗震、环保、防水的新型墙体材料产业长期平稳发展，在 2012 年 10 月出台了《海南省新型墙体材料产业指导意见》之后，对规范和促进海南省新型墙体材料产业原材料开采、生产加工、推广使用起到了进一步监督管理作用。

五、2014 年海南省新材料产业工作总体安排

以科学发展观为指导，以政府引导、市场化运作为原则，坚持自主创新、推进产学研合作，提升竞争优势，以大企业为依托，引进、实施重大产业化项目，促进新材料产业群的形成，加速新材料科技成果的转化，增强企业持续竞争力。

发展新材料产业链，与高校重点科研项目合作，引进专项技术，着力打造高科技新材料产业园区。力争在“十三五”期间，令海南省新材料产业化水平处于国内先进水平，新材料科研成果本地转化率大幅提高，培育一批骨干新材料企业及具有自主知识产权的优势产品和知名品牌，提高新材料产业的核心竞争力，形成较完善的新材料产业链。

第二十二节　重庆市

2013 年，重庆规模以上工业全市规模以上工业产值 15 824.9 亿元人民币，同比增长 14.5%；工业增加值增长 13.6%；规模工业实现利润 878.4 亿元人民币，同比增长 42.5%；全年完成工业投资 3529.9 亿元人民币，增长 15.2%；全年工业投资占全市投资总额的 31.5%，对全市投资增长的贡献为 25.5%。全年工业实际利用外资额 40 亿美元；新增世界 500 强工业企业 7 家，累计达 191 家，占重庆市世界 500 强企业总数的 83%；规模以上工业实现出口交货值 2256.2 亿元人民币，增长 32.5%。

一、重庆市新材料产业发展情况

“十一五”以来，重庆市材料工业坚持上档升级与调整结构。目前已形成以金属功能材料、新型轻合金材料、玻璃纤维、先进高分子材料、前沿新材料为主体的新材料产业体系。截至 2013 年年底，重庆规模以上新材料企业约 32 家，工业总产值达到了 310.55 亿元人民币，同比增长 0.8%。

二、重庆市新材料重点企业发展情况

重庆市新材料重点企业发展情况参见表 3-35。

三、重庆市新材料重点产业基地情况

重庆市新材料重点产业基地情况，参见表 3-36。

四、重庆市新材料重大项目建设情况

重庆市新材料重大项目建设情况，参见表 3-37。

表 3-35　重庆市新材料重点企业发展情况

序号	企业名称	主营业务（文字描述）	经济类型（分国有、民营、合资等）	注册资本（亿元人民币）	总资产（亿元人民币）	销售收入（亿元人民币）	利润（亿元人民币）	出口额（万美元）	产量(列出主导产品及产量)	被支出（亿元人民币）	专利申请数（个）
1	重庆钢铁研有限公司	研究试制、生产及销售黑色、有色金属材料及制品，粉末冶金及制品，并提供相关技术咨询服务	国有	0.183	4.8	0.64	0.0013		高温合金（棒、管材）156 吨，不锈钢棒材、管材 423 吨、板材 812 吨	0.107	7
2	重庆材料研究院	特种合金、稀贵金属、传感器敏感材料及元件	国有	3.51	6.52	3.41	0.038	57	特种合金 450 吨；稀贵金属材料及制品 520 千克；传感器 3 万只	0.53	39
3	重庆万达薄板有限公司	冷轧镀锌板，高强汽车板	民营	8	167	129.1	10.23	54 978.6	热轧 115.35 万吨、彩涂 28.7 万吨	2.1	2
4	重钢集团	生产、销售金属材料，机械产品，铸锻件等	国有	16.5	707.5	177.78	−25 左右	0	钢 559 万吨、钢材 527.4 万吨	5.33	84
5	西南铝业（集团）有限责任公司	铝及铝合金、板、带、箔、管、棒、型、排产品的加工	国营	32.54	55.07	44.64	0.32	9897	易拉罐用铝材 1021.78 吨、航天铝合金锻件 2636.3 吨、高性能航空用铝合金板材 9863 吨	3.67	112
6	重庆国际复合材料有限公司	玻璃纤维	合资	18.6	91	30.6	−3.3	17 611	玻璃纤维 41.72 万吨	1.01	26（受理）、26（授权）

（续表）

序号	企业名称	主营业务（文字描述）	经济类型（分国有、民营、合资等）	注册资本（亿元人民币）	总资产（亿元人民币）	销售收入（亿元人民币）	利润（亿元人民币）	出口额（万美元）	产量(列出主导产品及产量)	被支出（亿元人民币）	专利申请数（个）
7	重庆天勤材料有限公司	研发、生产、销售玻璃纤维织物系列制品	合资	1.52	4.90	3.37	−0.20	1988.74	电子布 611.37 万米	0.12	4
8	云天化重庆分公司	生产聚甲醛等系列产品	合资	-	13.2	3.3	−1.2	0	聚甲醛 4.5 万吨	有独立研发中心	0
9	重庆长寿捷圆化工有限公司	生产有机、无机、原料药三大类，氯碱、氯酸盐、工业磺胺、氯丁橡胶四大系列 30 余种产品	国营	1.36	34.5	9.8	−0.37	0.1	氯丁橡胶 2.6 万吨		9
10	重庆华峰化工有限公司	生产己二酸	民营	7.5	22.0	15.8	−0.3	0.2	己二酸 5.0 万吨		0
11	重庆长风化学有限责任公司	光气衍生物系列、芳胺系列、合成聚合物系列、无机化学品系列	国营		13.4	4.1	0.04	0.9	聚碳酸酯 0.2 万吨		10
12	大全多晶硅	多晶硅和单晶硅切片	民营		37.5	28.3	0.4	0	多晶硅		

表 3-36 重庆市新材料重点产业基地情况

序号	基地名称	基地级别	重点发展领域	占地面积（平方公里）	产值（亿元人民币）	投资规模（亿元人民币）	引进企业（个）	利润（亿元人民币）	税收（亿元人民币）	研发平台（个）	优惠政策（文字描述）
1	国家镁合金高新技术产业化基地	国家级	镁合金压铸件、镁合金型材、镁合金装备	3	40	20	4	0.01	0.002	2	万盛经开区招商引资优惠政策
2	重庆市玻璃新材料（万盛）特色产业示范基地	市级	优质浮法玻璃原片、成套汽车玻璃、建筑节能玻璃	1.5	50	30	4	3.1	0.5		万盛经开区招商引资优惠政策
3	重庆国家功能材料高新技术产业化基地	国家级	传感器敏感材料、高性能特种合金、LED 衬底材料、智能材料与结构、金属复合电子功能材料等功能材料	12.57	259.6	400	232	32.2	52.7	73	两江新区集国家西部大开发优惠政策、国家级高新技术开发区和经济技术开发区政策、内陆保税港区等优惠政策

表 3-37　重庆市新材料重大项目建设情况

序号	项目名称	项目性质（新建、改扩建）	投资企业	建设周期	截至 2013 年项目完成进度（%）	主要产品	技术来源	投资规模（亿元人民币）	项目达产后预期利润（亿元人民币）
1	300 万套成套汽车玻璃生产线新建项目	新建	福耀玻璃（重庆）配件有限公司	2014—2016 年	0	汽车挡风玻璃	自有	4	0.5
2	500 万平方米/年耀皮建筑节能玻璃深加工项目	新建	重庆耀皮工程玻璃有限公司	2013—2017 年	12	建筑节能玻璃	自有	15	1.4
3	300 万平方米/年高端建筑节能门窗及幕墙玻璃项目	新建	辽宁东林瑞那斯股份有限公司	2015—2016 年	0	建筑节能玻璃	自有	2	0.5
4	高强度新型镁合金制品生产项目	新建	重庆万盛博奥镁铝金属制造有限公司	2014—2015 年	0	镁合金铸件	自有	1.7	0.12
5	镁铝轻量化构件真空高压铸造及熔铸装备项目	新建	重庆万盛硕龙真空熔铸科技有限公司	2014—2015 年	0	镁合金铸件	自有	1.67	0.5
6	镁合金板带型材笔记本电脑外壳及相关镁合金深加工产品项目	新建	重庆盛镁镁业有限公司	2011—2014 年	80	镁合金压铸件及镁合金型材	自有	1.5	0.2
7	镁合金表面处理生产线建设	新建	重庆研镁科技有限公司	2013—2014 年	27	镁合金表面处理	产学研合作	0.3	0.1
8	40 万吨/年 MDI 项目	新建	巴斯夫公司	2011—2014 年	70	二苯基甲烷二异氰酸酯	巴斯夫自有技术	约 78	约 65
9	电子级玻璃纤维及电子布项目	新建	重庆国际复合材料有限公司/重庆天勤材料公司	2013—2015 年	0	玻璃纤维、电子布		25/10	
10	低成本高性能无硼无氟玻璃纤维改造	改扩建	重庆国际复合材料有限公司		100	无硼无氟玻璃纤维			
11	单层石墨烯薄膜生产线项目	新建	海南汇集团/中科院重庆研究院			石墨烯薄膜		5	

五、2014 年重庆市新材料产业工作总体安排

2014 年，重庆市将继续加大新材料产业的发展力度，开展以下几个方面的工作。

（1）加大重钢集团新产品开发力度，计划开发 3 个以上全新产品，试制 80 万吨以上的新产品及特殊要求产品。中厚板增加汽车、容器、桥梁等专用板的比例等。热轧薄板扩大现有热轧汽车用钢、冷轧基料品种，扩展现有厚度宽度规格，满足冷轧原料卷市场需求。冷轧薄板主要加强深冲用冷轧钢带的开发。

（2）以西彭、万盛为核心打造铝镁新材料产业。加大投资力度，重点推进西南铝汽车板和盛镁镁业的新型镁材料项目。

（3）加快巴斯夫项目的建设力度。德国巴斯夫公司在长寿经济技术开发区建立巴斯夫聚氨酯（重庆）有限公司，建设 40 万吨/年硝基苯、30 万吨/年苯胺和 40 万吨/年 MDI 项目，总投资约 80 亿元人民币。目前该项目已于 2011 年 4 月开工建设，预计在“十二五”期间建成，项目建成后将在世界化工史上创下 25 万吨天然气制乙炔单台装置规模、40 万吨 MDI 单台装置规模、石油化工和天然气化工结合度、资源综合利用等四个世界第一。

（4）加快推进玻璃纤维在汽车和电子行业的应用。延伸产业链，努力与汽车、电子等行业建立合作机制，拓展玻璃纤维的应用领域。

（5）加快推进石墨烯产业化，推进石墨烯生产企业与应用企业对接，鼓励本地企业使用石墨烯材料。

第二十三节 四 川 省

一、四川省新材料产业发展情况

（一）四川省新材料产业总体发展情况

2013 年，四川省以钒钛新材料、硅锂新材料、化工新材料、稀土新材料、超硬新材料、生物医用新材料为主体的新材料产业加快发展，钒电池、钛及钛合金型材的制备（锻造、轧制、挤压）、非氢氟酸制备六氟磷酸锂、特种聚酰亚胺、新型血管支架生产等技术得到突破和发展。“年产 500 吨 Ti 基硬质材料耐磨制品技改”、“3 万吨/年有机硅高性能密封材料产业化创新项目”等一批项目竣工投产，“12 000 吨/年特种树脂及复合材料项目”、“综合利用工业废弃物年产 500 万平方米微晶新

材料全电熔压延法技改项目”、“非氟化氢工艺制备六氟磷酸锂3000吨/年产业化项目”等一批重要影响力项目正在抓紧建设。

自贡国家新材料高新技术产业化基地、乐山国家硅材料开发与副产物利用产业化基地、攀枝花国家钒钛新材料高新技术产业化基地、绵阳国家新材料产业化基地、德阳国家新材料产业化基地、成都国家高性能纤维高新技术产业化基地的示范带动作用进一步加强。

2013年四川省新材料产业保持平稳增长，四川新材料产业实现总产值1092.66亿元人民币，比2010年增长156%，比2012年同比增长9%。

（二）四川省新材料产业重点领域发展情况

1. 钒钛新材料

截至2013年年底，四川省已形成年产生产钒制品4.5万吨，同比增长4.65%；生产钛白粉59.25万吨，同比增长2.42%；钛材3400万吨，钒、钛产品国内市场占有率分别约为 80%和 20%。四川已成为国内最大的钛原料基地、钒钛钢铁生产基地，世界第二大钒制品生产基地。

2. 硅锂新材料

全省多晶硅及光伏产业发展迅速，初步形成了涵盖工业硅、多晶硅、单晶硅、切片、太阳能电池、组件以及多晶硅副产物回收利用等环节的产业链条。2013 年下半年以来，四川多晶硅产业迎来了市场转机，产能已回升至50%。成功实现万吨级纳米磷酸铁锂产业化，为锂电池等新能源产业的发展奠定坚实基础。

3. 化工新材料

有机氟、有机硅、聚苯硫醚纤维、芳纶等产品领域具有雄厚的研发实力、技术储备和产业基础，有机氟单体产能达到2万吨，有机硅产能达到10万吨。聚苯硫醚产能达到3.6万吨，聚苯硫醚纤维产能达到0.5万吨，居全国第一。

4. 稀土新材料

2013年，出台了《四川省促进稀土行业持续健康发展的实施意见》，全省稀土行业整合正在有序推进，成立了四川金攀西稀土（集团）有限公司。稀土深加工和应用发展迅速，稀土磁性材料、储氢材料、交流 LED、稀土治污合性剂等产品走在全国前列，2013 年四川省稀土行业完成销售收入 48.43 亿元人民币，同比增长16.72%。

5. 超硬新材料

四川省钨钼材料、硬质合金、金属陶瓷材料、双面顶金刚石、人造聚晶金刚石、立方氮化硼复合片、数控刀具等具备很强的研发生产实力和竞争优势，硬质合金和钨钼材料、数控刀具生产能力居全国前列。

6. 生物医用新材料

四川省拥有国家级生物医学材料工程技术研究中心、国家认可的医疗器械生物材料和制品检验中心和一批掌握核心技术的生物医学工程高技术企业。在骨诱导人工骨、表面改性人工关节、牙种植体、人工心瓣膜、血管支架、聚乳酸内固定器械等高技术植入器械以及高端医用耗材和器械的研发方面已居国际先进或国内领先地位。

（三）四川省新材料产业年度重大事件

（1）四川自贡“国家炭黑材料工程技术研究中心”完成了3年组建任务并通过科技部现场验收。

（2）四川大西洋焊接材料股份公司被国家发改委认定为国家企业技术中心。

（3）钒钛资源综合利用国家重点实验室通过国家验收。

（4）成立了四川钒钛产业联盟、锂产业联盟、钨钼及硬质合金产业联盟，推动产学研用投的结合，促进新材料产业发展。

（四）四川省新材料产业发展存在的问题

（1）产业规模偏小，聚集度低，配套能力不强。

（2）产品档次不高，初加工产品多，精加工、高附加值产品少。

（3）人才不足，特别是一些关键的新材料产业领域，专业人才不足成为制约发展的重要因素。

二、四川省新材料重点企业发展情况

（一）四川江铜稀土公司

1. 企业发展现状

四川江铜稀土该公司主要从事稀土矿开采、冶炼分离、稀土产品精深加工和销售等。主要产品有稀土精矿、氧化镧（碳酸镧）、氧化铈（碳酸铈）、氧化镨钕、氧化钐铕钆、铈富集物、镨钕金属、钕铁硼薄片等。现有年生产能力为20 000吨稀土精矿、16 000吨稀土冶炼分离、2000吨稀土金属、4000吨钕铁硼薄片。2013年贷款规模4亿元人民币，实现销售收入4.84亿元人民币，工业增加值1.54亿元人民币，上缴税19 305万元人民币，利润8350万元人民币。

2. 企业发展优势

公司已与中国恩菲工程技术有限责任公司、中国科学院长春应用化学研究所、赣州稀土有色冶金研究所、中南大学、广州有色冶金研究所等展开了稀土采矿、选矿、冶炼分离、深加工、工程咨询等一系列合作研发工作，2013 年投入研发费用1000万元，目前拥有专利数2项。

（二）四川瑞泽科技有限责任公司

1. 企业发展现状

四川瑞泽科技有限责任公司是以稀土新材料应用技术研究开发为主导，应用稀土活性剂治理水体、土壤污染科技成果，致力于水体、土壤及农、林、牧、渔业等多产业生态环境的保持、治理及修复事业。

2. 企业发展优势

“多元素养鱼增产灵”分别荣获“水利科学技术李冰奖”和“无公害水产投入品推荐使用产品”证书，“农用稀土添加剂”被国家科技部列入“国家级科技成果推广项目计划”。“稀土活性剂”被四川省政府列入“7+3”发展计划及《四川省战略性新兴产品“十二五”培育发展规划》的重点培育产品之一。公司已获得4项国家发明专利，拥有12项非专利高新技术。

（三）四川万凯丰稀土新能源科技有限公司

1. 企业发展现状

四川万凯丰稀土新能源科技有限公司主营业务是生产镍氢电池及电池组（动力）、储氢合金等产品生产、销售。现正建设年产1亿安时高能环保贮氢动力电池建设项目，项目达产后实现年销售收入110 000万元人民币，年利润总额8989万元人民币。

2. 企业发展优势

四川万凯丰公司与东北大学、四川大学和海南大学签订了稀土产业的研究应用与开发的合作协议，每年投入研发经费1000万元人民币。2013年获得2项实用新型专利技术、1项发明专利技术，年产1亿安时高能环保储氢动力电池建设项目依托四川万凯丰的专利技术为支撑，优化结构设计。

（四）攀钢集团西昌钢钒公司

1. 企业发展现状

截至2013年年底，攀钢集团西昌钢钒公司总投资264.82亿元人民币，其中攀钢西昌钒钛资源综合利用项目241.12亿元人民币，冷轧工程（在建）投资23.7亿元人民币。西昌钢钒公司主导产品为钒制品、汽车专项钢、高级别管线钢、高强工程机械用钢、热轧酸洗板、高档家电用钢等。截至2013年年底，西昌钢钒公司固定资产投资为264.82亿元人民币，2013年度销售收入128.86亿元人民币、缴税5311.78万元人民币。

2. 企业发展优势

2013年，西昌公司研发投入为3.5亿元人民币。获得专利数量46项，开展合作项目15项，其中与钢铁研究总院合作开展“X70级抗H2S腐蚀管线钢的研究与开发”，与北京科技大学合作开展“压下及冷却工艺对热轧带钢组织性能影响规律研究”，与东北大学开展“结晶器钢水流动控制技术开发”和“钙化焙烧机理研究”，与中南大学开展“降低烧结矿返矿率研究——全钒钛磁铁精矿复合造块工艺研究”，与天津大学开展“脱硫制酸运行稳定性及碱洗方法研究”，先后委托中国汽车工程研究院股份有限公司进行了“车轮弯曲疲劳试验及分析”；委托中国石油天然气集团公司管材研究所进行了“22mm X80 热轧板卷单炉和小批量试制”。

（五）四川鑫通新材料有限责任公司

1．企业发展现状

四川鑫通新材料有限责任公司主营产品为人工蓝宝石晶体、高密度高纯度氧化铝块料、颗粒料、火焰法晶体、提拉法晶体及深加工晶体片料。2013 年，公司总资产 18 300 万元人民币，实现主营业务收入 4380 万元人民币，销售收入 3700 万元人民币，实缴税收 460 万元人民币。

2．企业发展优势

鑫通公司从事人工晶体生产近 40 年，现有火焰法、提拉法及泡生法 3 条生产线。其中，提拉法蓝宝石晶体生产线为国内唯一规模化的生产线。近两年已成功取得 3 项发明专利和 6 项实用新型专利，多项省市科研成果，取得国家高新技术企业资质。

（六）中昊晨光化工研究院有限公司

1．企业发展现状

晨光院是中国最早从事有机氟新材料含氟聚合物研制、生产的骨干企业之一，含氟聚合物总生产能力达到 3 万吨/年，拥有聚四氟乙烯树脂、氟橡胶、含氟精细化学品等 600 多种规格牌号的产品。2013 年，实现工业总产值 264 127 万元人民币，销售收入 180 072 万元人民币，税金 12 608 万元人民币，利润 13 707 万元人民币。

2．企业发展优势

历经近 50 年的发展，发展成为有机氟新材料行业中集科技开发、成果转化、工程设计、产业化生产和市场营销为一体的科技创新型企业，有机氟核心技术水平居国内领先，部分达到国际先进水平。依托晨光院建设的“中国化工昊华氟化工科技产业园”已经初具规模，并形成较为完整的有机氟产业链。

（七）自贡硬质合金有限责任公司

1．企业发展现状

自贡硬质合金有限责任公司主营业务涉及硬质合金、硬面材料和钨钼制品 3 大板块，全年实现营业收入 39.2 亿元人民币，同比增长 48%。其中，通过产品销售实现的利润 960 万元人民币，比上年净增加 2460 万元人民币，扭亏为盈。

2．企业发展优势

形成了公司的 3 大板块，共有 4 种主要生产工艺。其中，硬质合金板块以己烷石蜡工艺和橡胶工艺为主，硬面材料工艺为高温熔铸→破碎分级；钨钼材料工艺为还原→垂熔→拉丝。硬质合金类产品重点产品是粗晶超粗晶系列产品及采掘工具、经济型数控刀片、异型复杂刀具、常规刀片、精密耐磨零件及刀具用棒材。硬面材料重点产品是发展深加工产品、应用产品及热喷涂服务。钨钼板块类重点发展钨钼丝材、高纯异型制品。

（八）成都硅宝科技股份有限公司

1．企业发展现状

成都硅宝科技股份有限公司主要从事有机硅密封材料及专用特种设备的研究、开发和生产，2013 年，硅宝科技实现销售收入 4.2 亿元人民币，同比增长 15.3%，实现利润 5676 万元人民币，缴纳税金 4094 万元人民币。

2．企业发展优势

硅宝承担了多项国家火炬计划、重点新产品及重点技术创新项目；已获 40 项国家专利，其中国家发明专利 17 项，32 项国家专利；参与编制和起草 30 余项国际、国家和行业标准。还参与了奥运鸟巢项目、准兴重载高速公路、大型电厂防腐项目等。硅宝科技检验中心获得了中国合格评定国家认可委员会（CNAS）认可。

（九）四川省黄铭锂能源科技有限公司

1．企业发展现状

四川省黄铭锂能源科技有限公司是专业从事锂离子电池关键材料——“六氟磷酸锂”电解质及电解液的研发、生产和销售的高科技企业。公司已于 2013 年 6 月建成世界首条 100 吨/年“非氟化氢工艺制备六氟磷酸锂”产业化项目生产线。截至 2013 年 12 月 31 日，公司资产总额为 3272.8 万元人民币。

2．企业发展优势

自主研发的“低成本、高产出、无污染、绿色清洁”的“非氢氟酸制备六氟磷酸锂新工艺”，具有以下优势：

（1）用多溶剂萃取液代替了氢氟酸溶剂；

（2）提出了用氟化锂和五氧化二磷反应得到五氟化磷的新思路；

（3）特殊结晶工艺；

（4）低成本；

（5）循环经济、低碳环保；

（6）工业自动化体系建设。

（十）自贡中天胜新材料公司

自贡中天胜新材料科技有限公司是化工行业特种聚酰亚胺材料的制造商，一期特种聚酰亚胺树脂及复合材料年生产能力 4000 吨，年产值可达 200 亿元人民币，二期工程完工后，公司特种聚酰亚胺树脂及复合材料年生产能力达 1 万吨，年产值 500 亿元人民币。

（十一）四川中自尾气净化有限公司

1．企业发展现状

四川中自尾气净化有限公司与四川大学、清华大学、美国西南研究院等国内外科研院所进行合作，利用我国稀土资源优势，研究、开发和生产稀土催化剂，致力于柴油、汽油和 CNG/LNG/LPG 燃料发动机等尾气净化/催化/转化器（剂）开发、生产和销售。公司获得多项国家发明专利，2013 年公司摩托车尾气净化产品销售业绩为 8365 万元人民币。

公司依托自主知识产权技术，建立高性能稀土储氧材料和耐高温高比表面催化材料生产线，分别形成了年产摩托车、汽车尾气净化催化转化器 1000 万支和 400 万升的生产能力。摩托车和 CNG 汽车尾气净化催化转化器国内市场占有率居行业第一。产品有效降低机动车尾气中一氧化碳、碳氢化合物、氮氧化合物等大气污染物的含量。

2．企业发展优势

公司建有四川省机动车尾气净化工程技术研究中心、四川省省级企业技术中心和成都市院士（专家）创新工作站，承担了国家“863 计划”、国家重大科技成果转化、国家稀土稀有金属新材料、国家产业振兴和技术改造专项、科技部创新基金项目、北京“绿色奥运”项目等，主导和参与制定国家、行业标准 8 项，申请国内外专利 23 项。

（十二）成都贝瑞光电科技股份有限公司

1．企业发展现状

成都贝瑞光电科技股份有限公司专业从事超精密光学元器件和特种光电探测仪器、光电探测系统的研发和生产，在超精密光学和特种光电探测领域，与多家企业机构建立了密切合作，包括美国 JDSU 集团、美国 BD 集团、中国航天科工集团、中国科学院、中国工程物理研究院、哈尔滨工业大学等。创建了“成都贝瑞现代光电工程技术研究中心”和“成都市贝瑞激光测控技术院士（专家）工作站”。

2013 年，公司实现销售收入 3300 万元人民币，纳税 293 万元人民币，净利润 594 万元人民币，总资产 2736 万元人民币。

2．企业发展优势

该公司近年参与或承担 2 项国家重大专项，负责 10 余项省部级重点科技攻关、成果转化与产业化项目。2012 年，贝瑞牵头哈尔滨工业大学、航天科工集团等七家联合实施 2012 年国家重大科学仪器设备开发专项“高速平面激光诱导荧光成像诊断仪”项目获国家重点新产品计划支持。

（十三）四川禧丹佛锂电有限公司

四川禧丹佛锂电有限公司是一家专业从事新型锂离子电池及其材料的研发、生产和经营，产品应用于公交电动大巴、电动汽车、通信基站及电网电站等高端特殊市场领域。方形铝壳电池产品广泛用于移动通信、数码产品、仪器仪表、电动工具等市场领域。一期年产 5000 万安时；二期工程年产达到 1 亿安时；三期工程年产 4 亿安时。

（十四）四川惊雷科技股份有限公司

1. 企业发展现状

四川惊雷科技股份有限公司主要从事爆炸焊接双金属复合材料、双金属复合管、大型冷旋压封头、三维肋管及其换热器及大型盐化工、石油化工设备的生产制作，公司拥有 1 类、2 类、3 类金属压力容器的设计、制造资质；2013 年公司总资产 70 984 万元，销售收入 215 544 万元，销售利润 22 360 万元，实现税收 15 922 万元。

2. 企业发展优势

公司目前拥有专利 34 项，申报国际专利 2 项。拥有自己的企业技术研发中心，以公司为依托单位的四川省爆炸焊接金属复合材料工程技术中心的建立也为企业的科研成果转化搭建了一个更高层次的平台。

（十五）四川上之登新材料有限公司

1. 企业发展情况

四川上之登新材料有限公司着力发展绿色、环保、新型的高性能苯并噁嗪树脂及高性能热固性树脂复合材料。2013 年公司总资产 2.25 亿元人民币，主营收入 1.589 亿元人民币，销售收入 1.636 亿元人民币。

2013 年公司成功建立院士专家工作站，采用“公司+科研机构+基地”的运行机制。

2. 企业发展优势

企业合成出具有耐高温、低黏度、高韧性、绿色环保、耐化学腐蚀、低介电常数等不同特点的高性能苯并噁嗪树脂基体材料，突破了苯并噁嗪的使用瓶颈。这种树脂的抗盐能力到达 360g/L，抗温性达到 200℃，高温高压降滤失量≤28mL。这种材料的研发解决了我国目前油田开采面临的大段盐膏层油气井开采的难题，提升了我国石油开采的能力。同时这种产品的利用填补了国内超深井开采的化学助剂的空白。

（十六）四川西南不锈钢有限责任公司

1. 企业发展现状

四川西南不锈钢有限责任公司将形成集不锈钢冶炼、不锈钢热轧、退火酸洗、冷轧为一体的完整产业链，实现销售收入 300 亿元人民币、利税 30 亿元人民币。同时带动了一大批下游不锈钢冷轧、深加工制品企业的发展。

2. 企业发展优势

该公司是国内第一家引进乌克兰 GOR 冶炼技术的公司， 1450 热连轧机组是国内第一条专门为生产不锈宽带钢而设计的生产线。已经形成 60 万吨的不锈钢冶炼及酸洗生产能力，200 万吨的不锈钢热轧生产能力。

（十七）四川天齐锂业股份有限公司

1. 企业发展现状

四川天齐锂业股份有限公司主营锂系列产品的研发、生产和销售。主导产品有电池级碳酸锂、工业级碳酸锂、电池级无水氯化锂、工业级无水氯化锂、电池级氢氧化锂、工业级氢氧化锂以及磷酸二氢锂、高纯碳酸锂和金属锂等中高端锂产品。2013 年实现销售收入 16.12 亿元人民币，税收 4464 万元人民币，利润 2.97 亿元人民币。研发投入 5161 万元人民币，授权专利 56 项。

2. 企业发展优势

2013 年 3 月天齐集团成功收购澳大利亚 Talison 公司；2011 年 3 月天齐集团完成对加拿大 Nemaska 公司投资，成为该公司最大股东；拥有甲基卡西矿段权，能满足 40 年原料供给。公司拥有授权专利 56 项，牵头起草和制定了 22 项行业和国家标准，承担国家火炬计划项目 2 项，发起了建立产学联盟。公司产品出口美国、日本、印度等 20 多个工业发达国家和地区；电池级碳酸锂国内市场占有率超过 50%。

（十八）四川省新万兴碳纤维复合材料有限公司

四川省新万兴碳纤维复合材料有限公司年产 1000 万平方米碳纤维和 500 吨碳纤维复合材料项目经过 3 年的建设，于 2012 年 8 月顺利建成并投产，总资产 5.3 亿元人民币。主营业务是碳纤维预浸料、碳纤维树脂和碳纤维复合材料制品的研发、生产和销售。2013 年企业的主营业务收入 3.6 亿元人民币，利税 3800 万元人民币。

（十九）四川普什醋酸纤维素有限责任公司。

1. 企业发展现状

四川普什醋酸纤维素有限责任公司项目总投资约 16 亿元人民币。2011 年正式投产，完成全部三大类产品（三醋酸纤维素、塑料级和纤维级二醋酸纤维素）的认证。公司设计年生产能力 2.5～3 万吨/年，2013 年销售收入 65 718 万元人民币，上缴国家税收 1118 万元人民币，利润 75 万元人民币。

2. 企业发展优势

该公司是我国唯一的一家能生产醋酸纤维素三大类全部产品的企业，公司已获得 16 项专利。

三、四川省新材料重点产业基地情况

（一）成都国家高性能纤维高新技术产业化基地、国家新材料高技术产业基地、全省特种高分子高新技术产业化基地

1. 基地发展现状

成都国家高性能纤维高新技术产业化基地、国家新材料高技术产业基地、全省特种高分子高新技术产业化基地位于新津县东南，总体规划面积 33.4 平方公里，是成都市发展新材料产业的主要载体，已初步形成电子信息、汽车、冶金建材、航空航天等产业具备一定规模的产业集群。功能区已成功获批“国家高性能纤维高新技术产业化基地、全省特种高分子高新技术产业化基地”，“国家新材料高技术产业基地”申报工作也已通过现场评估。

2013 年，功能区实现销售收入 110 亿元人民币，完成工业投资 52 亿元人民币，基础设施建设投资 6.3 亿元人民币；签约烟台万华等亿元以上项目 10 个，其中 5 亿元以上项目 3 个，协议总投资 67.7 亿元人民币；促成东丽塑料一期等 12 个项目投产，促成年内新开工项目 14 个。

2. 基地产业布局

功能区按照“宜业、宜商、宜居、生态田园”定位，突出“两化互动、产城一体”理念，建设“一心、两轴、三区”，重点发展高性能纤维及复合材料、轨道交通材料、电子信息材料以及新能源、化工、生物医用等其他新材料。

3. 基地发展经验

成都市大力发展金属，聚集了一大批国内外金融机构，为工业发展尤其是附加值高的新兴产业发展提供了强有力的支持。

（二）自贡国家新材料高新技术产业化基地情况

1. 基地现状

2013 年，自贡国家新材料高新技术产业化基地涉及新材料研究开发和生产销售规模以上企业达到 136 家，其中核心企业 4 家、骨干企业 15 家，基地新材料产品主要包括高性能金属材料、新型有机高分子材料、先进无机非金属材料、纺织新

材料、新型精细化工材料、生物医学材料、其他新材料及制品等 7 大类 235 个产品；新产品产值 419.6 亿元人民币，比 2012 年增长 31.1%；新产品销售收入 320.8 亿元人民币，比 2012 年增长 8.7%。新材料产业科研人员 7078 人，市级以上学术带头人 57 人，共拥有自主知识产权 340 项。已有近 60 个新材料产品分别在世界 40 多个国家和地区进行了商标注册。两年间，基地实施省以上重大科技攻关项目 127 项，转化重大科技成果 20 项，专利申请量首次突破 1000 项，达到 1199 项，其中发明专利 295 项。自贡市成为国家知识产权试点城市和国家技术创新工程四川省试点示范市。2013 年，基地拥有省级以上工程技术研究中心、企业技术中心、重点实验室、产业技术创新联盟等各类创新平台 39 个，比 2012 年增加 4 个。其中，国家级创新平台 6 个，省级创新平台 33 个，基本上形成了从基础研究、应用开发到成果转化，覆盖主要产业领域、比较完善的技术创新体系。

2. 基地产业布局

两年来，基地建设始终坚持“创新驱动，整合资源，集成推进，转型发展”的思路和“一个基地、多个特色园区、六大产业群”的总体布局，按照《自贡市新材料产业发展“十二五”规划》提出的发展目标和总体要求，认真贯彻落实创新驱动发展战略，加快新材料产业实现转型升级创新发展。

3. 基地发展经验

基本形成了以基地建设为载体、以构建六大产业群为重点、以技术创新为支撑、以核心企业为依托带动一大批中小企业发展的新材料产业发展的新格局。2013 年，基地新材料产业产值接近 500 亿元人民币。

（三）攀枝花国家钒钛新材料高新技术产业化基地

1. 基地现状

截至 2013 年年底，攀枝花国象钒钛新材料高新技术产业化基地内有工业企业 68 家，从业人员约 3.6 余，其中主导产业企业 61 家；有工程技术研究中心、重点实验室等省级以上科研机构 22 个；有国家级高新技术企业 32 家，省级以上创新型企业 35 家；有生产力促进中心等省级服务机构 3 家；共承担各级财政科技计划项目 128 项；专利申请量 1627 项，授权 898 项；工业总产值达到 291.6 亿元人民币。

2. 基地产业布局

钒钛新材料高新技术产业化基地依托本地丰富的钒钛磁铁矿资源和水电资源，重点发展钒材料、钛材料、钒钛（低）微合金钢等新材料，形成了以钒钛产业、特色机械制造产业和二次资源利用伴生产业等独具资源特色的主导产业。2011 年，钒钛新材料高新技术产业化基地主导产业产值为 149.5 亿元人民币；截至 2013 年，钒钛新材料基地主导产业产值达到了 225.5 亿元人民币。

3．基地发展经验

联合中国工程院启动了《攀枝花钒钛资源综合利用战略研究》重大课题，组织召开专题学术研讨会，鼓励攀钢牵头组建了钒钛资源综合利用产业技术创新战略联盟并协助其顺利进入国家试点，指导组建了四川钒钛产业技术研究院、攀枝花钛及钛合金研究所、四川省生产力促进中心攀枝花钒钛中心，编制了攀枝花市战略性新兴产品“十二五”培育发展规划，加强高新技术企业培育宣传和指导，高新技术企业数量大幅增长，产业创新能力得到提升。

（四）乐山国家硅材料开发与副产物利用高新技术产业化基地

1．基地现状

乐山国家硅材料开发与副产物利用高新技术产业化基地（以下简称“乐山硅材料基地”）于 2009 年 4 月经国家科技部批准成立。近 5 年来，实施“3356 工程”：着力发展三条产业链、做大做强 3 大产业园区、重点打造 5 个创新平台、启动实施 6 个技术专项，乐山硅材料基地取得长足发展，基地形象得到快速提升。2012—2013 年，新建公共技术服务平台 2 个，其中国家级服务平台 1 个，基地累计公共服务平台 7 个，工程技术中心 4 个。其中，国家级企业技术中心 1 个，国家级高新技术企业 32 家，省级工程技术中心、省级企业技术中心 3 个，省级创新型企业 20 家，新增国家授权专利 49 项；乐山硅材料基地 2012、2013 年分别实现产值 78.14 亿元人民币、89.56 亿元人民币，增长 14.6%。

两年来，初步形成了“三大”产业链循环发展为特色的产业集群。目前，基地集聚了 27 家骨干企业、32 家关联企业，形成了 10 万吨工业硅、10 万吨液氯、12 060 吨多晶硅、2 500 吨单晶硅、9000 万硅片、150 万电子芯片、660MW 太阳能组件、20 000 吨气相白炭黑、5 万吨有机硅的生产能力的产业链。

2．基地产业布局

目前，基地为 3 大园区（峨眉山硅材料产业园、乐山高新区、五通桥循环经济产业园）、3大产业链（太阳能光伏硅材料产业链、电子硅材料产业链、硅化工循环利用产业链）、3大循环（企业内硅材料副产物利用小循环、企业间硅材料副产物利用中循环、区域间硅材料副产物利用大循环）为特色的硅材料开发及副产物利用产业化示范基地发展成效显著。

3．基地发展经验

（1）调整主导产业发展，实施大集团战略。

（2）提升主导产业技术水平，实施大技改战略。乐电天威公司投资 10 亿元人民币在3000 吨多晶硅项目基础上采用更为先进的冷氢化系统作为 STC 转化的关键技术，永祥多晶硅公司正式启动“四氯化硅冷氢化节能减耗技改项目”。

（3）加强产业链平衡发展，大力发展硅化工产业。2012—2013 年，乐山硅化工产业产值达 4.2 亿元人民币，同比 2011 年复核年度增长 213.5%。

（五）德阳国家新材料高新技术产业化基地

1. 基地发展现状

德阳国家新材料高新技术产业化基地成立于 2004 年初，2004 年 9 月 13 日，国家科技部正式批复将德阳列为德阳国家新材料高新技术产业化基地。

德阳新材料基地重点发展壮大新型金属材料、高分子复合材料、精细化工新材料、生物医药及医用材料、新型功能材料五大类新材料产业。截至 2013 年年底，德阳新材料基地内国家级重点实验室、工程技术研究中心、企业技术中心、国家级生产力促进中心共 6 家。德阳新材料基地内省级重点实验室、工程技术研究中心、企业技术中心、省级生产力促进中心、孵化器共 17 家。

2. 基地产业布局

德阳新材料产业建设采取“经开区+龙头企业+产业集群”的模式。

（1）以德阳、什邡、广汉经开区为载体，形成二重、宏达、科力特等企业为主体的新型金属材料产业集群。

（2）以德阳、什邡、广汉、绵竹经开区为载体，形成得阳特种新材料、金路高新材料、上之登、安费尔等企业为主体的高分子复合材料产业集群。

（3）以绵竹、什邡、德阳经开区为载体，形成龙蟒、宏达等企业为主体的精细化工新材料集群。

（4）以罗江、中江、广汉经开区为载体，形成金路、博益磁材、广汉黄铭锂动力等企业为主体的功能材料产业集群。

3. 基地发展经验

（1）发展新材料企业集群，支持龙头企业做大做强。

（2）开展《四川省德阳市聚苯硫醚产业发展战略研究》战略研究，建立德阳市聚苯硫醚产业联盟。开展《四川省德阳市聚苯硫醚产业发展战略研究》战略研究工作，通过建立聚苯硫醚产业联盟，组织企业与国内行业知名的大专院校、科研院所合作，加强联盟内部优势资源的集聚，发挥联盟在产业技术创新中的引领作用，努力形成拥有自主知识产权的核心技术和关键技术，加快科技成果向现实生产力转化。

四、四川省新材料重大项目建设情况

（一）四川天齐锂业股份有限公司锂产业项目

新建 600 吨/天锂辉石烧成线，年产 20 万吨/年锂辉石熟料计划总投资 8000 万元人民币；20 000 吨/年碳酸锂酸化窑项目，计划总投资 4000 万元人民币，新建从管磨细焙料开始到调浆液压榨过滤液输送至 V205 槽结束的酸化窑系统生产线，建设酸化窑主体、给料、给酸、混酸、给料计量、混酸计量等系列设施设备。5000吨/年氢氧化锂生产线项目，计划总投资6000万元人民币，建设年产5000吨氢氧化锂生产线，项目以硫酸锂溶液为原料，采用烧碱转化法生产工艺，生产氢氧化锂产品。100吨/年磷酸铁锂中试项目，计划总投资1000万元人民币，建设磷酸铁锂实验室。以上项目均已竣工投产。

（二）之江高新材料扩能迁建项目

四川之江高新材料股份有限公司计划投资5亿元人民币，实施之江高新材料扩能迁建项目。项目于2013年12月开工，计划于2016年10月竣工，包括二氧五环生产车间、胺醚生产车间、ABL、环保型锂电池水性电极材料黏合剂生产车间、N-马来酰亚胺生产车间、浙江大学研发大楼及各类产品仓库、罐区和综合办公用房等生产生活设施。

（三）伏幕墙玻璃生产线（一期）与太阳能薄膜光电节能玻璃幕墙生产（二期）项目

由四川行盛玻璃幕墙科技有限公司投资建设伏幕墙玻璃生产线（一期）与太阳能薄膜光电节能玻璃幕墙生产（二期）项目，总投资22亿元人民币。项目建设内容为玻璃幕墙生产线、节能玻璃门窗生产线、250万平方米/年高科技太阳能薄膜光电节能玻璃幕墙、光电节能门窗生产线及研发中心等。项目全面竣工投产后，可实现年销售收入40亿元人民币以上。

（四）“3000吨非氟化氢工艺制备六氟磷酸锂”的产业化项目

规划2013年6月至2015年12月在广汉经济开发区建设完成3000吨/年六氟磷酸锂的产业化规模，项目总投资3亿元人民币。“非氟化氢工艺制备六氟磷酸锂”的3000吨/年产业化项目，采用纳米氟化锂的多溶剂液相法规模化制备技术和六氟磷酸锂的非氟化氢工艺规模化制备技术，实现低成本规模化制造。项目投产后将实现年新增销售收入91 675万元人民币，新增利润4247万元人民币，税收2040万元人民币，新增就业人数300余人。

（五）综合利用工业废弃物，年产500万平方米微晶新材料全电熔压延法技改项目

综合利用工业废弃物年产 500 万平方米微晶新材料全电熔压延法技改项目由四川一名微晶科技股份有限公司建设，新建新型压延微晶玻璃生产线15条，购置主要生产设备15台（套），形成年产500万平方米新型压延微晶玻璃生产能力。该项目总投资为84 544万元人民币，截至2013年年底已完成投资47 300万元人民币。项目预计2015年5月可竣工。

（六）15 000 吨/年聚苯硫醚（PPS）纤维规模化项目

四川得阳特种新材料有限公司总投资 8 亿元人民币建设 5000 吨/年聚苯硫醚（PPS）纤维规模化项目，其中建设投资 73 320 万元人民币。项目产品包括一套 3000 吨/年聚苯硫醚长丝生产线、8 000 吨/年聚苯硫醚短纤维生产线和 4 000 吨/年复合短纤维生产线。项目可新增生产能力 15 000 吨聚苯硫醚纤；新增销售收入 146 923 万元人民币；新增利润 23 497 万元人民币；新增税金 11 711 万元人民币。

（七）年产 500 吨 Ti 基硬质材料耐磨制品技改项目

四川科力特硬质合金股份有限公司投资 7600 万元人民币建设年产 500 吨 Ti 基硬质材料耐磨制品技改项目，其中建设投资 5400 万元人民币。项目建设年产 500 吨 Ti 基硬质材料耐磨制品的规模粉末冶金和机械加工生产线，包括 198 台套生产、检测配套设备的购置及自制，厂房、办公室、检测室改造 9000 平方米，新增 2500kVA 配电，建成后拥有自主知识产权，实现年产 500 吨 Ti 基硬质材料耐磨制品，70% 出口国外。

（八）12 000 吨/年特种树脂及复合材料项目

四川上之登新材料有限公司投资 2.3 亿元人民币建设 12 000 吨/年特种树脂及复合材料项目，其中建设投资 1.9 亿元人民币。本项目采用企业自主研发的高性能苯并噁嗪制备技术技术、企业自主研发的无卤无磷阻燃技术技术。新增覆铜板用热压机、立式上胶机、自动化控制系统等 84 台套。形成年产纳米改性树脂 3000 吨的生产能力、高性能苯并噁嗪树脂 2000 吨的生产能力、耐高温无卤阻燃复合材料 1000 吨的生产能力。

（九）年加工 200 万平方米铝基多孔复合材料项目

由四川元泰达有色金属材料有限公司投资建设，年加工 200 万平方米铝基多孔复合材料项目采用与院所合作所研发具有国际领先水平的反重力渗流铸造技术和超声波钎焊技术，为航空航天、交通运输及其他领域等制造兼具轻质、高阻尼、优异冲击能吸收与电磁屏蔽等性能的铝/空心陶瓷球高端复合材料。项目用地 123.7 亩，建成现代化厂房 37 578 平方米，新增 4 条生产线，每条生产线包括两套反重力渗流系统、一个熔炼炉、四台切割机、两套高周波焊机。

（十）新建锂离子电池正、负极材料生产线项目

由四川兴能新材料有限公司投资建设，新建锂离子电池正、负极材料生产线项目采用企业自主研发的镍锰酸锂批量生产技术、引进国内技术中国科学院成都有机化学研究所的钛酸锂批量生产技术。新增辊道窑、喷雾热解设备、喷雾干燥设备等 1983 台/套。形成年产锰泰龙锂离子电池 5000 万安时的生产能力、年产锂离子电池

正极材料镍锰酸锂 5000 吨的生产能力、年产锂离子电池负极材料钛酸锂 5000 吨的生产能力。

（十一）锂电池正极材料项目

四川浩普瑞新能源材料有限公司投资 7496 万元人民币建设锂电池正极材料项目，实现年产 1000 吨锰酸锂和 1000 吨磷酸亚铁锂的生产能力。于 2013 年 1 月开工，预计 2014 年 7 月竣工。截至 2013 年年底，总计完成投资 5402 万元人民币，其中固定资产投资完成 3198 万元人民币。截至 2014 年 3 月 31 日，项目累计完成投资 6660 万元人民币，占计划投资的 89%，其中扩建工程累计完成投资 1260 万元人民币。

（十二）新建年产 10 万吨石油压裂支撑剂项目

由广元市汉美矿业科技有限公司投资建设，新建年产 10 万吨石油压裂支撑剂项目采用企业自主研发的石油压裂支撑剂配方技术，形成年产石油压裂支撑剂 100 000 吨的生产能力。

（十三）年产 3 万吨硫酸钙晶须项目

由四川万润非金属矿物材料有限公司投资建设，年产 3 万吨硫酸钙晶须项目采用企业自主研发的高补强性改性硫酸钙晶须生产方法技术。新增燃气锅炉、燃气煅烧设备、搪玻璃反应釜等 392 台/套，形成年产高补强性改性硫酸钙晶须 30 000 吨的生产能力。

（十四）中蓝晨光新材料基地项目（二期）

中蓝晨光新材料基地项目（二期）总投资 26 亿元，新建年产 1 万吨芳纶Ⅱ及相关产品生产线。2013 年开工建设，计划 2015 年竣工。截至 2013 年年底，项目已开工建设，累计完成投资 3500 万元人民币。预计项目建成后可新增主营业务收入 30 亿元人民币，利润 4.5 亿元人民币，税金 2 亿元人民币。

（十五）台嘉年产 6 万吨电子级无碱纤维丝及布项目

台嘉年产 6 万吨电子级无碱纤维丝及布项目总投资 18.5 亿元人民币，形成年产电子级无碱纤维丝及布 6 万吨的生产能力。2012 年开工建设，计划 2014 年竣工。截至 2013 年年底，已累计完成投资 8.9 亿元人民币，一期项目设备安装 80%，部分设备安装调试。预计项目建成后可新增主营业务收入 4.5 亿元人民币，利润 5000 万元人民币，税金 3800 万元人民币。

（十六）40 万吨/年不锈钢深加工项目（高性能不锈钢及节约合金资源不锈钢产品规模化项目）

广汉市天成不锈钢制品有限公司投资 21.7 亿元人民币建设 40 万吨/年不锈钢深

加工项目（高性能不锈钢及节约合金资源不锈钢产品规模化项目）。项目采用企业自主研发的防止高铜料不锈钢边裂技术技术、企业自主研发的奥氏体不锈钢冷轧板型控制技术技术。新增轧辊磨床、平整机、连续退火酸洗线等 13 台套。形成年产高性能不锈钢 160 000 吨的生产能力，年产节约合金资源不锈钢 120 000 吨的生产能力，年产常规性能不锈钢 120 000 吨的生产能力。

（十七）硅宝科技有机硅材料生产线项目

硅宝科技有机硅材料生产线项目总投资 6.5 亿元人民币，建设年产 5 万吨有机硅密封材料生产基地。2012 年开工建设，计划 2014 年竣工。截至 2013 年年底，已累计完成投资 2 亿元人民币，一期基本建成，正在进行设备调试，设备仓库进行外装施工。预计项目建成后可新增主营业务收入 16.5 亿元人民币、利润 2.5 亿元人民币，税金 1.5 万元人民币。

（十八）中光电液晶基板生产基地项目

中光电液晶基板生产基地项目总投资 27 亿元人民币，建设年产 300 万片 4.5 代液晶玻璃基板生产线。项目周期：2009—2012 年一期；2013—2015（二期）。预计一期项目建成后可新增主营业务收入 3.75 亿元人民币，利润 1.5 亿元人民币，税金 5700 万元人民币；二期项目建成后可新增主营业务收入 3.2 亿元人民币，利润 1.3 亿元人民币，税金 2430 万元人民币。截至 2013 年年底，项目已累计完成投资 10.14 亿元人民币，2012 年一期项目建成投产，形成了年产 100 万片 4.5 代玻璃基板的能力。

（十九）年产 1000 吨通用级沥青炭纤维及 10 吨高性能沥青炭纤维项目

四川创越炭材料有限公司投资 10.8 亿元建设年产 1000 吨通用级沥青炭纤维及 10 吨高性能沥青炭纤维项目，建年产 1000 吨通用级沥青炭纤维及 10 吨高性能沥青炭纤维及相关产品产业集群，项目建成后预计可实现销售收入 16.5 亿元人民币，利润 5.9 亿元人民币，税收 1.9 亿元人民币。

五、四川省新材料重点发展政策

（1）四川省新材料产业“十二五”发展规划；
（2）成都市新材料产业发展规划（2009—2012 年）；
（3）成都市关于扶持新材料产业发展的意见；
（4）成都市新材料产业“十二五”发展规划。

六、2014年四川省新材料产业工作总体安排

（一）实施“四大工程”，促进新材料产业上档升级

（1）继续实施钒钛新材料开发创新工程。在大力发展冶金用钒制品生产的同时，积极开发高档专用优质钛白粉、钛合金及高档钛材，推进钛产业链升级；鼓励开发非钢用钒铝合金及钒电池等钒功能材料，加快开发钒钛低微合金钢，重点是高速铁路、含钒高强度钢筋、高强度汽车、高档发电设备、机械用高档工模具等高强高韧耐磨耐蚀产品。

（2）加快实施稀土新材料开发创新工程。结合国家稀土产业转型升级专项，加快推进稀土深加工和应用，重点发展和完善稀土永磁材料、稀土光学材料和发光材料、高性能抛光材料、稀土催化材料、稀土绿色能源环保材料、稀土治污材料、稀土结构功能新材料等产业链。

（3）继续实施关键材料升级换代的研究与开发工程。支持高强度铝镁合金等轻型合金材料、稀有金属材料、高品质特殊钢开发等。推进高强高模碳纤维等高性能纤维、医用材料、高纯硅等新型半导体材料和技术产业化；开展高磁感取向硅钢、铁基非晶带材、高饱和磁感铁基纳米晶材料等金属合金材料、无机改性高分子材料、高性能复合材料及新型建材在电力、交通运输、建筑等领域的应用示范。

（4）实施国家新材料科技重大专项对接工程。将钒钛新材料、生物医用材料、锂材料及锂电池材料、氟硅材料、高性能纤维等作为四川省对接国家新材料科技重大专项的重点领域，争取进入“国家队”，制订发展目标，培育方案，明确专项承担单位和使用对象，实现“产学研投用”一体化发展。

（二）巩固提升重点产品，培育新材料产业特色品牌

发展壮大高档金红石用钛白、纳米级磷酸铁锂、高纯多晶硅、钒钛高速重载铁路用轨、压水堆核燃料元件等重大关键产品；巩固提高钨钼及硬质合金、高品质不锈钢、高档工模具钢、高档镁/铝合金、聚苯硫醚纤维、芳纶Ⅱ（Ⅲ）、稀土治污活性剂、钛材及钛合金产品、钒制品、小管径爆炸金属复合管、钒钛耐磨铸锻件等重点培育产品；加快培育醋酸纤维素、玄武岩纤维、有机硅单体及下游产品、耐高温阻燃树脂材料等区域特色产品。

（三）实施省级重点新材料企业培育工程，壮大50户重点企业

出台省级重点新材料企业认定办法，开展省级重点新材料企业认定工作，对进入省级重点新材料企业名单的企业在土地供应、要素保障、财政资金扶持上给予重点倾斜。继续培育壮大攀钢集团、川威集团、达钢集团、龙蟒集团、钢城集团、新光硅业、四川永祥、四川瑞能、天齐锂业、广汉黄铭、中昊晨光、中蓝晨光、金象

化工、航天拓鑫、四川江铜稀土、乐山盛和稀土等新材料企业。

（四）推进重点项目建设，不断增强发展后劲

抓好50个新材料重点项目建设。积极推进已建成的重点项目达产达效，同时加快推进2013年省级战略性新兴产业新材料专项专项资金确定项目建设。

第二十四节 贵 州 省

一、贵州省新材料产业发展情况

（一）贵州省新材料产业总体发展情况

2013年，贵州省新材料产业延续了去年以来平稳增长，健康发展的态势，累计实现工业总产值178.24亿元人民币，同比增长33.6%；累计实现工业增加值57.8亿元人民币，同比增长38%。

贵州省新材料产业呈现以下发展特点：

（1）以贵阳、遵义、福泉国家级新材料产业基地为代表的重点新材料产业聚集园区建设进度加快，安达磷化工5000吨磷酸铁锂、华科铝材2万吨新型耐热高强韧铝合金、川恒化工饲料级磷酸钙等重点项目已正式投产。

（2）在部分领域形成了具有一定比较优势的产业和产品，锂电池材料产量已达1万吨，约占全国的20%，LED已经形成上游衬底材料、中游芯片制造、下游芯片封装与应用等产业链雏形。

（3）铜仁等市州高度重视新材料产业发展，加大招商引资力度，通过多种形式正在进行一批重大项目的洽谈，条件成熟后将落地工业园区。

（二）贵州省新材料产业年度重大事件

（1）在现有52家新材料重点企业调度的基础上，结合新兴产业监测平台的建设，将监测范围扩大至规模以上新材料企业，逐步完善企业库、项目库等重要数据平台，加强对重点企业、重点产品生产经营情况的动态监测和分析。

（2）重点扶持遵义钛业以及振华新材料、时代沃顿、威顿晶磷等6家高成长企业，采取一企一策的“保姆式服务”，组织落实个性化帮扶措施，实施动态管理，促进企业突破瓶颈，快速健康发展。

（3）针对铝合金新材料、钛合金新材料等重点领域产业链缺失环节、薄弱环节，实施专项招商，做大总量，增强产业配套能力，提升发展质量和水平。重点以钛产

业园为载体，与遵义市红花岗区共同开展钛合金锭/坯研发及生产相关项目招商引资工作。

（4）加快推进时代沃顿复合反渗透膜等17项已有一定产能、亟须扩大规模的重点项目建设，实现振华新材料1万吨锂电池正极材料扩能技改项目年内实现新增产能5000吨；华科铝材1万吨高强韧铝合金的产业化及应用建成投产；积极支持华鲁新材料100万吨树脂基复合材料等8项具备建设条件的重大项目实施成果转化和产业化，一期18万吨生产线建成投产，加大遵义钛业年产500吨超高纯钛产业化建设力度。

（三）贵州省新材料产业发展存在的问题

与省内其他产业相比，新材料产业同样面临着下行压力渐增、市场需求变化等不利因素，主要存在以下特点。

1. 外部环境依然严峻

受光伏太阳能、装备制造等行业国内市场疲软，以及钛、铁、锰等大宗原材料价格倒挂的影响，贵州省金属新材料产业无大的起色，海绵钛、LED等行业由于受市场回暖缓慢的影响，短期内还难以明显好转，遵义钛业形势依然严峻，完成主营业务收入2.7亿元人民币，同比下降33.3%，亏损面继续扩大，累计亏损7823万元人民币，同比上升150.3%；红星发展完成主营业务收入1.72亿元人民币，同比下降5.49%，成本上升，利润同比下降65.34%，但钡盐系列产品形势较好；非金属新材料保持快速增长势头，电池材料产业和膜产业产值和销售收入平稳增长，振华新材料7500吨锂电池材料生产线累计生产5000吨，实现工业总产值7.5亿元人民币，新增2500吨技改扩能预计2014年建成投产，形成1万吨的规模。

2. 内部发展动力遇阻

目前，全省在建的总投资3000万以上的新材料产业重大项目共33项，合计总投资86.9亿元人民币，2013年已投产19项，为产业加快发展提供了一定支撑，但也存在一些问题：

（1）低附加值项目多，高附加值项目少，大部分项目仍是依托当地的资源优势进行建设，原料类产品占50%以上，产业链中端产品约占40%，硅单体、膜单体等材料终端产品不到10%。

（2）由于土地、拆迁、水电、资金等问题导致项目实际开工效果不理想，如时代沃顿公司复合反渗透膜生产线建设项目由于前期拆迁问题，已经造成项目进度延缓一年左右；大自然科技棕纤维床垫生产线建设项目担保融资存在较大困难，造成项目工期滞后半年以上。

（3）项目投产后也面临市场环境不好的问题，达产率不高，如皓天光电一期800万片蓝宝石基片已经投产，实际产量仅为300万片，达产率仅为37.5%。

二、贵州省新材料重点产业基地情况

（一）铝及铝深加工产业

2013 年，全省铝深加工产品产能约为 100 万吨/年，其中，铝合金轮毂 120 万片/年，铝型材约 60 万吨/年，铝合金铸件 6 万吨/年，电线电缆等其他铝合金制品 10 万吨/年。年产值约为 63 亿元人民币。主要聚集区域有贵阳国家经济技术开发区、白云铝加工园区和遵义铝加工工业园区。

1. 贵阳国家经济技术开发区

贵阳国家经济技术开发区主要以贵阳永红航空机械有限责任公司、贵航汽车零部件股份有限公司永红散热器公司、贵阳广航铸造有限公司，以及贵州玉蝶电气电缆有限公司、贵州贵材创新铝业有限公司等为代表，主要产品包括铝质板散热器、汽柴油发动机铝合金零部件、航空电机电器产品、铝线杆等。

2. 白云铝加工园区

白云铝加工园区是贵州省铝及铝加工产业集聚度较高的园区，围绕中铝贵州分公司电解铝液、铝锭就地转化利用打造的白云铝产业园，目前通过租赁贵州铝厂厂房设备生产或在园区内自建厂房等形式，在园区聚集了贵州金平果铝棒有限公司、贵州今飞轮毂有限公司、华科铝材料工程技术研究公司、贵州煜兴车轮制造有限公司、华恒机械制造公司、贵州合润铝业发展公司、贵铝昆展公司等 10 余家铝加工生产企业，主要产品包括铝合金棒、铝轮毂、铝板带、高强铝合金件、车用铝合金件、铝扁管等产品。

3. 遵义市铝加工工业园区

遵义市铝加工工业园区主要依托中铝遵义铝业股份有限公司生产电解铝优势，采用“真空抬包”方式直接将铝液输入制造车间，联铸联压生产汽摩零部件、有色金属制品及铝镁、铝钛合金等产品，已引进铝液产业链企业 9 家，目前已有贵州正合铝业有限公司等项目建成投产。

（二）锰及锰深加工产业

全省锰系原材料工业主要涉及电解金属锰、锰系铁合金、电解二氧化锰等产业。其中，电解金属锰拥有规模以上企业 27 家，建成生产能力 30.2 万吨，约占全国总产能的 13%，松桃三和锰业、金瑞新材料、遵义天磁锰业均为全国排名前十的企业；锰系铁合金拥有规模以上企业 52 家，建成生产能力 185.9 万吨；电解二氧化锰拥有规模以上企业 1 家，即大龙红星发展公司建成生产能力 4 万吨，占全国总产能 25%，其中 4 万吨电解二氧化锰中有 5000 吨为锰酸锂电池专用高性能电解二氧化锰，占全国锰酸锂复合材料50%的市场份额。锰精深加工在贵州省目前还处于起步阶段，主要涉及电动车用锰系锂离子电池、锰渣制砖等。其中，中国香港鸿基伟业集团投资50亿元人民币建设锰锂电池及其关键材料精深加工项目一期已投产，日产锂电池75万安时；松桃汇丰锰业有限公司年产1亿块锰废渣蒸压砖技改项目已建成投产。

三、贵州省新材料重大项目建设情况

1．贵阳市

贵阳时代沃顿科技有限公司海水淡化反渗透膜、微滤膜、纳滤膜材料及组件产业化，项目总投资5.82亿元人民币，重点发展复合反渗透膜、超滤膜、新能源膜和医疗用透析膜等高性能膜产品，形成年产10万套系列膜产品产能规模，预计2014年年底可建成投产。首钢贵阳特殊钢有限责任公司高级中空钢及制品产业化关键技术的研发，项目总投资3.3亿元人民币，通过对钻孔法关键生产工艺技术攻关，采用国际先进的钻孔法生产工艺技术，生产所有中空钢规格（Φ(19～52)mm），实现国内中空钢的升级换代。贵州华科铝材料工程技术研究有限公司211.Z耐热高强韧铝合金新材料在重大产业工程应用，该项目总投资2亿元人民币，主要在前期已获得100余项发明专利技术的基础上，建设2万吨精准超平板、300万件挤压铸造制品生产线，并联合国内汽车轮毂制造企业、移动通信基站主承力件制造企业等实施示范应用，实现以铝代钢。

2．遵义市

贵州航天新力铸锻有限责任公司核电用特种镍基高温合金材料锻件研发与产业化，项目总投资2.36亿元人民币，针对GH690镍基高温合金以及类似材料的真空感应炉冶炼+真空浇注+真空自耗重熔的双真空冶炼工艺技术、化学成分与热处理工艺优化设计、锻造工艺技术、检测技术等关键技术进行攻关，预计2014年年底可建成投产。贵州航天乌江机电设备有限责任公司纳米多孔 SiO_2 气凝胶研发与产业化，该项目总投资23 282万元人民币，主要在企业自主研发100～3000L超临界 CO_2 流体萃取装置的基础上，建设超临界萃取装置40套、气凝胶近6000m^{3}生产线，替代传统的聚氨酯泡沫等保温材料。

3．安顺市

贵州新安航空机械有限责任公司超低摩粉末冶金闸瓦研发与产业化，项目总投资2.3亿元人民币，主要在现有低摩闸瓦铁基摩擦材料配方基础上设计全新的摩擦材料配方，提高国内现有粉末冶金闸瓦制动的可靠性和安全性，并建设300万片产品生产线。

四、2014 年贵州省新材料产业工作总体安排

1．抓产学研结合，推动科技成果转化

基于目前贵州新兴产业科技成果少，转化率低的局面，着力推动产学研合作“走出去、引进来”。围绕贵州省产业基础和十大产业转型升级的方向，结合企业自身需求和高校学科优势，搭建平台，组织企业前往 4～5 所高校开展产学研对接。另外，按照产业和行业细分研究方向，组织国内成果转化率较高的相关研究团队来贵州省开展成果发布，力争引进 10 项以上高校科技成果到贵州企业实施转化。

2．抓项目，推动增量快速提升

积极做好协调工作，根据“扩大一批、转化一批、谋划一批”原则，推动新兴产业项目梯度发展。

（1）针对已有一定产能，需扩大规模的重大项目，重点推进项目建设，加大帮扶，尽快实现投产达产。

（2）针对建设条件具备，正在实施成果转化和产业化的项目，重点在加快项目进度，提高科技成果转化效率和产业化率。

（3）针对市场前景好，仍需调研和攻关的项目，重点在谋划有一定产业基础，能后发赶超的技术和在未来 5～10 年能形成产业后发优势的技术和产品，加强关键技术攻关。

3．抓企业，推动产业规模扩大

集中力量，按照一企一策，一事一议，以企业为主体的原则，重点培育和帮扶龙头企业和高成长性企业尽快做强做大，帮助龙头企业和高成长企业制订和完善发展壮大方案，解决实际困难。通过“政府育龙头、市场引项目”的双重力量聚集资源，逐步形成“百亿旗舰、十亿龙头、亿元骨干”的梯度化发展格局。

4．抓产业链延伸，推动产业集聚

以提高附加值为目标，围绕产业链的缺失环节和薄弱环节，通过自主创新、成果转化和专项招商相结合，引进一批上下游关联企业和配套项目。按照技术路线图，组织技术、投资、产业方面的专家对磷、铝、钛、锰、膜材料、镍基合金等材料精深加工产业链，一个产业一个产业论证，以市场为导向，摸清哪些需要技术攻关，哪些需要项目引进。

5．抓统计，推动准确研判

按照国家即将发布的战略性新兴产业统计要求，会同有关部门建立新兴产业统计体系及相应分类标准，并及时发布产业统计信息，及时丰富企业库、项目库、产品库等重要数据平台，定期做好产业发展形势分析，增强企业对市场判断的能力，

降低产业发展风险，引导产业合理布局。

第二十五节　云　南　省

一、云南省新材料产业发展情况

（一）云南省新材料产业总体发展情况

云南已经形成了以矿产采选、冶炼、加工为基础，以公共技术服务体系为支撑，以锡、铂族金属、锗等有色稀贵金属材料为龙头的金属新材料产业，以硅锗铟等材料为代表的光电子新材料产业，以精细磷化工、煤化工和有机化工为代表的化工新材料产业。

昆明、曲靖、红河、大理等地已聚集了一批具有比较优势的新材料企业，云南冶金集团、云锡集团、云铜集团、云天化、云南煤化工、云南钛业、贵研铂业、北方红外、鑫圆锗业等企业各自领域都取得了较好的发展；红河锡基新材料基地是全国最大的锡材和锡化工中心，昆明高新区贵金属产业基地是全国贵金属新材料领域的龙头。

截至 2013 年年底，全省共有新材料企业 26 家，实现工业总产值 94.8 亿元人民币，增加值 20.8 亿元人民币，利润 6.6 亿元人民币，上缴税金 2.8 亿元人民币，全年完成投资 48 亿元人民币。初步建立了新材料开发创新人才队伍，拥有一批国家工程研究中心、国家工程实验室、国家级企业技术中心、国家级企业孵化器及省级重点实验室、省级中试基地、省级企业技术中心、企业博士后工作站；云大、昆工、云师大等高校均有专门从事新材料教学和研究的专业队伍；各龙头企业、科研院所、行业协会也高度重视新材料的研究；为全省新材料产业的发展奠定了良好的基础。

（二）云南省新材料产业重点领域发展情况

1. 钛行业

云南钛业股份有限公司是云南省钛行业的骨干企业，具备年产工业纯钛热轧钛卷 4000 吨/年，冷轧钛卷 15 000 吨/年，钛合金 1000 吨/年的生产能力。2013 年，公司累计生产钛锭 2199 吨，生产钛板卷 792 吨；实现工业总产值 4.1 亿元人民币，同比增长 24.5%；主营销售收入 5.1 亿元人民币，增长 151.2%；工业增加值 2.6 亿元人民币，增长 10.2%；利润 798.2 万元人民币，下降 12.2%；利税 1068 万元，下降 21.3%。

2．贵金属产业

贵研铂业一批以贵金属新材料、光电子封装材料、精细化工用均相化工催化材料等重点项目的申报和建设正在有序推进。贵金属二次资源综合利用产业化项目一期建设已经竣工投产，电真空钎焊料、蒸发金材料等贵金属合金材料产业龙头地位进一步提升，贵金属化学品及电子较量产品市场份额持续增长，多种材料及器件应用于航天航空及国防安全领域。全年共生产贵金属 425 吨，同比下降 10.6%。

3．稀土催化剂

昆明贵研催化剂有限责任公司是国内规模最大的三效稀土基催化剂企业，拥有年产 150 万升国Ⅲ、国Ⅳ标准汽车尾气催化剂产能以及在建的 400 万升国Ⅴ标准产能。2013 年，公司生产催化剂产品 133 万升，增长 3.7%。

4．锡材及锡化工

云南锡业股份有限公司现有年产 8 万吨锡、2.4 万吨锡化工产品、2.5 万吨锡材产品的生产能力，主要产品包括锡锭、铟锭、铋锭、锡铅焊料及无铅焊料，锡材、锡基合金、有机锡及无机锡化工产品等 40 多个系列 1470 多个品种。2013 年，公司完成有色金属总产量 28.2 万吨，同比增长 3.2%。其中，产品锡 7 万吨，增长 0.9%；锡材、锡化工产品 4 万吨，增长 8.8%。

5．光电子材料

以云南锗业为主体的“云南国家锗材料基地”建设项目已于 2011 年 11 月正式开工，预计总投资 18.3 亿元人民币，主要发展高纯锗材料、光纤四氯化锗、锗元器件，以及锗有关的终端高新技术产品。

驰宏锌锗与北方夜视集团合资成立北方驰宏光电有限公司驰宏锌锗的新材料产业已全部划归北方驰宏光电，主要发展锗系光学材料。云南三奇光电 800 吨单晶硅生产运行正常，昆明冶研新材料 3000 吨多晶硅项目受市场影响，未满负荷生产。全年共生产多晶硅 1500 吨，单晶硅 340 吨。

二、云南省新材料重点产业基地情况

1．昆明高新区稀贵稀有金属新材料基地

昆明高新区稀贵稀有金属新材料基地已经列入国家工信部第三批“国家新型工业化产业示范基地”，现有企业数量 9 家，重点发展有色金属和稀有金属新材料，2013 年实现工业总产值 56 亿元人民币。

2．昆明经开区泛亚有色金属新材料基地

昆明经开区泛亚有色金属新材料基地由经开区与北京部分高等院校和科研单

位合作，现正在前期调研以及规划编制过程中。

3．杨林工业园区新材料产业基地

杨林工业园区新材料产业基地尚在规划过程中，基地位于杨林工业园区云林村片区，拟规划面积 1 平方公里，重点发展金属及新型无机非金属新材料。

4．曲靖市经济技术开发区

以现有的北方驰宏公司、昆明冶研公司等企业为主体，曲靖市经济技术开发区发展以硅、锗为主题的光电子新材料。

5．云县光伏新材料产业园

以三奇光电、鑫园锗业等企业为主体，云县光伏新材料产业园发展单晶硅、单晶锗为主的光伏新材料。

6．红河锡基新材料产业基地

以云锡为主体，红河锡基新材料产业基地围绕电子材料、化工、轻工等工业用锡基材料的产业化，在红河州建设世界最大的锡化工和锡材加工中心。

三、云南省新材料重大项目建设情况

（一）贵研铂业股份有限公司新材料项目

1．国Ⅵ、国Ⅴ机动车催化剂产业升级建设项目

采用公司自主研发、具有自主知识产权的国Ⅳ/Ⅴ催化活性涂层材料工艺及技术、国Ⅳ/Ⅴ机动车催化剂生产制造工艺及技术成果进行产业化建设；在现有生产线的基础上，引进国外先进的检测装备，形成年产 400 万升机动车催化剂生产能力。目前，该项目已基本建成，预计 2014 年年底即可运行投产。

2．贵金属新材料的产业化及技术应用

对新型 Pt 合金催化针织网、连续化 Ag 基、Au 基、Pd 基系列钎焊材料、弥散强化贵金属新材料、新型精细化工用 Pd/C、Pt/C 催化剂、环保型无卤低温导电银浆、无铅无镉太阳能电池用电子浆料等进行产业化关键工艺技术开发及应用，建设年产 50 吨的贵金属新材料生产线。

3．贵金属微电子、光电子封装材料产业化基地建设项目

以金银铂等贵金属为基的电子封装专用钎料、键合金丝、蒸发材料、靶材、导电胶、LED 光电子原件、大规模集成电路、扁平式电子器件制造与封装工序中的关键封装材料。

4．精细化工用贵金属均相催化材料产业化项目

建设年产 30 吨贵金属均相催化剂生产线，生产碘化铑、三苯基磷乙酰丙酮、

醋酸铑、三苯基膦氯化铑、辛酸铑、醋酸钯等催化产品。

（二）国家锗材料基地建设项目

高新锗产业建设项目由昆明云锗高新技术有限公司承建，项目主要内容包括高效太阳能电池用砷化镓材料生产建设项目、高效聚光太阳能电池产业化开发项目、锗硫系玻璃光学新材料建设项目、新型汽车红外夜视仪（车载热像仪）建设项目、超高纯锗单晶及探测器产业化开发项目、高效太阳能电池用锗单晶及晶片产业化建设项目。项目总投资18.3亿元人民币，2012年已开工建设，目前项目正稳步推进。

（三）500兆瓦太阳能硅晶片项目

100MW单晶硅片、400MW多晶硅晶片建设项目。昆明冶研新材料股份有限公司利用建成投产的多晶硅项目为原料，深加工延伸产业链，建设多晶铸锭、单晶拉制、线切割等，形成年产100MW单晶硅晶片、400MW多晶硅晶片生产能力。项目总投资21.5亿元人民币，预计2014年年底前建成投产。

（四）光电子材料及先进光学工程项目

光电子材料及先进光学工程项目由云南北方驰宏光电有限公司承建，主要包括建设高效聚光太阳能电池材料生产线、硫系玻璃材料及精密模压生产线、CVD-ZnS光学材料生产线、红外光学生产线以及国内光学培训中心、技术中心和相关配套设施，形成年产锗晶片80万片、砷化镓晶片40万片、硫系玻璃晶片24万片、CVD-ZnS光学材料40kg、光学元器件8800套、光学组件3200套生产能力。

（五）不锈钢复合材料项目

年产100万吨金属层压复合材料以及（一期）20万吨复合坯生产线项目由云南昆钢新型复合材料开发有限公司承建，建设年产20万吨不锈钢生产线，配套建设水、电、汽、环保、消防等公辅设施。项目总投资2.2亿元人民币，预计2014年建成投产。

（六）高强耐蚀铝合金板带材项目

年产50万吨高强耐蚀铝合金板带材项目由云南浩鑫铝箔有限公司承建，项目总投资28.8亿元人民币，建成后将形成年产50万吨高强耐蚀铝合金板带材生产能力。

四、云南省新材料重点发展政策

1. 用好国家各项优惠政策

充分用好国家培育战略性新兴产业和推进新材料产业发展的各项优惠政策；全面落实新一轮西部大开发和桥头堡建设的有关精神，从产业政策、土地、环保、资金等各方面，优先支持新材料产业的发展。

2．鼓励和支持新材料企业的创建

不断扩大云南省新材料产业的规模，结合央企入滇战略，重点引进国内外知名企业的新材料项目和技术；各州市要大力引进国家和云南省规划、政策鼓励发展的新材料产业项目；省属企业要加强与国内外有实力的新材料企业的合作，加强与州市的协作，共同推进云南省新材料产业的发展。各级工业投资（内外资）、环保、国土、工商等管理部门，要优先为新材料项目办理相关手续；新规划建设的新材料项目，应尽量集中到产业聚集区，并优先保证新材料项目的用地需求。

3．强化人才支撑

建立健全多层次的人才培养体系，优化省内各高等院校个职业技工学校相关学科和课程的设置，通过多种教育模式，培养各类新材料专业人才；积极引进新材料产业发展急需的各类人才，并出台各类吸引人才、留住人才、用好人才的政策措施；加强产学研用结合的实训基地建设，支持校企联合开展定制式人才培养，鼓励企业加大职工培训力度，为加快全省新材料产业发展提供强有力的人才支撑。

五、2014 年云南省新材料产业工作总体安排

（1）通过重大项目建设，培育核心骨干企业，打造新材料产业链。

（2）通过完善创新平台，推动新材料企业创新集成和重大产品开发，提升新材料产业价值链。

（3）通过资源整合和产业基地建设，促进新材料企业集聚和配套，完善新材料产业供给链。

（4）推动云南省新材料产业由粗放型向集约型转变，由分散型向集中型转变，由原料型向精深加工型转变。

第二十六节　陕　西　省

一、陕西省新材料产业发展情况

（一）陕西省新材料产业总体发展情况

2013 年陕西规模以上工业企业实现工业总产值 18 982 亿元人民币，增长 13%。实现增加值 7259 亿元人民币，增长 13.1%，工业企业实现利税 3352 亿元人民币，

增长 0.63%。

2013 年陕西省原材料工业实现产值 8086 亿元人民币，同比增长 10.69%。新材料产业实现产值约 776 亿元，同比增长 25%，占原材料工业的比例与 2012 年基本一致。实现工业增加值 315 亿元人民币，净增 70 亿元人民币，增长 22%。全年新材料产业完成固定资产投资 700 亿元人民币，增长 16.7%。

（二）陕西省新材料产业重点领域发展情况

陕西新材料产业主要集中在特种金属功能材料、高端金属结构材料、高性能复合材料、新型无机非金属材料、先进高分子材料等几大领域。

特种金属功能材料和高端金属结构材料优势明显。陕西省钛材产量占世界产量 20%、国内产量 60%。陕西省在稀贵金属材料的研发和加工方面具有较强的技术优势和完善的产业链条。在超导材料、飞机用高性能钛合金材料及复合材料研制等方面达到国际先进水平。钛材、层状金属复合材料、钼及钼合金材料生产能力居亚洲第一，金属过滤材料亚洲第二。在超导材料、碳纤维复合材料、超高温陶瓷基复合材料领域研发和技术水平位于国际先进水平。

2013 年年底陕西开始着手制定《陕西省培育和发展新材料产业工作实施方案》，打造以煤油深度转化为主线的化工新材料产业链；以钛、镁、钼、钒、锌、镍等金属和优特钢及其加工制品为主线的金属新材料产业链。以碳纤维、玻璃纤维、新型建材为主线的无机非金属新材料产业链为主要方向，把新材料产业可以归纳为三大类：一是陕西省具有技术和规模优势、短期内可以做大做强的；二是具有一定产业基础、经过培育可以提升壮大的；三是具有国家战略意义、填补国内技术空白、占有未来产业技术制高点的产业领域。依据这个划分方法从化工、金属、无机非金属这三大材料工业传统板块中选取了合成材料、精细化工材料、钛、钼和稀贵金属、铝、镁、优特钢、碳基新材料、电子玻璃等 9 个产业领域作为新材料产业发展重点。

力争到 2015 年，新材料产业产值达到 1492 亿元人民币（其中，化工新材料实现产值 292 亿元人民币、金属新材料实现产值 900 亿元人民币、无机非金属新材料实现产值 300 亿元）。力争到 2017 年陕西省新材料产业产值突破达到 2254 亿元人民币（其中，化工新材料实现产值 611 亿元人民币、金属新材料实现产值 1191 亿元人民币、无机非金属新材料实现产值 452 亿元人民币）。

以三大产业链划分 9 个产业领域具体情况介绍如下后述。

第一产业链：化工新材料（不含煤制油产业链）

2013 年陕西省化工产业实现产值 752 亿元人民币、其中化工新材料产业实现产值约 35 亿元人民币。未来将以延长集团、陕煤化集团、华电集团、兖矿集团、大唐集团、陕西神光化学工业公司等企业为核心，以煤制烯烃和煤制芳烃及其下游聚合物、煤制油、氟化工材料、纳米材料、特种催化剂材料、橡胶制品材料、精细有机化工新材料等为发展重点，在关中、陕北、商洛等地区大力发展化工新材料产业，力争到2015年化工新材料实现产值292亿元人民币，到2017年化工新材料产业实现产值611亿元人民币。

1．合成材料及其制品新材料产业链（新增产值430亿元人民币）

陕西省目前合成材料及其制品业主要以PVC、聚丙烯等初级合成材料为主。随着一批大型煤制烯烃、煤制芳烃、煤制油以及精细化工材料项目建设进度的加快，预计到2015年合成材料及其制品业可实现产值200亿元人民币，2017年可实现产值430亿元人民币。

2013年，我国烯烃聚合物对外依存度约为35%，缺口约1200万吨。延长石油集团靖边能源综合利用项目采用煤、油、气碳氢互补工艺，实现能源综合利用，建设120万吨烯烃，预计2014年年底可建成投产。陕西煤业化工集团蒲城清洁能源公司采用DMTO-Ⅱ代自主知识产权技术，建设70万吨煤制烯烃项目，将于2015年年初建成投产。华电榆林100万吨煤制芳烃项目是目前国内首套大型煤制芳烃项目，将于2015年年底建成。大唐集团榆林60万吨煤制烯烃和延长集团富县60万吨煤制烯烃项目均将于2016年年底建成。预计到2017年陕西省可新增烯烃和芳烃聚合物产能410万吨，新增产值430亿元人民币。

（1）延长集团靖边能源综合利用项目，180万吨甲醇制60万吨烯烃、150万吨DCC制60万吨烯烃，可新增聚乙烯和聚丙烯120万吨，新增产值130亿元人民币。

（2）陕煤化集团蒲城清洁能源公司180万吨甲醇制70万吨烯烃项目，可新增聚乙烯30万吨、聚丙烯40万吨，新增产值70亿元人民币。

（3）华电榆林300万吨煤制甲醇制100万吨芳烃及其下游系列合成材料项目，可新增产值110亿元人民币。

（4）大唐集团榆林180万吨煤制甲醇制60万吨烯烃项目，可新增烯烃聚合物60万吨，新增产值60亿元人民币。

（5）延长集团富县180万吨煤制甲醇制60万吨烯烃项目，可新增烯烃聚合物60万吨，新增产值60亿元人民币。

2．精细化工新材料产业链（新增产值146亿元人民币）

陕西省精细化工新材料产业起步较晚，产业基础相对薄弱。今年，陕西省化工企业在专用催化剂、氟材料、纳米材料、高端橡胶制品材料等方面取得突破，形成良好发展态势。2013年陕西省精细化工新材料产业工业产值为35亿元人民币，预计到2015年可实现产值92亿元人民币，到2017年可实现产值181亿元人民币。

（1）氟材料产业链（2017年产值20亿元人民币）。陕西神光化学工业公司规划建设5万吨氟化工材料项目，到2017年可形成产值10亿元人民币；延长集团商洛氟硅化工公司氟化工系列产品项目，到2017年可形成产值3亿元人民币；西安中化近代环保化工公司高端新型氟制冷剂、碳酰氟电子气体刻蚀剂等项目，到2017年可形成产值2亿元人民币；西安近代化学研究1万吨HFO-1234YT新一代环保制冷剂合成技术产业化项目，2017年可新增产值5亿元人民币。

（2）合成橡胶及其制品产业链（2017年产值63亿元人民币）。延长集团西橡2000万条子午线轮胎项目，在煤制烯烃项目建成后可重点发展上游合成橡胶材料，配套下游橡胶制品产业链。一期200万条全钢子午线轮胎和500万条半钢子午线轮胎项目于2014年全部建成，二期400万条全钢子午线轮胎和900万条半钢子午线轮胎项目2017年建成，到2017年可形成产值50亿元人民币。

咸阳科隆橡胶制品公司自主研发的专利技术，制作用于航天、航空、深海等极端环境条件下的高端特种复合橡胶密封件制品，到2017年可形成产值10亿元人民币；西北橡胶制品研究设计院自主研发的“耐高温及高真空度防腐衬里胶板”和“盾构法隧道管片接缝防水用橡胶密封垫”用于汽车、航空、高铁、隧道等领域，2017年可形成产值3亿元人民币。

（3）其他精细化工产品（2017年产值98亿元人民币）。西安华捷纳米科技公司自主研发的纳米重防腐及高隐形涂料，2013年完成产值2亿元人民币，到2017年可形成产值10亿元人民币。陕西秦威纳米材料公司的纳米碳酸钙、商南中科纳米公司的纳米氧化锌等纳米粉体材料，到2017年可形成产值10亿元人民币。

西安瑞联近代电子材料公司自主研发的有机电致发光材料，作为高端平板显示器的基础原材料，全部出口供应韩国、日本、德国市场，目前占据国际市场45%的份额，到2017年可形成产能62吨产值10亿元人民币。

陕煤化集团煤化工工程技术研究院自主研发的DMTO-Ⅱ代专用催化剂，占有国内煤制烯烃催化剂高端领域，到2017年可建成5000吨规模，可形成产值5亿元人民币；延长集团西北化工研究院煤化工系列催化剂项目2017年可形成产值8亿元人民币。

陕西省丰富的甲醇产量为发展下游产业链产品提供了基础，陕化比迪欧、陕西德林、子洲盐气资源综合利用等1，4-丁二醇下游产业链产品项目，到2017年可形成产值55亿元人民币。

第二产业链：金属新材料

2013年陕西省有色、冶金产业实现产值2522亿元人民币、其中金属新材料产业实现产值约506亿元人民币。未来将以西北有色金属研究院、宝钛集团、金钼集团等企业为核心，以钛、镁、铝等轻金属为主的高端金属结构材料，以钼和稀有金属为主的特种金属功能材料，以耐蚀钢管为核心的高性能钢铁材料，以高强度钢筋为核心的新型节能环保建材以及超导线材、纳米粉体、生物钛材、智能记忆合金等前沿新材料为发展重点，在关中、榆林等地区大力发展金属新材料产业，力争到2017年金属新材料产业实现产值1191亿元人民币。

1. 钛产业（新增产值350亿元人民币）

2013年陕西省钛材加工量4.2万吨，实现产值400亿元人民币。陕西省钛材加工量占全国产量的65%，到2017年力争钛材加工量突破6万吨，产值750亿元人民币，新增产值350亿元人民币，使钛材加工能力达到世界第一。

（1）发挥宝钛集团龙头企业引领作用。尽快督促并帮助其完成钛带、异型管生产线建设和宽厚板材、钛合金粉末激光立体成型产业化、高品质医用钛及钛合金器械产品产业化、金属复合材扩能技改等项目建设工作，开发洋县钒钛磁铁矿生产高品质海绵钛，早日全面发挥宝钛工业园的规模效应，集团形成年产25 000吨钛铸锭、20 000吨钛加工材的能力，到2017年全部建成，年新增产值100亿元人民币。

（2）加快推进西安地区。以西北有色金属研究院泾渭工业园新材料产业基地建设为主的高端钛材产业化项目建设。推进西北有色金属研究院高品质钛锆材项目、西部材料特种新材料园项目、西安天力金属复合材料有限公司年产3万吨层状金属复合材料技改项目、西部超导大飞机钛合金棒、丝材项目、西北有色金属研究院西部材料公司高纯稀有金属及合金靶材产业化等项目建设，年新增产值100亿元人民币。

（3）积极扶持宝鸡钛产业中小企业群加快发展。支持宝鸡市昌立特种金属有限公司钛及钛合金精密轧管生产线技改、宝鸡新城钛管股份公司年产1500吨钛及钛合金管材生产线建设项目、陕西凤翔钛粉钛材有限公司年产1600吨氢化钛粉关键设备技术改造项目、宝鸡力兴稀贵金属加工厂钛镍材压力容器、压力管道元件产能扩建项目、陕西群德材料科技有限公司TiNi形状记忆合金生产扩能及新建眼镜用钛合金Ω线材生产线项目、宝鸡高新兴隆钛业有限公司高品质大中型有色金属锻件项目、陕西兴盛金属有限公司高精度钛合金丝材加工生产线项目等一批钛产业配套项目，支持宝鸡石油钢管厂同西北有色院天力公司合作研制生产大口径钛钢复合焊接输油管。到2017年新增产值150亿元人民币。

2. 稀贵金属产业（新增产值100亿元人民币）

2013年陕西省稀贵金属产业工业产值为100亿元人民币。预计到2017年产值200亿元人民币，新增100亿元人民币。

（1）钼产业（新增产值50亿元人民币）。2013年全省钼精矿（45%）产量4.94万吨，钼金属产业实现产值80亿元人民币。未来重点发展以钼靶材、大规格钼板、高纯钼丝和钼烧结及异型制品为主的特种金属功能材料。到2015年力争新增钼精矿3万吨、钼铁2万吨、钼酸铵3000吨、钼靶材1000吨、喷涂钼丝2000吨、高纯钼粉2000吨、钼烧结和异形制品3000吨，新增产值50亿元人民币。

重点做好西安瑞福莱钨钼有限公司高性能钨钼合金产品产业化、金钼集团南露天二期开采及北露天矿排土场建设项目、栗西沟尾矿库延长服务年限及新建王家坪尾矿库项目、20 000 吨/年钼铁生产线技改项目、6500 吨/年钼酸铵扩产技术改造项目、钼深加工建设项目（大规格钼板建设项目），西部鑫兴钼化工深加工项目，九龙矿业深度选矿技改及钼金属深加工生产线等项目建设。

（2）其他稀贵金属产业（新增产值 50 亿元人民币）。陕西省在超导、粉末冶金、稀贵金属催化剂、核堆控制棒、特种金属纤维等前沿新材料领域具有较强的技术和产业优势。通过重点加快西安凯立化工稀贵金属催化剂及宝德公司粉末冶金产业园搬迁扩能项目、西安诺博尔稀贵金属材料有限公司核电反应堆用银合金控制棒产业化项目、陕西迪泰克新材料有限公司探测器级碲锌镉晶体产业化项目、陕西华银科技有限公司年产 10 000 吨钒氮合金项目、陕西五洲矿业股份有限公司年产 2000 吨氮化钒、高纯钒、钒电池电解液等系列钒产品开发项目、西部超导材料科技股份有限公司 300mm 磁控直拉单（MCZ）晶硅用超导磁体产业化等项目建设，可新增产值 45 亿元人民币。

陕西省稀土冶炼分离企业进入了国家公告名单，在稀土永磁材料、稀土耐磨材料、稀土发光材料领域有国内先进水平的企业。随着西工大思强稀土永磁材料、西安迈克森稀土抛光材料技改项目以及陕西彩虹荧光材料有限公司交流 LED 荧光粉项目，可年新增销售收入为 5 亿元人民币。

此外，陕西彩虹荧光材料有限公司在交流 LED 荧光粉项目基础上，计划进一步延伸产业链，发展交流 LED 照明产业。如能以交流 LED 荧光粉项目为主线，建设全国最大的交流 LED 照明产业集群，经过 3～5 年时间努力，力争形成 30 亿元人民币产业规模。

3．铝产业（新增产值 145 亿元人民币）

2013 年全省电解铝产量 46.57 万吨，产值 70 亿元人民币。陕西省铝产业依托能源优势，新建的铝合金项目均为煤电铝一体化项目，具有明显的成本优势，未来行业增长点主要在铜川董家河工业园区。一是陕西美鑫公司年产 30 万吨预焙阳极项目及 38 万吨航汽铝合金项目，二是兰州铭帝铝业 20 万吨铝型材项目，项目建成后将在董家河循环经济产业园形成 55 万吨电解铝及铝合金、40 万吨铝合金材、7 万吨铝合金棒材的综合生产能力，年新增产值 145 亿元人民币。

4．镁产业（新增产值 60 亿元人民币）

2013 年陕西省原镁产量 34.5 万吨，占全国总产量的 45.35%，实现产值 60 亿元人民币，在镁锂合金领域有 1 亿元人民币的新材料产品。

陕西省原镁产能约 50 万吨，生产企业 30 余家，据统计陕西省现有和在建拟建原镁产能合计约 80 万吨。未来镁产业从镁合金压铸件和高端镁合金型材两个方向培育和引导可以有较大的发展和提升，力争到 2017 年新增产值 60 亿元人民币，主要集中在以下 3 个方面。

（1）原镁锭转化为镁合金锭。将现有镁冶炼企业的产品原生镁锭半数以上转化为镁合金锭，每吨售价可提高1000～1500元，以50万吨年产量计算，可新增产值5～7亿元人民币。

（2）立足陕西省装备需求，生产镁合金压铸件。主要产品方向是汽车轮毂、方向盘、座椅支架、高铁地铁车内部件，镁合金压铸件折合每吨镁合金售价5万元人民币，较合金锭价格提高2倍，目前神木东风金属镁已开始筹建2000吨/年镁合金压铸件项目，年可新增产值1.5亿元人民币，神木县镁业集团的镁合金深加工项目也已获得入园土地批复。下一步应引导企业为陕汽、比亚迪、吉利、现代等汽车企业配套生产零部件，再向高铁、轨道交通领域发展。陕西省原镁企业生产镁合金压铸件在能源消耗和物料消耗上占有优势，如果实现10万吨镁压铸件的生产，可新增产值35亿元人民币。

（3）镁合金型材。西北有色院西部钛业公司近年累计为外省企业代工加工镁合金板材1000吨，具有加工高品质镁合金板材的技术，此类商品市场价格30～50万元人民币/吨。要组织西北有色金属研究院与榆林镁合金企业联合攻克大规格镁合金铸锭技术，把镁合金锭加工成镁合金型材，以5000吨/年的规模测算，未来在此领域可实现产值20亿元人民币。

5．优特钢产业（新增产值30亿元人民币）

2013年钢材产量1565万吨，工业产值1020亿元人民币。目前陕西省现有的1300万吨粗钢产能，绝大部分为普通建筑钢材。未来钢铁工业调整结构到2017年，在新材料领域可新增产值约30亿元人民币，主要依靠以下两个方面。

（1）以陕西钢铁集团有限公司为龙头，调整产品结构升级改造生产优特钢，其中以石油钢管用钢坯（J55、K55、N80）80～100万吨；中小H型钢（Q235、Q275、Q345、Q460NH）70万吨；矿用锚杆钢（MG335、MG400、MG500、MG600）0.8～1万吨；汽车制造用中宽带品种钢（40Mn、65Mn、T8A）；以弹簧钢（65#、60Si2Mn、60Si2MnA）、齿轮钢（45#、20CrMnTi、35CrMo）、冷镦钢（ML35、ML45、SCM435、SCR440）、钢帘线（LX70、LX80）、预应力钢丝及钢绞线（SWRH82A、SWRH82B）、30MnSiPC钢棒等为牌号生产Φ(40～130)mm优质中大棒材60万吨，硬线80万吨，年新增产值20亿元人民币。

（2）结合国家新材料产业发展规划中新型建材专项工程中400MPa及以上高强抗震钢筋产品开发的方向，将现有普通建筑钢材升级为高强抗震钢筋，力争产量达到500万吨，增加产值10亿元人民币。

第三产业链：无机非金属新材料及新型建材

2013年陕西省无机非金属及建材产业实现产值1023亿元人民币，其中无机非金属新材料及新型建材产业实现产值约195亿元人民币。未来几年，陕西省无机非金属新材产业将重点以西安鑫垚陶瓷复合材料有限公司、西安航空制动科技有限公司、西安超码科技有限公司、西安康本新材料公司、西安交通大学和西安电力电子技术研究所等企业为核心，发展碳基材料制品产业；以彩虹显示器件股份有限公司、中国台湾玻璃有限公司、陕西蓝星玻璃有限公司、陕西玻璃纤维总厂为核心，发展陕西省电子玻璃、建筑节能玻璃、特种玻璃纤维及其制品产业；以欧文斯科宁（西安）建筑材料有限公司（玻璃棉）、商洛鑫圣源新型保温建材有限公司（酚醛保温防火板）等为核心，发展陕西省建筑保温材料产业；以西安高科建材有限公司、西安中材型材有限责任有限公司、西安金鹏塑料型材制造有限公司、西飞铝业有限公司等为核心，发展陕西省建筑型及其制品材产业；力争到 2017 年无机非金属新材料及新型建材产业实现产值 452 亿元人民币，新增产值 257 亿元人民币。

1. 碳基新材料（新增产值 17 亿元人民币）

碳基新材料方面，主要有碳基刹车材料及其制品和碳化硅基大功率电力电子器件产业化开发。2013 年全省碳基新材料产值约 5 亿元人民币。其中，刹车材料产品生产企业主要有西安鑫垚陶瓷复合材料有限公司、西安航空制动科技有限公司和西安超码科技有限公司；大功率碳化硅电力电子器件开发由西安交通大学和西安电力电子技术研究所组织实施。力争到 2017 年在碳基新材料领域实现产值 22 亿元人民币，新增产值 17 亿元人民币。

（1）高性能 SiC 陶瓷基复合材料在刹车领域的产业化开发项目（西安鑫垚陶瓷复合材料有限公司）。碳化硅陶瓷基复合材料（CMC-SiC）是继 C/C 复合材料之后发展起来的一种新型高温热结构材料。该项目由西安鑫垚陶瓷复合材料有限公司联合中航集团沈阳发动机设计研究所和西安航空制动科技有限公司共同实施。项目位于西安高新技术产业开发区新材料产业园，总投资 3.66 亿元人民币，预计 2016 年 7 月建成。项目设计年生产大型刹车装置用碳/碳化硅复合刹车材料 150 吨，年生产航空发动机用 SiC/SiC 复合材料构件能力达到 50 台份，新建 1 条航空发动机用 SiC/SiC 复合材料工程化示范线、1 条飞机刹车用碳/碳化硅复合刹车材料产业化示范线和 1 条地面交通刹车用碳/碳化硅复合刹车材料产业化示范线。项目建成后，预计年产值可达到 5 亿元人民币，利税达 1.14 亿元人民币。该项目获得国家新材料重大专项资金支持 5000 万元人民币。

（2）新型炭/炭摩擦片技术在民航飞机领域的成果转化项目（西安超码科技有限公司）。公司是目前国内最大的炭/炭、炭/陶复合材料产品开发、研制、生产于一体的产业基地。公司拥有中国民航波音 757-200 型，空客 320 系列飞机炭/炭刹车盘等产品的维修许可证及波音 757-200 型飞机炭刹车盘零部件制造人批准书；系列刹车盘已装机近 600 套，国内市场占有率为 52%。该项目总投资 1.63 亿元人民币，项目建成后可实现销售收入 2.2 亿元人民币。

（3）西安航空制动科技有限公司民机机轮刹车制造及维修产业化项目（中航工业西安航空制动科技有限公司）。公司投资 2.5 亿元人民币，建设民机机轮、碳刹车盘和粉末冶金刹车盘制造生产线，可实现销售收入约5亿元人民币。

（4）碳化硅基大功率电力电子器件产业化开发项目（西安交通大学、西安电力电子技术研究所）。该项目由西安交通大学半导体能源转换器件研究中心和西安电力电子技术研究所组织实施。率先在国内实现碳化硅基大功率电力电子器件产业化。项目计划在3年左右时间内，先期预计投资约3亿元人民币，计划建设年产500万只器件生产能力，形成5亿元人民币以上产值。

（5）陕西秦兴矿业有限公司年产1万吨电池用天然石墨负极材料项目4.5亿元人民币。

2. 新型建材（新增产值240亿元人民币）

在新型建材方面，主要集中在金属建材、型材及其制品、塑料管材、特种玻璃和节能玻璃、特种玻璃纤维、新型墙体材料和防水材料、保温材料等行业。近几年，无机非金属材料产业也有较快发展。2013年新型建材领域测算产值约190亿元人民币，力争到2017年达到产值430亿元人民币，新增240亿元人民币。

新型建材主要项目包括：高科建材咸阳管道生产基地年产新型节能管道产品10万吨，产品覆盖七大管道系列上千个品种，产值10亿元人民币。台玻咸阳玻璃有限公司低辐射（Low-W）玻璃（二期）项目产值3.5亿元人民币。陕西昌炎秦岭防水技术有限公司改性沥青防水卷材生产技术改造项目产值1.2亿元人民币。地球卫士（千阳）环保新材料有限责任公司年产20万吨多功能环保壁纸项目产值24亿元人民币。陕西民杨（集团）永泽新型建材有限公司年产35万立方米粉煤灰加气混凝土砌块、1.2亿块粉煤灰标准砖生产线项目产值1亿元人民币。汉中市科瑞思矿业有限公司高品位石英系列产品（30万吨低铁石英砂、1.50万吨碳化硅微粉、新能源坩埚等）产值3.9亿元人民币。

（三）陕西省新材料产业发展存在的问题

（1）缺少统一管理的机制和机构，技术资源和产业分布分散，基础管理工作薄弱，缺乏统筹指导。新材料种类多，涉及面广泛，企业分布于不同行业领域，交叉重叠，科研、立项、产业化、推广、行业管理、专利保护、统计等体具体工作还分属不同的部门，产业缺乏有效的协调和促进机制。此外，还存在权威的统计指标体系和数据来源渠道，发展状况难以及时全面掌握，产学研对接不畅，专利保护界定困难自主研发很难获得应有的收益等问题。

（2）资金投入机制尚未形成。新材料研发融资困难，导致中小科技企业缺乏研发和产业化资金，使产业发展受到一定程度的制约。

（3）产业整体自主创新能力较弱，领军企业较少，带动作用小。陕西省在一些重点前沿新材料领域，虽然形成了一批特色产品和有一定行业影响力和竞争力的企业，但相对于新材料研发和生产的高风险，具有明显优势的新材料产业集群或产业链较少，产业整体市场竞争力较弱。

二、陕西省新材料重点产业基地情况

陕西省涉及新材料的企业较多，但新材料在企业总产品中的占比较小，仅有宝钛集团、西北有色金属研究院属于以新材料生产为主的重点企业集团，另有宝鸡钛产业中小企业群属于以新材料为主要产品的中小企业。

1．发挥宝钛集团龙头企业引领作用

尽快督促并帮助宝钛集团完成钛带及异型管生产线建设、宽厚板材及钛合金粉末激光立体成型产业化、高品质医用钛及钛合金器械产品产业化、金属复合材扩能技改等项目建设工作，开发洋县钒钛磁铁矿生产高品质海绵钛，早日全面发挥宝钛工业园的规模效应，集团形成年产 25 000 吨钛铸锭、20 000 吨钛加工材的能力，到 2017 年全部建成，年新增产值 100 亿元人民币。

2．加快推进西安地区以西北有色金属研究院泾渭工业园新材料产业基地建设为主的高端钛材产业化项目建设

推进西北有色金属研究院高品质钛锆材项目、西部材料特种新材料园项目、西安天力金属复合材料有限公司年产 3 万吨层状金属复合材料技改项目、西部超导大飞机钛合金棒及丝材项目、西北有色金属研究院西部材料公司高纯稀有金属及合金靶材产业化等项目建设，年新增产值 100 亿元人民币。

3．积极扶持宝鸡钛产业中小企业群加快发展

支持宝鸡市昌立特种金属有限公司钛及钛合金精密轧管生产线技改、宝鸡新城钛管股份公司年产 1500 吨钛及钛合金管材生产线建设项目、陕西凤翔钛粉钛材有限公司年产 1600 吨氢化钛粉关键设备技术改造项目、宝鸡力兴稀贵金属加工厂钛镍材压力容器及压力管道元件产能扩建项目、陕西群德材料科技有限公司 TiNi 形状记忆合金生产扩能及新建眼镜用钛合金 Ω 线材生产线项目、宝鸡高新兴隆钛业有限公司高品质大中型有色金属锻件项目、陕西兴盛金属有限公司高精度钛合金丝材加工生产线项目等一批钛产业配套项目，支持宝鸡石油钢管厂同西北有色院天力公司合作研制生产大口径钛钢复合焊接输油管，到 2017 年新增产值 150 亿元人民币。

三、陕西省新材料重点发展政策

2014 年 5 月陕西省出台《（无煤制油）陕西省培育和发展新材料产业工作实施方案》。

四、2014 年陕西省新材料产业工作总体安排

2014 年陕西省将围绕新材料工作方案 9 个重点中的钛产业、镁产业、无机非金属矿产资源，开展调研工作并完成相应的调研报告或行业规划，为将来 5 年的发展明确发展方向和目标。

第二十七节　甘　肃　省

一、甘肃省新材料产业发展情况

（一）甘肃省新材料产业总体发展情况

据不完全统计，2013 年甘肃省新材料产业完成总产值 612.77 亿元人民币。其中，兰州市新材料产业完成总产值 183.37 亿元人民币，完成投资 9.76 亿元人民币，同比增长 11.2%；金昌市新材料产业实现总产值 160 亿元人民币，同比增长 17.6%，固定资产投资完成 52.6 亿元人民币，年产值达 5000 万元人民币以上新材料企业 22 家，上缴税收 2.5 亿元人民币，实现利润 5 亿元人民币；嘉峪关市 2013 年新材料实现工业总产值 269.4 亿元人民币，工业增加值约 28.2 亿元人民币，同比下降 35%。实现销售收入约 238.2 亿元人民币，同比下降 24%，实现产品出口额 0.7728 亿元人民币，同比下降 61%。

（二）甘肃省新材料产业重点领域发展情况

1. 兰州市

（1）特种金属功能材料。2013 年实现工业总产值 21.56 亿元人民币，同比增长 3.4%。重点企业有兰州金川新材料科技股份有限公司、甘肃金阳高科技材料有限公司。

（2）高端金属结构材料。2013 年实现工业总产值 0.75 亿元人民币，同比增长 1.3%。重点企业有兰州金川科力远电池有限公司、兰州理工合金粉末有限责任公司。

（3）先进高分子材料。2013 年实现工业总产值 408.72 亿元人民币，同比增长 30%。重点企业有中国石油兰州石化公司、西北永新涂料有限公司、甘肃金盾化工有限责任公司。

（4）新型无机非金属材料。2013 年实现工业总产值 42.6 亿元人民币，同比增长 22.4%。重点企业有方大炭素新材料科技股份有限公司、甘肃宏伟碳素新材料有限公司、兰州蓝天浮法玻璃股份有限公司、蓝星硅材料有限公司。

（5）高性能纤维及复合材料。2013 年实现工业总产值 8.14 亿元人民币，同比下降 9.8%。重点企业有中国石油兰州石化公司。

（6）前沿新材料。2013 年实现工业总产值 1.22 亿元人民币，同比下降 74.8%。重点企业有兰州西脉记忆合金股份有限公司、兰州金川科技园有限公司、中国石油兰州石化公司。

2. 金昌市

2013 年新材料重点领域实现年产值 120 亿元人民币，同比增长 18%，固定资产投资完成 40.8 亿元人民币，年产值达 5000 万元人民币以上新材料企业 12 家，上缴税收 4 亿元人民币，实现利润 12 亿元人民币。

3. 嘉峪关

（1）高端碳钢金属结构材料产业。2013 年，高端碳钢金属结构材料产业实现工业总产值 139.9 亿元人民币。

（2）高品质不锈钢产业。目前已具备年产 120 万吨优质不锈钢的生产能力，产量现已占据全国不锈钢总产量的 15%，在国内具有重要的地位。2013 年，不锈钢产业实现工业总产值 104.9 亿元人民币。

（3）铝合金加工产业。铝合金工业主要发展以铝棒、铝板、铝带为主的铝型材、铝制品深加工产业，进一步延伸铝产业发展链条，提升铝产品附加值。2013 年铝合金加工产业实现总产值 24.6 亿元人民币。

（三）甘肃省新材料产业发展存在的问题

（1）新材料产业规模和企业规模偏小，产业链短，配套产业发展滞后。

（2）产业结构和产品结构不合理，产业初加工产品多、深加工产品少。

（3）企业创新能力不强，研发队伍总量不少，技术创新投入相对较低。

（4）产学研合作还处于低层次的以成果转让为主的初级阶段，深层次的合作机制还没有得到有效建立。

（5）新材料高新技术占工业经济比重偏低，高性能、高附加值、高竞争力的产品品种相对偏少，具有核心竞争力的新材料高新技术规模不大。

（6）高端技术人才欠缺，创新能力不足，科技支撑力不强。

二、甘肃省新材料重点企业发展情况

甘肃省新材料重点企业发展情况，参见表 3-38。

表 3-38　甘肃省新材料重点企业发展情况

序号	企业名称	主营业务	经济类型	注册资本（亿元）	总资产（亿元）	销售收入（亿元）	利润（亿元）	出口额（万美元）	主导产品及产量	研发支出（亿元人民币）	专利申请数（个）
1	兰州石化公司	合成树脂、合成橡胶、炼油催化剂	国有	396	353	701	−20.87		合成树脂 91.74 万吨；合成橡胶 16.54 万吨；炼油催化剂 4.61 万吨；精细化工产品 3 万吨	0.35	19
2	甘肃金阳高科技材料有限公司	稀土抛光粉							玻璃抛光材料、稀土抛光粉及稀土系列产品 2000 吨		
3	西北永新涂料有限公司	涂料、辅料、精细化工、金属包装物等							年产 5 万吨涂料		
4	方大炭素新材料科技股份有限公司	石墨电极、高炉炭砖及其配套产品；铝用炭素制品；核用炭素；特种炭/石墨制品；石墨负极材料；炭素新材料等研发与生产	民营	17.191	82.30	19.88	10.07（包括投资收益）	14 333	110 440 吨	0.5871	2
5	兰州蓝天浮法玻璃股份有限公司	各类浮法玻璃和钢化玻璃、吸热玻璃、中空玻璃等							平板玻璃 600 万重量箱；钢化玻璃 33.26 万平方米；中空玻璃 25.72 万平方米		
6	兰州西脉记忆合金公司	形状记忆合金医疗器械									69

（续表）

序号	企业名称	主营业务	经济类型	注册资本（亿元）	总资产（亿元）	销售收入（亿元）	利润（亿元）	出口额（万美元）	主导产品及产量	研发支出（亿元人民币）	专利申请数（个）
7	兰州金川科技园有限公司	电池及电池材料、高纯金属、贵金属深加工、银材料等							6000 吨/年四氧化三钴；4000 吨/年电积钴；3000 吨/年三元氧化物；1000 吨/年氧化亚镍；700 吨/年超细钴粉		
8	金川集团股份有限公司	采矿、选矿、有色冶金、化工、新材料	国有	229	1300	1856	10	55.6	镍 15.8 万吨；铜 73.3 万吨；钴 8533 吨	23.615	346
9	金昌宇恒镍网有限责任公司	镍网等镍制品			1.73	2.29	0.15			699.3	3
10	酒钢集团公司	板带				1171.17	0.81				
11	甘肃稀土新材料股份有限公司	稀土加工分离、稀土金属、稀土研磨材料、稀土储氢材料、稀土磁性材料、稀土发光材料、氯碱化工、热电联产等			32	15.77	1.2		研磨材料产能 3500 吨；各种稀土金属产能 2500 吨；储氢材料产能 1200 吨；钕铁硼永磁材料产能 2000 吨；发光材料产能 100 吨		
12	甘肃银光集团	TDI、DNT			58.9	43.6	2.33		TDI 的产能为 15 万吨；DNT 产能 18 万吨	1.44	20

三、甘肃省新材料重点产业基地情况

（一）金昌经济技术开发区

1. 园区发展现状

金昌经济技术开发区辖区共有企业 336 家，2013 年完成生产总值 172.8 亿元人民币，同比增长 22.64%，占全市的 68.4%；完成工业增加值 152.4 亿元人民币，同比增长 18.29%，占全市的 96%；完成固定资产投资 86.1 亿元人民币，同比增长 40%，占全市固定资产投资的 35.6%；税收总收入 24.1 亿元人民币，同比增长 22.16%。全区企业科研经费支出 29.42 万元人民币，同比增长 23.48%，技术贸易和技术服务收入 23 046 万元人民币，同比增长 24.71%。2013 年新申请专利 318 项，获得授权 276 项。

2. 园区产业布局

（1）一区携领。充分发挥金昌经济技术开发区的引领带动作用，实行“一区多园”的管理模式，在规划、政策、项目布局上统筹协调，辐射发展河西堡工业园、永昌工业园，形成循环发展、统筹发展的格局，全面提升开发区发展水平。

（2）点状集聚。对点状集聚发展区域，规划金昌经济技术开发区金川工业园 66 平方公里、河西堡工业园 25 平方公里、永昌工业园 4.8 平方公里，突出金昌重点产业优势，引导各种生产要素集聚，实现产业共生跨越发展。

① 金川工业园重点发展有色金属及深加工、城市矿产开发、新材料、化工、氯碱化工、矿山机械设备制造、建筑建材及复合材料、风能、太阳能等新能源装备制造业，力争建成全国最大的镍钴及铂族贵金属生产基地、北方最大的铜及铜产品加工生产基地、金昌国家新材料高技术产业基地、全国工业固废综合利用示范基地以及西北地区最大的废旧金属再生基地、全国循环经济示范区。

② 河西堡工业园重点发展化工、能源、建材、冶金和现代物流等产业，努力将园区建成甘肃最大的电石生产基地、原煤焦化深加工基地、物流仓储基地，建设全省重要的化工、能源、冶金和化工循环经济产业基地和西部最大的循环经济示范区和西北地区最大的基础化工生产基地。

③ 永昌工业园区重点发展生物产业、农副产品精深加工、农机具制造等产业，建设成为全省重要的特色农副产品深加工、生物产业和农用机械生产基地。

3. 园区发展经验

（1）修订完善了《金昌市新材料高新技术基地发展规划（2012—2020 年）》，明确了新材料高新技术产业发展方向及目标。

（2）加快基础设施建设，为企业发展创造良好的环境，2013 年金昌开发区共完成固定资产投资 86.1 亿元，其中完成基础设施投资 2.3 亿元人民币。

（3）抓好重点项目建设工作，对一些产业链关键项目予以重点关注和支持，5

千吨/年海绵钛冶炼项目、镍合金新材料加工生产线项目、150 万只印花镍网项目等一批重点项目陆续建成投产，发挥经济效益。

（4）加大招商引资工作力度。

（5）注重科技创新。

（6）培育重点企业。

（二）嘉峪关冶金新材料国家产业化基地

2013 年以来，嘉峪关市进一步加快国家新型工业化产业示范基地建设步伐，进一步调整优化产业结构，引导产业集聚发展、集约发展，积极培育壮大地方特色产业。目前嘉峪关冶金新材料国家产业化基地工业产业体系更加完善，产品市场竞争力大幅提升，企业自主创新能力明显增强。2013 年，基地实现工业总产值 881.7 亿元人民币，同比增长 22.4%；实现销售收入 1351.07 亿元人民币，同比增长 24.33%；上缴税金 18.44 亿元人民币，同比下降 14.03%；实现利润 11.15 亿元人民币，同比下降 19.79%。

四、甘肃省新材料重大项目建设情况

甘肃省新材料重大项目建设情况，参见表 3-39。

五、甘肃省新材料重点发展政策

2011 年甘肃省出台了《中共金昌市委金昌市政府关于推进工业跨越发展的指导意见》，提出了《金昌市加快发展新材料产业行动计划》；2012 年修订完善了《金昌市新材料高新技术基地发展规划（2012—2020 年）》；2013 年，根据省政府《对加快推进金昌新材料产业基地建设要求》，提出了《金昌市加快推进金昌新材料基地建设的意见》。

六、2014 年甘肃省新材料产业工作总体安排

1. 实施工业倍增行动

突出发展大项目、大企业，优化生产力布局，促进产业集聚集约发展，形成新的增长极，打造石油化工、有色冶金、装备制造三大千亿元人民币产业链，电子信息、生物医药、建材、烟草、电信、新能源、农产品加工 7 大百亿元人民币产业链。兰州新材料产业重点围绕石油化工产业链、有色冶金产业链、建材产业链延伸；金昌市重点发展有色金属新材料和化工新材料；嘉峪关市重点开发新型金属材料、发展轨道交通车辆金工业型材、镁合金材料，做大做强传统冶金新材料产业。

表 3-39　甘肃省新材料重大项目建设情况

序号	项目名称	项目性质（新建、改扩建）	投资企业	建设周期	截止到 2013 年项目完成进度（%）	重点发展领域	主要产品及产能	投资规模（亿元人民币）	预期利润（亿元人民币）
1	高温气冷堆加硼炭堆内构件项目	新建	方大炭素新材料科技股份有限公司	2009 年 11 月至 2012 年 9 月	项目已完工，机加工中心已投入使用	高温气冷堆、熔盐堆	高温气冷堆示范电站堆内需要石墨和炭砖构件	1.05	0.56
2	锂离子电池石墨负极材料生产线项目	改扩建	方大炭素新材料科技股份有限公司	2012 年 1 月至 2013 年 12 月	项目一期建设投资 4000 万元人民币，已按期完成，目前已投入使用	新能源	高中低端档锂离子电池石墨负极材料，年设计产能 2000 吨	1	0.47
3	30 万吨/年铜材新加工项目	新建	金川集团股份有限公司	2012—2014 年	75	高端金属结构材料	年生产 Φ8mm 电工用铜杆及 Φ2.6mm 电工用铜线产品 30 万吨	6.7	1.5
4	10 000 吨/年羰基镍项目	新建	金川集团股份有限公司	2008—2014 年	90	特种金属功能材料	年产羰基镍产品 1 万吨	9.09	1.2
5	中间含铜物料资源综合利用项目	新建	金川集团股份有限公司	2012—2015 年	30	特种金属功能材料	年产 5000 吨电积铜和 3 万吨系列铜盐产品	3.36	0.3
6	1600 吨/年特种纤维项目	新建	兰州蓝星碳纤维有限公司			碳纤维		12.39	
7	2 万吨水性漆、混合树脂、乳液生产线项目	新建	甘肃金盾化工有限责任公司			涂料	年产 5000 吨水性漆、5000 吨混合树脂、10 000 吨乳液	0.4	
8	CPP 热封层专用料 EPB08F/丙丁二元共聚聚丙烯 RPB08I	新建	兰州石化公司				EPB08F 产量 708.2 吨；RPB08I 产量 1446.125 吨		
9	MIP-CGP 专用催化剂 LDR-200	新建	兰州石化公司						

（续表）

序号	项目名称	项目性质（新建、改扩建）	投资企业	建设周期	截止到2013年项目完成进度（%）	重点发展领域	主要产品及产能	投资规模（亿元人民币）	预期利润（亿元人民币）
10	高辛烷值催化剂及助剂LOG-93	新建	兰州石化公司						
11	年产35万吨/年水性环保涂料、水性树脂、黏结剂产业化项目	新建	西北永新化工股份有限公司				年产10万吨环保型树脂、15万吨环保功能型涂料、10万吨环保功能型黏结剂	5.2	
12	高温气冷堆加硼炭堆内构件项目	新建	方大炭素新材料科技股份有限公司					1.05	
13	高性能钕铁硼生产线项目	新建	甘肃稀土新材料股份有限公司	2009—2013年		稀土	年产1000吨高性能烧结钕铁硼永磁材料		0.6
14	1000吨/天液晶玻璃用高性能稀土抛光粉生产线项目	新建	甘肃稀土新材料股份有限公司	2012—2013年		稀土	年产1000吨液晶玻璃用高性能稀土抛光粉	0.99	
15	蓝天太阳能光热新材料工业园	新建		2013—2014年			1000吨/日超白、超大、超厚太阳能光热玻璃，年产600万重量箱浮法玻璃	9.17	
16	兰州新区特种玻璃产业园项目	新建					Low-E玻璃原片200万平方米/年；钢化200万平方米/年；中空玻璃200万平方米/年；太阳能光伏电池组件100兆瓦/年等	7.87	

2. 发挥企业主体作用

积极引导新材料企业向产业链高端延伸，精心凝练项目，引进战略投资，通过参股、控股、资产收购等形式，优化资本结构，做大做强企业。强化企业的技术创新主体行为，提高企业的自主创新能力。通过技术创新，掌握关键技术、核心技术，逐步形成具有自主知识产权的核心专有技术及具有竞争优势的产品。支持企业与高校、科研机构建立产业技术创新战略联盟，推动高校和科研院所走向企业争取更多科研项目和重大课题。重视引进先进技术和适用技术，加大对企业技术改造力度，积极采用新技术、新工艺，不断提高企业的技术装备水平和工艺水平。

3. 强化政府协调服务

准确掌握国家宏观调控政策和市场形势变化，及时发布新材料领域相关信息，为企业生产经营和项目建设提供科学依据。发挥好工业大企业服务直通车的作用，及时帮助解决遇到的问题。改进项目审批机制，实行并联限时办理，缩短审批周期，提高办事效率。进一步深化行政审批制度改革，严格履行首问负责制、限时办结制、服务承诺制、责任追究制。积极做好国家、市上对新材料项目的争取工作。加大市级财政专项资金支持力度，重点用于企业技术改造贷款贴息、新产品研发及中试孵化、信息网络平台建设、重点实验室建设、工程技术人员及管理人员专业培训等。鼓励金融机构创新金融产品和服务方式，引导金融机构扩大对新材料产业贷款规模。支持符合条件的新材料企业上市，鼓励发行短期融资券、中期票据等金融产品。今年将力争在兰州新区综合保税区建立方大炭素集团出口基地。

第二十八节　青　海　省

近年来，青海省充分发挥资源、能源优势及产业基础优势，加快推进新材料产业发展。以新能源材料、电子信息材料、新型合金材料为重点的新材料产业体系已初步形成，晶体硅、锂电池材料、铝（镁、钛）基新型合金材料、铜（铝）电子箔膜等核心产品产能规模不断壮大，关联产业链逐步完善；以西宁（国家级）经济技术开发区为代表的新材料产业基地已初具规模，新材料产业已逐步成为全省工业的重点发展领域。

一、青海省新材料产业发展情况

（一）青海省新材料产业总体发展情况

全省现有新材料企业 32 家（规模以上企业 24 家）。其中，特种金属功能材料企业 6 家，先进高分子材料企业 1 家，高端金属结构材料企业 13 家，新型无机非金属材料企业 4 家，锂电池材料企业 6 家，新型化工材料企业 2 家。2013 年，全省规模以上新材料企业实现工业增加值 61.79 亿元人民币，同比增长 16.7%；完成固定资产投资 41.47 亿元人民币，同比增长 13.8%。与钢铁等产业相比较，新材料产业总体保持了平稳较快增长的运行态势。

青海省发展新材料产业具有良好的资源及产业基础优势。全省已探明的锂资源储量为 1746.38 万吨，列入全省资源储量表的锂矿矿产地共计 10 处。已探明镁盐资源储量为 58.31 亿吨，编入全省资源储量表的镁矿矿产地共计 10 处。已探明石棉资源储量为 1.37 亿吨，编入全省资源储量表的石棉矿矿产地共计 7 处。青海省电解铝、镁、铜、锌、铅等多种有色金属也具备了一定的产能规模，为全省新材料产业加快发展奠定了良好基础。

近年来，围绕加快产业链延伸，增强产业发展竞争力的发展目标，青海省积极推进了铝→精冶炼→电子箔→化成箔→电容器（碳酸锂等）→正负极材料→电解液→隔膜→锂电池组制造等新材料产业链建设，促进了上下游产业的融合发展。全省现已形成单（多）晶硅现有产能（含硅棒、铸锭）7500 吨，单晶硅 3500 吨，切片 3800 万片；铝（镁）合金板、带、杆结构型材 53.63 万吨，箔材 2684 万平方米；锂电池正极材料（含碳酸锂、磷酸铁锂）25 300 吨，六氟磷酸铁锂 1000 吨的产业规模。

（二）青海省新材料产业重点领域发展情况

1. 新能源材料产业

青海省现有晶硅生产企业 6 家，主导产品为多晶硅、单晶硅、晶硅切片及铸锭。已建多晶硅产能 7500 吨、单晶硅 3500 吨、切片 3800 万片、电池组件 250 兆瓦。在建多晶硅产能 7000 吨、单晶硅 5600 吨、电池及组件 850 兆瓦、太阳能薄膜电池 250 兆瓦。2013 年全省生产单晶硅 2016 吨，增长 118.3%；多晶硅 6778.87 吨，增长 33.2%。2013 年全行业实现工业总产值 11.63 亿元人民币，工业增加值 4.89 亿元人民币。多晶硅重点生产企业亚洲硅业（青海）有限公司采用了国际先进的改良西门子法生产工艺，解决了多项制约低成本、低能耗、低污染高纯多晶硅生产关键技术，所生产的多晶硅纯度高达 9 个“9”以上。

2. 高端金属结构材料产业

青海省现有高端金属结构材料生产企业 13 家，主导产品为合金板、带、杆、箔结构型材。产业规模为铝（镁）合金板、带、杆结构型材 53.63 万吨，箔材 2684 万平方米。2013 年全省生产铝合金 16.55 万吨，同比增长 25.3%；铜材 11.47 万吨，同比增长 16.5%；铝材 35.71 万吨，同比增长 79.3%。重点企业中，青海瑞合铝箔有限公司与北京科技大学无峰高科公司开展合作，已解决了多项制约电子光箔及腐蚀、化成箔生产关键问题。青海金阳光电子材料股份有限公司与日本蓄电器工业株式会社签订了化成箔加工以及化成技术交流与指导的合作项目。青海三工镁业有限公司生产设备主要采用了阿布罗搅拌机、N_2-SO_2混配装置、ZPJ系列合金锭自动抛光机及CST-Ⅲ型穿流筛版式废气净化装置等设备，产品净化率达到98%以上。

3. 锂电池材料产业

锂电池材料企业6家，主导产品为碳酸锂、磷酸铁锂、蓝宝石切片及高纯石墨等。产能规模为锂电池正极材料（含碳酸锂、磷酸铁锂）25 300吨、六氟磷酸铁锂1000吨；在建产能为1万吨锂电池负极材料（5000吨包覆球形石墨、5000吨球形石墨）、1200吨蓝宝石晶体。2013年全省累计生产锂电池正极材料（含碳酸锂、磷酸铁锂）、六氟磷酸铁锂6397吨，全行业实现工业总产值2.37亿元人民币，工业增加值1.06亿元人民币。重点企业中，青海锂业股份有限公司先后制定了《卤水工业级碳酸锂—DB63/T1112—2012》、《卤水电池级碳酸锂—DB63/T1113—2012》2项地方标准，并取得10项专利技术。青海中信国安科技发展有限公司经国家发改委批准成立了国家级“工程研究中心”，先后取得了4项科学技术成果，申报了18项国家发明专利，授权12项。青海泰丰先行锂能科技有限公司聘用多位院士及北京大学化学院科技人员，并正在筹建盐湖锂镁资源工程研究中心。

（三）青海省新材料产业年度重大事件

（1）2013年2月28日，青海时代新能源科技有限公司年产5吉瓦时（GW•h）动力及储能电池项目一期一阶段年产460兆瓦时储能电池项目正式投产。

（2）2013年3月16日，出席十二届全国人大一次会议的青海代表诺卫星、邓晓辉、诺尔德、李小松联名建议，国家从基地建设、重点项目、科技投入、项目备案和准入标准、信贷扶持5个方面加大对青海新材料产业的支持力度。

（3）2013年4月1日，青海省委副书记、省长郝鹏在省经委主任朱建平和开发区常务副主任姚琳等有关领导的陪同下，赴亚洲硅业（青海）有限公司视察指导。

（4）2013年6月10日，旨在讨论加快青海省新材料产业发展路径和方向的新材料产业发展专题论坛在西宁举行。省政协副主席纪仁凤、工信部原材料司司长陈燕海、中国石油和化工工业规划院副院长史献平等出席论坛。

（5）2013年8月25日，青海新能源科技有限公司动力及储能电池（一期）项目暨青海泰丰先行锂能科技有限公司正极材料（二期）项目奠基仪式在青海西宁经济技术开发区南川工业园区青海新能源科技有限公司举行。

（四）青海省新材料产业发展存在的问题

1. 科技支撑能力不足

由于缺乏相应的人才和科研机构，青海省在新材料方面的技术创新能力还不强，具有自主知识产权的技术与产品较少；多数产品技术含量偏低，高科技含量、高附加值产品少，技术瓶颈效应制约了新材料产业的发展。

2. 部分行业成长具有不稳定性

多晶硅光伏产业发展严重依赖国际市场，在遭遇倾销、双反等制裁后，企业发展面临严重市场挑战。加之，企业对高纯硅提纯等核心技术尚未完全掌握且 8 英寸、12 英寸硅片等高附加值产品生产规模较小，行业低位运行的态势短期内将难以改观。

3. 企业资金链较为紧张

受国内外市场因素影响，近年来青海省新材料产业中绝大多数行业均面临着产品价格下滑、利润空间进一步压缩等困难。受此影响，部分企业融资困难。

二、青海省新材料重点企业发展情况

青海省新材料重点企业发展情况，参见表 3-40。

三、青海省新材料重点产业基地情况

西宁（国家级）经济技术开发区东川工业园区总规划面积 12.79 平方公里，坐落在青海省省会西宁市东部，区位优势明显。自 2001 年 4 月动工建设以来，园区紧紧抓住中国西部大开发战略的历史性机遇，依托青海省丰富的矿产资源、电及天然气资源，吸引加拿大、德国、中国香港、中国台湾等国家和地区重点企业入园投资。园区硅材料、高端金属结构材料等新材料产业已形成一定规模。

1. 园区发展现状

截至 2013 年年底，东川工业园区累计引进各类企业 573 家，建成投产企业 109 家，产值超亿元企业 36 家，高新技术企业 13 家。围绕铜、铝、镁、钛、硅等有色金属精深加工以及硅材料等产业，形成了高档电解铜箔（锂电箔、标准箔、屏蔽箔）、电解铜板、电子铜排、电子铝箔、腐蚀箔、电解电容器用化成箔、高性能中高压化成箔、工业硬质铝合金型材、铝合金压铸件、铝合金锭、镁合金锭、牺牲阳极、镁管、棒材、钛锭和钛合金锭、光纤预制棒及拉丝项目、高强度钢筋、多晶硅、单晶硅等新材料产业。2013 年，园区累计实现地区生产总值 502 亿元人民币，年均增长 53%；完成工业增加值 331 亿元人民币，年均增长 101%；实现技工贸收入 2280 亿元人民币，年均增长 119%；完成工业销售收入 885 亿元人民币，年均增长 102%；实现一般预算收入 50 亿元人民币，年均增长 89%；实现地方财政一般预算收入 22 亿元人民币，年均增长 77%；完成固定资产投资 480 亿元人民币，年均增长 33%。

表 3-40　青海省材料重点企业发展情况

序　号	企业名称	主营业务（文字描述）	经济类型（国有、民营、合资）	注册资本（亿元人民币）	总资产（亿元人民币）	销售收入（亿元人民币）	利润（亿元人民币）	出口额（万美元）	主导及产品产量	研发支出（亿元人民币）	专利申请数（个）
1	青海泰丰先行锂能科技有限公司	锂离子电池研发、生产、销售	民营	2	3.5	5	0.32	0	2400 吨	0.24	2
2	青海三工镁业有限公司	镁及镁合金生产销售	民营	0.43	3.59	3.71	0.57	6000	2.1 万吨	0.18	8
3	青海瑞合铝箔有限公司	高纯铝、铝光箔、腐蚀箔、化成箔的生产加工科研及销售	国有	2.68	14.54	1.83	−16.36 万元	176.88	化成箔 242 万平方米；电子铝箔 252 吨	0	
4	凯普松电子科技（青海）有限公司	铝电解电容器用化成箔	独资	0.99	3.7	3.6	0.13	4700	550 万平方米	0.065	
5	青海电子材料产业发展有限公司	高档电解铜箔	合资	5	60	9.64	−0.0539	164	1.5618 万吨	0.375	
6	青海思维铜业有限公司	铜杆、铜管	民营	1.1	5.6	60	1 万元	0	111 506 吨	0	1
7	青海聚能钛业有限公司	纯钛铸锭、钛合金锭	合资	2.4	5.4	1.007	84 万元	0	1411 吨	0.008	9

2. 园区产业布局

园区现已形成高档电解铜箔产能 2.5 万吨，电子铝箔产能 1.2 万吨，电解电容器用化成箔产能 1500 万平方米，高性能中高压化成箔产能 600 万平方米，工业硬质铝合金型材产能 4.2 万吨，铝合金锭产能 6 万吨，镁合金型材产能 6.3 万吨，钛锭和钛合金锭产能达到 8000 吨，高强度钢拉杆产能达到 1 万吨，锚杆产能为 1.5 万吨，高强螺纹钢筋产能 5000 吨，多晶硅产能 8000 吨，单晶硅产能 5000 吨。2013 年，园区新材料产业实现工业总产值 210 亿元人民币。

四、青海省新材料重大项目建设情况

青海省新材料重大项目建设情况，参见表 3-41。

五、青海省新材料重点发展政策

2013 年 6 月，青海省政府办公厅印发了《关于印发加快工业转型升级建设重大产业基地实施意见》（青政办［2013］150 号），文件结合现有产业和资源优势，对各园区新材料等优势产业发展方向进行了全面定位，并提出了配套政策措施和工作要求。

六、2014 年青海省新材料产业工作总体安排

1. 加快产品结构优化升级

鼓励新材料企业，特别是高端金属结构材料企业立足现有产业基础，加快研发生产超高压箔、高压箔、2 系铝合金、7 系铝合金、大型及超大型铝合金工业型材、高性能镁合金挤压型材、钛合金型材等高附加值产品，提高企业综合竞争力。

2. 加大科技投入

支持新材料企业设立科技研发中心，在人才培训引进、对外技术协作交流等方面给予支持；为新材料企业与科研院所、高校开展技术合作搭建平台，加快解决制约新材料产业发展的关键技术难题；支持建设新材料产业公共服务体系和第三方检测平台，并对公共服务费用和检测所支付费用予以资金补贴。

3. 推进新材料行业结构调整

以光伏产业为重点，推进企业兼并重组工作，促进上下游产业一体化发展。同时，针对全省光伏制造产业配套发展能力不足的现状，加快引进多晶铸锭、硅片、电池等补链项目，全面提高全省光伏产业核心竞争力。

表 3-41 青海省新材料重大项目建设情况

序号	项目名称	项目性质	投资企业	建设周期	截至2013年项目完成进度	主要产品	技术来源	投资规模（亿元人民币）	达产后预期利润（亿元人民币）
1	年产1200吨蓝宝石晶体和800吨单晶硅棒及其配套项目	新建	青海铸玛蓝宝石晶体有限公司	2012—2014年	2013年6月一期开始试生产	蓝宝石晶体；单晶硅棒		15	
2	2400万平方米化成箔项目	改扩建	青海金阳光电子材料股份有限公司	2008—2014年		中高压化成箔		7.6	
3	20万吨结构板材项目	新建	青海柴达木杰青科技有限公司	2012—2014年	正在开展主体工程建设	异型材；双壁波纹管；低发泡板材		50	
4	1万吨磷酸铁锂项目	改扩建	青海泰丰先行锂能科技有限公司	2012—2014年	1个5000吨单元已建成投产	磷酸铁锂		5.1	
5	750吨/天超白延压光伏太阳能玻璃生产线	新建	青海光科光伏玻璃有限公司	2012—2014年		超白压延光伏太阳能玻璃		8.7	

4. 加快重点项目建设步伐

加快青海汉能光伏有限公司 300MW 非晶硅太阳能薄膜电池、青海泰丰先行锂能科技有限公司年产 1 万吨磷酸铁锂、青海铸玛蓝宝石晶体有限公司年产 1200 吨蓝宝石晶体和 800 吨单晶硅棒及其配套项目等重点项目建设，在进一步完善青海省新材料产业链的基础上，形成全省工业经济新的增长点。

第二十九节 宁夏回族自治区

近年来，依托资源能源优势和技术优势，自治区建立了区域特色明显，比较优势突出的新材料工业体系，为宁夏工业经济持续快速发展做出了积极贡献。自治区新材料产业已发展成为装备水平高、产品竞争力强、经济效益好的优势特色产业。

一、宁夏回族自治区新材料产业发展情况

（一）宁夏回族自治区新材料产业总体发展情况

宁夏回族自治区新材料初步形成了钽铌铍稀有金属材料、高性能靶材、高性能球形氢氧化镍电池材料、钛合金材料、镁合金材料、冶金法太阳能级多晶硅、碳基材料等 7 个系列产业，逐步形成钽铌铍等稀有金属产业集群和产品链，煤→焦→煤气→金属镁→镁合金→镁材→镁渣→水泥产品链，硅石→工业硅→高纯硅→多晶硅→晶体加工→多晶硅电池（单晶硅电池）→电池组件→光伏发电系列产品链。2013 年，自治区现已统计在册的新材料产业规模以上工业 20 家，实现工业总产值 101.58 亿元人民币，实现增加值 25.13 亿元人民币，占全区规模以上工业的 2.8%，研发经费支出 1.3 亿元人民币，申请专利 34 项，新材料产业已初具规模。

（二）宁夏回族自治区新材料产业重点领域发展情况

1. 稀有金属材料和其他功能合金

中色（宁夏）东方集团公司涉及稀有金属材料和其他功能合金 2 个发展重点，包括钽铌材料、高性能靶材、先进储能材料、其他功能合金 4 个细分行业，共有钽粉、钽丝、钽制品、钽铌合金及化合物、铍铜板（带、管）材、ITO 粉末及靶材、电子浆料、锂离子电池用镍钴锰酸锂前驱体干法氟化铝、钽电容器、高纯钛材、铌钛超导材料、钛及钛合金管棒丝材等 42 个系列 245 个品种的产品。

中色（宁夏）东方集团公司主要从事稀有金属钽、铌、铍等高新技术产品的研

究、开发和生产，是国内最大的钽铌生产厂家和科技先导型钽铌铍研究单位，国际钽铌研究中心成员单位，世界钽冶炼加工三强企业之一。公司是国家科技部、中国科学院双重认定的国家重点高新技术企业，宁夏回族自治区重点骨干企业，拥有国家“863 计划”产业化基地和国家级钽铌工程中心和国家级企业技术中心。

2. 新型轻合金材料

宁夏回族自治区新型轻合金材料主要是指低成本挤压型材，其主要生产企业是宁夏惠冶镁业有限公司。该公司主导产品为高品质镁及镁合金锭，现已形成年产硅铁 70 000 吨/年、高品质镁及镁合金镁 72 000 吨/年，电动自行车轮毂 60 万套/年，年可实现工业产值 18 亿元人民币，销售收入 15 亿元人民币，镁产量位居全国前列，是宁夏最大的镁及镁合金生产企业。

3. 半导体材料

中铝宁夏能源集团有限公司目前拥有 40 000 吨/年优质硅石矿一座、7000 吨/年特制工业硅工厂一个，建成 10 000 吨/年高纯硅、2000 吨/年太阳能级多晶硅、1000 吨/年单晶硅、2500 万片/年硅片、200 兆瓦/年电池、400 兆瓦/年电池组件、100 兆瓦/年跟踪装置等产业链延伸项目，从而形成硅石→工业硅→高纯硅→多晶硅→硅片→电池组件→发电完整的新材料产业链。

宁电光伏材料有限公司的高纯硅、多晶硅和西安隆基硅一期等项目已建成投产，高纯硅产能达到 10 000 吨、多晶硅产能达到 2000 吨，单晶硅产能达到 4000 吨，与之相配套的切片项目进行试生产阶段。

4. 碳基材料

依托神华宁煤集团太西炭基工业有限公司、滨河碳化硅、天净隆鼎碳化硅、宁平炭素、华辉活性炭等企业，发展压块活性炭、脱硫/脱硝/脱汞活性炭、微球活性炭、车用活性炭、特种净水、净气活性炭、高效吸附炭以及与居民生活相关的活性炭及活性炭装饰品等活性炭精深加工产品；延伸发展高石墨优质炭块、惰性阴极炭块、石墨烯、碳纳米管、富勒烯、碳化硅晶块、化工材料、电工材料、磨具磨料、耐火/耐磨/耐腐蚀及碳基纳米材料产业链等高技术含量、高附加值产品，不断提高产品的附加值和市场占有率，做精碳基新材料产业。

神华宁煤集团太西炭基工业有限公司对活性炭、碳化硅、炭素 3 个传统产品进行研发升级，先后自主研发出无烟煤冶炼绿碳化硅、无烟煤石墨化、气相吸附活性炭、余热回收综合利用等工艺技术，实现了无烟煤替代石油焦冶炼绿碳化硅、无烟煤高温煅烧石墨产品、脱硫脱硝炭和化工用催化剂等气相活性炭等生产工艺技术的突破。同时，正在研发烟气干法脱硫净化装置、锂电储能石墨材料、复合纳米活性炭制备等工艺技术。

5. 亚微米级碳化硅、粉末冶金制品

宁夏机械研究院生产的高纯度二硼化钛粉末、亚微米级碳化硅造粒粉，为生产

高技术陶瓷提供了优质原料。同时，其生产的粉末冶金轴承挡圈/保持架，在国内轴承行业享有盛誉。

（三）宁夏回族自治区新材料产业发展存在的问题

（1）技术管理人才紧缺，研发水平偏低，创新力度较弱，缺少拥有自主知识产权的产品及技术，具有国际竞争力的高端产品更少。

（2）资源优势转化为产业优势的能力较差，产品以原材料为主，附加值低，在产品深加工、延长产业链等方面有较大差距。

（3）企业规模小，产业集中度不高，配套能力差，新材料产业集群和产业配套还未形成，产品产业链延伸程度较差，高附加值产品比例还小，需要进一步发展延伸新材料产品产业链。

（4）资金投入不足。近年来，企业主要通过银行贷款进行技术改造，产业规模增长较快，但企业资金占用量大，融资渠道单一。

二、宁夏回族自治区新材料重点企业发展情况

宁夏回族自治区新材料重点企业发展情况，参见表 3-42。

三、宁夏回族自治区新材料重点产业基地情况

1. 银川经济技术开发区

2001 年 7 月经国务院批准设立，规划用地面积为 5.9 万亩，已开发面积 4.5 万亩。园区各项主要经济指标以 22%的平均速度增长，2012 年园区实现工业产值 163 亿元人民币、利润 8.5 亿元人民币，税金总额 4.6 亿元人民币，成为带动自治区经济快速发展的示范区。新材料产业异军突起，西安隆基产业集团投资的单晶硅、发电集团投资的多晶硅、单晶硅及电池、银星能源股份公司投资的储能电池、电控柜、齿轮箱、电池组件、太阳能跟踪器、银和新能源公司投资的单晶硅棒（片）、多晶硅锭（片）、富乐德公司投资的石英干锅、机械研究院碳化硅等一批企业迅速成长。

近年来，宁夏回族自治区国家高新技术创业服务中心、宁夏回族自治区留学人员创业园、宁夏回族自治区软件园和中小企业创业园等科技孵化载体建设不断成熟，服务环境和孵化综合配套功能进一步完善。大力实施“人才强区”工程，人才密度位居全区前列，科技研发人员总数达 1850 人。科技创新能力持续提高，高新技术企业产值占总产值的比重达 20%以上。有国家级研发中心 3 个，自治区级研发中心 9 个，企业研发中心 19 个，有 245 种产品拥有自主专利。通过支持企业推进技术创新和管理创新、鼓励企业开展 ISO 9001、ISO 14001 认证，实施品牌战略等措施切实提高企业核心竞争力。

表 3-42　宁夏回族自治区新材料重点企业发展情况

序号	企业名称	主营业务（文字描述）	经济类型（分国有、民营、合资）	注册资本（亿元人民币）	总资产（亿元人民币）	销售收入（亿元人民币）	利润（亿元人民币）	出口额（万美元）	主导产品产量	研发支出（亿元人民币）	专利申请数（个）
1	中色（宁夏）东方集团有限公司	主要从事稀有金属钽、铌、铍等高新技术产品的研究、开发和生产，产品广泛应用于电子、冶金、化工、航空、航天等高科技领域	国有	23	89.6	60.4	−1.7	13 905	钽粉/钽丝 357 吨；其他钽铌 366 吨；钛及钛合金 2214 吨；碳化硅 30 683 吨；氟化铝 119 666 吨；铍铜及铜合金 10 042 吨；钽电容器 17 002 万只	1.2	8
2	神华宁夏煤业集团太西炭基工业有限公司	活性炭、炭素、碳化硅	国有	0.37	3.58	3.56	0.01		活性炭 0.84 万吨；炭素 6.79 万吨；碳化硅 1.54 万吨		
3	宁夏惠冶镁业有限公司	金属镁及镁合金、硅铁、轻型合金压铸件	民营	0.25	6.85	12	0.43	1500	金属镁 44 079 吨；硅铁 45 530 吨；生产轮毂压铸件 25 万件	0.3	2
4	中卫市银阳新能源有限公司	单晶硅、多晶硅等太阳能硅片	民营	2	33.59	20.6	15.6	5000	单晶硅 802 729 千克；多晶硅 2 627 261 千克	0.2	1

2．宁夏石嘴山经济开发区

宁夏石嘴山经济开发区成立于2002年，2006年经国家发改委审核批准为省级经济开发区。2009年，开发区被国家工业和信息化部确定为“国家新型工业化（金属新材料）产业示范基地”和自治区唯一的信息化与工业化融合试点园区，被自治区确定为“全区十大特色产业园区”之一。2011年自治区政府命名为宁夏石嘴山高新技术产业园区，规划面积40平方公里；2013年，园区基础设施投资11.19亿元人民币，入园企业112家（规模上以35家），工业总产值155亿元人民币，创造利润11亿元人民币。全市重点骨干企业22家，5家企业入选宁夏百强企业，4家企业入选全市30强企业。国家级企业技术研发中心2个，博士后工作站2个，院士工作站1个，自治区级企业技术中心5个，自治区高新技术企业7家，东方钽业1家上市公司。

四、宁夏回族自治区新材料重点发展政策

（一）财政扶持政策

1．设立扶持新材料产业发展专项资金，加大对新材料产业的财政投入

自治区财政每年拿出5000万元人民币专项资金，用于包括新材料产业在内的“五优一新”产业专项扶持。重点对新材料产业重点领域的技术创新和技术改造，对新材料领域开发的核心技术取得专利、成果实现产业化、市场前景好并获得良好经济效益的技术创新和技术改造项目进行重点支持，对上下游产品带动作用强、能够实现链式发展的新材料技术改造项目给予支持。

2．加大新技术新产品推广应用支持力度

每年安排一定数量的资金用于支持新技术、新产品推广应用，制定和完善新材料产品标准体系，及时将新材料的创新优势转变为标准优势，对企业标准采纳为行业标准或国家标准的给予资金奖励；支持鼓励自治区内公共设施建设采用新材料产品，在同等条件下，提倡优先选购和使用区内新材料产品，并给予适当的资金奖励。

（二）金融支持政策

1．加大金融信贷支持力度

提高对新材料生产企业授信额度，积极为符合产业政策条件的新材料生产企业提供信贷支持，特别是对国家、自治区重大新材料研发和产业化项目，要积极给予信贷资金支持。对新材料产业实行优惠贷款利率政策，原则上不得上浮。

2．鼓励企业多渠道融资

鼓励和引导社会资金和民间资本加大对新材料产业的投入。鼓励金融机构开展

知识产权质押及股权质押融资，建立风险分担机制。支持企业上市融资，积极发展私募基金、中小企业互助担保、中小企业集合债券，推动新材料园区内非上市股份公司进入证券公司代办股权转让系统。

（三）其他政策——落实各项激励政策

落实技术创新成果转化政策、知识产权保护政策、技术创新人才激励政策等，鼓励企业、高校和科研单位科技人员相互兼职和挂职，科技人员在被选派服务企业期间，原单位保留其职务、工资福利和岗位。允许科技人员按照国家法律、法规及相关政策分享创新收益，对作出突出贡献的科技人员按照规定实施期权、技术入股和股权奖励等形式的股权激励。

五、2014 年宁夏回族自治区新材料产业工作总体安排

1. 加速新材料产业的规模化发展

鼓励、支持和引导优势资源向新材料产业聚集，突出新材料的应用，加快自治区具有良好发展基础和比较优势的稀有金属材料、高技术陶瓷制品产业、多晶硅及单晶硅等光伏材料产业、电池材料产业的研究开发和应用，加快新材料产业化基地和园区建设，培育一批市场竞争力强的优势企业，实现新材料产业的规模化发展。

2. 构建产学研结合一体化体系

紧密结合新材料产业发展需求，以企业为主体，通过政策引导，公共服务平台支撑，以产业聚集区为承载空间，突出“科技创新”特色，凝聚区域比较优势，鼓励支持企业建设企业技术中心，并广泛的与区内外高校、科研单位及同类企业研发应用中心进行广泛交流，在技术、人才、项目方面进行紧密的合作，实施产学研结合，突破关键技术，拉长产业链，支持通过拉伸产品链进行合作，构建新材料产业发展联合体，形成上下游产品配套协调加工体系，通过科研机构与企业互动提升企业自主创新能力，整体提升新材料产业企业的技术创新能力和产业持续发展能力，打造国内一流的新材料产业科技创新基地。

3. 培养创业创新人才

引进、培养新材料领域高层次创业创新人才，加快新材料专家队伍建设，引导和鼓励科技人才合理有序流向新材料产业集聚区。鼓励企业和高校、科研单位定向联合培养新材料管理人才和高级技工。落实新材料有关人才引进优惠政策，重奖新材料领域有突出贡献的创新创业人才，提高科技人员的所得比例，从新增净收入中提取一定比例奖励项目带头人和有关技术人员。

4. 加大招商引资力度

进一步加快改革开放步伐，积极引进、消化和吸收国内外先进的新材料技术或者联合共建研发机构，开展多种形式的技术合作，推动先进适用技术向自治区转移。抓紧当前的市场机遇，以良好的发展环境和新材料优惠政策支持，吸引拥有新技术的新材料企业入驻新材料园区，扩大产业产能，加速产业集聚和产业链形成。

第三十节　新疆生产建设兵团

2013年，新疆生产建设兵团全年实现生产总值1480亿元人民币，比上年增长18.0%。实现全部工业增加值426亿元人民币，比上年增长26.5%。规模以上工业增加值增长21.7%。其中，国有控股企业增长10.0%；轻工业增长14.7%，重工业增长25.1%。

新疆生产建设兵团主要工业产品产量大部分保持增长。全年规模以上工业企业实现利润75.05亿元人民币，比上年增长8.9%。

2013年年末，新疆生产建设共有各类园区29个，其中国家级经济开发区5个，自治区级园区3个，兵团级园区21个。

一、新疆生产建设兵团新材料产业发展情况

《兵团“十二五”工业发展规划》确定重点发展电子级和太阳能级多晶硅、单晶硅，积极开发电极箔、硅片、高性能锂电池隔膜、太阳能电池、太阳能组件等产品。新疆生产建设兵团目前有2家从事新材料生产研发的企业，即新疆天科合达蓝光半导体有限公司和新疆拓新玄武岩纤维制品有限责任公司。

二、新疆生产建设兵团新材料重点企业发展情况

（一）新疆天科合达蓝光半导体有限公司

（1）2013年，新疆天科合达蓝光半导体有限公司实现工业总产值1020万元人民币，同比下降23%，实现利税320万元人民币。

天科合达在产品研发上完成了2英寸导电型、2寸英半绝缘、整套加工工艺的技术指标，3英寸4H晶体已实现了批量生产，研发中心已生长出了4英寸晶体。

截至2013年年末，总资产3182万元人民币，销售收入1130万元人民币，2011—2013年投入科研项目的开发费用分别为325万元人民币、508万元人民币和535万元人民币。力争用3年时间，将天科合达碳化硅晶体生产规模由30 000片发展到50 000片，力争每年生产30 000片。

（2）2013年天科合达公司承担了国家“863计划”项目“LED外延生长用SiC衬底制备技术研究”，在大尺寸晶片扩径技术、缺陷和微管密度控制技术及晶片表面损伤层去除等关键技术方面取得突破；掌握了3英寸、4英寸SiC晶体的加工技术和LED外延用SiC晶片即开即用的批量清洗技术；3英寸、4英寸导电型LED外延用晶片已开始批量销售。大连理工大学在天科合达公司研制的国产SiC衬底上外延出高质量的GaN基LED结构材料，并研制出大功率蓝光LED原型器件，初步蓝光器件发光功率为250mW。

（3）天科合达公司采用的生长设备是具有自主知识产权的参数精确自动控制的碳化硅晶体生长炉，达到了国外同类产品的技术指标，最大可生长4英寸晶体，成本仅是国外的1/10～1/8。可以稳定地获得低徽管度的高4H-SIC和6H-SIC晶体。

（二）新疆拓新玄武岩纤维制品有限责任公司

（1）新疆拓新玄武岩纤维制品有限责任公司主要业务为研发、生产和销售高性能玄武岩纤维及其制品。公司注册资本1000万元人民币，项目工程设计年产10 000吨玄武岩纤维及其制品，总投资3亿元人民币，其中一期年产3000吨，预计投资2亿元人民币。

（2）公司2013年开窑炉28台，主要生产了环氧型无捻粗纱、水泥沥青短切纱、加捻纱、土工格栅等4种产品。合计生产玄武岩纤维原丝1029.28吨；玄武岩纤维制品947.14吨，其中生产短切纱621.21吨、无捻粗纱295.82吨、加捻纱30.11吨；土工格栅26.7万平方米，生产总值约合2300万元人民币。

（3）2013年，公司积极寻求多种渠道，开拓玄武岩纤维制品市场，与一师、阿拉尔市多个团场达成初步合作意向，在廉租房外墙、铺路、大桥加固等项目上使用该公司产品。同时与四川航天拓鑫玄武岩实业有限公司形成良好合作关系，于2013年3月输出30吨玄武岩短切纱至成都，用于成都二环公路建设。

（4）2014年公司经营目标：生产玄武岩纤维及其制品1800吨，外墙保温装饰板100万平方米，预计实现产值2亿元人民币；销售收入1.6亿元人民币；利润2800万元人民币。

2014年全年保持30台炉的生产规模，力争全年生产原丝1800吨。生产玄武岩外墙保温装饰板100万平方米，2014年公司的产品结构大体为4类，即短切纱、无捻粗纱、土工格栅、外墙保温装饰板等。

第三十一节 大 连 市

一、大连市新材料产业发展情况

（一）大连市新材料产业总体发展情况

2013 年，大连市新材料企业约 100 家，新材料总产值达到 204.3 亿元人民币，同比增长 10%，全年新开工和在建项目 16 个，新增投资 17.55 亿元人民币，主要集中在铝合金材料和碳纤维材料领域。全市新材料产业主要集中在高品质特殊钢材料、碳纤维及复合材料、高分子材料等领域，其中高品质特殊钢材料领域占全市新材料总产值 80%以上。

从全市新材料产业整体发展水平看，新材料产业规模仍然偏小，产值只占全市规模以上工业总产值 1.74%，尚处于培育发展阶段。另外，新材料产业仍然存在产业集群度不高、企业规模小、持续研发能力弱、上下游产业链不完整等问题，新材料产业形成一定规模还需要很长的路要走。

（二）大连市新材料产业重点领域发展情况

1．高端金属结构材料

高品质特殊钢代表企业有东北特钢集团、大连汇金泰、德林重工、汇程铝业等，重点产品为不锈钢、模具钢、轴承钢、汽车钢、弹簧钢等高合金钢和铝合金板带材等。其中东北特钢大连登沙河精品钢材基地投资 140 多亿元人民币建设的 10 条特殊钢精品生产线，具备年产钢 300 万吨、钢材 255 万吨的生产能力，成为我国冶金行业特殊钢材料的基础研究和生产基地，被纳入国家《新材料产业“十二五”发展规划》中重点建设。目前东北特钢联合大连理工大学、瓦轴集团和沈阳鼓风机厂等单位，研制高效率透平压缩机叶轮用高强韧马氏体时效不锈钢材料和重大装备轴承钢材料。2013 年东特集团完成产值 152 亿元人民币，同比增长 9.3%，大连基地完成 65 亿元人民币，同比增长 12%。

大连汇金泰高科技集团有限公司专业化生产特种高温合金、耐蚀合金、铸造高温合金母合金，Cr、Mn、Ni、N 系奥氏体耐热不锈气门钢；特种大型船用内燃机 50 级以上气阀和特种航天航空用超高强钢等，为日本丰田、一汽德国大众、美国通用、南车集团和美国 GE 公司等企业配套，达到国外同类产品标准。

2．高性能纤维及复合材料——碳纤维及复合材料

2012 年 6 月大连市成立碳纤维产业联盟，包括大连理工大学、大连橡塑机股份公司、大连兴科碳纤维公司和富鼎碳素设备公司等一批科研院所和企业。兴科公司投资建设的千吨级碳纤维生产线项目正在建设，有望在 2014 年第三季度实现试生产；天久复合材料公司的 1 条百吨级碳纤维毡生产线已完成试生产，1 条 400 吨级预氧纤维生产设备正在安装。元盛科技开发公司的碳纤维复合芯线缆产品 14 项技术指标一次性通过检测，下一步将拓展在高压输电线路领域的市场应用。大连富鼎碳素装备公司的碳纤维耐腐蚀泵等产品已应用在有色金属电解行业和石化等领域，公司投资 1.6 亿元人民币建设的年产 500 吨碳纤维复合材料加工生产线项目也在建设中，预计 2014 年年底竣工投产。

3．先进高分子材料

大连振邦氟涂料有限公司是生产新一代环保型高档氟涂料、生态型水性涂料和三氟氯乙烯新涂料的企业。裕祥化工（大连）公司是东北地区最大的高分子及精细化学品新材料企业，在纳米材料领域拥有 30 多项国家发明专利，2013 年企业实现销售收入 2.6 亿元人民币。天邦膜技术公司是国内唯一拥有膜法回收氢技术的企业，拥有 7 条气膜和液膜生产线，氮氢气体分离膜、富氧膜、纳滤膜、超滤膜、微孔滤膜等产品广泛用于制药和化工领域。大连怿文新材料公司的“怿文”品牌聚脲弹性体防护新材料在中海油管道防腐项目、北京市政工程防水项目、山东魏桥创业集团铝电防腐项目及军用防护涂层等国家重点工程项目开始，应用并获得一致认可，公司 2013 年实现销售收入 2 亿元人民币，同比增长 26.6%。目前正在研发为适应环保需求的高性能单组分、饮用水管道专用和高性能防腐用的聚脲材料。

4．新型无机非金属材料——先进陶瓷材料

先进陶瓷材料主要企业有大友高技术陶瓷、新德隆陶瓷、正和碳化硼陶瓷和埃克诺新材料公司等。大友高技术陶瓷有限公司拥有陶瓷球和套圈加工及轴承装配的全套轴承生产线，可年产陶瓷球 3000 万粒、精密陶瓷轴承 15 万套，主要产品为 P4 级以上超精密角接触氮化硅（Si_3N_4）陶瓷轴承，可广泛应用机械、化工、纺织领域的高速电主轴、机床主轴，其极限转速和寿命均超过同规格进口钢制轴承，具有自主知识产权。

5．特种金属功能材料——稀土发光材料

大连路明集团是国家级稀土自发光材料产业化基地，是世界上同时拥有自主知识产权的发光材料和发光芯片两大半导体照明产业核心技术的企业之一，其发光材料及制品占国内市场 90%、国外市场 60%。2012 年产值约 9.7 亿元人民币，但近期公司运营方面出现困难，处于停产状态。

（三）大连市新材料产业年度重大事件

（1）2013 年 7 月，大连国瑞炭材料有限公司投资的千吨级碳纤维生产线及复合材料产业化基地项目开工建设并获得大连市专项资金扶持。项目计划总投资 11.9 亿元人民币，建设 4 条千吨级碳纤维生产线、预浸料生产线、复合材料生产线和研发中心等。项目一期建设 1 条千吨级碳纤维生产线，并获得 5000 万元人民币市财政专项资金扶持。项目首条生产线有望在 2014 年第三季度实现试生产。

（2）大连富鼎碳素设备有限公司研发的碳纤维复合材料化工流程泵于 2013 年 11 月通过了大连市新产品型号鉴定和投产鉴定，并获得了制造销售许可。

（3）大连汇程铝业有限公司的铝合金板带一期项目建成投产。项目一期产能 4 万吨生产线已投产，当年完成产值 4300 万元人民币。二期产能 16 万吨生产线正在建设中。整个项目计划 5 年建成，总投资约 26.8 亿元人民币，达产后新增产值 90 亿元人民币，利税 8 亿元人民币。产品广泛用于大飞机、高铁、舰船、汽车模具、石化等领域，出口 60%。

（四）大连市新材料产业发展存在的问题

大连市新材料产业从整体发展水平看，与大连市传统支柱产业如装备制造、石油化工等相比，整体规模偏小、产业链尚不完整，还处于培育发展阶段。

此外，新材料企业规模普遍偏小、创新动力及持续力不足、新产品市场推广难度大等因素还困扰企业的成长壮大，延缓了新材料产业形成规模化集群化的进程，新材料产业形成一定规模尚需长时间积累。

为此，在发挥市场决定资源配置的前提下，应充分利用好现有的优惠政策，并及早研究出台新的优惠政策来鼓励和支持企业发展，政策和资金向新材料领域的企业倾斜，以此引导并推动新材料产业加快发展。在加大政府部门的扶持力度和优化政策环境的同时，企业也要加大研发投入与人才队伍建设，加强产学研紧密合作，提升创新能力，缩短技术创新和科技成果转化的周期，加快科技成果形成生产力的进程。

二、大连市新材料重点企业发展情况

1. 东北特钢集团（大连）有限责任公司

东北特钢集团（大连）有限责任公司是东北特钢集团三大生产基地之一，是我国特殊钢生产的大型骨干企业，被纳入国家新材料产业“十二五”规划中重点建设，已成为我国冶金行业特殊钢材料的基础研究和生产基地。公司投资 140 亿元人民币建设 10 条特殊钢精品生产线，可生产合金钢高速线材、合金钢大、小棒材，模具宽扁钢、合金钢银亮材、精密合金，大型锻件等，产品全部为高附加值、高技术含量的特殊钢精品，产品技术性能达到世界领先水平。公司具备年产粗钢 300 万吨、钢材 255 万吨的生产能力。2013 年产值 65 亿元人民币，预计 2014 年产值将超过 100 亿元人民币。

2．大连兴科碳纤维有限公司

大连兴科碳纤维有限公司是国内最早实现碳纤维工业化生产的企业，主要生产技术和设备完全依靠自主设计制造，拥有 300 余项碳纤维生产技术专利及技术成果，涵盖碳纤维生产工艺技术、装备制造、复合材料应用等多个领域。公司碳纤维生产能力 360 吨/年，可生产 1K、3K、6K、12K 至 320K 碳纤维丝、预氧丝、碳纤维布等碳纤维及制品，目前与奇瑞汽车合作开发汽车轻量化部件等产品。公司目前拟投资 12 亿元人民币，在大连市花园口国家新材料基地建设千吨级碳纤维生产线及复合材料基地项目。

3．大连富鼎碳素装备有限公司

大连富鼎碳素装备有限公司专业生产碳纤维复合材料产品，主导产品碳纤维耐腐蚀泵具有自主专利技术。公司研发的碳纤维耐腐蚀泵、碳纤维电解槽、喷淋式饱和器、碳纤维平流喷射器、碳纤维阳极板、碳纤维搅拌桨等产品已应用在有色金属电解领域和石化领域，下一步将与校企等多方合作研发特定环境下使用的碳纤维产品。目前公司还投资 1.6 亿元人民币建设年产 500 吨碳纤维复合材料生产线，预计 2014 年建成投产。

4．大连融德特种材料有限公司

大连融德特种材料有限公司生产航空航天超净级中间合金及高性能钒系列产品，可为钛合金、铝合金、特种钢以及高温合金的生产企业提供高质量、高纯度、高均匀度的中间合金产品，广泛应用于航空航天、海洋工程、化工、医疗建筑等行业，年产中间合金材料 1800 吨，可实现年销售收入 3.6 亿元人民币，利税 4000 万元人民币。

5．大连汇金泰高科技集团有限公司

大连汇金泰高科技集团有限公司是专业化生产高端钢产品的公司，产品为特种高温合金、耐蚀合金、铸造高温合金母合金，Cr、Mn、Ni、N 系奥氏体耐热不锈气门钢；产品技术指标达到国外同类产品标准。

6．大连汇程铝业有限公司

大连汇程铝业有限公司生产质量轻、耐腐蚀、比强度高的高精度大规格铝合金板带材，可年产铝合金板带材 20 万吨，主要用于大飞机、高铁、舰船、汽车模具、石化等领域。铝合金板带项目总投资约 26.8 亿元人民币，分两期建设。其中一期项目产能 4 万吨生产线已建成投产，2013 年完成产值 4300 万元人民币。二期产能 16 万吨的生产线正在建设中。整个项目计划 5 年建成，达产后新增产值 90 亿元人

民币，利税8亿元人民币。

7．大连怿文新材料科技发展有限公司

大连怿文新材料科技发展有限公司具备年产1000吨聚脲SPUA材料的生产能力，目前正在研发高性能单组分聚脲材料、饮用水管道专用聚脲材料和高性能防腐聚脲材料，将应用领域扩大到石化、海洋工程、船舶、飞机、桥梁、风电、高铁、隧道、水坝、饮水、污水等领域的防水、防腐和耐磨工程。其系列产品已在京沪高铁防水、大连热电集团储罐防腐、中海油管道防腐等工程中广泛应用。公司2013年销售收入超过2亿元人民币，同比增长26.6%，实现利税3500万元人民币。

三、大连市新材料重点产业基地情况

大连市新材料产业基地主要有花园口国家新材料产业基地和登沙河精品钢材生产基地。其中花园口为大连市新材料产业发展的核心区域。

花园口经济区陆域面积268平方公里，首期规划园区50平方公里，重点发展新材料、新能源和生物制药等新兴产业。2005年12月花园口被辽宁省纳入“五点一线”重点发展区域，2009年9月被发改委列为“国家高技术产业新材料基地”。

2013年，全区完成生产总值102亿元人民币，全年新签约工业项目47个，总投资额超过250亿元人民币。全年新开工项目25个，在建项目23个，其中新材料项目20个，占园区新增投资投资80%以上。新材料产业已成为园区的主导产业，并重点发展航空航天合金材料、碳纤维及复合材料、锂电池材料和先进陶瓷材料等领域。园区重点新材料企业及项目情况介绍如下所述。

（1）大连融德特种材料有限公司，生产航空航天发动机旋转部件合金的特种新材料，是中国航天航空产业支撑点之一。具有年产1800吨中间合金材料能力，其中钒铝中间合金1340吨，钼铝中间合金200吨，铬铝中间合金85吨，镍铌中间合金80吨，铌铝中间合金15吨，铁铌中间合金80吨，可实现销售收入3.6亿元人民币，利税4000万元人民币。

（2）大连博融新材料有限公司，致力于高性能钒产品的开发和生产，产品包括钒氧化物、钒酸盐、钒电解液等，生产能力3000吨/年，技术完全为自有知识产权，产品质量达到国际领先水平。

（3）大连宏光锂业股份有限公司，总资产3亿元人民币，主要生产新型节能与能量转换动力锂离子电池负极材料，是大连市锂离子电池负极材料领军企业。公司生产锂离子电池负极材料5个产品系列，包括天然石墨类、人造石墨类、复合石墨类、中间相类、动力材料类，年产能3500吨。公司拥有连续高温石墨化技术等锂离子电池负极材料生产技术13项专利。

（4）大连国瑞碳材料有限公司千吨级碳纤维生产线及复合材料项目，由大连兴科碳纤维有限公司投资11.9亿元人民币，建设4条千吨碳纤维生产线和碳纤维复合材料生产基地，年产碳纤维4000吨，达产后年产值10亿元人民币，利税3.2亿元人民币。其中，一期投资3亿元人民币建设1条千吨碳纤维生产线，预计2014年项目建成投产。

（5）大连富鼎碳素装备有限公司专业制造碳纤维复合材料耐腐蚀泵及其石油化工装备，总资产3亿元人民币。碳纤维复合材料制造耐腐蚀泵具有自主知识产权，碳纤维喷淋式饱和器、平流喷射器等产品已在国内有色金属电解行业成功应用。

（6）大连广盛元实业有限公司收购美国TieTek LLC公司后，成为全球最大的复合轨枕生产及铺设企业，拥有5项美国专利技术和14项国际专利，是全球唯一通过ISO 9001铁路产品质量体系认证的复合材料轨枕制造商。复合新材料轨枕生产工艺和配方技术，已被国家发改委、环保总局和科技部列入《国家鼓励发展的资源节约综合利用和环境保护技术》名单并获得国家资金扶持。公司投入1.6亿元人民币建设的复合新材料轨枕生产基地项目已开工，预计2014年建成投产，年可实现产值3亿元人民币，实现利税2000万元人民币达产后，可实现产值约10亿元人民币，利税6000万元人民币。

（7）新德隆高性能陶瓷新材料项目。总投资5000万港币，主要从事高性能陶瓷新材料及其产品的开发、生产，拥有国内先进的陶瓷轴承球、陶瓷阀球生产线，主要生产氮化硅（Si_3N_4）、氧化铝（Al_2O_3）（含量99.5%）、氧化锆（ZrO_2）等高性能特种陶瓷材料，年产量3000万粒，广泛应用于航海、石油、化工、轴承、汽车、发电、冶金、电力电子设备、纺织、锅炉、泵类，医疗器械等领域。

目前制约发展的问题主要如下：工业用地缺乏，经济区中农业用地变性工作过于复杂；政府投入偏少，需加大对基础设施的投入；尽快出台扶持新材料产业发展的、操作性强的产业优惠政策。

四、大连市新材料重大项目建设情况

大连市新材料重大项目建设情况参见表3-43。

五、大连市新材料重点发展政策

为扶持碳纤维新材料产业发展，大连市为碳纤维及复合材料产业化基地项目提供2.8亿元人民币的资金扶持计划，减免项目基础设施配套费用，给予项目贷款宽松政策等。研究制定创新驱动鼓励政策，对关键技术和设备方面有重大创新和突破、产业化和带动区域经济好的企业和项目实施鼓励和支持。

表 3-43　大连市新材料重大项目建设情况

序号	项目名称	项目性质	投资企业	建设周期	截至2013年项目完成进度	重点发展领域	主要产品	投资规模	项目达产后预期效益	
									销售收入	利税（亿元人民币）
1	千吨级碳纤维生产线及复合材料产业化基地项目	新建	大连国瑞碳材料有限公司	2013年7月至2016年	一期1条1000吨碳纤维生产线厂房主体封顶，累计投资1.7亿元人民币	碳纤维及复合材料	1K至320K碳纤维丝、预氧丝、碳纤维布等碳纤维及制品	11.9	10	3
2	500吨碳纤维复合材料加工生产线项目	新建	大连富鼎碳素装备制造有限公司	2012—2014年	厂房已建成，部分生产线投产，累计投资0.8亿元人民币	碳纤维复合材料	碳纤维耐腐蚀泵、碳纤维电解槽、碳纤维平流喷射器、阳极板、搅拌桨等	1.6	2.5	0.6
3	铝合金板带项目	新建	大连汇程铝业有限公司	2011—2016年	一期4万吨生产线竣工投产，二期16万吨生产线开工，完成投资10亿元人民币	高强轻质铝合金材料	用于民用飞机、汽车、舰船、模具、轨道交通运输等领域的高强轻质耐腐蚀铝合金板带	26.8	90	8
4	节能环保生态木装饰材料项目	新建	大连环美科技有限公司	2013—2014年	一期建成投产，二期主体厂房封顶，完成投资0.8亿元人民币	新型节能环保建材	具有防水、防火、防腐、防虫、防白蚁功能且可循环利用的节能环保生态木墙面及顶面板材	2	32	1.15
5	钴基合金生产线技术改造项目	改扩建	大连汇金泰高科技有限责任公司	2012—2014年	设备安装，已完成投资0.36亿元人民币	高温合金材料	HJT159系钴镍铬钼系承压耐高温耐腐蚀超高强高温（650℃）合金，用于超超临界汽轮机和燃气轮机	0.42	1.3	0.22
6	GJC系列泡沫混凝土墙板项目	新建	大连国建科技有限公司	2013—2015年	厂房主体完工，已完成投资0.6亿元人民币	新型节能环保建材	GJC系列泡沫混凝土墙板240万平方米	2.9	4	0.06
7	汽车专用TPV热塑性弹性体项目	新建	大连科盟新材料有限公司	2013—2015年	已完成研发阶段，准备试生产。已完成投资0.36亿元人民币	特种橡胶材料	汽车专用高性能TPV热塑性弹性体新材料	0.7	4	0.9
8	九层PE共挤膜生产线项目	新建	大连益合新材料发展有限公司	2012—2014年	厂房已建成，设备采购阶段，累计投资1.8亿元人民币	先进高分子材料	新型食品级低碳九层PE共挤膜片材	2	3	0.7
9	仿生无毒舰船防污涂料项目									

六、2014 年大连市新材料产业工作总体安排

1. 加快新材料产业基地建设，提升产业集聚能力

加强新材料产业基地建设，加大招商引资力度，通过引进重大项目的带动，凝聚一批新材料企业，丰富产业链，提高产业集中度。积极培育花园口航空航天级钒中间合金基地、碳纤维材料基地、先进陶瓷材料基地、登沙河精品钢材基地、通用航空铝合金材料产业园等，整合资源和技术等要素，形成产业特色鲜明且区域辐射和带动效应突出的众多新材料集群。

2. 做好重点企业和重大项目的推进工作

重点关注国瑞炭材料公司、富鼎碳素公司和汇程铝业等重点企业的运行和重点建设项目的进度。首条千吨级碳纤维生产线争取在 2014 年第三季度进行设备安装与调试，年底前正式投产；争取富鼎碳素公司在中国硫酸协会推荐的稀硫酸浓缩项目中设计并研发出碳纤维材料的示范装置并获得批量订单；在一期 4 万吨铝合金板带材生产线稳定投产情况下，加快汇程铝业大规格高精度铝合金板带材二期生产线建设。通过重大项目带动相关产业发展，提升产业规模和影响力。

第三十二节　宁　波　市

宁波市是首批 7 个新材料产业国家高技术产业基地之一，经过多年的发展，在新材料产业领域已形成较好竞争优势。新材料产业是战略性新兴产业发展的重点，对宁波市经济发展起到了重要的支撑与带动作用，已成为全市高新技术产业的重要支柱。

一、宁波市新材料产业发展情况

（一）宁波市新材料产业总体发展情况

2013 年，宁波市新材料产业运行稳中有升，工业总产值、增加值等主要经济指标增长快于八大战略性新兴产业平均水平。相比全市战略性新兴产业，新材料产业的经济运行基本面良好。全市新材料产业完成工业总产值 833 亿元人民币，同比增长 6.3%；增加值为 93.6 亿元人民币，同比增长 10.2%。全年实现利润和利税分别为 24.2 亿元人民币和 37.3 亿元人民币，分别同比增长 4.2%和 8.0%。

1. 主要指标增速升幅明显

2012 年，全市新材料产业总产值和增加值分别达到 783 亿元人民币和 85 亿元人民币；2013 年，全市新材料产业完成工业总产值和增加值分别为 833 亿元人民币和 93.6 亿元人民币，分别同比增长 6.4%和 10.1%。

2. 企业自主创新能力不断提高

全年科技活动经费支出总额 56.8 亿元人民币，同比增长 7.1%；全年完成新产品产值 214.7 亿元人民币，同比增长 33.9%。

3. 主要指标略优于战新总体情况

新材料产业产值和增加值分别占全市战略性新兴产业的 25.2%和 18.0%，增速分别高出全市战略性新兴产业 3.9 和 4.0 个百分点；新产品产值分别占全市战略性新兴产业的 21.6%。

（二）宁波市新材料产业重点领域发展情况

一直以来，宁波市在稀土永磁材料、高分子材料、高性能金属材料、电子信息材料等领域有较好的产业基础和优势。在稀土永磁材料领域，宁波拥有了韵升、科宁达等一批龙头优势企业，并已经成为国际著名、国内最大的钕铁硼生产基地和贸易中心。在高分子材料领域，宁波拥有万华化学、大成新材料、先锋新材料、天安生物等一批创新型实力型企业，并已经成为全球最大的生物降解树脂生产基地和全国重要的功能纤维生产基地。在高性能金属材料方面，宁波是目前全国重要的铜带棒和粉末冶金机械零件制造基地，金田铜业是中国最大规模的铜加工产业基地，东睦新材料是国内最大的粉末冶金机械零件制造商之一。近年来，随着墨西科技全球首条石墨烯生产线建成投产，将为下游能源材料、电子信息材料的发展带来新的变革；泰先公司 100 吨高性能碳纤维项目全面投料试车，将填补国内高性能碳纤维产品的空白。

目前，宁波已有国家级科研机构 2 家（中科院宁波材料所、兵科院宁波分院），国家级企业技术中心 2 家（博威和金田），省级企业研究开发中心 18 家，组建了宁波新材料产学研技术创新联盟、超高分子量聚乙烯纤维产业技术创新战略联盟，有力地促进了产学研联合创新，新材料领域技术创新能力大幅度提高，部分技术水平进入国内先进行列。宁波已形成以中科院宁波材料所、兵科院宁波分院、宁波大学等一批科研院校为依托的新材料研发体系。

（三）宁波市新材料产业年度重大事件

2013 年，根据市委、市政府《关于加快培育和发展战略性新兴产业的若干意见》的要求，市发改委组织编制了《新材料产业三年行动计划》，并在此基础上制订了年度工作计划。根据工作计划，结合宁波新材料产业优势基础，以新材料科技城建设为重点，以重大项目推进为抓手，扎实推进主要任务，取得了初步成效。

1．制订实施三年行动计划

根据《中共宁波市委、宁波市人民政府关于加快培育和发展战略性新兴产业的若干意见》的要求，结合今后三年新材料产业发展面临的新形势和新情况，组建了《行动计划》编写工作团队。编制完成《宁波市新材料产业三年行动计划》，8 月以市政府办公厅名义正式印发。

三年行动计划以新材料产业“十二五”发展规划为基础，提出了未来三年新材料发展的总体要求、重点领域、主要任务和推进措施：到 2015 年，力争实现全部工业产值 1600 亿元，其中规模以上产值突破 1350 亿元人民币；提出未来三年新材料产业发展的重点领域（高性能金属材料、先进高分子及合成材料、电子信息材料及器件、高性能纤维及复合材料、无机纳米材料、特种功能材料），并在此基础上进一步梳理出稀土永磁材料、聚氨酯材料、碳四碳五、高性能纤维、石墨烯、海洋新材料等 6 条重点产业链；围绕新材料产业重点领域，从技术、人才、项目、主体、平台、集群等 6 个方面提出未来三年推进的主要任务，包括培育龙头骨干企业、高成长企业、初创型企业在内的 150 个企业主体，推进 110 个项目，其中 69 个在建项目和 33 个拟建项目预期可实现总产值 1492 亿元人民币，建设 20 个平台，其中国家级和省级科技创新平台 2～3 个，引进培育 10 个创新团队等。

2．重点推进新材料科技城建设

2013 年初，中共宁波市委正式发布了《关于强化创新驱动加快经济转型发展的决定》，提出要依托甬江两岸的国家高新区、高教园（北区）和中科院宁波材料所、北方材料科学与工程研究院等新材料研发机构，大力引进国际知名投资机构和孵化器，规划建设“新材料科技城”。编写了《宁波新材料科技城可行性研究报告》，出台了《关于建设宁波新材料科技城的决定》（以下简称《决定》），正式挂牌成立宁波新材料科技城管理委员会，宁波新材料科技城建设全面启动。根据《决定》，新材料科技城的建设将按照“一城多园”的空间布局，形成“核心区+延伸区+联动区”的区域协同发展格局。其中，核心区是新材料科技城建设的重点，由宁波国家高新区、宁波高教园区北集聚区、镇海新城北区 3 个区块组成。

科技城管理委员会研究制订了《新材料科技城三年行动计划》，提出了“四大行动、八项工程”的总体思路，进一步明确了科技城建设的实施路径和工作重点；按照高标准、高档次原则，启动了新材料科技城发展总体规划、中长期发展规划和产业发展规划编制工作，以进一步明确科技城的发展思路、功能布局和实施路径；主动与国内外知名高校、科研院所、人才团队和企业联系对接，积极推进了英国诺丁汉大学新材料研究所、国家磁性材料质量检测中心、中国兵器集团新材料技术创新中心、中科院材料所初创产业园等一批重点项目。

3．推进重点项目建设

2013 年，全市新材料产业在建投资项目 190 项，计划投资规模约 443 亿元人民币，累计完成投资 293 亿元人民币，当年完成投资 154 亿元人民币。认定了 20 个新材料产业项目为 2013 年度宁波市战略性新兴产业发展专项项目，给予 100 万元人民币的奖励，竣工投产运营起三年内将享受税收返还政策。

（1）一批企业项目获得资助。宁波金海德旗化工有限公司 3 万吨/年异戊橡胶项目被纳入 2013 年宁波市战略性新兴产业项目，获得中央预算内投资 2041 万元人民币；宁波大东南万象科技有限公司年产 8000 吨高性能超薄电容膜生产线技改项目被纳入 2013 年宁波市“产业结构调整”专项中央投资计划，获得中央预算内投资 842 万元人民币；宁波博威合金材料股份有限公司年产 1.8 万吨变形锌合金材料生产线项目、宁波康强电子股份有限公司年产 3000 万条高密度集成电路框架（QFN）生产线项目（一期）、浙江金瑞泓科技股份有限公司 200mm 硅片研发与产业化及 300mm 关键技术研究二期技术改造项目分别被纳入 2013 年宁波市“产业振兴和技术改造”专项中央投资计划，分别获得中央预算内投资 1012 万元人民币、900 万元人民币、900 万元人民币；沁园集团股份有限公司年产 200 万平方米超滤和反渗透膜系列产品项目等 5 个项目被列入宁波市 2013 年产业振兴和技术改造重点专题项目投资计划，总计投资 4.6 亿元人民币。

（2）一批项目进展顺利。墨西科技全球首条石墨烯生产线建成投产，将为下游能源材料、电子信息材料的发展带来新的变革；泰先公司 100 吨高性能碳纤维项目全面投料试车。博威集团牵头承担的国家“十一五”科技支撑计划《铜合金替代材料——环保高性能变形锌合金关键技术研究与产业化》项目，通过了国家科技部、宁波市科学技术局分别组织的项目及课题的验收工作。万华集团《百万吨级含胺废盐水综合处理及循环利用技术研究开发项目》成功开发出胺高效萃取分离和混合曝气反应技术，率先在世界上实现 MDI 废盐水的循环利用。

4．积极支持技术创新

加强科技投入支持力度。2013 年，新材料产业科技活动经费支出总额 56.8 亿元人民币，同比增长 7.1%。主要在以下几方面进行了重点支持。

（1）对在研的国产碳纤维快速热压成型关键技术研究、MDI 副产氯化氢氧化制氯可循环系统集成技术开发及示范等一批支撑计划项目、“863 计划”、“973 计划”等各类科技计划项目进行配套支持。

（2）对纳米功能材料及其应用创新团队等 12 个创新团队的建设进行了重点支持。

（3）设立了宁波市本级的国际合作项目，促进企业、高校院所联合国际创新人才协同创新。

另外，还设立了专门的资金对宁波市获得授权的专利进行资助。同时对专利示范企业和专利代理机构也进行资助，促进了技术创新。

组织实施市级重大科技专项。2013 年 9 月，研究制定了《宁波市重大科技专项“石墨烯产业化应用开发”实施方案》，重点支持锂离子电池、超级电容器、涂料/油墨、导热材料和高分子复合材料 5 个石墨烯下游重点领域应用研发推广。市财政在整合各类资金的基础上，设立每年 3000 万元人民币，3 年共 9000 万元人民币的“石墨烯产业化应用开发”专项资金，主要用于支持实施单位在技术创新、产品研发和试制推广等方面的开支。

5. 人才引进持续推进

（1）组织各类专项活动。2013 年 9 月 14 日至 18 日，召开 2013 中国浙江·宁波人才科技周活动。2013 年 11 月 15 日，组织了“宁波市第十五届高洽会·百名材料学博士宁波行”活动，本次活动共有来自上海交通大学、中国科技大学、合肥工业大学的 131 名材料学博士来甬参会，宁波市 60 余家从事新材料领域生产、研发企事业单位参加活动；97 名博士在前期对接的基础上，携科研项目深入宁波市 19 家重点新材料企事业单位实地考察洽谈，对接成效明显。

（2）继续实施海外高层次人才和高端团队引进“3315 计划”。积极发挥中科院宁波材料所、北方材料研究院等引才渠道和创新平台作用，大力引进重点领域领军型人才及其团队。例如，在合成材料领域，从美国引进了以刘升高博士领头的高档润滑油添加剂及配方关键技术创新团队等。2013 年 12 月，宁波材料所赴美国举行了系列招聘和访问活动，为宁波市的招商引智打下了比较好的基础。

6. 培育扶持重点企业

认定一批龙头骨干企业和高成长企业。2012 年认定了宁波鑫高益磁材有限公司等 24 家新材料高成长企业，2013 年又新增宁波禾顺新材料有限公司等 10 家高成长企业，占全市高成长企业的 30%。同时，经审核将万华化学（宁波）有限公司等 7 家新材料领域企业列入 2013 年度宁波市“810 实力工程”企业名单。

企业发展势头良好。博威集团完成国家标准制修订工作 5 项，均于 2013 年 10 月正式颁布实施，目前公司累计承担国家、行业标准制修订工作 21 项，15 项颁布实施；企业获得了浙江省创新能力百强企业、宁波市优势总部企业、宁波市外贸创新优势企业、鄞州区十大科技创新企业等荣誉称号。万华化学《百万吨级含胺废盐水综合处理及循环利用技术研究开发项目》成功开发出胺高效萃取分离和混合曝气反应技术，率先在世界上实现 MDI 废盐水的循环利用。江丰电子《集成电路用靶材关键技术研究及产业化项目》获得宁波科技进步一等奖。

7. 建设扶持创新平台

（1）加强以科研院所和高校为主体的知识创新平台建设。重点推进中科院宁波材料所及北方材料科学与工程研究院等大院大所的建设，强化科技支撑作用。在材料加工方向，新建了宁波市金属材料精密塑性成型重点实验室；在光电转换材料方向，新建了宁波市硅基有机薄膜光电技术重点实验室。在此基础上，积极筹建以材料基因组为核心内容的海洋新材料及技术研发平台，2013 年成立了浙江省海洋材料与防护技术重点实验室和中国科学院海洋新材料与应用技术重点实验室，该实验室 2013 年作为牵头单位承担了科技部海洋“973 计划”和国家自然科学重点基金，这标志着宁波在海洋新材料领域的科研地位获得了国内同行的认可。

（2）加强以企业为主体的工程化创新平台和产学研联合创新平台建设。目前，已有博威集团国家级企业技术中心和金田铜业国家级企业技术中心两家国家级企业技术中心。组建了宁波新材料产学研技术创新联盟、超高分子量聚乙烯纤维产业技术创新战略联盟，建设了先锋新材高分子复合新材料省级高新技术企业研究开发中心、宁江汽车粉末冶金材料省级高新技术企业研究开发中心、宁波鑫其精密磁钢工程（技术）中心、宁波万冠稀土高强韧钢材料工程（技术）中心、宁波中淳建筑新材料工程技术中心、宁波晶元光伏材料工程（技术）中心、宁波综研粘接材料工程技术中心等。

（3）推进公共服务平台建设。重点支持大型数据库与科学仪器设备的建设与共享，“宁波材料所超级计算平台”获得中科院的批准资助。积极推进新材料初创产业园的建设，以推进新材料领域科技成果的产业化，同时成立了中国技术交易所宁波工作站。

8. 加速提升产业集聚

按照成熟一批、启动一批，先行先试、有序推进的原则，认定了 2 个专业园（杭州湾的高性能新材料产业园以及万华工业园）为 2013 年度宁波市战略性新兴产业专业园，享受 300 万元人民币补助政策。宁波市高性能金属材料专业园位于杭州湾新区北部，2012 年新材料产业产值 122.4 亿元人民币，占专业园产值的 54%。园区集聚了金田新材料、浙江兆隆合金、盛泰电子金属材料、大成新材料等新材料企业 10 家，2008 年获批为国家级高性能金属新材料基地。宁波市合成材料专业园位于万华工业园内，2012 年新材料产业产值 98.56 亿元人民币，占专业园产值的 69%。园区以获得国家科技进步一等奖的 MDI 技术为主体，形成了全球规模最大、产业链配套最合理、成本最低、质量达到国际领先水平的 MDI 制造基地。

目前，宁波市高分子新材料产业基地、工程塑料和新型树脂专业园、高性能金属材料专业园、碳材料专业园、海洋新材料专业园、新型纤维材料专业园等新材料产业集聚区的发展态势良好。

9. 召开新材料与产业化国际论坛

2013 年 11 月 13 日组织召开了 2013 中国（宁波）新材料与产业化国际论坛，本届新材料论坛以“汇聚材料科技英才，做强先进材料产业”为主题，邀请了来自美国、德国、葡萄牙、英国、加拿大、澳大利亚等国家以及国内从事新材料领域研究的 50 余名专家学者，涉及海洋高性能材料、合金材料、磁电子材料与器件、生物基高分子材料、膜材料和工程塑料等领域。

（四）宁波市新材料产业发展存在的问题

总体上看，宁波新材料产业较好，形成了自身特色和优势，但同时也存在一些问题，相当一部分企业依然处于产业链低端，整体缺少行业内具有定价权和标准制定的龙头企业，企业自身创新能力和动力不足，产业发展的人才队伍，尤其是领军人物还较缺乏，产业在空间上集中度不高，产业的集群化发展格局尚未形成，部分新材料企业的产品市场拓展和开发受阻等。

1. 产业整体利润下滑

2013 年新材料产业实现利润 24.2 亿元人民币，同比增长 4.2%，低于全市八大战略性新兴产业平均增速（13.6%）；利税 37.3 亿元人民币，同比增长 8.0%，低于全市八大战略性新兴产业平均增速（12.6%）。

龙头企业产值逐年上升，但是企业利润空间却出现两极分化。例如，宁波万华由于在异氰酸酯技术和市场占据垄断地位，围绕异氰酸酯上下游发展循环经济，走出一条依赖自主创新不断增强企业核心竞争力的路子来，产值和利润能力实现持续高速增长。而部分龙头企业虽然产值有一定增幅，但盈利能力却显得后劲不足。另外，以江丰、长阳、激智为代表的海外人才创办的高新技术企业，产值保持持续高速增长态势，利润率也较高，其中江丰和长阳受太阳能产业起落影响较大，但企业产品的市场竞争力比较强，随着今年国内太阳能产业再次回暖，这些企业产值和利润都有较大提升空间。

2. 产业集聚有待提高

新材料产业涉及领域多，在宁波市各县（市）区都有布点，企业分布相对分散，而且企业之间相互联系不多，大企业对周边小企业的带动作用不大。

3. 自主创新能力有待增强

尽管宁波市在新材料某些领域的研究取得了可观的成果，在特定项目上甚至达到国际领先水平，但总体上科技创新能力不强，产品跟踪仿制多，缺乏拥有自主知识产权的新材料及技术，在高端产品方面缺乏国际竞争力，大部分新材料仍依赖进口。例如，宁波钕铁硼产量很大，但是由于日本 Neomax 和美国 Magnequench 公司的专利保护，每年出口要缴纳大量专利费，在市场竞争中往往受制于人。

4. 专业人才有待充实

新材料研发、生产和应用领域很广，专业性极强。目前，宁波市新材料企业中科研人才、高职称专业人才等高层次人才相对缺乏，一些发展前景和预期经济效益很好的项目，因为找不到合适的人才而迟迟不能实施。因此，专业人才的缺乏已经成为制约宁波市新材料行业发展的重要因素。

二、宁波市新材料重点企业发展情况

宁波市新材料重点企业发展情况参见表3-44。

三、宁波市新材料重点产业基地情况

宁波市新材料重点产业基地情况参见表3-45。

四、宁波市新材料重大项目建设情况

宁波市新材料重大项目建设情况参见表3-46。

五、宁波市新材料重点发展政策

（一）财税扶持

全面落实《中共宁波市委、宁波市人民政府关于加快培育和发展战略性新兴产业的若干意见》、《新材料产业三年行动计划》、《宁波市人民政府关于引发高成长企业培育行动管理办法的通知》以及相关配套政策。

落实专项资金对新材料产业发展的支持。对新材料产业领域企业申报国家科技计划、战略性新兴产业、高技术产业化、重点产业振兴和产业技术进步等专项，争取国家专项资金支持的，并确保市配套资金落实。

新材料产业领域招商引资活动的资金保障。各新材料产业专业园（基地）应确保财政补助资金在招商引资中的投入，开展有针对性的产业招商和项目引资活动。

全面落实国家、省和市高新技术新材料企业和战略性新兴产业的相应优惠政策。

（二）积极拓展融资渠道

鼓励和引导民间资本通过组建多元化的投资公司或参股、并购等方式，投资于新材料产业项目。积极引导证券服务机构优先对具备上市条件的新材料企业开展辅导，加快在国内外资本市场上市融资。加大宁波市企业债发行资源向新材料企业的倾斜，争取发行宁波市新材料中小企业集合债，支持新材料中小企业的融资。鼓励金融机构对新材料企业优先给予商业信贷支持，积极争取国家政策性银行的政策性信贷支持。

（三）加强资源供给保障

加大对新材料产业发展的土地、水和能源等资源配置倾斜力度。在加强集约用地管理的基础上，对市县两级分级管理的年度用地指标和盘活闲置的建设用地，应

表 3-44　宁波市材料重点企业发展情况

序号	企业名称	主营业务	经济类型	注册资本（亿元人民币）	总资产（亿元人民币）	销售收入（亿元人民币）	利润（亿元人民币）	出口额万美元	主导产品及产量	研发支出（亿元人民币）	专利申请数（个）
1	台化塑胶（宁波）有限公司	工程塑料生产、自产产品销售	台资	1.33 亿美元	28.55	46.97	−0.56	0.00	工程塑料 379 880 吨	0.00	0
2	宁波金田新材料有限公司	高精电工线	民营	0.20	6.66	26.70	0.27		8 万吨	0.17	0
3	宁波王龙科技股份有限公司	食品	民营		17.22	25.55	2.26	94 615.00		0.53	0
4	宁波金田新材料有限公司	专业生产漆包线、漆包铜线	民营	0.70	6.40	25.40	0.26	26 507.00	5 万吨	0.17	0
5	浙江华鑫化纤有限公司	其他	外资		35.54	24.69	0.63	320.30		0.68	0
6	宁波兴业盛泰集团有限公司	高性能铜镍、铜铁合金带	合资	4.96	11.39	23.93	0.51	4693.62	15 万吨	0.74	13
7	宁波兴业盛泰集团有限公司	黄铜带、锡磷青铜带、锌白铜带	合资	3.60	14.40	23.90	0.50	25 052.00	8 万吨	0.74	0
8	王龙集团有限公司	其他	民营		13.87	23.75	2.57	95 397.60		0.56	0
9	宁波博威合金材料股份有限公司	有色合金材料、高温超导材料、铜合金制品的制造、加工等	民营	2.15	22.00	22.50	1.00	7115.00	有色合金棒、线材：6 万吨	0.67	3
10	宁波天邦股份有限公司	其他	民营		9.53	20.76	0.59	0.00		0.44	0
11	浙江振邦化纤有限公司	聚酯切片、再生涤纶长短丝	民营	0.83	16.00	16.30	0.11	0.00	40 万吨	0.29	7

（续表）

序号	企业名称	主营业务	经济类型	注册资本（亿元人民币）	总资产（亿元人民币）	销售收入（亿元人民币）	利润（亿元人民币）	出口额万美元	主导产品及产量	研发支出（亿元人民币）	专利申请数（个）
12	浙江恒河石油化工股份有限公司	碳九石油树脂、双环戊二烯、甲基环戊二烯二聚体、混合芳烃	民营	2.20	9.43	13.31	0.21	1432.12	碳九石油树脂、双环戊二烯、甲基环戊二烯二聚体、混合芳烃	0.42	14
13	宁波大发化纤有限公司	再生涤纶短纤维	合资	0.62	6.50	12.60	0.45	57 906.00	12 万吨	0.45	0
14	爱敬（宁波）化工有限公司	增塑剂生产销售	外商独资	7500.00	0.75	11.18	−0.36	415.51		0.00	0
15	余姚市长振铜业有限公司	其他	民营		3.73	11.13	0.12	0.00		0.24	0
16	宁波科宁达工业有限公司	钕铁硼永磁的生产和销售及售后服务	国有控股	2.00	10.00	10.60	1.50	1.60	钕铁硼永磁 2326 吨	0.20	8
17	宁波金海德旗化工有限公司	碳五分离及碳五石油树脂	民营	5.00	8.47	9.79	2.93	281.11	异戊二烯 2.30 万吨；间戊二烯 2.46 万吨；双环戊二烯 1.94 万吨；异戊烯 0.73 万吨；树脂 0.92 万吨	0.41	5
18	阿克苏诺贝尔乙烯胺（宁波）有限公司	乙烯胺和环氧乙烷	外资	4.58	12.84	9.03	−4.29	2266.00	8950 吨	0.00	0
19	宁波大安化学工业有限公司	二醋酸纤维素	合资	2.00	9.00	8.00	1.43	0.00	3 万吨	0.00	0

（续表）

序号	企业名称	主营业务	经济类型	注册资本（亿元人民币）	总资产（亿元人民币）	销售收入（亿元人民币）	利润（亿元人民币）	出口额万美元	主导产品及产量	研发支出（亿元人民币）	专利申请数（个）
20	宁波新福钛白粉有限公司	钛白粉	合资	2.01	13.50	7.95	0.06	2708.00	60 000 吨	0.30	12
21	宁波金盛纤维科技有限公司	聚酯纤维	外资	0.75	8.80	7.50	−0.50	0.00	8 万吨	0.15	0
22	宁波科博特钴镍有限公司	其他	民营		15.37	7.35	0.10	14 569.70		0.23	0
23	浙江新纶化纤有限公司	其他	民营		7.26	7.13	−0.05	0.00		0.00	0
24	宁波北纬纺织品有限公司	服装面料	合资	0.65	10.30	5.90	0.05	3061.00	3000 万米	67.00	0
25	慈溪市洁达纳米复合材料有限公司	塑料单丝及复合材料	民营	0.20	25.30	5.80	0.20	13.00	1.2 万吨	0.18	6
26	奉化南海药化集团有限公司	粉末涂料助剂	民营	1.00	4.00	5.73	0.42	437.00	粉末助剂	0.21	1
27	宁波甬兴化工有限公司	聚丙烯	合资	0.10	0.71	5.41	0.03	0.00	5800 吨	0.00	0
28	宁波泰源紧固件有限公司	镨钕金属、镝铁合金	合资	0.15	2.30	5.30	0.25	0.00	0.2 万吨	0.00	2
29	浙江冠亚新材料股份有限公司	冷轧带钢	民营	0.50	6.10	5.30	0.48	0.00	5 万吨	0.15	0
30	浙江兆隆合金股份有限公司	铜钢复合材料	民营	1.50	5.19	5.02	0.25	0.00	4 万吨	0.18	4
31	宁波韵升磁性材料有限公司	强磁材料	民营	1.60	4.13	4.76	0.32	0.00	2391 吨	0.00	0
32	宁波人健药业有限公司	医药中间体	合资	0.15	5.70	4.30	0.61	8281.00	200 吨	0.14	4
33	阿克苏诺贝尔化学品（宁波）有限公司	螯合剂及纤维素醚	外资	5.60	18.00	4.17	−1.50	2500.00	8298 吨	0.00	0
34	宁波华龙电子股份有限公司	引线框架生产与销售	民营	0.75	4.93	4.47	−0.06	84.84	年产量 250 亿只	0.14	0
35	宁波凯普电子有限公司	电声产品、报警器、榨汁机、汽车配件、小家电	民营	0.002	1.1	1.86	0.058	1200		0.066	13

表 3-45　宁波市新材料重点产业基地情况

序号	基地名称	基地级别	重点发展领域	占地面积（公顷）	产值（亿元人民币）	投资规模（亿元人民币）	引进企业（个）	利润（亿元人民币）	税收（亿元人民币）	研发平台（个）	优惠政策
1	国家化工新材料高新技术产业化基地	国家级	化工新材料	770	1817	550	104	74.69	161.3	23	
2	宁波高性能金属新材料分基地	国家级	高性能金属新材料	3500	157.2188	86.1994	38	1.6617	0.3917	1	重大项目一企一策
3	宁波新材料科技城象山延伸区（以产业区为依托）		高性能金属材料、海洋耐蚀耐候材料、海洋防腐防污涂料、环境友好功能高分子材料	14.7							

表 3-46　宁波市新材料重大项目建设情况

序号	项目名称	项目性质（新建、改扩建）	投资企业	建设周期	截至 2013 年项目完成进度（%）	主要产品	技术来源	投资规模（亿元人民币）	项目达产后预期利润（亿元人民币）
1	年产 17 万吨碳五碳九综合利用技改项目	改扩建	浙江恒河石油化工股份有限公司	2013 年 6 月至 2014 年 1 月 2 月	土建 95%；结构 90%；设备安装 20%	碳五碳九	国内外著名科研院共同研发	4.90	2.25
2	年产 10 万吨异戊橡胶项目	改扩建	宁波金海德旗化工有限公司	2014—2016 年	0	异戊橡胶	国内外著名科研院共同研发	18.00	5.00
3	年产 2500 吨能源热管理 E 导材料生产线项目	改扩建	宁波信远炭材料股份有限公司	2013 年 4 月至 2015 年 3 月	55	E 导材料	引进	1.00	0.34
4	年产 2 万吨家用铝箔项目	改扩建	浙江中金铝业有限公司	2013 年 8 月至 2014 年 12 月	50	铝箔	自有	1.30	0.62

（续表）

序号	项目名称	项目性质（新建、改扩建）	投资企业	建设周期	截至2013年项目完成进度（%）	主要产品	技术来源	投资规模（亿元人民币）	项目达产后预期利润（亿元人民币）
5	年产6万吨工程塑料级PBT合成树脂生产线项目	新建	浙江邦吉新材料股份有限公司	2013年2月至2015年1月	39	PBT合成树脂	自有	4.62	0.45
6	年产2万吨高性能铜镍、铜铁合金板带生产线技术改造项目	改扩建	宁波兴业盛泰集团有限公司	2013—2014年	50	高性能铜镍、铜铁合金板带	自有	1.98	0.31
7	年产2.5万吨超大规模集成电路铜镍硅引线、框架、电子铜带生产线技术改造项目	改扩建	宁波兴业鑫泰新型电子材料有限公司	2013—2014年	50	铜镍硅引线框架电子铜带	自有	1.80	2.82
8	万洋纺织扩建项目	改扩建	浙江万洋纺织有限公司	2013—2015年	12			2.28	
9	二期扩建项目	改扩建	浙江表面处理有限公司	2013—2015年	30			2.00	
10	新建尼龙扎带制造生产项目	新建	宁波风泰塑料电气有限公司	2013—2015年	0			1.10	
11	新建科技表面处理项目	新建	宁波艾尚环保科技股份有限公司	2013—2015年	0			2.00	
12	扩建改造	改扩建	宁波翔神控股集团有限公司	2013—2014年	69.7			0.33	
13	超薄型电子玻璃纤维布生产项目	改扩建	浙江银翔材料有限公司	2013—2014年	12.5			0.80	
14	高档板材生产项目	改扩建	浙江海誉新材料有限公司	2013—2014年	20			0.75	
15	金属表面处理生产项目	改扩建	宁波亚太金属表面处理有限公司	2012—2014年	50			0.52	

（续表）

序号	项目名称	项目性质（新建、改扩建）	投资企业	建设周期	截至2013年项目完成进度（%）	主要产品	技术来源	投资规模（亿元人民币）	项目达产后预期利润（亿元人民币）
16	二期精加工项目	新建	宁波日星铸业有限公司	2013—2016年	13			6.00	
17	塑化公司丁基橡胶（IIR）项目	新建	台塑合成橡胶	2011—2014年	60	丁基橡胶		20.00	
18	台塑SAP改扩建项目	改扩建	台塑吸水树脂（宁波）有限公司	2012—2014年	58	SAP		3.45	
19	台塑PVC糊树脂项目	新建	台塑工业（宁波）股份有限公司	2012—2014年	62	PVC糊树脂		6.50	
20	海越股份新材料138万吨/年丙烷与混合碳四利用项目	新建	宁波海越新材料有限公司	2011—2014年	70	异辛烷、甲乙酮		84.00	
21	韵升磁性材料生产项目	新建	宁波韵升特种金属材料有限公司	2012—2014年	50	烧结钕铁硼磁性材料		4.10	
22	宁波利勇新材料研究中心	新建	宁波利勇新材料实业有限公司	2013年9月至2015年9月	11	高性能海洋油污回收材料等	宁波大学材料与应用学院陈忠仁博士团队	1.70	
23	年产5000吨新能源汽车用高性能烧结钕铁硼项目（一期年增产1000吨）	改扩建	宁波松科磁材有限公司	2014年12月至2016年12月	0	钕铁硼磁钢	自有	1.00	0.30
24	年产5亿只高精度一级耐水（中性硼硅玻璃）注射剂包装生产线技改项目	新建	宁波正力药品包装有限公司	2013年6月至2015年5月	20	中性硼硅玻璃注射剂包装		1.08	0.20
25	关于年产100吨烧结钕铁硼取向成型自动化技改项目	新建	宁波永久磁业有限公司	2012年1月至2014年6月	40	钕铁硼		0.10	0.04

（续表）

序号	项目名称	项目性质（新建、改扩建）	投资企业	建设周期	截至2013年项目完成进度（%）	主要产品	技术来源	投资规模（亿元人民币）	项目达产后预期利润（亿元人民币）
26	年产3000吨高性能钕铁硼生产线技改项目	新建	宁波科田磁业有限公司			钕铁硼		1.44	
27	惠之星光学硬化膜项目	新建	宁波惠之星新材料科技有限公司	2013年9月至2014年12月	30	高性能光学硬化膜		3.00	0.30
28	激智科技光学薄膜生产项目	新建	宁波激智科技股份有限公司	2012—2013年	100	光学薄膜	自有	1.48	4.75
29	年产80万吨纤维聚酯装置	新建	浙江华鑫化纤有限公司	2012年7月至2014年12月	50	纤维		27.56	
30	PBT合成树脂项目	新建	浙江美源新材料股份有限公司	2013年12月至2014年12月	10	树脂		3.88	
31	稀土、彩色不锈钢生产项目	新建	宁波晟隆新材料有限公司	2012年10月至2014年12月	60	稀土、彩色不锈钢		11.73	
32	年产20万吨再生电解铜、15万吨环保铜杆、5万吨漆包线	改扩建	宁波世茂铜业有限责任公司	2012年6月至2014年12月	70	环保铜杆		6.50	
33	年产15万吨再生低熔点聚酯短纤维项目	新建	宁波大发化纤有限公司余姚分公司	2013—2015年	30	再生低熔点聚酯短纤维		3.50	
34	10万吨多功能薄膜生产线项目	新建	浙江金瑞薄膜材料有限公司年产	2014—2017年	0	多功能薄膜		4.50	
35	引线框架制造项目	改扩建	宁波华龙电子股份有限公司	2013—2015年	30	引线框架	自主	2	0.5

确保优先安排新材料产业领域建设项目，并重点向产业专业园（基地）和重大项目倾斜，推动宁波新材料产业向先进的集群化发展；在严格项目节能和环保审查的同时，细化能耗指标和环境容量新材料产业建设项目优先保障制，节能评估以产品能源单耗先进水平为参照标准，建设项目能源消耗和环境容量指标实施全市统筹配置，并优先予以保障；加大电力、燃气、水等资源配置向新材料产业领域的倾斜，全面落实新材料产业领域“810 实力工程”和高成长企业的差别优惠水价政策，有效促进产业的健康发展。

（四）加强产业集聚发展

按照《宁波市战略性新兴产业专业园（基地）管理细则》（以下简称《管理细则》），以产业相对集聚和要素集约利用为原则，实现错位发展；结合新材料科技城建设，采用点面结合的方式，推动新材料科技城孵化毕业企业向各产业专业园和生产基地集聚；鼓励各县市区根据自身特色产业，培育建设新的产业专业园区和生产基地，对于符合《管理细则》的产业集聚区采用“一事一议”的方法，对工业用地、能耗指标和环境容量等要素进行市本级统筹安排。

（五）加强高端人才集聚优势

加大对新材料产业领域人才引进和培育的政策倾斜。全面落实“人才强市”战略，加大对新材料产业领域人才引进的支持。在“中国浙江•宁波人才科技周”、国内外宁波周、大中专毕业生洽谈会、国内人才洽谈会、财富•宁波中高级人才洽谈会和“浙洽会”、“海洽会”等市年度活动中，开辟新材料产业人才专项活动。依托中国宁波人才市场优势，开办宁波新材料产业重点领域专业人才市场，构建市场化的新材料专业人才资源配置平台。扶持海外高端人才引进基地，将借助中科院宁波材料所等重点科研单位优势设立的海外人才网点，纳入市海外引才引智基地，列入市海外引才引智活动年度计划，在活动经费上给予支持。

六、2014 年宁波市新材料产业工作总体安排

（一）加快推进新材料科技城的建设

新材料科技城的定位是宁波经济实现转型升级和创新驱动的引擎，创新平台搭建、创新人才集聚、创新企业孵化以及创新体制建设是其 4 大主体任务。2014 年将重点组织完成新材料科技城发展总体规划、中长期发展规划和产业发展规划编制工作，进一步明确科技城的发展思路、功能布局和实施路径，推进国际新材料创新中心、新材料初创产业园等平台搭建。

（二）组建高水平专家工作组对宁波新材料产业进行把脉问诊

结合科技城细分领域研究工作，委托中国工程院化工、冶金与材料学部院士专家，一方面根据新材料产业化细分领域广、产业链长的特点，结合全球产业发展的新趋势、新特点，在充分调研和科学谋划基础上，确定宁波市新材料产业的未来主攻方向，高水平、有针对性地招引创新产业、研发机构及领军人才。另一方面，在调研宁波本地企业过程中，对企业发展中所面临的各类瓶颈问题进行把脉与咨询，把其中共性问题汇总后提交相关部门决策参考。

（三）推进重点项目建设

落实新材料产业项目 2014 年投资推进计划，通过信息通报、督查协调、考核评价等工作加快项目建设进度。重点推进列入计划的 5000 万元人民币以上战略性新兴产业在建、拟建项目。对 2013 年竣工投产的墨西科技年产 1000 吨石墨烯生产线新建项目等一批 5000 万元人民币以上战略性新兴产业项目组织实施发展专项项目认定，落实 100 万元人民币奖励和税收环比增长部分返还政策。

（四）加强产业集聚区建设

加强三年行动计划提出的一基地，即宁波石化经济技术开发区建设；推进已挂牌的杭州湾新区高性能新材料产业园以及大榭万华工业园建设，争取慈东滨海区碳材料专业园列入新一批战略性新兴产业产业园。

（五）加快人才引进培养

认真贯彻落实市委、市政府《关于建设宁波新材料科技城人才管理改革试验区的若干意见》，落实有关财税、土地、金融、科技、职称、身份、户籍、医疗、住房、出入境等新政，制定出台政策实施导则。继续组织实施人才和团队引进“3315 计划”，重点引进海洋新材料、材料计算及模拟、生物医用高分子领域的高层次人才。组织各类海外专题引才活动，大力引进高端研发、工程技术和管理人才。

第三十三节　青　岛　市

一、青岛市新材料产业发展情况

（一）青岛市新材料产业总体发展情况

2013 年，青岛市规模以上新材料企业 283 家，较上年增加 18 家，产值 795.4 亿元人民币，比 2012 年增长 9.43%。全年青岛市新材料产业申请专利 975 项，其中申请发明专利 80 项；拥有省级以上研发中心 3 个。

（二）青岛市新材料产业重点领域发展情况

青岛市新材料产业涵盖了特种金属功能材料、高端金属结构材料、先进高分子材料、新型无机非金属材料、高性能复合材料、前沿新材料等 6 个门类。其销售收入在全市战略新兴产业中占到 1/5 左右的比重，但是在整个工业中占比并不高。2013 年，青岛市新材料产业工业增加值率为 13.30%，规模以上企业销售收入在全市战略新兴产业中的比重为 20.48%，占全市规模以上工业企业的比重为 4.97%，如图 3-7 所示。

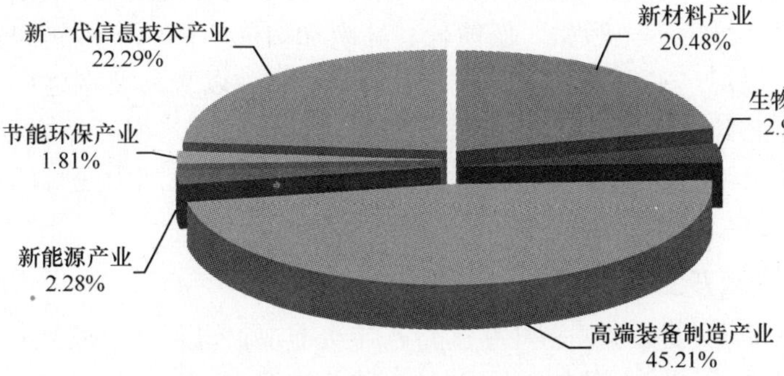

图 3-7 2013 年青岛市战略新兴产业各领域产值比重图

青岛市新材料产业的技术获取采用了引进、合作开发、自主创新相结合的方式。青岛市新材料产业领域的产学研合作模式呈现出跨区域、跨领域、多学科、多样化的特点。例如，青岛云路新能源科技有限公司设立了中航工业动力非晶技术研究院，与中科院金属研究所进行合作研发。乾运高科新材料与清华大学、中科院化学所、中科院物理所、中科院能源所以及国内外著名企业建立各种形式的合作关系，共同研发多种新的储能锂电池正极材料。青岛新材料科技工业园发展有限公司不仅与青岛科技大学开展全方位合作，邀请大学教授直接进入企业参与指导研发工作，而且还联合中国航天科技集团航天材料及工艺研究所、中国科学院高分子物理与化学国家重点实验室、四川大学高分子材材料工程国家重点实验室、华南理工大学聚合物新型成型装备国家工程研究中心、中国海洋大学、青岛大学等高校和研究机构，为企业提供市场调研、委托研发、成果鉴定、技术咨询等服务。青岛新宇田化工有限公司则是与青岛科技大学、青岛理工大学功能材料研究所等机构签订技术咨询合作协议，开展了高速铁路脂肪族面漆及层间黏合剂等新材料的研发。

（三）青岛市新材料产业年度重大事件

1. 新能源材料产业化与技改项目完成

“新能源电动车用锰酸锂正极材料产业化项目”是 2011 年度国家重大科技成果

转化项目，由青岛乾运高科新材料股份有限公司申报实施。项目完成后，建成了10条新能源电动车用锰酸锂正极材料生产线，达到了5000吨的生产规模。同时，青岛乾运高科新材料股份有限公司申报，并被列入2012年工业中小企业技术改造中央投资项目的“高性能镍钴锰酸锂材料技术改造项目”也于2013年完成，建成了4条高性能镍钴锰酸锂材料生产线，达到了1000吨的生产规模。

2. 国家石墨烯产业创新基地落青岛

2013年9月，青岛高新区与中国石墨烯产业技术创新战略联盟、青岛赛瑞达电子装备股份有限公司签订了《青岛国家石墨烯产业创新示范基地共建协议》。参与单位将共同为青岛市编制石墨烯技术研发及产业应用发展战略，根据青岛市的产业结构特征，规划绿色、无污染、低能耗、高附加值的石墨烯产业链发展方向，重点在青岛开展石墨烯产业在海洋工程的应用及推广，并以青岛赛瑞达电子装备股份有限公司为主体共建石墨烯产业技术创新平台、石墨烯工艺和产品检测技术中心。此外，由青岛赛瑞达电子装备股份有限公司投资2.2亿元人民币建设的石墨烯研发及产业化基地项目，完成主体工程。

3. 非晶产业园开工建设

青岛云路新能源科技有限公司筹建的万吨级非晶产业园于2013年5月奠基。该项目位于即墨市蓝村镇西部加工区内，计划总投资10亿元人民币，分三期投资建设：一期计划投资2亿元人民币，建设3万吨级非晶带材生产线，12 000平方米生产车间及办公楼，2013年完成主体施工。改项目投产后，将打破国外公司对我国在该领域的垄断。

（四）青岛市新材料产业发展存在的问题

1. 存在的问题

经过近几年的努力，青岛市新材料产业已经在产业规模、技术水平、发展机制等方面具备了良好的发展基础，但依旧存在着一定的问题。

（1）新材料产业整体规模较小。青岛市新材料产业中尚处于发展的前期，发展还不成熟。企业整体规模较小，销售收入多在1亿元人民币以下，行业龙头企业、优势企业较少，产业聚集度、关联度较低，新材料企业在全市各区市均由分布，且尚没有形成优势产业集群。

（2）自主创新能力不强，高层次人才匮乏。青岛市新材料产业总体还处于跟踪和追赶阶段，产业研发能力薄弱，缺乏自主知识产权，企业开发新材料的困难较大。目前青岛市新材料产业虽有一定的研发技术力量，但从产业发展的要求看，自主创新的能力仍然较弱，特别是中小企业更缺乏创新能力。高层次人才引不来、留不住的现象比较严重。特别是一些关键的新材料产业领域，专业人才不足已成为制约新材料产业发展的重要因素。

（3）产业化步伐缓慢。由于技术创新成果的高效转移和转化机制建立滞后，导致新材料产业化步伐缓慢，科研与生产、应用之间脱节，基础研究与产业化之间普遍缺少中试研究阶段，大量科研成果不能转化为现实生产力，很多先进技术大都停留在实验室阶段，难以实现产业化和规模化。

（4）企业融资困难。处于成长期新材料企业多属于中小企业，甚至微型企业，加上新材料产业具有高风险的特点，使得许多新材料企业缺乏风险基金和贷款担保基金支持，融资非常困难。特别是一些具有自主知识产权，或者拥有关键核心技术的中小型企业，由于启动资金、创业资金匮乏，只能靠自身积累一步步做大，严重影响了企业发展的速度。

2．对策建议

未来应从以下几个方面入手推动青岛市新材料产业的发展。

（1）突出产业优势，搞好规划布局。根据目前青岛市新材料产业特点和产业布局，确定新材料发展的基本原则，明确产业发展战略，力争把新材料产业纳入青岛市“十三五”规划发展重点，以“十三五”规划编制为契机，进一步完善青岛市新材料产业发展规划。

（2）搭建新材料产业创新平台。积极培育新材料研发转化生产基地和技术转移试点园区。加大“内扶外引”力度，培育龙头企业，围绕青岛市新材料产业的特点和技术优势，下功夫引进一批知名新材料企业、重大龙头项目及配套项目，引进和创新影响产业发展的重大关键技术和装备，大力扶持本土企业发展壮大。鼓励新材料企业的联合、并购、重组，做大产业规模，提高产业整体竞争能力，并提升产业集群上下游行业关联的整体功能。

（3）完善产学研合作创新体系。进一步完善产学研用相结合的产业发展机制，完善产业链条，提高产业创新能力。引导生产企业与科研院所、下游用户紧密合作，建立一批以重点企业为主体，上下游紧密合作，分工明确，利益共享，成员优势得到充分发挥的产学研用一体化产业联盟，形成从上游原料生产到新材料加工，再到下游示范应用的完整产业链。

统筹现有各类新材料产业的科研和产业资源，组建研发平台、工程技术研究中心、重点实验室，使应用研究和开发研究并举，研发与成果商业化并行。加强创新服务平台建设，编制新材料研发和产品指导目录，鼓励新材料龙头企业整合全市科研机构的公共服务资源，建成行业内公共实验、检测等公共服务平台。

（4）完善投融资机制。加大财政引导资金支持，提高新材料产业资金所占财政支出的比例，设立新兴产业发展专项资金，对潜力大、前景好而又急需投入的项目给予重点支持。整合专项扶持资金，带动社会资本投入。同时，制定出台完善的风险投资和金融担保政策，为风险投资和金融担保创造宽松的环境和条件，鼓励民间资本和境外资本的进入。

二、青岛市新材料重点企业发展情况

2013年，青岛市37家新材料领域的工业企业涉及特种金属功能材料、高端金属结构材料、先进高分子材料、新型无机非金属材料、高性能复合材料等5个领域，累计注册资本2.14万亿元人民币，总资产78.7亿元人民币，完成销售收入55.56亿元人民币，出口额7504.16万美元，利润5.05亿元人民币，销售利润率为9.10%。

1. 青岛明月海藻集团有限公司

青岛明月海藻集团有限公司专业从事海藻酸盐、功能糖醇、海洋生物、生物医用材料、海洋化妆品、功能性保健食品配料6大产业的研发与生产。年产主导产品海藻酸钠20 000吨、甘露醇10 000吨，国际市场占有率分别为30%以上和25%以上，是目前全球最大的海藻酸钠生产基地、全国最大的藻酸丙二醇酯生产基地，海藻酸钠、藻酸丙二醇酯、海藻酸、甘露醇、山梨醇、碘、海藻生物肥等主导产品在行业内均处于领先水平。先后承担了国家科技支撑计划和国家"863计划"等国家级项目15项，累计申请国家发明专利20余项，获得国家科技进步二等奖1项、教育部科技进步一等奖1项。2012年企业技术创新投入达到3.6亿元人民币。

2. 青岛博益特生物材料有限公司

青岛博益特生物材料有限公司是集研发、生产、销售为一体的医用可降解生物材料专业性高科技企业。企业拥有整体万级、局部百级的GMP生产厂房，已投资建成粉剂、凝胶剂、粉雾剂、海绵剂、膜剂五条生产线，并组建了组织工程用壳聚糖、海藻酸钠原料批量生产平台。

公司先后承担和参与完成包括国家"十一五'863计划'"、"十五'863计划'"、"十五"科技攻关、"九五"科技攻关、"八五"科技攻关、国家自然科学基金等国家项目15项，教育部、省、市项目数项。申请国家发明专利25项。企业正在建设的"海洋生物医用材料产业化项目"，建成达产后可实现年销售收入4亿元人民币。

3. 中皓生物工程有限公司

中皓生物工程有限公司以中国海洋大学为技术依托，主要致力于生物领域的组织工程人眼角膜的研究、开发并实施产业化。公司与中国海洋大学共同研发的组织工程人角膜产品，具有完全独立的知识产权，已申请国家发明专利6项、国际专利1项，在申请国家发明专利4项，并已获得第Ⅲ类植入材料和人工器官的生产许可证。2013年4月，医用人工全层眼角膜产品获准进入临床试验阶段。

4. 青岛国恩科技股份有限公司

青岛国恩科技股份有限公司成立于2000年12月，位于青岛市城阳区青大工业园，占地168亩，主营业务为改性塑料粒子及深加工后的各种改性塑料制品的研发、生产和销售，所属行业为塑料制品业。公司产品主要为改性塑料粒子、改性塑料制品两大类。

5．青岛润兴塑料新材料有限公司

青岛润兴塑料新材料有限公司是青岛大学高性能聚合物研究物的中试与产业化基地。拥有双螺杆挤出生产线近 20 条，年生产能力超过 3 万吨，是以塑料色母料、功能母料、高性能改性塑料的研发、生产、销售和服务为主业的创新型企业，主要产品有家电、汽车、电子和工程用各类色母料、功能母料和改性塑料，应用领域涵盖家电、汽车、电子、包装等行业。

6．青岛乾运高科新材料股份有限公司

青岛乾运高科新材料股份有限公司是一家研发、生产高技术新能源材料的科技密集型企业。目前公司以锰酸锂、磷酸铁锂、三元材料为切入点，产品形成十大系列几十种规格，包括大型动力电池、储能电池、大型不间断电源以及笔记本电脑电池、手机电池、数码产品电池、矿灯电池、等锂离子电池中正极材料等。公司拥有大型锰酸锂生产线 10 条，三元材料生产线 6 条，磷酸铁锂生产线 8 条，可年产锰酸锂材料 8000 吨，三元材料 2000 吨，磷酸铁锂材料 1500 吨。

7．青岛云路新能源科技有限公司

青岛云路新能源科技有限公司是与中航工业沈阳黎明航空发动机公司合资的央企控股企业。公司是集电磁器件及新材料研发、制造、销售和服务于一体的高新技术企业，主要生产电磁元器件及软磁材料，年生产电磁元器件产品 6413 万台，非晶带材 2800 吨。公司拥有青岛、珠海两大生产基地；下设城阳分公司、珠海子公司、非晶事业部和 HT 事业部。公司资产总额 7.5 亿元人民币。

8．青岛麦格耐特科技有限公司

青岛麦格耐特科技有限公司成立于 2010 年，主要从事钕铁硼稀土永磁材料精加工，总投资 12 亿元人民币，占地面积 158 亩，建筑面积 70 000 平方米。2012 年 4 月一期开工，2013 年 10 月投产，当年实现销售收入 1.2 亿元人民币，利税 1600 万元人民币。

9．青岛新宇田化工有限公司

青岛新宇田化工有限公司主要经营聚氨酯系列产品的研发、生产及销售。技术来源多为自主研发，部分项目是与中科院宋振骐院士及山东科技大学、青岛理工大学等高校、专家共同合作研发。2013 年企业销售收入为 5.46 亿元人民币，利润总额 1610 万元人民币。

近年来，公司围绕合成革用水性聚氨酯、10 年耐久性家具革用树脂夜晚可视聚氨酯弹性体路桩、合成革用拨水剂、矿用加固堵水材料、矿用充填泡沫材料等新产品的市场需求，共开展了合成革用水性聚氨酯等 52 个开发项目，其中有 29 个项目列入青岛市企业技术创新重点项目计划。截至 2013 年年末，公司获得实用新型

专利18项，发明专利1项。

三、青岛市新材料重点产业基地情况

（一）集聚区发展状况

2013年青岛市共有8个新材料产业集聚区，分别为即墨金属新材料产业集聚区、即墨太阳能光伏产业集聚区、莱西石墨新材料产业集聚区、莱西橡胶材料产业集聚区、平度高分子新材料产业集聚区、平度新能源材料产业集聚区、青岛新材料产业化基地（城阳）和黄岛能源新材料产业集聚区。这些集聚区产值达275.3亿元人民币，投资规模为164.5亿元人民币，引进新材料企业193家，利润达17.39亿元人民币，税收为6.44亿元人民币，同时建有5个研发平台。莱西橡胶新材料产业集聚区于2013年为认定为市级新型工业化示范基地。

青岛市新材料重点产业基地情况参见表3-47。

表3-47　青岛市新材料重点产业基地情况

序号	基地名称	基地级别（国家、省、市）	重点发展领域	占地面积（公顷）	产值（亿元人民币）	投资规模（亿元人民币）	引进企业（个）	利润（亿元人民币）	税收（亿元人民币）
1	即墨金属新材料产业集聚区	青岛市	金属新材料	50	14	10	1	1.2	0.8
2	即墨太阳能光伏产业集聚区	青岛市	新能源	100	20	15	8	1.5	0.5
3	莱西石墨新材料产业集聚区	青岛市	石墨新材料	650	48	15	13	7.5	1.5
4	莱西橡胶材料产业集聚区	青岛市	合成橡胶新材料	1300	43	未统计			
5	平度高分子新材料产业集聚区	青岛市	橡胶高分子材料、轮胎	1580	50	100	30	5	0.5
6	平度新能源材料产业集聚区	青岛市	新能源、新材料	1200	15.6	10	10	0.8	0.9
7	青岛新材料产业化基地	青岛市	高分子材料、锂电池材料	732.5	78.7	14.5	131	1.39	2.24
8	黄岛能源新材料产业集聚区	青岛市	锂电池材料	200	6	未统计			
总计				5812.5	275.3	164.5	193	17.39	6.44

（二）集聚区布局

1．即墨市

即墨市分布有金属新材料产业集聚区和太阳能光伏产业集聚区。

金属新材料产业集聚区是青岛市重点发展的4大新材料产业集聚区之一，重点发展能源新材料和非晶带材产业。云路非晶带材产业园由青岛云路新能源科技有限公司和中航沈阳黎明发动机有限公司合资3.5亿元人民币建设。

即墨市太阳能光伏产业集聚区是青岛市重点培育发展的15个产业集聚区之一。依托昌盛日电太阳能科技产业园，与中国节能环保集团、中国建材集团两大央企合作，打造“低碳生活、和谐生产、生态宜居”的太阳能特色小镇。

2．莱西市

莱西市分布有石墨新材料产业集聚区和橡胶材料产业集聚区。

（1）莱西石墨新材料产业集聚区范围包括莱西市南墅镇南部、北部已建园区和中部新建园区3部分。主导产业是石墨深加工新材料，产业定位是重点发展锂电池负极、球形石墨等新材料，高档陶瓷加工产品、隔热及彩色硅胶等新型建筑材料。

（2）莱西橡胶材料产业集聚区以姜山橡胶材料制造产业园为主园区，主导产业为橡胶材料制造、橡胶制品生产、轮胎制造、合成橡胶制造产业。集聚区内规模以上企业有115个，2013年工业总产值171.2亿元人民币。

3．平度市

平度市高分子新材料产业集聚区主导产业为全钢轮胎、半钢轮胎、炭黑、白炭黑、顺丁橡胶、溶聚丁苯橡胶、异戊橡胶等橡胶及高分子材料。目前已入驻格锐达轮胎、七洲橡胶等。集聚区内有规模以上企业11家，2013年总产值50亿元人民币。龙头项目为国家橡胶与轮胎工程技术研究中心投资68亿元人民币的橡胶新材料绿色联合体项目，项目全部建成后，可实现年产值300亿元人民币，税收20.5亿元人民币。

根据规划，预计2015年，集聚区工业总产值达到350亿元人民币，开发面积500公顷，新增规模以上企业10家。

4．城阳区

城阳区只布局一个新材料产业集聚区——城阳新材料产业集聚区。

城阳新材料产业集聚区主导产业是无机非金属新材料、高分子材料、特种涂料、金属新材料等产业。2013年工业总产值达到97亿元人民币。

5．黄岛区

黄岛区只布局一个新材料产业集聚区——黄岛能源新材料产业集聚区。

黄岛能源新材料产业集聚区主导产业为动力型锂电池材料、新型海洋工程材料、新一代光电子材料等产业。

（三）集聚区发展经验

一是抓好重点项目建设，扶持引导企业进行技术改造，为企业增加新的增长点。

二是抓好各地区重点企业的上市工作，引导企业通过上市融资，进一步做大做强。

三是主动走出去，加强与国内国际重点院校、科研机构的联系和沟通。

1. 通过规划引导集聚区错位发展

2012 年 7 月青岛市政府正式发布了《全市工业产业集聚区（基地）布局规划》（青政办发[2012] 22 号）。规划把集聚区建设作为发展新材料生产企业及研发机构的主要载体，对各区市新材料产业集聚区的产业类型作出明确规定，实现集聚区的错位发展，逐步理顺园区建设工作机制。

2. 搭建管理服务平台

建立完善工业产业集聚区管理服务工作机制。建立市、区市、乡镇（办事处）三级管理机制。同时，建立青岛市新材料产业技术公共服务平台，面向青岛市新材料产业中小企业，为全市新材料行业提供集研发、中试孵化、检测、技术培训、人员培训以及信息等一体化服务，为行业企业研发水平提高和产品竞争力提升提供技术、人才和信息支撑。

3. 加强产业链项目的引进

为完善集聚区产业链条，有重点地引进新材料项目，促进产业链延伸，使“招一个、引一串、带一片”的效应发挥出更大作用。注重实行定向招商、以商招商，实施全方位服务，以优越的投资环境赢得投资商的信赖，有重点地发动组织已落户投资商和关系密切的外地客商帮助引荐项目。

4. 推动集聚区品牌建设

借鉴青岛市其他产业品牌创建经验，一方面引导集聚区突出自身的产业定位，塑造鲜明的个性化品牌，另一方面支持管理规范、经营规模和业绩好的企业争创名牌和省级以上知名商标，打造新材料企业和产品品牌。

四、青岛市新材料重大项目建设情况

2013 年青岛市新材料重点项目共有 48 个，其中，新建项目 40 个，改（扩）建项目 8 个，建设周期基本控制在 1～2 年之内，超过 1/2 的项目进度已超过 50%（含 50%），甚至有超过 10 家企业已基本完成基础项目建设，进入后期完善阶段。

2013 年，青岛市新材料重大项目主要有以下几个。

1. 非晶产业园项目

2 万吨级非晶产业园项目由青岛云路新能源科技有限公司投资建设。项目计划总投资 10 亿元人民币，分三期投资建设：一期计划投资 2 亿元人民币，建设 3 万吨级非晶带材生产线，12 000 平方米生产车间及办公楼。项目建成后年产量达 8.9

万吨，产值达 13.9 亿元人民币，利税达 2 亿元人民币。

2. 中航动力（青岛）非晶技术研究院项目

中航动力（青岛）非晶技术研究院项目计划投资 2.8 亿元人民币，建设非晶新材料研发、孵化基地，计划 2016 年投入使用。研究院围绕“一个研究中心、三个平台、一个孵化基地”进行建设。其中，“一个研究中心”是指中航新材料研究中心，下设非晶合金、高低温合金、新材料、海洋多功能材料、热工艺技术 5 大科技领域研究所；“三个平台”包括以平流铸造技术为核心的专业化装备设计研发以及配套设计平台，符合 CNAS、CMA 认证的世界一流的金属材料检测平台，进行相关先进软件及数据库的建设和相关的配套服务平台；“一个孵化基地”是指多功能高效新材料产业孵化基地。

3. 无机非金属产业基地项目

青岛华硕精密陶瓷有限公司无机非金属产业基地项目的建设填补了国内精密陶瓷产业实施常压烧结碳化硅规模化产业化的空白，将逐步打造以精密陶瓷技术为核心的先进装备制造产业集群。项目建设分为两期，一期计划至 2015 年前年产能将达到 500 吨，年实现产值 20 亿元人民币；二期建成运营后，年产能将达到 1000 吨，年实现产值 40 亿元人民币。

4. 青岛永敬宝丰新型建材有限公司

青岛永敬宝丰新型建材有限公司项目总投资 5 亿元人民币，主要从事新型复合材料生产及销售，项目于 2013 年 3 月开工建设，计划 2014 年 6 月竣工投产。项目达产后，预计年可实现销售收入 3 亿元人民币，税收 1000 万元人民币，可安排劳动力 200 人。

5. 青岛乾运高科新材料股份有限公司新能源材料项目

青岛乾运高科新材料股份有限公司新能源材料项目年产 1000 吨高电压高容量固溶体锂电池正极材料项目和新型钒电池用硫酸氧钒材料项目，投资 4500 万元人民币，年增加效益 1.75 亿元人民币。项目计划于 2015 年年底建成。

6. 昌盛日电太阳能科技产业园项目

昌盛日电太阳能科技产业园项目是国家“金太阳工程”重点项目。项目计划投资 15 亿元人民币，主要产品有单结型、叠层型、中空幕墙型非晶硅薄膜电池以及铜铟镓硒薄膜电池四大类产品。其中，项目主体为大连理工大学、软控股份合作投资 12 亿元人民币建设多晶硅提纯及装备制造项目。投产后，可形成年产 500 吨太阳能级多晶硅和 100 套多晶硅生产线的生产能力。

7. 青岛国恩科技股份有限公司高分子材料项目

青岛国恩科技股份有限公司高分子材料项目包括年产 1400 万件高效低噪空调

风叶项目和年产 28 000 吨改性塑料项目，由青岛国恩科技股份有限公司投资 3 亿元兴建，预计 2014 年年底建成，年增加效益 5.5 亿元人民币。

五、青岛市新材料重点发展政策

（一）全市工业产业集聚区（基地）布局规划

2012 年 7 月青岛市政府正式发布《全市工业产业集聚区（基地）布局规划》（青政办发[2012]22 号）。规划对市属五市三区工业园区发展进行了产业定位，对蓝色经济产业、战略性新兴产业、传统优势产业和全市重点培育发展产业的空间布局进行了规划界定。其中涉及新材料产业的集聚区有 8 个。

（二）关于推进工业新兴产业发展的指导意见

2009 年 12 月青岛市人民政府办公厅转发了市经济和信息化委员会《关于推进工业新兴产业发展的指导意见》（青政办字[2009] 158 号）。指导意见中，确定了青岛市新材料产业未来发展领域——高强金属材料（铝、镁、钛等）、高温合金材料、功能陶瓷材料、功能涂层材料、高性能密封材料、新能源关键材料和储氢材料、生物基复合材料以及功能性纺织新材料等。

（三）青岛市“十二五”科学和技术发展规划纲要

2011 年 6 月，青岛市政府发布《青岛市“十二五”科学和技术发展规划纲要》（青政字［2011］30 号）。规划中设有新材料产业专项，进一步明确了新材料产业发展方向，并将高性能纤维材料、动力型锂电池、超导线材及非晶带材和合成橡胶等 4 个领域作为技术研发重点。

（四）青岛市激励创新创业加快科技企业孵化器建设与发展的若干政策实施细则

2012 年 11 月青岛市科技局印发了《青岛市激励创新创业加快科技企业孵化器建设与发展的若干政策实施细则》（青科字[2012]8 号）。实施细则中将新材料创业项目纳入资助范围，并根据项目类别分别给予项目 100～300 万元人民币的贴息补助或 50～200 万元人民币无偿资助。

六、2014 年青岛市新材料产业工作总体安排

（一）实施品牌培育战略

从集聚区品牌和企业品牌量方面入手，实施品牌培育战略。一方面，按照建设新型工业化产业示范基地的标准，指导新材料产业集聚区创建市、省和国家级产业

示范基地。另一方面以新一轮“青岛金花”培育为契机，规划新材料企业品牌培育，推动企业品牌发展。

（二）细化新材料产业发展政策

加快培育壮大化工、橡胶、金属、建材、能源、电子信息等领域的新材料产业。制定石墨行业发展指导意见，加强资源保护，促进精深加工，形成可持续发展的优势产业集群。

（三）推动新材料产业集聚

建立材料工业技术改造项目库，借助技术改造，推动传统材料产业升级。结合老城区企业搬迁，引导新材料产业集聚，根据新材料产业集聚区功能定位开展定向招商，积极引进带动性强、安全环保、技术先进的项目和上下游配套项目，促进产业链做优做长。

（四）加快小微企业两化融合

围绕落实“两化深度融合专项行动实施方案”，加快小微企业两化融合。依托中小企业云服务平台，以开展 ERP 为核心的经营管理系统为重点，设计开发行业和集聚区的两化融合方案。

（五）推进重点企业的上市工作

不断优化新材料重点企业和项目的投融资环境，抓好乾运高科、旭域土工、国恩科技 3 家企业的上市工作，引导企业通过上市融资，进一步做大做强。

第三十四节 厦 门 市

一、厦门市新材料产业发展情况

（一）厦门市新材料产业总体发展情况

2013 年全市规模工业增加值完成 1141.69 亿元人民币，增长 12.1%，超额完成年初确定的 12%预期目标。工业对 GDP 增长贡献率达 55%。2013 年，工业企业上缴税收 304.95 亿元人民币（同比增长 7.6%），占全市税收收入（756.17 亿元人民币）的 40.3%。

厦门新材料产业以特种金属功能材料（稀土功能材料、半导体材料）、高端金属结构材料为主，在新型无机非金属材料的特种玻璃方面也有涉足，其他均以应用为主。2013 年，全市新材料产业规模以上企业 30 家，实现产值约 247 亿元人民币，同比增长 5.6%。

（二）厦门市新材料产业重点领域发展情况

1. 特种金属功能材料—稀土功能材料

稀土功能材料是福建省厦门市在新材料领域的发展重点，厦钨已确定了以深加工带动产业良性发展的战略思路，即瞄准稀土应用高端市场，高起点发展稀土产业，建成在全国有影响力的高纯稀土氧化物、（5N、6N）高纯稀土金属；稀土永磁、稀土储氢、稀土发光材料等精深加工产品的研发和生产基地，形成从矿山开采、冶炼分离、稀土精深加工到科研应用的较为完整的产业体系。厦钨从 2006 年开始涉足稀土产业，计划打造稀土储氢合金、稀土发光材料、稀土磁性材料、稀土研发中心 4 个业务板块。公司现已建成 4000 吨/年稀土标矿分离能力，是国内唯一的 15 种稀土元素全分离的生产线；拥有 3500 吨/年储氢合金粉、1500 吨/年锂离子正极材料产能，2013 年，厦钨稀土功能材料产值达到 31.87 亿元人民币。

2. 特种金属功能材料—半导体材料

“十一五”以来，半导体发光材料在厦门市迅速发展，成为国内 LED 外延片、芯片主要生产基地之一，产品涉及红外、紫外、可见光和白光等领域，拥有三安光电、开发晶照明、乾照光电、晶宇科技等芯片制造企业，其中三安光电科技是目前国内规模最大的全色系超高亮度发光二极管外延及芯片产业化生产基地。厦门市 LED 外延片、芯片的最终用户是照明产品和液晶显示模组。2013 年，三安光电主营业务收入 4.75 亿元人民币，实现利润 0.62 亿元人民币。

3. 新型无机非金属材料—特种玻璃

厦门特种玻璃生产目前以加工为主，包括钢化、LOW-E 镀膜、ITO 镀膜等，企业有明达玻璃（浮法玻璃、钢化、LOW-E）、爱特鸥光电（ITO）、宸阳光电（光学玻璃、触控玻璃）、万德宏光电（ITO）、祥盛特种玻璃（防弹、防火、中空）等。

（三）厦门市新材料产业年度重大事件

在厦门市积极推进下，引进了中船重工七二五所厦门材料研究院及产业化基地。该研究院及产业化基地将以电子信息材料、高温合金材料、高性能基础材料、轻质金属结构材料、特种橡塑材料、海洋防护材料、新兴及前沿材料等专业为基础进行研究开发和产业化，并打造国内相关领域权威的检测、评价技术平台。

目前火炬高新区正依托中船重工七二五所，拓展高温合金节能材料、高端环保型系列防腐材料、纳米级靶材料、高性能永磁材料等项目。

（四）厦门市新材料产业发展存在的问题

当前，厦门市新材料产业发展还存在一些问题：新材料研发基础和技术支撑能力薄弱，自主开发能力不强；产业链条短，产业层次提升不快及新材料产业缺少专业化园区等问题需进一步解决。

二、厦门市新材料重点企业发展情况

厦门市共有规模以上新材料 30 家，重点新材料企业 10 余家，分别为厦门钨业股份有限公司（含其下属公司：厦门虹鹭钨钼工业有限公司、厦门金鹭特种合金有限公司、厦门省长汀金龙稀土有限公司）、春保森拉天时精密钨制钢制品（厦门）有限公司、开发晶照明（厦门）有限公司、厦门市三安光电科技有限公司、厦门厦顺铝箔有限公司、三达膜科技（厦门）有限公司、厦门通士达新材料有限公司。共实现主营业务收入 117.79 亿元人民币。

厦门市新材料重点企业发展情况参见表 3-48。

三、厦门市新材料重点产业基地情况

根据《美丽厦门战略规划》对全市各区域主体功能定位，厦门市经发局牵头制定了《优化工业布局推进搬迁改造实现集聚集约发展的实施意见》，拟在同安、翔安两区规划“新兴产业区”重点发展新材料产业等战略性新兴产业，以政策、资金引导产业集聚发展。新材料产业将集中在同安基地片区，产业发展重点集中在高温合金节能材料、高端环保型系列防腐材料、纳米级靶材、高性能永磁材料、半导体照明材料等方向上。目前该产业内已集聚了厦门金鹭特种合金、乾照光电、三维丝环保、清源科技、三达膜等企业。

同时厦门市正策划和推进厦门新材料科技成果转化示范基地建设，主要承接新材料领域中的新型功能材料、先进结构材料和高性能复合材料科技成果转化和落地项目。目前已完成投资 3000 万元人民币，基地建成后，将成为厦门市战略性新兴产业科技成果转化的重要平台。

四、厦门市新材料重大项目建设情况

截至 2013 年年底，厦门市共有 11 个新建、改扩建项目，总投资规模近 30 亿元人民币。

厦门市新材料重大项目建设情况参见表 3-49。

表 3-48　厦门市新材料重点企业发展情况

序号	企业名称	主营业务（含主导产品名称）	经济类型（分国有、民营、合资）	注册资本（亿元人民币）	总资产（亿元人民币）	销售收入（亿元人民币）	利润（亿元人民币）	出口额（万美元）	主导产品及产量	研发支出（亿元人民币）	专利申请数（个）
1	春保森拉天时精密钨钢制品（厦门）有限公司	碳化钨粉末、合金、模具等钨制品的生产、加工。主要的产品名称分别为粉末品、合金品、模具、工具	外资	1.45	5.96	4.41	0.19	2085	粉末品 576 753.9 千克；合金品 467 104.27；模具 65 377 个，工具 1 052 250 个		
2	开发晶照明（厦门）有限公司	光电子、LED 发光二极管（发光效率 50lm/W 以上高亮度发光二极管及发光效率 50lm/W 以上且功率 200mW 以上白色发光管）、LED 外延片（发光效率 50lm/W 以上发光二极管外延片）、LED 芯片、LED 光源模组、LED 灯源、LED 灯具和 LED 应用产品的研发、封装、生产制造，并提供技术咨询服务等	合资	7.56	10.67	2.46	0.038	2000	LED 外延产品 0.88 亿元人民币；LED 光源模组产品 1.39 亿元人民币；LED 芯片产品 0.11 亿元人民币；LED 照明产品 0.03 亿元人民币	0.13	1
3	厦门市三安光电科技有限公司	全色系超高亮度发光二极管外延及芯片	民营	2.3	23	6.6	0.62	153		0.46	32

（续表）

序号	企业名称	主营业务（含主导产品名称）	经济类型（分国有、民营、合资）	注册资本（亿元人民币）	总资产（亿元人民币）	销售收入（亿元人民币）	利润（亿元人民币）	出口额（万美元）	主导产品及产量	研发支出（亿元人民币）	专利申请数（个）
4	厦门钨业股份有限公司海沧分公司	钨冶炼产品、钨粉末、新能源材料等的研发。主营产品有仲钨酸铵、贮氢合金、钴酸锂、三元材料	合资	6.8198	53.05	32.16	3.92	1428.37	综合 APT 年产量 21 000 吨；储氢合金粉 3000 吨；钴酸锂 1580 吨；三元材料 1670 吨	0.19	8
5	厦门虹鹭钨钼工业有限公司	研发、生产、销售钨、钼、钽、铌、锆、镍、钛等有色金属的丝材、棒材、板材、异型材及钨钼元器件；拉丝模、旋锤模等模具；机器设备；金属产品检测服务	合资	2.09	7.96	7.34	0.86	4950	细钨丝（含半成品）140 亿米；粗钨丝（含半成品）920 吨	0.03	6
6	厦门金鹭特种合金有限公司	钨粉、碳化钨粉、钴粉、混合料、铸造碳化钨、复式碳化物、硬质合金、刀具和刀片的开发和制造	合资	6.1	27.89	24.43	1.27	12.26	粉末类产品 4190 吨；合金类产品 2709 吨；PCB 工具 2327 万件；整体刀具 115 万件；数控刀片 718 万片	0.63	14
7	福建省长汀金龙稀土有限公司	金龙主营业务稀土分离、稀有稀土金属冶炼、发光材料和磁性材料生产，其中磁性材料包括钕铁硼磁石、钕铁硼元器件	国有	3.72	13.56	7.2	−1.15	100	稀土氧化物 1741.71 吨；稀土金属 156.31 吨；荧光粉 551.87 吨；磁性材料 635.46 吨	0.23	5
8	厦门厦顺铝箔有限公司	以铝箔、铝箔坯料及 litho 产品的生产、销售为主营业务	外资	1.67	52	32	0.14	25 717	铝箔 77 528 吨；铝带（铝箔坯料及 litho 产品）158 921 吨	1.22	

（续表）

序号	企业名称	主营业务（含主导产品名称）	经济类型（分国有、民营、合资）	注册资本（亿元人民币）	总资产（亿元人民币）	销售收入（亿元人民币）	利润（亿元人民币）	出口额（万美元）	主导产品及产量	研发支出（亿元人民币）	专利申请数（个）
9	三达膜科技（厦门）有限公司	膜材料的开发、膜设备及其他分离与过滤设备设计、制造、安装、膜应用技术研究与推广、膜及相关行业的技术咨询服务、膜技术应用软件开发及制作。 主导产品为中空膜材料、陶瓷膜材料、卷式膜设备、Flow-cel 平板大超设备、连续色谱设备等	民营	0.81	5.103	3.1	0.43	230	（1）卷式膜设备，产量 4650 万元人民币；（2）Flow-cel 平板大超设备，产量 7130 万元人民币，（3）中空膜、陶瓷膜材料，产量 11 780 万元人民币；（4）连续色谱设备，产量 7440 万元人民币	0.032	9
10	厦门通士达新材料有限公司	公司主要从事电光源玻璃、发光材料、稀土材料、阴极材料和荧光粉涂敷用化工材料（不含危险化学品及监控化学品）的研究开发、制造、销售及相关技术服务。主导产品为稀土发光材料、无铅玻管等	国有	1	1.6	0.57	−0.29	15	稀土发光材料 100 吨； 无铅玻管 5200 吨	0.065	5

表 3-49 厦门市新材料重大项目建设情况

序号	项目名称	项目性质（新建、改扩建）	投资企业	建设周期	截至 2013 年项目完成进度（%）	主要产品	技术来源	投资规模（亿元人民币）	项目达产后预期利润（亿元人民币）
1	战略性高端钨钼制品中试基地	新建	厦门虹鹭	2012—2015 年	0.4	热场制品、旋压钼坩埚、高纯钨系列、大尺寸钨电极、钨聚合物、CVD 钨大系列产品	自主开发	1.66	1
2	高效、高精度硬质合金数控刀片生产线建设	改扩建	厦门金鹭特种合金有限公司	2010 年 9 月至 2012 年 12 月	1.002 3	硬质合金数控刀片	国家科技支撑计划	1.98	0.58
3	PCB 微型刀具及孔加工精密硬质合金刀具生产线扩建项目	改扩建	厦门金鹭特种合金有限公司	2012 年 1 月至 2013 年 12 月	1.006	硬质合金 PCB 微型刀具、硬质合金孔加工刀具	国家科技支撑计划	2.33	0.36
4	航空航天钛合金整体复杂结构零件加工系列化数控刀具开发	新建	厦门金鹭特种合金有限公司	2012 年 1 月至 2014 年 12 月	0.760 7	钛合金硬质合金整体刀具、钛合金可转位切削刀具	国家科技重大专项	0.41	0.17
5	年产 1000 吨动力电池用稀土储能材料产业化	新建	厦门钨业海沧分公司	2013—2016 年	0.06	稀土镁基储氢合金	自主开发	0.967	0.24

（续表）

序号	项目名称	项目性质（新建、改扩建）	投资企业	建设周期	截至2013年项目完成进度（%）	主要产品	技术来源	投资规模（亿元人民币）	项目达产后预期利润（亿元人民币）
6	发光材料	新建	福建省长汀金龙稀土有限公司	2009—2014年	1	红粉、绿粉、蓝粉、混合粉	三菱化学引进+自主研发	0.75	0.062
7	磁性材料	新建	福建省长汀金龙稀土有限公司	2011—2014年	1	钕铁硼磁石、钕铁硼合金粉、钕铁硼元器件	自主研发	4.2786	0.35
8	新建LED项目	新建	开发晶照明（厦门）有限公司	2011年6月至2014年12月	65.5	LED外延片、芯片、模组及应用产品	引进技术	10.52	4
9	多孔复合陶瓷膜新工艺的开发与应用	改扩建	三达膜科技（厦门）有限公司	2013—2014年	40	多孔复合陶瓷膜	自主研发	2830	1750
10	高通量节能环保型PVDF中空纤维膜的研发与产业化	改扩建	三达膜科技（厦门）有限公司	2013—2015年	35	高通量节能环保型PVDF中空纤维膜	自主研发	630	157
11	智能照明高光效、功率型RGB LED外延、芯片研发及产业化	改建	厦门市三安光电科技有限公司	2013年1月至2014年12月	0.6	高亮度功率型RGB LED芯片	自有技术	2.6	0.22

五、厦门市新材料重点发展政策

2013 年年底，厦门市的《厦门市留学人员创业扶持资助办法》开始施行，鼓励和扶持留学人员来厦门市创业，重点支持新材料、新能源、微电子等领域的留学人员创业。厦门市科技局制定了《关于促进若干重点新兴产业发展的指导意见》，明确了新材料新能源产业重点发展方向。

第三十五节　深　圳　市

一、深圳市新材料产业发展情况

（一）深圳市新材料产业总体发展情况

1．产业规模

2012 年，深圳市新材料产业规模约 850 亿元人民币；2013 年产业规模约 1020 亿元人民币，约占深圳市战略性新兴产业总产值 6.5%，同比增长速度超过 20%。《深圳新材料产业振兴发展规划（2011—2015 年）》中预计，到 2015 年深圳新材料产业规模将达 1500 亿元人民币，由此测算深圳新材料产业在“十二五”期间将保持 20%的年均增速。

2．经济效益

2013 年深圳新材料产业利润、主营业务利润及纳税总额分别为 130 亿元人民币、100 亿元人民币、50 亿元人民币，营业收入利润率约为 12%。

3．上下游产业发展

根据《深圳新材料产业振兴发展规划（2011—2015 年）》产业发展重点篇中描述，深圳将在新材料支撑领域（电子信息材料、新能源材料、生物材料）、优势领域（新型功能材料、功能结构一体化材料）、新兴领域（超材料、纳米材料、超导材料等）重点支持研发及产业化项目。

深圳新材料产业支撑领域拥有比亚迪、贝特瑞等国际知名企业，优势领域拥有中金岭南、南玻等行业领军企业，新兴领域拥有光启、格林美等技术领先企业单位。目前，优势领域占据深圳整个新材料行业的半壁江山，支撑领域占比约为 1/3，新兴领域虽处于培育阶段，但发展势头迅猛。

深圳新型功能材料产业规模较大，电子信息材料、结构功能一体化材料、新能源材料依托深圳良好产业的基础稳步发展，生物材料、纳米材料产业规模较小但拥有高附加值，随着全球首条超材料生产线正式投产，未来前景可期。截至2013年，新型功能材料、电子信息材料、新能源材料、新兴材料、功能结构一体化材料、生物材料领域产业规模占全市新材料产业规模的比重分别约为42%、22%、15%、11%、8%、2%。

从企业规模来看，除个别大型龙头企业营业收入规模占有一定比重外，主要由中等规模企业占主导地位。2013年（1～10）亿元人民币企业营业收入占比高达50%。接下来依次是（50～100）亿元人民币、（10～20）亿元人民币、（20～30）亿元人民币、5000万元人民币～1亿元人民币、（1000～5000）万元人民币及1000万元人民币以下规模企业，占比分别为20%、17%、6%、4%、2%、1%。

（二）深圳市新材料产业重点领域发展情况

1. 特种金属功能材料

（1）电子信息材料。深圳市新材料产业支撑配套能力较强，在电子信息领域，微电子、光电子材料的产业配套能力较为完善。随着电子信息产业快速增长，光伏产业需求的带动，新型元器件技术提升、规模扩大，对高附加值电子信息材料需求增加，电子信息材料已逐步发展成为深圳新材料产业重要的支撑领域。

深圳市逐步形成了以国内知名电子信息材料企业为龙头，中小民营高科技企业共同发展的多元化的电子信息材料产业格局，建立了较为完整的电子信息材料发展体系，并通过在新型显示、LED、集成电路等领域加速布局产业链前端材料项目，促进产业向高端延伸。涌现了以日东电子、丹邦科技、深南电路、莱宝高科、雷曼光电、盛波光电等为首的技术创新能力强的龙头企业。

2013年，深圳LED材料领域企业呈现业绩增长、利润降低的局面，产能供过于求的情况较2012年略有改善，但LED企业的产量增幅远大于产值增幅，LED产品的价格继续下降，致使企业盈利情况有所下滑，雷曼光电营业收入虽然比去年同期增长19.94%，但利润总额比去年同期下降35.98%，洲明科技营业收入较去年同期上升14.21%，但利润总额比去年同期下降33.13%。

2013年，深圳集成电路及新型显示材料领域企业业绩增速放缓，丹邦科技的产品以出口为主，公司营业收入有所下降；莱宝高科公司触摸屏产品销售毛利呈较大幅度下降，对2013年度经营业绩造成较大不利影响，营业收入较上年同期下降2.14%。

（2）光伏材料领域。深圳企业掌握单晶硅、多晶硅、薄膜太阳能电池关键技术，承担了多项国家攻关计划。南玻集团在宜昌建设了多晶硅生产线，使得集团拥有从高纯多晶硅材料到硅片再到太阳能电池片和太阳能电池组件的完整产业链；拓日新能拥有太阳能电池行业最全面的技术，是目前国内唯一一家能同时生产非晶硅、单晶硅、多晶硅太阳能电池芯片的企业；创益科技是国内最大的非晶硅薄膜太阳能电池产品制造商和解决方案提供商。2013 年，太阳能材料企业销售收入同比下降幅度在 20%以上，对太阳能材料产业上下游企业业绩影响较大。

（3）新能源材料。近年来，在投资环境、配套设施、原料成本、贴近客户等因素的作用下，深圳逐步形成了具备相当技术优势的新能源材料产业集聚区，拥有完整的充电电池产业链，产品涵盖锂离子电池、镍镉电池、镍氢电池和铅酸蓄电池，建立了从材料基础研发到产品应用的完整产业链，并在产业链关键环节拥有一批国内外知名企业。比亚迪、贝特瑞、源源新材料、新宙邦、天骄科技、星源材质在内的一批深圳本土优秀企业，近年来年均产值增长达 20%以上，已构成支撑深圳新型储能电池产业的发展的坚实基础。

（4）正极材料领域。天骄科技是目前国内最大的锂离子电池三元材料制造企业，约占国内市场份额的 50%；贝特瑞是全球重要的磷酸铁锂供应商之一；源源新材料年产锰酸锂正极材料 1200 吨，其中部分型号产品已正式应用于国家“863 计划”电动汽车重大专项之北京电动公交车项目，并成为该项目锰酸锂正极材料的固定供应商。

（5）负极材料领域。2013 年全球负极材料市场规模在 30 亿元人民币，预计到 2015 年将达到（45～55）亿元人民币。目前中国负极材料占比 40%左右，贝特瑞业绩保持了 28%的高速增长，成为全球锂电负极材料行业内的龙头企业。

（6）电解液领域。新宙邦拥有铝电解电容器化学品、固态高分子电容器化学品、超级电容器电解液及锂离子电池电解液 4 类产品。铝电容器化学品国内市场占有率超过 65%，锂电解化学品方面国内市场占有率达 27%、国际市场占有率达 15%，也是国内唯一掌握了固态高分子电容器化学品和超级电容电解液核心技术并实现产业化的生产企业。2013 年此项业务销售收入同比下降 18.2%，导致公司全年总体营业收入增速放缓。

（7）电池隔膜领域。星源材质是当前世界上唯一同时拥有锂离子电池隔膜干法、湿法制备技术和生产线的企业。通过在动力锂离子电池隔膜产业关键技术方面的突破，填补了我国在该产业的空白，承担了多项国家“863 计划”重大课题以及国家火炬计划重点项目，产业化项目连续几年被列为深圳市重大建设项目。

2．高端金属结构材料

深圳金属材料主要为有色金属深加工产品，中金岭南拥有完整的铅锌金属产业链，公司投资控股的中金高能在二次电池材料领域也已取得了多项核心技术。深圳新星轻合金生产的高性能母铝合金是改变铝材组织结构、提升铝材塑性和强度的母体合金，2012 年和 2013 年业绩实现了 25%以上的稳定增长。

3．先进高分子材料

深圳在工程塑料、含氟聚合物、环保涂料、高性能涂料、热缩材料领域拥有多家国内外行业领军企业，杜邦中国、戈尔科技、长园集团、通产丽星、沃尔核材、嘉达集团、深圳惠程等在各自行业细分领域均确立了技术和品牌优势，先后建设了国家级企业技术中心、博士后科研工作站等创新机构。

2013 年，长园集团电网设备业务受益于智能电网的推进，业务近两年增长明显，长园电力的 110kV 电缆附件在 2013 年突破了国网市场，公司电网设备业务收入 2012 年和 2013 年都保持了 50%以上的增速，公司热缩材料仍然维持着全国第一的市场地位；通产丽星下游化妆品行业需求依旧旺盛，未来伴随着定增募投项目产能的逐步释放和效益的稳定发挥，公司整体规模有望再度翻番。

4．新型无机非金属材料

（1）无机非金属材料。深圳在无机非金属材料领域中的特种玻璃、金刚石、镀膜产品和先进陶瓷等领域拥有较强的产业基础。南玻集团拥有平板玻璃、工程玻璃、太阳能光伏、精细玻璃 4 大支柱产业和 3 大完整产业链（太阳能、节能玻璃、显示器件及触摸屏模组）；信义玻璃是全球玻璃产业链的主要制造商之一；中天精工、维达力等企业在金刚石和镀膜领域具有相对成熟的技术和领先的市场占有率；永丰源拥有较完整的先进陶瓷材料产业链；金科特种材料以中科院金属所为依托，在陶瓷 PTC 元器件、高分子 PTC 材料等领域拥有技术优势。

2013 年，工程玻璃、光学玻璃领域企业整体收入较上年同期下降 20%以上，南玻集团平板和工程玻璃销售价格同比大幅下降，而平板玻璃的主要原材料价格维持高位，两者造成公司平板和工程玻璃盈利同比大幅度下降。

（2）新型环保节能材料。深圳在新型墙体材料、合成树脂幕墙系列材料等领域具备领先优势。嘉达高科自主研究开发原创性核心技术——无机改性复合树脂，成为目前中国唯一的“国家复合改性合成树脂功能新材料产业化示范基地”，2013 年公司业绩实现 30%以上的高速增长。

格林美始终致力于电子废弃物、废旧电池等“城市矿产”报废资源的循环利用与循环再造产品的研究与产业化，积极探索中国“城市矿产”报废资源的开采模式。突破了电子废弃物、废旧电池等废弃资源循环利用的关键技术，2013 年营业收入较上年同期增长 50%。

5．前沿新材料

（1）纳米材料。深圳主要集中在纳米粉体、纳米功能材料及其制品、纳米改性复合材料及其制品等领域。德方纳米致力于纳米粉体材料技术开发，是全国纳米技术标准化技术委员会（TC279）委员单位，制定国家标准两项。纳米港主要产品为碳基纳米材料，是目前亚洲最大的碳纳米管生产企业之一。

（2）生物材料。深圳在生物材料领域拥有一批具有自身优势和特色的重点企业，在医用级 PVC 粒料、心血管介入医疗器械拥有较强实力。先健科技是全球领先的治疗心脑血管和周围血管疾病的微创介入医疗器械供应商、先天性心脏病介入治疗领域全球第二大供应商；光华伟业定位于生物材料和生物溶剂领域，专门从事聚乳酸（PLA）、乳酸、乳酸酯（盐）和聚己内酯（PCL）等产品研究开发；意可曼拥有世界上最大的可完全生物降解材料 PHA 产业基地；恒方大已成为全球知名医用耗材企业的供应商。

（3）生物降解材料领域。2013 年全球塑料市场消费规模为 7800 亿美元。每使用 1 吨淀粉基生物塑料，可减少二氧化碳排放 0.8～3.2 吨。因此，生物降解塑料作为一个新兴产业，在推行低碳经济上将发挥重要作用。彩虹精化在生物降解材料行业中拥有自主开发的淀粉基、PLA、PBS 生物降解塑料技术，具备规模化的生产能力，并已批量生产，出口欧洲、美国、东亚等多个国家和地区。

（4）超材料。深圳首先在创新链上游进行战略性布局，2010 年 7 月深圳光启高等理工研究院正式成立，研究院以世界尖端技术——超材料为特色，充分融合电子信息领域、生物光子领域、数理统计领域等学科的各种先进技术，形成具有高度学科交叉与突破性创新的研究风格。

深圳光启高等理工研究院设立了技术产业化企业“深圳光启创新技术有限公司”，2012 年，省市共建战略性新兴产业基地（光启高等理工研究院超材料产业基地），即全球首条超材料生产线落户宝安。

（三）深圳市新材料产业年度重大事件

（1）继市政府确定 4 大支柱产业、6 大战略新兴产业之后，于 2013 年年底推出若干未来产业，围绕生命健康、海洋经济、航空航天领域出台产业规划，作为重要支撑基础产业的新材料又成为关键内容。

（2）新材料展第一次进入高交会。深圳新材料行业协会受市政府委托作为承办单位，通过展示电子信息材料、储能材料、新型功能材料、超材料等 4 大领域产业链前沿技术、关键环节和高端产品，以点带面，展现深圳市新材料产业引领发展、特色鲜明的产业链条。

（3）受国家工信部和住建部委托，深圳市新材料行业协会联合中国建材报和深圳市绿色建筑协会，共同举办中国绿色建材盛典活动，开展即将推出的绿色建材标准和认证工作。

（4）深圳市中小企业公共服务平台正式上线运行，深圳市新材料行业协会承担新材料产业窗口平台的建设，通过网站、统一呼叫热线、微信、移动终端以及线下服务大厅等 5 种服务方式，为中小企业提供“找得着、用得起、有保障”的公共服务。

（5）深圳市新材料行业协会获评 5A 级社会组织。

（6）中科院深圳先进技术研究院集成所首席科学家汪正平获选 2013 年中国工程院外籍院士。

（7）比亚迪中央研究院“SBID 专利技术”获得中国专利金奖。

（8）光启高等理工研究院设立全国电磁超材料技术及制品标准化技术委员会秘

书处。

（9）国际标准化组织水再利用技术委员会（ISO/TC282）秘书处落户深圳海川实业股份有限公司。

（10）正威国际集团入选2013年世界500强企业，名列第387位。

（四）深圳市新材料产业发展存在的问题

1. 资源保障能力急需提高

处于产业链低端环节的深圳市新材料制造企业，缺乏产品的议价能力，无法完全转移增加的原材料成本，必将导致利润率的进一步降低。

深圳新材料产业主要依靠市场需求拉动发展，在原材料领域不具备比较优势，因此原材料价格的波动将对企业生产运营产生较大影响。南玻集团公司经营业绩同比下降幅度较大；长园集团因热缩材料中EVA，电网设备中的铜、银、硅橡胶及电路保护产品中的铜、镍等原材料价格比2012年都有较大的涨幅，毛利率已连续两年持续下降；沃尔核材的主要原材料为石油的附属产品，原油价格波动的不确定性，给公司生产成本控制带来风险和困难；彩虹精化营业收入较上年同期增长13.67%，营业利润较上年同期下降246.57%；新宙邦销售收入同比下降18.2%；丹邦科技公司营业收入有所下降；中航三鑫生产所需的原材料主要是硅矿和纯碱等大宗工业原料，随着硅矿资源越来越紧张，纯碱成本越来越高，制约了玻璃行业的发展。

2. 自主创新能力有待提升

技术装备水平参差不齐，产品层次较低，产品技术含量低，缺乏核心技术，资源和环境负担重。部分产品集中在各种初级矿产和低档加工产品方面，高性能和高附加值的材料产品品种少，深加工产品发展不足。此外，企业同质化严重，存在一定的自我竞争且无序发展，导致产业总体竞争力比较弱。以光伏产业链“硅材料提纯→硅芯片生产→电池片生产→组件封装”为例，深圳市多数企业以价值链中低端的“硅芯片生产”、“电池片生产”和“组件封装”为主要业务，虽然涌现了南玻集团、中航三鑫等国内龙头企业，但整个产业仍处于有规模无技术的局面。深圳市拥有全国最完善的电池产业链，但锂离子电池的关键材料——隔膜材料，目前还未完全实现国产化。

研发投入有待进一步提高，技术创新能力有待进一步增强。虽然深圳市新材料研发投入水平较高，但与医疗器械、生物制药等行业相比，还存在一定差距。与此同时，近两年新建的一批创新机构的创新载体作用还有待进一步发挥。另外，深圳市新材料产业民营企业居多，绝大多数企业缺少自主创新条件。

3. 产业集聚水平尚需提高

深圳市新材料领域企业多以产业链中组装和制造环节的中小企业为主，产业链的深度应用开发能力较差，普遍存在产业链条过短、位置过低的现象。产业主体较难通过核心技术、战略联盟来取得市场标准的指定和定价权，导致产业凝聚力不强、集聚效益不明显，最终制约了深圳新材料行业规模效应和集聚效应的发展。

与电子信息、生物医药等产业相比，新材料企业布局比较分散，缺乏大型产业园区，近两年来，深圳加强规划建设新材料产业园区，但目前尚处于规划建设阶段，离真正发挥作用还有一定时间。

4. 人才资本空间要素紧缺

深圳市新材料领域缺乏相应的专业发展的人力资源基础，目前技能人才短缺，深圳市技能人才缺口达到 80 万人左右，一方面，由于缺乏相应的新材料专业人员认证机制，新材料技术人员也未列入深圳市招/调工考试范围，造成培养、认证、留用等难题；另一方面，新材料高端人才较为短缺，新材料企业多为中小企业为主，研发环节中需要高端人才引入难、安置难，造成了行业内人力资源的难题。

从人才培养来看，深圳面临高校和科研机构等传统研究载体严重缺乏的瓶颈，自身培养的材料技术人才难以支撑深圳新材料产业的快速发展。深圳对人才的吸引力逐步下降，而且从趋势看，随着经济的快速发展以及年轻农民工数量的减少，劳动力成本的上升还将持续。

与传统材料产业相比，新材料产品在研制、开发和产业化各阶段都需要大量的资金投入，目前新材料产业化项目的孵化、风险投资机制尚未建立，资金短缺难题难以得到快速解决。近年来深圳有许多新材料企业规模快速扩张，许多材料项目对资金的需求量比较大，缺少可供担保抵押的财产，融资成本高等因素，限制了新材料企业的融资能力。

深圳新材料企业正面临生产、研发场地缺乏和不确定性的烦恼，场所问题已经成为制约新材料产业发展的主要因素之一，有部分企业已将产业化项目投于市外，或是在市外设立分厂，产业转移迹象较为明显。

二、深圳市新材料重点企业发展情况

深圳市新材料重点企业发展情况参见表 3-50。

三、深圳市新材料重点产业基地情况

深圳市通产丽星新材料产业园项目获得政府补助资金 500 万元人民币，资金主要用于产业园设施建设或改造，已有深圳市新材料窗口服务平台及 20 余家新材料企业入驻。

表 3-50　深圳市新材料重点企业发展情况

序号	企业名称	主营业务（文字描述）	经济类型（分国有、民营、合资）	注册资本（亿元人民币）	总资产（亿元人民币）	销售收入（亿元人民币）	利润（亿元人民币）	出口额（万美元）	产量列出主导产品产量	研发支出（亿元人民币）	专利申请数（个）
1	深圳市中金岭南有色金属股份有限公司	铅精矿、锌精矿、铅锌混合精矿、硫精矿、电铅	国有	20.6	144	184.4	4.33	125 800			
2	中国南玻集团股份有限公司	平板玻璃、工程玻璃、光伏、精细玻璃	国有	20.8	151	77.3	21.8	17 800		1.7	105
3	长园集团股份有限公司	热缩材料、高分子PTC、智能电网设备	民营	8.64	47.7	28.2	12.2	4300			
4	深圳市通产丽星股份有限公	塑料容器、化妆品软管灌装、包装印刷品	国有	3.65	20.3	11.4	2.16	1700			
5	深圳市格林美高新技术股份有限公司	三元材料、塑木型材、四氧化三钴、钴片	民营	7.53	72.1	21.5	4.16	3300			

四、深圳市新材料重点发展政策

（一）深圳新材料产业振兴发展规划（2011—2015 年）

1. 发展目标

到 2015 年初步建立产业技术创新体系、产业组织体系、政策法规体系、行业管理体系和服务创新体系，努力成为国际知名、国内领先的新材料产业基地。

2. 发展重点

鼓励发展总部经济，培育和引进新材料总部企业。在新材料支撑领域、优势领域、新兴领域，重点支持研发及产业化项目。

3. 支撑领域

通过培育和引进符合低碳绿色要求的关键材料研发、产业化项目，完善深圳市电子信息、新能源、生物等产业链，为经济发展提供材料支撑。

（二）深圳新材料产业振兴发展政策

自 2011 年起，连续 5 年，深圳市高新技术重大项目专项资金、科技研发资金、技术进步资金每年各安排 1 亿元人民币，市财政新增 2 亿元人民币，每年集中 5 亿元人民币，设立新材料产业发展专项资金（以下简称专项资金），用于资助新材料产业核心技术攻关、创新能力提升、产业链关键环节培育和引进、重点企业发展、产业化项目建设等方面。

企·业·篇

第四章

重 点 企 业

第一节 特种金属功能材料

一、西部金属材料股份有限公司

（一）基本情况

西部金属材料股份有限公司是以西北有色金属研究院优势产业为主导，联合浙江省创业投资集团有限公司、深圳市创新投资集团有限公司、株洲硬质合金集团有限公司、中国有色金属工业技术开发交流中心、九江有色金属冶炼厂等5家单位，于2000年12月28日在西安高新技术产业开发区注册成立。目前已成长为稀有金属新材料行业的领军者，是由科研院所转制设立并上市的高新技术企业，依托控股股东西北有色金属研究院在相关领域40多年雄厚的科研实力，旨在推动具有自主知识产权的科技成果转化和产业化。公司成立10多年来，形成了钛产业、金属复合材料产业、金属过滤材料产业、稀贵金属材料产业、难熔金属材料产业和稀有装备制造产业等6大业务领域，为国民经济、国防建设和航空航天事业的发展做出了重要贡献。公司承担了国家、省、市级高新技术创新和产业化项目137项，获得国家科技经费支持累计近3亿元人民币；取得国家重点实验室、省级企业技术中心、省级工程研究中心等多个技术平台；获得授权专利142项，制定国家及行业标准50项；获国家、省部级各类奖励52项。公司拥有稀有金属材料方面国内最先进的大宽幅、高精度、自动化程度高的热轧板材生产线和最宽的冷轧板材生产线，拥有国内第一、世界第二的金属复合材料生产线，拥有国内第一、世界第二的金属过滤材料生产线，拥有国内唯一的核级银合金控制棒生产线等。同时，公司已经形成了从熔炼、锻造、轧制、复合材料、管道管件到装备制造的较完整的加工制造产业链，各业务领域的协同效应日益凸显、潜力很大。

（二）生产经营情况

2013年，世界经济复苏艰难、国内经济下行压力加大，公司面对民用钛材市场低迷、航空等高端市场开发不足、固定成本持续增加等诸多困难，完成营业总收入11.45亿元人民币，同比减少18.49%；实现上市公司股东净利润2018.16万元人民币，同比减少10.24%。

（三）市场及前景

1. 行业发展现状及趋势

稀有金属材料的生产水平和应用程度是国家综合实力的标志。随着我国经济结构战略性调整以及产业的升级改造，为稀有金属材料产业的发展提供了重要发展机遇。一方面，随着国家加快培育和发展节能环保、新一代信息技术、高端装备制造、新能源、新材料等战略性新兴产业，为稀有金属材料及加工产业带来广阔的发展空间。另一方面，在国家实施大型飞机、载人航天、新型船舶等国民经济和国防建设重大工程中，需要稀有金属材料产业提供支撑和保障。未来，高性能、低成本、大规格的材料是发展方向，高技术含量、高附加值的产品将是产业发展的新挑战。目前，公司的各细分行业的竞争格局各有不同，有的处于产能严重过剩，竞争日趋激烈态势，有的处于垄断竞争格局，但总体而言，中低端市场的竞争形势仍很严峻，高端市场准入门槛高，进入周期长，需求巨大。

2. 2014 年经营计划

西部金属材料股份有限公司将不断深入研究各细分行业的竞争格局，立足自身核心竞争力，持续加强新产品、新技术研发和新市场领域的开拓，通过加强成本控制和技术升级改造，凭借自身的技术优势、人才优势，确保经济效益稳步提高，朝着“打造全球领先的稀有金属材料加工基地”的战略目标稳健发展。

（1）集团化发展战略。继续全面推行集团化战略管控模式，公司总部重点关注产业发展战略、文化建设、重大投/融资、重要人事任免、财务管理及重大资金调配、目标与考核等方面，积极支持和促进各产业的市场开发、技术创新、精细化管理和内部协作、外部合作。

（2）科技发展战略。瞄准国家目标，重点突破航空、航天、新能源等国家重点工程所需的新材料技术，把握国家支持的新能源、节能环保、高端装备制造、低碳技术和绿色经济所需的新材料研发方向。

（3）国际化发展战略。在围绕国家重大工程、战略性新兴产业、重点产业化项目等国内市场开发的基础上，努力开拓国际市场。

（4）人才发展战略。着力培养各产业领军人物、全球化经营人才、青年科技创新人才及高技能人才。

（四）存在问题

1. 市场风险

市场风险主要是市场需求不足，行业竞争对手不断增多。

2. 财务风险

西部金属材料股份有限公司固定支出大，资产负债率较高，流动资金需求大，随着国家实施稳健的货币政策，公司财务压力加大，存在一定的财务风险。

二、安泰科技股份有限公司

（一）基本情况

安泰科技股份有限公司是以中国钢研科技集团有限公司为主要发起人，联合清华紫光（集团）总公司等单位发起成立的股份有限公司，成立于 1998 年 12 月，是国家科技部及中科院联合认定的国家高技术企业，也是被北京市科学技术委员会认定的骨干高新技术企业。拥有一支由多名中国工程院院士、60 余位博士为核心的研发团队，并拥有包括企业技术中心在内的国家级科技平台 4 个、省部级科技平台 13 个。目前以先进金属材料为主导产业，在“非晶、纳米晶材料、太阳能等先进能源材料”、“粉末冶金制品”、“金属磁性材料”、“焊接材料”、“金刚石工具”、“高速工具钢”等领域快速发展，已形成 3 大业务板块、10 大业务领域、26 类主导产品。经过 10 余年的发展，在京津冀地区建设 6 个产业基地，已建成北京中关村永丰产业园，空港新材料产业园、中关村昌平产业园及河北涿州 4 个产业基地，总面积近 700 亩；在上海、石家庄、深圳等地拥有 11 家控/参股企业；在北美、欧洲和亚洲地区建立了良好的商贸渠道和技术协作关系，并在日本、越南等国家设有分支机构。产品已销往 50 多个国家和地区，被国内外众多知名企业所认可。2013 年，公司组织实施自主研发项目 100 项，承担政府项目 43 项。公司全年共申请专利 74 项，授权 29 项，制定企业标准 67 项，荣获“北京市专利示范单位”称号。

（二）生产经营情况

2013 年世界经济环境复杂多变，国内经济在下行压力中运行，经济深度转型调整加快。安泰科技股份有限公司所处及重点服务的行业，如钢铁、有色、造船、机械制造、建材及新能源等领域均出现严重产能过剩，效益大幅下滑，公司发展遇到前所未有的困难。面对严峻的经济形势，公司上下紧紧围绕“实现一个目标，聚焦两个提升，强化三个途径”的工作思路，外部开拓市场，内部挖潜调整，加快项目建设，推动管理提升，不畏挑战、凝心聚力、攻坚克难，扎实稳妥推进各项工作。在保持发展基本面稳定的同时，全方面提升了企业竞争力，为下一步发展积蓄了能量。报告期内，公司实现营业收入 384 845 万元人民币，实现归属于母公司所有者的净利润 6296 万元人民币。

2013 年加快推进投资项目建设进度，“LED 半导体配套难熔材料”、“高端粉末冶金制品”、“高性能纳米晶超薄带及制品”和“高性能特种焊接材料”4 个产业化项目，土建、市政辅助设施全部完工，均进入工艺设备安装和试生产阶段。公司在泰国建厂已完成厂房建设，同时天津新材料产业基地已开始进行前期准备工作。公司合资组建安泰美科金属材料有限公司，进一步推动注射成形业务贴近市场的布局调整；同时完成对深圳海美格的增资，实现其主营业务产能扩张。

2013年公司组织实施自主研发项目100项，承担政府项目43项，其中“新一代非晶带材产业化技术开发和示范线建设”、“烧结钕铁硼磁体渗镝产业化技术开发”等项目取得重要进展，一批新产品、新技术已成功推向市场。公司紧密围绕国家战略性新兴产业布局，所承担的“国产非晶带材在电力系统中的应用开发及工程化”等政府重大科技项目顺利通过验收。新获批“超硬材料制品北京市工程技术研究中心”和“口腔材料北京市工程技术研究中心”两家市级工程技术研究中心。公司“组织调控超高性能稀土永磁材料工程化制备及应用技术”项目获得冶金科学技术一等奖和北京市科学技术一等奖，“新型焊接材料药芯焊丝技术开发及产业化”项目获得冶金科学技术二等奖和北京市科学技术三等奖，“高性能TZM钼合金制备及产业化”项目获得中国有色金属工业科学技术二等奖。公司研制的相关关键材料成功应用于“嫦娥三号探月工程”等国家重点工程项目，开发的“钴合金靶”等产品荣获“中关村国家自主创新示范区新技术新产品”。

（三）市场及前景

1. 行业发展现状及趋势

虽然新材料产业有着广阔的发展前景，但在近几年经济增速回落的背景下，多数制造业承受着需求减弱、产品价格大幅下跌、人工能源等成本高位运行、企业资金紧张、融资成本上升等压力，公司所在主要领域也受到不同程度的影响。宏观经济增速放缓造成直接相关的钢铁、有色、造船、机械制造等行业需求不足；产能过剩带来的市场激烈竞争，产品价格承受国内民营企业的竞争压力，中高端产品面临国际领先企业的激烈竞争；同时盈利模式的多样化和产品创新速度加快，对实体经济提出新的挑战。但是国家推动创新战略，大力发展战略性新兴产业；国内产业结构调整、产品更新换代，对新技术、新材料需求增加；国际产业分工调整，推动全球范围内的国际市场开拓和整合资源，都将为新材料产业带来难得的发展机遇。

2. 2014年经营计划

安泰科技股份有限公司将继续深化“一体两翼”的发展模式，在以产业经营为主体，资本运营和技术创新协同推进的基础上，重点围绕“一二五”战略构想中的“一个目标、两个重点、五个强化”，实施一系列战略部署和有针对性的策略安排。

（1）技术创新是产品结构调整和升级的保障，通过加大技术创新力度，提高新产品贡献率，保持技术优势、提高核心竞争力；同时，通过设备自动化改造和生产工艺改进，促进劳动生产率提高，转变增长方式；通过技创成果孵化，培育新的经济增长点。

（2）做实管理提升活动，提升管理水平，提高运营质量，强化管理理念向追求效率和效益转变、管理方式向集约化和精细化转变、管理手段向制度化及信息化转变，推进管理改革和创新，为公司持续、稳定、健康发展夯实管理基础。

（3）产业项目由“产业平台建设”向“促进达产达效”转变，通过市场开拓、新产品开发、生产管理强化等工作的开展，促进已建项目尽快释放产能，早日达产达效。

（4）通过资本运营等手段，寻求国际、国内战略和业务合作，推动现有产业向高端产业发展，实现产业升级。

（四）存在问题

1. 经济增长放缓和市场需求不足风险

安泰科技股份有限公司“十二五”战略期间投资项目较多，建设周期较长，随着投资项目的不断推进，受国内经济增速放缓影响，公司新建项目产能释放存在一定市场需求压力。同时项目运营过程中将产生固定成本摊销较大、资金占用较多的困难，这将对公司新项目投产以及内部运营管理能力提出更高要求。

2. 原材料价格波动及供应风险

近几年，安泰科技股份有限公司生产所需的主要原材料包括纯铁、钢带、钨、镍、稀土等金属材料，价格波动较大且频繁，对各主要产品的成本控制和原材料供应造成了较大影响。预计 2014 年，部分金属原材料价格仍将波动，并将影响公司的生产保障和成本控制。

3. 国际贸易环境恶化的风险

安泰科技股份有限公司的出口业务收入约占总营业收入的 20%左右，随着国际贸易保护主义抬头，我国对外出口的贸易环境日趋恶化，欧美国家对我国产品采取反倾销措施的案例日益增多。目前公司出口较多的金刚石锯片、高速工具材料等均可能受此影响。

三、江门市科恒实业股份有限公司

（一）基本情况

江门市科恒实业股份有限公司是一家专门从事稀土发光材料制造的国家级高新技术企业，地处于广东省中南部的江门市。公司成立于 1994 年，前身为江门市联星科恒助剂厂。公司创始期间主要从事工业助剂和纺织浆料的生产，1997 年开始涉足稀土发光材料行业。2003 年后公司在行业领域的发展获得了质的飞越，成为国内稀土发光材料行业最大的生产厂家，不但产品技术处于行业领先地位，销量更是一直稳居冠军。2007 年，公司完成业务分离重组，整体变更为江门市科恒实业股份有限公司，专注于稀土发光材料的生产经营。2008 年，以公司为依托单位组建的“广东省稀土发光材料工程技术研究开发中心”通过广东省科技厅、发改委、经贸委论证。2009 年，公司技术中心被认定为“广东省省级企业技术中心”。公司与复旦大学、中山大学展开产学研合作，多项科研成果通过产品鉴定，获得国家、省、市、区的各级奖励，部分产品列入国家火炬计划项目、星火计划项目。公司为灯用稀土荧光粉国家标准起草单位，生产的节能灯用稀土荧光粉产品为“广东省名牌产品”，公司商标为“广东省著名商标”。

（二）生产经营情况

2013 年江门市科恒实业股份有限公司实现营业收入 37 967.18 万元人民币，同比下滑 28.00%，实现归属于上市公司股东的净利润为 345.02 万元人民币，同比下滑 91.90%。公司主营业务主要为稀土发光材料和锂电材料销售收入，其中发光材料实现营业收入 33 855.97 万元人民币，锂电材料实现营业收入 3469.38 万元人民币，稀土发光材料收入和净利润大幅下降，主要是因为稀土原材料价格持续下降，公司主要产品稀土发光材料平均售价随之降低，使公司主要产品稀土发光材料收入同期相比减少较大。2013 年公司继续加大研发工作的投入力度，目前锂电材料、发光材料均已实现销售收入，稀土催化剂等项目已处于研发后期阶段。

（三）市场及前景

目前我国稀土资源一方面出口原料和粗产品，另一方面却在进口精制品。我国在稀土深加工、稀土功能材料的开发和应用技术方面与世界先进水平还有相当大的差距，开展稀土精细加工和稀土功能材料的研究，是我国 21 世纪化学工业的重大课题，而稀土发光材料的研究将是它的主攻方向。目前稀土发光材料营业收入受稀土原材料价格下滑，公司产品价格下调，同时下游节能灯受 LED 以及出口不振的影响需求下滑。但伴随着节能照明和消费电子产业的崛起，稀土发光材料行业内新技术新产品层出不穷，长远来说，稀土发光材料的产业应用出现增长，稀土发光材料已经成为节能照明、显示器和特种光源生产中不可缺少的基础材料。近期考虑到未来市场竞争进一步加剧，稀土价格波动以及技术进步等因素影响，稀土发光材料产品不是很乐观。

（四）存在问题

1. 存货跌价风险

近年来由于稀土原材料价格的大幅波动，特别是近两年的持续下滑，给江门市科恒实业股份有限公司经营和业绩带来了大幅的影响，并使公司存货管理难度增加，如果稀土价格进一步下降，公司可能进一步受到存货跌价的损失，公司的经营业绩将受到一定影响。

2. 新领域产品市场风险

2013 年江门市科恒实业股份有限公司加大了对锂电材料、发光材料和稀土催化材料等其他非稀土发光材料主营产品的推进力度，目前锂电材料已经取得量产，形成销售收入。未来将持续加大研发和推广力度，由于这些产品均为公司未曾涉足过的领域，在产品研发和市场推广等方面存在经验不足的情况，这些产品是否能为公司带来较好的收益存在不确定性。

第二节　高端金属结构材料

一、山西太钢不锈钢股份有限公司

（一）基本情况

山西太钢不锈钢股份有限公司前身是西北炼钢厂，始建于1934年，1996年改制为国有独资公司，是以生产板材为主的大型钢铁联合企业和中国内地最大的不锈钢生产企业。公司形成了年产400万吨不锈钢的能力。2013年中国企业500强排行榜中，公司排名第36位，居于入选中国500强的10家山西省内企业之首，在入围钢铁行业中排名第3位。公司加强产品开发，实现品种规格全覆盖，可生产板、管、型、线等全部品种，成为品种规格最全的不锈钢企业。同时公司积极推进由常规产品、同质化产品向特色产品、高端产品的转变，超薄、超宽、超厚等极限规格产品和高端、特色产品日趋丰富，形成了以不锈钢为核心，包括冷轧硅钢、铁路用钢、高强韧系列钢材在内的高效、节能、长寿型产品集群。公司不锈钢批量进入石油、化工、造船、集装箱、铁路、汽车、城市轻轨、核电、“长征”系列火箭、“神舟”系列飞船等重点领域和新兴行业。公司生产的超纯铁素体、超级奥氏体、超级马氏体、超级双相钢等高等级不锈钢品种，有效替代进口，支持了国民经济相关产业发展，提升了国家影响力。“太钢牌”不锈钢材荣获“中国不锈钢最具影响力第一品牌”称号。建有国家级理化实验室、博士后工作站、中试基地、16个科研实验室、14个产学研联合实验室。2013年，公司被认定为全国55家“国家技术创新示范企业”之一，公司技术中心在国家认定的企业技术中心中列第4位。目前，公司技术中心已经形成以不锈钢为主的核心技术700多项，其中近百项自有知识产权技术处于国际领先水平。

（二）生产经营情况

2013年山西太钢不锈钢股份有限公司实现营业收入1050.20亿元人民币，比上年1035.15亿元人民币增长1.45%；营业成本983.61亿元人民币，比上年958.29亿元人民币增长2.64%；实现利润总额5.06亿元人民币，比上年10.02亿元人民币降低49.50%。2013年产钢998.93万吨，比上年下降1.36%，其中不锈钢322.56万吨，比上年增长3.85%。2013年产坯材944.03万吨，比上年下降0.54%，其中不锈钢坯材 287.43 万吨，比上年增长 1.11%；销售坯材 946.66 万吨，比上年下降 0.41%，其中不锈钢坯材 284.43 万吨，比上年下降 0.75%，产销率 100.28%；全年出口钢材 67.81 万吨，比上年增长 25.55%，其中出口不锈材 48.46 万吨，比上年增长 39.09%，创历史最高水平。2013 年公司获首届中国质量奖提名奖，是钢铁行业获此殊荣的唯一企业。产品开发取得新成果，公司双相不锈钢钢筋新型材料独家中标港珠澳大桥工程；国内首家开发出镍基合金 800H、800L 连铸工艺，试制出合格的中厚板和冷轧卷板；率先在国内开发出核电 AP1000 堆内构件用 304、304H 不锈钢板材，成为国内该材料的唯一供应商；首家开发 C6 厚涂层硅钢产品，并成功应用于国内核电项目；多种关键材料应用于神舟十号载人飞船、嫦娥三号月球探测器及运载火箭；开发出满足——高速动车国产化车轴钢技术要求的 DZ1 车轴钢和时速 350 千米 CRH3 型高速车轮钢；自主研发超临界电站锅炉用 SUPER304H 和 HR3C 无缝钢管，达到国外同类产品先进水平，实现替代进口。无磁钻铤用钢、曲轴用钢和轴承钢等高端特色径锻产品逐步系列化，部分产品填补国内空白；成功生产出大厚度铜+不锈钢复合板，用于国际热核聚变实验反应堆计划。

（三）市场及前景

1. 行业发展现状及趋势

我国目前经济已经进入转型发展的关键时期，经济已经从高速增长转向中速增长。展望未来，我国经济发展长期向好的基本面没有变，改革创新动力不断激发，新型城镇化推进释放的内需潜力依然巨大。但国内经济稳中向好的基础还不稳固，经济下行压力依然存在，包括钢铁在内的部分行业产能过剩问题严重，严重制约了经济运行的质量和效益。坚持稳中求进，以改革促发展，强化经济发展的内生动力和活力，加快转方式调结构、提高经济增长的质量和效益已经成为经济政策的主线。2014 年中国经济总体上保持稳定增长态势，产业结构调整会加快步伐，对促进钢铁行业持续健康发展和转型升级提供了良好机遇。钢铁行业方面，由于国家坚持稳中求进的方针，城镇化的稳步推进，钢材市场需求仍会有一定幅度的增长。但受产能过剩、固定资产投资增速趋缓、下游行业需求增速回落的影响，供大于求的局面难有很大改变。由于全球经济复苏缓慢，国际贸易保护加剧和新兴经济体国家经济增长趋缓，我国钢材出口连续两年保持两位数增长的状态难以维持，出口形势不乐观；受原燃料价格仍处高位，资源环境约束增强等环保成本上升的影响，企业降低成本难度加大。同时也要看到，下游行业转型升级步伐加快，给钢铁工业发展带来新的机遇。

2. 发展战略

2014 年公司的经营目标是：钢产量 1120 万吨（其中不锈钢 400 万吨），坯材 1050 万吨（其中不锈钢坯材 365 万吨）；产销率 100%；重点工程按节点目标完成；重大安全事故和各类风险得到有效控制；节能减排水平提升；管理绩效大幅进步。

（四）存在问题

（1）从产业发展阶段看，中国钢铁工业已经开始由快速成长阶段向低速、平稳发展阶段过渡。产能过剩、同质化无序竞争、集中度偏低等问题凸显，且都具备长期性。

（2）从时代特征看，绿色发展、金融深化对钢铁工业的发展提出了更高的要求和更严峻的挑战。首先，基础原材料定价机制的金融化导致钢铁企业逐步失去对原料、产品的定价权。其次，日益严格的环境标准不仅短期内直接体现为企业成本压力，而且对钢铁企业的环境经营水平提出了更高的要求。最后，随着我国人口红利期趋于结束，劳动力成本的日益升高，水、电、气等资源性产品价格改革的推进，钢铁工业的要素成本进入快速增长轨道。

（3）从国际环境看，金融危机后，发达经济体复苏乏力，中国钢铁产品传统出口市场需求低迷，而在印度、东南亚等新兴市场也面临着本土企业的竞争。同时，金融危机引起的全球竞争格局变化和产业转移加快，导致全球产业转移中的竞争加剧，针对中国钢铁产品的“双反”增加，贸易环境恶化。

二、中国铝业股份有限公司

（一）基本情况

中国铝业股份有限公司是国家授权的投资管理机构和控股公司，是国有重要骨干企业，主要从事于氧化铝提炼、原铝电解、能源产品、铝加工产品生产及相关产品的贸易业务，是中国最大的氧化铝和原铝生产商，综合规模居全球铝工业前列，是在人才、铝土矿资源、铝工业技术、运营管理、品牌和文化等方面实力雄厚，在国内占据领先的战略性地位。拥有 1 个国家级技术中心、1 个国家级工程研究中心和 2 个博士后科研工作站。截至 2013 年年底，公司拥有 1464 项专利，其中发明专利 539 项，企业科技攻关及先进技术推广能力居国内同行业前列。

（二）生产经营情况

2013 年世界经济缓慢复苏带动全球原铝消费有所回升，但新增原铝产能使全球铝市场产能过剩矛盾加剧，同时全球流动性收缩预期升温，对铝价构成持续压制，2013 年原铝价格延续震荡下行格局。2013 年中国铝业实现营业收入 1694.31 亿元人民币，同比增加 18.12%净利润为 9.48 亿元人民币，与上年同期的净亏损 82.34 亿元人民币相比扭亏为盈，减亏幅度为 111.51%。其中公司的原铝板块营业收入为 499.53 亿元人民币，同比减少 13.93%；原铝板块的亏损 27.92 亿元人民币，同比减少 9.50%。铝加工板块的营业收入为 55.28 亿元人民币，同比减少 42.22%；亏损额为 4.15 亿元人民币，同比减少 70.06%。

（三）市场及前景

1. 行业发展现状及趋势

过去 10 余年，全球铝工业产能、产量及消费量均出现了较高速度的增长，但近几年，随着全球经济发展的放缓，铝的生产和消费受到很大程度的影响，铝市场产能过剩、价格低迷，市场竞争更加激烈，国际铝市场呈现出并购重组方兴未艾、产业集中度不断提高、全球化投资与资源配置、产能向能源资源富集国家转移的特点。据统计，2013 年全球氧化铝产能约为 13 438 万吨，产量约为 10 680 万吨，其中，我国氧化铝产能约为 6000 万吨，产量约为 4900 万吨；我国氧化铝产能产量均呈稳步增长态势，形成了几个大型氧化铝企业不断扩展产能和产量的竞争格局，使铝土矿价格急剧抬高，资源争夺异常激烈，中国铝行业要持续稳定地发展，对外要稳定进口来源，对内必须加大国内探矿力度，不断发现新的矿石资源以缓解未来供应压力，同时，由于国内氧化铝企业的稳定运营受控于铝土矿资源，未来走向海外势在必行。2014 年，预计中国氧化铝产量将达到 5400 万吨左右。据统计，2013 年全球原铝产能约为 6445 万吨，产量约为 5057 万吨，其中，我国原铝产能约为 3120 万吨，产量约为 2490 万吨。面对铝价持续低迷，企业经营压力加剧，中国原铝企业延续减产步伐，产业发展呈现加速向西部转移的趋势，中东部地区竞争力进一步下降并面临退出的巨大压力。2014 年，预计中国原铝产量将达到 2680 万吨左右。

2. 发展战略

中国铝业股份有限公司致力于保持国内市场领先地位，通过稳步推进战略转型和深入开展结构调整，优化产业结构，大幅提升资产质量和盈利能力，建设具有全球竞争力的铝业公司。公司坚持以产业链前端和价值链高端为发展方向，积极开发优质铝土矿资源和煤炭资源，重点发展氧化铝核心业务、调整优化电解铝业务，以市场化改革和运营转型为抓手，以科技成果转化为支撑，努力提升公司综合竞争能力。

（四）存在问题

1. 行业竞争风险

宏观经济环境变化剧烈、行业政策变动、竞争对手不断增多、成本竞争激烈等，可能会对公司业绩造成不良影响，削弱公司的行业地位。

2. 市场价格风险

经济周期的波动、市场供求关系、国际资本投机炒作、国家及地方政策的不确定性等，造成产品市场价格的剧烈波动或下滑；同时，部分大宗原辅材料的价格被垄断，公司议价能力弱，造成原材料价格居高不下等，都可能会对公司财务状况和运营业绩产生重大影响。

3. 并购决策风险

国际和国内经济环境复杂多变使得决策难度加大，决策信息不够全面充分或不够准确、决策过程中监督及追责不明确等均可能导致决策失误，从而可能会对公司发展产生重大影响。

4. 现金流风险

目前有色金属市场低迷，大宗商品价格下滑，行业竞争日趋激烈，公司产品盈利能力下降，资金保障压力增加，可能导致公司生产经营陷入困境。

5. 安全环保风险

公司业务范围覆盖矿山、冶炼等高危行业，生产特性导致安全环保隐患较多；国家环保要求逐步提高；部分生产作业人员安全环保意识不强，执行力不够，一旦发生安全环保事故，将会给公司带来声誉以及财产上的巨大损失。

三、宝鸡钛业股份有限公司

（一）基本情况

宝鸡钛业股份有限公司成立于 1999 年 7 月 21 日，由宝鸡有色金属加工厂作为主发起人设立的股份有限公司。公司作为中国最大的钛及钛合金生产、科研基地，在国内市场处于领先地位，航空航天市场占有率比较高，是美国波音、法国空客、法国斯奈克玛、美国古德里奇、加拿大庞巴迪、英国罗尔斯－罗伊斯等国际知名公司重要的战略合作伙伴。公司所在地被誉为“中国钛城”、“中国钛谷”。拥有多项国际领先的具有自主知识产权的核心技术，是中国钛国标、军标、行规的重要制定者，也是我国钛加工企业中首家被国家发改委、科技部等部委联合认定的“国家级企业技术中心”，曾出色地完成了 6000 多项国家科研课题，取得科研成果 485 项。公司拥有 2400W 电子束冷床炉、15t 真空自耗电弧炉，2500t 快锻机、万吨自由锻以及钛带生产线 MB22-TI 型二十辊冷轧机等世界一流主体设备，代表了当今国际领先的装备水平。

（二）生产经营情况

2013 年宝鸡钛业股份有限公司在钛材市场需求下降、产能过剩、竞争加剧、成本上升、供需矛盾复杂多变的严峻形势下，实现钛产品销售量 16 658.29 吨，同比增长 14.68%，其中钛材 8112.07 吨，营业收入 23.73 亿元人民币。依托国家级企业技术中心、钛及钛合金国际科技合作基地、陕西省钛锆镍工程技术中心、院士专家工作站、博士后科研工作站，新工艺、新技术、新材料的研发进展顺利，并取得阶段性成果，全年申报国家高技术研究发展规划、国家科技重大专项等科研项目20余项，获得科技成果奖励9项，组织完成8项国标、行标的审定和报批，取得授权专利7项。

（三）市场及前景

1．行业发展现状及趋势

2014年面临的形势依然错综复杂，世界经济复苏艰难，国内经济下行压力加大、多重矛盾交织，加之钛行业供大于求、产能过剩的状况还将持续，因此2014年钛行业市场处于景气周期低谷、保本微利、竞争激烈的状况仍难改善，并将制约公司盈利能力进一步好转，生产经营压力依然较大；虽然面临困难，但是在国家经济处在重要战略机遇期、社会发展基本面长期趋好的情况下，未来钛行业在国内大飞机、核电、舰船、航空、航天等重点工程项目及海水淡化、建筑等行业用钛上仍有较大的市场发展机遇。

2．发展战略

通过实施增长战略，以十大生产体系为基础，加强产业经营和资本运营的有机结合，优化产业格局，调整产业结构，转变增长模式，积极探索钛矿开采与控制，完善钛材、一般工业用锆材、镍材、钢材等金属生产科研体系。截至2015年，形成40 000吨铸锭生产能力、30 000吨钛及钛合金加工材及一定量的锆、镍、钢等金属产品生产能力，国际市场占有率由现在的10%提升至20%，使宝鸡钛业股份有限公司真正成为品牌国际化、管理国际化、服务国际化、产品品质国际化的知名企业，跻身世界钛加工业前三强。

（四）存在问题

1．行业竞争加剧风险

随着市场波动频繁、竞争日益激烈、行业对手不断增多，公司面临的行业市场竞争将更趋激烈。

2．市场或业务经营风险

钛材虽然拥有其他材料无法比拟的优异性能，潜在市场非常广阔，但由于生产工艺复杂，生产成本高昂，其主要应用范围受限于航空航天、化工、医疗以及高档消费品等少数几个领域，因此钛材市场对相关行业的依赖性较强，航空航天及化工行业的市场容量直接制约着钛材的需求市场。

3．汇率风险

公司拥有自营进出口权。公司有相当比例的设备自国外购买，同时也有相当比例的产品出口到国外，因此，汇率波动及外汇政策的变动将直接影响公司设备采购成本和出口产品的销售价格及其竞争力。

第三节 先进高分子材料

一、上海三爱富新材料股份有限公司

（一）基本情况

1992年2月26日上海市有机氟材料研究所申请组建上海三爱富新材料股份有限公司，上海三爱富新材料股份有限公司是国内规模较大、品种最全、历史悠久的集科研、生产、经营一体化的有机氟化工企业。公司技术竞争能力较强，有国家认定企业技术中心和省级氟化工工程中心，氟化工下游产品的产品链较宽，氟化学品的市场占有率较高，主要ODS替代品市场占有率70%以上，具有较强市场竞争力。悬浮PTFE细料在填充料方面占有质量优势。PTFE乳液市场占有率15%左右，在电池用品级上独占主导地位。FEP的市场占有率为28%，模压料耐温性、加工性较好，乳液在聚酰亚胺薄膜加工方面具有优势。PVDF900 系列产品国内市场占有率较高，PVDF产品在中空纤维膜上具有优势。氟橡胶市场占有率18%，在宽分布氟橡胶方面占有一定的市场优势。PTFE产品、FEP产品都采用了国外先进标准，主要产品都拥有自主知识产权。

（二）生产经营情况

2013 年，产品市场需求持续走低，内外销售压力剧增，随着市场竞争的越趋激烈，公司产品价格进一步下滑。2013年实现营业收入328 667.86万元人民币，同比下降0.05%；利润总额16 237.10万元人民币，同比下降32.47%；净利润12 900.32万元人民币，同比下降32.98%。

（三）市场及前景

1. 行业发展现状及趋势

在化学品市场竞争日趋白热化的今天，聚合物市场竞争由国内同行竞争向国际同行竞争方向发展。产品价格延续2012年价格下降的惯性，同时受同行产能的释放以及市场需求不旺的叠加效应，部分化学品还将随市场价格有逐步下调的趋势。三爱富作为国内最早的氟化工生产企业，公司虽然具有品牌知名度高、底蕴深厚等优势，但聚合物总体质量水平、产能规模、产品成本、人工成本等在国际同行中不占优势，随着市场竞争的日益激烈，公司经营压力日趋加大。

2．发展战略

公司以“高端发展、跨市发展、创新发展、一体化发展”的原则，明确三大基地的定位，通过加强科技创新，加大工艺优化，关停部分产品，优化产品结构，加快新产品产业化，加强项目建设等工作，推进了公司的改革和发展。充分发挥国家级技术中心和江苏省氟化工工程中心的优势，加快新产品的研发和产业化，加快产品结构调整，向产业链的高端延伸，生产高附加值、高技术含量产品，加快公司的可持续发展。氟聚合物要做优做强，提高中高档产品比重，向高品质、多品种发展，向深加工发展提高附加值，氟碳化合物要向环境友好型发展，氟精细化工产品要向深度广度延伸。

（四）存在问题

1．产品替代风险

从保护环境出发，发达国家将从2010年开始削减ODP值不为零的过渡替代品（HCFCs）的生产和使用，我国也从2013年起冻结并从2015年开始逐步削减，到2030年年底实现全部淘汰。

2．产能过剩风险

从整个市场来看PTFE产品产能已相对过剩，且产品主要集中在低端市场，在本公司产品结构中PTFE产品在产量上仍占据主导地位，且盈利水平逐年走低。

3．需求不足风险

行业产能释放，导致供求关系失衡，产品竞争激烈，产品价格将面临进一步下降的风险。当前，国内行业产能迅速放大，但受金融危机的影响，消费需求有所萎缩，导致产品价格迅速下降。

二、神马实业股份有限公司

（一）基本情况

神马实业股份有限公司成立于1993年，是全球规模最大的尼龙66工业丝及帘子布生产厂家，占据了全球近30%、国内近90%的市场份额。在尼龙产业方面具有较为完整的尼龙 66 产业链条，拥有煤→焦炭→粗苯（焦炉气）→苯、尼龙66盐及中间体、切片、工业丝、帘子布、安全气囊丝、地毯丝等系列产品，产业链优势和规模优势比较突出，在国内外具有很强的行业影响力和竞争力。生产的神马牌尼龙66工业丝、帘子布是国际、国内知名品牌，产品已出口到30多个国家和地区，是世界几大著名轮胎集团的全球采购供应商，质量水平一流，具有较强的市场影响力。

（二）生产经营情况

2013 年公司实现营业收入 146.94 亿元人民币，比上年下降 14.06%，实现利润总额 6461 万元人民币，成功实现了扭亏为盈。其中：主营业务收入 41.2 亿元人民币，比上年下降 37.03%。2013 年开发新产品 76 种，试制样布 17 种，客户认可率达 100%；进行了纺丝油剂、间苯二酚、聚合添加剂、胶乳等原材料开发试验，取得较大进展；完成浸胶 1#、4#线外监视系统的试运行和白坯布毛丝检测仪开发试验，浸胶布实现自动在线检测，填补了国内同行业技术空白；获得发明专利 1 项，河南省科技进步二等奖 1 项，平顶山市科技进步特等奖及河南省工信厅科技成果二等奖 1 项，公司核心竞争力得到进一步提升。

（三）市场及前景

1．行业发展现状及趋势

当前全球帘子布行业竞争日趋激烈，许多生产企业都纷纷在海外设立生产基地，积极布局全球市场，除生产尼龙帘子布外，也在积极生产其他类型的帘子布，如涤纶、钢丝帘线等，生产国际化和产品多元化成为整体趋势。当前全球尼龙 66 行业格局主要呈现以下几个特点。

（1）行业集中度较高，尼龙 66 中间体及下游产品主要集中在少数几家大型跨国公司手中。

（2）尼龙 66 主要原料己二腈生产技术被少数几家公司所掌握。

（3）产能分布不平衡，目前尼龙 66 及其中间体产能主要集中在欧美地区，而在当前全球经济增长最快的亚洲产能却严重不足，亚洲特别是中国成为全球己二腈、己二胺、尼龙 66 盐和切片的净输入地区。中国正成为各大跨国公司下一步尼龙 66 发展关注的重点地区。

（4）随着新兴国家汽车工业的快速发展以及汽车向节能环保型发展，尼龙 66 工程塑料和尼龙 66 安全气囊丝具有高速增长性及广阔市场前景，工程塑料和气囊丝成为近年来尼龙 66 行业的主要投资方向。

2．发展战略

打造中国最强、世界一流的尼龙 66 产业链条，建成国内外一流的橡胶骨架材料产业基地。

（四）存在问题

1．行业风险

尼龙 66 行业竞争日趋激烈，不断有新的竞争者加入。

2．业务模式风险

由于公司内外环境的复杂性及多变性和客户需求的独特性，公司销售预测仍存在不符合市场实际情况的风险，进而对公司生产销售产生不利影响。

3．环保风险

公司在生产过程中会产生一些有害物质，对周围环境造成一定的危害。随着国家经济增长模式的转变和可持续发展战略的全面实施，人们的环保意识逐渐增强，国家环保政策日益完善，环境污染治理标准日趋提高，公司将面临更大的压力。

4．原材料价格及供应风险

尼龙 66 主要原材料己二腈价格受市场供求变化而波动，生产技术被少数几家公司所掌握，存在原材料供应商集中风险。

三、北京碧水源科技股份有限公司

（一）基本情况

北京碧水源科技股份有限公司是专业从事环境保护领域，特别是污水处理与污水资源化技术开发、核心设备制造和应用，以及固废处理的高科技环保企业，主要采用先进的膜技术为客户一揽子提供建造污水处理厂或再生水厂的整体技术解决方案，包括技术方案设计、工程设计、技术实施与系统集成、运营技术支持和托管运营服务等，并制造和提供核心的膜组器系统和核心部件膜材料。另外，公司研发、生产与销售净水器产品，并提供市政与给排水工程服务。

（二）生产经营情况

2013 年，碧水源实现营业收入 31.33 亿元人民币，同比增长 76.87%；实现利润总额 10.67 亿元人民币，同比增长 52.96%。在超/微滤及 DF 膜制造技术、膜组器设备技术、MBR 与 CMF 应用工艺技术，工业污水处理工艺技术等以膜技术为核心的技术开发领域进一步取得进展与突破，形成了覆盖面广、产业链完整、多系列、多类别的高品质产品与技术体系，并处于行业领先地位。低压反渗透 DF 膜生产技术开始大规模生产，新一代中衬超/微滤膜、脉冲曝气技术、新一代 Waterpad 与家庭迷你水工厂、高效高级氧化催化技术等创新产品与技术的研发均取得了升级并投放市场，特别是公司利用自身开发的技术在工业污水处理、垃圾渗透液处理、固废处理等领域均取得市场突破，为来年各领域的全面发展奠定了良好基础。同时，公司还作为牵头人承担了国家专项、“863 计划”等多个国家级科研项目，成功实现了公司研发方向与国家科研规划的完全融合。在膜材料与核心设备生产方面，公司进一步进行技术创新升级，将增强型及中衬型 PVDF 中空纤维微滤膜的年产能提升至 400 万平方米以及将中空纤维超滤膜的年产能提升至 200 万平方米，低压反渗透 DF 膜的年产能达 100 万平方米，形成了产品的系列化与规模化，进一步降低了产品成本，成为目前全球领先的能生产全系列产品的膜制造商之一。

（三）市场及前景

1. 行业发展现状及趋势

（1）国家政策有利于水处理行业发展。随着十八届三中全会提出要加快生态文明制度建设，以及国家“十二五”规划的实施和国家节能减排政策的进一步推进，为水处理行业特别是污水资源化行业带来了难得的发展机遇。水污染治理要求迫切，污水处理与污水资源化市场巨大，我国水污染治理水平还较为落后，治理任务仍相当艰巨，加快水污染治理的要求依然十分迫切。国家环保部正在编制的《水污染防治计划》，预计国家将投入2万亿元人民币来进行水污染治理。另外，我国开始实施严格的水资源管理，北方的水资源性缺水与南方的水质性缺水推动了我国对高品质再生水的刚性需求，推动了膜技术的多区域大规模应用。据国家环保总局环境规划院、国家信息中心的分析预测，在处理水平正常提高的情况下，“十二五”和“十三五”期间我国废水治理投入（含治理投资和运行费用）合计将分别达到10 583亿元人民币和13 922亿元人民币，其中用于工业和城镇生活污水的治理投资将分别达到4355亿元人民币和4590亿元人民币。未来10年，用于水污染治理的投资仍将继续保持较快的增长，水污染治理行业的发展空间巨大。另外，国家将自来水标准由35项提高到106项，在国务院《关于加强城市基础设施建设的意见》（国发[2013]36号）中明确要加快污水和垃圾处理设施建设，并优先升级改造落后设施，确保城市污水处理厂出水达到国家新的环保排放要求或地表水Ⅳ类标准。在此背景下，我们对中国未来的环保产业与水处理事业充满期待和希望。

（2）国家政策有利于膜技术产业发展。国务院公布的《七大战略新兴产业规划》中，膜生物反应器技术及膜材料制造技术分别列入了环保节能产业及新材料产业发展的规划中，为膜技术与膜产业的发展奠定了良好的基础。预计2014年国家将推出系列支持战略新兴产业发展的具体政策，包括拉动新技术应用政策与税收优惠政策等，都将催生和刺激环保行业与膜技术的快速发展，为公司业务提供了广阔的发展空间。

（3）行业自身发展趋势。膜生物反应器是当今世界最为先进的污水处理技术，它可以一步到位地将污水处理成高品质再生水，同时解决水污染与水资源短缺问题，带来了污水处理技术的一场革命。膜生物反应器技术自2006年在我国正式运行第一个万吨级以上大规模项目以来，该技术在我国市政与工业领域得到了广泛的应用，万吨级以上规模的数量已超过上百个，且覆盖江苏、北京、广东、内蒙古自治区等我国数十个省市，在我国水环境敏感地区的污水处理厂提标升级改造中承担着中坚角色，可见膜技术在我国的应用规模与应用范围越来越广，并随我国环保排放标准的进一步提高而呈快速发展趋势。在膜材料制造领域，我国的膜产业发展迅速。过去我国MBR技术用膜基本依赖进口，但经过过去几年的发展，该领域已取得较大的进展。用于MBR的PVDF中空纤维微滤膜领域，国内企业已具有与国外膜厂家抗衡的实力；用于给水及污水资源化的超滤膜领域，国内已有几家公司具有较强的竞争实力，并在国内市场占有较大份额。总之，我国膜产业发展迅速，随着膜技术的广泛应用，中国的膜制造产业将呈现良好快速发展态势。

2．发展战略

北京碧水源科技股份有限公司将分三阶段实现上述整体发展目标。第一阶段成为国内一流污水处理与污水资源化整体解决方案提供商；第二阶段成为国内外知名的污水处理与污水资源化整体解决方案和饮用水安全解决方案提供商与大规模膜产品生产商；第三阶段成为具有国际竞争实力的污水处理与污水资源化整体解决方案提供商、大规模膜产品生产商及水务运营商，并做大做强企业。目前，公司已成为国内膜技术污水处理领域一家知名上市公司，是知名的污水处理与污水资源化整体解决方案提供商及膜产品生产商，基本实现了公司发展的第二阶段。

（四）存在问题

1．膜技术推广与市场竞争风险

尽管膜技术较传统技术在出水水质优、省地、少污染等方面具有无可比拟的优势，但对出水水质要求低的项目，其投资成本与运营费用上具有相对偏高的弱点，形成了膜技术在出水水质要求低项目应用上的局限性。膜技术在近几年得到了快速的发展和更广泛的应用，对于中水回用、出水水质达国家一级A标准及以上的项目，膜技术在技术与经济指标上均具有一定的优越性，但较传统技术，其市场额度与份额仍偏小，并在水处理市场仍面临与传统技术的激烈竞争。同时，尽管公司在国内膜技术领域处于全面领先地位，但也面临国内外其他竞争对手在市场上的挑战。

2．技术创新与保持领先风险

膜技术是近几年兴起的一项高新跨学科技术，其发展得到了许多国家的高度重视，国家已将膜技术产业列入了国家战略新兴产业发展规划，突显了我国对膜技术的重视。目前，许多知名国外企业包括GE、三菱等均涉足该领域，加剧了膜技术行业产品与技术的创新竞争。

3．季节性风险

公司从事环保产业的整体技术解决方案业务，绝大部分客户为地方政府或其平台企业，项目大多需经各级政府立项完成后，再经历初步设计、工程设计、招标、工程服务等多个环节，该类项目具有显著的季节性特点。一般上半年，该类项目主要实施立项审批、初步设计、工程设计及论证阶段，而工程招标与施工大多集中在下半年，特别是第四季度。同时项目的回款、收入确认均存在季节性特点。若公司不能较好地应对该季节性，特别是现金流的不均匀性，将对公司正常经营与业务造成影响，带来季节性风险。

第四节 新型无机非金属材料

一、北京东方雨虹防水技术股份有限公司

（一）基本情况

北京东方雨虹防水技术股份有限公司成立于 1998 年 3 月，现已发展成为一家集防水材料研发、制造、销售及施工服务于一体的中国防水行业龙头企业，是国家高新技术企业、中国防水行业唯一的上市公，拥有业内首家国家级企业技术中心和博士后科研工作站。东方雨虹经过 10 余年的发展，现有员工 5200 人，在研发实力、产品质量、企业品牌、管理水平和市场网络建设等方面均居于国内同行业前列，已经发展成为国内建筑防水材料行业中最具竞争力和成长性的龙头企业。东方雨虹的主要生产线是从美国引进，性能稳定、效率高、能耗低、生产的产品成品率高，在亚太地区属于最先进水平，从而最大限度地降低了发行人产品的生产成本。东方雨虹生产的产品包括沥青基防水卷材、高分子防水卷材、防水涂料、密封材料、刚性防水和止水堵漏材料、系统配套及特种工程专用材料在内的 6 大类上百个品种规格，基本覆盖了国内新型建筑防水材料的多数重要品种，是国内建筑防水材料行业生产新型建筑防水材料品种最齐全的企业之一。目前已初步完成“渗透全国”的战略目标，未来几年东方雨虹将进入高速成长阶段，将充分利用已有的品牌优势、多层次营销网络优势，以及不断加强的技术与产品质量优势，通过实施公司发展战略，实现业务的快速发展。

（二）生产经营情况

2013 年东方雨虹全年实现营业收入 39.03 亿元人民币，同比增长 31.02%；实现利润总额 4.43 亿元人民币，较上年同期增长 99.35%。其渠道市场仍然保持着高速的增长，全国市场的辐射能力加强；与多家国内知名地产客户的战略合作关系进一步提升；本土业务以及施工业务均取得较大进展，在做大、做强现有产品的同时，全力推行产品及领域的创新。

（三）市场及前景

1．行业发展现状及趋势

（1）行业发展现状。进入 20 世纪 90 年代以来，随着国民经济的发展和建筑业的持续增长，我国建筑防水材料行业得到了迅速发展，建筑防水材料的品种进一步

扩大，新工艺不断增加，生产能力显著提高，部分骨干企业的产品质量已接近或达到国际同类产品先进水平。到目前为止，我国建筑防水材料的产品已形成了 7 大门类，即 SBS/APP 改性防水卷材、高分子防水卷材、防水涂料、自黏防水卷材、沥青复合胎柔性防水卷材、玻纤沥青和石油沥青纸胎油毡。

（2）行业发展趋势。①市场进一步规范，落后产品及产能逐步淘汰，行业集中度不断提高。根据我国建筑防水材料行业集中度较低，市场竞争不够规范的现状，国家相关部门通过发布产业政策进行优化调整，进一步加强市场规范力度、扶优汰劣，促进了优势企业做大做强。国家近年来推出了多项产业政策，提高行业准入门槛。2013 年，工信部出台《防水卷材行业准入条件》，同时国家质检总局也每年更新《建筑防水卷材产品生产许可证实施细则》，不断对落后产能进行淘汰；《建筑防水行业“十二五”规划》中指出，预计“十二五”末期，行业中应出现年销售收入超过 50 亿元人民币的企业，年销售收入超过 10 亿元人民币的企业达到 10 家以上；行业前 50 位的企业，主要产品的市场占有率达到 50%。未来，行业进一步整合的趋势明显，龙头企业继续扩大生产规模可以继续预期。②新型建筑防水材料的应用领域进一步拓宽，随着防水新材料、新工艺的不断增加，以及建筑防水材料应用技术的不断提高，建筑防水材料应用领域已由房屋建筑领域为主逐步扩大到高速铁路、高速公路和城市道桥、地铁及城市轨道、机场和水利设施等基础设施工程；建筑防水部位也从传统的屋面和地下为主逐步延伸到室内、外墙等部位。应用领域的扩大进一步增强了新型建筑防水材料的市场需求，促进了行业近年来的稳定和快速发展。③产品标准逐步完善，行业技术水平不断提升。防水行业标准和规范将进一步修订和实施，对未来中国建筑防水行业发展、产业结构调整和技术水平的提高具有重要的意义。

2. 上游行业的基本情况

建筑防水材料行业的上游行业为石油化工行业，建筑防水材料的主要原材料沥青、聚酯胎基、SBS 改性剂、乳液等均来自于石油化工行业，受国际原油市场的影响较大。该行业的产品供求变化和相关产品价格波动将对建筑防水材料行业所需原材料价格波动产生一定影响。石油价格的高位运行，将导致石油化工产品的价格上升，压缩建筑防水材料行业的利润空间。

3. 下游行业的基本情况

建筑防水材料主要用于房屋建筑、高速公路和城市道桥、地铁以及城市轨道、高速铁路、机场和水利设施等领域。因此，建筑防水材料行业的下游为建筑业，建筑业的发展状况会对本行业产生影响。近年来，伴随着我国经济的快速发展，固定资产投资的不断加大，建筑施工工程，水利及核电工程，铁路、机场、公路等交通工程，桥梁、港口等其他基础设施建设行业都实现了较快较好的发展，对建筑防水材料的需求缺口越来越大。受宏观经济运行情况、国内房地产及水利建设等行业发展的影响，未来受大量基础设施建设和急速城市化发展的推动，我国建筑防水材料的需求量和产量将大幅提升。同时，建筑防水材料有利于环境保护、节约资源，符合构建资源节约型、环境友好型社会的国家战略，有利于促进国民经济的健康发展，并带动下游产业的持续发展，因此建筑防水材料行业与下游产业关系密切。

（四）存在问题

1. 应收账款增长引致的财务风险

东方雨虹系建筑防水材料及建筑防水工程服务供应商，而建筑施工行业的工程款结算周期相对较长，对供应商的资金实力存在一定要求。随着全国布局战略的实施，市场覆盖范围的不断扩大以及客户数量持续增加，公司业务收入规模逐年上升，相应的报告期内各期末应收账款余额呈现持续上升趋势。尽管东方雨虹成立了专门的风险监管部评估客户履约能力，并对合同评审、工程签证和回款情况等过程进行全程监控，尽量防范应收账款风险，但是未来仍存在因应收账款发生坏账影响经营业绩的可能。

2. 原材料价格上涨，成本加大的风险

东方雨虹生产所需的原材料主要包括沥青、聚酯胎基、SBS 改性剂、乳液、扩链剂、聚醚等，其中石油化工产品占较大比重，受国际原油价格变化以及石油化工产品供给和需求的影响也较大。尽管通过多种措施规避原材料价格上涨带来的负面影响，但也无法完全避免价格波动带来的影响；同时目前人力资源成本也面临持续上涨的压力。因此，如果上述生产要素成本进一步上涨的话，成本压力仍然难以消除。

3. 国家对房地产市场进行调控的市场风险

东方雨虹所经营的业务属于建筑材料行业，产品主要应用于基础设施建设、房地产等领域。下游市场受到国家宏观经济政策的影响，尤其是自 2010 年 4 月份以来，国家相继出台了一系列政策调控房地产市场，尤其是对高价位商品房和投资性需求进行了限制，并加大政府在保障性住房方面的投入。虽然目前依靠自身的品牌和产品质量优势，产品一直处于供不应求的状态，并未受到下游房地产市场调控政策的影响，但是未来仍存在因房地产市场宏观调控，公司经营受到不利影响的可能。

二、北新集团建材股份有限公司

（一）基本情况

北新集团建材股份有限公司是国务院国资委直属央企中国建材集团旗下的 A 股上市公司，目前已发展成为中国最大的新型建材产业集团和亚洲最大的石膏板产

业集团。公司1994年被选定为国务院建立现代企业制度100家试点企业之一，1996年被批准建立国家级企业技术中心，1997年在深交所挂牌上市，1999年被确定为国务院520户重点联系企业，2000年被批准成为国家级中关村科技园区北新材料园，2002年被建设部批准成为国家级住宅产业化基地。北新建材致力于为公共建筑和家庭客户提供一揽子应用解决方案，目前拥有以下3大业务体系：

（1）墙体及吊顶系统——以石膏板、龙骨、矿棉板、岩棉及配套产品构成的墙体及吊顶系统解决方案。

（2）住宅部品及建筑节能系统——以门窗、暖气片、龙牌漆、静音管等住宅部品构成的建筑节能环保系统。

（3）新型房屋及建筑外维护系统——轻钢结构新型房屋、木结构新型房屋及金邦板、金邦瓦建筑装饰外围护系统。

（二）生产经营情况

2013年北新建材全年实现营业收入74.90亿元人民币，同比增长12.04%；实现利润总额9.06亿元人民币，同比增长33.80%。北新建材的石膏板产能达到16.5亿平方米，继续保持全球第一。北新建材品牌价值212.65亿元人民币，位居中国500强最具价值品牌第82位，亚洲建材行业品牌第2位。在2013年第13届全球石膏大会上，北新建材被授予“全球石膏行业杰出贡献奖”。

（三）市场及前景

我国作为发展中大国，目前处于城市化、工业化、市场化的快速发展时期，产业结构调整、新型工业发展、城镇化建设等均在快速推进，截至2013年年底，我国城镇化率已突破53.7%，预计到2020年，我国城镇化率将超过60%。同时，我国农村经济生活已由20世纪末的“温饱”型转向21世纪初的“小康”型，农村住宅建设也将向功能齐全、设施完善、环境优美的“小康住宅”发展。城镇化及新农村建设为新型建材行业提供了新一轮持续、快速发展的契机及广阔的市场空间。石膏板是重要的建筑装饰材料之一，相对于传统建筑材料，具有防火、隔音、防震、节能及经济等优点，符合绿色建筑的要求，不仅能使房屋功能得到改善以满足居住和办公的特定需求，也与国家节能环保经济发展方向相一致。因此，其在墙体中逐步替代传统材料已成趋势，未来增长空间明显。从下游用途来看，随着我国经济持续发展及社会公众节能环保意识的加强，石膏板的下游市场将逐步拓展至隔墙建设及墙体装饰，市场前景广阔。目前，我国石膏板行业的市场竞争格局大致分为三类，第一类是生产高档产品，生产装备、技术研发、产品质量都具有国际水平的大型公司；第二类是生产中档产品的中型企业；第三类是生产低档产品的小企业。北新建材的石膏板生产线遍布全国，成功覆盖第一类和第二类市场，现有的石膏板产能规模已跃居全球第一。

（四）存在问题

北新建材所处建材行业的发展与宏观经济运行情况密切相关，受固定资产投资规模、城镇化进程等宏观经济因素的综合影响明显。未来国家对房地产行业的调控政策将给公司的生产经营带来一定的不确定性。同时，主要原燃材料如护面纸、工业副产石膏、煤等材料的价格波动也会给公司成本控制带来压力。

三、中国南玻集团股份有限公司

（一）基本情况

中国南玻集团股份有限公司成立于1994年，为中外合资企业。1992年，公司A、B股同时在深交所上市，成为中国最早的上市公司之一。经过20余年的发展，集团目前总资产151亿元人民币，员工近万余人，是中国玻璃行业最具竞争力和影响力的大型企业。公司目前在所处的各产业中均打造了完整的产业链，具有产业互补的优势。在玻璃产业方面，已经打造了石英砂矿→优质浮法玻璃→建筑节能玻璃/TCO玻璃的产业链。在精细玻璃方面，以超薄玻璃为基础，通过深圳显示器件公司及其下属公司，精心打造了石英砂矿→超薄玻璃→ITO导电膜产品/TP-Sensor→平板显示/触摸屏模组精细玻璃产业链。在太阳能产业方面，已经完成了从高纯多晶硅材料、硅片加工到电池片及其组件、光伏压延玻璃等整条产业链的建设，随着产业链各环节技术工艺水平的不断提升，其产业优势已经显现。公司拥有高端浮法玻璃生产工艺的自主知识产权，超薄电子玻璃的技术工艺水平处于国内领先地位，节能玻璃的研发生产与世界先进水平同步，在精细玻璃及太阳能领域的技术及工艺均处国内较为领先水平。

（二）生产经营情况

2013年南玻集团积极应对市场环境的不利影响，不断优化研发创新机制，加强研发体系和研发能力的建设，加大研发投入，进一步以技术创新、管理创新深化差异化经营策略，夯实精细化管理基础。2013年公司共提交了84项专利申请，新获专利授权60项。目前，公司共拥有授权专利195项，其中发明专利授权44项，占比22.6%。2013年公司实现营业收入77.34亿元人民币，同比增长10.57%；实现归属母公司净利润15.36亿元人民币，同比增长459%。

（三）市场及前景

预计2014年，国内外经济形势依然严峻，平板玻璃行业仍然面临中低端产能严重过剩的局面，同时也面临燃料及原材料成本上升的压力。但随着国家城镇化建设的不断推进，加之环保政策的严格执行会加大落后产能的淘汰力度，平板玻璃市场将保持相对平稳，有成本控制能力的龙头企业的盈利能力也将得到进一步体现。工程玻璃产业的市场需求在国家节能减排的总体战略的推进下会有所增加，但同质化竞争加剧也将是该产业所面临的挑战。随着政府节能减排力度的不断推进，以及人们环保意识和对居住环境要求的不断提高，节能玻璃的市场空间也将更加广阔。精细玻璃行业竞争加剧，产业环境日趋复杂。但随着新型智能电子产品的不断涌现及普及，智能手机市场将延续高速增长态势，为精细玻璃产业带来新的增长动力。国内得益于政府对光伏行业的支持，市场行情将有所回暖。随着技术进步，太阳能产业链各环节的成本将不断下降，太阳能发电成本也将随之下降，从而带动光伏市场的良性发展。

公司未来的发展战略仍将围绕节能产业和可再生能源产业这两条发展主线，通过技术创新及规模效应，巩固和确立公司在节能玻璃领域和太阳能光伏领域的技术优势和市场地位，精心打造和提升公司在玻璃行业、显示器件行业及光伏太阳能行业的核心竞争力及可持续发展能力，为精细玻璃产业打造能够独立运作的资本及产业平台，使公司各个业务板块均进入国际一流制造者阵营。

（四）存在问题

2014 年，由于国内外政治、经济形势的复杂多变，公司将面临以下风险与挑战。

（1）平板玻璃行业将继续面临产能过剩及成本上涨的压力，同质化竞争的加剧使工程玻璃行业面临挑战。太阳能光伏行业形势仍然严峻。

（2）天然气等能源价格及劳动力成本上升，原材料价格大幅波动。

（3）外汇汇率波动风险。目前公司的销售收入有近 13.5%来自境外，因此汇率的波动将会给公司的经营带来一定风险。

第五节　高性能纤维及复合材料

一、中国玻纤股份有限公司

（一）基本情况

中国玻纤股份有限公司系 1998 年 8 月 31 日经国家经济贸易委员会国经贸企改（1998）544 号批复批准，由中国新型建筑材料（集团）公司、浙江桐乡振石股份有限公司、江苏永联集团公司和中国建筑材料及设备进出口公司等 4 家公司共同发起，采用募集方式设立的股份有限公司，原名称为中国化学建材股份有限公司，设立时发起人股本为 14 000 万元人民币。目前已是我国玻纤行业的龙头企业，截至 2013 年年末，公司共拥有 4 个大型玻璃纤维生产基地，生产能力位居世界领先。其中，公司自主设计与建设的年产 12 万吨无碱玻纤池窑生产线为目前世界上最大规模的单座无碱池窑生产线。建有国家级企业技术中心、博士后科研工作站、国家 CNAS 认证检测中心、浙江省玻璃纤维研究重点实验室。公司拥有具备完全自主知识产权的 E6、Vipro 高性能玻璃纤维、高性能复合纤维材料 Compofil，较之传统的 E 玻纤，在物理性能、耐腐蚀性、节能环保等方面均有大幅提升。公司目前在 14 个国家和地区成立了海外销售公司，在德国、英国等地设立了独家经销商，建立起了辐射全球的营销网络，并同世界 90 多个国家和地区的客户建立了长期稳定的合作关系。

（二）生产经营情况

2013 年中国玻纤股份有限公司实现营业收入 52.10 亿元人民币，比上年同期增长 2.09%；归属于上市公司净利润 3.19 亿元人民币，比上年同期增长 16.39%。2013 年，公司共申请专利 112 项，其中发明 18 项，实用新型 94 项；获得专利授权 98 项，其中发明 8 项，实用新型 90 项。截至 2013 年年底，公司有效专利累计 291 项，其中发明 35 项。2013 年公司开拓海外业务，完成了埃及年产 8 万吨生产线项目的建设。2013 年，公司获得了中国质量协会颁发的第 13 届全国质量奖、国家知识产权局颁发的中国专利优秀奖、科技部火炬高技术产业开发中心颁发的国家火炬计划产业化示范项目证书（汽车配件专用 LFT 直接无捻粗纱）、中国质量协会颁发的中国质量协会质量技术奖，以及浙江省商务厅评选的浙江出口名牌。

目前公司已经或正在开发的新产品主要包括以下几个方面。

（1）复合纤维。通过对浸润剂配方、化纤改进、复合工艺优化等各个方面的不断研发和创新，公司的复合纤维项目已完成了产品鉴定和验收，产品进入批量稳定生产阶段并得到了国外行业代表性客户的认可。公司成为继 Twintex 之后，全球第二家具有独立知识产权并实现大规模生产复合纤维的制造商。复合纤维与传统的纤维产品相比，具有成型工艺简单、生产效率高、力学性能优异、可修复、可回收等优势，适用于模压成型、层压板材成型、缠绕成型等。其应用领域涵盖航空航天、汽车工业、建筑、体育器材、新能源等各个领域。目前，PP 复合纱已达到在线复合的工业化生产要求。

（2）高性能风电用纱。为适应风电市场发展，公司短期内开发出了适用于该领域的高性能风电用纱，并通过了西门子公司的疲劳测试认证，大批量投放市场。该产品将凭借性能上的优势，再树公司在风能领域的新品牌。

（3）石油高压管用纱。2013 年，公司新推出的石油高压管用纱产品凭借在工艺性能、1200 小时长期测试等方面的优异表现，通过了世界著名高压管道生产商 Ameron 的全面认证，正式进军世界高端管道领域。

（4）环氧管道短切用纱。专门为希望管道开发环氧管道短切用纱，通过浸润剂体系的创新，在力学性能上，较之前的通用型体系有15%以上的提升。性能已经得到希望管道的全面认可。此外，该产品还可以用于风能织物表面用纱，已经通过西门子客户认可并实现批量供应。

（5）CFRT 工艺用纱。CFRT 作为一种新型的复合材料成型工艺，发展前景广阔，公司专门针对这个应用开发了新产品。该产品分散性、耐磨性好，品质均得到了国内代表性客户的认可，并开始批量采购。

（三）市场及前景

1．行业发展现状及趋势

（1）行业发展现状。①行业集中度高，呈现寡头竞争格局。目前全球前六大玻纤企业约占据全球 75%左右的产能，寡头竞争的格局在过去 10 年未有变化。由于进入壁垒高，预计在未来一段时间内，上述行业格局将保持稳定。②中国企业坚持自主创新，技术水平逐渐赶超欧美企业。由于玻璃纤维行业具有集中度高的竞争格局，新进入企业很难通过技术转让获取玻纤生产的核心技术。面对已有几十年发展历史的海外玻纤企业，中国玻纤企业凭借不断增强自主创新能力及加大技术研发投入，玻璃纤维的生产工艺、技术水平已逐渐赶超国外企业，以公司为代表的国内企业更是在大型池窑建设、大漏板加工、纯氧燃烧等核心技术方面处于领先地位。③欧美玻纤企业产能增长减缓，国内玻纤产业蓬勃发展。近年来，国内玻纤制造企业凭借技术进步、成本降低和持续的产品质量提升抢占了大量的海外市场。由于国内玻纤企业竞争优势明显，国外传统玻纤企业近 5 年来已基本没有新增产能。“十一五”期间，中国的玻纤产能从 160 万吨增长到 265 万吨，年均复合增长率达到 13.44%，而同期全球产能年均复合增长率仅为 4.89%，国内玻纤产能已超过全球玻纤总产能的 50%以上，中国企业引领全球玻纤行业发展的时代已经开始。

（2）行业发展趋势。①集中度高的行业竞争格局不变。行业较高的进入壁垒和下游复合材料行业对玻纤品牌、品质、企业知名度的重视，使现有竞争格局得以维持，行业领军企业优势将变得更加明显，特别是以公司为代表的中国玻纤企业在未来的全球玻纤行业中将起到主导和引领的作用。②行业处在整体上升期。未来 5 年全球市场需求，特别是新兴市场国家的需求仍将维持较高的增长率。根据全球专业研究机构 Lucintel 在其《2012—2017 年全球玻璃纤维市场：趋势、预测和机遇分析》调研报告中预测，2012—2017 年间，玻纤在复合材料市场中的总用量预计将以 6.9%的复合年均增长率增长，到 2015 年玻璃纤维市场将达到 112 亿美元。虽然全球市场需求增长趋缓，但企业在调整产品结构，特别是发展玻纤制品方面仍有巨大的改进与提高潜力，为优势企业的发展提供了空间。③中国落后产能淘汰步伐加快。随着国家对高能耗与污染企业监管的加强，预计淘汰高能耗与污染小型玻纤企业的步伐会加快，能有效遏制玻璃纤维行业低水平重复建设和盲目扩张，规范市场竞争秩序，促进产业结构升级。国家工信部 2012 年颁布实施了新的《玻璃纤维行业准入条件》，与 2007 年的准入条件相比，新实施的准入条件最大特点是涉及企业布局、工艺装备、能源消耗、环境保护等多方面的准入门槛全面提高。2013 年，玻纤协会与工信部对 45 家玻纤企业进行了初审，并对 30 家符合准入条件的企业进行了公示，一方面将会在未来几年大量淘汰代铂炉和陶土坩埚等落后工艺的产能，另一方面将迫使中小企业加大技术改造投入。预计到“十二五”末期，池窑拉丝生产线的产能将占据全国产能的 95%。④技术进步加快，应用领域拓展。以大型池窑设计及建造、纯氧燃烧、全自动物流输送、新型玻璃配方、大漏板加工、废丝回用等为代表的领先技术将在全球玻纤工业逐渐普及，在提高生产效率的同时，也将有助于增强玻纤产品的性能，降低生产成本，从而提升玻璃纤维替代其他传统材料的优势。此外，具备高强、高模、低介电、耐高温、绝缘及耐腐蚀等特殊性能的功能性玻纤将突破技术瓶颈，实现工业化规模生产，这势必使玻璃纤维的应用领域得到进一步拓宽，新型汽车、新能源（风电）、造船、飞机、高速铁路与公路、防腐、环保等领域，将成为玻纤工业的新增长点。⑤中国玻纤企业加快推进“走出去”战略。在政府鼓励国内企业“走出去”的大背景和全球经济一体化的大趋势下，面对国际贸易保护主义抬头的挑战，中国玻纤企业将在“十二五”期间加快“走出去”的步伐。通过直接投资和兼并重组两种方式，中国玻纤企业参与国际市场的广度和深度也将不断延伸。

公司“十二五”期间的发展战略为“产品高端化、产业集群化、布局国际化、市场全球化”，打造全球玻纤领军企业。巨石集团下属子公司巨石攀登电子基材有限公司建设年产 1 亿米电子布生产线，巨石集团有限公司年产 12 万吨无碱池窑拉丝生产线节能技改项目，巨石集团有限公司建设年产 60 万吨玻璃纤维生产基地配套自动化仓储中心，目前以上项目正在积极建设中，预计 2014 年完工。

2. 发展战略

2014 年公司将按照“提质量、强管理、调结构、重创新、拓市场、谋布局、带队伍、树品牌”的工作思路，强化质量意识，突出质量管理；强化结构调整，突出资源整合；强化科技创新，突出节能减排；强化市场营销，突出全球布局；强化队伍建设，突出文化引领。继续朝着规模领先、技术先进、队伍优秀、管理一流、执行有力、业绩优良的国际性企业集团迈进。

（四）存在问题

1. 税收政策风险

2007 年 6 月，财政部、国家税务总局联合发布《关于调低部分商品出口退税率的通知》，规定自 2007 年 7 月 1 日起，玻璃纤维及制品出口退税率由原来的 13%

下调至5%。2008年10月，财政部、国家税务总局联合发布《关于提高部分商品出口退税率的通知》，规定从2008年11月1日起，适当调高部分劳动密集型和高技术含量、高附加值商品的出口退税率。相关税收政策变化的不确定性，将对出口量较大的外向型玻纤制造企业的产生一定影响。

2. 贸易壁垒风险

2010—2011年，土耳其、印度、欧盟等国家和地区对来自中国等国家的玻璃纤维产品发起反倾销调查。终裁结果宣布后，公司产品出口上述国家和地区受到影响，出口量有所减少。由于上述国家和地区的复合材料市场需求旺盛且当地玻纤产能供给不足，自2010年年末开始，公司对上述国家和地区的出口量持续回升。2013年，欧盟发起了针对中国的玻璃纤维反补贴调查及反倾销中期复审，企业正在积极应诉，最终结果未定。巨石埃及玻璃纤维有限公司建设的年产8万吨无碱玻纤池窑拉丝生产线已于2013年11月点火投产，待完全运行后，上述发起反倾销或反补贴调查的国家和地区的客户需求将由埃及公司直接供应满足，贸易壁垒对公司的不利影响将大幅减弱。

3. 汇率和利率波动风险

未来人民币汇率变化将影响公司产品的销售价格，从而影响公司的利润，加大公司的经营风险。公司贷款规模较大，利率波动将对公司的财务支出产生一定影响，加大公司的经营风险。

4. 原材料、燃料价格及供应风险

作为一家大型玻璃纤维及制品制造企业，公司在生产过程中需要消耗大量的电、天然气以及矿石、化工等辅料。原材料的供应状况及供应价格的变化将影响公司的生产及成本。

二、湖南博云新材料股份有限公司

（一）基本情况

湖南博云新材料股份有限公司是以中南大学粉末冶金工程研究中心为主发起人，联合中国航空器材进出口集团公司，湖南高科技创业投资有限公司，深圳市盛城投资有限公司，中国工程院院士、中南大学前校长黄伯云等5位发起人，于2001年7月将中南大学粉末冶金研究所整体改制而成。目前公司拥有员工700大多人，是国内粉末冶金复合材料领域基础研究、应用研究、产业化链条最完善、竞争力最强的公司，拥有30多项专利技术，并与中南大学多个国家级研发机构保持长期合作。公司生产的产品国内领先、国际一流，主要产品先后荣获国家技术发明奖一等奖1项、二等奖1项，国家科技进步奖三等奖1项，省部级科技进步奖一等奖2项、

二等奖 2 项、三等奖 3 项。

公司开发的粉末冶金复合材料产品已在航空航天、汽车、高端冲压模具等应用领域得到了市场的充分认可，成功打入了原由国外企业垄断的细分领域。公司的产品经国内外权威机构和知名企业的检测和使用后，对公司产品给予了很高的评价，这有利于公司在当前应用领域的国内外市场继续快速扩张。公司开发的高性能粉末冶金复合材料产品通过在当前航空航天、汽车、高端冲压模具 3 个领域的应用，为公司产品拓展在其他领域的应用奠定了坚实的技术基础。公司产品未来将逐渐应用于高速列车、工程机械、船舶、石油、化工等领域，保证了公司的可持续发展能力。

（二）生产经营情况

2013 年度，公司共实现收入总额 36 708.55 万元人民币，同比增长 18.95%。由于博云汽车、博云东方加大了市场拓展力度，汽车刹车片、高性能模具材料产品收入分别增长 81.77%和 30.49%。由于受光伏行业不景气的影响，同时部分附加值高的产品订单下降，使母公司收入同比下降 31.69%。

研发方面，顺利开展 C919 产品的设计和研制项目工作；完成国家多个重点型号坯料阶段研制任务，并已将部分坯料试制件交付给客户；新开展了兵器行业两个新型号产品的研发工作，已顺利交付了首批产品；研制 TG760 型真空电阻加热 CVD 炉，实现了 C919 飞机与非 C919 飞机两种型号炭刹车盘的热场设计与换型工作，并成功试生产多批产品。汽车刹车片方面，公司子公司湖南博云汽车制动材料有限公司改进研发了各种系列配方共 35 个，产品的性能有了较大的提高。高性能模具方面，公司子公司湖南博云东方粉末冶金有限公司申报了发明专利 1 项，实用新型专利 8 项；挤压项目取得了阶段性成果，用挤压解决了 ST12F 成型难的问题，降低了磨耗。机轮刹车方面，长沙鑫航机轮刹车有限公司完成了多种机型军用飞机的现役飞机刹车系统寿命与可靠性综合改进立项论证评审工作、飞机主机轮改进高原适应性鉴定试飞大纲审查工作和主机轮高原适应性补充鉴定工作；完成 LSX-35A 电子防滑刹车系统 C 阶段设计评审、LS-151A 主机轮 C 阶段设计评审；完成 LS-151A 主机轮、LSX-35A 电子防滑刹车系统各附件的 C 阶段部分试验；对伊尔-76 项目进行测绘和重新设计。

（三）市场及前景

1. 行业发展现状及趋势

（1）民用飞机在激烈竞争格局中寻求突破。近几年，全球经济复苏乏力，再加上高铁的冲击，航空市场面临的压力陡增，但是根据全球航空信息发布和数据管理机构最新的全球航空公司运力数据显示，全球新飞机需求量呈上升趋势。另外，民用航空业在设计能力、材料工艺等方面不断涌现新技术，创新成为航空业未来新的竞争点。根据工信部发布的《民用航空工业中长期发展规划（2013—2020 年）》，面对全球航空产业新一轮竞争的加剧，中国的航空制造业只有紧随新技术发展的潮流，在起步和追赶中把握住新的技术趋势与方向，才能真正成为国际民用飞机制造舞台上的参与者。

（2）高性能炭/炭复合材料产品市场发展更趋稳健。高性能炭/炭复合材料产品广泛应用于航空、航天领域。飞机刹车副是高性能炭/炭复合材料最主要的应用领域，目前，世界上有 60 余种型号的飞机使用高性能炭/炭复合材料刹车副；在航天领域，世界各发达国家将高性能炭/炭复合材料成功地应用于航天飞机的机翼前缘、鼻锥、火箭发动机尾喷管、喉衬等构件。此外，高性能炭/炭复合材料产品在机械制造、交通运输和化工等领域也有广阔的应用前景，如用作热压模具、真空炉和单（多）晶硅炉发热体、隔热体以及火车和汽车刹车片等。随着我国产业转型升级和战略性新兴产业发展的迫切需求，在高端装备制造业将会越来越多的应用高性能炭/炭复合材料产品。高性能炭/炭复合材料产品主要为我国的战略先导性产业提供关键性配套零部件，因此在飞机刹车副和航天用高性能炭/炭复合材料行业发展过程中，国家将给予大量的政策扶持。

（3）汽车刹车材料行业整体向前推进。目前我国汽车刹车片生产企业有近 500 家左右，但 80%以上的企业规模较小。随着我国汽车工业整体水平的提高，汽车行业正在逐步由过去只注重刹车片价格向关注刹车片的质量和技术含量转变，市场的集中度将不断提高，最终形成有技术实力的企业间的竞争。由于我国汽车工业起步较晚，国内所生产的中高档车型基本上属于欧、美、日、韩等国车系，而汽车刹车片是关键性的安全部件，品牌汽车企业对其控制很严。据中国摩擦与密封材料协会统计，目前国内的轿车刹车片 85%都依赖于进口，国内汽车刹车片行业所能竞争的市场主要集中在商用车刹车片、中低档小车用刹车片和微型车刹车片市场。但由于我国汽车零部件制造技术水平的提高和发达国家产业政策的调整及价格因素的影响，国际采购链正在向我国转移。

（4）模具行业市场竞争力不断提升。近年来国内模具出口不断增加，国际竞争力水平也有所提升。但大多集中于中低档领域，模具的技术水平偏低，附加值偏低，部分高精模具还要依赖进口，因此要不断提升高端模具产品开发能力，调整模具产品结构，不断提高我国模具产品的国际竞争力。同时模具应用领域在不断扩大、已应用领域对模具提出的更多和更高要求，使模具工业发展速度快于其他制造业的发展速度已成为普遍规律。近几年，市场总量一直在 600～650 亿美元之间，而我国模具出口尚不到 8%，同时随着经济全球化发展趋势日趋明显，模具制造业逐渐向我国转移以及跨国集团到我国进行模具采购趋向日趋明显，外资和民营资本继续看好我国模具行业。现今国际国内形势为模具行业发展提供了前所未有的发展空间，而另一方面模具也将面临更加激烈的竞争挑战。而在工业发展日益繁荣的今天，无疑具有广阔的市场和巨大的发展前景。

2. 发展战略

公司将根据国家优先发展航空航天业、汽车工业、国防工业、先进制造业和环保产业的政策，结合自身的优势，从实际出发，制定了“立足军用、民用飞机刹车材料领域，大力推进航天和民用工业用炭/炭复合材料的开发的应用，稳步发展环保型高性能汽车刹车片产业，综合开发高性能模具材料等各种粉末冶金复合材料外延产品”的发展战略，坚定不移地做大做强主营业务，取得更大的市场份额；有效实现产业链资源整合，实现零部件供应商向系统供应商的跨越式转变；进一步加强国际技术合作，同时依托中国大力发展中国商飞 C919 大型客机的历史机遇，加快国际化进程，逐步扩大公司国内和海外业务市场。

（四）存在问题

1. 规模快速扩张引致的经营管理风险

尽管公司已积累了丰富的企业管理经验，建立了规范的法人治理结构、质量管理体系，生产经营能保持有序运行，但存在现有管理体系不能完全适应未来公司快速扩张的可能性，给企业的生产经营带来风险。

2. 存货较大的风险

公司经营规模不断扩大，市场占有率逐步提高，而公司产品的生产周期较长，客户要求的供货时间短，为满足客户需求，公司必须保持较高的安全库存量。但是较高的安全库存量一方面占用公司大量的资金，造成资金短缺的风险；另一方面，一旦市场需求发生变化，或者客户订单达不到预期，大量的存货将会成为公司的负担，给公司的经营情况带来风险。

3. 应收账款较大风险

公司应收账款金额较大，占比也较高。

4. 人力资源风险

随着公司的新项目和新产品开发、生产、销售业务的增加，公司对专业技术人员的需求量持续增加，公司未来发展将面临一定的人力资源压力。同时，随着近年来我国劳动力成本逐年上升，也导致了公司经营成本的上升。

三、烟台泰和新材料股份有限公司

（一）基本情况

烟台泰和新材料股份有限公司原名烟台氨纶股份有限公司，成立于 1993 年，是一家以高性能纤维的研发、生产和销售为主营业务的高新技术企业，是国家创新型试点企业，拥有国家级企业技术中心，先后研发形成了氨纶、间位芳纶、对位芳纶的国产化技术，填补国内多项空白。公司建有国家高性能芳纶纤维动员中心，是我国氨纶、芳纶行业的领军企业，是相关领域国家和行业标准的制定者，被中国化学纤维工业协会授予全国首家国家高性能纤维材料研发生产基地。公司拥有国内最为完备的氨纶、芳纶产品体系，产品质量及技术指标在国内处于领先水平，纽士达氨纶、泰美达间位芳纶、泰普龙对位芳纶在国内外享有较高声誉。

（二）生产经营情况

2013 年烟台泰和新材料股份有限公司实现营业收入 17.70 亿元人民币，比上年同期增长 15.63%；归属于上市公司的净利润 8428 万元人民币，比上年同期增长 89.61%。公司营业收入主要来源于氨纶、间位芳纶、对位芳纶 3 大主营业务，主营业务收入占比为 97.36%。2013 年，受纺织行业复苏和消费需求升级等多重因素影响，氨纶行业出现了回暖迹象，产品价格持续回升。为抓住市场机遇，公司积极优化品种结构，适时调整销售策略，纽士达氨纶的产、销量均创历史新高，推动公司业绩大幅增长。间位芳纶在低端市场的无序竞争一度加剧。为掌控市场局面，公司及时调整价格策略，稳定市场预期；推出针对 PM2.5 的高精度纤维，引领市场需求；泰美达间位芳纶的销量实现同比增长，但由于受低端领域价格下滑的拖累，盈利能力出现回落。对位芳纶方面，连续多年的市场开拓取得成效，泰普龙对位芳纶的产品质量逐步得到下游客户的认可，产品销量同比增幅达到 100%以上，行业地位和品牌影响力进一步增强。

（三）市场及前景

1. 行业发展现状及趋势

（1）氨纶行业。经过 10 多年的快速发展，氨纶在我国纺织服装领域已经得到了普及应用，至今依然保持了强大的生命力，多数年份需求仍能保持两位数以上的增速。经过前几轮行业周期性波动的洗礼，社会资本对于氨纶投资的热情有所消退，近年来行业供求关系逐渐平衡，盈利情况有所改善。目前，氨纶行业发展正处在一个关键的十字路口。由于各生产厂家在生产技术、品种结构、营销能力等方面存在较大差异，相互之间的生产、销售、盈利情况冷热不均，这为行业整合提供了难得的机会。

（2）芳纶行业。安全、环保、节能是芳纶的主要应用领域，符合社会发展的潮流。特别是近年来雾霾天气和安全事故频发，石油、煤炭等传统能源日渐枯竭，为发展高效率的除尘设施、高性能的防护装备、轻量化的运输工具提供了契机。近年来，国家对知识产权的保护力度越来越大，芳纶行业的进入门槛不断提高；同时，以本公司为代表的行业龙头正在致力于建设芳纶产业链条、打造产业联盟，不断开发应用领域、拓展市场空间，行业的竞争秩序正朝着规范、健康、可持续的方向发展。随着社会的发展，人民对生活质量的要求日益提高，正在有越来越多的人认识芳纶这种新产品、新材料；与此同时，随着国家环保力度的加大和人民币单向升值的结束，人民和社会的期待正在逐步转化成对环保新材料的强大消费动力，芳纶在环保过滤领域迎来了全新的发展机遇。安全方面，随着社会发展和收入水平的提高，职业安全日益受到重视，“体面劳动”的观念逐步深入人心，消防、军警、产业防护等对于阻燃、防弹、防刺等功能性防护装备的要求日益增加，特别是随着国际安全环境日趋复杂，芳纶在防护领域的增长必将出现由量到质的转变。随着节能减排要求的提高和行业竞争格局的转变，国产芳纶在光缆、汽车、航空、轨道交通等领域也面临着历史性机遇。

2．发展战略

在经营上继续坚持以差别化为重点的策略，在氨纶业务上继续坚持以区域化管理为重要手段，在芳纶业务上继续坚持以标准化带动、专业化开发为主要手段，加强产业链条建设、拓展应用领域，争取实现氨纶、间位芳纶、对位芳纶 3 大业务的产销量再上新台阶，市场占有率、营业收入和盈利能力继续稳定增长。

（四）存在问题

1．市场波动的风险

2014 年，公司预计氨纶需求量仍会上升，加上新上产能投产较晚，市场情况比较乐观。但是，如果下游订单不及预期，或者新上产能突然增多，将对市场心理产生影响，导致供需关系发生变化。

2．价格波动的风险

受供需关系影响，公司对 2014 年的氨纶价格比较乐观；但是，如果供需关系发生较大变化，产品价格可能出现意外波动，从而对公司盈利产生影响。经过较长时间的博弈，目前芳纶价格已趋于稳定。随着人民币单向升值的结束，行业竞争的秩序也有所好转，后市价格上升的概率相对较高。如果价格偏离预期产生大的波动，公司盈利也会较预期产生大的变化。

基·地·篇

第五章

基地动态

第一节　特种金属功能材料

一、包头稀土高新区

1. 发展现状

1992 年被国务院批准为国家级高新区，是全国唯一以稀土资源命名的高新区。2013 年，包头稀土高新区注册企业 3855 家，有高新技术企业 49 家，占全自治区高新技术企业的 40%。实现地区生产总值 345.96 亿元人民币，同比增长 10%；地方财政总收入 71.2 亿元人民币，基本与去年持平；规模以上工业总产值 540.41 亿元人民币，同比增长 4.7%；固定资产投资 489.33 亿元人民币，同比增长 18.4%；社会消费品零售总额 70.25 亿元人民币，同比增长 11.8%；城镇居民人均可支配收入 38 610 元，同比增长 9.5%。

2. 产业布局

2013 年，稀土高新区稀土企业有 67 家，其中稀土原材料、稀土新材料和终端应用产品企业分别为 7 家、35 家和 25 家，注册中外合资及独资稀土企业 9 家。包头稀土高新区已经形成以稀土永磁、储氢和抛光 3 大稀土新材料企业集聚效应。2013 年年末，3 大新材料企业数量分别达到 12 家、5 家和 12 家，设计产能分别为 3 万吨、1 万吨和 2 万吨。全年稀土企业完成工业总产值 91.5 亿元人民币，比 2012 年下降 25.8%。

二、福建（龙岩）稀土工业园区

1. 发展现状

规划总面积 12.82 平方公里，建设用地面积 7.98 平方公里，总投资 60 亿元人民币，被列入全省重抓的 20 个产业基地（集群）之一，福建省唯一以稀土命名的工业园区，于 2012 年 1 月成功升级为省级工业园区。园区开始建设以来，已累计完成投资 6.61 亿元人民币，一期征地 6000 多亩并实现通水、通电、通路，污水处理、11 万伏变电站等相关公共服务设施可在春节前后建成，即将启动二期征地和中心大道、黄馆路等基础设施建设。目前，已有 4 个项目投产，5 个项目正在建设，总投资 27.6 亿元人民币，还有一批项目已签约、一批项目正在洽谈中。2013 年园区实现产值超过 20 亿元人民币。

2. 产业布局

园区围绕建设全国稀土产业基地的总体目标，按照“高起点规划、高标准建设、高效益发展”的要求，发展定位为绿色、科技、人文、创新的高标准国际化工业园区。重点发展稀土永磁材料、稀土发光材料、稀土储氢材料、中重稀土合金、稀土新材料5条稀土精深加工产业链，把园区打造成稀土原材料的制造基地、稀土新材料的生产基地、稀土应用产品生产基地、稀土科技研发基地、稀土人才培训基地，到“十二五”末期全市稀土产业产值实现300亿元人民币，基本建成“全国稀土产业基地”和国家稀土产业高新园区。

三、赣州稀土磁性材料及永磁电机产业集群

1. 发展现状

赣州已由资源基地迅速跃升为全国稀土原矿及冶炼加工产品主产区、集散地，形成了采、选、冶、加到应用产品一条龙的产业格局，离子型稀土矿生产能力和分离能力约占全国同类型产品1/2以上，发展目标直指世界知名的稀土磁性材料及永磁电机、发光材料及绿色光源产业基地。已落户企业16家，已投产企业13家，稀土磁性材料、稀土永磁电机年生产能力分别达到期24 000吨、5500万台（只）。2013年实现主营业务收入100亿元人民币，利税9亿元人民币。

2. 产业布局

围绕稀土磁性材料、发光材料、硬质合金等高端功能材料和永磁电机、绿色照明、硬质合金刀钻具等高附加值应用产品，积极开发新产品，重点推进钨硬质合金在切削工具、矿山工具和拉丝模等方面的应用，稀土发光材料在显示显像、新光源、X射线增光屏等方面的应用；稀土磁性材料在电机、计算机及外围设备、磁选机、仪器仪表和家用电器等方面的应用，形成赣州产业特色，增强市场竞争优势，已形成稀土金属→钕铁硼合金→永磁材料→手机振动马达（永磁电机）的产业链条。

四、昆明高新区稀贵稀有金属材料基地

1. 发展现状

经过多年的发展，新材料产业已形成包括云铜股份、贵研铂业、贵研催化等12 家规模以上骨干企业，以及国家贵金属材料工程技术研究中心、稀贵金属综合利用新技术国家重点实验室、云南冶金集团技术中心等6个国家级、5个省级企业技术中心和科研机构在内的区域特色优势产业，发展形成了集采、选、冶、精深加工和研发为一体的完整产业价值链，累计取得技术成果1000余项，授权技术专利300余项，获得国家级、省部级科技成果奖项200余项，累计制定国家标准、行业标准近300项。在全省具有较好的辐射、带动、引领和示范作用。

该基地已经列入国家工信部第三批“国家新型工业化产业示范基地”，基地规

划面积 150 公顷（含国家锗材料产业基地），现有企业数量 9 家，2013 年实现工业总产值 56 亿元人民币。

2．产业布局

（1）高性能铜合金材料。重点研究高强高导铜合金材料及其制备技术、新型低成本易切削无铅黄铜材料、高纯无氧铜材制备关键与共性技术研究、耐蚀铜合金材料及产品研究开发、高精度、高表面质量铜合金材料制备技术。

（2）锡、锌新材料。重点发展锡基无毒钎料及其相关产品、芯片封装用无铅焊锡球、锡化工产品及有机锡产品、锡基合金、特种锡材产品；积极发展铅基屏蔽材料、铅板栅合金、热镀用高尔范锌合金、高铝锌合金以及结构材料用新型高性能锌合金等。

（3）铟基新材料。提高含铟物料的综合利用效率，开展铟二次资源回收利用；重点开发铟化合物、铟基合金、半导体材料等，包括铟珠、铟箔、铟丝、铟粉等不同规格的原生铟材料深加工，含铟钎及铟基焊料、以铟代汞碱性电池原料、铟基合金以及有机铟、铟化工产品的生产。

（4）贵金属复合材料。重点开发薄膜涂层及器件成型、贵金属漏板材料、贵金属合金及复合材料。

（5）贵金属催化材料。重点开发贵金属均相催化剂、炭载催化剂、铂合金催化网、贵金属环保催化材料。

（6）贵金属化学化工及药物材料。重点开发稀贵金属前驱体化合物、贵金属药物材料、钎焊材料。

（7）贵金属电子浆料。重点开发贵金属电子浆料、微电子工业用系列无铅电子浆料。

（8）锗系列产品。重点开发锗红外产业（包括红外光学材料、红外光学制造及产品、红外器件及整机产品）、锗光伏产业（包括锗光伏材料、高倍聚光三结太阳能电池）、锗高端专用材料产业（包括超高纯锗单晶、光纤四氯化锗）。

第二节　高端金属结构材料

一、哈尔滨国家铝镁新材料产业化基地

1．发展现状

国家级铝镁合金新材料产业化基地之一，基地总规划面积 6.4 平方公里，旨在提升黑龙江自主创新能力，实现黑龙江经济增长从依赖资源向创新驱动战略转变，

特别是解决我国由于缺乏高性能铝镁合金材料制造加工技术，制约国家经济、国防建设的迫切问题，提高国家高端铝合金、镁合金新材料产业总体水平和核心竞争力。2008年基地铝镁合金材料产业年工业总产值达65亿元人民币。到2015年，力争实现基地主营业务收入100亿元人民币，培育产值超10亿元人民币企业3家，发展配套企业30家，形成具有行业重要支撑作用的国际化创新中心，打造成具有完善的区域创新体系和强大市场辐射作用的产业基地、具有世界先进水平和重要影响力的国家铝镁新材料产业集聚区。

2. 产业布局

（1）锻造产业。研制生产航空传动和发动机镁铝机匣类承力件，改变目前依靠进口的局面；研制生产汽车铝、镁合金机匣、轮毂、连杆等锻件。通过引进设备与技术以及自主创新实现锻件的精密锻造。参与国际竞争，并为世界航空、汽车龙头企业进行产品配套。

（2）铸造产业。大型复杂铝镁合金砂型铸件精密成型技术研究与应用；研制与生产铝、镁合金缸体等铸件。通过引进设备与技术实现铸件的近净形铸造，提高工艺出品率。参与国际竞争，并拓展市场为世界航空、汽车龙头企业进行产品配套。

高端铝合金新材料、高端铝镁合金精密成型等方面的10项重大技术创新项目已列入国家、省市重点项目。

二、兴化特种合金材料产业及制品产业基地

1. 发展现状

2005年8月成为国家火炬计划“江苏兴化特种合金材料及制品产业基地”，规划面积8平方公里，实现了“八通一平”，入园企业近400家，形成了不锈钢制品、汽车子午轮胎钢帘线、汽车配件等特色产业集群。

兴化特种合金材料制品及产业基地的主导产业——兴化市戴南镇不锈钢产业。近年来，戴南镇不锈钢产业蓬勃发展，现有不锈钢生产企业1000多家，从业人员4万余人，不锈钢产品产量占全国的1/8，形成了从不锈钢原材料采购、冶炼、轧制、制造到最终产品直销和服务的一条完整的产业链。2010年，该镇不锈钢制品实现交易额80亿元人民币。

2. 产业布局

“十二五”期间，以国家不锈钢制品质量监督检验中心、江苏兴达钢帘线股份有限公司、升级不锈钢综合物流中心为支撑，以研发生产高性能金属结构新材料为重点，推动不锈钢产业向新领域、高端化、链式化发展。到2015年年末，国家基地主导产业——兴化市戴南镇不锈钢产业将实现销售额800亿元人民币，其中，规划建设中的不锈钢综合物流中心占据70%以上。

三、山东阳谷祥光生态工业园区

1. 发展现状

山东阳谷祥光生态工业园区位于阳谷县城北部，规划总面积 25 平方公里，包括铜冶炼区、铜精深加工区、再生资源加工区、贵金属加工区、研发区和生活区。2013 年 2 月，园区被国家环保部、商务部、科技部联合批准为国家级生态工业示范园区，成为我国县域经济和有色金属行业中第一家国家级生态工业示范园区。目前入园企业达 18 家，形成了 60 万吨阴极铜、40 万吨铜精深加工产品的生产能力，主要产品有阴极铜、铁路架空导线、铜杆、铜排、铜带、精密铜线、电磁扁线、双零线、特种电缆和电器产品等，铜产业集群初具规模。

2013 以来，园区主要经济指标在 2012 年高位运行的基础上稳中有升，呈现出良好发展态势，2013 年实现主营业务收入 516 亿元人民币，同比增长 23.7%，实现利税 42.5 亿元人民币，同比增长 19.7%，完成固定资产投资 80 亿元人民币，同比增长 84.7%。

2. 产业布局

循环经济产业链进一步完善。围绕“资源再生、铜冶炼、铜深加工”3 大基地建设，形成了从原料供应、铜冶炼、铜深加工上下游紧密衔接的动脉产业链，并不断延伸下游产业，深加工铜杆、铜线、铜材、铜板、铜带、铜箔等产品，拉长铜产业链条。

资源化利用水平大幅度提高。水资源梯级利用方面，在企业内部，挖掘不同工段之间水资源梯级利用潜力；在企业间，创造了用水新模式，祥光铜业生产用水采用污水处理厂的中水，实现了生产过程新鲜水的零消耗。

能源梯级利用方面，利用闪速熔炼、闪速吹炼、烟气制酸、精炼炉产生的烟气温度比较高，将烟气余热进行回收，产生的中压蒸汽作为干燥物料的热源，低压蒸汽作为电解车间电解液的热源，富裕高压蒸汽、低压蒸汽作为动力进行发电。

低碳经济扎实推进。园区龙头企业——祥光铜业通过不断加强科技创新，开发了富氧自热熔炼技术，通过提高冶炼空气的富氧浓度、冰铜品位和冶炼渣型，充分利用铜精矿颗粒自身的表面能以及在高温条件下反应产生的大量热能，实现铜精矿的自热熔炼，取消了天然气作为补充热源。

3. 发展经验

（1）抓理念，是基础。在园区建设过程中，通过报刊、广播、电视、网络、广告牌、宣传册、培训班等多种形式，开展宣传和普及生态工业文化知识，营造出全民支持、广泛参与的良好的社会氛围，使生态文明的理念深入人心。

（2）抓管理，是保障。阳谷县委、县政府出台了《关于加快山东阳谷祥光国家生态工业示范园区创建工作的意见》，实行了“镇企园合一”的管理模式和“授权封闭管理”的运行模式，赋予园区相应的县级审批权限，有力地推动了各项工作的顺利开展。

（3）抓循环，是核心。鼓励企业按照“减量化、再利用、资源化”的原则，采用清洁生产技术，从源头上减少资源消耗、污染产生。企业内部、企业之间通过发展循环经济，形成环环相扣的链网，系统的稳定性不断增强，生产成本大大降低，产业的竞争优势逐渐凸显。

（4）抓项目，是关键。根据生态工业园区发展规划要求，园区累计投入资金160.23亿元人民币，先后实施了生态产业建设、静脉产业建设、基础设施建设、保障体系建设、生态环境建设5大类重点工程。同时，开工建设了废弃电气电子拆解项目，着力打造“城市矿产”基地。

四、国家镁合金高新技术产业化基地

1．发展现状

重庆镁合金研发与产业化基地于2002年认定为国家级镁合金产业化基地。基地已形成以重庆大学、重庆工学院等高校，兵器部59研究所、重庆有色研究所、重庆机电设计研究院等院所，重庆镁业科技股份有限公司、长安汽车有限公司、西南铝业有限公司等企业为主的集基础研究、工艺研究及产业化应用技术推广的技术人才队伍，产学研相结合的推进体系基本形成。

2．产业布局

通过3～5年的建设，完成“镁工业设计中心”、“镁工业检测中心”、“镁产业博物馆”和实施一批镁及镁合金产业化重大科技攻关项目，形成“产、学、研、用”相结合，“大、中、小”企业优势互补，上下游产业链配套完善，具有持续研发能力的镁产业集群。计划用5～10年时间，实现投入200亿元人民币、产出300亿元人民币，基本建成国内有地位、全球有影响的镁合金高新技术产业化基地。

第三节　先进高分子材料

一、北京石化新材料科技产业基地

1．发展现状

北京石化新材料产业基地是以基地内的核心企业——燕山石化公司为龙头的石化新材料产业聚集区，基地规划面积30平方公里，其中核心发展区西区（建成区）15.83 平方公里，核心发展区东区（起步区）5.68 平方公里，产业拓展区 4 平方公里。目前，基地已被国家工信部认定为国家新型工业化产业示范基地和国家特种橡胶新材料产业基地；基地核心区已纳入中关村国家自主创新示范区；基地还被认定为北京市外贸出口转型示范基地。

2013 年，基地实现工业总产值 730 亿元人民币，同比下降 12.97%；税金总额 81.75 亿元人民币，同比下降 17.09%。基地研发投入 23 亿元人民币，拥有市级以上企业技术中心或研发机构 3 家，从业人员 3.6 万人。

2．产业布局

基地以石化上游产业为基础，发展石化新材料、精细化工等高技术含量、高附加值、低污染的石化延伸产业，形成生产、科技研发、仓储物流等功能完备的石化新材料产业聚集区，聚集了中国石化燕山分公司、中石化三菱化学聚碳酸酯（北京）有限公司等一批行业领军企业。

二、国家化工新材料高新技术产业化基地

1．发展现状

2010 年，宁波化工区实现主要经济指标较快增长，化工区高新技术产品销售额达到 55 亿元人民币，同比增长 45%以上；规模以上企业科技活动投入超过 2 亿元人民币以上，比 2009 年同期增长 15%；成功培育高新技术企业 2 家，市级以上工程中心 2 家。其中，宁波德泰化学有限公司成功申报省级高新技术企业研发中心和国家火炬计划重点高新技术企业；引进宁波市唯一面向区域服务、全区首家的国家级博士后科研工作站，完成产学研合作项目 12 项，上报市级新产品 55 项，申报专利 50 余项。

2．产业布局

“十二五”期间，以国家高新技术产业化基地为依托，石化经济区将形成特种高分子材料、新材料原料及有机化工、电子用化学品 3 大产业集群，打造具有国际先进水平的世界级大型石油化工基地。预计到 2015 年，区域化工新材料工业总产值将达 1300 亿元人民币，年销售收入在 10 亿元人民币以上的企业超过 10 家，年发明专利授权数 50 项以上。

三、大庆高新区宏伟园区新材料基地

1．发展现状

大庆高新区宏伟园区新材料基地于 1992 年正式启动建设，同年经国务院和国

家科委批准为国家高新技术产业开发区。1995 年经国家科委批复，创建了宏伟园区和兴化园区，高新区形成了“一体两翼”的发展格局。近几年，大庆高新区经济持续快速增长，综合实力不断增强。截至 2010 年年底，全区共有各类企业 2760 家，其中工业企业 780 家，规模以上企业 210 家，高新技术企业 414 家，收入超亿元人民币的 28 家，境外上市公司 12 家。科技创新体系趋于完善，自主创新能力日益提升。引建东北石油大学等 4 所高等院校，黑龙江省科学院大庆分院等 13 家科研院所，31 个省级以上研发中心和重点实验室，建设了科技创业园、博士后科研工作站、归国留学人员创业园、大学科技园、新兴产业孵化器、化工专业孵化器等创新载体，建成孵化场地 34 万平方米，列入省级以上科技计划项目 217 项，火炬计划项目达到 203 项、拥有授权专利达到 762 项。

2．产业布局

园区已经形成了以石油炼制、油田化学品、天然气化工、石化产品深加工为主导的特色产业。

第四节 新型无机非金属材料

一、国家火炬计划宜兴非金属材料产业基地

1．发展现状

宜兴非金属材料产业基地创建于 2002 年 10 月，于 2003 年 3 月正式挂牌。在不断的建设和发展中，宜兴非金属材料产业基地以积极实施火炬计划为旗帜，发挥其对于产业结构调整和产业技术升级的引导、示范作用，持续地发展和提升非金属材料产业。目前，基地内共有各类企业近 400 家，销售收入超过亿元人民币的有 23 家。2004 年，基地共实现工业总产值 260 亿元人民币，与上一年同期相比增长 30%。

2．产业布局

现已形成了以陶瓷耐火材料为主的无机非金属材料、以精细化工为特色的化工新材料和以实现特定功能为目的的复合材料 3 大特色产业。

3．发展经验

（1）切实加强基地的组织领导，确保实现基地技术创新的目标任务。

（2）加大扶持力度，完善技术创新的激励机制。

（3）加大科技投入，建立科技创新多元化投融资体系。

（4）鼓励产学研联合，加快建设以企业为主体的技术创新体系。

（5）营造良好的人才环境，加快培育和造就适应基地发展需要的高科技产业人才队伍。

二、新材料淄博高新技术产业开发区

1. 发展现状

2013 年，淄博高新区以“发展高科技、实现产业化”为宗旨，紧紧围绕建设国内一流特色产业创新园区和现代科技城的目标任务，以聚力打造“新材料科技城”、集中打好“四个攻坚战”、实现“五个新提升”为着力点，加快推进“六五三五”创新和发展赶超工程，加快推进主导产业和战略性新兴产业发展，聚力打造特色产业创新集群，经济社会实现了持续健康发展。全年实现 GDP 698 亿元人民币，增长 5.8%；工业总产值 2153 亿元人民币，同比增长 10.4%；工业利税 290 亿元人民币，增长 12.3%。

2013 年新材料产业实现销售收入 1485 亿元人民币，同比增长 12.5%；工业总产值 1511 亿元人民币，同比增长 12.3%，工业增加值 577 亿元人民币，同比增长 4.7%。新材料产业作为淄博高新区主打产业的地位日益凸显。

2. 产业布局

重点发展方向确定为新型无机非金属材料、化工新材料、金属新材料。其中，新型无机非金属材料主要发展高效无毒脱硝催化剂、先进陶瓷、功能玻璃、绿色耐火材料、超硬耐磨材料、人工晶体材料、无机涂层材料；化工新材料主要发展聚氨酯材料、可降解塑料、高性能纤维及复合材料、功能膜材料、特种橡胶材料、有机氟材料、有机硅材料、工程塑料；金属新材料主要发展轻质铝合金、航空钛材、高性能铜合金、轻质镁合金。通过实施“高端材料”战略，推动新能源产业关键材料、新医药产业关键材料、新装备产业关键材料、新电子产业关键材料四新产业为代表的高端制造业做大做强，为新材料产业带来规模化应用的空间，实现高端材料、高端产业耦合联动发展。

积极推进中国功能玻璃、无机非金属纳米材料、先进陶瓷、现代医药、高分子助剂 5 个产业化示范基地和铝加工、钛合金、不锈钢 3 大有色金属新材料板块发展。

第五节　高性能纤维及复合材料

一、新材料产业国家高技术产业基地

1. 发展现状

2008 年 5 月，经国家发改委正式批准，连云港经济技术开发区被批准为“新材料产业国家高技术产业基地”，以此为标志，连云港市的新材料产业正式被纳入国家发展战略。目前，连云港市新材料产业已经成为最具成长性的产业。碳纤维材料产业“一枝独秀”。依托自主创新成果，中复神鹰碳纤维优先公司自 2006 年 3 月开始在连云港开发区建设碳纤维生产基地以来，目前已形成了 1200 吨 T300 级碳纤维生产能力，并正在全力攻关研制 T700 级碳纤维。由连云港杜钟氨纶有限公司投资建设的差别化功能性氨纶纤维达到国际先进水平。

2. 产业布局

在硅资源深加工材料、电子封装材料和高性能复合材料等新能源和信息材料方面，特别是碳纤维技术及生产设备研发方面特色明显，发展前景较好。基地新材料领域拥有一批省级工程中心，发展环境较好，逐渐形成了以重点企业为载体、以产学研相结合为支撑的创新体系。另外与国外大型企业开展国际合作。基于自身产业特色和发展基础，基地拟重点发展电子封装材料、光伏材料等信息能源材料产业领域，建设国内最大的电子封装材料基地和国内重要的光伏材料生产基地。同时进一步推进碳纤维等高性能复合材料的产业化进程，拓展复合材料在能源、环保等方面的应用，建成万吨级碳纤维及其制品的生产基地。基于自身产业特色和发展基础，基地拟重点发展硅材料、光伏材料、碳纤维等信息及航空航天材料产业领域，建设国内重要的电子信息材料及复合材料产业基地。

二、吉林化学工业循环经济示范园区

1. 发展现状

2008 年 10 月 28 日经吉林省政府批准成立的吉林化学工业循环经济示范园区享受省级开发区管理权限和相关政策。吉林化工园区规划总面积 59.8 平方公里，截至 2013 年年末入驻园区企业 813 家，其中规模以上企业 102 家，就业人数 90 565 人，累计完成固定资产投资 647 亿元人民币，累计建设项目 244 项。2013 年完成工业总产值878亿元人民币，增长1.4%，实现销售收入890亿元人民币，增长1.25%，实现利润亏损43.4亿元人民币，同比减亏7.2亿元人民币。

2．产业布局

园区内研发机构主要有吉林石化研究院的国家碳纤维工程技术研发中心、吉林化纤技术中心等5家国家级企业技术中心，吉林燃料乙醇等11家省级企业技术中心。园区科研成果转化丰硕。以自有知识产权填补国内空白，并达到国际先进水平的同类装置有3套，分别为碳纤维、甲基异丁基酮、高活性聚异丁烯；以自有知识产权达到国内先进水平的同类装置有9套。其中高活性聚异丁烯为生产润滑油添加剂的基本原料，原来无论技术还是国内市场一直被外国公司所垄断，现吉林石化的高活性聚异丁烯产品已替代国外产品，并覆盖全国市场。

三、黑龙江省先进复合材料产业基地

1．发展现状

黑龙江省先进复合材料产业基地（高性能纤维及先进复合材料研发和生产基地）坐落于哈南工业新城南岗产业园区，是省、市、区共建新材料产业基地。2009年，哈工大、天顺化工牵头的"黑龙江省高性能纤维及先进复合材料产业技术创新战略联盟"落户基地。

2．产业布局

基地现有省石化院、天顺化工、锼宇轨道交通装备、腾远预浸料、黑龙伟业碳纤维装备制造等20余家企业入驻。研究和应用的增强材料主要有4大产业组团：碳纤维上游龙头产业组团、碳纤维复合材料制品产业组团、树脂原材料配套产业组团、涤纶纤维制品产业组团等。计划2011年至2015年，基地累计将完成投资50亿元人民币，实现新材料产业年产值100亿元人民币。力争在2015年建设成国家级先进复合材料产业基地。

四、成都国家高性能纤维高新技术产业化基地

1．发展现状

成都市新材料产业功能区位于新津县东南，总体规划面积33.4平方公里，已初步形成电子信息、汽车、冶金建材、航空航天等产业，具备一定规模的产业集群，这些都为新材料产业的发展提供了广阔的市场空间。功能区已成功获批"国家高性能纤维高新技术产业化基地、全省特种高分子高新技术产业化基地"，"国家新材料高技术产业基地"申报工作也已通过现场评估；成功举办了三届中国化工界影响力最大的盛会——"国际化工新材料峰会"。

2013 年，功能区实现销售收入 110 亿元人民币，完成工业投资 52 亿元人民币，基础设施建设投资 6.3 亿元人民币；签约烟台万华等亿元以上项目 10 个，其中 5 亿元人民币以上项目 3 个，协议总投资 67.7 亿元人民币；促成东丽塑料一期等 12 个项目投产，促成年内新开工项目 14 个。

2. 产业布局

功能区按照“宜业、宜商、宜居、生态田园”定位，突出“两化互动、产城一体”理念，建设“一心、两轴、三区”（“一心”即总部研发区，围绕总部研发区生态绿地形成一个环状商务带，打造集总部、研发、办公、会议展览为一体的功能区中心；“两轴”即现代产业功能轴和依托普兴、岳店组团之间水体沿东北—西南方向展开的生活配套功能轴；“三区”即生产制造区、贸易博览区和生活配套区，其中生产制造区分为生产制造Ⅰ区、生产制造Ⅱ区、生产制造Ⅲ区），重点发展高性能纤维及复合材料、轨道交通材料、电子信息材料以及新能源、化工、生物医用等其他新材料。

3. 发展经验

成都市大力发展金属，聚集了一大批国内外金融机构，为工业发展尤其是附加值高的新兴产业发展提供了强有力的支持。目前拥有银行 60 家、保险 72 家，小额贷款公司 108 家，全市各类金融机构数量达到 300 家。

第六节　前沿新材料——苏州工业园区纳米新材料创新型产业集群

1. 发展现状

苏州工业园区拥有丰富的纳米技术产业资源。由科技部、商务部和江苏省政府共建的国家纳米技术国际创新园区在这里落户。依托中科院苏州纳米所、苏州工业园区生物纳米园、中科纳米科技产业化基地，园区狠抓政策聚焦、资源聚焦、项目聚焦和人才聚焦，大力引进纳米技术相关领域的研发机构、研究团队和优质项目。2012 年实现地区生产总值超千亿元人民币，地方一般预算收入 300 亿元人民币，进出口总额超千亿美元。

苏州工业园区发展质量不断提升，区域产业结构不断优化，尤其是在纳米 IC、TFT-LCD 等方面形成了具有一定竞争力的产业集群。目前，园区已成为中国最大的纳米技术产业化集聚园区，最大的液晶面板出货基地和芯片封装测试基地，大型客车和芯片产能已居全国前三位。

2. 产业布局

坚持以纳米技术引领新兴产业发展，已成为具有比较优势的区域产业品牌。目前，园区已集聚 160 余家纳米技术企业和以苏州纳米所、东大、中科大等为主的 10 余家纳米技术相关研究所和实验室，初步形成了以纳米新材料、纳米光电子、纳米生物医药、微纳制造、纳米节能环保等产业领域为核心的发展布局。

第七节　其　　他

一、长沙高新技术产业开发区

1. 发展现状

长沙高新技术产业开发区是1991年经国务院批准为首批27个国家级高新区之一。长沙高新区汇集了先进技术制造、电子信息、新材料、生物医药、商贸及其他 5 大产业，其中新材料产业占比 18.2%，排列第 3 位。2013 年，长沙高新区新材料产业规模产值同比增长 125.9%，排列第 1 位。全年技工贸总收入突破 2000 亿元人民币，完成规模工业增加值 368 亿元人民币，增长 13%；财政总收入 72.1 亿元人民币，增长 19.5%。新注册入区企业 1100 多家，新批外资企业 11 家，引进购地产业项目 14 个。

2013 年 1 月至 9 月，企业专利授权总量 2140 项，同比增长 16.51%。高新技术产业科技研发经费投入 26 亿元人民币。高新区已建成企业自主创新平台 120 多个，产业技术联盟 18 家；建立了 26 个企业博士后科研工作机构；各类孵化器、加速器达 20 多个，孵化场地 220 多万平方米；建立了 10 多所知名院校的技术转移机构。

2. 产业布局

新材料产业方面，园区聚集了杉杉新材、科力远、博云新材、金瑞科技、远大住工等 50 多家新材料行业的龙头企业，初步形成了以先进电池材料、高性能结构材料和先进复合材料为核心的 3 大新材料产业集群，是国家级新材料成果转化及产业化基地。

3. 发展经验

（1）优化产业结构。2013 年，在工程机械行业整体下滑大环境下，长沙高新区一方面全力支持中联重科转型创新发展，全面对接五大板块，支持项目土地储备，谋划启动高管人才基地建设，紧密跟进重卡项目洽谈实施。另一方面，加强重点企业帮扶调度，培育新的增长点，大力发展战略性新兴产业。

（2）招商引资。研究出台全员大招商、全力大招商的政策措施，创新招商方式，开展小分队招商、产业链招商、以商引商、中介招商，全面完成市里下达的各项考核指标。

（3）推进项目建设。加强项目调度，实行看板管理，“强力推进百个项目，服务配套百家企业”，采取预备案、红线代理单、容缺预审、条件后置等措施，开辟项目建设绿色通道；协调解决岳麓大道以北企业污水排放、中石化7千米管道迁移和项目基础设施配套问题200多个。

二、广州新材料产业国家高技术产业基地

1．发展现状

广州新材料产业国家高技术产业基地以广州开发区为核心区，以开发区向南延伸经黄埔、番禺至南沙区，向西北延伸经白云至花都区的两个重点发展的南、北新材料产业带，同时配套并完善位于这两个产业带及其他行政区的特色材料产业园，以此形成点面结合、相互配套、功能互补的“一区两带多园区”的空间布局。目前，广州科学城已集聚了超过100家的新材料骨干生产企业和新材料技术创新平台，基本形成了从研究、开发到产业化的完整产业链。

2．产业布局

2007年，广州新材料产业总产值约440亿元人民币，约占全市高新技术产品产值的16.4%。目前，广州拥有聚合物新型成型装备国家工程研究中心、钛及稀有金属粉末冶金国家工程技术研究中心以及金发科技股份有限公司国家企业技术中心等27个省级以上的新材料领域科技创新平台，汇集了从事新材料研究开发的20多家科研院所和高等院校，在源头上极大地提升了广州新材料技术原始创新能力和集成创新能力。

专·题·篇

第六章

科 技 创 新

第一节　美国新材料产业科技政策演变及启示

美国把新材料列为影响经济繁荣和国家安全的6大类关键技术领域之首，并长期保持新材料领域的全球领导地位。本章对冷战后美国新材料产业的科技政策演变进行梳理和归纳，以期对我国新材料产业发展有所借鉴。

一、冷战后美国新材料产业科技政策的演变历程

冷战时期，为压制苏联，美国的科研主导方向主要向国防领域倾斜，使得与国防紧密相关的航空航天、计算机和信息技术、生物技术成为国内乃至世界的领先行业，并带动空间材料和电子信息材料迅速发展。冷战结束后，由于日本在经济和科技领域快速崛起，美国国内经济面临严峻挑战。在此背景下，美国开始调整科技政策，由以军事为主转为军民结合，并于1991年发表第一份国家关键技术报告，提出了对国家经济繁荣和国家安全至关重要的6个领域，其中新材料位于6大领域之首。

（一）克林顿时期

为振兴制造业，夺回市场份额，克林顿上台后发布了《技术促进美国经济增长：建设经济实力的新方向》，确定了技术必须迅速转向促进增长的方向。在这个框架的基础之下，大力支持民用工业技术的创新发展，先后发布了包括先进汽车材料计划、未来工业材料计划等一系列重大科技创新计划，强调优先把特种材料和新能源等作为重点领域加以扶持。在克林顿任职期间，美国新材料领域取得了重大进步，其中在金属材料、生物材料、空间材料、超导材料、先进陶瓷、高分子材料等领域全球领先，参见表6-1。

表6-1　克林顿时期美国主要新材料科技发展战略

发布时间	计划或政策	内　容	涉及新材料领域
1990年	先进技术计划(ATP)	推动高技术成果商品化的官产共同投入的合作计划	复合材料、重型制造业中的材料加工技术
1992年	先进材料与工艺技术计划（AMPP）	计划由4个部分组成：合成方法及工艺过程，理论研究、建立模型和模拟，材料品质鉴定，教育和人力资源开发	能源、国家安全、医疗卫生、信息和通信、建筑、交通运输等有关领域的材料研究与开发
1996年	光伏建筑物计划	基金以支持新能源和新能源材料的发展	新能源材料

（续表）

发布时间	计划或政策	内　容	涉及新材料领域
1997 年	先进汽车材料计划	该计划包括 8 个领域 15 个子计划，重点开发汽车用轻型材料，以及用轻型材料制造汽车零部件的相关工艺技术	运输材料（推进系统材料、汽车轻型材料）
2000 年	未来工业材料计划（IMF）	研究、设计、开发、制造和测试新型与改良材料，同时积极探索对现有材料的更为有效的利用，提升工业生产和制造过程的能源效率，满足铝、玻璃、钢铁、等美国未来 9 大工业的需求	抗衰退材料、热物理学数据库与模型、分离材料、工程应用材料
2001 年	国家纳米技术计划（NNI）	优先发展 5 个领域：①长期基础性的纳米科学和纳米工程研究；②根据人为设计来合成和加工纳米材料结构单元及系统组件；③对纳米器件的概念和系统的结构进行研究；④纳米结构材料和系统在制造、电力系统、能源、环境、国家安全和保健等方面的应用；⑤人才的教育和培训，并研究纳米技术对社会的影响	纳米材料

资料来源：赛迪智库原材料工业研究所整理。

（二）小布什时期

小布什上台不久，美国遭受“9·11”恐怖袭击，使美国的经济、政治、外交等领域发生了深刻变化，也导致美国的科技政策发生了较大转变，美国把研发的重点重新转向了国防，同时对科技的支持力度也弱于克林顿执政时期。2004 年，美国政府发布《为了 21 世纪的科学》，表明当前的主要任务是国家安全和政府发展科学事业为主导的思路。

小布什执政时期，美国把生物技术、纳米技术和氢能源技术作为重点发展的领域。国家纳米计划启动后，2003 年政府又发布了《21 世纪纳米技术研究开发法案》，授权设立 1 个永久性的长期纳米开发计划，以寻求纳米技术在新材料等领域取得成果。此外，美国还探索国家利用氢能的路径，发布了《国家氢燃料研究计划》，旨在推动氢能储存和应用开发技术，推动氢燃料电池汽车和基础设施技术的商业化应用，参见表 6-2。

表 6-2　小布什时期美国主要新材料科技发展战略

发布时间	计划或政策	内　容	涉及领域
2002 年	国家半导体照明研究计划（SSL）	主要研究内容是降低 LED 成本和提升 LED 转换效率，GaN 材料的固体物理学问题，相关 MOCVD 工艺，低缺陷密度衬底，优化器件结构等	发光材料
2003 年	21 世纪纳米技术研究开发法案	支持对纳米技术的研究	纳米材料
2003 年	国家氢燃料研究计划（HFI）	研发生产、储存和配送氢的技术，以及几乎无污染和温室气体排放的汽车燃料电池技术	储氢材料

资料来源：赛迪智库原材料工业研究所整理。

（三）奥巴马时期

2008 年，由美国次贷危机引发的金融危机席卷全球，奥巴马临危受命，推出“美国复兴和再投资计划”经济刺激方案，出台税收优惠政策，加大技术研发投入，加快产业化推进步伐，加速新兴产业发展。

为重塑制造业竞争优势，美国在对金融危机反思中发布了《重整美国制造业政策框架》，强调制造业是美国经济的核心，提出加强基础性和前沿性技术研究。奥巴马一改小布什时期的保守科技政策，积极进取，大力发展可再生能源并将其被视为重振经济的“法宝”之一，积极推进生物技术研究，保持美国在空间领域的优势地位，振兴钢铁工业，推广新能源汽车，培育纳米技术产业。实施一系列政策推进计划，如材料基因组计划、先进制造业国家战略计划、国家纳米计划（2012）等推动包括新材料在内的新兴产业的发展，参见表 6-3。

表 6-3 奥巴马时期美国主要新材料科技发展战略

发布时间	计划或政策	内容	涉及领域
2011 年	先进制造伙伴关系计划（AMP）	投入超过 5 亿美元，分为 4 个子计划：提高美国国家安全相关行业的制造业水平，缩短先进材料的开发和应用周期，投资下一代机器人技术，开发创新的、能源高效利用的制造工艺	材料基因组计划（MGI）
2012 年	先进制造业国家战略计划	优化联邦政府对先进制造的研发投入；增加公共和私营部门对先进制造的研发投入；加强国家层面和区域层面所有涉及先进制造的伙伴关系	先进材料
2012 年	国家纳米计划	规划沿袭了老版的整体战略目标和重点领域，仅在具体战略部署方面进行了微调，其中，规划确定的 6 大主要领域包括：基本现象及过程、纳米材料、纳米器件及系统、设备研究、测量技术和标准、纳米制造，主要研发设施、环境、健康与安全、教育和社会维度	纳米材料
2013 年	国家制造业创新网络	确立了开发碳纤维复合材料等轻质材料，完善 3D 印刷技术相关标准、材料和设备，创造智能制造的框架和方法、允许生产运营者实时掌握来自全数字化工厂的“大数据流”三大研究领域	碳纤维复合材料等轻质材料

资料来源：赛迪智库原材料工业研究所整理。

二、冷战后美国新材料产业科技政策的特点

（一）把新材料发展置于国家战略高度

冷战后，虽然美国历届政府对科技发展战略不同，在新材料领域侧重方向也有所不同，但历届政府都十分重视新材料的研发和创新，并把新材料置于影响经济繁荣和国家安全的高度，加大资金支持力度。以 2013 年财年美国政府研发资金分配为例，国家自然科学基金会获得的 73.73 亿美元中，有 3.03 亿美元与材料直接相关，有 4.35 亿美元与纳米研究相关；能源部科学办公室 49.92 亿美元拨款中，有 4.21

亿美元与材料工程直接相关，18 亿美元与基础能源科学有关（绝大多数涉及材料）；国防部研发拨款中，材料及生物 1.66 亿美元；国家标准与技术研究院和国家健康研究中心分别有 4.99 亿美元和 3.37 亿美元与材料项目相关。

（二）重视新材料的基础研究和前沿技术

基础研究是美国政府推动技术发展的原动力，是支撑前沿技术发展的基石，同时也是美国科技领先世界的基础。美国新材料发展目标是保持自身全球领导者地位，通过新材料的基础研究和前研技术的突破，支撑信息技术、生物技术、空间技术等前沿技术发展，保障国防、能源、健康等重要领域需求。2011 年 6 月，奥巴马总统宣布启动“材料基因组计划”，即是基于新材料领域的基础研究的大量数据，通过建模、模拟计算、软件开发等手段，建成材料性能数据库，在以后开发新材料的过程中，可以利用计算机模拟，并与试验数据进行对比，有效缩短新材料的发现、开发、制造和利用周期。

（三）通过专项计划推进新材料创新

美国政府把制定和实施新材料科技发展计划作为推动新材料技术进步的重要途径之一。美国的新材料科技计划针对特定时期、特定领域的科技问题提出发展路径，具有非常强的目标性和权威性，旨在推动该领域的技术突破，在促进新材料发展方面发挥了重要作用。例如，在小布什执政的 8 年间，为推动国家纳米技术计划，美国共投入 100 亿美元，由此促进了纳米技术在半导体芯片、癌症诊断、光学新材料和生物分子追踪 4 大领域的快速发展，培养了近 80 万人的纳米科技人才，纳米技术和应用一直走在世界前列。

（四）以企业科研创新为主，政府减少干预

美国的科研体系是以工业企业、政府和民间团体为投资主体，以大学和联邦资助的研究中心、国家实验室和联邦研究机构、企业研究中心、非盈利性研究机构及协会等为研发主体构成。近年来政府对新材料开发直接投资额呈逐年下降的趋势，取而代之的是企业自主投入。美国政府对新材料产业发展的直接干预较少，大多通过税收、法规、制度进行间接影响。政府财政资金主要用于支持基础性、战略性、导向性研究，同时关注数据库等公共服务平台建设，通过政府资金带动社会投入。一些州政府也会通过税收优惠等特殊政策，通过设立孵化园区等形式，给予中小企业一定的资金和政策扶持。

（五）技术创新、知识产权保护与标准体系“三位一体”为新材料发展护航

美国注重“技术立国”和技术储备，技术创新是美国技术立国的重要保障，而良好的技术创新氛围也离不开完善的知识产权保护和技术标准体系。技术创新、知

识产权保护、标准体系三者相辅相成，形成良性循环，新产品、新技术拥有成熟的转让机制，加速了新材料开发和产业化进程。美国政府高度重视知识产权，不断强化对知识产权所有者利益的保护，建立了严格的反侵权和惩罚制度，企业和实验室建立了成熟的知识产权申请和转让体系，具备很强的知识产权意识，往往通过大量专利布局，获取并保持技术领先地位。国家标准与技术研究院、美国材料与试验协会等机构建立了较为完善的材料标准体系，有效推动了材料应用和新材料开发。

（六）强化科技管理体制，完善决策机制

美国联邦政府着力推进科技决策的科学化和民主化进程，为新材料的创新提供了良好的政治环境。冷战前，美国的科学政策的制定主要由军事委员会承担，自克林顿上台后，赋予了科学政策办公室实权，并成立了国际科技委员会，强化了政府对科技发展的控制，改变了以往各科研部门各自为战的情形。奥巴马上台后，着手成立总统科学顾问委员会，强化科学在决策议程中的作用，颁布科研决策程序法令，恢复科学的诚信，增强决策的透明度。

三、对我国的启示

（一）加强宏观引导，加大政策支持力度

我国已经制定了《新材料产业“十二五”发展规划》，明确了新材料产业战略任务，但促进新材料产业发展的政策机制尚未完善。另外，我国新材料仍处于培育阶段，企业开发、生产、使用新材料需要投入大量资金，也存在较大的风险。

因此，建议整合中央财政现有资金渠道，加快设立新材料专项资金的步伐，并加大专项资金的规模及力度，开展重大示范工程建设，加大对新材料开发、产业化和推广应用的支持力度。同时尽快建立新材料风险补偿机制，制定和完善针对性较强的财税扶持政策，支持新材料应用技术研发，推广应用新材料产品。另外，加强新材料产业政策与科技、金融、财税、投资、贸易、土地、资源和环保等政策的衔接配合。

（二）推动政产学研用的深入合作

美国的经验表明，政府与中介机构合作，为拥有核心技术的企业提供完善的服务，能够快速推动新材料产业的发展。我国新材料的科研成果主要集中在高校和科研机构，企业的自主创新能力相对薄弱，高校和科研机构的研究成果转化平台还处于建立的初级阶段，没有形成有效的转化能力。

因此，建议政府充分发挥规划、布局、组织和协调作用，鼓励企业建立新材料研发中心、技术中心、工程实验室，协调高校和科研机构实验室对企业的有限开放，不断提高企业技术水平和研发能力。围绕材料换代升级，有选择地搭建一批共性、

关键技术的研发平台，实施创新成果产业化、应用示范项目，尽快抢占创新制高点。

（三）集中突破影响国计民生的关键新材料领域

我国在新材料产业起步晚，研发技术水平长期整体落后于世界先进水平，因此我国新材料产业要实现跨越式发展，缩短与先进国家的差距，需要重视新材料的新技术方向、新工艺方法、新应用领域等，集中力量进行突破，形成技术突破和核心专利。

因此在研发方向上，应瞄准国内空白、附加值较高的核心关键材料，立足我国新材料产业的现状，深入理清新材料发展的技术脉络，把握正确的技术方向，有效牵引，找出目前全球发展的空白点。同时在应用领域上，结合战略性新兴产业的发展，重视未来潜在的消费增长点，突破传统的固有应用范畴，大胆假设，小心求证，进而实现产业突破。

第二节　加强我国新材料产业自主创新能力建设

新材料是材料工业发展的先导，是战略性新兴产业发展的基础，是抢占国际经济科技竞争制高点的重要物质保障，其战略地位至关重要。关键材料保障能力不足不仅是我国新材料产业发展的现实特征，也折射出新材料产业自主创新能力不足的现实问题。提高关键材料保障能力不仅是国家战略需要，是国家工业和经济发展的需要，也是新材料产业发展的方向和目标。新材料产业的快速发展离不开自主创新能力的提高，提高关键材料保障能力亟待自主创新能力的提高，加强自主创新能力建设是提高自主创新能力的重要途径。那么，当前我国自主创新能力建设存在哪些问题？新材料产业如何进行自主创新能力建设？这一系列问题值得我们深思。

一、我国新材料产业发展亟待自主创新能力的提高

（一）关键材料保障能力不足折射出新材料产业自主创新能力不强

新材料产业是国民经济发展的基础产业，被广泛应用于航空航天、机械装备、船舶、海洋工程、电子、化工、汽车、医学等多个领域，产业发展水平直接影响整个国家经济的发展。不仅如此，新材料也是军用飞机、坦克、军用电子等众多军工产品生产所需的关键材料，与国家安全密不可分。此外，发展新材料也是解决钢铁、

化工、建材、有色等传统材料行业产能过剩问题、促进传统材料工业的转型升级和产业发展方式转变的有效途径。因此，无论是从国民经济的发展、国家安全的保障考虑，还是从材料行业自身发展考虑，我国都迫切需要加快新材料产业发展。

然而，从我国新材料产业发展现状看，我国新材料产业与发达国家相比还存在较大差距，关键材料尚不能实现完全自足，尤其是部分关键材料还完全依赖于进口。2010 年，工业和信息化部围绕战略性新兴产业对新材料的需求，对新能源、电子信息、航空航天、船舶、汽车、铁路、节能环保等领域的 30 余家大型骨干企业做了需求调研，涉及 130 余种关键材料。根据调研结果显示：130 余种关键材料中，有 32%完全依赖进口，有 54%国内虽能生产但产量、性能和质量难以满足国内要求，仅有 14%实现完全自给，但多为技术含量相对较低的品种。关键材料保障不足不仅是我国新材料产业的现实特点，也折射出我国自主创新能力不足的现实问题。

（二）自主创新能力不足严重阻碍我国新材料产业的发展

长期以来，我国在新材料领域采用了技术模仿创新战略，虽然依靠引进国外先进技术，较快地提高了技术水平，但技术创新能力并未显著增强。新材料的产业特征也决定了技术创新必须依靠自己。

（1）新材料的“新”意味着这是一个崭新的领域，存在大量未获知的知识、技术需要我们进行深入研究和探索，可借鉴的经验或可引进的技术较少。

（2）新材料产业是各国竞相发展的产业，我们进行技术引进必然存在众多的技术限制和技术封锁。

自主创新能力不足，缺乏自主核心技术，严重制约我国新材料产业发展。以光伏产业为例，其“硅材料提纯→硅晶片生产→电池片生产→组件封装”产业链上游的高纯度硅料生产技术含量最高，利润最大，由于我国多晶硅提纯技术缺失，多数企业只能开展“电池片生产”和“组件封装”业务，集中在产业链价值较低的环节，导致我国虽是太阳能电池第一生产大国，却处在有规模无技术的尴尬局面。

（三）加强自主创新能力建设是提高新材料产业自主创新能力的重要途径

新材料产业自主创新能力是贯穿整个创新过程中的多种能力的集合，新材料创新资源的投入能力、新材料创新载体的建设能力、新材料创新环境的保障能力和新材料创新成果的产出能力是构成新材料自主创新能力的 4 个子系统。其中，新材料创新资源的投入能力是指在新材料领域对人力、财力和物力等创新资源的投入数量和质量；新材料创新载体的建设能力是指对新材料领域的国家或省部级重点实验室、重点学科、工程技术研究中心、生产力促进中心或孵化器等创新载体的建设能力；新材料创新环境的保障能力是指外部对新材料领域自主创新提供的支持程度和保障能力，如政策环境、经济环境、人文环境、市场环境等；新材料创新成果的产出能力是指创新主体向社会提供新材料领域的新发现、新发明、新产品、新工艺、新品牌等创新成果的能力。这4个子系统的核心是新材料创新成果的产出能力，其他3个子系统是新材料创新成果产出的条件、基础和保障，影响着新材料创新成果的产出能力的形成和发展。

我国关键材料保障能力不足，其实质就是新材料产出能力不足。加速我国新材料产业发展，提高关键材料保障能力，必须加强自主创新能力建设，提高新材料自主创新能力。因此，新材料产业发展亟待自主创新能力建设。

二、新材料产业自主创新能力建设存在的问题

尽管我国一直以来非常重视新材料产业技术创新，也取得了一定成就，但从我国新材料产业的自主创新能力建设来看，仍然存在一些问题。

（一）创新资源投入不足

我国新材料领域创新资源投入不足主要表现在以下3个方面。

（1）缺乏高层次的工程技术人员和管理人才，尤其是缺乏创新型领军人物以及复合型、外向型人才。

（2）创新资金投入不足，如我国硬质合金领域科技投入不到销售收入的3%，与高新技术型企业的5%相差两个百分点。

（3）部分关键实验仪器、研发设备投入力度仍待加大，特别是氧氮分析仪、高温测试仪、超声检测仪、扫描电子显微镜等专用设备投入严重不足。

（二）创新载体建设有待加强

创新载体是进行创新活动的承载物，目前我国新材料创新载体建设还存在一些问题。例如，创新研发平台方面，虽然已经建成一批国家和省部级重点实验室、工程技术中心等研发平台，但平台研发所需的研发设备、人员队伍等配套能力仍待加强。另外，虽然已经建立了创新和创业服务平台以及信息共享平台，但平台的数量还远远不能满足需要，平台服务能力也有待进一步加强。

（三）创新环境尚待改善

目前，我国新材料领域的创新环境仍有待改善。例如，新材料科技研发的扶持政策和企业创新的激励政策有待完善，产学研用一体化的创新体系尚未形成，促进创新的制度环境建设有待加强，科技管理体制有待进一步健全等。

（四）创新成果产出能力不足

目前，我国新材料创新成果产出能力不足，专利申请数量少、品牌产品缺乏都说明这一问题。例如，我国新型合金材料专利申请量占全球专利申请产出量的比例

仅为 10.48%，而日本为 59.52%，远远高出我国。

三、提高新材料产业自主创新能力的建议

（一）提高创新资源的投入

（1）加大新材料产业创新活动的资金支持，实现创新投入制度化和规范化，对新材料产业的基础理论、关键技术、成套装备的研究开发给予必要的引导性支持，鼓励企业提高研发投入占销售收入的比例等。

（2）注重创新型的领军人才的培养与引进，建立技术人员培训与奖励制度，设立企业技术创新岗位，吸引优秀人才组建一只由基础研究、工艺设计、生产技术、产品应用开发等各类研究成员组成的创新团队，形成一支专业互补、技能互补、优势互补的创新队伍。

（3）加大硬件设备投入力度，积极引进先进的实验设备和仪器，同时加大先进技术设备的开发力度。

（二）加强创新载体的体系建设

（1）盘活现有创新载体，充分发挥国家重点实验室、工程技术研究中心、企业博士后工作站、企业技术中心等现有创新载体的积极作用。

（2）创建一批科技研发平台，解决新材料领域内有重大影响的技术难题。

（3）创建一批科技创新服务平台，为广大企业提供技术、信息和检测等服务。

（4）创建一批科技创业孵化器、科技创业服务中心等科技创业服务平台，培育新材料技术创新型企业，推进新材料技术产业化。

（5）创建信息共享平台，帮助企业、科研人员等实现创新资源及创新成果共享。

（三）不断完善创新环境

（1）发挥财税政策的杠杆作用，缓解企业、高校及科研院所的创新压力，落实国家鼓励企业自主创新的财税优惠政策。例如，政策鼓励新材料企业加大研发投入力度、建立创新平台、培育创新人才、承担国家科技计划项目、进行创新研究等。

（2）加快建立产学研用一体化的自主创新体系，加强在人才培养、技术创新、新产品研发等方面高效互动，发挥各方优势，共同促进技术研发和成果快速转换。

（3）培育有利于激发创新活力的制度文化，营造适合创新的制度环境，确立多元互动的创新机制。例如，建立部门之间、地方之间、部门与地方之间统筹配置科技资源的协调机制；优化创新价值分配机制，营造鼓励科技人员创新的社会环境；加大知识产权保护力度，完善科技管理体制等。

（四）促进创新成果产出能力提升

（1）加强创新基础的培养，奠定厚实的专业基础，注重知识结构的合理性，特别是要开展交叉学科、跨学科的学习培养。

（2）跟踪世界先进研究水平，并尽快站在科学技术和实践的前沿。

（3）实施高技能人才工程，重点培养高层次创业创新人才，打造一批产业人才高地，形成一批国内一流的创新团队。

（4）培育一批有示范带动作用的企业技术中心，激发企业的创新动力，引领产业的创新活动，带动整个产业的创新发展。

（5）推动产学研用一体化发展，通过校企战略同盟、校办企业、校园科技园以及校企股份制等模式，积极发挥高校学科专业和知识资源的优势，构建一批能明显提升产品科技含量和附加值的产学研创新平台。

第七章

石墨烯技术动态

一、概要

（一）性能

石墨烯是由碳原子组成的六角型呈蜂巢晶格的平面薄膜，只有一个碳原子厚度，是迄今发现的厚度最薄、强度最高、结构最致密的材料，拥有独特的电学、光学、化学、力学性能。石墨烯从发现到获得诺贝尔奖只用了 6 年时间，针对石墨烯的研究也呈现井喷势头，几乎每个月都有新兴的研究方向被开辟出来。2013 年 1 月，欧盟委员会将石墨烯列为“未来新兴技术旗舰项目”之一，将石墨烯研究提升至战略高度。IBM、苹果、三星等巨头分别成立石墨烯专题组，将其作为未来产品柔性化、智能化的核心研发材料。

石墨烯是现有材料中导电性能最好的材料。石墨烯中的碳原子规则六角型排列，碳原子间的共价键有效限制游离电子的数量，因此电荷载流子可在石墨烯中近乎无障碍传输。电子在石墨烯中的运动速度达到了光速的 1/300，远远超过了电子在一般导体中的运动速度，并且只会产生很少的热量。

石墨烯的热导性与碳纳米管在现有材料中并列第一。石墨烯原子排列规律，晶体结构稳定，且处于同一二维平面，因此，在热传递过程中，晶格振动热损耗少，热量几乎可实现全传递，石墨烯的热导率高达 3000～5000（W/m·K）。

石墨烯在二维平面内可以随意弯曲，韧性好。在第三维方向结构稳固，抗形变能力强，杨氏模量和硬度最高。利用单层石墨烯制作的吊床可以承载 4kg 的重物，当石墨烯叠加厚度与保鲜膜相当时，可以承载 2 吨重物。石墨烯只有一个碳原子厚，因此比表面积在现有材料中最大，理想的单层石墨烯的比表面积能够达到 $2630m^2/g$，活性炭的比表面积仅为 1500 m^2/g。石墨烯性能参数参见表 7-1。

表 7-1　石墨烯性能参数

	特　　性	解　　释
理化性能	载流子迁移率最高	室温下为 200 000（$cm^2/V·s$）以上
	电流密度耐性最大	2 亿 A/cm^2，Cu 的 100 倍
	强度最大最坚硬	杨氏模量相当于金刚石，破坏强度 42N/m
	热导率最高	与 CNT 相当，3000～5000（W/m·K）
	最薄最轻	比表面积 $2630m^2/g$，厚 0.34nm

资料来源：赛迪原材料研究所整理。

（二）应用

石墨烯优异的理化性能决定其可用于人类生活的各个领域，既可以作为功能性材料，也能起到构造体材料的作用。应用件大小可从原子级的单电子晶体管，扩大到宇宙级的宇宙电梯，如图 7-1 所示。

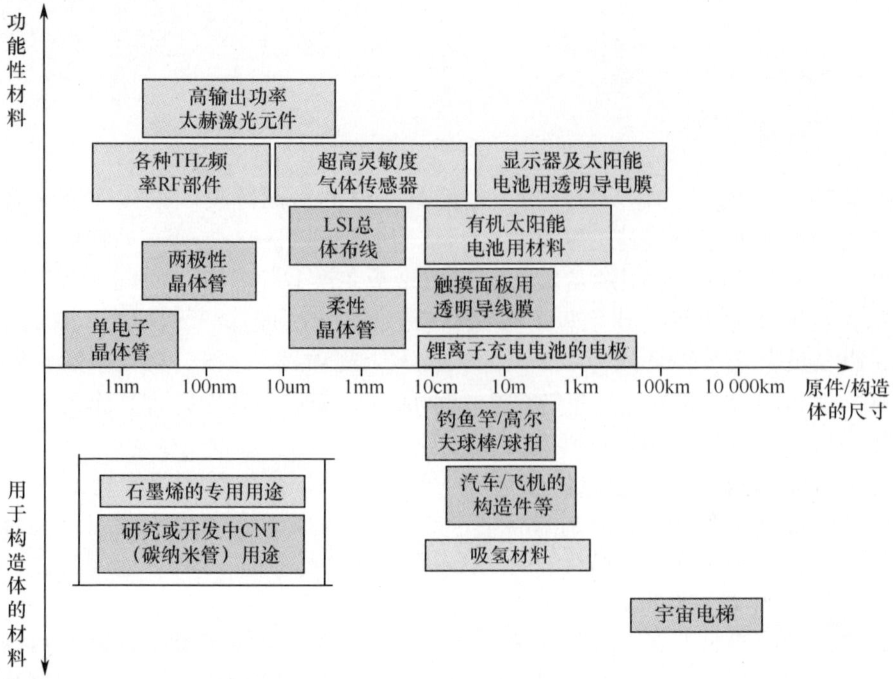

资料来源：赛迪原材料研究所整理。

图 7-1　石墨烯元件/构造件尺寸

石墨烯器件参见表 7-2。

表 7-2　石墨烯器件表

领　域	详 细 领 域	应 用 器 件
透明电极	显示器	电极
	平板电脑	触摸屏
次时代半导体	超高速晶体管	通道
能源电极素材	太阳能电池	电极
	锂电池	电极（替代黑铅）
	燃料电池	电极
	超级电容器	电极
超轻素材	汽车外壳、航空宇宙部件	塑料复合材料、纤维、金属
散热素材	LED 照明	LED 封装、热扩散膜
	背光模板	散热器
	汽车电子控制单元	替代电源模组的热相关部件
	计算机家电	替代电源模组的热相关部件
电池素材	显示屏	封闭气体用复合膜
	耐湿/耐氧化化学包材	化妆品、食品、农药包材
	真空隔热材料	隔热复合材料

资料来源：赛迪原材料研究所整理。

石墨烯的导电性衍生出两个应用领域。一是电极领域。良好的电极材料，需要实现大规模电子的传输和吸附，同步实现电能的储存和输送。石墨烯优异的导电性能满足电子传输的需求，大的比表面积能满足电子的吸附需求，透明的属性还能实现电极透明化，是最佳的电极材料。石墨烯在电极材料领域的研发主要有显示器及太阳能电池用透明导电膜、触摸面板用透明导电膜、超级电容器石墨烯电极、锂离子电池石墨烯电极、燃料电池石墨烯电极等。二是半导体领域。半导体材料包括通道材料、发射极材料、接收级材料、通道控制级材料。通道控制级的开关状态，决定发射极中的电子能否通过通道，到达接收级。这种选择性传输，可以实现“0”和“1”逻辑语态。基于高的载流子迁移率，石墨烯是良好的半导体器件通道材料。目前正在研发的石墨烯器件有超高灵敏度气体传感器、柔性晶体管、两极性晶体管、单电子晶体管等。

优异的热导性，使石墨烯还可作为散热素材。研发领域主要聚焦于 LED 照明设备中的热扩散膜、背光模板的散热器、汽车电子控制单元和计算机家电中替代电源模组的热相关部件。

石墨烯具有极高的杨氏模量，抗拉抗压，表面可以弯曲，也是良好的结构材料。石墨烯研发的重点领域，包括日常生活中的钓鱼竿、高尔夫球棒、球拍、汽车构造体，航空航天领域的飞机和航天飞船的构造体，以及通往宇宙的宇宙电梯。

（三）生产工艺

目前，在工业上和实验室中制备石墨烯的方法主要有 4 种，分别为微机械剥离法、外延生长法、氧化石墨还原法和化学气相沉积法。微机械剥离法是直接将石墨烯薄片从较大的石墨晶体上剥离下来的方法，操作相对简单，但制作的石墨烯尺寸难以控制，不适合量产。外延生长法是以单晶碳化硅（SiC）为原料，在超高温和超高真空的条件下蒸发除去硅原子，剩下的碳原子在原来的碳化硅单晶面上通过结构重排形成单层或多层石墨烯。这种方法可以得到尺寸较大、质量较高的单晶石墨烯，但工艺条件苛刻，成本非常高。氧化石墨还原法是目前公认的最容易实现工业化生产的方法，成本低廉，但这种方法有一个突出缺点是在氧化还原的过程中，石墨烯的电子结构以及晶体的完整性容易受到强氧化剂的破坏，会降低石墨烯特殊属性。化学气相沉积（CVD）是目前工业上应用最广泛的一种规模化沉积半导体薄膜的制备技术，工艺简单，能够制备大面积石墨烯薄膜。但缺点是理想的基片材料单晶镍的价格太昂贵，使得综合制造成本偏高。

石墨烯全产业链生产流程如图 7-27 所示。

石墨烯生产方法对比参见表 7-3。

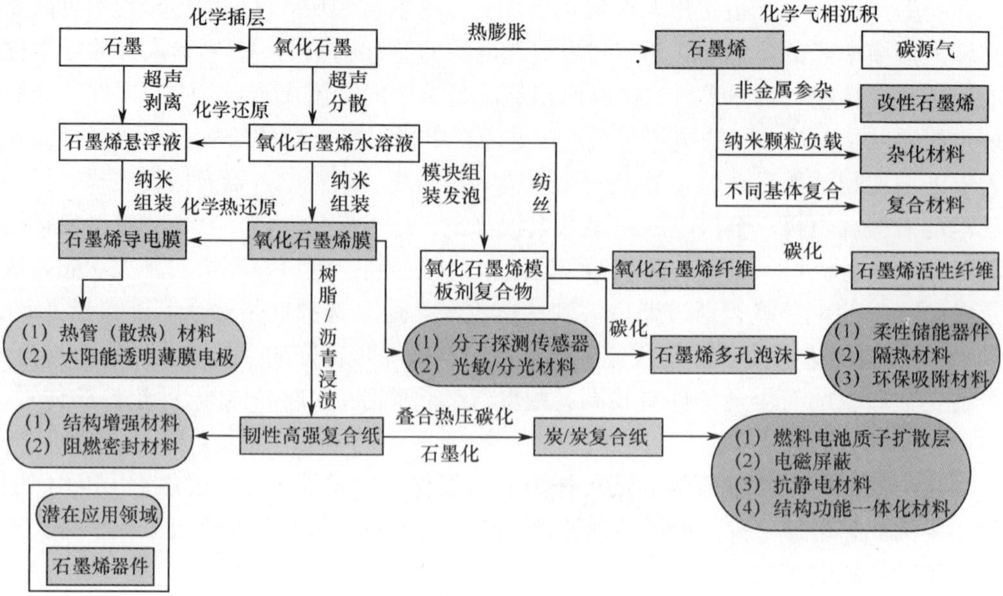

图 7-2　石墨烯全产业链生产流程图

表 7-3　石墨烯生产方法对比表

生 产 方 法	产 品 尺 寸	产 品 质 量	制 造 成 本	是否适合产业化
微机械剥离法	中小尺寸	分子结构较为完整	较低	不易形成量产
外延生长法	大尺寸	薄皮不容易与 SiC 分离	较高	适合小批量生产
氧化石墨还原法	大尺寸	分子结构较容易被破坏	较低	可以大规模生产
气相沉积法	大尺寸	结构完整，质量好	较高	可以大规模生产

数据来源：赛迪原材料研究所整理。

二、发展现状

（一）应用研究进展

可产业化应用的石墨烯材料主要分为两类：一类是石墨烯薄膜，另一类是石墨烯微片。石墨烯薄膜可细分为单晶薄膜和多晶薄膜。单晶薄膜主要用于生产集成电路，多晶薄膜有望在 2014 年内实现产业化替代 ITO 玻璃，用于制造触摸屏等透明导电材料。石墨烯微片为多层石墨烯（10 层以下）构成，可细分为拥有含氧基团的功能化石墨烯微片，用于药物监测和催化剂等领域，以及纯粹的石墨烯微片，用于导电和导热领域。无论哪种应用领域，石墨烯都尚未实现大规模的产业化生产。由于高技术门槛，只有少数大集团公司开展石墨烯领域的研发和生产。各产业链环节主要布局于美国、韩国、德国等工业强国。

1. 国外研究进展

石墨烯产业链环节的主要企业及其所在国家如图 7-3 所示。

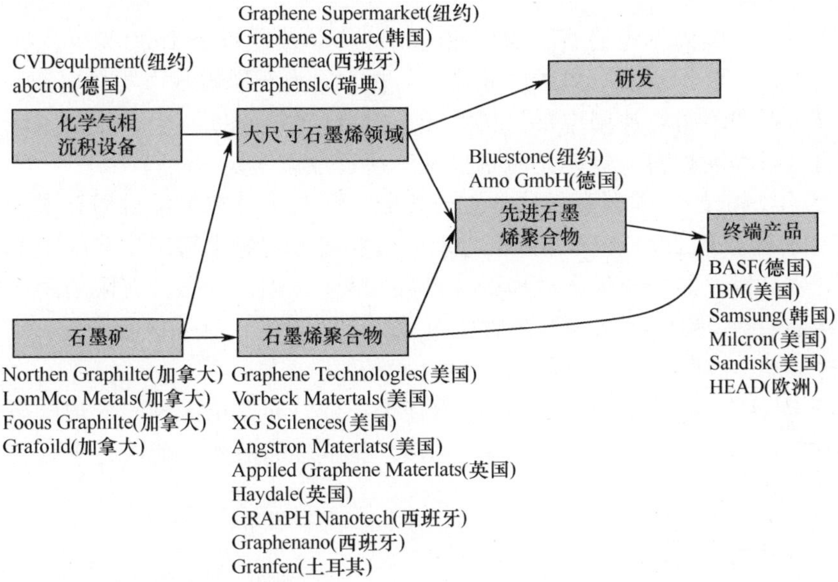

资料来源：赛迪原材料研究所整理。

图 7-3 石墨烯产业链环节的主要企业及其所在国家

美国的 IBM 公司是晶体管通道用石墨烯的主要研发企业。2008 年 IBM 生产出第一个石墨烯晶体管，2010 年 IBM 在国际学会“IEDM2010”上发布了栅长 240nm、截止频率为 230GHz 的石墨烯 FET，2011 年研制出首款由石墨烯圆片制成的集成电路，2012 年 IBM 在 OLED 技术研讨会上宣布制出采用单层石墨烯作为透明电极的 OLED 元件，并可获得与采用 ITO 时几乎相同的发光特性。

三星集团拥有有关石墨烯晶体管的工作方式和结构等 9 项核心专利。2010 年三星与韩国成均馆大学和日本名城大学教授饭岛澄男教授合作，用石墨烯制作出 30 英寸的柔性透明电极薄膜。2010 年三星间断技术研究所（SAIT）在 IEDM2010 会议上发布通道层使用石墨烯的高速动作型 RF 电路用 FET。2012 年，三星电子中和技术院研发出不改变石墨烯本身性质也可隔离电流的器件——Graphene Barristor。

2. 国内研究进展

国内石墨烯的研究处于世界第一梯队。中科院重庆研究院成功制备出国内首片 15 英寸的单层石墨烯，达到国内最高水平。中科院上海微系统所信息功能材料国家重点实验室 SOI 课题组与超导课题组采用 CVD 法，在锗衬底上直接制备出大面积、均匀的、高质量单层石墨烯。2012 年，全球首条石墨烯生产线项目在宁波投产，中科院宁波材料所刘兆平在石墨烯规模化制备技术方面取得突破性进展，研发出全新的剥离技术路线，实现石墨烯的低成本规模化生产，将石墨烯的制造成本从5000元人民币/克降至3元人民币/克，并且生产出的石墨烯质量高、导电性优异，具有很强的市场竞争力。

金路集团是国内领先的石墨烯企业。2011年，集团投资1500万元人民币与中国社科院金属所合作研发石墨烯产业化，主要方向为石墨烯基透明导电薄膜、三维网络散热材料和动力电池用电极材料。2012年11月，集团与中科院金属研究所联合开发的“石墨烯材料的规模化制备技术”通过成果鉴定。

2012年，常州二维碳素科技有限公司成功研制全球首款手机用石墨烯电容触摸屏。2013年，该公司年产3万平方米的石墨烯透明导电薄膜生产线正式投产，这是目前公开报道的全球最大规模的生产线。常州二维碳素科技有限公司的研究成果让世界上最薄、强度最高的神奇材料石墨烯走入寻常百姓家成为可能，对于我国石墨烯材料的产业化之路具有相当重要的意义。

2013年4月，贵州新碳高科有限责任公司成功研制出柔性石墨烯散热薄膜，可大幅度提升笔记本电脑、智能手机、LED显示屏的散热性能，是中国首个纯石墨烯粉末产品。

（二）出台政策

1. 国外战略政策布局

目前，世界各国都将石墨烯研究提升至战略高度。里程碑性事件有，2011年英国将石墨烯确定为今后重点发展的4项新兴技术之一，英国石墨烯国家实验室将于2015年建成。2013年，韩国产业通过资源部宣布，将整合韩国国内研究机构与企业力量推进石墨烯商业化发展，在国内形成石墨烯联盟。2013年1月，欧盟委员会将石墨烯列为“未来新兴技术旗舰项目”之一，十年内提供10亿欧元资助，将石墨烯研究提升至战略高度。主要国家、地区石墨烯主要研究进展如图7-4所示。

（1）美国。2008年7月，美国国防部高级研究计划署（DARPA）发布了碳电子射频应用项目（总资2200万美元），主要开发超高速和超低能量应用的石墨烯基射频电路，即用石墨烯制作计算机芯片和晶体管。

2009年5月，美国国家科学基金会（NSF）发布了石墨烯基材料超电容应用项目，主要研究内容包括：①开发石墨烯基电子材料，提高超级电容器性能，使其具有较高的能量和功率密度；②表征石墨烯基电子材料的形态、结构和性能特征；③加强对石墨烯基超级电容器中电化学双层和决定其性能因素的基本认识；④调查离子液体作为石墨烯基超级电容器电解液的相容性；⑤开发新型超级电容器电池组装工艺和电池测试方法。项目研发经费为63.4万美元，研究周期为2009年7月1日至2012年7月30日，由德州大学奥斯汀分校具体负责研究和实施。美国俄亥俄州研究商业化资助项目（ORCGP）资助Nanotek Instruments公司约35万美元用于锂

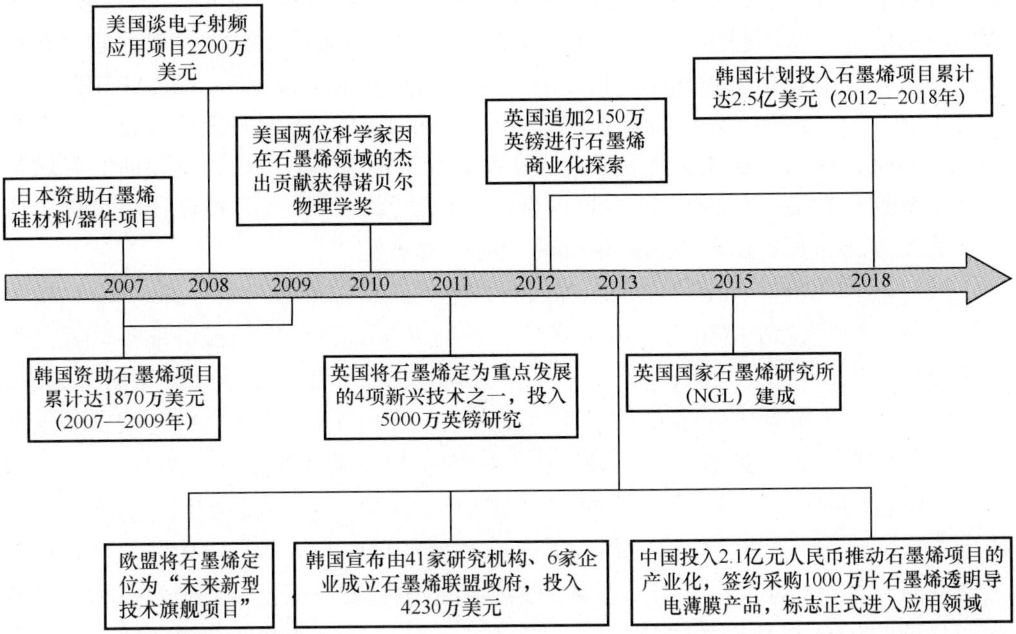

资料来源：赛迪原材料研究所整理。

图 7-4　主要国家、地区石墨烯主要研究进展

离子电池用纳米石墨烯复合电极的商业化生产。纳米石墨烯复合材料具有较大容量（>2000（mA·h/g）），是石墨烯实际容量的 6～8 倍。实验已经证明这种材料 300 多个充放电循环后，还能够保持其结构的完整性和良好性能。这种复合阳极材料可用于电动车等能源存储应用的锂离子电池，研究周期为 2009 年 4 月 28 日至 2011 年 4 月 28 日。2009 年 11 月，美国结构材料工业公司（SMI）宣布获得 NSF 的小型企业技术转移项目（STTR）一期资助，用于开发以石墨烯为基质的高灵敏度 NO_x 探测器。其合作方为康奈尔大学、南卡罗来纳大学，分别提供石墨烯薄膜生长技术和气体探测器表征技术。

（2）欧盟及其成员国。欧盟 FP7 框架计划 2008 年 1 月发布了石墨烯基纳米电子器件项目。该项目为 FP7 的联合研究项目，主要研究“超越 CMOS”（Beyond CMOS）领域的技术，参加机构包括德国 AMO 有限公司、意大利大学纳米电子研究组（IUNET）、英国剑桥大学半导体物理组（UCAM DPHYS）、法国原子能机构（CEA）的 LETI、法国 STMicroelectronics SAS 和爱尔兰科克大学（University College Cork）的 Tyndall 纳米研究所等组成。项目经费为 239 万欧元，研究周期为 2008 年 1 月 1 日至 2010 年 12 月 31 日。欧洲研究理事会（ERC）资助了石墨烯物理性能和应用研究项目。项目研究经费为 177.5 万欧元，研究周期为 3 年，负责机构为英国曼彻斯特大学物理与天文学院。该项目有 3 个主要方向：①重点研究石墨烯薄膜和独特的一维性能；②模拟无质量相对论粒子的石墨烯电荷载体；③石墨烯晶体管的应用研究。欧洲科学基金会（ESF）2008 年 12 月发布了扩大石墨烯研究在科学和创新方面的影响力和基金申请项目，即欧洲石墨烯项目（EuroGRAPHENE），共有 19 个国家的 20 个基金资助机构参与该项目的资助。欧洲石墨烯项目是 1 个为期 4 年的研究计划，需要欧洲范围内广泛而有深度的合作。该项目主要研究领域包括石墨烯物理性能、机械和电子-机械性能、化学修饰，以及寻找设计石墨烯电子特性的新方法和制备以石墨烯为基础的功能应用器件。

（3）韩国。2007—2009 年间，韩国教育科学技术部等部门累计资助 90 项相关研究项目，经费达到 1870 万美元。2012—2018 年间，韩国知识经济部预计将向石墨烯领域提供 2.5 亿美元的资助，其中 1.24 亿美元用于石墨烯商业化应用研究。2010 年，韩国三星公司和成均馆大学的研究人员在一个 63cm 宽的柔性透明玻璃纤维聚酯板上，成功制备出纯石墨烯，并用该石墨烯制造了柔性触摸屏。2011 年，韩国科学技术院的研究人员利用石墨烯成功研制出大容量、可挠式的超级电容器，有望应用在电动汽车和智能电网等领域。同年，韩国浦项科技大学、成均馆大学和首尔大学的研究人员，开发出基于石墨烯的柔性有机电致发光器件，发光效率和电流效率较传统的 ITO 材料得到明显提高。2013 年，韩国产业通商资源部宣布，将整合韩国国内研究机构与企业力量共同推进石墨烯商业化发展。包括韩国科学技术院在内的 41 家研究机构与 6 家企业形成石墨烯联盟。政府将在未来 6 年投入 4230 万美元，帮助企业实现石墨烯的应用产品与相关技术商业化。韩国政府希望以此来打造每年约 153 亿美元的市场，创造 3.4 万个就业机会，形成 25 家全球领先企业，全面推动韩国经济的发展。

2. 国内战略政策布局

2009 年，中国科学院和科技部一起成立“石墨烯专项”课题，开启我国石墨烯的研发序幕。2012 年，工信部发布《新材料产业“十二五”发展规划》将石墨烯列入前沿新材料中，并提出要“加强纳米技术研究，重点突破纳米材料及制品的制备与应用关键技术，积极开发纳米粉体、纳米碳管、富勒烯、石墨烯等材料，积极推进纳米材料在新能源、节能减排、环境保护、绿色印刷、功能涂层、电子信息和生物医用等领域的研究应用”。2013 年，我国投入 2.1 亿元人民币推动石墨烯项目的产业化，并签约采购 1000 万片石墨烯透明导电薄膜产品，我国石墨烯正式迈入产业化时代。国家科技重大专项、科技部“973 计划”围绕“石墨烯宏量可控制备”、“石墨烯基电路制造设备、工艺和材料创新”等方向部署了一批重大项目，取得了一批创新成果，国际影响力逐步提升。国家自然科学基金委启动了“碳纳米管、石墨烯可饱和吸收体的制备及调 Q/锁模激光器特性研究”、“超临界二氧化碳辅助在碳纳米管和氧化石墨烯上构筑形态可控的聚合物超分子结构”、“石墨烯 CVD 生长机理和切割碳纳米管制备石墨烯纳米带的理论研究”等重大研究计划。无论从科研经费、人员规模还是项目类别来看，近年来我国政府在石墨烯科研投入方面均得到快速发展。

三、主要问题

（一）缺乏下游应用环节的支撑

我国石墨烯产业发展还是以研发为主，规模化制备工艺还不成熟，难以实现低成本、规模化、高性能的石墨烯产品制造；完整的产业链尚未形成，下游仍没有一个可以实现石墨烯的规模化应用的领域；目前对石墨烯产品的需求仍然集中在各大院校及科研机构，所用产品也仅限于样品。因此，实现石墨烯在下游某一两个应用领域的突破是当前我国石墨烯产业化工作的重中之重。

（二）研究与应用脱节

目前，石墨烯在触摸屏、逻辑器件、超级电容器、传感器等领域的研发已经取得了阶段性的突破，展现出优异的性能，但产业化之路却任重道远。发展大规模、低成本、大面积、结构与性能可调控的制备技术是石墨烯能够真正实现产业化的前提与保证。目前，在中国市场，石墨烯的价格近乎是黄金价格的10倍，超过2000元人民币/克。该成本绝不是生产厂家和下游客户能接受的成本。因此，相关部门需要在看到石墨烯光明应用前景的同时，也应对大规模低成本且可控的石墨烯制备工艺给予足够的重视。性质应用与制备工艺研究同步推进，才能使石墨烯这一神奇的材料真正体现并发挥其神奇之处。

（三）技术尚不完善

石墨烯应用技术上需要克服的问题还较多。例如，柔性屏要求石墨烯具有大面积，但目前大规模制备尚不成熟，成本高；石墨烯单片之间具有较强的范德华力，在没有任何保护剂存在的条件下，容易发生团聚和堆砌；石墨烯作为锂电池负极材料时，首次库伦效率较低，一般在70%左右，循环性能差，等等。因此，技术研发和完善仍是各相关部门，目前乃至未来很长一段时间内的重点工作。

（四）存在潜在危害

石墨烯氧化物纳米颗粒能通过地表水迅速传播，若石墨烯不小心流入湖中或河中，会对动植物，甚至人类造成潜在危害。如果人类偶然摄入石墨烯，石墨烯会切开人体细胞并破坏其内容物。同时，科学家们也不清楚长期接触石墨烯的后果。

四、发展趋势

可以预计，石墨烯近几年将在部分领域实现应用突破，这些应用领域的共同特点是石墨烯不是主要成分而是作为添加剂的形式，利用石墨烯非常优异的导电导热等性能，改善最终产品的相应性能。目前，这些领域对石墨烯的要求并不是十分苛刻，本身的工艺难度也相对较小，而且中国在这些应用领域有很强的技术实力和生产基础，在国际上也有较强的市场竞争力，因此在国内更容易实现产业化，而且已经有不少公司在这些方面做了大量的工作。

1．石墨烯导电添加剂

石墨烯导电添加剂可在电池电极内构建三维导电网络，是一种新型的高端锂电池导电添加剂。使用 0.5%～2%的石墨烯导电添加剂可以代替原来 10%～15%的导电炭黑，而且能进一步降低锂电池的内阻，从而提高电池倍率性能和循环寿命，解决当前动力与储能锂电池综合性能不足的问题。

2．石墨烯导热材料

石墨烯导热材料包括具有高导热系数的石墨烯散热片/膜，以及石墨烯改性的复合材料，如热导纤维和导热塑料等。该技术领域市场大，在我国的电子和工程领域有迫切的市场需求，技术难度小、工艺相对成熟，有快速进入市场的机会。

3．石墨烯导电塑料和油墨

石墨烯可作为新型导电油墨和塑料的主要填充料，也可与纳米银粉等混合配制成新型导电浆料或油墨，通过改变石墨烯的填充比例，可调节导电油墨的电阻率和附着性能。以美国 Vorbek 材料公司为例，石墨烯导电油墨已经在物联网隐形条形码技术中开始应用。我国物联网市场巨大，前景诱人，以添加石墨烯为主的导电塑料可以在防静电应用领域得到大力推广，工艺简便、成本低廉、效果明显。

4．石墨烯防腐涂料

石墨烯在防腐漆膜中的“迷宫”结构，有助于提高抗腐蚀的效能，且技术相对成熟。我国推动海洋强国发展战略，舰船和海洋工程对此有巨大的市场需求，而且这类涂料在石油管道和储罐内壁涂层应用市场很大。

5．功能性石墨烯纺织复合材料

功能性石墨烯纺织复合材料具有优异的抗静电、防辐射功能，同时具有优良的力学、热学、溶胀性、吸湿性、抗菌性等特性，为生物医用纺织材料、抗菌医用材料、柔性传感器等提供新材料。

参考文献

[1] 新材料产业发展“十二五”规划. 工信部规［2012］2 号.
[2] 中国钢铁工业协会. 2013 年我国钢铁新材料发展报告. 汇报资料.
[3] 中国有色金属工业协会. 2013 年我国有色金属新材料发展报告. 汇报资料.
[4] 中国有色金属工业协会. 2013 年我国稀土新材料发展报告. 汇报资料.
[5] 中国有色金属工业协会. 2013 年我国铜功能材料发展报告. 汇报资料.
[6] 中国建材联合会. 2013 年绝热节能新材料发展报告. 汇报资料.
[7] 中国建材联合会. 2013 年我国建筑新材料发展报告. 汇报资料.
[8] 中国电子材料行业协会. 2013 年国内外硅材料产业发展报告. 汇报资料.
[9] 中国石墨烯产业技术创新战略联盟. 2013 年我国石墨烯发展报告. 汇报资料.
[10] 中国石油和化学工业规划院. 2013 年我国化工新材料数据统计. 汇报资料.
[11] 2013 年北京市新材料产业发展报告. 汇报资料.
[12] 2013 年天津市新材料产业发展报告. 汇报资料.
[13] 2013 年河北省新材料产业发展报告. 汇报资料.
[14] 2013 年山西省新材料产业发展报告. 汇报资料.
[15] 2013 年内蒙古自治区新材料产业发展报告. 汇报资料.
[16] 2013 年辽宁省新材料产业发展报告. 汇报资料.
[17] 2013 年吉林省新材料产业发展报告. 汇报资料.
[18] 2013 年黑龙江省新材料产业发展报告. 汇报资料.
[19] 2013 年上海市新材料产业发展报告. 汇报资料.
[20] 2013 年江苏省新材料产业发展报告. 汇报资料.
[21] 2013 年浙江省新材料产业发展报告. 汇报资料.
[22] 2013 年安徽省新材料产业发展报告. 汇报资料.
[23] 2013 年福建省新材料产业发展报告. 汇报资料.
[24] 2013 年江西省新材料产业发展报告. 汇报资料.
[25] 2013 年山东省新材料产业发展报告. 汇报资料.
[26] 2013 年河南省新材料产业发展报告. 汇报资料.
[27] 2013 年湖北省新材料产业发展报告. 汇报资料.
[28] 2013 年湖南省新材料产业发展报告. 汇报资料.
[29] 2013 年广东省新材料产业发展报告. 汇报资料.
[30] 2013 年广西壮族自治区新材料产业发展报告. 汇报资料.
[31] 2013 年海南省新材料产业发展报告. 汇报资料.
[32] 2013 年重庆市新材料产业发展报告. 汇报资料.
[33] 2013 年四川省新材料产业发展报告. 汇报资料.
[34] 2013 年贵州省新材料产业发展报告. 汇报资料.
[35] 2013 年云南省新材料产业发展报告. 汇报资料.
[36] 2013 年陕西省新材料产业发展报告. 汇报资料.
[37] 2013 年甘肃省新材料产业发展报告. 汇报资料.

[38] 2013 年青海省新材料产业发展报告．汇报资料．

[39] 2013 年宁夏回族自治区新材料产业发展报告．汇报资料．

[40] 2013 年新疆生产建设兵团新材料产业发展报告．汇报资料．

[41] 2013 年大连市新材料产业发展报告．汇报资料．

[42] 2013 年宁波市新材料产业发展报告．汇报资料．

[43] 2013 年青岛市新材料产业发展报告．汇报资料．

[44] 2013 年厦门市新材料产业发展报告．汇报资料．

[45] 2013 年深圳市新材料产业发展报告．汇报资料．

[46] 西部金属材料股份有限公司 2013 年年度报告．

[47] 安泰科技股份有限公司 2013 年年度报告．

[48] 江门市科恒实业股份有限公司 2013 年年度报告．

[49] 山西太钢不锈钢股份有限公司 2013 年年度报告．

[50] 中国铝业股份有限公司 2013 年年度报告．

[51] 宝鸡钛业股份有限公司 2013 年年度报告．

[52] 上海三爱富新材料股份有限公司 2013 年年度报告．

[53] 神马实业股份有限公司 2013 年年度报告．

[54] 北京碧水源科技股份有限公司 2013 年年度报告．

[55] 北京东方雨虹防水技术股份有限公司 2013 年年度报告．

[56] 北新集团建材股份有限公司 2013 年年度报告．

[57] 中国南玻集团股份有限公司 2013 年年度报告．

[58] 中国玻纤股份有限公司 2013 年年度报告．

[59] 湖南博云新材料股份有限公司 2013 年年度报告．

[60] 烟台泰和新材料股份有限公司 2013 年年度报告．

[61] 北极星电力网新闻中心．真假石墨烯一场关于神奇材料的资本盛宴．http://www.baidu.com/link?url=oXjZvIF3RhRcgOE-tP5DMNmHpQUP--HAwTnRJpUWJ-u，2014 年 7 月 10 日．

[62] 郑佳．世界各国积极布局石墨烯产业基础研究与商业应用并行推进 [J]．新材料产业，2013，(9)．

[63] 中国石墨烯产业技术创新联盟．我国石墨烯产业发展概况及展望 [J]．新材料产业，2013，(9)．

[64] 刘兆平，周旭峰．浅谈石墨烯产业化应用现状与发展趋势 [J]．新材料产业．2013，(9)．

[65] 万勇，马延灿，冯瑞华，黄健，潘懿．石墨烯国际发展态势分析 [J]．科学观察．2010，5 (3)．